Claire.

Croí na Gaeilge 3

Cúrsa Ardleibhéil don tSraith Shóisearach

Pearse Ahern
Megan O'Connor

Edco

An Chéad Chló 2022
An Comhlacht Oideachais
Bóthar Bhaile an Aird
Baile Bhailcín
Baile Átha Cliath 12

www.edco.ie

Ball den Smurfit Kappa ctp

ISBN 978-1-80230-012-3

Dearadh agus clúdach: EMC

Leagan amach: Carole Lynch

Eagarthóir: Alicia McAuley

Léitheoir profaí: Annemarie Nugent

Léaráidí: Beehive Illustration: Flora Aranyi, Russ Daff, Daniela Geremia, Kevin Hopgood, Mauro Marchesi, Dusan Pavlic, Joe Wilkins

Nóta buíochais

Táim i mo bhall de ghrúpa darb ainm An 3 Amigos agus b'shin an t-aonad is tábhachtaí i mo shaol. Ba mhaith liom buíochas a ghabháil don bheirt eile ón ngrúpa (Nuala agus Ted). Is sibhse a thugann tacaíocht agus inspioráid domsa ocht lá sa tseachtain. Tá mo Chroí istigh ionaibh. Le meas, **Pearse**

Ba mhaith liom buíochas ó chroí a ghabháil le Pearse as a dhea-chomhairle agus as a thacaíocht leanúnach. Gabhaim buíochas le mo mháthair agus m'athair a thugann misneach dom i gcónaí. Chomh maith leis sin ba mhian liom buíochas a ghabháil leis an bhfoireann An Comhlacht Oideachais. Le meas, ***Megan***.

Buíochas ómósach d'Ógie Ó Céilleachair as a chuid oibre ar a úrscéal ***Cúpla*** agus ar a ghearrscéal 'An Cluiche Mór'.

Ba mhaith leis an bhfoilsitheoir buíochas ar leith a ghabháil le gach ball den fhoireann shárchumasach a d'oibrigh ar an tionscadal ***Croí na Gaeilge***.

Clár

Croí na Gaeilge 3 – Do Threoir!

Fáilte go *Croí na Gaeilge 3*, **cúrsa nua do Ghaeilge na Sraithe Sóisearaí (Ardleibhéal)**. Cuireann *Croí na Gaeilge 3* beocht sa tsonraíocht nua agus i bhfoghlaim na teanga i do sheomra ranga. Úsáideann an **clár cur chuige uathúil bíseach** (*spiral*), a chabhraíonn leis na daltaí a dtuiscintí ar an nGaeilge a cheangal le chéile. Tá **téacsleabhar**, **leabhar gníomhaíochta**, **acmhainn punainne nua**, **acmhainní fuaime** agus **acmhainní digiteacha** sa chlár seo.

Téacsleabhar

Tá **ocht n-aonad bunaithe ar théamaí difriúla** le fáil in *Croí na Gaeilge 3*. Tá cur chuige bíseach in úsáid i ngach aonad chun an ghramadach a chur in iúl. Cuireann sé go mór le cumas cumarsáide na ndaltaí maidir leis **na cúig scil theanga (léamh, scríobh, éisteacht, labhairt, idirghníomhú cainte)**.

Torthaí foghlama: Ar an gcéad leathanach de gach aonad, feicfidh tú na rudaí ginearálta a bheidh ar siúl agat san aonad sin.

Intinní foghlama: Ar an dara leathanach de gach aonad, feicfidh tú cad a bheidh ar eolas agat faoi dheireadh an aonaid.

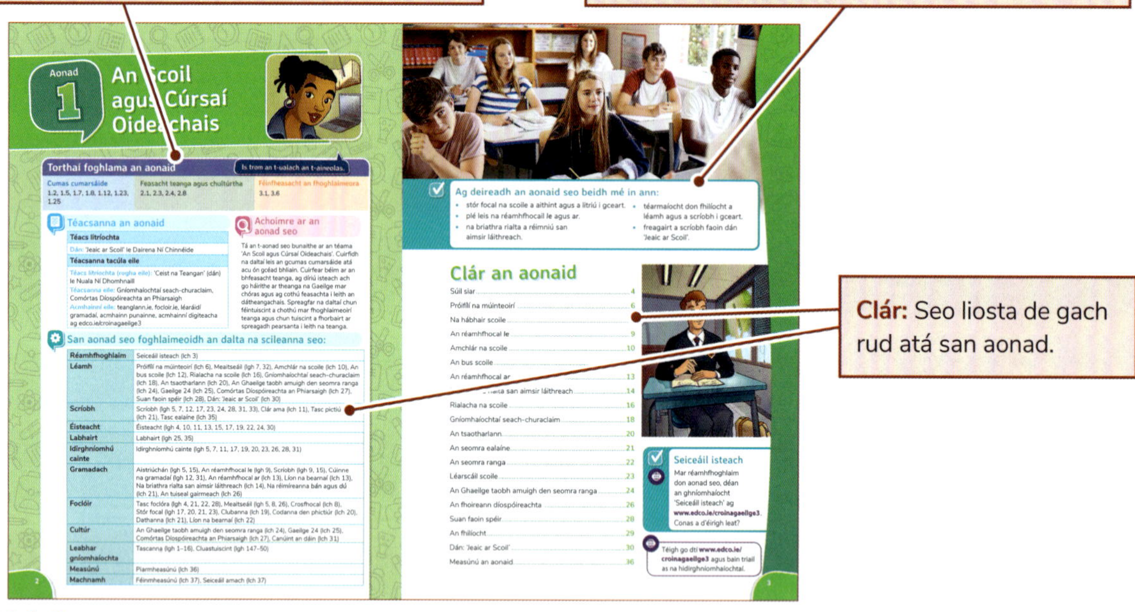

Clár: Seo liosta de gach rud atá san aonad.

Deilbhíní

Feicfidh tú na deilbhíní (*icons*) seo a leanas i ngach aonad.

 Léamh (*Reading*)

 Scríobh (*Writing*)

 Éisteacht (*Listening*)

 Labhairt (*Speaking*)

 Idirghníomhú cainte (*Spoken interaction*)

 Gramadach (*Grammar*)

 Tasc gramadaí (*Grammar task*)

 Tasc foclóra (*Vocabulary task*)/Stór focal (*Vocabulary*)

 Cultúr (*Culture*)

 Cluiche (*Game*)

 Tasc ar líne (*Online task*)

 Obair bheirte (*Pair work*)

 Obair ghrúpa (*Group work*)

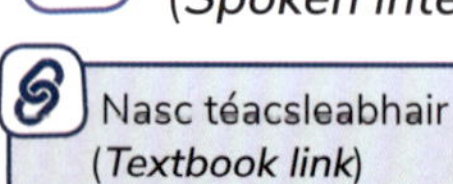
Nasc téacsleabhair (*Textbook link*)

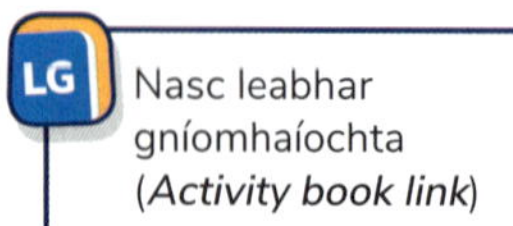
Nasc leabhar gníomhaíochta (*Activity book link*)

Cleachtadh MRB 1/2 (*CBA 1/2 practice*)

Nóta (*Note*)

Cogar (*Hint in English*)

Leid: (*Hint in Irish*)

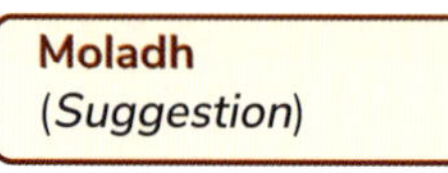
Moladh (*Suggestion*)

Gramadach: Tá míniúcháin shimplí ar an ngramadach le fáil sa leabhar, le gníomhaíochtaí ag dul leo.

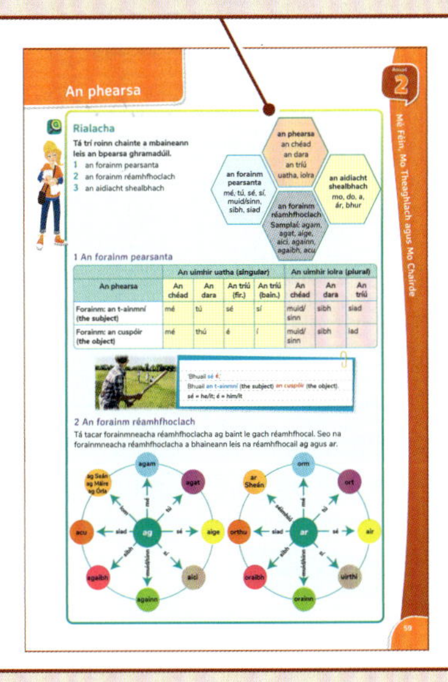

Léaráidí: Féach ar na bileoga gramadaí sa roinn gramadaí (lgh 356–415) agus san acmhainn punainne.

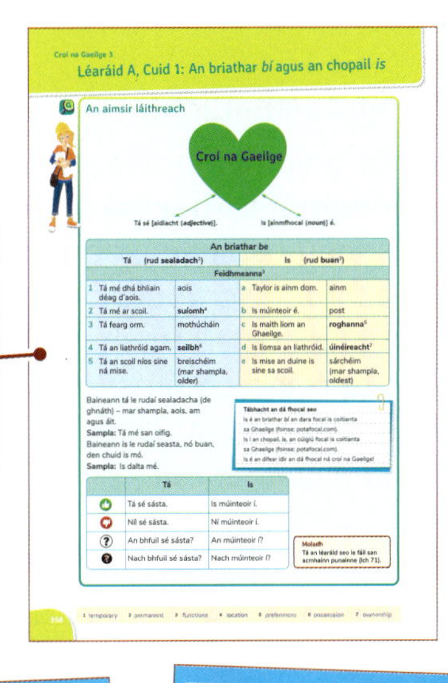

Litríocht: Tá píosa litríochta (dán, amhrán, gearrscannán, gearrscéal) ón liosta ábhar dualgais i ngach aonad, agus gníomhaíochtaí ag dul leo. Tá aonaid dírithe ar an dráma *Gleann Álainn* (lgh 154–183) agus ar an úrscéal *Cúpla* (lgh 184–215).

Dráma *Gleann Álainn*

Úrscéal *Cúpla*

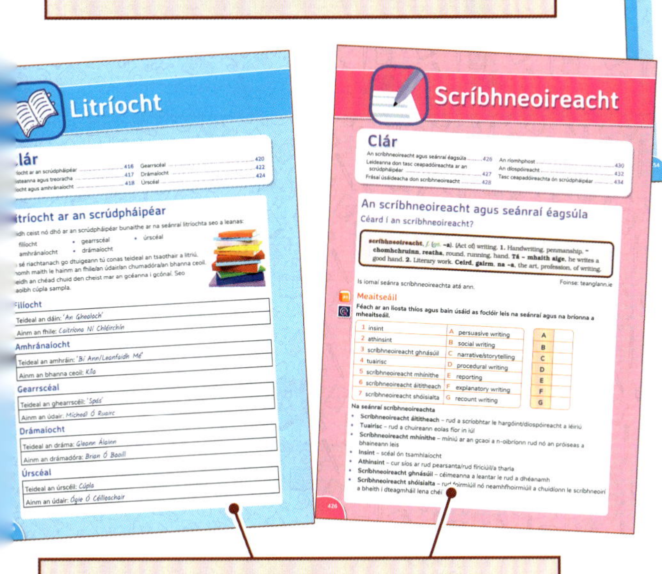

Measúnú: Is féidir libh tástáil a dhéanamh ar a chéile le gníomhaíochtaí piarmheasúnú. Agus is féidir leat tú féin a thástáil le féinmheasúnú agus machnamh. Tá roinn measúnaithe ann freisin (lgh 436–43) chomh maith le ceisteanna scrúdaithe samplacha sna haonaid éagsúla.

Ranna eile: Tá ranna litríochta agus scríbhneoireachta ar lgh 416–25 agus 426–35. Féach ar an ngluais (**glossary**) úsáideach ar lgh 444–55.

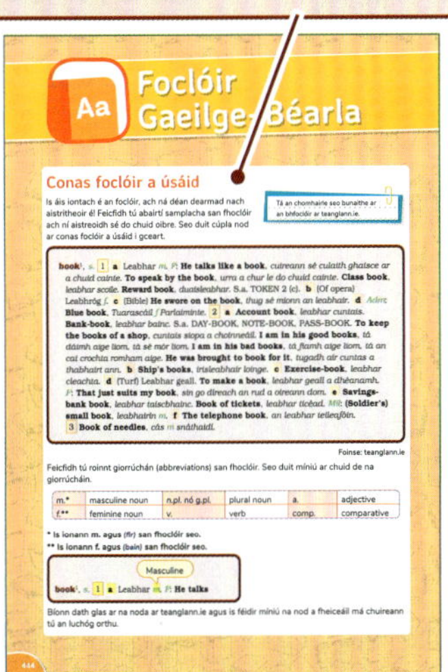

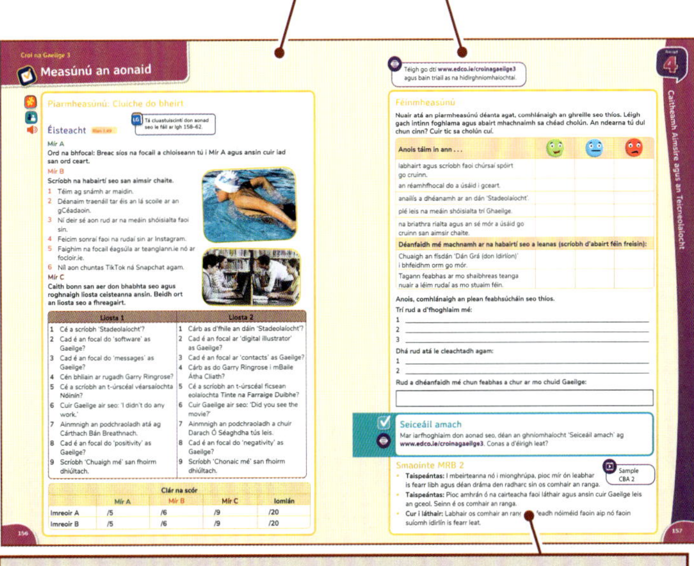

MRB 2: Féach ar na smaointe MRB 2 sna haonaid éagsúla. Tá Aonad 7 dírithe ar an MRB 2 freisin (lgh 278–317).

Leabhar gníomhaíochta

Sa leabhar gníomhaíochta, tá **breis gníomhaíochtaí forbartha** le fáil chun foghlaim neamhspleách, obair bhaile agus cleachtadh scrúduithe a sholáthar. Is gníomhaíochtaí ar ardchaighdeán iad, agus tá **roinn chuimsitheach cluastuisceana** freisin chun deiseanna éisteachta a chur ar fáil.

Síneadh foghlama: Cabhraíonn na gníomhaíochtaí leat a bheith cinnte faoi na rudaí a fhoghlaimíonn tú.

Cluastuiscint: Tá cluastuiscintí le fáil do gach aonad.

Acmhainn punainne

Cabhraíonn an acmhainn punainne nua leis na daltaí ar an turas foghlama, agus iad ag ullmhú do na **Measúnuithe Rangbhunaithe (MRB)** do Ghaeilge na Sraithe Sóisearaí. Tá **bileoga folmha** le fáil san acmhainn punainne, agus is féidir iad a úsáid chun **tascanna éagsúla a dhéanamh ón téacsleabhar**.

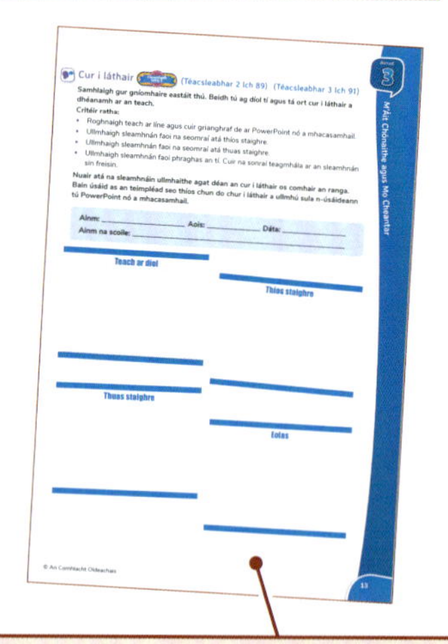

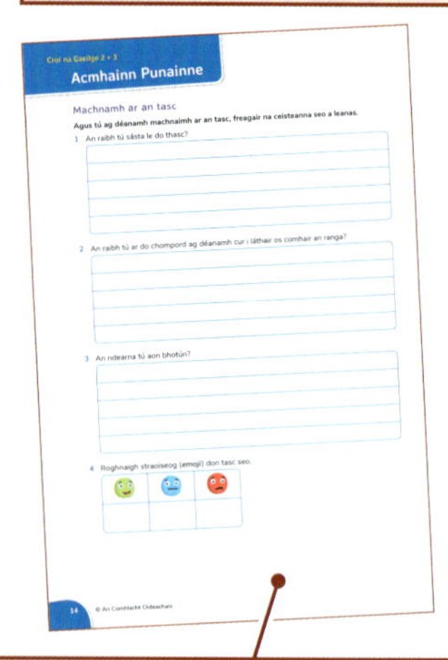

Do phunann teanga: Tá dhá thaobh ar gach bileog – taobh amháin chun do shonraí pearsanta a líonadh isteach agus chun an tasc a dhéanamh, agus an taobh eile chun machnamh a dhéanamh ar an tasc a rinne tú. Nuair a chríochnaíonn tú tasc, is féidir an bhileog sin a bhaint ón leabhar seo, agus é a stóráil i do phunann nó i d'fhillteán féin.

Acmhainní fuaime

Leis an **Edco Audio App nua**, atá saor in aisce, is féidir leat éisteacht le **tascanna éisteachta ón téacsleabhar** agus le **cluastuiscintí ón leabhar gníomhaíochta** agus tú ag taisteal. Is féidir an aip a íoslódáil saor in aisce ó **Google Play** agus **Apple App Store** ar do ghléas móibíleach nó do ríomhaire deisce, nó is féidir éisteacht ar líne tríd an **Web App www.edco.ie/audio**

Nuair a osclaíonn tú Edco Audio App, beidh rochtain agat ar na taifeadtaí seo a leanas, chun gníomhaíochtaí éisteachta agus cluastuisceana a dhéanamh i ngach aonad.

Aonad	Rianta éisteachta	Rianta cluastuisceana
Aonad 1: An Scoil agus Cúrsaí Oideachais	Rianta 1.02–12	Rianta 3.02–09
Aonad 2: Mé Féin, Mo Theaghlach agus Mo Chairde	Rianta 1.13–20	Rianta 3.10–19
Aonad 3: M'Áit Chónaithe agus Mo Cheantar	Rianta 1.21–33	Rianta 3.20–30
Aonad 4: Caitheamh Aimsire agus an Teicneolaíocht	Rianta 1.34–49	Rianta 4.02–18
Dráma: *Gleann Álainn*	Rianta 1.50–57	Rianta 4.19–27
Úrscéal: *Cúpla*	Rianta 2.38–49	Rianta 6.19–27
Aonad 5: Poist agus Cúrsaí Oibre	Rianta 2.02–13	Rianta 5.02–13
Aonad 6: Laethanta Saoire agus Taisteal	Rianta 2.14–24	Rianta 5.14–26
Aonad 7: An Ghaeilge agus Cultúir Eile (MRB 2)	Rianta 2.25–27	Rianta 6.02–09
Aonad 8: Spórt agus Cúrsaí Folláine	Rianta 2.28–37	Rianta 6.10–18

Acmhainní digiteacha

Cuirfidh acmhainní digiteacha *Croí na Gaeilge 3* go mór le foghlaim sa rang trí na daltaí a spreagadh chun páirt a thógáil agus chun a bheith gníomhach. Tacaíonn siad leis an mbéim a chuirtear i Sonraíocht na Sraithe Sóisearaí Nua ar úsáid na teicneolaíochta nua-aimseartha sa seomra ranga. Tógadh san áireamh na stíleanna foghlama difriúla atá ag daltaí nuair a dearadh na hacmhainní. **Déantar tagairt de na hacmhainní digiteacha ar fud an téacsleabhair.** Tugann na tagairtí seo treoir don mhúinteoir chun iad a úsáid sa seomra ranga, agus chun pleanáil ceachta a dhéanamh. Úsáidtear na deilbhíní seo a leanas:

Suíomh gréasáin an dalta agus ábhar ar Quizlet – **www.edco.ie/croinagaeilge3** le gníomhaíochtaí gramadaí agus gníomhaíochtaí teanga atá idirghníomhach, agus tráth na gceist

CBA 2

Sraith **físeán de chomhráite** idir beirt daltaí agus **vlaganna** uathúla a chabhraíonn le daltaí leis an gcumarsáid bhéil agus le hullmhú don MRB 2

Cuir i láthair **PowerPoint** réamhdhéanta (atá éasca le húsáid, agus gur féidir a athrú), a chlúdaíonn eochairphointí gramadaí, stór focal agus litríocht

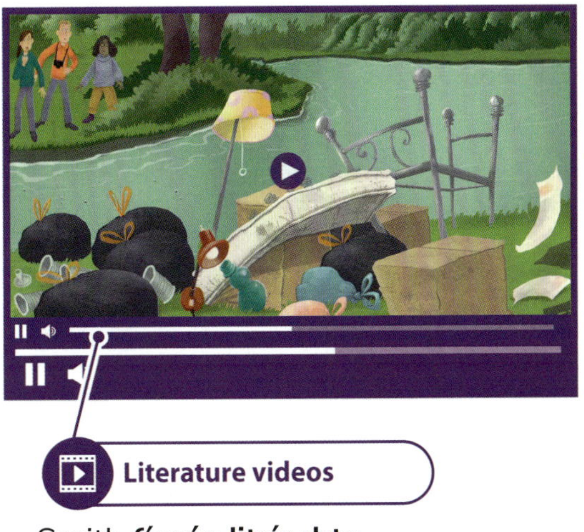

Literature videos

Sraith **físeán litríochta**

Is féidir le múinteoirí rochtain a fháil ar acmhainní digiteacha *Croí na Gaeilge 3* tríd an ríomhleabhar idirghníomhach, atá ar fáil ag **www.edcolearning.ie**. Feicfidh tú anseo **bileoga oibre** (do na comhráite ar fhíseáin agus do na vlaganna), na **comhaid fuaime** i bhfoirm dhigiteach, **tras-scríbhinní** do gach cluastuiscint, **pleananna ceachta gur féidir athrú** agus **freagraí** do gach gníomhaíocht.

Súil ar an gClár

Moladh
Níl clár cuimsitheach i gceist anseo, ach amháin súil ar an gclár. Tá clár iomlán (le heolas faoi na gníomhaíochtaí ar fad) le fáil ag tús gach aonaid (dráma agus úrscéal san áireamh).

An Scoil agus Cúrsaí Oideachais

Torthaí foghlama an aonaid

Is trom an t-ualach an t-aineolas.

Cumas cumarsáide	Feasacht teanga agus chultúrtha	Féinfheasacht an fhoghlaimeora
1.2, 1.5, 1.7, 1.8, 1.12, 1.23, 1.25	2.1, 2.3, 2.4, 2.8	3.1, 3.6

Téacsanna an aonaid

Téacs litríochta
Dán: 'Jeaic ar Scoil' le Dairena Ní Chinnéide
Téacsanna tacúla eile
Téacs litríochta (rogha eile): 'Ceist na Teangan' (dán) le Nuala Ní Dhomhnaill **Téacsanna eile:** Gníomhaíochtaí seach-churaclaim, Comórtas Díospóireachta an Phiarsaigh **Acmhainní eile:** teanglann.ie, focloir.ie, léaráidí gramadaí, acmhainn punainne, acmhainní digiteacha ag edco.ie/croinagaeilge3

Achoimre ar an aonad seo

Tá an t-aonad seo bunaithe ar an téama 'An Scoil agus Cúrsaí Oideachais'. Cuirfidh na daltaí leis an gcumas cumarsáide atá acu ón gcéad bhliain. Cuirfear béim ar an bhfeasacht teanga, ag díriú isteach ach go háirithe ar theanga na Gaeilge mar chóras agus ag cothú feasachta i leith an dátheangachais. Spreagfar na daltaí chun féintuiscint a chothú mar fhoghlaimeoirí teanga agus chun tuiscint a fhorbairt ar spreagadh pearsanta i leith na teanga.

San aonad seo foghlaimeoidh an dalta na scileanna seo:

Réamhfhoghlaim	Seiceáil isteach (lch 3)
Léamh	Próifílí na múinteoirí (lch 6), Meaitseáil (lgh 7, 32), Amchlár na scoile (lch 10), An bus scoile (lch 12), Rialacha na scoile (lch 16), Gníomhaíochtaí seach-churaclaim (lch 18), An tsaotharlann (lch 20), An Ghaeilge taobh amuigh den seomra ranga (lch 24), Gaeilge 24 (lch 25), Comórtas Díospóireachta an Phiarsaigh (lch 27), Suan faoin spéir (lch 28), Dán: 'Jeaic ar Scoil' (lch 30)
Scríobh	Scríobh (lgh 5, 7, 12, 17, 23, 24, 28, 31, 33), Clár ama (lch 11), Tasc pictiúir (lch 21), Tasc ealaíne (lch 35)
Éisteacht	Éisteacht (lgh 4, 10, 11, 13, 15, 17, 19, 22, 24, 30)
Labhairt	Labhairt (lgh 25, 35)
Idirghníomhú cainte	Idirghníomhú cainte (lgh 5, 7, 11, 17, 19, 20, 23, 26, 28, 31)
Gramadach	Aistriúchán (lgh 5, 15), An réamhfhocal **le** (lch 9), Scríobh (lgh 9, 15), Cúinne na gramadaí (lgh 12, 31), An réamhfhocal **ar** (lch 13), Líon na bearnaí (lch 13), Na briathra rialta san aimsir láithreach (lch 14), Na réimíreanna ***bán*** agus ***dú*** (lch 21), An tuiseal gairmeach (lch 26)
Foclóir	Tasc foclóra (lgh 4, 21, 22, 28), Meaitseáil (lgh 5, 8, 26), Crosfhocal (lch 8), Stór focal (lgh 17, 20, 21, 23), Clubanna (lch 19), Codanna den phictiúr (lch 20), Dathanna (lch 21), Líon na bearnaí (lch 22)
Cultúr	An Ghaeilge taobh amuigh den seomra ranga (lch 24), Gaeilge 24 (lch 25), Comórtas Díospóireachta an Phiarsaigh (lch 27), Canúint an dáin (lch 31)
Leabhar gníomhaíochta	Tascanna (lgh 1–16), Cluastuiscint (lgh 147–50)
Measúnú	Piarmheasúnú (lch 36)
Machnamh	Féinmheasúnú (lch 37), Seiceáil amach (lch 37)

Ag deireadh an aonaid seo beidh mé in ann:

- stór focal na scoile a aithint agus a litriú i gceart.
- plé leis na réamhfhocail *le* agus *ar*.
- na briathra rialta a réimniú san aimsir láithreach.
- téarmaíocht don fhilíocht a léamh agus a scríobh i gceart.
- freagairt a scríobh faoin dán 'Jeaic ar Scoil'.

Clár an aonaid

Seiceáil isteach

Mar réamhfhoghlaim don aonad seo, déan an ghníomhaíocht 'Seiceáil isteach' ag **www.edco.ie/croinagaeilge3**. Conas a d'éirigh leat?

Téigh go dtí **www.edco.ie/croinagaeilge3** agus bain triail as na hidirghníomhaíochtaí.

Súil siar

Tasc foclóra

Seo liosta de stór focal a bhaineann leis an scoil. Cuir na focail dhifriúla sna seomraí cearta. Bain úsáid as foclóir más gá.

Chun níos mó eolais a fháil faoi conas foclóir a úsáid, féach ar lch 444.

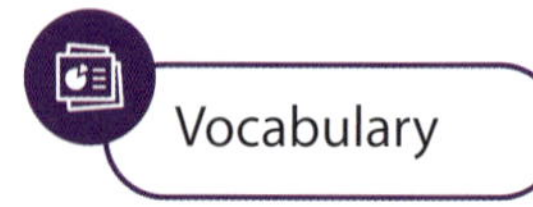

1 méarchlár	2 spúnóg	3 léine
4 ceapaire	5 báisín	6 scáileán
7 gallúnach	8 liathróid	9 giotár
10 fidil	11 sciorta	12 biachlár
13 luch	14 raicéad	15 sconna
16 eiteán	17 pianó	18 carbhat

A An halla spóirt

____
____
____

B An seomra ceoil

____
____
____

C Na leithris

____
____
____

D An ceaintín/an seomra bia

____
____
____

E An seomra feistis

____
____
____

F Seomra na ríomhairí

____
____
____

Éisteacht Rian 1.03

Éist leis an deachtú seo agus bí cinnte go gcríochnaíonn gach abairt leis an seomra ceart.

1 D'fhág mé ______________________.

2 Sheinn mé ______________________.

3 D'itheamar ______________________.

4 Rinne mé taighde ______________________.

5 Bhí cluiche ______________________.

6 Chuir mé an sconna ar siúl ______________________.

Aistriúchán

Cuir Gaeilge ar na habairtí seo.

1 He broke the window with the ball.
2 She played the guitar in the music room.
3 I have a red tie.
4 I wore a blue shirt in school yesterday.
5 Did you see the food menu?
6 I ate a sandwich in the canteen.

Meaitseáil

Meaitseáil an sainmhíniú leis an bhfocal ceart. Cuir an uimhir chuí faoin bhfocal ceart sa bhosca thíos.

1 duine a chuidíonn le daoine rudaí a fhoghlaim
2 an phearsa scoile atá freagrach as na múinteoirí agus na mic léinn ar fad
3 áit le foghlaim ó mhúinteoirí
4 leathanaigh phriontáilte agus iad ceangailte i gclúdach
5 áit a ndéantar gnó páipéir, riarachán, cuntais, srl.
6 bia meán lae
7 uirlis chun scríobh le **dúch**[1]
8 suíochán agus droim air do dhuine amháin

oifig	peann	cathaoir	múinteoir	lón	príomhoide	leabhar	scoil

Idirghníomhú cainte

Cuir na ceisteanna seo (agus ceisteanna eile más féidir leat) ar dhuine eile sa rang agus freagair na ceisteanna don duine sin. Breac síos nótaí beaga le linn an chomhrá mar chúnamh don chéad tasc eile.

1 Cad a rinne tú ar an lá a dhún an scoil don samhradh?
2 An ndeachaigh tú ar laethanta saoire sa samhradh?
3 An raibh tú sa Ghaeltacht sa samhradh?
4 Cad é an rud is fearr a rinne tú le linn an tsamhraidh?
5 Ar bhain tú sult as an samhradh?
6 Conas a mhothaigh tú ag deireadh an tsamhraidh?

Scríobh

Scríobh cúig abairt faoi na rudaí a rinne tú le linn an tsamhraidh.

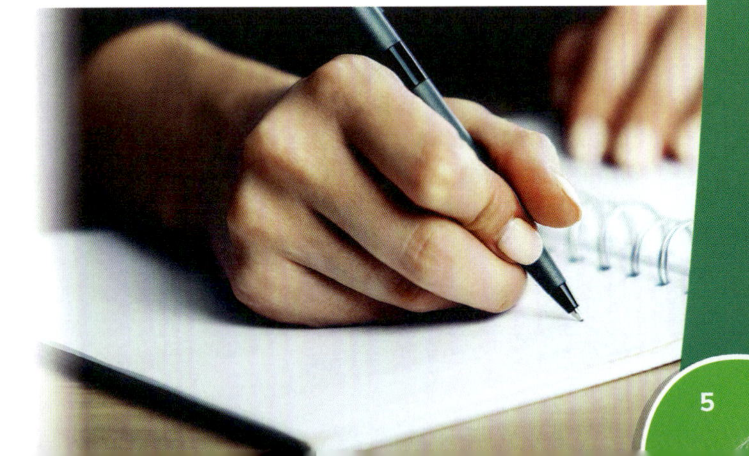

[1] ink

Próifílí na múinteoirí

Léamh

Féach ar na próifílí seo de bhaill fhoireann na scoile agus freagair na ceisteanna a ghabhann leo.

INÍON UÍ MHURCHÚ

Is mise Ciara agus múinim an stair agus an reiligiún. Thosaigh mé ag obair sa scoil ceithre bliana ó shin agus is breá liom an áit. Táim 27 mbliana d'aois agus, mar aon leis an múinteoireacht, déanaim obair le Cumann Naomh Uinseann de Pól sa scoil.

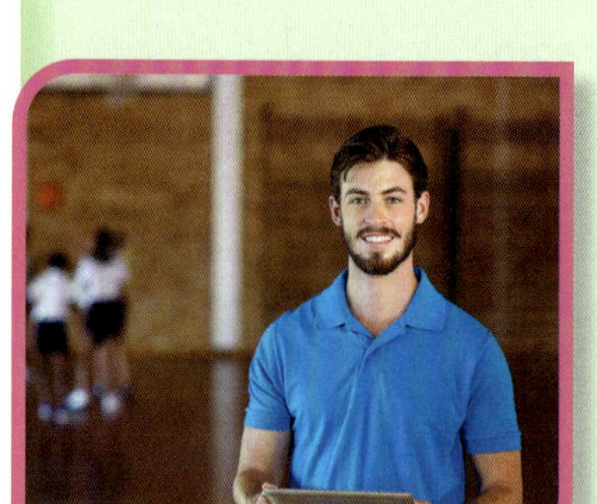

AN tUASAL Ó RÍORDÁIN

Peadar is ainm dom agus múinim an corpoideachas sa scoil. Imrím peil agus iománaíocht leis an gclub i mo cheantar. Mar sin bím ag traenáil an dá fhoireann sin sa scoil freisin. Tá mé an-sásta leis an halla spóirt nua atá againn sa scoil. D'oscail an príomhoide é dhá bhliain ó shin. Sula raibh an halla ar fáil dúinn bhí orainn dul go dtí áras an phobail nuair a bhí an aimsir go dona.

BEAN UÍ BHRAONÁIN

Is mise príomhoide na scoile. Thosaigh mé sa phost seo cúig bliana ó shin. Roimhe sin bhí mé ag obair mar leas-phríomhoide. Roimhe sin arís ba mhúinteoir eolaíochta mé. Is as Luimneach dom agus bhog mé go dtí Loch Garman nuair a fuair mé post anseo mar mhúinteoir eolaíochta. Is breá liom ceol agus ceapaim go bhfuil an cór sa scoil seo ar fheabhas.

AN tUASAL KOWALSKI

Is mise an treoirchomhairleoir ar an scoil seo agus tá oifig agam ar an dara hurlár. Tagann daoine chun labhairt liom nuair atá siad faoi bhrú nó nuair atá comhairle uathu faoi rud éigin. Ba mhúinteoir Béarla mé sula bhfuair mé an post seo. Bím ag obair leis an bhfoireann díospóireachta gach Máirt tar éis an lá scoile.

INÍON UÍ GHRÁLAIGH

Is mise Clare agus is múinteoir Gaeilge mé. Ceapadh mé mar cheann Roinn na Gaeilge cúpla bliain ó shin agus ní mhúinim ach an cúigiú bliain agus an séú bliain anois. Is as Baile Átha Cliath mé agus bhain mé céim amach ón gColáiste Ollscoile, Baile Átha Cliath. Is breá liom an Ghaeilge agus tá an-mheas agam ar an teanga. Níor chóir go mbeadh faitíos ar dhaltaí roimh an teanga. Maidir le scrúduithe Gaeilge, is é an mana atá agam ná 'Ceangal cinnte leanúnach'.

Meaitseáil

Cuir an t-ainm ceart in aice le gach abairt.

1 'Ní múinteoir Béarla mé anois mar tá post nua agam sa scoil.' ____________

2 'Ní as Loch Gorman mé ach tá mé ag obair i scoil i Loch Gorman.'
____

3 'Múinim dhá ábhar dhifriúla ar scoil.'
____

4 'Ní mhúinim aon ranganna sa chéad bhliain ná sa dara bliain.'
____

5 'Éistim le daltaí nuair a thagann siad chuig m'oifig lena gcuid fadhbanna.'
____

6 'Is breá liom spórt. Déanann sé maitheas dom gan amhras.'
____

Scríobh

Freagair na ceisteanna seo faoi na próifílí ar lch 6.

1 Cad is ainm don mhúinteoir corpoideachais?
2 Cén contae inar rugadh an príomhoide?
3 An bhfuil oifig ag an Uasal Kowalski?
4 Cé mhéad próifíl atá ar an leathanach ar chlé? Leid: bunuimhir
5 Cé mhéad ball foirne atá ar an liosta? Leid: uimhir phearsanta
6 Cár fhreastal Iníon Uí Ghrálaigh ar an ollscoil?
7 Cén t-ábhar a mhúin Bean Uí Bhraonáin nuair a tháinig sí chuig an scoil?
8 Cad é an mana atá ag Iníon Uí Ghrálaigh?

Idirghníomhú cainte

Scríobh cúig cheist eile bunaithe ar na próifílí agus cuir ar dhuine éigin eile sa rang iad. Tá an t-eolas ar fad atá de dhíth ar lch 6.

Critéir ratha:

- Déan cinnte go bhfuil ar a laghad trí cheistfhocal dhifriúla i do cheisteanna.
- Déan cinnte go luann tú ar a laghad triúr múinteoirí difriúla.

LG Déan na tascanna ar lgh 1–2.

Na hábhair scoile

Meaitseáil

Meaitseáil ainmneacha na n-ábhar scoile leis na pictiúir chearta.

1. an Béarla
2. an Ghaeilge
3. an stair
4. an corpoideachas
5. an tíreolaíocht
6. an reiligiún
7. an eolaíocht
8. staidéar gnó
9. Oideachas Sóisialta, Pearsanta agus Sláinte

A	B	C	D	E	F	G	H	I

Crosfhocal

Léigh na leideanna anseo agus líon an crosfhocal leis na hábhair chearta.

Trasna

4 Foghlaimíonn tú frásaí ar nós 'Je ne sais pas' sa rang seo. (2, 9)
5 Seo seanteanga ón Róimh a thosaíonn le **L**. (2, 6)
6 Bíonn daoine ag cur allais le linn an ranga seo. (2, 13)
7 'Tír gan teanga, tír gan anam' atá i gceist leis an ábhar seo. (2, 8)
8 Fisic, ceimic agus bitheolaíocht. (2, 9)
9 Léann tú faoi rudaí a tharla fadó fadó san ábhar seo. (2, 5)

Síos

1 Oibríonn tú sa chistin don ábhar seo. (2, 4)
2 Oibríonn tú le huimhreacha san ábhar seo. (2, 4)
3 Déanann tú staidéar ar thíortha éagsúla san ábhar seo. (2, 12)
5 Tá cead agat pictiúir a tharraingt le linn an ranga seo. (2, 6)
6 An teanga a labhair Shakespeare. (2, 6)

An réamhfhocal *le*

Réamhfhocail

Féach ar Léaráid D, Cuid 1 (lch 370).

Nuair atáimid ag caint faoi na hábhair scoile a thaitníonn nó nach dtaitníonn linn, úsáidimid *le*.

An t-ábhar is fearr liom

Is maith **liom** an stair.	Ní maith **liom** an eolaíocht.
Is fearr **liom** an tíreolaíocht ná an stair.	Ní thaitníonn an mata **liom**.
Is aoibhinn **liom** an corpoideachas.	Is fuath **liom** an ealaín. 
Ach is í an Ghaeilge an t-ábhar is fearr **liom**.	

Cuir forainm agus réamhfhocal le chéile agus tá forainm réamhfhoclach agat.

le	+	**muid/sinn**	=	**linn**
réamhfhocal	+	**forainm**	=	**forainm réamhfhoclach**

- Scríobhann tú **leis** roimh an alt (**an/na**). **Samplaí: leis an bpríomhoide** (urú); **leis na múinteoirí eile**
- Scríobhann tú **le** + **a/ár** in aon fhocal amháin. **Sampla**: **lena** = **with his/her/their**; **lenár** = **with our**
- Cuireann an réamhfhocal **le h** roimh ghuta. **Sampla**: **le hÁine**

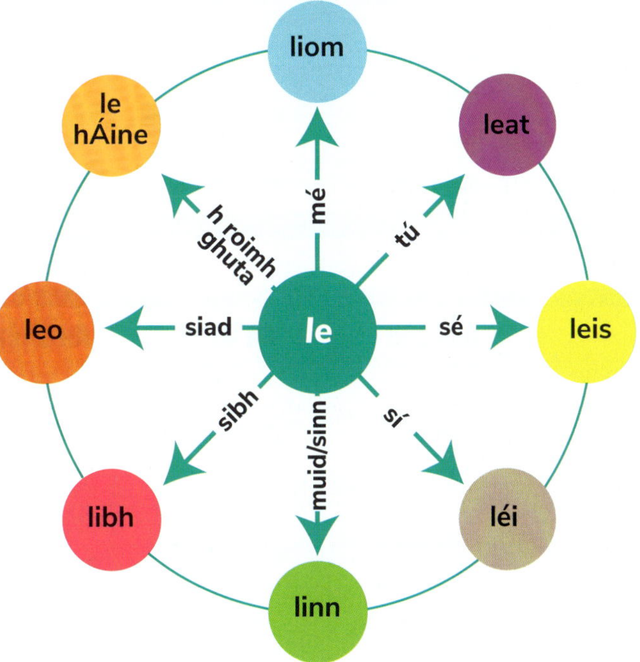

Scríobh

Líon na bearnaí leis an leagan ceart den réamhfhocal *le*.

1. Is ______________ an téacsleabhar sin. *Leid: mise*
2. Chuaigh mé chuig an oifig ______________ na daltaí eile. *Leid: roimh an alt*
3. Chuaigh Dominic abhaile ______________ athair ag deireadh an ranga. *Leid: with his (le + a)*
4. Taitníonn an scoil seo go mór ______________. *Leid: muid/sinn*
5. An maith ______________ an Ghaeilge? *Leid: tusa*
6. Labhróidh an príomhoide ______________ faoi na rialacha sin níos déanaí. *Leid: sibh*

Amchlár na scoile

Éisteacht Rian 1.04

Éist le Alice ag caint faoina clár ama agus déan iarracht na habairtí a scríobh go cruinn.

Léamh

Léigh an dá amchlár thíos agus freagair na ceisteanna a ghabhann leo.

Amchlár Áine

	An Luan	An Mháirt	An Chéadaoin	An Déardaoin	An Aoine
8.45	An Ghaeilge	An Béarla	An Ghaeilge	An tíreolaíocht	An Béarla
9.25	An reiligiún	An mata	An stair	Staidéar gnó	An mata
10.05	An Béarla	An reiligiún	An mata	An ceol	An Ghearmáinis
10.45	Sos	Sos	Sos	Sos	Sos
11.00	An ceol	An drámaíocht	An Ghearmáinis	An ghrafaic theicniúil	An corpoideachas
11.40	An tíreolaíocht	An drámaíocht	An tíreolaíocht	An stair	An corpoideachas
12.20	An Ghearmáinis	An Béarla	Staidéar gnó	An Béarla	An reiligiún
1.00	Am lóin	Am lóin	Abhaile	Am lóin	Am lóin
1.30	Staidéar gnó	An ceol	Níl aon ranganna ag an am seo.	An ealaín	An tíreolaíocht
2.10	An tíos	An stair		An ealaín	An tíos
2.50	An tíos	An Ghaeilge		An mata	An Ghaeilge

Amchlár Aindriú

	An Luan	An Mháirt	An Chéadaoin	An Déardaoin	An Aoine
8.30	An mata	An tíos	An eolaíocht	An reiligiún	An Ghaeilge
9.30	An eolaíocht	An Béarla	An Ghaeilge	An Béarla	An mata
10.30	Sos	Sos	Sos	Sos	Sos
10.45	An Ghaeilge	An mata	An adhmadóireacht	An tíos	An stair
11.45	An tíreolaíocht	An stair	An mata	An corpoideachas	An Béarla
12.45	Am lóin	Am lóin	Am lóin	Am lóin	Am lóin
1.30	An mhiotalóireacht	An reiligiún	An Béarla	An Ghaeilge	Staidéar
2.30	An ealaín	An Ghaeilge	An stair	An mata	Staidéar

1. Cén t-am a thosaíonn lá scoile Áine?
2. Cén fhad a mhaireann na ceachtanna i scoil Aindriú?
3. Ainmnigh an lá a mbíonn leathlá ag Áine.
4. Cad é an dara ceacht a bhíonn ag Aindriú ar an Aoine?
5. Cé mhéad ábhar a dhéanann Áine staidéar orthu ar an Déardaoin?
6. Cé acu, Áine nó Aindriú, a thosaíonn níos luaithe gach maidin?
7. An gcríochnaíonn siad ag an am céanna ar an Máirt?

Éisteacht Rian 1.05

Éist le Kyle ag caint faoina chlár ama agus líon na bearnaí ó A go dtí I thíos.

Ainm na scoile: (A) ____________ Mhuire **Bliain:** an (B) ____________ bliain

	An Luan	An Mháirt	An Chéadaoin	Orduimhir
(C) 8.__	(F) ____________	An Béarla	An mata	An chéad rang
9.30	An corpoideachas	An Ghaeilge	(H) ____________	An dara rang
10.10	An corpoideachas	An stair	An tíreolaíocht	An tríú rang
(D) 10.__	Sos	Sos	Sos	
11.00	An tíreolaíocht	(G) ____________	An Fhraincis	An ceathrú rang
11.40	An Béarla	____________	Staidéar gnó	An cúigiú rang
12.20	An Ghaeilge	An Fhraincis	An Béarla	An séú rang
(E) 12.5__	Am lóin	Am lóin	Am lóin	
1.30	An mata	An mata	OSPS	An seachtú rang
2.10	Ríomhairí	Staidéar gnó	An mata	An t-ochtú rang
2.50	An Fhraincis	An tíreolaíocht	(I) ____________	An naoú rang

Idirghníomhú cainte

Líon an clár ama thíos le sonraí randamacha. Inis do dhuine eile cad atá ar an gclár. Tá ar an dara duine an clár ama a líonadh mar is ceart. Ag an deireadh, déanaigí seiceáil ar an gcruinneas le chéile.

Critéir ratha:

- Bain úsáid as na horduimhreacha.
- Bain úsáid as laethanta na seachtaine.

Ainm na scoile: ____________ **Bliain:** ____________

		An Chéadaoin	
9.00			
10.00			
10.30	Sos	Sos	Sos
10.45			
11.30			
12.15			

Clár ama

Cleachtadh
MRB 1

Líon clár ama agus scríobh blagiontráil faoi. Bain úsáid as an acmhainn punainne (lch 1) mar chabhair duit.

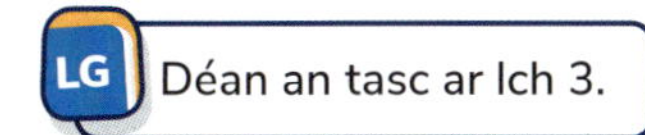
LG
Déan an tasc ar lch 3.

An bus scoile

An dtugann tú faoi deara na focail i gcló corcra? Is samplaí den saorbhriathar iad. Tá níos mó eolais le fáil ar lch 390.

Léamh

Léigh an t-alt seo agus déan na tascanna a bhaineann leis.

GAN ACH 50% DE BHUSANNA SCOILE LE CUR CHUN BÓTHAIR*

D'fhógair an **Roinn Oideachais**[1] tráthnóna nach gcuirfear ar fáil ach leath an méid busanna scoile do dhaltaí **iar-bhunoideachais**[2] agus a bhíonn ann go hiondúil an chéad scoilbhliain eile.

Dúradh[3] gur de réir comhairle ón bh**Foireann Náisiúnta Éigeandála Sláinte Poiblí**[4] a rinneadh an cinneadh seo. Dúirt an Roinn go gcuirfear beartais bhreise sláinteachais i bhfeidhm ar bhusanna scoile freisin. Beidh **scaradh fisiciúil**[5] ar na busanna i measc na mbeartas seo, a dúradh.

Inné, mhol an Fhoireann Náisiúnta Éigeandála Sláinte Poiblí go gcaithfeadh daltaí iar-bhunscoile maisc agus go bhfanfaidís amach óna chéile ar bhusanna. Ní raibh **rialacha dochta**[6] faoi scaradh fisiciúil ar bhusanna i mbunphlean an Rialtais a foilsíodh roimhe seo. Dúirt an Roinn Oideachais go mbeidh an tAire Norma Foley ag obair i gcomhar lena **comhghleacaithe**[7] sa Rialtas le cinntiú go mbeidh na hacmhainní cuí ar fáil leis na beartais nua a chur i bhfeidhm. Foilseofar tuilleadh eolais as seo go ceann roinnt laethanta, a dúradh.

* ábhar dílis

Cúinne na gramadaí

Líon na boscaí sa ghreille le samplaí cearta ón alt thuas.

	Briathra	Ainmfhocail	Aidiachtaí
1			
2			
3			
4			
5			

Scríobh

Scríobh blag beag faoi do scoil ón tseachtain seo caite.

Critéir ratha:

- Scríobh 80 focal ar a laghad.
- Bain úsáid as seacht mbriathar dhifriúla ón alt thuas.

[1] *Department of Education* [2] *post-primary*
[3] *it was said* [4] *National Public Health Emergency Team*
[5] *physical distancing* [6] *strict rules* [7] *colleagues*

An réamhfhocal *ar*

Réamhfhocail

Cuir forainm agus réamhfhocal le chéile agus tá forainm réamhfhoclach agat.

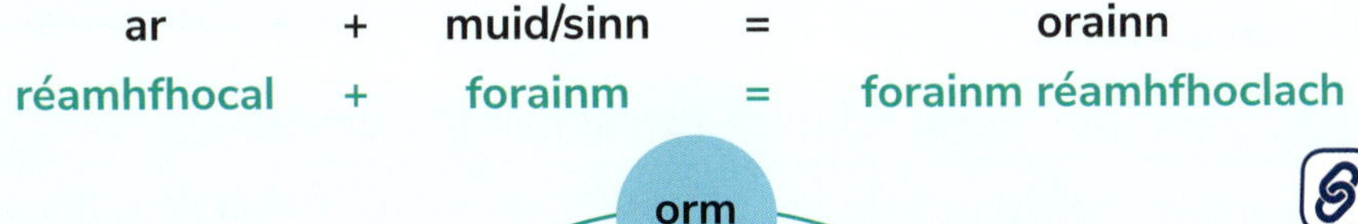

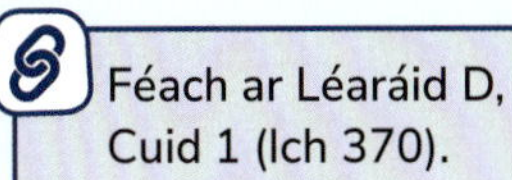

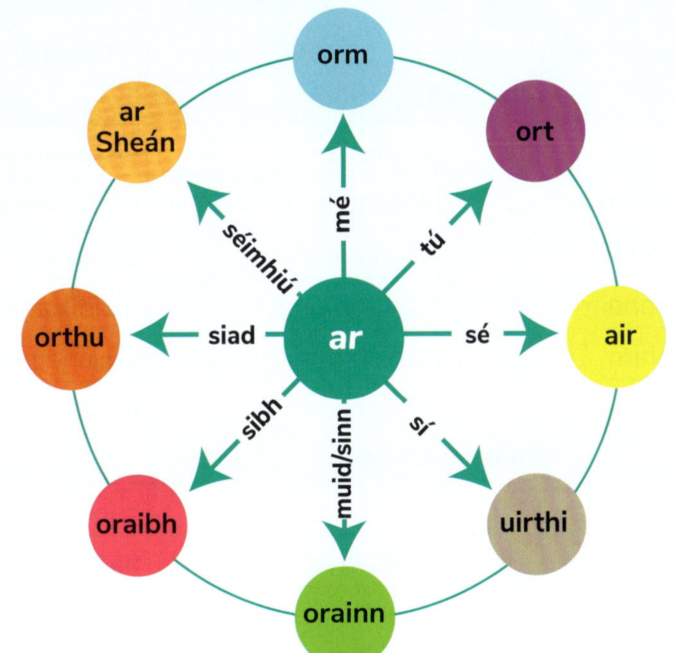

Líon na bearnaí

Déan na tascanna ar lgh 4–5.

Líon na bearnaí leis an leagan ceart den réamhfhocal *ar*.

1 Chuir an turas scoile áthas ________________. *Leid: mé*
2 Bhí ________________ dul go dtí an oifig mar bhris sé na rialacha. *Leid: ar + é*
3 Thosaigh an rang ________________ a deich a chlog ar maidin. *Leid: an réamhfhocal féin*
4 Bhí dath bán ________________ ________________ gclár bán. *Leid: an réamhfhocal + an t-alt*
5 Beidh ________________ scrúdú a dhéanamh sa stair Dé hAoine. *Leid: muid/sinn*
6 Chuir sí a héide scoile ________________ tar éis an rang corpoideachais. *Leid: ar + í*

Éisteacht Rian 1.06

Féach ar an bpictiúr thíos. Éist leis an taifeadadh agus críochnaigh na habairtí seo. Líon na bearnaí más gá.

1 Tá dath dearg ar an ________________.
2 Tá dath glas ar an bpeann luaidhe ________________.
3 Tá dath liath ________________.
4 Tá dath bán ________________.
5 Tá dath dubh ar an bpeann luaidhe ________________.
6 Tá dath corcra ar an bpeann luaidhe ________________.
7 Tá an peann luaidhe oráiste ________________.

Na briathra rialta san aimsir láithreach

Rialacha

Féach ar Léaráid A, Cuid 2 (lch 360).

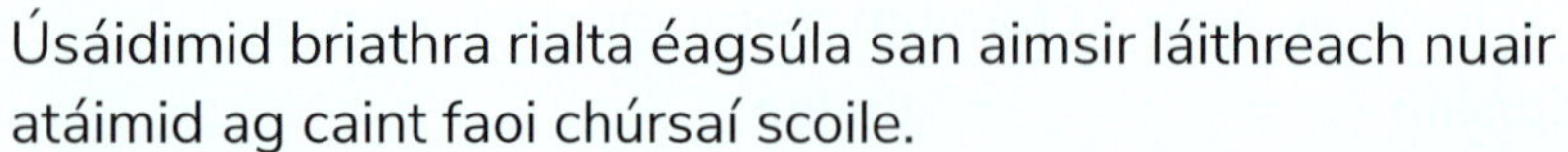

Úsáidimid briathra rialta éagsúla san aimsir láithreach nuair atáimid ag caint faoi chúrsaí scoile.

An briathar sa mhodh ordaitheach	An briathar san aimsir láithreach		
	mé	**muid/sinn**	**tú/sé/sí/sibh/siad**
An chéad réimniú			
éist	éistim	éistimid	éisteann sé
féach	féachaim	féachaimid	féachann siad
glan	glanaim	glanaimid	glanann tú
scríobh	scríobhaim	scríobhaimid	scríobhann sí
sroich	sroichim	sroichimid	sroicheann sibh
tionóil	tionólaim	tionólaimid	tionólann siad
An dara réimniú			
críochnaigh	críochnaím	críochnaímid	críochnaíonn siad
fiafraigh	fiafraím	fiafraímid	fiafraíonn siad
foghlaim	foghlaimím	foghlaimímid	foghlaimíonn sí
freastail	freastalaím	freastalaímid	freastalaíonn siad
imir	imrím	imrímid	imríonn siad
roghnaigh	roghnaím	roghnaímid	roghnaíonn tú
tosaigh	tosaím	tosaímid	tosaíonn sí

Mé agus *muid/sinn* san aimsir láithreach

An fhréamh	An lár (gearr nó fada)	An chlib (le gach briathar)
Tá fréamh dhifriúil ag gach briathar. **Samplaí** glan → *glan* → (a)i tosaigh → *tos* → (a)í imir → *imr* → (a)í	*(a)i* lár gearr *(a)í* lár fada	*m(id)*

- Úsáideann tú an **a** sa lár nuair atá an fhréamh leathan. (Ní athraíonn foghraíocht an fhocail.) **Samplaí:** scríobhaim, tosaím
- Úsáideann tú ***i*** gearr le briathar gearr (an chéad réimniú). **Samplaí:** éistim, cuirim
- Úsáideann tú ***í*** fada le briathar fada (an dara réimniú). **Samplaí:** críochnaím, imrím

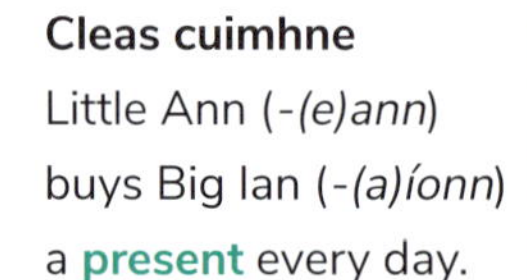

Cleas cuimhne

Little Ann (-*(e)ann*) buys Big Ian (-*(a)íonn*) a **present** every day.

Cogar To change ***I*** to **we** in the present tense, just add **-id**.

Samplaí de bhriathra san aimsir láithreach (*mé* agus *muid/sinn*)

An fhréamh	An lár	An chlib (mé)	+ id (muid/sinn)
glan	ai	m	id
sroich	i	m	id
tos	aí	m	id
críochn	aí	m	id
imr	í	m	id

Scríobh

Sa ghreille thíos tá liosta de bhriathra ón dán 'Jeaic ar Scoil' (féach ar lch 30). Aistrigh iad go Béarla agus ansin réimnigh gach briathar faoi thrí phearsa (*mé*, *muid/sinn*, *sé* nó *sí*) san aimsir láithreach. Tá an chéad cheann déanta duit mar shampla.

An briathar	An Béarla	mé	muid	sé/sí
1 glan	*clean*	*glanaim*	*glanaimid*	*glanann sé/sí*
2 oscail				
3 bronn				
4 aithin				
5 póg				
6 cas				
7 siúil				
8 slog				
9 gluais				
10 caith				

Aistriúchán

Cuir Gaeilge ar na habairtí seo. (Tá gach briathar sa ghreille ar lch 14.)

1. We listen to the teacher.
2. I play basketball at lunchtime.
3. The school day starts at nine o'clock.
4. We watch TG4 on Fridays.
5. Damian reaches the school at half past eight every morning.
6. We learn a few new words every day.

Éisteacht Rian 1.07

Éist leis an deachtú seo agus scríobh síos na habairtí (tá gach abairt san aimsir láithreach).

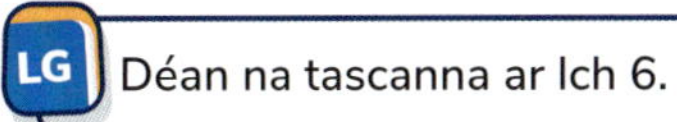

LG Déan na tascanna ar lch 6.

Rialacha na scoile

Léamh

Léigh na rialacha do mhuintir an dara bliain agus freagair na ceisteanna a bhaineann leo. Baintear úsáid mhór as an réamhfhocal ar sna rialacha seo.

Tá ort na rialacha seo a leanúint an t-am ar fad.

1 Is féidir na rialacha seo a léamh ar shuíomh idirlín na scoile.

2 Tosaíonn na ranganna ar a naoi a chlog gach maidin. (Bí in am.)

3 Tá ar na daltaí an éide scoile a chaitheamh gach lá.

4 Siúil ar dheis ar an staighre idir na ranganna.

5 Téigh chuig an halla staidéir (ar an dara hurlár) má tá rang saor agat.

6 Tá orainn ar fad (múinteoirí agus daltaí) meas a thabhairt ar gach duine eile sa scoil.

7 Cuir do mhúinteoir ar an eolas má tá imní ort faoi rud éigin sa scoil.

8 Níl cead ag daltaí siúl ar an bhféar atá sa chlós.

9 Bíonn tionól ar siúl gach seachtain ar an Aoine do mhuintir an dara bliain.

10 Ná déan dearmad go bhfuil cosc iomlán ar an bhfón póca ar an gcampas.

Is iad seo na rialacha. Ná déan dearmad orthu.
Tá orm (an príomhoide) na rialacha seo a chur i bhfeidhm.
Coinníonn Zofia (rúnaí na scoile) bosca garchabhrach ina hoifig.
Cuir ceist uirthi má tá cabhair uait.
Coinnigh súil ghéar ar an gclár eolais ar an mballa in aice leis an leabharlann.

1 Cén t-am a thosaíonn an lá scoile?
2 Scríobh amach an tríú riail ar an liosta thuas.
3 Cá bhfuil an halla staidéir?
4 Cad a bhíonn ar siúl gach Aoine?
5 An bhfuil cead ag daltaí úsáid a bhaint ar an bhfón póca sa scoil?
6 Cad is ainm do rúnaí na scoile?

Scríobh

* Seo sampla den saorbhriathar. Tá nótaí faoi seo ar lch 390.

Is tusa príomhoide na scoile. Scríobh ríomhphost chuig na tuismitheoirí faoi riail nua a cuireadh* i bhfeidhm le linn na seachtaine. Roghnaigh riail amháin ón liosta thíos agus bain úsáid as an stór focal chun an ríomhphost a scríobh.

Rialacha nua
1 Níl cead ag daltaí cluasáin a chaitheamh ar scoil.
2 Beidh cosc ar an gcluiche Among Us as seo amach.
3 Níl cead ag daltaí grianghraif a ghlacadh ar thailte na scoile.

Stór focal

Ní cheadaítear . . .	. . . is not allowed.	Beidh cosc ar . . .	. . . will be banned.
Ní ghlactar le . . .	. . . is not accepted.	Níl cead ag . . .	. . . is not allowed . . .
coinneáil istigh	detention	fionraí	suspension
Cloígh leis na rialacha.	Obey the rules.	Téigh i dteagmháil le . . .	Contact . . .

Éisteacht Rian 1.08

Éist leis an bhfógra ón bpríomhoide agus líon na bearnaí.

Maidin (1)________________, a chairde. Tá fáilte romhaibh chuig (2)________________ na míosa. Tá cúpla rud le plé agam inniu agus ba mhaith liom tosú le (3)________________ nua a bheidh curtha i bhfeidhm maidin (4)________________. Tá a fhios agaibh go bhfuil (5)________________ agaibh (6)________________ ________________ a bheith agaibh ar scoil. É sin ráite, shocraigh bainistíocht na (7)________________ an riail seo a athrú. Ní bheidh cead ag daltaí (8)________________ ________________ a bheith acu ar scoil ón lá amárach ar aghaidh. Táimid ag súil go gcabhróidh an riail seo le (9)________________ ar líne a laghdú. Seolfar litir chuig bhur dtuismitheoirí roimh dheireadh an (10)________________.

Idirghníomhú cainte

Labhair le cúpla duine eile faoi na rialacha i do scoil féin.

Critéir ratha:

- Cén fáth a bhfuil na rialacha ann?
- An bhfuil na rialacha tábhachtach?
- Ar mhaith leat aon riail nua a fheiceáil sa scoil?
- Ar bhris tú aon cheann de na rialacha riamh?

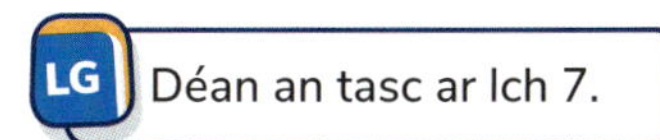

LG Déan an tasc ar lch 7.

Gníomhaíochtaí seach-churaclaim

Dé Luain ◆ 6 Feabhra
Club fichille

Scoil Naomh Bríd in aghaidh Scoil Naomh Pádraig
Am: 4.30–5.30 i.n.
Áit: Seomra staire

Dé Máirt ◆ 7 Feabhra
Traenáil leadóige
Costas: €4 in aghaidh na seachtaine
Am: 8.00–8.45 r.n.
Áit: Halla spóirt

Dé Céadaoin ◆ 8 Feabhra
Ciorcal comhrá

Cuirfear smailceacha agus mianraí ar fáil
Am: *Am lóin*
Áit: *Seomra Gaeilge*

Déardaoin ◆ 9 Feabhra
Aclaí le Paidí

Seisiún Traenáil Eatramhach Ard-Déine (HIIT)
Am: 4.00–4.45 i.n.
Áit: Halla spóirt

Dé hAoine ◆ 10 Feabhra
COMÓRTAS DÍOSPÓIREACHTA
Rún na díospóireachta: *'Is cur amú ama í an obair bhaile.'*
Am: 4.00–5.30 i.n.
Áit: Leabharlann

Dé Luain ◆ 13 Feabhra
Club ealaíne

Líníocht bheo
Am: 4.30–5.30 i.n.
Áit: Seomra ealaíne

Dé Máirt ◆ 14 Feabhra
ULLMHÚCHÁN DON SEÓ TALLAINNE
Do dhaltaí sa chéad bhliain amháin

AM: 4.00–6.00 i.n.
ÁIT: Seomra ceoil

Dé Céadaoin ◆ 15 Feabhra
Cleachtadh cóir

Tabhair uirlis cheoil leat
Am: 3.45–4.45 i.n.
Áit: Seomra ceoil

Déardaoin ◆ 16 Feabhra
PEIL GHAELACH DON FHOIREANN SINSIR
Am: 3.45–4.45 i.n.
Áit: Páirc imeartha

Dé hAoine ◆ 17 Feabhra
Ócáid tiomsaithe airgid
Suan faoin spéir ar son Chumann Naomh Uinseann de Pól
Tabhair mála codlata, fleasc tae agus smailceacha leat

Am: 6.00 i.n. Dé hAoine–7.00 r.n. Dé Sathairn
Áit: Amharclann

Léamh

Seo thuas clár fógraí atá sa halla i Scoil Naomh Bríd. Féach go géar ar na himeachtaí a bheidh ar siúl agus freagair na ceisteanna seo a leanas.

Buntuiscint

1 Cé mhéad fógra atá ar an gclár thuas? (Scríobh an freagra i bhfocail.)
2 Ainmnigh an dá scoil a bheidh ag imirt fichille.
3 Cén costas atá ar an traenáil leadóige in aghaidh na seachtaine?
4 An mbeidh an traenáil leadóige ar siúl ar maidin nó sa tráthnóna?
5 Cad a bheidh ar fáil ag an gciorcal comhrá?
6 An mbeidh cead ag na daltaí sinsearacha freastal ar an ullmhúchán don seó tallainne?
7 Cé mhéad imeacht a bheidh ar siúl sa seomra ceoil? (Scríobh an freagra i bhfocail.)
8 Cén charthanacht a bheidh ag fáil airgid ón suan faoin spéir?

Léirthuiscint

9 An bhfuil tú in aghaidh nó i gcoinne an rúin 'Is cur amú ama í an obair bhaile'? Cuir dhá fháth le do fhreagra.
10 An bhfuil cothromaíocht mhaith ag an scoil seo idir an spórt agus gníomhaíochtaí eile, meas tú? Cuir dhá fháth le do fhreagra.

Éisteacht Rian 1.09

Beidh ceann bliana an dara bliain ag labhairt leis na daltaí faoi na clubanna éagsúla a bheidh ag bualadh le chéile an tseachtain seo. Éist leis an bhfógra agus freagair na ceisteanna thíos. Cuir tic leis an bhfreagra ceart nó líon isteach na focail atá ar iarraidh más gá.

1 Cad a bheidh ar bhaill an chlub cócaireachta tabhairt leo?

sceana ☐ comhábhair ☐ eangacha gruaige ☐

2 Cén t-am a bheidh an club fichille ag bualadh le chéile?

3 Cad a chaithfidh na baill den chlub grianghrafadóireachta a thabhairt leo?

4 Cad a chaithfidh na baill den chlub ceoil tabhairt leo?

bileoga ceoil ☐ uirlisí ceoil ☐

5 Líon isteach an fógra seo.

Dé hAoine ◆ 10 Samhain

Club

____

Am:

4.00–________________

Áit: ________________

Clubanna

club ceoil	club cócaireachta
club drámaíochta	club ealaíne
club fichille	club grianghrafadóireachta
club leabhar	club scríbhneoireachta

Idirghníomhú cainte

Obair leis an duine in aice leat chun na tascanna thíos a dhéanamh.

1 Déanaigí iarracht Béarla a chur ar na clubanna thuas. Is féidir na focail a aimsiú ar teanglann.ie nó focloir.ie más maith leat.

2 Cuirigí ceist ar a chéile: an bhfuil sibh in bhur mball d'aon chlub ar scoil?

3 Scríobhaigí liosta de na clubanna atá ar fáil ar scoil.

4 Scríobhaigí liosta de chlubanna nua gur mhaith libh a bheith ar siúl ar scoil.

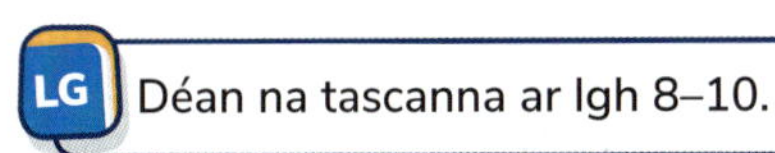
LG Déan na tascanna ar lgh 8–10.

An tsaotharlann

Stór focal

eolaithe	scientists	creatlach	skeleton
cruinneog	globe	maighnéad	magnet
osteilgeoir	overhead projector	Tábla Peiriadach	Periodic Table

Codanna den phictiúr

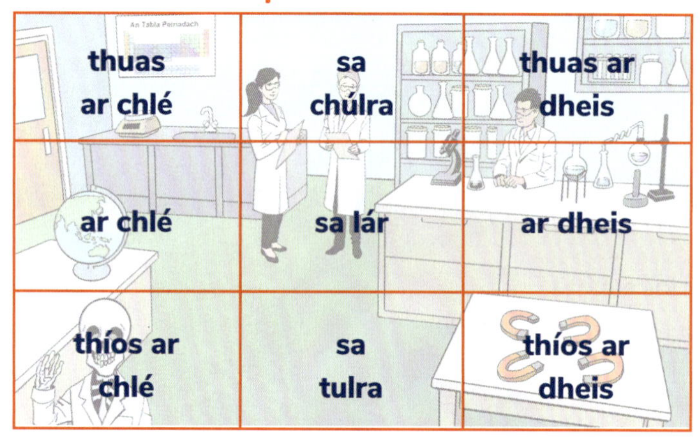

Picthuiscint

Freagair na ceisteanna seo bunaithe ar an bpictiúr.

1. Cén dath atá ar an gcóta atá á chaitheamh ag an gcreatlach thíos ar chlé?
2. Cad is ainm don tábla eolaíochta atá ar an mballa?
3. Cé mhéad duine (beo) atá le feiceáil sa tsaotharlann seo?
4. Ainmnigh tír amháin atá le feiceáil ar an gcruinneog.
5. Cén chuid den phictiúr ina bhfuil an chruinneog?
6. Cé mhéad maighnéad atá ar an mbord sa chúinne thíos ar dheis?

Idirghníomhú cainte

Labhair le duine eile sa rang ar feadh 30 soicind faoin bpictiúr den tsaotharlann, nó faoin seomra ealaíne ar lch 21 más fearr leat. Ansin, éist leis an duine eile ag caint.

An seomra ealaíne

Stór focal

bord canbháis	canvas board
mainicín adhmaid	wooden model
pailéad	palette
páipéar	paper
pinn luaidhe	pencils
pota péinte	paint pot
scuab phéinteála	paintbrush
seilf	shelf
stól	stool
tacas	easel
tarraiceáin	drawers
tiúb phéinte	tube of paint

Tasc pictiúir

Bain úsáid as 'Codanna den phictiúr' atá ar lch 20 le cur síos a dhéanamh ar an seomra ealaíne. Cabhróidh an stór focal thuas leat.

Dathanna

Cad iad na dathanna atá ar phailéad an ealaíontóra seo?

A	B	C	D
E	**F**	**G**	**H**

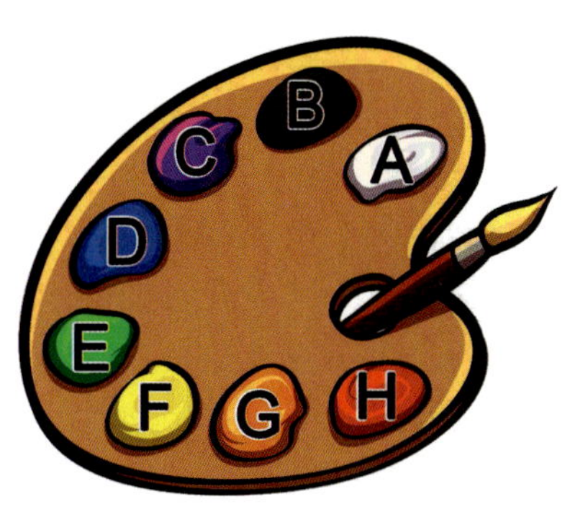

Na réimíreanna *bán* agus *dú*

Bán	Dú
Is minic a bhaintear úsáid as an réimír *bán* le taispeáint go bhfuil dath **geal** i gceist. Cad is brí leis na focail seo a leanas? • bánghorm • bánbhuí • bánghlas	Is minic a bhaintear úsáid as an réimír *dú* le taispeáint go bhfuil dath **dorcha** i gceist. Cad is brí leis na focail seo a leanas? • dúghorm • dúghlas • dúdhearg

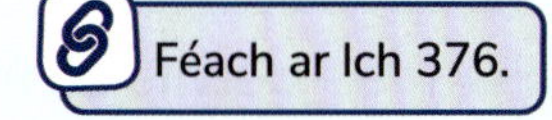
Féach ar lch 376.

Tasc foclóra

Bain úsáid as teanglann.ie chun cúpla sampla eile a aimsiú.

An seomra ranga

Tasc foclóra

Aimsigh na focail seo i d'fhoclóir nó ar na suíomhanna idirlín tearma.ie nó focloir.ie.

1	fón póca	2	ríomhaire
3	scáileán	4	micreafón
5	teachtaireacht	6	forsheomra
7	cluasáin	8	cruinniú
9	méarchlár	10	fuaim
11	beoshruth	12	óstach

Líon na bearnaí

Cuir an focal atá in easnamh i ngach abairt sa liosta thíos. Bain úsáid as na focail ón tasc deireanach. Bí cúramach leis an túslitir sa tasc seo. Tá an chéad cheann déanta duit mar shampla.

1. Cuirfidh mé scairt ort tar éis an lá scoile ar m'*fhón póca*.
2. Bhí an raidió sa seomra briste – ní raibh an __________ ag obair.
3. Shocraigh mise an cruinniú ar líne – ba mise an __________.
4. Fuair mé cúpla __________ faoin traenáil ar m'fhón póca.
5. Ní dúirt sé aon rud sa chruinniú mar bhí a __________ briste.
6. Mhúch sí an __________ ar a ríomhaire agus chuaigh sí abhaile.
7. D'éist mé leis an gcluastuiscint le mo __________ nua.
8. Bhí daoine fós ag feitheamh san __________ nuair a thosaigh an cruinniú.
9. Chuireamar an __________ den Eolaí Óg ón RDS ar siúl ar an gclár cliste.
10. Thosaigh an __________ leis na tuismitheoirí ag a seacht a chlog.

Éisteacht Rian 1.10

Éist leis an óstach, Iníon Walters, agus líon na bearnaí san alt thíos. Bain úsáid as na focail ón tasc deireanach. Bí cúramach leis an túslitir sa tasc seo.

Anois, a scoláirí, cuirfimid tús leis an (1)__________. Iníon Walters is ainm dom agus is mise an (2)__________ inniu. Tá súil agam go bhfuil na (3)__________ ar fad ag obair. Múchfaidh mé na (4)__________ fad is atá mé ag caint. Ach má tá ceist ag éinne, seol (5)__________ chugam ar an **taobh-bharra**[1]. Má tá aon fhadhb ann leis an (6)__________ nó leis an (7)__________, ná bí buartha – déanfaidh mé taifeadadh den (8)__________ agus cuirfidh mé sin chugaibh amárach. An bhfuil éinne fós san (9)__________?

[1] *sidebar*

Léarscáil scoile

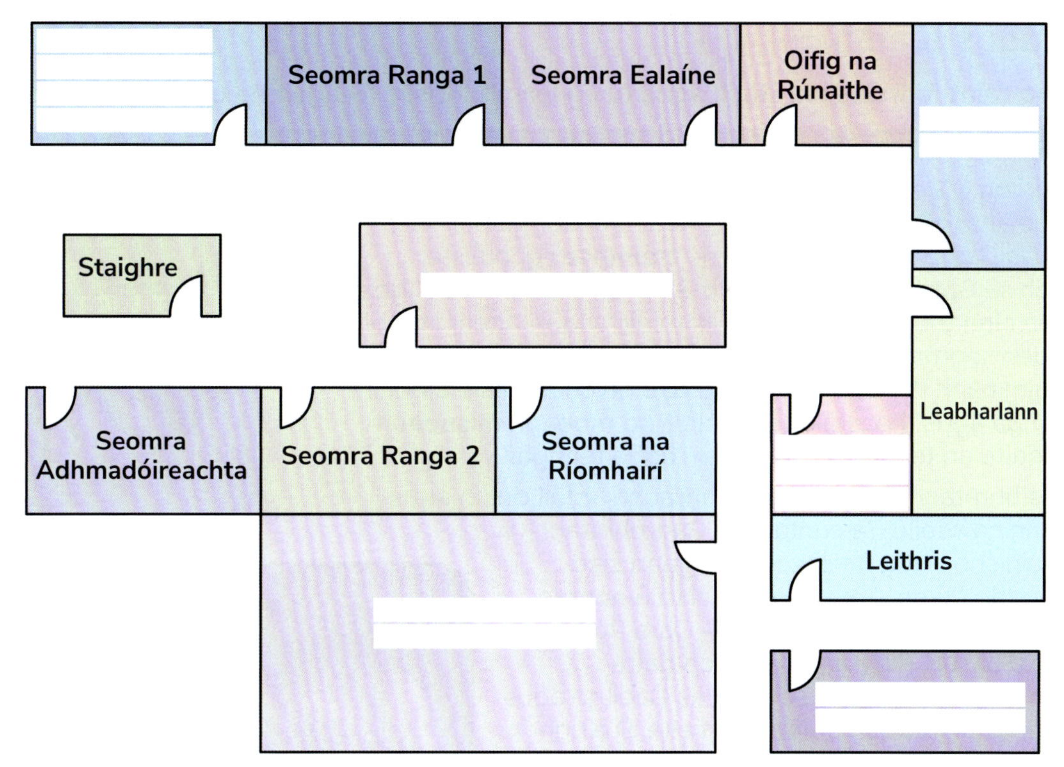

Scríobh

Féach ar an léarscáil scoile thuas. Léigh na treoracha agus líon na bearnaí inti.

1 Tá an halla spóirt taobh thiar de sheomra na ríomhairí.
2 Cuireann na daltaí a n-éide spóirt orthu sna seomraí feistis os comhair na leithreas.
3 Déanann na daltaí turgnaimh éagsúla sa tsaotharlann atá i lár an phasáiste.
4 Má sheasann tú ag bun an halla feicfidh tú an seomra adhmadóireachta agus seomra caidrimh na sóisear ar an taobh eile den phasáiste.
5 Tá oifig an phríomhoide suite in aice leis an leabharlann ionas gur féidir leis súil a choimeád ar na daltaí.
6 Tá an seomra foirne taobh thiar d'oifig na rúnaithe. Réitíonn na múinteoirí agus na rúnaithe go han-mhaith le chéile.

Stór focal

taobh thiar de	behind	i lár	in the middle
ar an taobh eile	on the other side	os comhair	in front of
ag bun	at the bottom	in aice le	beside

Idirghníomhú cainte

Suigh droim le droim leis an duine atá in aice leat. Dear léarscáil scoile ó bhéal. Déan iarracht treoracha a thabhairt don duine eile. Beidh ar an duine seo na treoracha a leanúint agus an léarscáil a tharraingt. Ag an deireadh, déanaigí seiceáil ar an gcruinneas le chéile. Cabhróidh an stór focal thuas libh.

An Ghaeilge taobh amuigh den seomra ranga

Éisteacht agus léamh Rian 1.11

Éist le Simon ag caint faoi Gaelbhratach agus tú ag léamh. Ansin, freagair na ceisteanna thíos.

Is mise Simon Ó Ceallaigh agus táim i mo bhall de chlub na Gaeilge ar scoil. An bhliain seo caite shocraíomar páirt a ghlacadh in Gaelbhratach. Chaith mé **tréimhse** i gcoláiste samhraidh sa Ghaeltacht agus bhí mé ag iarraidh an Ghaeilge **a chur chun cinn** tríd an scoil ar fad. Ní minic a labhraítear í taobh amuigh den seomra ranga agus **is mór an trua é**, dar liom. É sin ráite, tuigim nach mbíonn **muinín** ag daoine chun úsáid a bhaint as an teanga agus theastaigh ón gclub go mbeadh **misneach** ag gach dalta an teanga a úsáid mar rogha teanga.

Chuir Gaelbhratach **ceardlanna** cabhracha ar fáil dúinn agus d'fhoireann na scoile. Tá cuntais ag Gaelbhratach ar na meáin shóisialta freisin agus tugann siad an-spreagadh dúinn. Chuireamar tús le **feachtas** nua ar Lá Domhanda an Chineáltais. Cara Rúnda an t-ainm a bhí air. D'iarramar ar gach dalta **teachtaireacht chineálta** a scríobh as Gaeilge agus é a fhágáil i dtaisceadán duine éigin eile. D'éirigh thar barr linn agus tá a fhios agam gur thug sé **ardú meanman** do gach duine.

Bhí orainn roinnt **spriocanna** a bhaint amach agus cúpla **athrú** a dhéanamh sular bronnadh an Gaelbhratach ar an scoil. Chuireamar go leor **imeachtaí éagsúla** ar siúl. Rinne foireann na scoile **tionól** trí mheán na Gaeilge, d'eagraíomar tráth na gceist tar éis am scoile, glaonn na múinteoirí an rolla as Gaeilge gach maidin agus bíonn **cóisir cáirióice** le ceol Gaelach ar siúl gach dara seachtain.

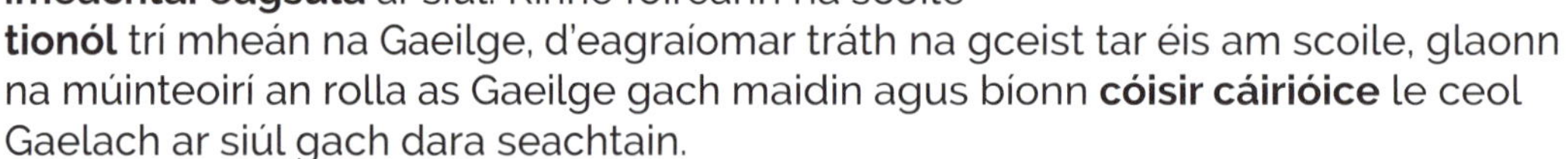

Nuair a chomhlíonamar na céimeanna **go sásúil**, bronnadh Gaelbhratach orainn. Is féidir le **muintir na háite** an bhratach a fheiceáil taobh amuigh den phríomhdhoras. Tá sí mar **chomhartha aitheantais** don obair ar fad atá déanta ag na daltaí agus ag na múinteoirí le húsáid na Gaeilge a chur chun cinn go gníomhach. Táim an-sásta gur ghlacamar páirt in Gaelbhratach. Tá dearcadh níos dearfaí ag gach aon duine i leith na Gaeilge anois.

Scríobh

Freagair na ceisteanna seo a leanas. Mura bhfuil na focail i gcló trom ar eolas agat, féach ar an bhfoclóir ar lch 446.

Buntuiscint

1. Cad a spreag Simon chun páirt a ghlacadh in Gaelbhratach?
2. An labhraítear an Ghaeilge go minic taobh amuigh den seomra ranga?
3. Cén t-ainm a bhí ar an bhfeachtas nua ar scoil?
4. Ainmnigh trí imeacht a chuir na daltaí ar siúl.
5. Cá bhfuil an Gaelbhratach le feiceáil?
6. Aimsigh ceithre bhriathar san aimsir chaite sa sliocht thuas.

Léirthuiscint

7. Cén fáth nach minic a labhair daoine Gaeilge taobh amuigh den seomra ranga, meas tú?
8. Ar éirigh go maith le Simon agus a chomhscoláirí an Ghaeilge a chur chun cinn ar scoil? Tabhair dhá fháth le do fhreagra.

Gaeilge 24

Léigh an t-alt seo agus freagair na ceisteanna a ghabhann leis. Mura bhfuil na focail i gcló trom ar eolas agat, féach ar an bhfoclóir ar lch 446.

Is mise Sinéad Ní Cheallaigh agus táim i mo bhall de chlub na Gaeilge ar scoil. Tá an-mheas ag mo theaghlach ar an teanga agus tá mo dheartháir Simon ina bhall den chlub freisin. Níor eagraigh mé imeacht ar scoil riamh ach i mbliana bhí an mhuinín agam cead a fháil ón leas-phríomhoide agus ón g**ceann bliana** páirt a ghlacadh sa dúshlán Gaeilge 24.

Caithfidh mé a admháil gur mhór **an fhreagracht** é, ach chabhraigh na daltaí eile sa chlub liom. Bhí orainn **foirm iarratais** a sheoladh chuig Conradh na Gaeilge. Nuair a fuair siad an fhoirm sheol siad **pacáiste** iontach chugainn. Bhí T-léine ghorm a raibh 'Labhair Gaeilge Liom' scríofa uirthi, **banda láimhe**, cárta frásaí, **teastas** agus **cárta urraíochta** sa phacáiste. Ba í **aidhm an dúshláin** ná go labhródh gach dalta as Gaeilge ar feadh 24 uair an chloig. Ceapaim gur chabhraigh na cártaí frásaí go mór le gach aon duine agus tá sé ar intinn ag cúpla dalta na frásaí a chaitheamh isteach san MRB!

Bhí sé go hálainn bratach ghorm a fheiceáil ar an lá. Bhí na ballaí clúdaithe le h**earraí bolscaireachta** agus bhí T-léine ghorm ar gach aon dalta sa dara bliain agus sa tríú bliain. D'eagraíomar imeachtaí éagsúla don lá le cabhair ó Chonradh na Gaeilge. Chuireamar tús **spleodrach** leis an lá le seisiún Traenáil Eatramhach Ard-Déine (HIIT) sa halla spóirt. Ghlac an tUasal Mac Gabhann páirt ann agus ní raibh cliú dá laghad ag na daltaí go raibh Gaeilge **líofa** aige. Thugamar faoi rang ióga ag am lóin agus bhí mé ar mo sháimhín só. Ag deireadh an lae cuireadh **comórtas grianghrafadóireachta** ar siúl ar thailte na scoile. Tugadh **noda** dúinn faoi áiteanna difriúla agus bhí orainn féinín a ghlacadh i ngach aon áit.

D'éirigh go hiontach leis an lá, dar liom. Bhí meas ag mo chomhscoláirí orthu féin agus ar gach aon duine a rinne iarracht an Ghaeilge a labhairt. Rud eile ná go gceapaim gur bhain gach aon duine sult as an lá toisc go raibh go leor imeachtaí eile curtha ar ceal de dheasca Covid-19. D'imigh gach dalta abhaile go bródúil le teastas óir ina lámh.

Buntuiscint

1 Ar eagraigh Sinéad aon imeacht ar scoil roimh an dúshlán seo?
2 Cad a sheol siad chuig Conradh na Gaeilge?
3 Ainmnigh trí rud a bhí sa phacáiste.
4 Cérbh í aidhm an dúshláin?
5 Luaigh dhá rud a rinne na daltaí ar an lá.
6 Cén fáth a raibh imeachtaí eile curtha ar ceal?

Léirthuiscint

7 Cén fáth a raibh ar Shinéad cead a fháil ón leas-phríomhoide agus ón gceann bliana páirt a ghlacadh sa dúshlán?
8 Ar éirigh go maith le Sinéad agus lena comhscoláirí an Ghaeilge a labhairt taobh amuigh den seomra ranga, meas tú? Tabhair dhá fháth le do fhreagra.

Labhairt

Samhlaigh go bhfuil tú i do bhall de chlub na Gaeilge ar scoil. Bain úsáid as an acmhainn punainne (lch 3) mar chabhair duit.

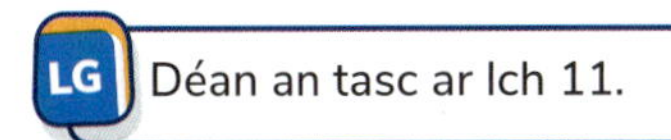

An fhoireann díospóireachta

Meaitseáil

Meaitseáil an litir ar dheis leis an uimhir cheart ón liosta ar chlé. Is féidir úsáid a bhaint as foclóir ar líne má tá cúnamh uait.

1	an rún	A	opposing
2	ar son	B	the heart of the matter
3	i gcoinne	C	I think/believe that . . .
4	captaen na foirne	D	good phrases for debating
5	croí na ceiste	E	Having said that . . .
6	nathanna maithe don díospóireacht	F	team captain
7	Ar an gcéad dul síos . . .	G	in favour
8	Leis sin ráite agam . . .	H	the motion
9	Measaim/sílim/ceapaim go . . .	J	First of all . . .

1	2	3	4	5	6	7	8	9

An tuiseal gairmeach

Úsáideann tú an tuiseal gairmeach nuair atá tú ag cur caint ar dhaoine – mar shampla, **a** *Sheáin*. (Tá an **a** anseo cosúil leis an bhfocal **dear** sa Bhéarla (mar a úsáidtear i litir é).)

An t-ainmfhocal	An tuiseal gairmeach
cathaoirleach (*chairperson*)	a chathaoirligh
moltóirí (*judges*)	a mholtóirí
comhdhaltaí (*fellow students*)	a chomhdhaltaí
lucht an fhreasúra (*opposing team*)	a lucht an fhreasúra
lucht na héisteachta (*audience*)	a lucht na héisteachta

Idirghníomhú cainte

Labhair le duine éigin eile sa rang (nó beirt in aghaidh beirte) faoi cheann de na hábhair seo. Caithfidh taobh amháin a bheith ar son an rúin agus an taobh eile ina choinne.

Rúin shamplacha:

- Is rud maith í an éide scoile.
- Tá an Ghaeilge tábhachtach.
- Tá rialacha faoin bhfón póca sa scoil de dhíth orainn.

Moladh
Déan taifeadadh digiteach ar an gcomhrá seo agus tabhair aiseolas do dhaoine eile sa ghrúpa chun a gcuid Gaeilge a fheabhsú. Is féidir an comhad a scrios ag an deireadh más maith libh.

Léamh

LG Déan na tascanna ar lgh 12–14.

Léigh an téacs thíos agus freagair na ceisteanna a théann leis.

COMÓRTAS DÍOSPÓIREACHTA AN PHIARSAIGH*

RIALACHA GINEARÁLTA

1. Tá an comórtas oscailte d'iar-bhunscoileanna nach ndéantar teagasc trí Ghaeilge iontu agus dóibh siúd amháin.
2. Beidh dhá roinn sa chomórtas – Roinn na Sóisear agus Roinn na Sinsear.
3. Is do scoláirí i ranganna an Teastais Shóisearaigh Roinn na Sóisear.
4. Is do scoláirí sna ranganna Ardteistiméireachta Roinn na Sinsear (Idirbhliain san áireamh).
5. Ní ceadmhach d'aon scoil níos mó ná foireann amháin a chur isteach ar Roinn na Sóisear agus foireann amháin ar Roinn na Sinsear.
6. Beidh táille iontrála de €15.00 le híoc ag gach foireann.
7. Ní bheidh aon dul thar bhreith na moltóirí ag na babhtaí díospóireachta agus ní chuirfear marcanna ar fáil.
8. Déanfar iarracht amanna agus ionaid a roghnú a fheilfidh do na hiomaitheoirí ach caithfidh múinteoirí glacadh leis na socruithe a dhéanfaidh Gael Linn. Beidh formhór na mbabhtaí ar siúl ar 4.30 p.m. nó 5 p.m. (Luan go Déardaoin).
9. Tabharfar an rún do na foirne ar a laghad seachtain roimh gach babhta díospóireachta.

AM AGUS ORD NA gCAINTEOIRÍ

10. Labhróidh Captaen gach foirne ar dtús, ansin Cainteoir 2 ó gach foireann agus ar deireadh Cainteoir 3 ó gach foireann (A1, B1, C1, D1, A2, B2, C2, D2, A3, B3, C3, D3).
11. Roinn na Sóisear – Tabharfar trí nóiméad do gach cainteoir. Roinn na Sinsear – Tabharfar ceithre nóiméad do gach cainteoir.
12. Buailfear an clog nuair a bheidh nóiméad amháin fágtha ag cainteoir agus arís nuair a bheidh an t-am istigh. Ní thabharfar marcanna ar aon chaint a dhéanfar tar éis an dara cloig agus féadfar marcanna a bhaint de dhuine a rachaidh thar fóir ar fad.

STIÚRADH NA DÍOSPÓIREACHTA

13. Labhrófar tríd an gcathaoirleach i gcónaí agus géillfear dá údarás.
14. Ní ceadmhach cur isteach ar chainteoir, ach nuair a bheidh an comórtas thart, féadfaidh an cathaoirleach an díospóireacht a oscailt don urlár.

* ábhar dílis

© Gael Linn

Cuirfear, déanfar, tabharfar, buailfear, féadfar, labhrófar, géillfear – is samplaí iad seo den saorbhriathar san aimsir fháistineach. Déanfaimid staidéar air sin ar lch 390.

Buntuiscint

1. An mbeadh cead ag na daltaí sa scoil a bhfreastalaíonn tú uirthi páirt a ghlacadh sa chomórtas seo?
2. Cad é an costas le dhá fhoireann a chlárú don chomórtas?
3. Cé mhéad dalta atá ar gach foireann?
4. Cathain a thugtar an rún do na foirne?
5. Cé atá níos sine, daltaí Roinn na Sóisear nó daltaí Roinn na Sinsear?

Léirthuiscint

6. An mbeadh suim agat clárú don chomórtas seo? (Tabhair cúis le do fhreagra.)

Suan faoin spéir

Léamh

Léigh an t-alt seo agus féach ar an rogha tascanna a bhaineann leis.

Ag tús na bliana seo, d'eagraigh mo chomhscoláirí **tiomsú airgid** do **charthanachtaí** do dhaoine **gan dídean** trí imeachtaí éagsúla a eagrú. Dar le Focus Ireland, bhí 8,737 duine gan dídean in Éirinn sa bhliain 2020 agus bhíomar ag iarraidh cabhrú leo i mbealach éigin.

D'oibrigh **coiste** daltaí le chéile chun na himeachtaí a phleanáil. Chuireamar tús leis an tiomsú airgid le crannchur carthanachta agus díolachán cístí ag am lóin. D'éirigh linn tacaíocht a fháil ó **chomhlachtaí** áitiúla agus thug siad roinnt duaiseanna dúinn – mar shampla, iPhone nua, **dearbhán** One4all agus dearbhán €100 don Siopa Leabhar. Bhácáil na daltaí tís cístí agus milseoga de gach saghas don díolachán cístí agus bhailíomar €500.

Chaitheamar an tráthnóna ag ullmhú don oíche mhór a bhí romhainn. Chuamar go dtí an t-ollmhargadh sa cheantar agus chaitheamar an €500 ar bhunábhair sláinteachais. Líonamar **málaí droma** leis na rudaí a cheannaíomar san ollmhargadh agus bhí 60 mála droma againn le tabhairt do dhaoine gan dídean an oíche sin.

Chabhraigh an **ceann bliana** linn leis na hullmhúcháin don oíche. Bhuaileamar le chéile os comhair na scoile ag a sé a chlog agus as go brách linn go dtí an chathair. Bhí ar gach dalta mála codlata, pluid agus fleasc tae a thabhairt leo. Chaitheamar an oíche ag tabhairt amach na málaí droma agus ag labhairt leis na daoine a bhí ina luí ar an tsráid. Is beag codladh a rinne mé an oíche sin – bhí mé chomh **ciaptha** sin ag an imní agus mé ag smaoineamh ar líon na ndaoine gan dídean. Bhí mé bródúil asam féin agus as mo chomhscoláirí nuair a d'éirigh linn €3,500 a bhailiú don charthanacht Focus Ireland.

Tasc foclóra

Cuir líne faoin stór focal nua a d'fhoghlaim tú agus an t-alt seo á léamh agat. Bain úsáid as teanglann.ie leis na nathanna/na focail nach bhfuil ar eolas agat a aimsiú.

Scríobh

Freagair na ceisteanna seo a leanas. Mura bhfuil na focail i gcló trom ar eolas agat, féach ar an bhfoclóir ar lch 447.

Buntuiscint

1 Cad a d'eagraigh na daltaí do charthanachtaí do dhaoine gan dídean?
2 Cé mhéad duine a bhí gan dídean in Éirinn sa bhliain 2020?
3 Ainmnigh dhá rud a d'eagraigh na daltaí chun airgead a bhailiú.
4 Cad a chuir na daltaí sna málaí droma?
5 Cad a thóg na daltaí leo?
6 Cén fáth nach bhfuair an scríbhneoir mórán codlata?

Léirthuiscint

7 Dá mbeadh ort mála droma a líonadh le rudaí do dhuine gan dídean, cad a chuirfeá ann?

Idirghníomhú cainte

'Tá an locht ar na polaiteoirí go bhfuil daoine gan dídean in Éirinn.' An bhfuil tú ar son nó in aghaidh an rúin díospóireachta seo? Labhair faoi leis an duine in aice leat. Cuir dhá fháth le do fhreagra.

An fhilíocht

Beidh na nótaí don fhilíocht sa leabhar seo bunaithe ar an triantán ar dheis.

- giota/**athfhriotal**[1]
- an téarmaíocht
- an saorbhriathar

Triantán na filíochta
giota/athfhriotal
an téarmaíocht
an saorbhriathar

Giota/athfhriotal

Déan cinnte go bhfuil ar a laghad giota amháin ón dán i ngach freagairt a scríobhann tú ar an bhfilíocht. Is é seo an **fhianaise**[2] a thugann údarás don fhreagairt. Níl sé sásúil freagairt a scríobh i d'fhocail féin go hiomlán gan nasc leis an dán déanta le sliocht uaidh.

An téarmaíocht

Déan cinnte go bhfuil do fhreagairt ar gach saothar lán le téarmaíocht chuí a bhaineann leis an seánra atá i gceist agat. Féach ar an liosta thíos.

Téarmaí litríochta

dán	poem	file	poet
téama	theme	friotal	language
tús . . .	start . . .	lár . . .	middle . . .
deireadh . . .	end . . .	. . . an dáin	. . . of the poem
teideal	title	rann	stanza
ceathrú	verse	véarsa	verse
líne/abairt	line/sentence	saothar	work (of art)
rím	rhyme	rithim	rhythm
uaim	alliteration	comhfhuaim	assonance
íomhá	image	meafar	metaphor
pictiúr	picture	cumha	nostalgia
mothúchán	emotion	maoithneachas	sentimentality
athrá	repetition	meadaracht	metre
ionannú le	identify with	stíl	style

Tús an dáin, lár an dáin, deireadh an dáin –
tá an tuiseal ginideach sna trí shampla thuas.

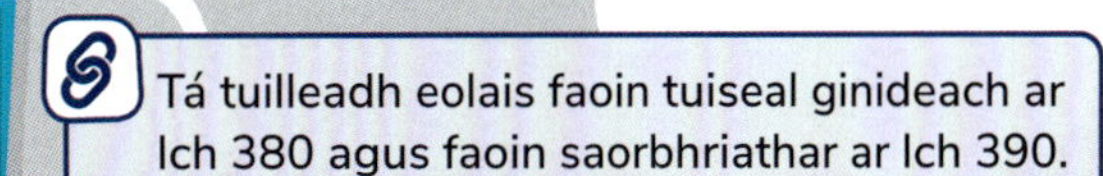

Tá tuilleadh eolais faoin tuiseal ginideach ar
lch 380 agus faoin saorbhriathar ar lch 390.

Ba chóir úsáid a bhaint as an saorbhriathar. In ionad 'feicim' nó 'cloisim', is fearr 'feictear' nó 'cloistear' a úsáid agus tú ag caint faoin litríocht. Seo samplaí den saorbhriathar atá oiriúnach don fhilíocht.

- **Cloistear** uaim sa chéad véarsa. (*Alliteration* ***is heard*** *in the first verse.*)
- **Feictear** íomhá iontach sa dara líne. (*A wonderful image* ***is seen*** *in the second line.*)
- **Cuirtear** béim ar an athrá sa dán seo. (*Emphasis* ***is put*** *on repetition in this poem.*)

[1] quotation [2] evidence

Dán: 'Jeaic ar Scoil'

Nóta faoin bhfile

© Erin Hehir

Rugadh Dairena Ní Chinnéide i gCorca Dhuibhne i gContae Chiarraí i mí Lúnasa sa bhliain 1969. Is file **dátheangach**[1] í agus tá naoi g**cnuasach**[2] filíochta foilsithe aici. Mar aon leis an bhfilíocht, is drámadóir í agus craoladh dhá dhráma raidió dá cuid ar RTÉ. Is aisteoir í freisin agus bíonn sí ar an stáitse go minic. Tá sí ina cónaí sa **Ríocht**[3] fós.

Éisteacht agus léamh Rian 1.12

Éist leis an dán agus tú ag léamh.

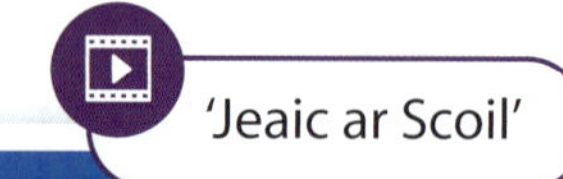

JEAIC AR SCOIL ← teideal an dáin

le Dairena Ní Chinnéide ← ainm an fhile

Glan díot **gaineamh**[4] na trá
Is oscail an doras don fhómhar,
Bronn ort féin éide
Go b**priocfaidh**[5] sceacha na léine
Do mhuineál óg beag
Is go dtógfar ón mbosca na bróga
A m**boladh**[6] leathair ina **anlann**[7] agat.
Tá'n tú sé mbliana d'aois.

D'aithníos le **huaibhreacht**[8] do **chrógacht**[9]
Is tú ag déanamh ar stad an bhus.
'Ná póg mé, Mam,' a dúraís,
'I'll wait by myself.'
Chasas mo **shála**[10] ar mo bháibín óg
Go dtáinig **fás aon oíche**[11] air
Faoi **cheobhrán brothallach**[12] na maidine.

Is shiúlaíos isteach abhaile
Go dtugfainn leathshúil fén gcuirtín
Go n-imeodh sé slán
Go **slogfadh**[13] an fhoghlaim é
Le **fiosracht tartmhar gan teorainn**[14].
Tá sé sé mbliana d'aois.

Gluais leat fé cheol
Is fé ghrá do **mhuintire**[15].
Feairín beag **seanchríonna**[16]
A chaith **seal**[17] anso cheana
Lena shúilibh donna
Ar leathadh le hiontas
As bheith beo sa tsaol.

Nach álainn a bheith
Sé mbliana d'aois.

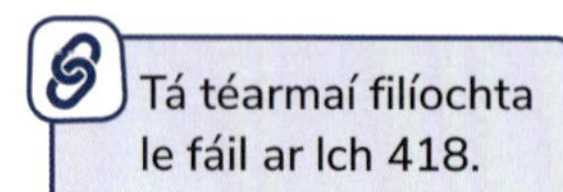
Tá téarmaí filíochta le fáil ar lch 418.

LG Tá cluastuiscintí don aonad seo le fáil ar lgh 147–50.

[1] bilingual [2] collections [3] Kingdom [4] sand [5] will prick
[6] smell [7] sauce [8] pride [9] bravery [10] heels [11] growth spurt
[12] humid mist [13] would swallow [14] thirsty, limitless curiosity
[15] family [16] wise [17] a while

Tá stór focal an aonaid seo le fáil ar lch 445.

Canúint an dáin

Scríobhadh an dán seo i gcanúint na Mumhan. Féach ar na difríochtaí idir an chanúint sin agus an caighdeán oifigiúil.

An chanúint (Gaeilge na Mumhan)	An caighdeán (Gaeilge oifigiúil)
tá'n (an aimsir láithreach)	tá
d'aithníos (an aimsir chaite)*	d'aithin mé**
chasas (an aimsir chaite)*	chas mé**
shiúlaíos (an aimsir chaite)*	shiúil mé**
fén (an réamhfhocal + an t-alt)	faoin
fé (an réamhfhocal)	faoi
súilibh (an uimhir iolra)	súile

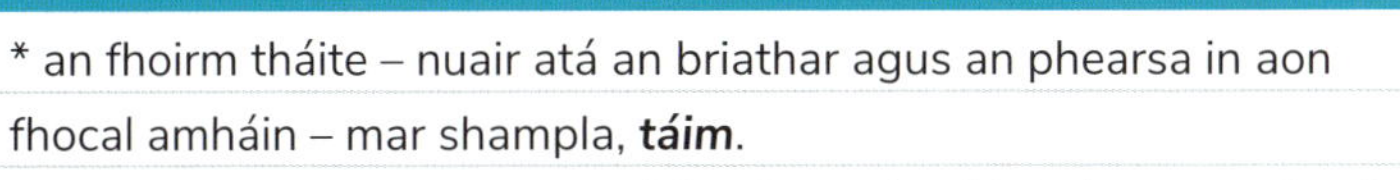

* an fhoirm tháite – nuair atá an briathar agus an phearsa in aon fhocal amháin – mar shampla, ***táim***.

** an fhoirm scartha – nuair atá focal ann don bhriathar agus focal eile don phearsa – mar shampla, ***tá mé***.

Cúinne na gramadaí

Pioc cúig bhriathar agus cúig aidiacht as an dán.

Briathra	Aidiachtaí
1	1
2	2
3	3
4	4
5	5

Scríobh

Freagair na ceisteanna seo a leanas.

Buntuiscint

1 Cé mhéad duine atá sa dán seo?
2 Cad iad an dá áit ina bhfuil an dán seo suite?
3 Conas atá an aimsir ar an lá sa dán?

Léirthuiscint

4 Déan cur síos i d'fhocail féin ar thréithe fisiciúla agus ar thréithe pearsanta Jeaic.
5 Déan cur síos i d'fhocail féin ar an gcaidreamh idir Jeaic agus a mháthair.
6 Mínigh i d'fhocail féin an rud atá ag teastáil ón máthair dá mac.

Idirghníomhú cainte

Labhair le duine eile sa rang faoi do chéad lá ar an mbunscoil nó do chéad lá ar an meánscoil.

Moladh
Déan taifeadadh digiteach ar an gcomhrá seo agus tabhair aiseolas do dhaoine eile sa ghrúpa chun a gcuid Gaeilge a fheabhsú.

Critéir ratha:

- Conas a thaisteal tú ar scoil?
- Cén t-am ar shroich tú an scoil?
- Cé ar bhuail tú leis?
- Cén múinteoir a bhí agat don chéad rang?

Meaitseáil

Meaitseáil na híomhánna/na meafair leis na habairtí cearta.

1 glan díot gaineamh na trá	A Cloistear canúint Chiarraí san íomhá seo.
2 oscail doras don fhómhar	B Is léir ón íomhá seo gur chaith Jeaic lá cois farraige.
3 bosca na bróga	C Faightear léargas ar an aimsir san íomhá seo.
4 tú ag déanamh ar stad an bhus	D Feictear san íomhá seo go bhfuil eagla ar an máthair faoi Jeaic.
5 ceobhrán brothallach na maidine	E Tá neamhspleáchas Jeaic le feiceáil san íomhá seo.
6 go dtugfainn leathshúil fén gcuirtín	F Feictear an uaim san íomhá seo.
7 go slogfadh an fhoghlaim é	G Deirtear leis an meafar seo go bhfuil séasúr nua ag tosú.
8 lena shúilibh donna	H Is léir ón meafar seo go bhfuil suim ag an máthair san oideachas.

1	2	3	4	5	6	7	8

íomhá *bain4* samhail de rud; dealbh; scáth, scáil

meafar *fir1* samhail de rud i bhfoirm ruda eile (ar nós, diabhal de ghasúr, leon fir, bábóg girsí)

Foinse: *An Foclóir Beag*

Ceol an dáin (na fuaimeanna)

Tá 'Jeaic ar Scoil' scríofa sa tsaorvéarsaíocht agus mar sin níl aon rím láidir ag dul ó thús deireadh an dáin. Tugann an mheadaracht scaoilte seo saoirse don fhile lena cuid tuairimí a léiriú go cruinn. Ach fós cloistear an chomhfhuaim – mar shampla, sa dara véarsa, 'le huaibhreacht do chrógacht', agus sa cheathrú véarsa, 'seal anso cheana'. Cuireann na sonraí seo le ceol an dáin.

Léamh

Cad iad na teicnící a úsáidtear sa dán? Cuir lipéad le gach giota ón dán.

Banc focal
athrá, comhfhuaim, íomhá, meafar, uaim

1 sé mbliana d'aois *Leid: Tá sé seo sa dán faoi thrí.* ____________________
2 bosca na bróga ____________________
3 doras don fhómhar ____________________
4 do mhuineál óg beag ____________________
5 seal anso cheana ____________________

Mothúcháin an dáin

Tá réimse[1] mór mothúchán sa dán seo. Féach ar an ngreille anseo.

1 Crógacht	2 Brón	3 Grá	4 Uaigneas
Teastaíonn ó Jeaic a bheith ina aonar agus tuigeann an mháthair an chrógacht seo.	Tá brón ar an bhfile go bhfuil a mac éirithe níos sine i bpreabadh na súl.	Guíonn an mháthair gach beannacht ar a mac don lá atá roimhe.	Mothaítear an t-uaigneas nuair atá an bheirt acu fágtha ina n-aonar.

5 Cumha	6 Eagla	7 Iontas	8 Sonas
Tá cumha ar an máthair agus í ag féachaint siar ar an samhradh atá thart.	Níl an mháthair iomlán cinnte an mbeidh Jeaic sábháilte leis féin.	Tá sé deacair don mháthair a chreidiúint go bhfuil a mac 'sé mbliana d'aois'.	Tá sonas agus sceitimíní ar Jeaic a bheith ag dul leis féin ar an mbus.

Cá bhfuil an fhianaise?
Déan cinnte i gcónaí go bhfuil do fhreagra bunaithe ar an dán. Tá an fhianaise seo de dhíth le gach freagairt.

Scríobh

Cuir cúpla focal ón dán le gach pointe ón ngreille thuas. Tá an chéad cheann déanta duit mar shampla.

1 *Crógacht: Feictear seo go soiléir sa dara véarsa nuair a deir Jeaic 'Ná póg mé, Mam . . . "I'll wait by myself."'*

Ceist shamplach

Cad é an mothúchán is mó nó is láidre sa dán? Déan plé ar an mothúchán sin le tagairtí don dán.

I mo thuairim féin, is é an mothúchán is láidre sa dán seo ná an sonas. Tá áthas agus bród na máthar le feiceáil agus í ag fágáil slán lena mac agus é ag dul ar scoil den chéad uair. Léirítear an sonas agus an mháthair ag tnúth go mór go bhfoghlaimeoidh Jeaic rudaí nua ar scoil: 'Go slogfadh an fhoghlaim é'. Feicimid saol sona an pháiste trí shúile na máthar agus í ag rá 'Nach álainn a bheith / Sé mbliana d'aois.' Ach léirítear go bhfuil Jeaic é féin sona sásta nuair a deir sé, '*I'll wait by myself.*' Tá trua agam don mháthair mar is breá léi an t-am fiúntach atá aici lena mac sa bhaile agus tá deireadh ag teacht leis an am sin. Ach fós, leis sin ráite, níl aon rud níos fearr le feiceáil d'aon tuismitheoir ná a p(h)áiste ag éirí neamhspleách. Mar sin, ar an iomlán, is dán dearfach é seo atá bunaithe ar an sonas agus tá tógáil croí ann.

[1] range

Scéal an dáin

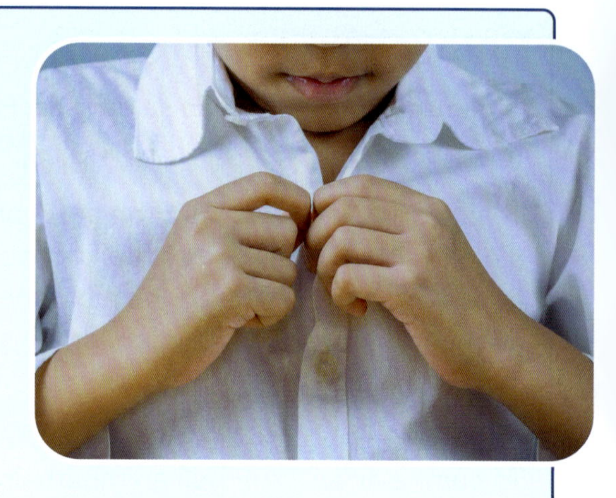

Is iomaí íomhá atá fite fuaite tríd an dán seo. Insítear an scéal sna híomhánna. Feictear gach rud sa dán trí shúile an fhile, Dairena Ní Chinnéide – sin súile na máthar. Cuirtear tús leis an dán leis an íomhá 'Glan díot gaineamh na trá'. Is pictiúr álainn soineanta é seo de bhuachaill óg sa bhaile arís tar éis lá deas ar an trá.

Feictear an dara híomhá sa chéad véarsa ag cur síos ar Jeaic ina éide scoile. Feictear 'sceacha na léine' ar a 'mhuineál óg beag' agus in aice leis tá 'bosca na bróga'. Is léir go bhfuil sé ag ullmhú don scoilbhliain atá amach roimhe.

Sa dara véarsa feictear pictiúr de Jeaic ag siúl óna mháthair 'ag déanamh ar stad an bhus' agus filleann an mháthair ar an teach léi féin.

Teicnící fileata

Baineann an file sárúsáid as réimse teicnící sa dán seo. Mar shampla, cloistear athrá de na focail 'sé mbliana d'aois'. Déantar é seo chun cur ina luí orainn go bhfuil sé fós óg ach neamhspleách ag an am céanna. Is maith liom luas an dáin. Ní úsáideann an file aon rím sa dán seo, ach cloistear comhfhuaim sna focail 'uaibhreacht' agus 'chrógacht' ag tús an dara véarsa agus tá uaim le feiceáil sna focail 'tartmhar gan teorainn'. Cuireann sé seo go mór leis an dán agus taitníonn sé liom freisin go n-úsáideann an file friotal lom gonta simplí. Oireann sé sin go mór d'ábhar an dáin. Tá sé fíoréasca smaointe agus mothúcháin an fhile a thuiscint.

Suíomh an dáin

Tarlaíonn an radharc sa dán idir teach an fhile agus stad an bhus. Tá bród ar an máthair ag fanacht le Jeaic ag tús na scoilbhliana: 'D'aithníos le huaibhreacht do chrógacht'. Ach filleann an file ar an teach ina haonar agus 'shiúlaíos isteach abhaile'. Ansin tosaíonn sí ag stánadh air, 'leathshúil fén gcuirtín'. Cuireann suíomh an dáin go mór leis an atmaisféar mar is dóigh liom go bhfuil imní uirthi ag féachaint ar a mac ag fágáil an tí leis féin.

Ceisteanna samplacha

Cén fáth ar scríobh an file an dán seo?

Scríobh sí é mar b'eachtra mhór í nuair a thosaigh a páiste óg an scoil. Tá an file buartha faoi leas a mic. Feictear sin sa líne 'Go dtugfainn leathshúil fén gcuirtín'. Tuigeann an file go mbeidh Jeaic ina fhear óg gan mhoill agus tá a fhios aici go mbeidh an buachaill imithe uaithi i bpreabadh na súl. Tugann sí faoi deara 'go dtáinig fás aon oíche air'. Scríobh sí an dán seo ionas go mbeadh taifead ealaíonta ar fáil ar an gcéad mhaidin a ndeachaigh a mac óg ar scoil. Maireann Jeaic óg sa saothar céanna.

Cén rud a chuireann an saothar seo i gcuimhne duit?

Cuireann an dán seo mé ag smaoineamh ar fhilleadh ar scoil. Is cuimhin liom íomhá mo thuismitheoirí ag tiomáint go dtí an scoil agus mé ag súil go mór leis an scoil. Tá an íomhá sin fós greanta i mo mheon agus is dócha nach ndéanfaidh mé dearmad choíche ar laethanta mo bhunscoile. Tréimhse iontach a bhí ann. Deir mo thuismitheoirí liom gur lá bródúil a bhí ann dóibh freisin.

Cad é téama an dáin? Déan plé ar an téama.

Is léir gurb é grá na máthar dá mac óg an téama is láidre sa dán seo. Faightear íomhá den bhuachaill óg agus é in aice le stad an bhus réidh chun filleadh ar scoil. Tá sé sé bliana d'aois agus ar bís chun dul ar scoil. Feictear grá na máthar agus í ag iarraidh póg a thabhairt dó, ach tá náire air. 'Ná póg mé, Mam,' a deir sé. Tá bród ag teacht leis an ngrá freisin: 'D'aithníos le huaibhreacht do chrógacht'. Is léir go bhfuil Jeaic **aibí**[1] dá aois agus gur tháinig 'fás aon oíche air'. Tá súile na máthar ceangailte le Jeaic. Feictear seo sa líne 'Go dtugfainn leathshúil fén gcuirtín'. Is cinnte go bhfuil croí agus téama an dáin seo bunaithe ar an ngrá.

Mínigh teideal an dáin agus cuir in iúl an fáth ar thaitin nó nár thaitin an teideal sin leat.

Mar aon le cuid mhór teideal, is achoimre é an teideal 'Jeaic ar Scoil' ar an dán ar fad. Cuirimid aithne sa teideal ar phríomhcharachtar an dáin sin, Jeaic. Is lá mór é nuair a théann duine ar scoil agus tá an file ag déanamh taifeadadh ar an eachtra sin sa saothar seo. Leis an teideal cuirtear an léitheoir ar an eolas faoin duine agus faoin eachtra atá á plé ó thús deireadh an dáin. Ceapaim go bhfuil an teideal soiléir agus thuig mé ábhar an dáin ón tús. Mar sin, thaitin an teideal liom.

Tabhair dhá chúis gur thaitin nó nár thaitin an dán seo leat.

Tá an dán seo lán le cumha agus is maith liom na mothúcháin dhoimhne sa dán. Tá cuimhní cinn deasa agam a bhaineann le mo laethanta luatha ar scoil. Mar sin aontaím leis an abairt 'Nach álainn a bheith / Sé mbliana d'aois.' Is maith liom an turas a dhéanann an file agus í ag dul siar bóithrín na smaointe. Taitníonn ceol an dáin go mór liom freisin. Is maith liom an uaim sa leathabairt 'tartmhar gan teorainn' agus an chomhfhuaim idir na focail 'uaibhreacht' agus 'chrógacht' ag tús an dara véarsa. Cuireann an ceol seo go mór leis an dán agus réitíonn sin liomsa. Déanann an file trí ghuí sa tríú véarsa: 'Go dtugfainn . . .', 'Go n-imeodh . . .' agus 'Go slogfadh . . .'. Ceapaim go gcuireann an t-athrá seo go mór le héifeacht an dáin freisin.

Labhairt

An cuimhin leat mórán ó do chéad lá ar an meánscoil (nuair a bhí tú sa chéad bhliain)? Scríobh alt beag anseo faoin méid gur cuimhin leat. Labhair os comhair an ranga ar feadh 40 soicind faoin lá sin.

LG Déan na tascanna ar lgh 15–16.

Critéir ratha:

- Conas a tháinig tú ar scoil an lá sin?
- An raibh an aimsir go deas?
- Cad iad na múinteoirí a bhí agat?
- Ar bhuail tú leis an bpríomhoide?
- Cé a bhí in aice leat sa seomra ranga?
- Cad a rinne tú ag am lóin?

Tasc ealaíne

Dear scéalchlár le sé phictiúr ar storyboardthat.com nó a mhacasamhail don dán 'Jeaic ar Scoil' agus scríobh script san aimsir láithreach chun dul leis an gclár. Bain úsáid as an acmhainn punainne (lch 5) mar chabhair duit.

[1] *mature*

Measúnú an aonaid

Piarmheasúnú: Cluiche do bheirt

Déan staidéar ar an aonad seo agus ansin imir an cluiche seo le daoine eile sa rang.

Rialacha an chluiche

1. Scríobh na litreacha A, B, C agus D ar phíosaí páipéir. Cuir na píosaí páipéir **béal faoi**[1] ar an mbord.
2. Piocann gach duine dhá litir.
3. Féach ar an liosta ceisteanna thíos. Tá naoi gceist do gach litir. Scríobh amach na ceisteanna agus freagair iad i do chóipleabhar. Tá 25 nóiméad agat don tasc seo (18 ceist an duine).
4. Déan é seo in aghaidh an chloig. Má tá an scór céanna agaibh, beidh an bua ag an duine a chríochnaíonn an tasc níos tapúla.
5. Déan seiceáil ar na freagraí atá ag an duine eile sa chluiche. Déan taifead ar an scór.

Ceisteanna A	Ceisteanna B	Ceisteanna C	Ceisteanna D
1 Cuir an briathar san aimsir láithreach: 'tóg + mé'	1 Cuir an briathar san aimsir láithreach: 'cuir + siad'	1 Cuir an briathar san aimsir láithreach: 'glan + muid/sinn'	1 Cuir an briathar san aimsir láithreach: 'éist + mé'
2 Cuir an réamhfhocal agus an forainm le chéile: 'le + sibh'	2 Cuir an réamhfhocal agus an forainm le chéile: 'le + iad'	2 Cuir an réamhfhocal agus an forainm le chéile: 'le + é'	2 Cuir an réamhfhocal agus an forainm le chéile: 'le + mé'
3 Céard é seo: 'áit le foghlaim ó mhúinteoirí'?	3 Céard é seo: 'leathanaigh phriontáilte agus iad ceangailte i gclúdach'?	3 Céard é seo: 'áit a ndéantar gnó páipéar, riarachán, cuntais, srl.'?	3 Céard é seo: 'bia meán lae'?
4 Cuir an réimír roimh an aidiacht: 'bán + gorm'	4 Cuir an réimír roimh an aidiacht: 'bán + buí'	4 Cuir an réimír roimh an aidiacht: 'dú + dearg	4 Cuir an réimír roimh an aidiacht: 'dú + gorm'
5 Cuir Gaeilge ar an bhfrása seo: 'top middle'	5 Cuir Gaeilge ar an bhfrása seo: 'bottom middle'	5 Cuir Gaeilge ar an bhfrása seo: 'bottom right'	5 Cuir Gaeilge ar an bhfrása seo: 'top left'
6 Aimsigh rud éigin sa seomra ranga a bhfuil dath dearg air.	6 Aimsigh rud éigin sa seomra ranga a bhfuil dath bán air.	6 Aimsigh rud éigin sa seomra ranga a bhfuil dath oráiste air.	6 Aimsigh rud éigin sa seomra ranga a bhfuil dath liath air.
7 Cad é an Ghaeilge ar 'metre'?	7 Cad é an Ghaeilge ar 'repetition'?	7 Cad é an Ghaeilge ar 'alliteration'?	7 Cad é an Ghaeilge ar 'assonance'?
8 Scríobh síos mothúchán amháin ón dán 'Jeaic ar Scoil'.	8 Scríobh síos téama amháin ón dán 'Jeaic ar Scoil'.	8 Scríobh síos íomhá amháin ón dán 'Jeaic ar Scoil'.	8 Scríobh síos meafar amháin ón dán 'Jeaic ar Scoil'.
9 Conas a deirtear 'faoin' i gcanúint na Mumhan?	9 Conas a deirtear 'faoi' i gcanúint na Mumhan?	9 Conas a deirtear 'shiúil mé' i gcanúint na Mumhan?	9 Conas a deirtear 'chas mé' i gcanúint na Mumhan?

Scór d'imreoir A = ☐   Scór d'imreoir B = ☐

[1] face down

Téigh go dtí **www.edco.ie/croinagaeilge3** agus bain triail as na hidirghníomhaíochtaí.

Féinmheasúnú

Nuair atá an piarmheasúnú déanta agat, comhlánaigh an ghreille seo thíos. Léigh gach intinn foghlama agus abairt mhachnaimh sa chéad cholún. An ndearna tú dul chun cinn? Cuir tic sa cholún cuí.

Anois táim in ann . . .	🙂	😐	🙁
stór focal na scoile a aithint agus a litriú i gceart.			
plé leis na réamhfhocail *le* agus *ar*.			
na briathra rialta a réimniú san aimsir láithreach.			
téarmaíocht don fhilíocht a léamh agus a scríobh i gceart.			
freagairt a scríobh faoin dán 'Jeaic ar Scoil'.			
Déanfaidh mé machnamh ar na habairtí seo a leanas (scríobh d'abairt féin freisin):			
Nuair atá tú ag foghlaim na mbriathra, 'déanann cleachtadh máistreacht'.			
Tuigim an difríocht idir an caighdeán agus canúint sa Ghaeilge.			

Anois, comhlánaigh an plean feabhsúcháin seo thíos.

Trí rud a d'fhoghlaim mé:

1 ______________________________

2 ______________________________

3 ______________________________

Dhá rud atá le cleachtadh agam:

1 ______________________________

2 ______________________________

Rud a dhéanfaidh mé chun feabhas a chur ar mo chuid Gaeilge:

Seiceáil amach

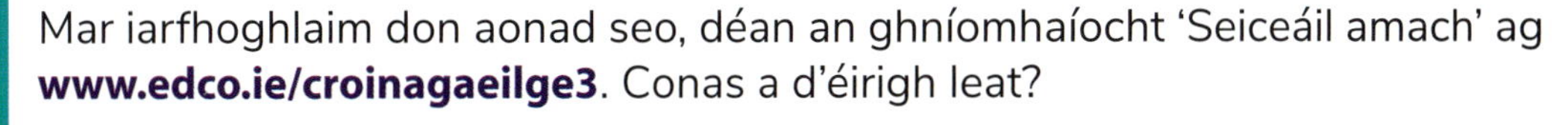

Mar iarfhoghlaim don aonad seo, déan an ghníomhaíocht 'Seiceáil amach' ag **www.edco.ie/croinagaeilge3**. Conas a d'éirigh leat?

Smaointe MRB 2

Sample CBA 2

- **Cur i láthair:** Labhair os comhair an ranga faoin ábhar is fearr leat.
- **Taispeántas:** Déan dráma beag bunaithe ar an dán 'Jeaic ar Scoil'.
- **Comhrá:** Bain úsáid as an dán nó as an amhrán is fearr leat mar ábhar spreagthach agus labhair faoin saothar.

Aonad 2

Mé Féin, Mo Theaghlach agus Mo Chairde

Torthaí foghlama an aonaid

Is maith an scáthán súil charad.

Cumas cumarsáide	Feasacht teanga agus chultúrtha	Féinfheasacht an fhoghlaimeora
1.1, 1.6, 1.9, 1.10, 1.11, 1.14, 1.19, 1.22, 1.23, 1.25, 1.28	2.1, 2.2	3.5, 3.8

Téacsanna an aonaid

Téacs litríochta
Gearrscéal: 'Spás' le Mícheál Ó Ruairc
Téacsanna tacúla eile
Téacs litríochta (rogha eile): 'Fionn agus an Fathach' (gearrscéal) le Jacqueline de Brún Téacsanna eile: Scríbhneoirí ó Chontae an Chláir, Oíche na stoirme, *Rúbaí* (gearrscannán) Acmhainní eile: teanglann.ie, focloir.ie, ainm.ie, mentimeter.com, léaráidí gramadaí, acmhainn punainne, acmhainní digiteacha ag edco.ie/croinagaeilge3

Achoimre ar an aonad seo

Tá an t-aonad seo bunaithe ar an téama 'Mé Féin, Mo Theaghlach agus Mo Chairde'. Leanfaidh na daltaí ar aghaidh ag cur lena gcumas cumarsáide sna scileanna teanga difriúla. Cuirfear béim ar an bhfeasacht teanga, ag díriú isteach ach go háirithe ar theanga na Gaeilge mar chóras. Spreagfar na daltaí chun foghlaim fhéinriartha a fhorbairt agus chun tuiscint a fhorbairt ar spreagadh pearsanta i leith na teanga.

San aonad seo foghlaimeoidh an dalta na scileanna seo:

Réamhfhoghlaim	Seiceáil isteach (lch 39)
Léamh	Réaltchomharthaí na seachtaine le Máire Mhisteach (lch 45), Scoil Samhraidh Willie Clancy (lch 46), Taighde (lch 46), Scríbhneoirí ó Chontae an Chláir (lch 47), Meaitseáil (lgh 48, 64, 71), Crann ginealaigh na Beckhams (lch 50), Gearrscéal: 'Spás' (lgh 52, 53, 55), Nóta faoin údar (lch 56), Mo chara in Éirinn (lch 61), Mo chara i Nua-Eabhrac (lch 62), Cóisir bhreithlae thar oíche (lch 66), Cárta breithlae (lch 67), Mo chairde le linn na dianghlasála (lch 68), Oíche na stoirme (lch 69)
Scríobh	Scríobh (lgh 42, 44, 46, 49, 50, 58, 61, 62, 64, 66, 68, 70), Blag (lch 49), Líon na bearnaí (lgh 50, 70), Obair ealaíne (lgh 50, 66, 67), Mo chara is fearr (lch 65), Rún díospóireachta (lch 65), Léirthuiscint (lch 66), Ceist shamplach (lgh 72, 73)
Éisteacht	Éisteacht (lgh 41, 42, 46, 48, 55, 60, 64)
Labhairt	Labhairt (lgh 47, 71)
Idirghníomhú cainte	Idirghníomhú cainte (lgh 42, 44, 49, 58, 63, 64, 65, 71), Suirbhé ranga (lch 44), Cé atá ann? (lch 51)
Gramadach	Scríobh (lgh 40, 48, 52, 53, 60), Súil siar ar an sé mór (lch 48), Líon na bearnaí (lch 48), Cúinne na gramadaí (lgh 49, 61, 66, 67), Aistriúchán (lch 49), Machnamh (lch 52), An t-ainm briathartha (lch 54), Cleachtadh ar na haimsirí (lch 54), An phearsa (lch 59)
Foclóir	Crosfhocal (lgh 40, 63), Tasc foclóra (lgh 41, 42, 63, 66, 70), Meaitseáil (lgh 43, 44), Stór focal (lgh 51, 72, 73), Léamh (lgh 61, 62)
Cultúr	Scoil Samhraidh Willie Clancy (lch 46), Scríbhneoirí ó Chontae an Chláir (lch 47)
Leabhar gníomhaíochta	Tascanna (lgh 17–33), Cluastuiscint (lgh 151–3)
Measúnú	Piarmheasúnú (lch 74)
Machnamh	Féinmheasúnú (lch 75), Seiceáil amach (lch 75)

Ag deireadh an aonaid seo beidh mé in ann:

- cur síos cruinn a dhéanamh ar dhaoine difriúla.
- labhairt faoi scríbhneoir ó mo chontae féin.
- plé leis an sé mór san aimsir chaite.
- freagairt a scríobh faoi ghearrscéal.
- stór focal a bhaineann le mo theaghlach a aithint agus a litriú i gceart.

Clár an aonaid

Seiceáil isteach

Mar réamhfhoghlaim don aonad seo, déan an ghníomhaíocht 'Seiceáil isteach' ag **www.edco.ie/croinagaeilge3**. Conas a d'éirigh leat?

Téigh go dtí **www.edco.ie/croinagaeilge3** agus bain triail as na hidirghníomhaíochtaí.

Súil siar

Crosfhocal

Líon an crosfhocal seo. Tá na freagraí le fáil sa bhanc focal thíos.

Trasna

4 duine fireann clainne; buachaill, fear óg (3)
5 deirfiúr athar nó máthar (6)
6 fear a bhfuil clann aige (6)

Síos

1 mac d'athair nó de mháthair duine (9)
2 iníon d'athair nó de mháthair duine (8)
3 deartháir athar nó máthar (6)
4 bean a bhfuil clann aici (7)
7 duine baineann clainne; cailín, bean óg (5)

Banc focal
aintín, athair, deartháir, deirfiúr, iníon,
mac, máthair, uncail

Scríobh

Líon na bearnaí sa ghreille anseo.

Féach ar Léaráid C, Cuid 1 (lch 366).

Maoluimhreacha	Bunuimhreacha	Uimhreacha pearsanta	Orduimhreacha
seomra a haon		cara (amháin)	an chéad urlár
		beirt chairde	
	trí chat		an tríú hurlár
		ceathrar cairde	
seomra a sé			
seomra a seacht			
	ocht gcat		
			an naoú hurlár
		deichniúr cairde	

séimhiú	urú/*n*- roimh ghuta	*h* roimh ghuta	níl aon athrú ann

Cogar Spelling nouns: DNTLS into D●TS a ***séimhiú*** there is not!
For example: ***don doras, den teach***

Chonaic mé **beirt** chairde ar **dhá** bhus ag **a dó** a chlog don **dara** huair inné.
Chonaic mé **ceathrar** cairde ar **cheithre** bhus ag **a ceathair** a chlog don **cheathrú** huair inné.

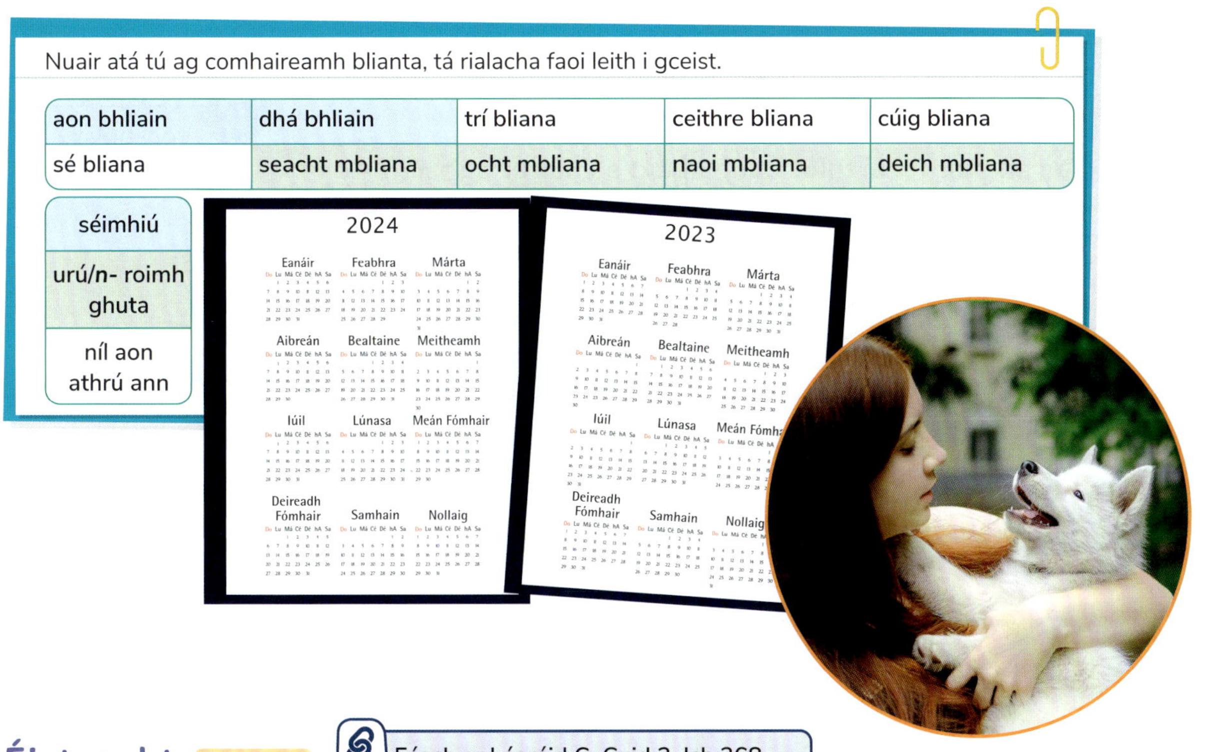

Nuair atá tú ag comhaireamh blianta, tá rialacha faoi leith i gceist.

aon bhliain	dhá bhliain	trí bliana	ceithre bliana	cúig bliana
sé bliana	seacht mbliana	ocht mbliana	naoi mbliana	deich mbliana

séimhiú
urú/n- roimh ghuta
níl aon athrú ann

Éisteacht Rian 1.14

Féach ar Léaráid C, Cuid 2, lch 368.

Éist leis an deachtú seo agus bí cinnte go bhfuil na huimhreacha i bhfoirm focal.

1 Tá m'uncail ______________________________.
2 Bhí cara liom ______________________________.
3 Tá mo dheartháir níos sine ná mise – ______________________________.
4 Phós m'aintín lena bean chéile ______________________________.
5 Fuair mise madra don Nollaig ______________________________.
6 Chuaigh mé ar saoire go dtí ______________________________.

Tasc foclóra

Críochnaigh na habairtí seo le míonna na bliana. Tá siad ar fáil sa bhanc focal thíos.

1 Is í an chéad mhí sa bhliain ná ______________.
2 Is í an dara mí sa bhliain ná ______________.
3 Is í an tríú mí sa bhliain ná ______________.
4 Is í an ceathrú mí sa bhliain ná ______________.
5 Is í an cúigiú mí sa bhliain ná ______________.
6 Is í an séú mí sa bhliain ná ______________.
7 Is í an seachtú mí sa bhliain ná ______________.
8 Is í an t-ochtú mí sa bhliain ná ______________.
9 Is í an naoú mí sa bhliain ná ______________ ______________.
10 Is í an deichiú mí sa bhliain ná ______________ ______________.
11 Is í an t-aonú mí déag sa bhliain ná ______________.
12 Is í an dara mí déag sa bhliain ná ______________.

Chun níos mó eolais a fháil faoi conas foclóir a úsáid, féach ar lch 444.

Banc focal

Aibreán, Bealtaine, Deireadh Fómhair, Eanáir, Feabhra, Iúil, Lúnasa, Márta, Meán Fómhair, Meitheamh, Samhain, Nollaig

Aghaidh Aoife

Tasc foclóra

Bain úsáid as an stór focal thíos chun lipéid a chur ar aghaidh Aoife.

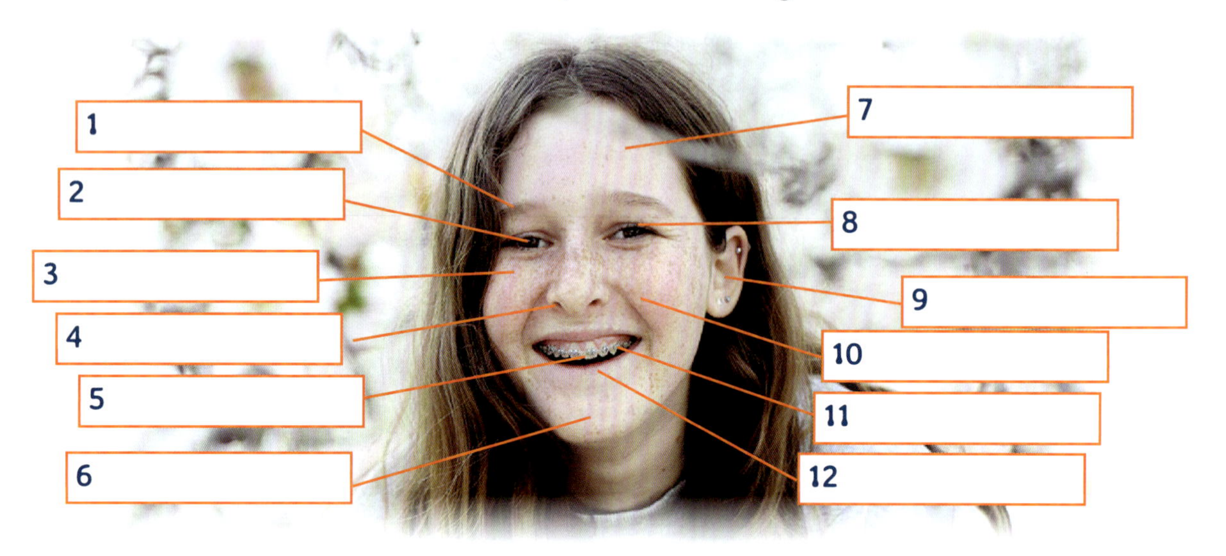

Banc focal

bricíní, cluas, éadan, fabhra, fiacla, leiceann, liopa, mala, poll sróine, smig, súil, teanntáin fiacla

Scríobh

Déan cur síos ar Aoife. Scríobh san aimsir láithreach.

Critéir ratha:

Déan tagairt do na pointí seo a leanas:

- ainm
- dath gruaige
- dath súile
- stíl ghruaige
- fiacla
- mothúcháin

Rialacha

Baintear úsáid as ***ar***, ***orm***, ***uirthi***, srl. le baill choirp atá taobh amuigh den chorp.

Sampla: Tá gruaig dhubh **ar** Thadhg.

Baintear úsáid as ***ag***, ***aige***, ***acu***, srl. le baill choirp atá taobh istigh den chorp.

Sampla: Tá súile glasa **ag** Eibhlín.

Éisteacht Rian 1.15

Éist leis an taifeadadh agus críochnaigh na habairtí.

1 Is mise Tina agus ______________________________.

2 Peadar is ainm dom – ______________________________.

3 Jasmine is ainm dom – ______________________________.

Idirghníomhú cainte

Scríobh síos ainm duine éigin ón rang ar phíosa páipéir agus ansin déan cur síos beag ar an duine sin. Tá ar na daltaí eile ainm a scríobh síos i rith do chur síos ag déanamh tomhais ar an dalta faoina bhfuil tú ag caint.

Tréithe fisiciúla

Meaitseáil

Meaitseáil na focail ar chlé leis an mbrí cheart ar dheis sa ghreille thíos. Féach an bhfuil na freagraí céanna ag an duine in aice leat.

1 éadan	A na rudaí crua geala sa bhéal a dhéanann cogaint ar bhia
2 súil	B poll beag ag bun na sróine
3 mala	C dhá bhall ar an gceann a chloiseann
4 fabhraí	D ballóga beaga a bhíonn le feiceáil ar aghaidh an duine de bharr na gréine
5 fiacla	E líne **chlúimh**[1] ar éadan duine os cionn na súile
6 smig	F sreang mhiotal a chuirtear ar fhiacla
7 cluasa	G ceann de dhá bhall radhairc an choirp
8 poll sróine	H an chuid den aghaidh faoi bhun an bhéil
9 leiceann	I an líne ribí atá ar an gcaipín súile
10 bricíní	J taobh amháin den aghaidh
11 liopa	K an chuid den aghaidh os cionn na súl
12 teanntáin fiacla	L ceann de na beola

1	2	3	4	5	6
7	**8**	**9**	**10**	**11**	**12**

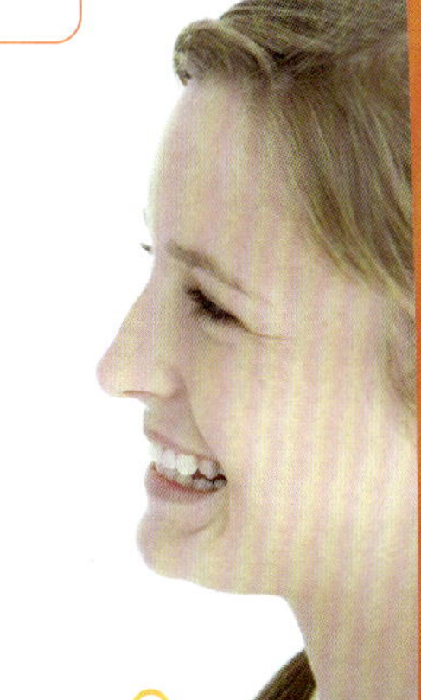

Cuirtear na réimíreanna **geal** nó **dú** roimh an ainmfhocal **craiceann** chun cur síos a dhéanamh ar an dath craicinn atá ar dhuine éigin.

dúchraiceann

gealchraiceann

Athruithe le déanaí
Recent changes

- # **de dhath** • of colour
- # **ceanncothrom** • flathead
- # **léim chun tosaigh as do sheasamh** • standing horizontal jump
- # **daoine faoi allaíre** • the hard of hearing
- # duine de dhath • person of colour
- # **coiréalach beannach** • stag's horn coral • staghorn coral
- # **Cúnamh Oifigiúil Forbartha** • Official Development Assistance • ODA
- # **ball** • member
- # **mionchaillteanas éisteachta** • slight hearing loss
- # **dianchaillteanas éisteachta** • severe hearing loss

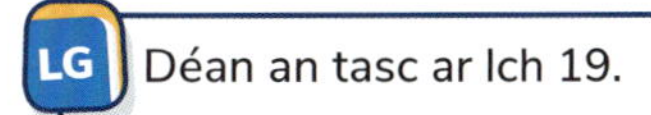
LG Déan an tasc ar lch 19.

[1] hair (on body)

Réaltchomharthaí mo mhuintire

Meaitseáil

Oibrigh leis an duine in aice leat chun na réaltchomharthaí a mheaitseáil leis na dátaí.

1 Iompróir an Uisce	A 21 Bealtaine–21 Meitheamh
2 na hÉisc	B 23 Meán Fómhair–23 Deireadh Fómhair
3 an Reithe	C 20 Aibreán–20 Bealtaine
4 an Tarbh	D 22 Meitheamh–22 Iúil
5 an Cúpla	E 19 Feabhra–20 Márta
6 an Portán	F 22 Nollaig–19 Eanáir
7 an Leon	G 24 Deireadh Fómhair–21 Samhain
8 an Mhaighdean	H 21 Márta–19 Aibreán
9 an Mheá	I 23 Lúnasa–22 Meán Fómhair
10 an Scairp	J 23 Iúil–22 Lúnasa
11 an Saighdeoir	K 20 Eanáir–18 Feabhra
12 an Gabhar	L 22 Samhain–21 Nollaig

1	2	3	4	5	6	7	8	9	10	11	12

Idirghníomhú cainte

Oibrigh leis an duine in aice leat chun na réaltchomharthaí a aithint ó na siombailí seo. (Níl siad in ord a ndátaí.)

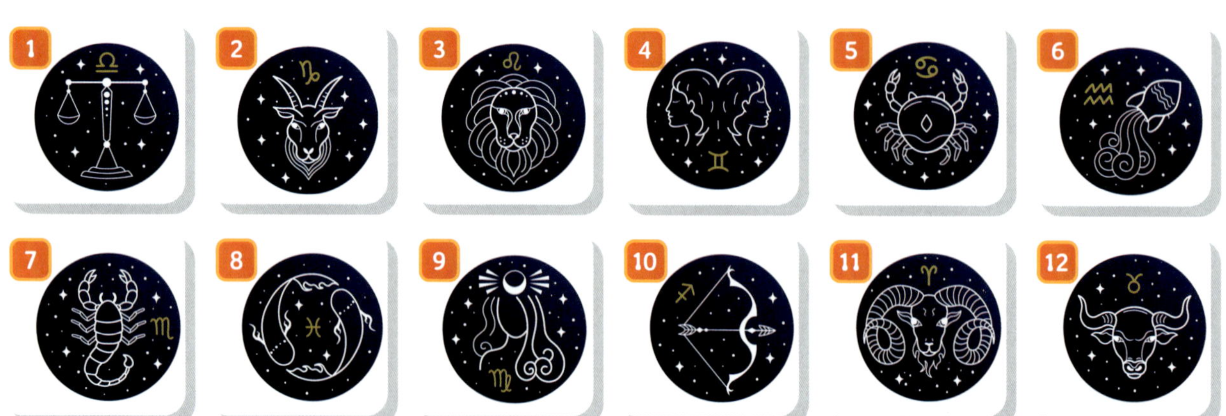

Scríobh

Cén réaltchomhartha atá agat? Scríobh amach na réaltchomharthaí atá agatsa agus ag gach duine i do theaghlach.

Sampla: *Is Cúpla mé.*

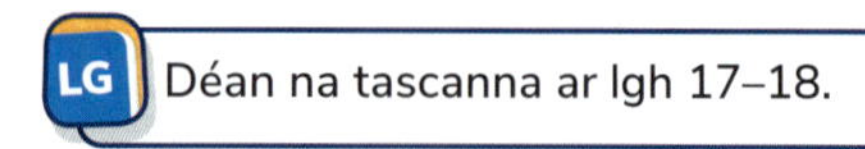
LG Déan na tascanna ar lgh 17–18.

Suirbhé ranga

Faigh amach líon gach réaltchomhartha atá i do rang Gaeilge. Déan barrachairt i do chóipleabhar leis an eolas. Cad é an réaltchomhartha is coitianta/neamhchoitianta i do rang? Cuir trí cheist faoin mbarrachairt ar an duine in aice leat.

Réaltchomharthaí na seachtaine le Máire Mhisteach

Léamh

Léigh an t-alt thíos a foilsíodh san irisleabhar áitiúil ag an deireadh seachtaine agus freagair na ceisteanna a théann leis. Scríobh bean feasa ón gceantar na tuartha thíos.

Iompróir an Uisce
Tá duine rúnda i ngrá leat. Rinne sé/sí iarracht dul i gcion ort le téacsteachtaireacht ghleoite ach ní raibh tú róthógtha leis/léi. Mholfainn duit seans eile a thabhairt dó/di. Is iomaí cor a chuireann an grá de.

Na hÉisc
Chuala mé go bhfuil a lán fuinnimh ionat na laethanta seo. Bain úsáid as agus freastal ar rang aclaíochta nó téigh amach ag rith!

An Reithe
Ná bíodh aon imní ort – tá do chuid buanna luachmhar. Tá cuma dhifriúil ar 'rath' do gach aon duine. Bí bródúil asat féin. Tá ag éirí go breá leat!

An Tarbh
Chuala mé nár thapaigh tú an deis a fuair tú. Ná bíodh lagmhisneach ort. Tiocfaidh deiseanna níos fearr i do threo. Tá sé in am duit breith ar an bhfaill!

An Cúpla
Tá a fhios agam go bhfuil tú uaigneach faoi láthair. Tá tú an-ghnóthach le do chuid staidéir ach tá sé thar a bheith tábhachtach sos a ghlacadh. Téigh ar shiúlóid nó cuir glaoch ar chara leat.

An Portán
Aire duit! Tá duine éigin ag cur isteach ort. Mholfainn duit fáil réidh le droch-chairde. Is cur amú ama iad agus tá siadsan do do chur amú!

An Leon
Is duine an-cheanndána thú ó nádúr ach tá sé riachtanach éisteacht go haireach le do chairde. Tá comhairle mhaith acu duit. Ná déan dearmad go bhfuil cairde cineálta agat.

An Mhaighdean
B'fhearr duit deifir a dhéanamh! Ná cuir cúrsaí ar an méar fhada a thuilleadh. Ní gá duit a bheith ag staidéar gach nóiméad den lá ach caithfidh tú tús a chur leis. Tús maith leath na hoibre!

An Mheá
Tá seans ann go bhfuil tú ag mothú caillte na laethanta seo. Ná déan dearmad ar an seanfhocal, 'Ar scáth a chéile a mhaireann na daoine.' Tá sé ceart go leor cabhair a lorg.

An Scairp
Tá a fhios agam go bhfuil tú as baile faoi láthair agus go bhfuil cumha i ndiaidh an bhaile ort. Tuigim do chás – níl aon tinteán mar do thinteán féin.

An Saighdeoir
Chuala mé go bhfuil sprioc mhór bainte amach agat. Maith thú, a chara! Bíonn rath orthu siúd a oibríonn go dian. Déan cinnte rud éigin deas a dhéanamh duit féin chun an bua a cheiliúradh.

An Gabhar
Níl brí dá laghad fágtha ionat an tseachtain seo. Mholfainn duit dul a luí go luath agus ocht n-uair an chloig de chodladh gan briseadh a bheith agat.

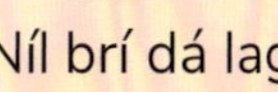

1. Cén fáth gur chóir don Reithe a bheith bródúil as féin?
2. Cén fáth nár chóir go mbeadh lagmhisneach ar an Tarbh?
3. Cén fáth a bhfuil trua ag Máire don Scairp?
4. Cad iad na moltaí atá ag Máire don Chúpla?
5. Luaigh rud amháin a léiríonn go mbíonn an Saighdeoir ag obair go dian.
6. Luaigh rud amháin a léiríonn nach bhfuil cairde maithe ag an bPortán.
7. Aimsigh na seanfhocail a luann Máire sa téacs. Cad is brí leo?
8. Aimsigh na haidiachtaí a úsáideann Máire le cur síos a dhéanamh ar na réaltchomharthaí éagsúla.

Scoil Samhraidh Willie Clancy

Is píobaire aon phort é. (Ní féidir é sin a rá faoi Willie Clancy!)

Léamh

Léigh an t-alt seo faoi Willie Clancy agus freagair na ceisteanna a ghabhann leis.

Rugadh Willie Clancy ar Oíche Nollag 1918 i gContae an Chláir. Gilbert an t-ainm a bhí ar a athair agus Kathleen an t-ainm a bhí ar a mháthair. Bhí siad ina gcónaí in aice le sráidbhaile darb ainm Sráid na Cathrach (aimsigh an t-ainm ar logainm.ie). Bhí teach Clancy lán le ceol. B'amhránaí í a mháthair agus sheinn a thuismitheoirí an bosca ceoil freisin. Bhí an Ghaeilge beo mar theanga an phobail sa cheantar nuair a rugadh Willie.

Thosaigh Willie ar an bhfeadóg stáin nuair a bhí sé cúig bliana d'aois. Fuair sé inspioráid ón gceoltóir Garret Barry. Bhí aithne ag Barry ar athair Willie Clancy. Sheinn Barry ceol ar an bpíb uilleann. B'fhear dall é.

Phós Willie Clancy le Dóirín Healy sa bhliain 1962 nuair a bhí sé 43 bliana d'aois. Fuair sé bás i mí Eanáir 1973 agus chuir daoine sa cheantar tús le scoil samhraidh in onóir do Willie Clancy an bhliain chéanna. Tá an fhéile cheoil ag dul ó neart go neart ó shin.

© Mal Whyte, le caoinchead Taisce Cheol Dúchais Éireann

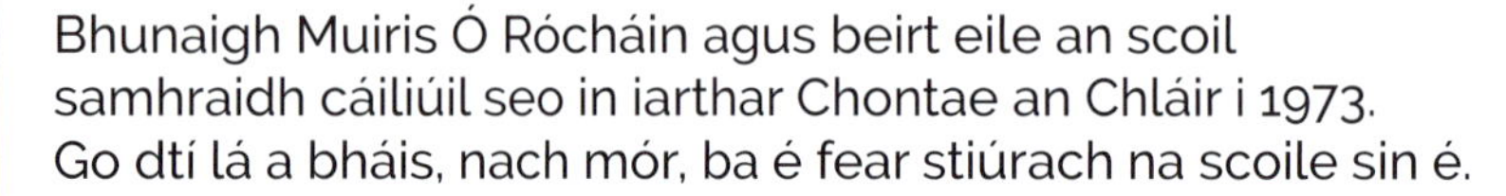

Bhunaigh Muiris Ó Rócháin agus beirt eile an scoil samhraidh cáiliúil seo in iarthar Chontae an Chláir i 1973. Go dtí lá a bháis, nach mór, ba é fear stiúrach na scoile sin é.

Scríobh

Cruthaigh ceisteanna a bhaineann leis na leideanna seo agus freagair na ceisteanna sin. Tá an chéad cheann déanta anseo mar chabhair duit.

1. Oíche Nollag 1918
   Cathain a rugadh Willie Clancy? Rugadh é ar Oíche Nollag 1918.
2. Contae an Chláir
3. cúig bliana d'aois
4. Dóirín Healy
5. mí Eanáir 1973
6. Muiris Ó Rócháin

Taighde

Is foinse iontach é ainm.ie nuair atá tú i mbun taighde. Léigh na sonraí ar fáil faoi Mhuiris Ó Rócháin ar an suíomh sin.

Éisteacht Rian 1.16

Éist leis an deachtú seo agus scríobh na habairtí. Tá aidiacht shealbhach i ngach ceann díobh.

Scríbhneoirí ó Chontae an Chláir

Léamh

Léigh na hailt seo* faoi scríbhneoirí ó Chontae an Chláir agus freagair na ceisteanna a ghabhann leo.

Micheál Cíosóg (1847–1906)

Rugadh é in An Carn, Co. an Chláir 1847. Gaeilgeoir dúchais ba ea é. Oileadh é ina mhúinteoir agus d'oscail sé an Civil Service Academy i mBaile Átha Cliath 1878. Bhunaigh sé Irisleabhar na Gaeilge 1882. Bhí sé ina chomhbhunaitheoir ar Chumann Lúthchleas Gael 1884 i nDurlas Éile. Tá scéal a bheatha scríofa ag an mBráthair Ó Caithnia – 'Micheál Cíosóg'. Foilsíodh an dara beathaisnéis air – 'Michael Cusack and the G.A.A.' le Marcus de Búrca 1989.

Tomás Ó hAodha (1866–1935)

Rugadh Tomás Ó hAodha i Sráid na Cathrach in 1866 agus **dhearbhaigh**[1] sé go raibh an Ghaeilge thart timpeall an cheantair le linn a óige. **Oileadh**[2] é ina mhúinteoir i gColáiste Phádraig, Droim Conrach agus is le múinteoireacht agus ceol agus drámaíocht a chaith sé iomlán a shaoil. Fear mór ceoil ba ea é agus deirtear gurb é an múinteoir **ba thúisce**[3] a mhúin na hamhráin Ghaeilge leis an Sólfá Tonach. Bhí roinnt drámaí scríofa aige a bhain duaiseanna Oireachtais i 1909–'11. D'fhoilsigh sé 'An Salfathóir Gaelach' i 1922. D'fhoilsigh sé 'An Gioblachán', 'An Scrabhadóir', 'Mainchín', agus dhá leabhar gearrscéalta 'An Figheadóir agus Scéalta Eile' agus 'Giolla na Leisce agus Scéalta Eile'.

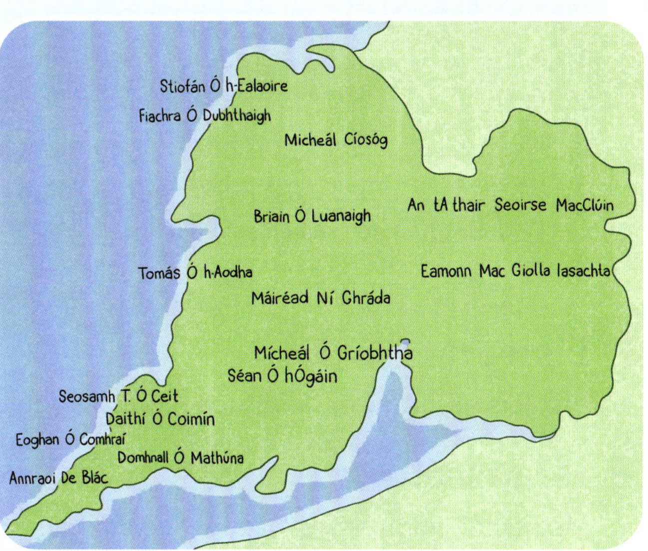

Mícheál Ó Gríobhtha (1869–1946)

Rugadh Mícheál Ó Gríobhtha i gCathair Aoidh, Lios Uí Chathasaigh in 1869. Chloiseadh sé Gaeilge sa teach agus bhí tuiscint **gléineach**[4] aige uirthi. Le múinteoireacht a ndeachaigh sé ar feadh seal de bhlianta. Fuair sé an dara háit in Éirinn agus sa Bhreatain i gcomórtas d'oifigigh chustaim agus máil. D'oibrigh sé i mBéal Feirste, i nGlaschú agus i mBaile Átha Cliath. Ó 1922 bhí sé ag obair sa Roinn Oideachais agus chaith sé formhór dá shaol ag obair sa Ghúm. Ba scríbhneoir cumasach é. Scríobh sé 'Lorgaireacht', 'Bean an Bhrait Bháin', 'Briathar Mná', 'Buaidh na Treise', 'De Dhroim na hAille', agus 'Cathair Aoidh' a bhuaigh Duais an Chraoibhín i 1937. Scríobh sé bunleagan 'Bunreacht na hÉireann' (1937). Fuair sé bás i 1946.

* ábhar dílis

1 Ainmnigh an duine a scríobh leabhar faoi Mhicheál Cíosóg sa bhliain 1989.
2 Cár rugadh Tomás Ó hAodha? *Leid: B'as an áit chéanna é Willie Clancy.*
3 Cén baile ina raibh an Cumann Lúthchleas Gael bunaithe sa bhliain 1884?
4 Cén bhliain inar rugadh Mícheál Ó Gríobhtha?
5 Cén bhaint a bhí ag Mícheál Ó Gríobhtha le Bunreacht na hÉireann?
6 Cé a scríobh an gearrscéal 'Giolla na Leisce'?

Labhairt

Déan taighde ar cheoltóir nó scríbhneoir ó do cheantar/do chontae féin. Cuir an taighde i láthair os comhair an ranga.

Critéir ratha:

Luaigh na pointí seo a leanas: ainm an duine, a (h)áit dhúchais, abairt faoi shaol an duine, a s(h)aothar.

1 claimed 2 was trained 3 the first 4 clear

Súil siar ar an sé mór

An aimsir láithreach

Tá an sé mór an-choitianta sa Ghaeilge agus má chuireann tú smacht ar na briathra seo tiocfaidh feabhas mór ar do chuid Gaeilge.

Féach ar Léaráid B, Cuid 1 (lch 362).

Líon na bearnaí

Líon na bearnaí leis an mbriathar ceart. *Leid: Bain úsáid as an sé mór.*

1 Ní ______________ ar fad obair sa teach ag an deireadh seachtaine.
2 Ní ______________ m'uncail agus m'aintín sa siopa gach Satharn.
3 Ní ______________ comhairle ó mo mhamó gach oíche tar éis an dinnéir.
4 Ní ______________ sé haigh leis an rúnaí gach maidin.
Leid: Bí cúramach leis an séimhiú anseo.
5 Ní ______________ chuig an gclub sacair ar an mbus nuair atá sé ag cur báistí.

Éisteacht Rian 1.17

Éist leis an bhfoirm dhiúltach á húsáid agus ceartaigh do chuid oibre.

Meaitseáil

Meaitseáil na habairtí Gaeilge leis na haistriúcháin Bhéarla.

1 Ní thuigim an mata ach nuair a mhíníonn mo dheirfiúr é.
2 Sroichim an teach gach lá ag a sé.
3 Éirím tuirseach tar éis dinnéir mhóir.
4 Tagann fearg ar mo dheartháir faoi.

Cogar When translating the word **get**, remember that it has many meanings. ***Faigh*** is not always the best choice.

A I get home at six every day.
B I get tired after a big dinner.
C My brother gets angry about it.
D I only get maths when my sister explains it.

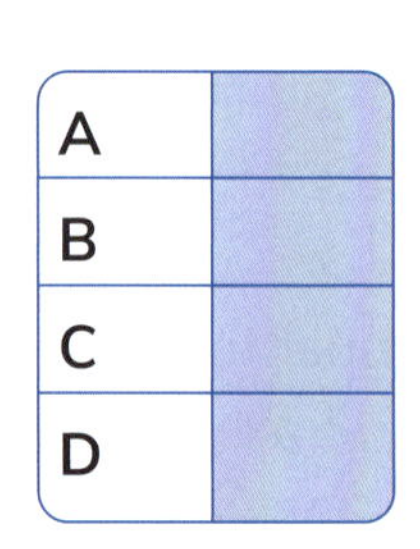

A	
B	
C	
D	

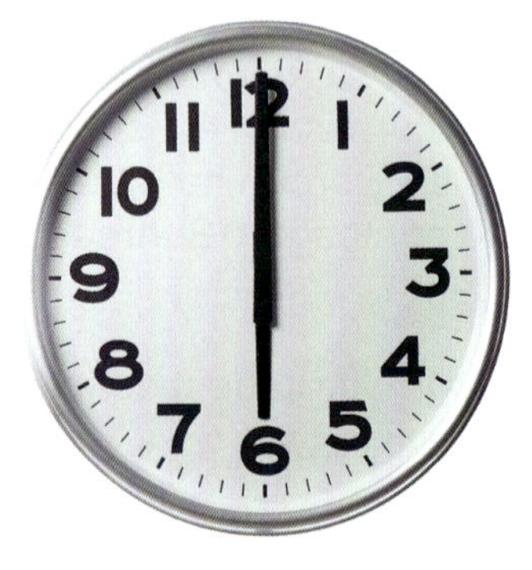

Scríobh

Léigh an iontráil dialainne seo agus athscríobh í san aimsir láithreach (athraigh na briathra i gcló trom).

(1) **Chuaigh mé** ar scoil ar an mbus. (2) **Chonaic mé** mo chairde ag stad an bhus os comhair an tsiopa. Ansin (3) **fuair mé** ticéad ón tiománaí. (4) **Rinne mé** cuid de m'obair bhaile ansin mar (5) **rinne mé** dearmad ar chúpla tasc. (6) **Bhí** comhrá suimiúil againn faoi chúrsaí éagsúla agus muid ag taisteal chuig foirgneamh na scoile. (7) **Dúirt** an tiománaí linn a bheith go maith agus muid ag tuirlingt ón mbus.

Scríobh

Scríobh trí cheist faoin iontráil dialainne nua san aimsir láithreach ón tasc deireanach.
Sampla: *Conas a théann an duine seo ar scoil?*

Cúinne na gramadaí

Scríobh na habairtí seo sa tríú pearsa (firinscneach nó baininscneach). Tá an chéad cheann déanta mar chabhair duit.

1. Téim ar scoil ag a hocht a chlog gach maidin.
   Téann Poppy ar scoil ag a hocht a chlog gach maidin.
2. Feicim a lán daoine i gclós na scoile gach lá.
3. Ní théim chuig an mbialann ag am lóin ar an Déardaoin.
4. An ndeirim mórán le linn an rang staire?
5. Faighimid a lán obair bhaile ar an Máirt.
6. Téimid chuig an tsaotharlann ar an Luan.
7. Ní fhaighim aon obair bhaile ar an gCéadaoin.
8. Déanaim staidéar sa leabharlann ar an Satharn.
9. An ndéanaimid aon spórt ar an Domhnach?

Blag

Scríobh blag beag faoi ghnáthlá scoile.
Critéir ratha:

- Scríobh 50 focal ar a laghad.
- Bain úsáid as ceithre cinn den sé mór.
- Cuir briathar amháin ar a laghad san fhoirm dhiúltach.
- Is féidir briathra eile seachas an sé mór a úsáid freisin.

Idirghníomhú cainte

Cuir na ceisteanna seo ar dhuine eile sa rang agus ansin freagair iad.

1. Conas a théann tú ar scoil?
2. An bhfeiceann tú duine ón scoil agus tú ag dul ar scoil? Cá bhfeiceann tú iad?
3. Cá ndéanann tú do chuid obair bhaile?
4. Cá bhfuil tú ag dul tar éis an lá scoile inniu?
5. An bhfaigheann tú mórán obair bhaile san ábhar scoile is fearr leat?
6. Cad a deir do thuismitheoirí nuair a bhíonn tú déanach ag teacht abhaile?

Aistriúchán

Cuir Gaeilge ar na habairtí seo.

1. He goes to school on the bus.
2. I do my homework in the library.
3. We see each other in the canteen every day. Leid: a chéile
4. We go to the sports hall on Wednesdays for PE. Leid: don
5. The teacher says this every week.
6. I don't do business studies.

LG Déan na tascanna ar lch 20.

Crann ginealaigh na Beckhams

Léamh

Féach ar an gcrann ginealaigh seo.

Scríobh

Anois, freagair na ceisteanna seo.

1 Cé mhéad duine atá sa teaghlach?
2 Cé mhéad mac atá ag David agus Victoria?
3 Cé mhéad iníon atá ag David agus Victoria?
4 Scríobh amach aois gach ball teaghlaigh i bhfoirm focail. Tá an chéad cheann déanta duit mar shampla.
Tá David Beckham seacht mbliana agus daichead d'aois (sa bhliain 2022).

Tá difríocht idir an dá fhocal **clann** agus **teaghlach**. Nuair a bhaineann duine úsáid as an bhfocal **clann**, tugann sé/sí le fios dúinn go bhfuil páistí aige/aici. Ba chóir do dhaoine nach bhfuil páistí acu an focal **teaghlach** nó an focal **muintir** a úsáid.

Líon na bearnaí

Bain úsáid as na focail seo chun na bearnaí a líonadh.

níos óige, níos sine

1 Tá David ____________ ____________ ná Victoria.
2 Tá Victoria ____________ ____________ ná David.
3 Tá Brooklyn ____________ ____________ ná Romeo.
4 Tá Harper ____________ ____________ ná Cruz.

Obair ealaíne

Bain úsáid as an idirlíon chun taighde a dhéanamh ar theaghlach Brian O'Driscoll nó Vogue Williams. Tarraing pictiúr dá c(h)rann ginealaigh agus líon próifílí isteach do bheirt ón teaghlach. Bain úsáid as an acmhainn punainne (lch 9) mar chabhair duit.

Critéir ratha:

Luaigh na pointí seo a leanas sna próifílí:

- ainm
- dáta breithe
- aois
- post/bliain ar scoil
- áit chónaithe
- dhá fhíric faoi/fúithi

LG Déan na tascanna ar lgh 21–3.

Cé atá ann?

Stór focal

béaldath	lipstick	hata	hat
croiméal	moustache	malaí	eyebrows
fáinní cluaise	earrings	mionghháire	smile
féasóg	beard	scothóga	pigtails
grainc	frown	spéaclaí	spectacles

Imir an cluiche seo le duine eile sa rang. Bain úsáid as an bhfoclóir mura dtuigeann tú na rialacha.

Rialacha an chluiche

1. Scríobh gach ainm ón liosta ar **stiall pháipéir**[1] agus cuir iad i gcupán (nó cuir iad **béal faoi**[2] ar an mbord).
2. Tá ar gach imreoir ainm a phiocadh as an gcupán.
3. Ná habair leis an duine eile cén t-ainm atá agat.
4. Ag tús an chluiche úsáid bonn airgid chun an chéad **cheistitheoir**[3] a roghnú.
5. Cuireann duine ceist (féach thíos) agus ansin freagraíonn an duine sin ceist.
6. Nuair atá duine sásta **tomhais**[4] a dhéanamh, déanann sé/sí é sin.
7. Níl ach ceisteanna dúnta ceadaithe. Freagraí – tá/níl, is mé/ní mé, caitheann/ní chaitheann, gruaig ghearr, srl.
8. Is é an buaiteoir an chéad duine a phiocann an t-ainm ceart sa chluiche.

Ceisteanna samplacha don chluiche

1. An bean thú?
2. An fear thú?
3. An duine óg thú?
4. An seanduine thú?
5. An bhfuil súile gorma agat?
6. An bhfuil gruaig dhubh ort?
7. An bhfuil gruaig chatach ort?
8. An bhfuil tú maol?
9. An gcaitheann tú spéaclaí?
10. An bhfuil croiméal ort?

[1] *strip of paper* [2] *face down* [3] *questioner* [4] *guess*

Gearrscéal: 'Spás'

Léamh

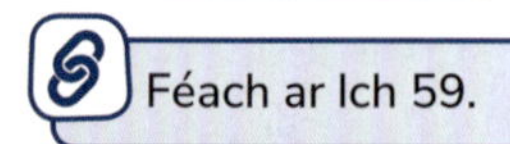
Féach ar lch 59.

Léigh an mhír seo ón ngearrscéal 'Spás' le Mícheál Ó Ruairc. Féach ar na saigheada ag dul ó gach forainm réamhfhoclach.

SPÁS le Mícheál Ó Ruairc

ó + í = uaithi
do + í = di
ar + í = uirthi
ag + í = aici
le + í = léi

Theastaigh spás **uaithi**. Spás **di** féin. Spás chun 'a rud féin' a dhéanamh. Spás lena saol féin a chaitheamh.

Lig sí osna. Lean an múinteoir **uirthi** ag caint. Ach ní raibh Pádraigín ag éisteacht léi. Bhí a smaointe i bhfad ar shiúl. Bhí sí ag smaoineamh ar a saol féin agus na hathruithe a bhí tagtha air le tamall anuas. Trí mhí ó shin bhí seomra dá cuid féin **aici** sa bhaile. Ach nuair a saolaíodh leanbh óg dá tuismitheoirí tháinig deireadh leis sin ar fad. Cuireadh a deirfiúr Aoife isteach in aon seomra **léi**. Níor réitigh sí féin agus Aoife riamh lena chéile.

Go dtí gur tháinig Aoife isteach léi, bhí an saol ar a toil aici. Bhí sí in ann a rogha rud a dhéanamh.

Nuair a nascann tú an forainm ***í*** le réamhfhocal ar bith, ní chuireann tú fada ag an deireadh san fhocal nua – mar shampla, **aici**, **di**, **léi**, **uaithi**, **uirthi**.

Scríobh

Líon na bearnaí sa ghreille anseo. Tá gach eolas don tasc seo ar fáil ar daltai.com/grammar/prepositional-pronouns/.

	ó	do	ar	ag	le
mé			orm		
tú		duit			
é	uaidh	dó	air	aige	leis
í	uaithi	di	uirthi	aici	léi
muid/sinn				againn	
sibh					libh
iad		dóibh			leo

Machnamh

Freagair na ceisteanna seo.

1 An dtugann tú aon rud faoi deara maidir leis an liosta a bhaineann le *mé*?
2 An dtugann tú aon rud faoi deara maidir leis an liosta a bhaineann le *tú*?
3 An dtugann tú aon rud faoi deara maidir leis an liosta a bhaineann le *muid/sinn*?

Léamh

Léigh an mhír seo ón ngearrscéal 'Spás' le Mícheál Ó Ruairc. Féach ar na saigheada ag dul ó na briathra.

an fhoirm dhiúltach

an sé mór

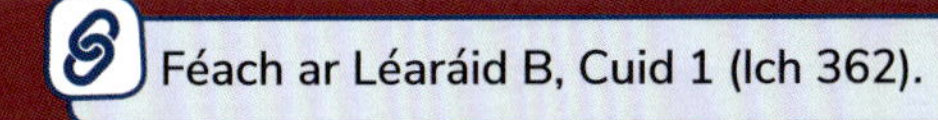
Féach ar Léaráid B, Cuid 1 (lch 362).

Ní raibh éinne ag cur isteach ná amach uirthi. Bhí gach rud in ord is in eagar aici. **Bhí** sí in ann bheith ag léamh is ag éisteacht leis an raidió go dtí a haon a chlog ar maidin dá mba mhian léi é. D'fhéadfadh sí fanacht sa leaba go dtí meán lae ag an deireadh seachtaine.

Ach anois ní raibh aon phríobháideacht fágtha aici. **Cuireadh** iachall uirthi na soilse a mhúchadh aréir ag a deich a chlog agus dhúisigh Aoife ag a seacht a chlog ar maidin í, lena PlayStation glórach gránna. Agus arú aréir níor stop Peadar, an leanbh óg, ach ag gol is ag caoineadh an oíche go léir . . .

Tháinig na deora léi. Ní raibh trua ag éinne di. Bhí a tuismitheoirí ag cur brú uirthi de shíor níos mó staidéir a dhéanamh. Ach ní raibh ar a cumas é a dhéanamh. Le teacht a dearthár óig, ní raibh sí in ann cúinne ciúin a aimsiú in aon áit. Agus dá rachadh a tuismitheoirí amach ag an deireadh seachtaine, bheadh uirthi aire a thabhairt dá deirfiúr, Aoife, agus dá dearthair óig, Peadar.

Stop sí de bheith ag caoineadh. Bhí an múinteoir Fraincise ag scríobh ar an gclár dubh. **Thosaigh** sí ag breacadh na nótaí ina cóipleabhar. Fiú amháin ar scoil ní raibh faoiseamh le fáil aici. Bhíodh sí ina suí ar an mbinse cúil, ach cuireadh ina suí ar an mbinse tosaigh í an tseachtain seo caite. Chuir an múinteoir staire ina leith go raibh sí ag féachaint amach an fhuinneog agus b'shin an fáth gur bogadh suas go dtí barr an ranga í. Agus bhíodh sí go breá socair sásta san áit ina raibh sí.

Bhraith sí go raibh spás aici sa bhinse ar chúl an ranga, go raibh ar a cumas bheith ar a sáimhín só ann.

Ach anois bhí sí faoi bhois an chait acu. Ní fhéadfadh sí sméideadh fiú, ná a cluas a thochas gan aire an mhúinteora a tharraingt uirthi féin. Lig sí osna eile. Bhí a saol ina chíor thuathail ar fad. Bhí gach éinne ina coinne. Cheap sí go raibh gach rud ag druidim isteach uirthi is go raibh sí ar nós príosúnaigh faoi ghlas sa chillín.

an saorbhriathar

Féach ar lch 390.

an cúig beag

Féach ar Léaráid B, Cuid 2 (lch 364).

an dara réimniú

an chéad réimniú

G

Scríobh

Pioc deich mbriathar ón téacs. Scríobh iad i do chóipleabhar.

An t-ainm briathartha

Seo roinnt samplaí den ainm briathartha.

Tá tuilleadh eolais faoin ainm briathartha ar fáil ar lgh 396 agus 398.

ag + ainm briathartha = -**ing** as Béarla

Sampla: ag déanamh = ***doing***

An briathar	An t-ainm briathartha
breac	breacadh
caoin	caoineadh
éist	éisteacht
fan	fanacht
léigh	léamh
múch	múchadh
réimnigh	réimniú
tabhair	tabhairt

léigh, *v.t. & i.* (*pres.* **léann**, *fut.* **-fidh**, *vn.* **léamh**, *pp.* **-ite**).

Foinse: teanglann.ie

vn. = verbal noun = an t-ainm briathartha

Cleachtadh ar na haimsirí

Líon na bearnaí sa ghreille thíos. Bain úsáid as an bhforainm *sí*.

	Briathar gearr	Briathar fada	An sé mór: an fhoirm dhearfach	An sé mór: an fhoirm dhiúltach	An cúig beag: an fhoirm dhearfach	An cúig beag: an fhoirm dhiúltach
An briathar	braith	tosaigh	bí	bí	tar	tar
An aimsir chaite	1	thosaigh sí	2	ní raibh sí	tháinig sí	níor tháinig sí
An aimsir láithreach	braitheann sí	3	tá sí/bíonn sí	4	5	ní thagann sí
An aimsir fháistineach	6	tosóidh sí	7	ní bheidh sí	tiocfaidh sí	8

Léamh

Léigh an mhír seo agus freagair na ceisteanna bunaithe ar an eolas atá inti.

Tháinig na deora léi arís. Smaoinigh sí ar Dhiarmaid, an buachaill álainn ar chuir sí aithne air an samhradh seo caite nuair a bhí sí ag fanacht lena seanmháthair faoin tuath. Ní fhéadfadh sí dearmad a dhéanamh ar Dhiarmaid. Buachaill caoin cneasta a bhí ann agus bhíodh sí socair ina theannta. Thosaigh siad ag scríobh chun a chéile nuair a d'fhill sí ar an gcathair. Nuair a fuair a tuismitheoirí amach cad a bhí ar siúl d'iarr siad uirthi deireadh a chur leis.

'Ba chóir duit náire a bheith ort,' a dúirt a hathair léi, 'agus tú ag ullmhú do scrúdú na hArdteistiméireachta i mbliana!' Níor lig siad di scríobh chuig Diarmaid a thuilleadh. Tháinig litir eile uaidh, ach nuair nach bhfuair sé freagra uaithi, tháinig deireadh leis na litreacha uaidhsean freisin. Anois, bhíodar chun cosc a chur uirthi dul chuig teach a seanmháthar.

'Níl tusa chun dul chuig do sheanmháthair i d'aonar arís agus sin sin,' a dúirt a máthair.

Lean Pádraigín uirthi ag caoineadh. Bhí sí i ndeireadh na feide. Ba é teach a seanmháthar an t-aon áit amháin a raibh faoiseamh le fáil aici. Bhíodh a seomra féin aici ann. Bhíodh sí in ann teacht agus imeacht aon uair ba mhaith léi. Bhí sí féin agus a Mamó an-cheanúil ar a chéile. Bhí tuiscint eatarthu. Thug a Mamó spás di. Ní raibh sí riamh faoi chuing na daoirse i dteach a Mamó.

Stop sí de bheith ag caoineadh. Dhírigh sí í féin aniar sa bhinse. Rinne sí rún daingean. Scríobhfadh sí chuig a Mamó agus chuirfeadh sí in iúl di gur theastaigh uaithi saoire a chaitheamh léi arís i mbliana. Dá dtabharfadh a Mamó cuireadh di teacht ar cuairt chuici, ní fhéadfadh a tuismitheoirí cur ina coinne. Bheadh sí in ann mí a chaitheamh i dteannta a Mamó. Agus bheadh spás aici. Agus bheadh deis aici bualadh le Diarmaid arís agus a scéal go léir a mhíniú dó.

Bhuail an cloigín amuigh sa dorchla. Bhí deireadh leis an rang Fraincise. Ní raibh ach rang amháin fágtha – an rang Gaeilge, a rogha ábhar – agus bheadh sí ag dul abhaile don deireadh seachtaine. Lig sí osna eile. Ach osna áthais a bhí ann an t-am seo.

1 Cár fhan Pádraigín an samhradh seo caite?
2 Cad is ainm don bhuachaill ar bhuail sí leis sa samhradh?
3 Ar scríobh Pádraigín freagra don litir dheireanach ó Dhiarmaid?
4 Conas a mhothaigh sí i dteach a seanmháthar? Cuir tic sa bhosca ceart.
   sásta ☐ brónach ☐ ar buile ☐
5 Ar thaitin an gearrscéal seo leat? Tabhair dhá phointe eolais ón scéal mar chuid de do fhreagra.

Éisteacht

Rian 1.18

Éist leis an ngearrscéal 'Spás' le Mícheál Ó Ruairc agus lean na focail i do leabhar.

Tá tuilleadh téarmaí gearrscéalaíochta le fáil ar lch 420.

Téarmaí litríochta

gearrscéal	short story	gearrscéalta	short stories
gearrscéalaí	short-story writer	cnuasach gearrscéalta*	collection of short stories
an scéalaí	narrator	reacaireacht	narration
tús an ghearrscéil*	the beginning of the short story	críoch an ghearrscéil*	the end of the short story
alt	paragraph	scríbhneoireacht	writing
carachtar	character	carachtair	characters
an príomhcharachtar	the main character	plota	plot
téama	theme	suíomh	setting
dialóg/comhrá	dialogue	coimhlint	conflict
forbairt	development	buaicphointe	climax
cor sa scéal	twist in the tale	iardhearcadh	flashback

* Tá an tuiseal ginideach i gceist anseo.

Nóta faoin údar

Scríobh Mícheál Ó Ruairc an scéal 'Spás'. Is as iarthar Chiarraí dó. Rugadh é sa bhliain 1953. D'fhreastail sé ar an ollscoil i gCorcaigh. Tá sé ina chónaí i mBaile Átha Cliath anois. Tá a lán leabhar do dhéagóirí scríofa aige. Mar shampla, scríobh sé na húrscéalta *An bhFaca Éinne Agaibh Roy Keane?* agus *Tóraíocht Taisce*. Scríobhadh sé don nuachtán *Anois* agus scríobhann sé do na hirisí **Comhar** agus **Feasta** agus don nuachtán ar líne tuairisc.ie ó thráth go chéile.

Na carachtair

- Pádraigín (an príomhcharachtar): tá an scéal bunaithe ar a smaointe.
- Aoife (deirfiúr Phádraigín): bhog sí isteach chuig seomra Phádraigín.
- Peadar (deartháir Phádraigín): an leanbh nua.
- Mamó: tá sí ina cónaí faoin tuath. Tugann sí spás do Phádraigín.
- Diarmuid (cara Phádraigín): buachaill atá ina chónaí in aice le mamó Phádraigín.
- Múinteoirí: cuireann siad Pádraigín 'faoi bhois an chait'.
- Tuismitheoirí Phádraigín: cuireann siad brú ar Phádraigín maidir lena scrúduithe.

An teideal

Teastaíonn spás ó Phádraigín. Níl go leor spáis aici sa bhaile ná ar scoil. Níl spás tugtha di chun bheith ag caint le Diarmaid fiú. Tá an easpa spáis **ag dó na geirbe**[1] ag Pádraigín. Sin an cheist atá pléite ó thús an scéil. Mar is iondúil, tá nasc láidir idir an teideal agus téama an scéil. Is **sruth smaointeachais**[2] é an gearrscéal seo agus tá gach smaoineamh atá ag an bpríomhcharachtar dírithe ar an easpa spáis atá ina saol. Ba shin an fáth go bhfuil an teideal chomh feiliúnach don saothar seo.

Na mothúcháin

Is iad an brón agus an frustrachas na mothúcháin is mó atá le feiceáil sa ghearrscéal 'Spás'. Níl Pádraigín ar a compord ón uair gur chaill sí a seomra féin sa bhaile. Mar aon leis seo, bhog an múinteoir í ar scoil. Anois tá sí 'faoi bhois an chait' sa seomra ranga. Cuireann an easpa spáis brón agus frustrachas uirthi. Tá blas faoisimh ag deireadh an scéil nuair a thagann Pádraigín ar réiteach. Faigheann an dóchas **an lámh in uachtar**[3] ar an mbrón agus ar an bhfrustrachas ag an bpointe seo.

An príomhcharachtar

Tuigtear go maith cás Phádraigín. Is déagóir cosúil le déagóir ar bith eile í agus tá sí ag tabhairt faoi scrúduithe i mbliana cosúil le déagóir ar bith eile freisin. Ní bhíonn a tuismitheoirí sásta aon rud a phlé léi seachas obair scoile agus na rialacha. Feictear an rud céanna le go leor daoine ar an aoischéim chéanna le Pádraigín. Uaireanta bíonn Pádraigín ag smaoineamh faoina saol féin agus í ina suí sa seomra ranga. Tarlaíonn sé seo do gach duine anois agus arís. Is cara sa chúirt í a mamó agus, mar is eol do chách, tá cairde mar sin ag teastáil ó gach duine.

An buaicphointe agus an chríoch

Feictear an teannas go minic sa seánra litríochta seo (an gearrscéal) agus sin mar atá sé sa scéal 'Spás' le Mícheál Ó Ruairc. Maidir le Pádraigín (an príomhcharachtar), tá teannas ina croí, ina saol sa bhaile agus ina saol ar scoil. Níl na daoine fásta ag éisteacht léi agus tá sí féin bodhar leis an g**callán**[4] nua sa teach. Tá rudaí bunoscionn ó tháinig Peadar, a deartháir, ar an saol. Ní thuigeann a máthair, a hathair, a deirfiúr (Aoife) ná an múinteoir Fraincise a cás. Ach ag an deireadh, mar a tharlaíonn go minic leis an seánra seo, scaoiltear leis an teannas. Faightear radharc ar réiteach.

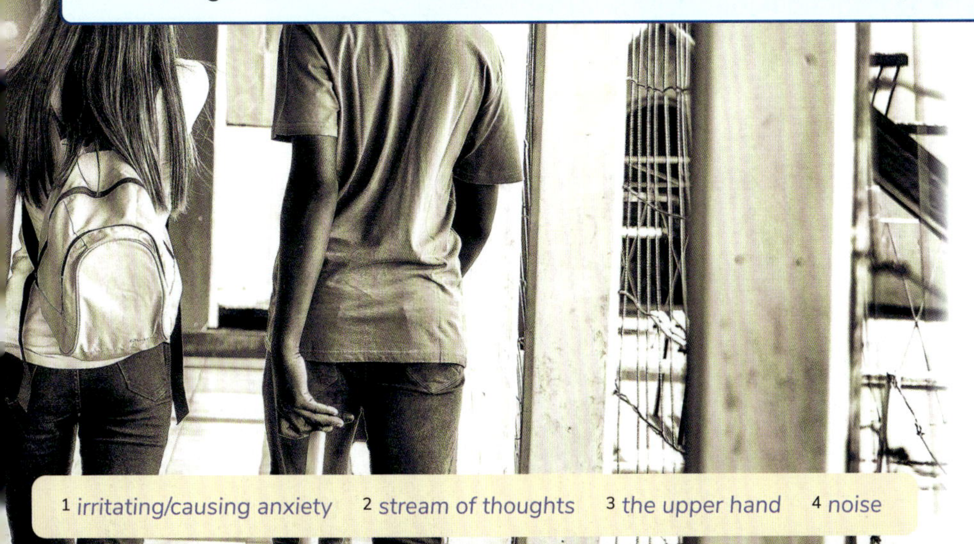

1 irritating/causing anxiety 2 stream of thoughts 3 the upper hand 4 noise

Anailís agus tuairimí

Sa scéal 'Spás' le Mícheál Ó Ruairc, ní maith leis an bpríomhcharachtar, Pádraigín, go bhfuil uirthi a seomra a roinnt lena deirfiúr. Cuireann sé isteach uirthi nach bhfuil príobháideacht aici a thuilleadh. Bhí spás ar fáil aici sa teach ina seomra féin roimhe seo ach tá an spás sin caillte aici anois. Ní féidir léi éisteacht leis an raidió go dtí a haon a chlog ar maidin agus bíonn Aoife (a deirfiúr) ag imirt ar an PlayStation sa seomra leapa freisin.

Ar scoil chuir an múinteoir í i gcathaoir chun tosaigh sa seomra ranga. Mar thoradh air seo tá Pádraigín ina suí faoi bhois an chait arís gan mórán spáis aici. Ciallaíonn sé seo go bhfuil easpa príobháideacht aici sa seomra ranga freisin. Cuireann sé seo leis an mbrón, leis an strus, leis an bhfrustrachas agus leis an bhfearg atá ar an gcailín óg.

Sa scéal seo tá Pádraigín ag tabhairt faoi scrúdú na hArdteistiméireachta agus bíonn na tuismitheoirí an-dáiríre faoi na scrúduithe. Cuireann siad cosc ar Phádraigín aon teagmháil a dhéanamh leis an mbuachaill, Diarmaid, agus níl cead aici litir a sheoladh chuige fiú. Méadaíonn sé seo an brón (agus mothúcháin eile) atá uirthi. Bhuail sí le Diarmaid anuraidh nuair a bhí sí ag cur fúithi lena mamó.

Is cuimhin léi an samhradh sin nuair a bhí neart spáis aici agus saoirse freisin le teacht agus imeacht am ar bith. Theastaigh uaithi dul ar ais ansin arís agus seolann sí litir dá mamó lena scéal a mhíniú. Tuigeann sí go maith dá mbeadh cuireadh ann óna seanmháthair nach mbeadh a tuismitheoirí in ann cur i gcoinne a tola agus go mbeadh spás aici arís amuigh faoin tuath tar éis na scrúduithe.

Scríobh

Déan dhá thasc as an rogha seo.

1. Samhlaigh gur tusa Pádraigín nó Diarmaid. Scríobh ríomhphost faoi rún chuig an duine eile. Tá imlíne don ríomhphost ar fáil san acmhainn punainne (lch 7).
2. Scríobh an comhrá a bhí idir Pádraigín agus a tuismitheoirí tar éis a ndinnéir.
3. Scríobh roinnt téacsanna a sheol Pádraigín chuig a mamó agus na freagraí a bhfuair sí.
4. Scríobh an iontráil a rinne Pádraigín ina dialann ag deireadh an lae seo.

LG Déan an tasc ar lch 24.

Idirghníomhú cainte

Labhair le duine eile nó le cúpla duine eile sa rang faoin scéal 'Spás'.

Critéir ratha:

- Ar thaitin an scéal seo leat? (Tabhair cúpla fáth le do fhreagra.)
- An bhfuil trua agat do Phádraigín?
- An féidir leat **ionannú le**[1] Pádraigín?

[1] relate to

An phearsa

Rialacha

Tá trí roinn chainte a mbaineann leis an bpearsa ghramadúil.

1. an forainm pearsanta
2. an forainm réamhfhoclach
3. an aidiacht shealbhach

an phearsa
an chéad
an dara
an tríú
uatha, iolra

an forainm pearsanta
mé, tú, sé, sí, muid/sinn, sibh, siad

an aidiacht shealbhach
mo, do, a, ár, bhur

an forainm réamhfhoclach
Samplaí: *agam, agat, aige, aici, againn, agaibh, acu*

1 An forainm pearsanta

	An uimhir uatha (*singular*)				An uimhir iolra (*plural*)		
An phearsa	An chéad	An dara	An tríú (fir.)	An tríú (bain.)	An chéad	An dara	An tríú
Forainm: an t-ainmní (*the subject*)	mé	tú	sé	sí	muid/ sinn	sibh	siad
Forainm: an cuspóir (*the object*)	mé	thú	é	í	muid/ sinn	sibh	iad

'Bhuail sé é.'
Bhuail an t-ainmní (*the subject*) an cuspóir (*the object*).
sé = he/it; é = him/it

2 An forainm réamhfhoclach

Tá tacar forainmneacha réamhfhoclacha ag baint le gach réamhfhocal. Seo na forainmneacha réamhfhoclacha a bhaineann leis na réamhfhocail **ag** agus **ar**.

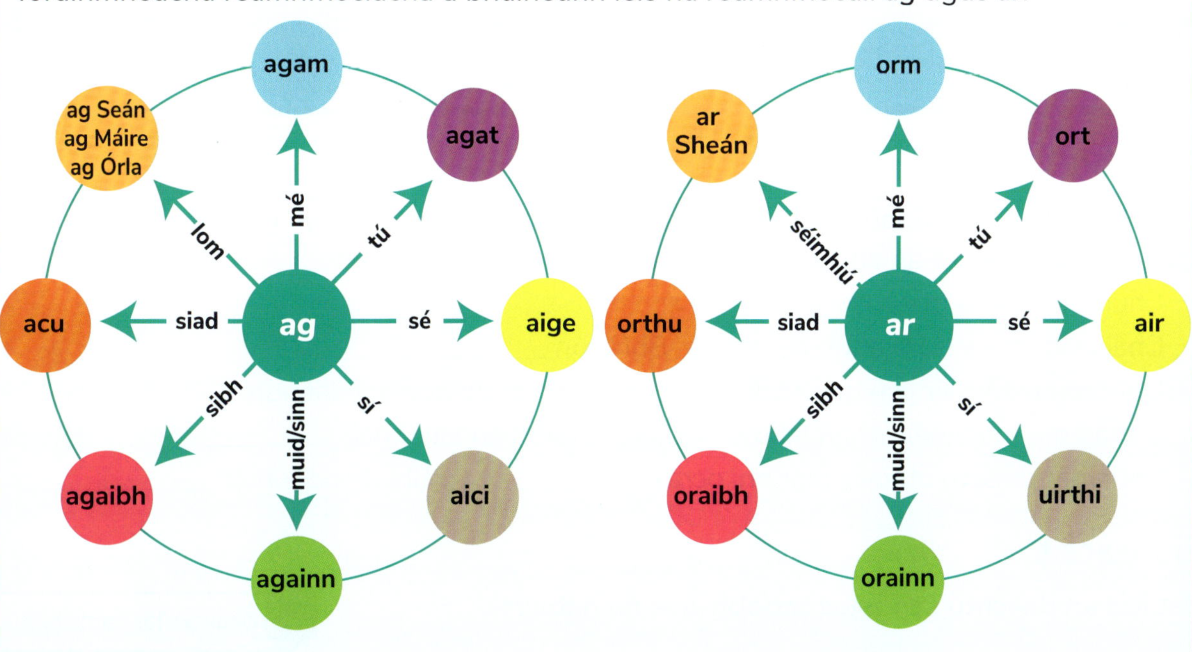

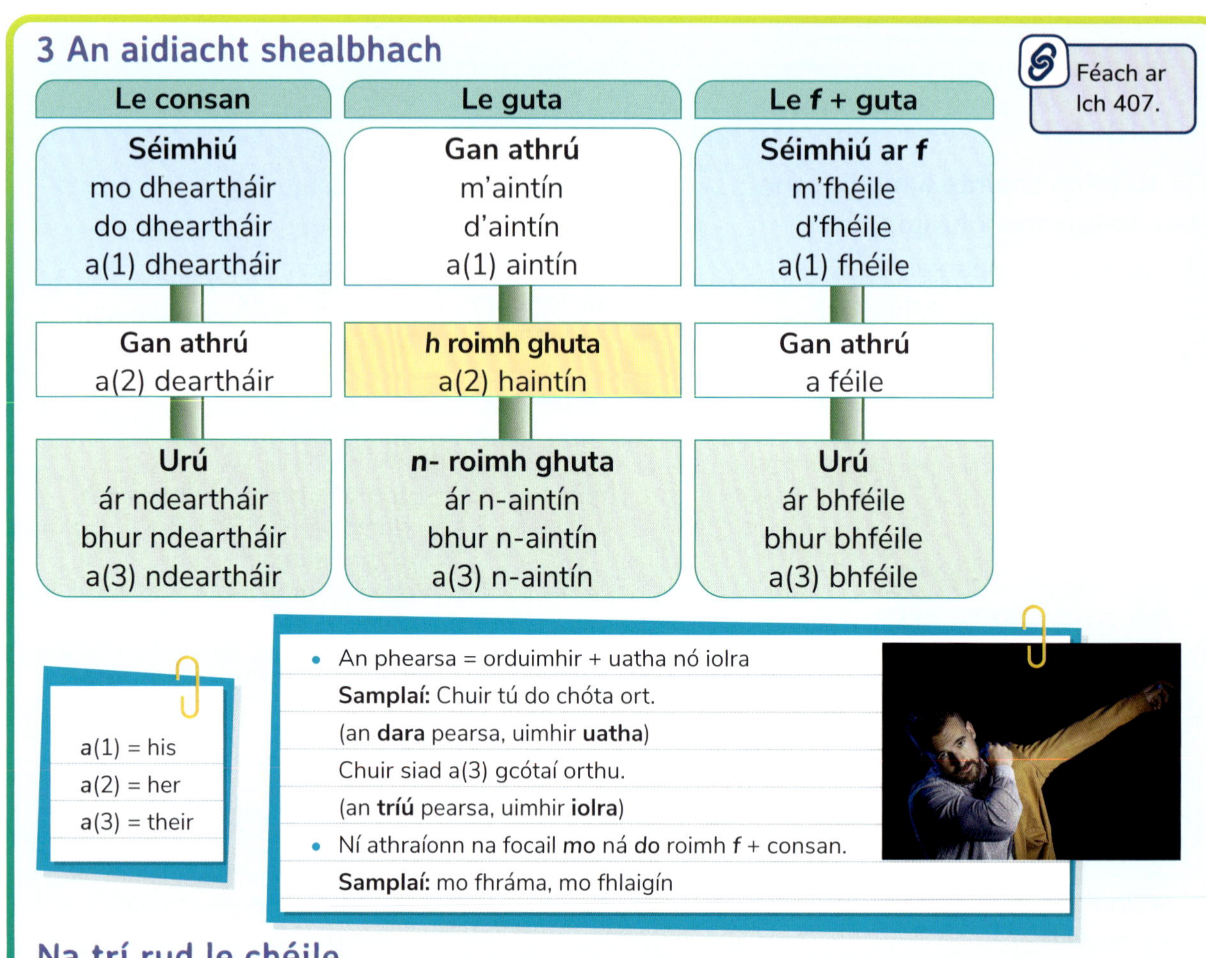

3 An aidiacht shealbhach

Féach ar lch 407.

Le consan	Le guta	Le f + guta
Séimhiú mo dheartháir do dheartháir a(1) dheartháir	**Gan athrú** m'aintín d'aintín a(1) aintín	**Séimhiú ar f** m'fhéile d'fhéile a(1) fhéile
Gan athrú a(2) deartháir	***h* roimh ghuta** a(2) haintín	**Gan athrú** a féile
Urú ár ndeartháir bhur ndeartháir a(3) ndeartháir	***n-* roimh ghuta** ár n-aintín bhur n-aintín a(3) n-aintín	**Urú** ár bhféile bhur bhféile a(3) bhféile

a(1) = his
a(2) = her
a(3) = their

- An phearsa = orduimhir + uatha nó iolra
  Samplaí: Chuir tú do chóta ort.
  (an **dara** pearsa, uimhir **uatha**)
  Chuir siad a(3) gcótaí orthu.
  (an **tríú** pearsa, uimhir **iolra**)
- Ní athraíonn na focail **mo** ná **do** roimh f + consan.
  Samplaí: mo fhráma, mo fhlaigín

Na trí rud le chéile

An phearsa	An uimhir uatha				An uimhir iolra		
	An chéad	**An dara**	**An tríú (fir.)**	**An tríú (bain.)**	**An chéad**	**An dara**	**An tríú**
Forainm: an t-ainmní	mé	tú	sé	sí	muid/sinn	sibh	siad
Forainm: an cuspóir	mé	thú	é	í	muid/sinn	sibh	iad
Aidiacht shealbhach	mo	do	a(1)	a(2)	ár	bhur	a(3)
Forainm réamhfhoclach: ar	orm	ort	air	uirthi	orainn	oraibh	orthu
Forainm réamhfhoclach: ag	agam	agat	aige	aici	againn	agaibh	acu

Scríobh

Líon na bearnaí leis an bhforainm réamhfhoclach ceart. Críochnaigh gach abairt leis an bpearsa chéanna. Tá an chéad cheann déanta mar chúnamh duit.

1 Chuir m'uncail a gheansaí *air*.
2 Chaill mo chara Nóra a fón póca inné. Bhí brón ______________.
3 Dúirt mo mháthair linn go raibh ______________ ár bplátaí a ghlanadh.
4 D'fhág mé mo mhála ar an mbus. Mar sin, ní raibh aon leabhair ______________.
5 Chuamar díreach abhaile mar bhí ocras ______________. Bhí dinnéar mór ______________.

Éisteacht Rian 1.19

Éist leis an deachtú seo agus scríobh síos na habairtí.

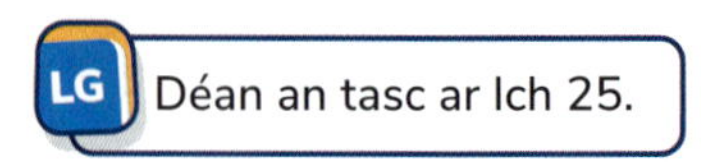
LG Déan an tasc ar lch 25.

Mo chara in Éirinn

Léamh

Léigh an sliocht thíos agus freagair na ceisteanna a bhaineann leis. Pioc amach aon fhocal ón téacs nach raibh ar eolas agat agus aimsigh an Béarla san fhoclóir.

Is mise Aoife agus táim 14 bliana d'aois. Thosaigh mé i scoil nua i mbliana toisc gur bhog mo theaghlach go ceantar nua. Fuair mo dhaid post nua agus bhí orainn bogadh ó Chontae Chiarraí go dtí Cathair Bhaile Átha Cliath. Bhí an-bhrón orm go raibh orm mo chairde a fhágáil i mo dhiaidh. Bhí go leor cairde agam i mo sheanscoil.

Seo daoibh grianghraf de mo chara is fearr. Molly is ainm di. Tá sí ar chomhaois liom agus tá suim againn sna rudaí céanna. Taitníonn an nádúr leis an mbeirt againn agus is breá linn dul amach ar shiúlóidí go dtí an trá agus grianghraif áille a ghlacadh de luí na gréine. Tá bua na grianghrafadóireachta aici agus tá cuntas VSCO aici lán de ghrianghraif shiumiúla. An rud is greannmhaire ná gur bhuaileamar le chéile ar an trá nuair a bhíomar trí bliana d'aois! Lá breá grianmhar a bhí ann, dar le mo mháthair. Mothaím uaim go mór í.

Is duine cairdiúil, cabhrach, cainteach agus cliste í Molly. Tá go leor cairde aici sa tseanscoil mar is duine an-ghlórach í. Is féidir léi caint le haon duine ar bith. Tugann sé ardú meanman dom caint léi ar WhatsApp gach lá tar éis scoile. Cé nach bhfuilimid inár gcónaí sa cheantar céanna a thuilleadh, bíonn sí fós sásta cabhrú liom le m'obair bhaile. Is cailín an-éirimiúil í Molly agus tá an-suim aici sna teangacha. Is as an Fhrainc é a hathair agus tá Fraincis líofa aici mar sin. Is fearr liom an Ghaeilge agus beidh an bheirt againn ag freastal ar choláiste samhraidh i mbliana.

Bhí mé an-uaigneach nuair a thosaigh mé i mo scoil nua i mbliana ach tá an t-ádh liom go bhfuil mé in ann labhairt le Molly ag deireadh gach lae.

Buntuiscint

1 Cén fáth ar bhog teaghlach Aoife go Cathair Bhaile Átha Cliath?
2 Cén fáth go raibh brón ar Aoife bogadh go Cathair Bhaile Átha Cliath?
3 Ainmnigh rud amháin a dhéanann Aoife agus Molly le chéile.
4 Cár bhuail Aoife agus Molly le chéile?
5 Liostaigh na haidiachtaí a úsáideann Aoife chun cur síos a dhéanamh ar Molly.
6 An duine cabhrach í Molly? Cuir fáth amháin le do fhreagra.
7 Cén teanga is fearr le hAoife?
8 Conas a mhothaigh Aoife nuair a thosaigh sí sa scoil nua?

Léirthuiscint

9 'Is léir gur **dlúthchairde**[1] iad Molly agus Aoife.' An aontaíonn tú leis an ráiteas seo? Cuir dhá fháth le do fhreagra.

Cúinne na gramadaí

Aimsigh samplaí de na rudaí seo a leanas sa téacs:

1 aidiacht shealbhach; 2 forainmneacha réamhfhoclacha a bhaineann le *ag* agus *ar*.

Scríobh

Scríobh cuntas beag faoin lá a bhuail tú leis an gcara is fearr atá agat. Bain úsáid as an acmhainn punainne (lch 11) mar chabhair duit.

[1] close friends

Mo chara i Nua-Eabhrac

Léamh

Léigh an sliocht seo agus freagair na ceisteanna a bhaineann leis. Bain úsáid as an bhfoclóir mura bhfuil focal ar eolas agat.

Is mise Liadh agus tá cara liom i Nua-Eabhrac. Mason is ainm dó agus bhuail mé leis nuair a bhí mé ar mo laethanta saoire sa Spáinn an bhliain seo caite. Bhíomar ag fanacht san óstán céanna agus chas mé air sa linn snámha nuair a thit mo spéaclaí gréine isteach. Bhíomar an-mhór le chéile as sin amach.

Bhí díomá an domhain orm ag deireadh an turais nuair a bhí orainn slán a fhágáil lena chéile. Gheall sé dom go bhfanfaimis i dteagmháil lena chéile agus rinne sé díreach mar a gheall sé. Bhí mé sa bhaile le dhá sheachtain nuair a tháinig pacáiste cúraim ó Mheiriceá sa phost. Tá sé ina chónaí i gcroílár na cathrach i Nua-Eabhrac. Sheol sé milseáin Mheiriceánacha de gach saghas chugam – Reese's Pieces, Jolly Ranchers, Swedish Fish agus cúpla rud eile ón siopa cáiliúil Trader Joe's. Chuir mé glaoch FaceTime air an oíche sin chun na milseáin a thriail. Bhí an-chraic againn.

Táim fíorbhuíoch den teicneolaíocht agus de na meáin shóisialta. Tá sé an-éasca dom fanacht i dteagmháil le Mason. Is féidir liom féachaint ar fhíseanna TikTok dá chuid nó súil a chaitheamh ar a scéalta Snapchat chun fanacht suas chun dáta. Is minic a sheolann sé glórtheachtaireachtaí WhatsApp chugam i rith an lae, go háirithe nuair a tharlaíonn rud greannmhar ar scoil. Thaifead sé vlag dá scoil agus dá chomhscoláirí dom. Tá áiseanna iontacha ina scoil agus trealaimh spóirt den chaighdeán is airde inti. Is ball é den fhoireann cispheile agus an tseachtain seo caite rinneadh beoshruth den chluiche agus bhí mé in ann féachaint air! Bhí mé ag scairteadh go lúcháireach agus tháinig náire orm nuair a thuig mé nach mbeadh sé in ann mé a chloisteáil taobh thiar den scáileán.

Tá sé ar intinn agam cuairt a thabhairt ar Mason an samhradh seo chugainn ach táim an-sásta gur féidir liom labhairt leis ar líne idir an dá linn!

Buntuiscint

1. Cá bhfuil cara Liadh ina chónaí?
2. Cár bhuail Liadh le Mason?
3. Cén fáth go raibh díomá ar Liadh ag deireadh an turais?
4. Cad a sheol Mason di?
5. Ainmnigh trí rud a dhéanann Liadh agus Mason chun fanacht i dteagmháil lena chéile.
6. Conas a bhí Liadh in ann féachaint ar an gcluiche cispheile?
7. Cén fáth gur tháinig náire ar Liadh?
8. Déan liosta den stór focal a bhaineann leis an teicneolaíocht ón téacs thuas.
   Sampla: *glaoch FaceTime*
   Anois, bain úsáid as mentimeter.com nó a mhacasamhail chun néal focal a dhéanamh de.

Léirthuiscint

9. 'Déanann Liadh agus Mason a seacht ndícheall chun fanacht i dteagmháil lena chéile'. An aontaíonn tú leis an ráiteas sin? Cuir dhá fháth le do fhreagra.

Scríobh

Samhlaigh go bhfuil cara leat ina c(h)ónaí thar sáile. Tá tú ag iarraidh pacáiste cúraim a sheoladh chuige/chuici. Scríobh liosta de na rudaí a chuirfeá ann. Caithfidh deich rud a bheith sa phacáiste.

Samplaí: *seacláid Cadbury's, mála criospaí Tayto, fáinne Chladaigh*

Tréithe pearsantachta

Idirghníomhú cainte

Cuir na ceisteanna seo ar an duine in aice leat.

- An bhfuil cara leat atá ina c(h)ónaí thar sáile?
- Cá bhfuil sé/sí ina c(h)ónaí?
- Cár bhuail tú leis/léi?

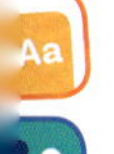

Tasc foclóra

Féach ar an liosta aidiachtaí thíos. Oibrigh leis an duine in aice leat chun Béarla a chur orthu.

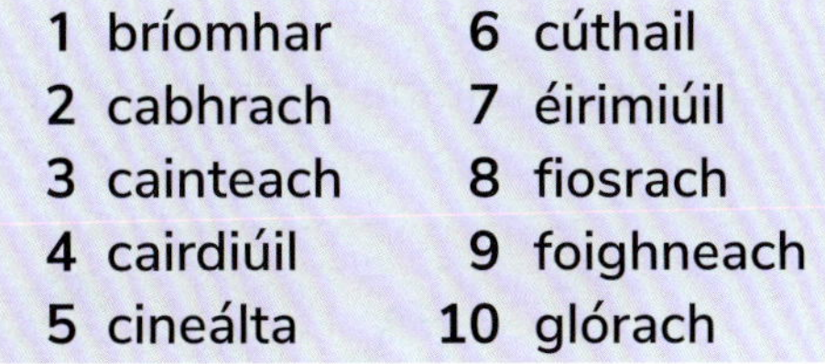

1 bríomhar	**6** cúthail	**11** greannmhar
2 cabhrach	**7** éirimiúil	**12** macánta
3 cainteach	**8** fiosrach	**13** réchúiseach
4 cairdiúil	**9** foighneach	**14** smaointeach
5 cineálta	**10** glórach	

Crosfhocal

Léigh na leideanna thíos agus líon an crosfhocal leis na haidiachtaí cearta. Tá na haidiachtaí ar fáil sa liosta thuas.

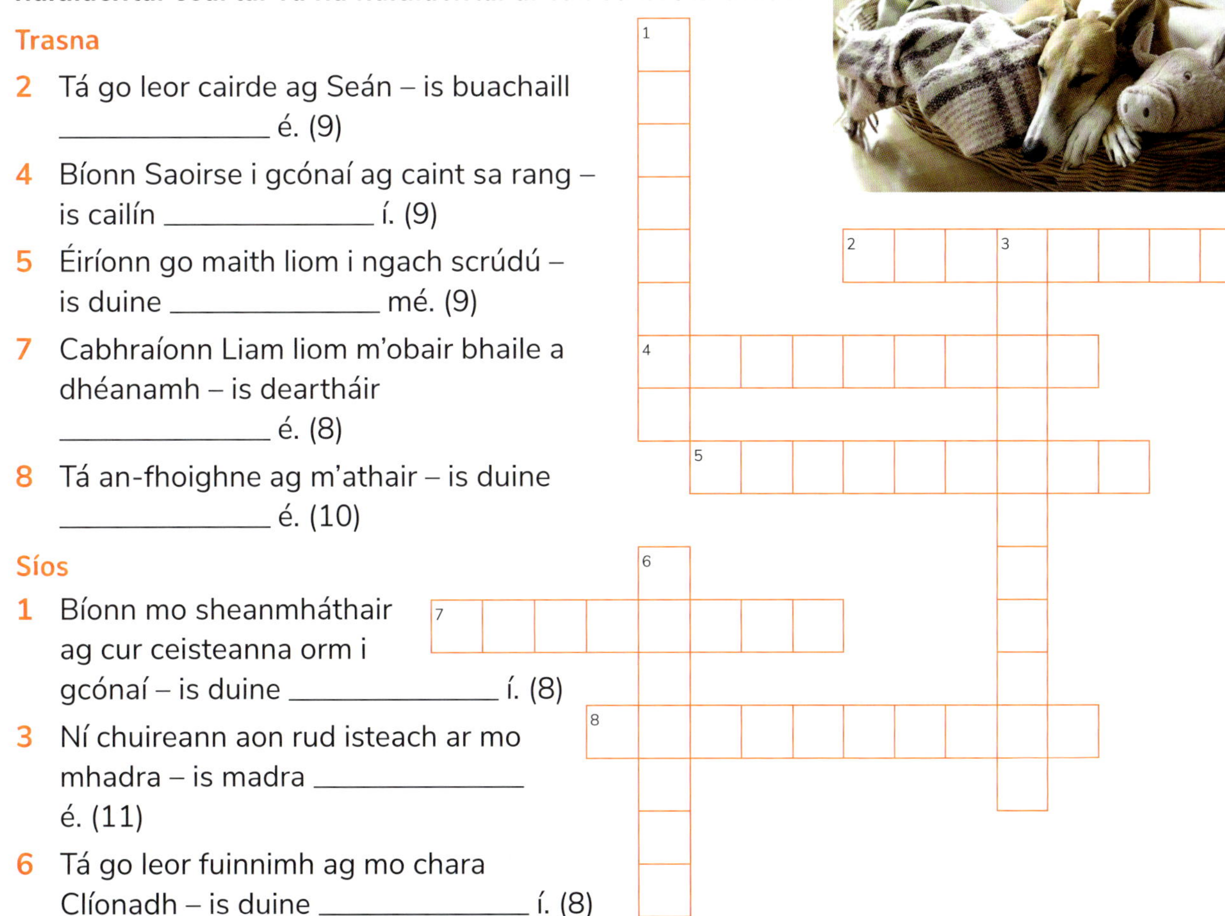

Trasna

2 Tá go leor cairde ag Seán – is buachaill ______________ é. (9)

4 Bíonn Saoirse i gcónaí ag caint sa rang – is cailín ______________ í. (9)

5 Éiríonn go maith liom i ngach scrúdú – is duine ______________ mé. (9)

7 Cabhraíonn Liam liom m'obair bhaile a dhéanamh – is deartháir ______________ é. (8)

8 Tá an-fhoighne ag m'athair – is duine ______________ é. (10)

Síos

1 Bíonn mo sheanmháthair ag cur ceisteanna orm i gcónaí – is duine ______________ í. (8)

3 Ní chuireann aon rud isteach ar mo mhadra – is madra ______________ é. (11)

6 Tá go leor fuinnimh ag mo chara Clíonadh – is duine ______________ í. (8)

Éisteacht Rian 1.20

LG Tá cluastuiscintí don aonad seo le fáil ar lgh 151–3.

Éist leis an taifeadadh seo agus críochnaigh na habairtí thíos.

1 Tá go leor cairde ag Seán – ______________________________.
2 Bíonn Saoirse i gcónaí ag caint sa rang – ______________________________.
3 Cabhraíonn Liam liom m'obair bhaile a dhéanamh – ______________________________.
4 Éiríonn go maith liom i ngach scrúdú – ______________________________.
5 Tá go leor fuinnimh ag mo chara Clíonadh – ______________________________.
6 Tá an-fhoighne ag m'athair – ______________________________.
7 Bíonn mo sheanmháthair ag cur ceisteanna orm i gcónaí – ______________________________.
8 Ní chuireann aon rud isteach ar mo mhadra – ______________________________.

Idirghníomhú cainte

Scríobh trí abairt faoi na tréithe pearsantachta atá agat. Iarr ar an duine in aice leat trí abairt a scríobh fút. Ar luaigh sibh na tréithe céanna?

Scríobh

Déan cur síos ar na tréithe pearsantachta atá ag triúr cairde leat. Scríobh trí abairt faoi gach cara. Tabhair fianaise le gach ceann díobh.

Sampla: *Is duine cairdiúil é Seán – tá sé an-éasca dó cairde nua a dhéanamh.*

Meaitseáil

Cad iad na tréithe a bhaineann le cara maith? Féach ar na ceisteanna agus na freagraí thíos. Meaitseáil na freagraí leis na ceisteanna.

Ceisteanna

1 An féidir le cara maith suimeanna difriúla le do chuid féin a bheith aige/aici?
2 An féidir rún a insint do chara maith?
3 An duine cabhrach, tuisceanach agus smaointeach é/í?
4 An roinneann cara maith rudaí leat?
5 An mbíonn cara maith ag iarraidh an rud is fearr duit?
6 An féidir le cara maith rún a choimeád?
7 An mbíonn cara maith ag magadh fút?
8 An féidir leat muinín a bheith agat as cara maith?
9 An mbíonn cara maith ag cúlchaint fút?
10 An mbíonn cara maith in éad leat?

Freagraí

A Is féidir rún a insint do chara maith.
B Is féidir le cara maith rún a choimeád.
C Ní bhíonn cara maith in éad leat.
D Ní bhíonn cara maith ag magadh fút.
E Ní bhíonn cara maith ag cúlchaint fút.
F Roinneann cara maith rudaí leat.
G Is féidir leat muinín a bheith agat as cara maith.
H Bíonn cara maith ag iarraidh an rud is fearr duit.
I Is féidir le cara maith suimeanna difriúla le do chuid féin a bheith aige/aici.
J Is duine cabhrach, tuisceanach agus smaointeach é/í.

1	2	3	4	5	6	7	8	9	10

Idirghníomhú cainte

Labhair leis an duine in aice leat. An bhfuair sibh na freagraí céanna? Obair le chéile chun na tréithe a bhaineann le cara maith a chur in ord tosaíochta.

Mo chara is fearr

Bain úsáid as na tréithe ar lch 64 agus as na haidiachtaí ar lch 63 chun nóta beag a scríobh faoi do chara is fearr.

Critéir ratha:

Luaigh na rudaí seo a leanas:

- ainm do chara
- aois do chara
- dáta breithe do chara
- gruaig/súile do chara
- tréithe pearsantachta agus fianaise

Sampla: *Is duine cineálta í Áine – roinneann sí gach rud liom.*

Rún díospóireachta

'Is cara maith í Pádraigín sa ghearrscéal "Spás".' An aontaíonn tú leis an ráiteas seo? Scríobh an freagra i do chóipleabhar.

Critéir ratha:

- Cuir dhá fháth le do fhreagra.
- Déan tagairt do roinnt tréithe pearsantachta.

Taighde

Féach ar na seanfhocail thíos. Is faoin gcairdeas atá siad. Cad is brí leo i mBéarla?

1. Aithnítear cara i gcruatan.
2. Ar scáth a chéile a mhaireann na daoine.
3. Is maith an scáthán súil charad.
4. Giorraíonn beirt bóthar.
5. Is fearr cara sa chúirt ná punt sa sparán.

LG Déan na tascanna ar lch 27.

Cóisir bhreithlae thar oíche

Léamh

Léigh an t-alt thíos agus déan na tascanna a bhaineann leis.

Bhí mo chara Áine 14 bliana d'aois inné agus bhí (1) **cóisir thar oíche** ar siúl ina teach. Chuaigh ceathrar againn chuig an gcóisir agus bhíomar ag tnúth go mór léi. Chaitheamar cúpla lá roimh an gcóisir (2) **ag dearadh** cárta di agus rinneamar (3) **leabhar gearrthóg** di freisin. D'eagraigh a máthair an chóisir agus mhaisigh sí seomra leapa Áine le (4) **soilse sí** agus (5) **bratacha** beaga. Bhí sé (6) an-**teolaí** ar fad. D'fhéachamar ar (7) **scannáin rómánsúla** agus d'itheamar (8) **an iomarca** bia, ar ndóigh. D'ordaigh athair Áine (9) **bia gasta** dúinn – fuaireamar píotsa agus (10) **deochanna súilíneacha**. Bhí mé lán go béal toisc go raibh milseáin agus grán rósta againn roimhe sin. Níor ith mé ach (11) **stiall** amháin píotsa. Cheannaíomar (12) **culaith oíche** nua agus (13) **péire slipéir** bhándearga d'Áine. Bhí sí an-bhuíoch dínn. Scaoil Áine rún linn agus rinneamar ár sáith gáire nuair a chualamar faoi. Tá sí i ngrá le duine de na buachaillí ar scoil, dar léi. Bhí an-oíche agus an-chraic go deo againn.

Tasc foclóra

Bain úsáid as focloir.ie nó teanglann.ie chun na focail i gcló trom san alt thuas a aimsiú.

Cúinne na gramadaí

Aimsigh sampla amháin de na rudaí seo a leanas sa téacs:

1 an aidiacht shealbhach; 2 briathar neamhrialta san aimsir chaite; 3 forainm

Léirthuiscint

'Is léir go bhfuil cairde Áine an-cheanúil uirthi.' Scríobh dhá phointe i d'fhocail féin a léiríonn an bhfuil an ráiteas seo fíor nó bréagach.

Scríobh

Scríobh alt beag faoi chóisir bhreithlae ar fhreastail tú uirthi.

Critéir ratha:

- Bain úsáid as briathra san aimsir chaite.
- Cathain a bhí an chóisir ar siúl?
- Cén saghas cóisire a bhí i gceist?
- Cé a bhí i láthair?
- Luaigh dhá rud a rinne sibh ag an gcóisir.

Obair ealaíne

Tarraing pictiúr de chóisir bhreithlae a raibh tú aici. Cuir lipéid ar na rudaí difriúla sa phictiúr. Bain úsáid as an bhfoclóir chun cabhrú leat.

Cárta breithlae

Léamh

Tá sé ag druidim le breithlá do sheanmháthar. Ba mhaith leat cárta a dhearadh di as Gaeilge. Seo roinnt beannachtaí a scríobhann daoine ar chárta breithlae i nGaeilge. Léigh na beannachtaí agus féach ar na cártaí.

Beannachtaí
Lá breithe sona duit!
Breithlá sona duit!
Go raibh lá iontach agat!
Bain sult as an gcóisir!

© Three Little Birds Illustration

© Clover Rua

© Connect the Dots Design

Obair ealaíne

Dear cárta breithlae do do sheanmháthair. Bain úsáid as na cártaí thuas mar spreagadh. Scríobh teachtaireacht bheag do do sheanmháthair taobh istigh den chárta.

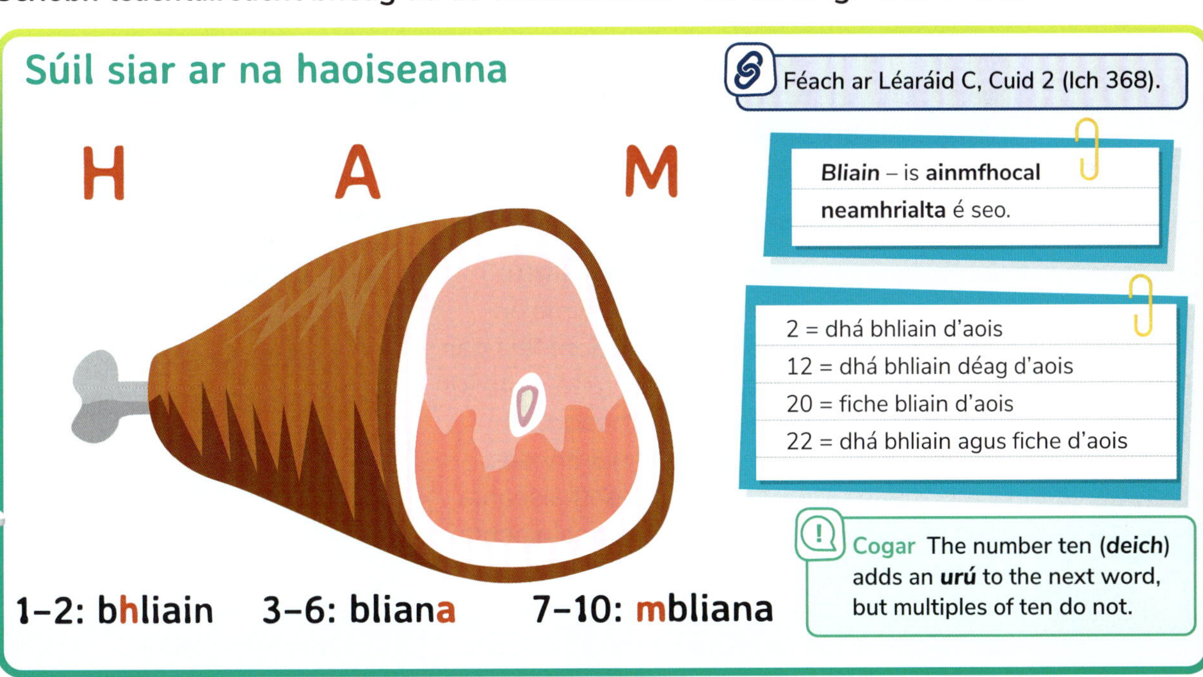

Súil siar ar na haoiseanna
Féach ar Léaráid C, Cuid 2 (lch 368).
H A M
Bliain – is **ainmfhocal neamhrialta** é seo.
2 = dhá bhliain d'aois
12 = dhá bhliain déag d'aois
20 = fiche bliain d'aois
22 = dhá bhliain agus fiche d'aois
Cogar The number ten (**deich**) adds an ***urú*** to the next word, but multiples of ten do not.
1–2: bhliain **3–6: bliana** **7–10: mbliana**

Cúinne na gramadaí

Cuir Gaeilge ar na haoiseanna seo a leanas. Scríobh iad i do chóipleabhar (i bhfoirm focal). Tá an chéad cheann déanta duit mar shampla.

1 13 *trí bliana déag d'aois*
2 37
3 45
4 50
5 26
6 54
7 18
8 71

Mo chairde le linn na dianghlasála

Léamh

Léigh na hailt thíos faoin dianghlasáil[1] agus freagair na ceisteanna a ghabhann leo.

Is mise Zach. Ní dhéanfaidh mé dearmad ar an lá a dúnadh na scoileanna – bhí mé féin agus mo **chomhscoláirí**[2] ar bís. An rud nár thuigeamar ná, cé go mbeimis ag freastal ar scoil ar líne, ní bheadh an **comhluadar**[3] céanna ann. Bhí mé an-uaigneach gan mo chairde agus bhí orainn teacht ar réiteach. Bhuaileamar le chéile gach oíche Aoine ar Zoom. Níor chuala mé faoin aip sin riamh ach bhí an-tóir uirthi i rith na dianghlasála. Sheolamar méimeanna éagsúla chuig a chéile ar WhatsApp i rith na seachtaine chun ardú meanman a thabhairt do chách. Bhí mé fíorbhuíoch do mo thuismitheoirí gur cheannaigh siad fón cliste dom.

1. An raibh Zach agus a chomhscoláirí sásta ar dtús gur dúnadh na scoileanna?
2. Céard nár thuig na daltaí ag an am sin?
3. Cad a rinne Zach gach Aoine?
4. Ainmnigh dhá aip a luann Zach san alt.

Ciara is ainm dom. Bhí mé sa chéad bhliain ar scoil agus bhí mé trí chéile nuair a dúnadh na scoileanna. Bhí mé díreach tar éis cairde nua a dhéanamh agus bhí mé ag iarraidh labhairt leo. D'eagraigh an ceann bliana ar scoil cruinniú Google dúinn gach Céadaoin tar éis na scoile. Bhí sé iontach ar fad go raibh mé in ann bheith i dteagmháil le mo chomhdhaltaí. D'imríomar cluichí éagsúla i ngach aon chruinniú agus bhí an-chraic againn. Bhunaigh mé féin agus mo chairde cuntais TikTok agus bhíomar in ann aithris a dhéanamh ar a chéile. Bhí sé an-ghreannmhar ar fad.

1. Cén fáth a raibh brón ar Chiara nuair a dúnadh na scoileanna?
2. Cad a d'eagraigh an ceann bliana?
3. Cad a rinne na daltaí ag na cruinnithe?
4. Cad is ainm don aip a d'úsáid Ciara agus a cairde chun aithris a dhéanamh ar a chéile?

José is ainm dom agus bhí mé in Éirinn ar **mhalartú scoile**[4] nuair a dúnadh na scoileanna. Ní raibh mé an-sásta a bheith sáinnithe in Éirinn liom féin gan mo shiblíní ná mo chairde. É sin ráite, caithfidh mé a admháil go ndearna mo theaghlach an-iarracht mé a chur ar mo shuaimhneas. Tá mo sheantuismitheoirí an-seanfhaiseanta agus níl cliú acu faoi chúrsaí teicneolaíochta ach rinne siad a ndícheall litir a scríobh chugam gach seachtain. Bhí an t-ádh orm go raibh Xbox sa lóistín ina raibh mé ag fanacht agus bhí mé in ann labhairt le mo chairde agus *Call of Duty* á imirt againn.

1. Cén fáth a raibh José in Éirinn nuair a cuireadh an tír faoi dhianghlasáil?
2. An raibh José sásta fanacht in Éirinn?
3. An bhfuil aon chur amach ag seantuismitheoirí José ar an teicneolaíocht? Cuir píosa eolais le do fhreagra mar thacaíocht.
4. Conas a d'fhan José i dteagmháil lena chairde?

Scríobh

Scríobh alt beag san aimsir chaite faoin mbealach a d'fhan tú i dteagmháil le duine áirithe le linn na dianghlasála. Critéir ratha: ainm an duine, bealaí/aipeanna éagsúla a d'úsáid tú.

[1] *lockdown* [2] *fellow students* [3] *company* [4] *school exchange*

Oíche na stoirme

Léamh

Léigh an iontráil dialainne seo agus freagair na ceisteanna a ghabhann léi.

31 Deireadh Fómhair

Geallaim duit gurb é an lá ba mheasa a bhí agam RIAMH!

Tá a fhios agat go ndéarfadh mo thuismitheoirí go ndéanaim ***scéal chailleach an uafáis***[1] *den uile rud ach táim ag insint na fírinne. Níor stop an bháisteach an lá ar fad. Dúirt mé leat cheana go gcuireann drochaimsir isteach ar an* ***dearcadh***[2] *dearfach a bhíonn agam uaireanta. De ghnáth ní ligim don aimsir cur isteach orm ach tá gach aon duine sa tír ag maireachtáil faoi dhianghlasáil agus mar sin táimid ar fad sa bhaile. Ní hamháin go bhfuilimid sa bhaile ach táimid SÁINNITHE sa bhaile ar nós ainmhí i n****gairdín na n-ainmhithe***[3].

Ag timpeall a sé a chlog sa tráthnóna chuala mé an ghaoth ag screadaíl taobh amuigh agus go tobann bhíomar sa dorchadas mar theip ar an leictreachas. Baineadh geit uafásach as Mam agus as an madra. Tar éis tamaill tháinig sí ar bhosca coinnle faoin staighre. Las sí iad agus ní raibh eagla orainn a thuilleadh. Bhí an t-ádh orm mar ***luchtaigh***[4] *mé an iPad agus m'fhón cliste ní ba luaithe sa lá.*

Shuigh mo thuismitheoirí timpeall na gcoinnle ag lorg solais ach d'éalaigh mé go dtí mo sheomra leapa chun scíth agus ***socracht***[5] *a bheith agam. D'fhéach mé amach na fuinneoga móra sa seomra agus chonaic mé na crainn ag luascadh faoi chumhacht na gaoithe. Bhí mé* ***faoi dhraíocht***[6] *acu. Chuir mé Netflix ar siúl agus bhí sé ar intinn agam féachaint ar scannáin uafáis ach* ***chlis ar***[7] *an* ***leathanbhanda***[8]*. Chuaigh cúrsaí in olcas le gach aon nóiméad dá ndeachaigh thart! Bhí sé ag cur isteach orm nach raibh mé in ann an oíche stoirmiúil seo a chaitheamh le mo chairde toisc go rabhamar faoi dhianghlasáil – ach buíochas le Dia ní raibh an comhartha 4G ródhona. Chuir mé glaoch FaceTime ar mo chairde agus labhraíomar faoin stoirm. Bhíomar ag súil nach leanfadh an scoil ar aghaidh an chéad lá eile!*

Ciara xxx

1. An raibh lá maith ag Ciara? Cuir dhá phíosa eolais le do fhreagra.
2. Léirigh gur oíche stoirmiúil a bhí ann i d'fhocail féin. Déan dhá thagairt don téacs.
3. An duine dearfach í Ciara, meas tú? Is leor dhá phointe a scríobh mar thacaíocht.
4. Cuir ciorcal timpeall faoi shampla amháin de na rudaí seo a leanas sa téacs:
   - briathar neamhrialta san aimsir chaite
   - orduimhir
   - forainm
   - aidiacht
   - aidiacht shealbhach
   - forainm réamhfhoclach a bhaineann le ar

1 horror story 2 outlook 3 zoo 4 charged 5 quietness 6 mesmerised 7 failed 8 broadband

Gearrscannán: *Rúbaí*

Tasc foclóra

Aimsigh na focail seo i d'fhoclóir nó ar an suíomh teanglann.ie nó tearma.ie.

1 stiúrthóir **2** ceol **3** aisteoir **4** radharc **5** fuaimrian **6** smideadh
7 feisteas **8** scannánaíocht **9** scríbhneoir **10** teidil chreidiúna

Scríobh

Líon na próifílí seo leis na sonraí cearta do gach ball d'fhoireann an scannáin.

Ainm				
Dath súl				
Gruaig				
Aois (tomhais)				

Líon na bearnaí

Úsáid an stór focal chun na bearnaí a líonadh san alt thíos.

Banc focal
bróga reatha dearga, céad Chomaoineach, ceanndána, iasc órga, marbh, máthair, múinteoir, péisteanna, reilig, sagart, tochailt, uaigh

Ag tús an scannáin tá cailín óg ag (1)_______________ sa ghairdín. Ansin feiceann tú an (2)_______________ ag caint faoin (3)g_______________ _______________. Deir Rúbaí leis an múinteoir nach bhfuil creideamh aici in aon dia. Tagann an (4)_______________ chuig an scoil agus labhraíonn sé le Rúbaí. Tá argóint sa bhaile idir Rúbaí agus a (5)_______________. Is cosúil gur cailín (6)_______________ í Rúbaí. Bhí (7)_______________ _______________ ag Rúbaí ach fuair sé bás. Ansin ritheann Rúbaí go dtí an (8)_______________ ina gúna bán agus a (9)_______________ _______________ _______________. Feiceann tú í in aice le (10)h_______________ a hathar. Tuigeann tú ag an bpointe seo go bhfuil athair Rúbaí (11)_______________. Labhraíonn sí ansin lena hathair faoi na (12)_______________ a bhí aici.

Na ceithre chuid den ghearrscannán

1. Cuirtear ceist os do chomhair ag an tús.
2. Is é an plota an nasc nó sraith eachtraí atá idir an tús agus an buaicphointe.
3. Is é an buaicphointe ardphointe an scéil.
4. Tagann an scéal chuig conclúid leis an gcríoch.

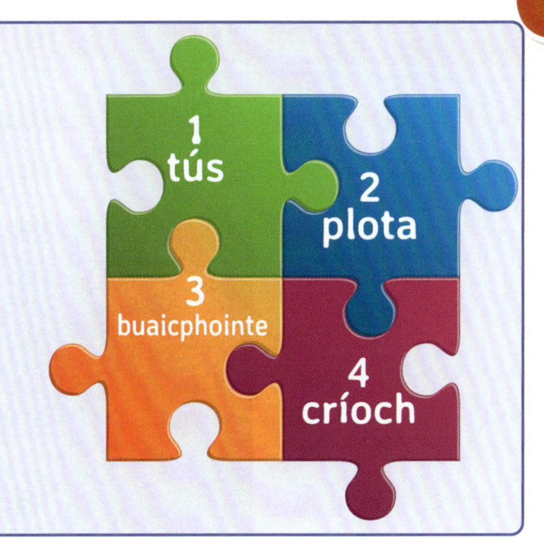

Idirghníomhú cainte

Cuir na ceisteanna seo ar dhuine eile sa rang. Ansin, freagair iad.

1. Cad í an cheist ag tús an ghearrscannáin?
2. Déan cur síos ar dhá eachtra mhóra ón ngearrscannán.
3. Cad é buaicphointe an scéil sa ghearrscannán seo?
4. An maith leat an chríoch? Tabhair cúpla fáth.

Meaitseáil

Léigh na habairtí seo. Cuir na heachtraí san ord ceart agus tú ag féachaint ar *Rúbaí*.

A Deir Rúbaí leis an múinteoir nach bhfuil aon dia ann.
B Tá rang mata ar siúl ach níl Rúbaí sásta leis an méid a deir an múinteoir.
C Feiceann tú Rúbaí ag an reilig agus í ag caint lena hathair atá marbh.
D Labhraíonn an múinteoir leis an rang faoin gcéad Chomaoineach.
E Téann an múinteoir chuig teach Rúbaí chun labhairt lena máthair.
F Labhraíonn an sagart le Rúbaí faoin gcéad Chomaoineach.
G Tá argóint idir Rúbaí agus a máthair.

1	2	3	4	5	6	7

Labhairt

Moladh
Déan taifeadadh agus roinn é le daoine eile.

Roghnaigh tasc amháin ón liosta thíos.

1. Pioc beirt charachtar ón ngearrscannán agus déan comhrá idir an bheirt acu os comhair an ranga.
2. Cuir radharc eile leis an scéal agus déan dráma beag os comhair an ranga.
3. Tóg nóiméad ón scannán agus déan aithris ar an ngiota sin os comhair an ranga.

Critéir ratha:

- Scríobh an script agus déan an chéad agus an dara dréacht de.
- Labhair amach os comhair an ranga gan nótaí i do lámh.
- Caith feisteas don taispeántas.

Ceisteanna scrúdaithe samplacha

Stór focal

saol an teaghlaigh	family life	ball teaghlaigh	family member
gaolta	relatives	siblíní	siblings
réitigh le	get along with	troid le	argue with
caidreamh	relationship	achrainn	disagreements
tábhachtach	important	ról lárnach	central role
cuimhne	memory	cuimhní	memories

LG Déan na tascanna ar lgh 28–30.

Ceist shamplach

Is pictiúr de theaghlach é an pictiúr thuas. Scríobh gné-alt d'irisleabhar an cheantair bunaithe ar théama an íomhá seo. Pléigh na pointí seo a leanas:

- tábhacht an teaghlaigh i saol an duine
- an caidreamh atá agat le do theaghlach féin
- deacracht amháin a bhíonn agat le duine éigin eile i do theaghlach uaireanta
- cuimhne dhearfach atá agat de do theaghlach

Stór focal

cairdeas	friendship	caidreamh	relationship
cairdiúil	friendly	cineáltas	kindness
cuideachta bhreá	good company	meangadh gáire	smile
grúpa déagóirí	a group of teenagers	bulaíocht	bullying
cúlchaint	gossip	fág amach	exclude
gránna	nasty	cuma bhrónach	sad appearance

Ceist shamplach

'Is maith an scáthán súil charad.'

'Is ionann béadán agus bréag.'

Seo dhá phictiúr de chairde atá go hiomlán difriúil óna chéile. Déan na tascanna seo a leanas.

1 Cuir an dá phictiúr thuas i gcomparáid lena chéile.

2 Scríobh nóta gairid ar an gcaidreamh atá agat le do chairde.

Tá stór focal an aonaid seo le fáil ar lch 447.

Déan na tascanna ar lgh 26 agus 31–3.

Measúnú an aonaid

Piarmheasúnú: Cluiche do bheirt

Déan staidéar ar an aonad seo agus ansin imir an cluiche seo le daoine eile sa rang.

Rialacha an chluiche

1. Duine i gcoinne duine atá i gceist (imreoir A agus imreoir B).
2. Roghnaíonn imreoir A ceann ar bith de na boscaí 1–20 ón ngreille thíos d'imreoir B.
3. Caithfidh imreoir B an cheist sa bhosca sin a fhreagairt. Is fiú pointe amháin gach bosca.
4. Roghnaíonn imreoir B bosca ansin d'imreoir A. Caithfidh sé/sí an rud céanna a dhéanamh.
5. Má dhéanann aon imreoir botún, beidh seans ag an imreoir eile é a cheartú agus an pointe a ghoid.
6. Ba cheart do na himreoirí gach scór a scríobh isteach sna boscaí.
7. Beidh an bua ag an imreoir a fhaigheann an méid is mó pointí ag deireadh an chluiche.

1
Cén réalt-chomhartha é seo?
2
Cuir na briathra san aimsir chaite: 'abair + sé' (an fhoirm dhiúltach) 'bí + tú' (an fhoirm cheisteach)
3
Abair líon na ndaoine seo i bhfocail.
4
Abair an dáta seo i bhfocail: 11/11/2011
5
Cuir na briathra san aimsir chaite: 'feic + siad' (an fhoirm cheisteach) 'téigh + muid/sinn' (an fhoirm dhiúltach)
6
Ainmnigh dhá thréith a bhaineann le cara maith.
7
Cuir Gaeilge ar an abairt seo: 'He went home at three o'clock.'
8
Ainmnigh cúigear ball teaghlaigh.
9
Cad is ainm do dheirfiúr Phádraigín sa ghearrscéal 'Spás'?
10
Bain amach na lúibíní agus déan pé athrú is gá: 'Tá cion mór agam ar (mo + athair).'
11
Cuir na briathra san aimsir chaite: 'faigh + sibh' (an fhoirm dhiúltach) 'déan + sé' (an fhoirm cheisteach)
12
Cén réaltchomh-artha é seo?
13
Abair an dáta seo i bhfocail: 12/3/2004
14
Cuir na briathra san aimsir chaite: 'bí + siad' (an fhoirm dhiúltach) 'abair + muid/sinn' (an fhoirm cheisteach)
15
Bain amach na lúibíní agus déan pé athrú is gá: 'Is maith liom (do + fáinne).'
16
Cár rugadh Willie Clancy?
17
Bain amach na lúibíní agus déan pé athrú is gá: 'Tá (ár + aintín) ag teacht don dinnéar.'
18
Cad é téama an ghearrscéil 'Spás'?
19
Cuir na briathra san aimsir chaite: 'téigh + tú' (an fhoirm dhiúltach) 'feic + mé' (an fhoirm dhiúltach)
20
Cuir Gaeilge ar an abairt seo: 'Did you see the teacher?'

Scór d'imreoir A = ☐ Scór d'imreoir B = ☐

Téigh go dtí **www.edco.ie/croinagaeilge3** agus bain triail as na hidirghníomhaíochtaí.

Féinmheasúnú

Nuair atá an piarmheasúnú déanta agat, comhlánaigh an ghreille seo thíos. Léigh gach intinn foghlama agus abairt mhachnaimh sa chéad cholún. An ndearna tú dul chun cinn? Cuir tic sa cholún cuí.

Anois táim in ann . . .	🙂	😐	🙁
cur síos cruinn a dhéanamh ar dhaoine difriúla.			
labhairt faoi scríbhneoir ó mo chontae féin.			
plé leis an sé mór san aimsir chaite.			
freagairt a scríobh faoi ghearrscéal.			
stór focal a bhaineann le mo theaghlach a aithint agus a litriú i gceart.			
Déanfaidh mé machnamh ar na habairtí seo a leanas (scríobh d'abairt féin freisin):			
Bhain mé úsáid as na huimhreacha pearsanta go minic le linn an aonaid seo.			
Is bealach iontach é an cluiche leis an nGaeilge a chleachtadh sa seomra ranga.			

Anois, comhlánaigh an plean feabhsúcháin seo thíos.

Trí rud a d'fhoghlaim mé:

1 ______________________________

2 ______________________________

3 ______________________________

Dhá rud atá le cleachtadh agam:

1 ______________________________

2 ______________________________

Rud a dhéanfaidh mé chun feabhas a chur ar mo chuid Gaeilge:

Seiceáil amach

Mar iarfhoghlaim don aonad seo, déan an ghníomhaíocht 'Seiceáil amach' ag **www.edco.ie/croinagaeilge3**. Conas a d'éirigh leat?

Smaointe MRB 2

Sample CBA 2

- **Comhrá:** Pioc Pádraigín agus a mamó ón ngearrscéal 'Spás' agus déan comhrá idir an bheirt acu os comhair an ranga.
- **Taispeántas:** Déan dráma beag faoi shaol an déagóra os comhair an ranga.
- **Cur i láthair:** Labhair faoin ngearrscéal 'Spás' nó faoin ngearrscannán *Rúbaí* os comhair an ranga.

M'Áit Chónaithe agus Mo Cheantar

Is leor don dreoilín a nead.

Torthaí foghlama an aonaid

Cumas cumarsáide	Feasacht teanga agus chultúrtha	Féinfheasacht an fhoghlaimeora
1.1, 1.8, 1.10, 1.12, 1.16, 1.20, 1.24, 1.27	2.1, 2.4	3.2, 3.6

Téacsanna an aonaid

Téacsanna litríochta
Dán: 'Maith Dhom' le Máirtín Ó Direáin
Téacsanna tacúla eile
Téacs litríochta (rogha eile): 'An Grá' (dán) le Colm Breathnach Téacsanna eile: Áras Chrónáin, Ionad Cultúir, Páirc an phobail Acmhainní eile: teanglann.ie, focloir.ie, léaráidí gramadaí, acmhainn punainne, acmhainní digiteacha ag edco.ie/croinagaeilge3

Achoimre ar an aonad seo

Tá an t-aonad seo bunaithe ar an téama 'M'Áit Chónaithe agus Mo Cheantar'. Leanfaidh na daltaí ar aghaidh ag cur lena gcumas cumarsáide sna scileanna teanga difriúla. Cuirfear béim ar an bhfeasacht teanga, ag díriú isteach ach go háirithe ar theanga na Gaeilge mar chóras. Spreagfar na daltaí chun féintuiscint a chothú mar fhoghlaimeoirí teanga agus chun foghlaim fhéinriartha a fhorbairt.

San aonad seo foghlaimeoidh an dalta na scileanna seo:

Réamhfhoghlaim	Seiceáil isteach (lch 77)
Léamh	Léamh (lgh 78, 79, 92, 97), Daoine gan dídean (lch 80), Teach agus baile (lch 81), Picthuiscint (lgh 83, 109), Seanfhocail (lch 85), Meaitseáil (lgh 85, 96), Scéal déagóra (lch 86), Dán: 'Maith Dhom' (lch 94), Áras Chrónáin, Ionad Cultúir (lch 100), Buanna an cheantair (lch 102), Gearrscannán: *An Díog Is Faide* (lch 110)
Scríobh	Scríobh (lgh 79, 81, 83, 92, 96, 98, 99, 101, 103, 104, 105, 106, 108, 109, 110), Blag (lgh 80, 106), Obair ealaíne (lch 85), Ríomhphost (lgh 85, 87), Tasc pictiúir (lgh 88, 105), Taighde (lch 102), Tasc scríofa (lch 103), Litir ó Mheiriceá (lch 110), Ceist shamplach (lgh 112, 113)
Éisteacht	Éisteacht (lgh 79, 81, 82, 86, 88, 90, 93, 94, 101), Treoracha (lch 93)
Labhairt	Cur i láthair (lgh 91, 101)
Idirghníomhú cainte	Idirghníomhú cainte (lgh 81, 83, 92, 93, 101, 102, 103, 107, 108, 109, 110)
Gramadach	Uimhearthacht (lch 78), Scríobh (lgh 80, 82, 87, 88, 91, 95, 111), An cúig beag san aimsir láithreach (lch 82), Aistriúchán (lch 83), Machnamh (lch 83), Cúinne na gramadaí (lch 87), Tasc gramadaí (lch 87), Na réamhfhocail shimplí (lch 88), Na frásaí staide (lch 89), Picthuiscint (lch 89), Súil eile ar an réamhfhocal **ar** (lch 91), Inscne an ainmfhocail agus an túslitir (lch 111)
Foclóir	Tasc foclóra (lgh 78, 92, 96, 109), Crosfhocal (lch 84), Stór focal (lgh 84, 93, 103, 104, 113), Léamh (lch 85), Meaitseáil (lgh 104, 105)
Cultúr	Áras Chrónáin, Ionad Cultúir (lch 100)
Leabhar gníomhaíochta	Tascanna (lgh 34–47), Cluastuiscint (lgh 154–7)
Measúnú	Piarmheasúnú (lch 114)
Machnamh	Féinmheasúnú (lch 115), Seiceáil amach (lch 115)

Ag deireadh an aonaid seo beidh mé in ann:

- stór focal ón gceantar a aithint agus a litriú i gceart.
- plé leis an gcúig beag san aimsir láithreach.
- labhairt agus scríobh faoin bhfeirm.
- na frásaí staide a thuiscint go hiomlán.
- anailís a dhéanamh ar an dán 'Maith Dhom'.
- inscne an ainmfhocail a láimhseáil.

Clár an aonaid

Seiceáil isteach

Mar réamhfhoghlaim don aonad seo, déan an ghníomhaíocht 'Seiceáil isteach' ag **www.edco.ie/croinagaeilge3**. Conas a d'éirigh leat?

Téigh go dtí **www.edco.ie/croinagaeilge3** agus bain triail as na hidirghníomhaíochtaí.

Súil siar

Léamh

Féach ar an mbarrachairt seo.

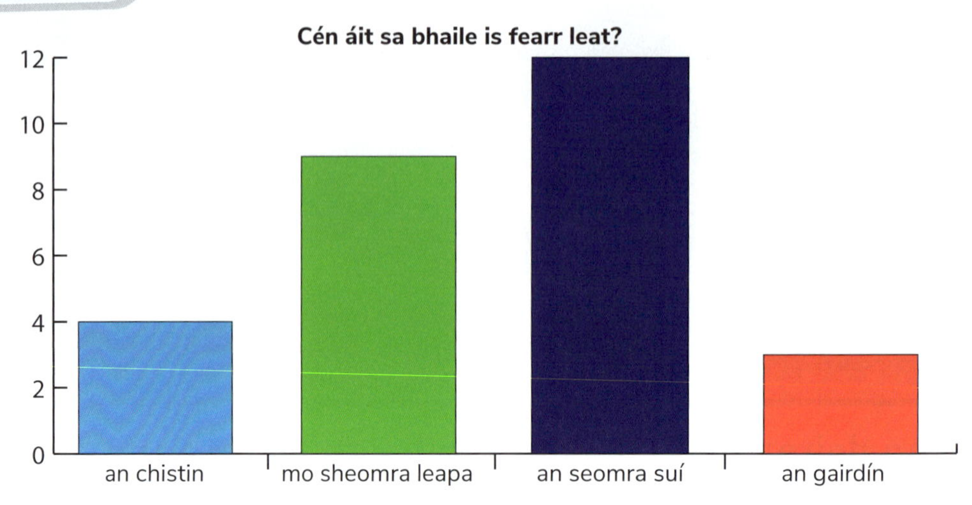

Uimhearthacht

Freagair gach ceist thíos ag baint úsáid as an uimhir pearsanta cheart más gá. Tá na huimhreacha pearsanta le fáil sa bhosca.

duine amháin, beirt, triúr, ceathrar, cúigear, seisear, seachtar, ochtar, naonúr, deichniúr, aon duine dhéag, dháréag

1. Cad é an áit sa bhaile is mó a dtaitníonn leis na daltaí?
2. Cé mhéad dalta a roghnaigh an chistin don áit is fearr leo?
3. Cé mhéad dalta atá sa rang seo? *Leid: Ó 13 ar aghaidh úsáideann tú bunuimhreacha in ionad uimhreacha pearsanta.*
4. Cén áit ar roghnaigh naonúr don áit is fearr leo?

Tasc foclóra

Cuir ainm ar gach áit sa teach. Bain úsáid as foclóir chun stór focal a aimsiú más gá.

1. Féachann tú ar an teilifís sa seomra seo. Tá tolg ann.

   ___________ ___________ ___________

2. Déanann tú an dinnéar agus uaireanta itheann tú sa seomra seo.

   ___________ ___________

3. Tá báisín agus leithreas ar fáil sa seomra seo.

   ___________ ___________ ___________

4. Codlaíonn tú sa seomra seo agus déanann daoine staidéar anseo.

   ___________ ___________ ___________

5. Tá ríomhaire, deasc agus cathaoir sclóine sa seomra seo.

   ___________ ___________

6. Téann tú suas agus tagann tú anuas ar an rud seo sa teach.

   ___________ ___________

7. Faigheann tú ráca, sluasaid, lomaire agus píopa uisce anseo.

   ___________ ___________

Chun níos mó eolais a fháil faoi conas foclóir a úsáid, féach ar lch 444.

Éisteacht Rianta 1.22–24

Cloisfidh tú triúr déagóirí ag cur síos ar a n-áiteanna cónaithe. Líon an ghreille anseo leis an eolas ceart do gach duine.

Ainm an duine	Líon seomraí leapa (scríobh an focal)	Trí sheomra a luann an cainteoir agus é/í ag cur síos ar a (h)áit chónaithe.
	Tá trí cinn ann.	1 2 3
		1 2 3
		1 2 3

Léamh

Mar thionscnamh OSSP, rinne rang Alex suirbhé sa rang faoi rudaí éagsúla. Seo cuid de na torthaí. Féach ar an bpíchairt thíos.

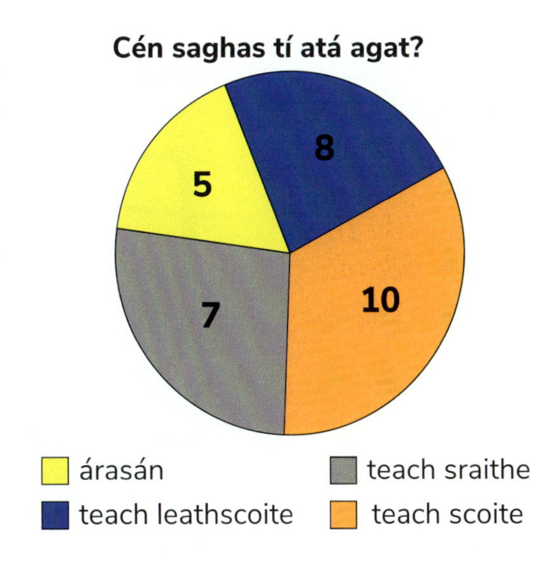

Scríobh

Cuir ceisteanna leis na freagraí seo. Tá ceann amháin déanta duit mar shampla.

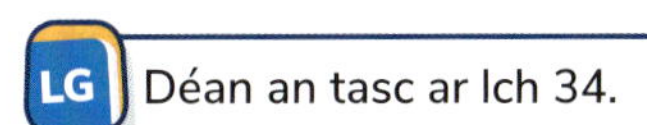

1 Tá tríocha duine ann. *Cé mhéad duine atá sa rang seo?*
2 Tá an saghas tí seo ag seachtar sa rang.
3 Cónaíonn cúigear sa saghas tí seo.
4 Is é seo an saghas tí is coitianta sa rang.
5 Rang Alex is ainm don ghrúpa seo.
6 Tá ochtar sa saghas tí seo.
7 Tá dath oráiste ar an **teascóg**[1] seo.
8 Tá ceithre shaghas tí sa rang.
9 Is é an t-árasán an saghas tí is neamhchoitianta sa rang.

[1] sector

Daoine gan dídean

Léamh

Léigh an blúirín nuachta seo agus déan na tascanna a ghabhann leis.

Bhí 53 duine gan dídean i réigiún an iarthuaiscirt, Dún na nGall, Sligeach agus Liatroim, ag deireadh mí Feabhra, de réir an eolais ón Roinn Tithíochta. 26 duine a bhí gan dídean i nDún na nGall ag deireadh Feabhra agus a raibh lóistín éigeandála á gcur ar fáil ag Comhairle Contae Dhún na nGall fána gcoinne ag an am. As an 53 duine gan dídean san iarthuaisceart, bhí 39 fear gan dídean agus 14 bean. Bhí ceithre theaghlach ina measc agus an mhórchuid acu san aoisghrúpa idir 25 agus 44 bliain d'aois.*

* ábhar dílis

Scríobh

Cuir focail in ionad na bhfigiúirí sna habairtí thíos. Tá an chéad cheann déanta duit mar shampla.

1. Bhí 53 duine gan dídean. *Bhí trí dhuine agus caoga gan dídean.*
2. 26 duine a bhí gan dídean i nDún na nGall.
3. 53 duine a bhí gan dídean san iarthuaisceart.
4. Bhí 39 fear gan dídean agus 14 bean.
5. Bhí an mhórchuid san aoisghrúpa idir 25 agus 44 bliain. Leid: *Bí cúramach leis an bhfocal bliain.*

Cuimhnigh nach bhfuil uimhreacha pearsanta ann tar éis **dháréag**. Mar sin, ó 13 ar aghaidh is iad na bunuimhreacha atá i gceist – mar shampla, ***trí dhuine dhéag*** (séimhiú ar **déag**).

Blag

Samhlaigh gur chaith tú oíche faoin spéir ar son Chumann Naomh Uinseann de Pól. Scríobh blag faoi.

Critéir ratha:

- Cár chodail tú don oíche agus cé a bhí leat?
- Conas a bhí an aimsir?
- Cad iad na héadaí a bhí ort?
- An raibh aon **sólaistí**[1] agat? Déan cur síos orthu.
- Conas a mhothaigh tú ag tús agus ag deireadh na hoíche?

[1] refreshments

Teach agus baile

Léamh

An ionann teach agus baile? Cuir na habairtí éagsúla ar an taobh ceart den argóint, dar leat. Tá an chéad cheann déanta duit mar shampla.

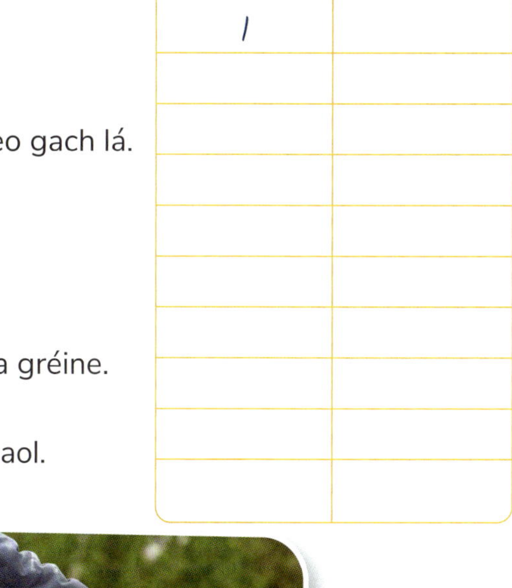

Gné den teach	Gné den bhaile
/	

1 Tá gairdín beag ar chúl an tí.
2 Faighim tacaíocht ó na daoine anseo.
3 Cuireann mo theaghlach fáilte mhór romham anseo gach lá.
4 Thuas staighre tá ceithre sheomra leapa ann.
5 Ag bun an ghairdín tá bothán againn.
6 Molaimid a chéile nuair atá moladh de dhíth.
7 Creideann na daoine anseo ionam.
8 Tá doras ag dul ón gcistin isteach chuig an seomra gréine.
9 Thíos staighre níl aon leithreas ann.
10 Bíonn argóintí againn uaireanta ach sin mar atá an saol.
11 Mothaím go hiomlán ar mo shuaimhneas ann.
12 Nuair atá fadhb agam pléimid é.
13 Tá dhá tholg againn sa seomra suí.
14 Fuaireamar **gloiniú dúbailte**[1] cúpla bliain ó shin.
15 Ar na laethanta móra tugaimid bronntanais dá chéile.
16 Déanaim taighde ar an ríomhaire san oifig go minic.
17 Cheannaíomar leapacha nua don áit anuraidh.
18 Nuair atáim tinn tugann mo thuismitheoirí aire dom.
19 B'éigean dúinn an díon a dheisiú anuraidh.
B'éigean dúinn = Bhí orainn
20 Tá sos ó strus an tsaoil ar fáil san áit seo.

Níl aon tinteán mar do thinteán féin.

Éisteacht Rian 1.25

Éist le duine ag léamh an dá liosta agus lean na focail i do leabhar. Déan seiceáil ar do fhreagraí féin.

Idirghníomhú cainte

Oibrigh i ngrúpa agus ainmnigh urlabhraí[2]**. Déan plé ar na rudaí is fearr leat faoi do theach agus na rudaí is fearr leat faoi do bhaile. Tá ar an urlabhraí na rudaí is tábhachtaí a chur in iúl don rang ar fad.**

Scríobh

Scríobh blag (80 focal) faoi na rudaí is tábhachtaí a bhaineann le baile sona sásta.

Critéir ratha:

- Is leor trí phointe.
- Déan cinnte go bhfuil cúig bhriathar dhifriúla sa bhlag.
- Déan an tasc seo san aimsir láithreach.

1 double glazing   2 spokesperson

An cúig beag san aimsir láithreach

	An fhoirm dhearfach 👍	An fhoirm dhiúltach 👎	An fhoirm cheisteach ?	An cheist dhiúltach
Clois	cloiseann tú	ní chloiseann tú	an gcloiseann tú?	nach gcloiseann tú?
Ith	itheann sí	ní itheann sí	an itheann sí?	nach n-itheann sí?
Tar	tagann sibh	ní thagann sibh	an dtagann sibh?	nach dtagann sibh?
Tabhair	tugann sé	ní thugann sé	an dtugann sé?	nach dtugann sé?
Beir	beireann siad	ní bheireann siad	an mbeireann siad?	nach mbeireann siad?
	An chéad phearsa (*mé* agus *muid/sinn*)			
Clois	cloisim(id)	ní chloisim(id)	an gcloisim(id)?	nach gcloisim(id)?
Ith	ithim(id)	ní ithim(id)	an ithim(id)?	nach n-ithim(id)?
Tar	tagaim(id)	ní thagaim(id)	an dtagaim(id)?	nach dtagaim(id)?
Tabhair	tugaim(id)	ní thugaim(id)	an dtugaim(id)?	nach dtugaim(id)?
Beir	beirim(id)	ní bheirim(id)	an mbeirim(id)?	nach mbeirim(id)?

Cogar In the present tense, to change ***I*** to **we**, just add ***-id***.

séimhiú	urú/n- roimh ghuta	níl aon athrú ann

Scríobh

Grammar

Scríobh na habairtí seo sa chéad phearsa, uimhir iolra (*muid/sinn*). Tá ceann amháin déanta mar shampla duit.

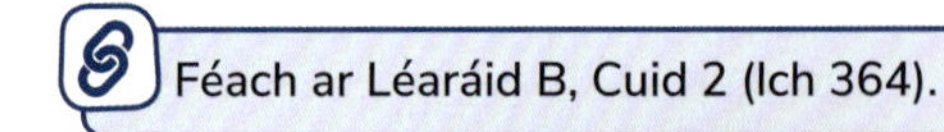

Féach ar Léaráid B, Cuid 2 (lch 364).

1 Ní chloiseann Máirtín an cloigín ar an doras nuair atá ceol ar siúl sa chistin. *Ní chloisimid an cloigín ar an doras nuair atá ceol ar siúl sa chistin.*
2 Itheann Nuala a dinnéar ag a haon a chlog sa chistin gach lá.
3 Ní thugaim aire cheart don ríomhaire san oifig.
4 Cloisim go bhfuil obair le déanamh gach lá sa teach.
5 An dtugann sí aire mhaith don mhadra?
6 Tagann Chloe abhaile ar an mbus nuair atá sé ag cur báistí.
7 Beireann m'athair ar an bpost gach maidin roimh an mbricfeasta.

Éisteacht Rian 1.26

Tabhair faoi deara anseo go bhfuil ***beir***, ***ith*** agus ***clois*** rialta san aimsir láithreach.

Éist leis an deachtú agus bí cinnte go bhfuil na bearnaí líonta i gceart.

1 ____________ ár ndinnéar ag ____________ ____________ ____________ ____________ sa seomra bia.
2 ____________ ____________ ____________ ag caint ar an bhfón sa chistin agus mé sa ____________ ____________.
3 ____________ ____________ ____________ ar a rothar nuair atá sé ____________ ____________ ____________.
4 ____________ cúpla cara go dtí ____________ ____________ tar éis an lá scoile.
5 ____________ aire do mo dheirfiúr óg ag an deireadh seachtaine.
6 ____________ ____________ ____________ an torann sin thuas staighre?

Picthuiscint

Féach ar an tsraith pictiúr seo de Kevin. Cad é ord ceart na bpictiúr, dar leat? Cuir an litir cheart faoi gach uimhir sa ghreille thíos.

1	2	3	4

Scríobh

Scríobh an scéal i d'fhocail féin bunaithe ar an tsraith pictiúr thuas. Déan seiceáil ar obair duine eile sa rang agus lig dó/di seiceáil a dhéanamh ar do chuid oibre. Scríobh dara dréacht ansin más gá.

Critéir ratha:

- Scríobh an scéal san aimsir láithreach.
- Bain úsáid as an gcúig beag.
- Scríobh ar a laghad 50 focal.

Idirghníomhú cainte

Scríobh cúig cheist bunaithe ar an gcúig beag agus cuir na ceisteanna seo ar dhuine eile sa rang.

LG Déan na tascanna ar lch 35.

Noda

- Cá . . .?
- Cathain . . .?
- Cad . . .?
- Cé . . .?
- Conas . . .?

Aistriúchán

Cuir Gaeilge ar na habairtí seo.

1 I hear Enda singing.
2 We eat in the living room on Saturday night.
3 My mum comes home every night at six o'clock.
4 I don't grab my bike every morning.
5 He takes good care of his dog. *Leid: to take good care of = aire mhaith a thabhairt do*
6 Do you eat in the sitting room?

Machnamh

Cuir ciorcal ar an marc a léiríonn do thuairim faoin ráiteas ar chlé. Ciallaíonn ciorcal ar uimhir a cúig go n-aontaíonn tú go láidir leis an ráiteas. Ciallaíonn ciorcal ar uimhir a haon go n-easaontaíonn tú go láidir leis.

1	Tá an cúig beag níos éasca ná an sé mór.	1	2	3	4	5
2	Tá na briathra rialta níos éasca ná an cúig beag.	1	2	3	4	5
3	Tá an cúig beag tábhachtach agus mé ag scríobh as Gaeilge.	1	2	3	4	5
4	Táim compordach leis an gcúig beag san aimsir láithreach.	1	2	3	4	5

Áiteanna cónaithe agus fuaimeanna na n-ainmhithe

Crosfhocal

Léigh na leideanna, féach ar an ngreille agus líon an crosfhocal.

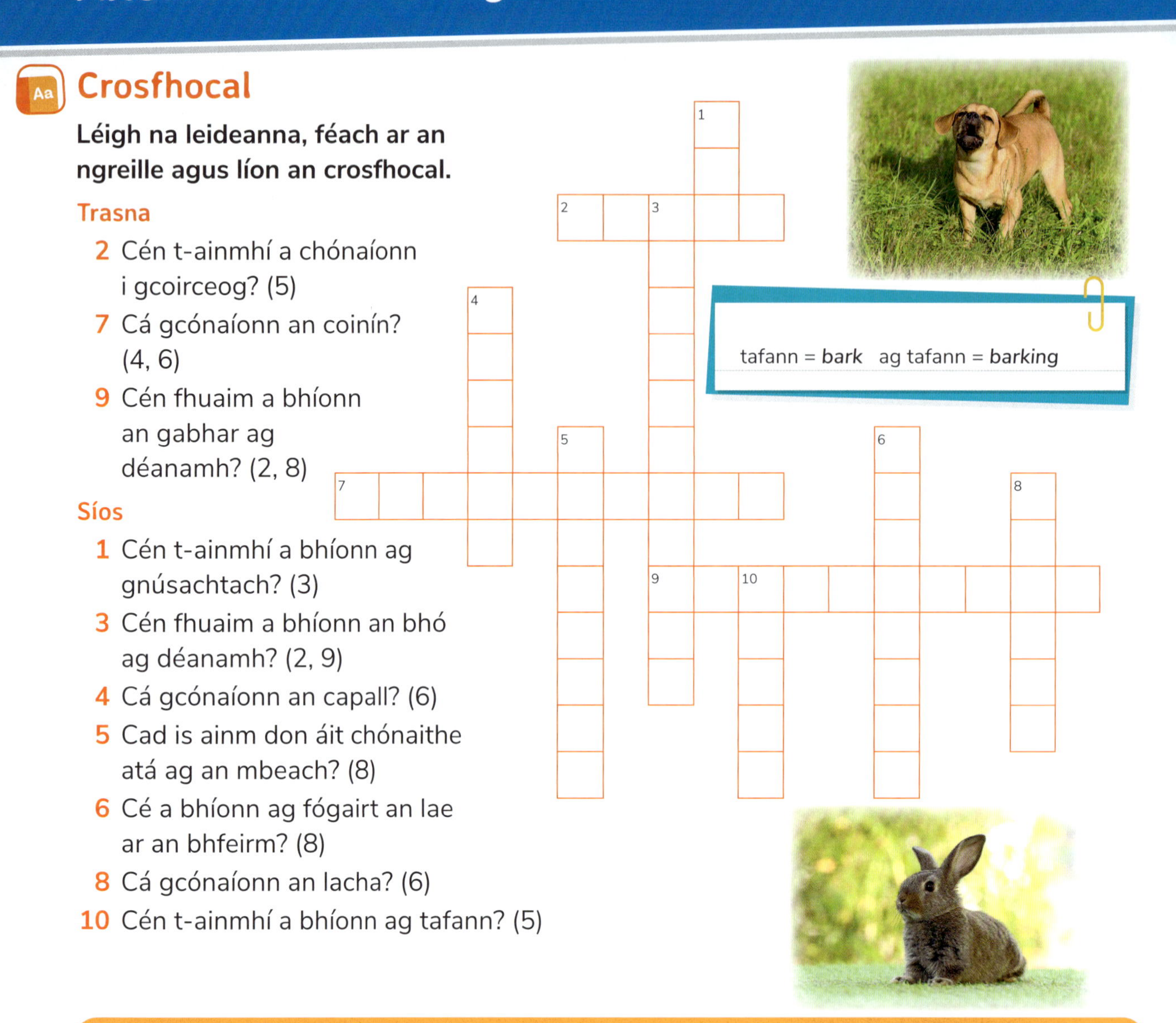

Trasna

2 Cén t-ainmhí a chónaíonn i gcoirceog? (5)

7 Cá gcónaíonn an coinín? (4, 6)

9 Cén fhuaim a bhíonn an gabhar ag déanamh? (2, 8)

Síos

1 Cén t-ainmhí a bhíonn ag gnúsachtach? (3)

3 Cén fhuaim a bhíonn an bhó ag déanamh? (2, 9)

4 Cá gcónaíonn an capall? (6)

5 Cad is ainm don áit chónaithe atá ag an mbeach? (8)

6 Cé a bhíonn ag fógairt an lae ar an bhfeirm? (8)

8 Cá gcónaíonn an lacha? (6)

10 Cén t-ainmhí a bhíonn ag tafann? (5)

Stór focal

Ainmhí	Fuaim	Áit chónaithe
madra	ag tafann	cró madra
gabhar	ag méileach	sléibhte
coileach	ag fógairt an lae	cúb nó clós
capall	ag seitreach	stábla
bó	ag géimneach	páirc/gort
tarbh	ag búireach	páirc/gort
lacha	ag vácarnach	lochán
asal	ag grágaíl	stábla
caora	ag méileach	pionna nó loca
muc	ag gnúsachtach	fail muice/cró muice
coinín	ag díoscán	poll coinín/uachais
beach	ag dordán	coirceog

Seanfhocail

Léamh

Léigh na seanfhocail thíos. An dtuigeann tú iad?

1	Níl aon tinteán mar do thinteán féin.
2	Is glas iad na cnoic i bhfad uainn.
3	Ní heolas go haontíos.
4	Nuair a bhíonn an cat amuigh, bíonn na lucha ag rince.
5	Tús agus deireadh an duine tarraingt ar an tine.
6	Bíonn gach duine **go lách**[1] go dtéann bó ina gharraí.
7	Is fearr glas ná amhras.
8	Is leor don **dreoilín**[2] a nead.

Obair ealaíne

Tarraing pictiúr bunaithe ar cheann de na seanfhocail thuas.

Meaitseáil

Meaitseáil na mínithe seo leis na seanfhocail sa bhosca thuas. Cuir an uimhir cheart faoin litir cheart.

A	Níl aithne mhaith agat ar dhuine ach má chónaíonn tú sa teach céanna leis/léi.
B	Feiceann tú an fíordhuine nuair atá sé/sí faoi bhrú.
C	Is féidir gach rud atá tábhachtach a fháil i do bhaile/theach féin.
D	Is cóir a bheith cúramach faoi rudaí.
E	Ceapann daoine go bhfuil áiteanna eile níos fearr ná a gceantar féin.
F	Níl aon áit níos fearr ná do theach féin.
G	Tá aire de dhíth ar pháistí beaga agus ar sheandaoine.
H	Bíonn páistí ag pleidhcíocht nuair atá an teach folamh (gan aon tuismitheoirí ann).

A	B	C	D	E	F	G	H

Ríomhphost

Scríobh ríomhphost (100 focal) chuig cara leat faoi eachtra éigin a tharla duit.

Critéir ratha:

- Cá raibh tú?
- Cé a bhí leat?
- Cén t-am sa lá a bhí ann?
- Ar rud dearfach nó diúltach a bhí ann?
- Críochnaigh an ríomhphost le ceann de na seanfhocail sa bhosca thuas.

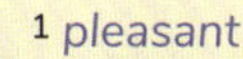

[1] pleasant [2] wren

Scéal déagóra

Éisteacht agus léamh Rian 1.27

Éist leis an ngearrscéal agus tú ag léamh. Ansin, déan na ceisteanna a ghabhann leis. Féach ar an bhfoclóir mura bhfuil focal ar eolas agat.

NÍL AON TINTEÁN MAR DO THINTEÁN FÉIN*

le Isabelle Egan

'Níl mé ag iarraidh fágáil, a Mham,' a dúirt Aoibhinn.

'Níl an dara rogha agat. Tá an Astráil go hálainn agus tá tuarastal ard ag dul leis an bpost nua. Beidh teach breá mór againn díreach in aice na trá,' a dúirt Mam.

Thosaigh na deora ag sileadh. Ní raibh sí ag iarraidh a cara dílis Mailí a fhágáil. Ní raibh sí ag iarraidh a scoil a fhágáil. D'fhág sí an seomra faoi ghruaim agus suas léi a chodladh.

Bhí orthu fágáil an tseachtain dár gcionn. D'fhág sí slán ag a cairde, a madra, a Daid agus a teach. Nuair a shroich siad an críochfort chonaic sí an t-eitleán amach roimpi agus bhuail faitíos í go dtarlódh drochrud éigin. Gheobhadh sí bás b'fhéidir. Nó b'fhéidir go bhfaigheadh sí cairde nua agus go dtaitneodh an teach nua léi níos mó ná a seanteach. Nuair a d'éirigh an t-eitleán ón talamh thosaigh sí ag smaoineamh faoin saol nua a bheadh aici.

Thuirling siad. Bhí an aimsir go hálainn. Bhraith sí sásta a bheith ann. Bhí an teach breá mór, an scoil an-fháiltiúil. Bhí gach rud ar fheabhas seachas aon rud amháin. Ní raibh aon Ghaeilge acu. D'airigh sí uaithi an bháisteach den chéad uair. Tháinig brón uirthi. Bhí mian amháin ina croí, go mbeadh an seanteach sa tír seo, go mbeadh cairde a hóige anseo, go mbeadh Gaeilge ann . . . go mbeadh Éire san Astráil. Thuig sí fírinne an tseanfhocail nach bhfuil aon tinteán mar do thinteán féin.

Lá amháin tar éis na scoile shiúil Aoibhinn tríd an doras agus chonaic sí iad. Bhí a cara Mailí ann, a Daid, a madra! Bhí an teach maisithe mar a bhíodh an teach sa bhaile. D'ardaigh a croí le háthas den chéad uair le trí seachtaine. Bhí a fhios aici go maith go mbeadh ar Mhailí fágáil uair éigin ach ba chuma léi mar don nóiméad áirithe sin bhí ríméad uirthi.

* ábhar dílis

Cúinne na gramadaí

Cuir na focail seo ón ngearrscéal sna boscaí cearta. Cuardaigh ar teanglann.ie iad más gá. Tá an chéad cheann déanta duit mar shampla.

áirithe, álainn, an Astráil, áthas, beidh, bhí, chonaic, d'airigh, d'ardaigh, fírinne, madra, maith, níl, nua, rogha, teach, tháinig, thosaigh, thuig, thuirling

Briathar	Ainmfhocal	Aidiacht
		áirithe

Tasc gramadaí

Cuir an aimsir cheart le gach briathar ón ngearrscéal sa ghreille seo. Tá ceann amháin déanta duit mar shampla.

An briathar	An aimsir
1 beidh	
2 ní raibh	
3 níl	
4 bhíodh	*gnáthchaite*
5 d'ardaigh	

Scríobh

Scríobh an t-alt seo arís leis na focail i gcló trom curtha san aimsir láithreach.

Lá amháin tar éis na scoile **shiúil** Aoibhinn tríd an doras agus **chonaic** sí iad. **Bhí** a cara Mailí ann, a Daid, a madra! **Bhí** an teach maisithe mar a **bhíodh** an teach sa bhaile. **D'ardaigh** a croí le háthas den chéad uair le trí seachtaine. **Bhí** a fhios aici go maith go m**beadh** ar Mhailí fágáil uair éigin ach **ba** chuma léi mar don nóiméad áirithe sin **bhí** ríméad uirthi.

> **Lámh chúnta**
> Cuir ***a bhíonn*** (aimsir ghnáthláithreach) in ionad ***a bhíodh*** (aimsir ghnáthchaite).

Ríomhphost

Scríobh chuig cara leat faoi theach nua atá ag do mhuintir.
Critéir ratha:

- Cá bhfuil an teach agus cén sórt tí é?
- Déan cur síos ar do sheomra.
- Scríobh faoin rud is fearr leat faoin áit nua.
- Luaigh an rud is mó a mhothaíonn tú uait ó do sheanteach.

Na réamhfhocail shimplí

Rialacha

Féach ar Léaráid D, Cuid 1 (lch 370).

Is iomaí réamhfhocal simplí a athraíonn an chéad litir den ainmfhocal a leanann iad – mar shampla, **ar**, **i**, **de**, **do**.

- Uaireanta cuireann tú séimhiú ar an ainmfhocal (**ar**, **de**, **do**, *idir*). **Samplaí:** ar chapall, do dhuine
- Cuireann *le* agus **go** *h* roimh ghuta. **Samplaí:** le hÁine, ó am go ham
- Cuireann an réamhfhocal **i** urú ar an ainmfhocal. **Samplaí:** i ngairdín, i bpictiúrlann
- Ní athraíonn na túslitreacha *l*, *n* ná *r* riamh. **Samplaí:** ar rothar, i leabharlann
- Cuireann **den**, **don** agus **sa** séimhiú ar na túschonsain **b**, **c**, **f**, **g**, *m* agus **p** ach ní chuireann siad séimhiú ar **d**, **t** ná **s**. **Samplaí:** sa cheantar *ach* sa teach
- Ní chuireann an réamhfhocal + *an* urú ar **d** ná **t**. **Samplaí:** ag an doras, sa teach
- Cuireann réamhfhocal + *na h* roimh ghuta. **Samplaí:** sna hospidéil, ag na háiteanna sin

Féach ar an nóta thíos nuair atá tú ag baint úsáid as an urú.

Is é an t-ainm atá ar an tuiseal a bhaineann le hainmfhocail a leanann na réamhfhocail shimplí ná **an tuiseal tabharthach**.

Cleas cuimhne

My **B**rother **G**ot **C**aught **N**ot **D**oing **D**ishes **T**onight.

Nobody **G**ets **B**lueberry **P**ie **B**efore **H**e **F**inishes.

Scríobh

Féach ar an bpictiúr agus freagair na ceisteanna seo. Déan cinnte go bhfuil réamhfhocal simplí i ngach freagra.

1. Cén saghas ainmhí atá ar an leaba?
2. Cad atá faoin leaba?
3. Cad atá ar an gcathaoir?
4. Cén uimhir atá ar an scáileán den teilifís?
5. Cad atá ar an mballa thar an leaba?
6. Cad atá idir an deasc agus an fhuinneog?
7. Cad eile atá ar an deasc seachas an ríomhaire?
8. Cad atá le feiceáil sa mhála ar an mbord beag?

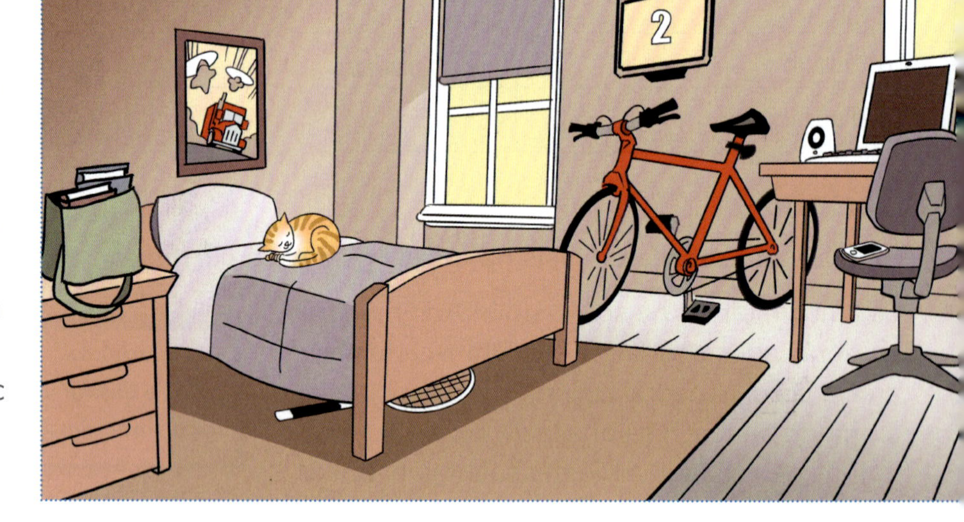

Éisteacht

Éist leis an deachtú agus bí cinnte go bhfuil na habairtí scríofa i gceart. Tabhair marc duit féin as 12.

Tasc pictiúir

Faigh pictiúr de sheomra i d'áit chónaithe nó pictiúr de sheomra ar bith eile. Scríobh sé abairt ag cur síos ar an bpictiúr. Bain úsáid as réamhfhocal amháin ar a laghad i ngach abairt.

Na frásaí staide

Rialacha

Le frásaí staide, úsáideann tú an réamhfhocal *i* + an aidiacht shealbhach. Féach ar na samplaí seo.

frásaí gníomhacha = ***active phrases***
frásaí staide = ***stative phrases*** (staid = ***state of being***)

Samplaí de fhrásaí gníomhacha	Samplaí de fhrásaí staide
Bhí mé **ag rith** sa ghairdín.	Bhí mé **i mo luí** ar an bhféar sa ghairdín.
Beidh tú **ag ithe** sa chistin.	Beidh tú **i do shuí** ag an mbord sa chistin.
Níl sé **ag glanadh** a sheomra leapa.	Tá sé **ina chodladh** sa seomra leapa.
Tá sí **ag ceannach** teach nua.	Tá sí **ina cónaí** sa teach nua.
Táimid **ag féachaint** ar an teilifís sa seomra suí.	Táimid **inár ndúiseacht** fós sa seomra suí.
An bhfuil sibh **ag caint** sa halla anois?	An bhfuil sibh **in bhur seasamh** sa halla anois?
Tá na páistí **ag caoineadh** sa seomra spraoi.	Tá na páistí **ina dtost** sa seomra spraoi.

An briathar cúnta	An forainm	*i* + an aidiacht shealbhach	An t-ainm briathartha
Tá Níl Bhí Ní raibh Beidh Ní bheidh	mé tú sé	i mo i do ina	**séimhiú** chodladh luí dhúiseacht
	sí	ina*	dúiseacht
	muid/sinn sibh siad	inár in bhur ina	**urú** gcónaí ndúiseacht dtost
An aimsir	**An duine**	**Bunaithe ar an duine**	**An staid**

* Leis an aidiacht shealbhach ***a*** (**her**), cuireann tú **h** roimh ghuta. **Sampla:** Tá sí ina haonar.

Picthuiscint

Is pictiúir iad seo de dhaoine in áiteanna difriúla sa teach. Scríobh abairt do gach ceann, ag baint úsáid as na frásaí staide.

Critéir ratha:

- Luaigh an duine/an t-ainmhí.
- Luaigh an áit ina bhfuil sé/sí.

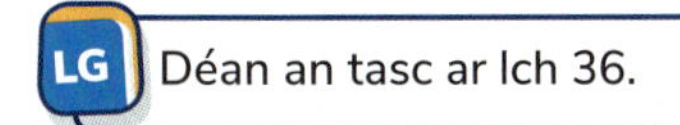
LG Déan an tasc ar lch 36.

1 Mamó

2 Oscar

3 Uncail Billy

4 Ciarán

5 an leanbh

6 Clodagh

Teach ar díol

Éisteacht Rian 1.29

Éist leis an ngníomhaire eastáit ag labhairt faoin teach. Ansin, freagair na ceisteanna nó líon na bearnaí más gá.

1 Cá bhfuil an teach suite?

2 Cé mhéad seomra atá ar urlár na talún? Cuir ciorcal timpeall an fhreagra chirt.

5 7 4

3 Cad a bhíonn le feiceáil trí fhuinneoga na cistine?

4 Cad a cuireadh sa chistin anuraidh?

5 Cad atá ar an gcéad urlár? Cuir tic sa bhosca ceart.

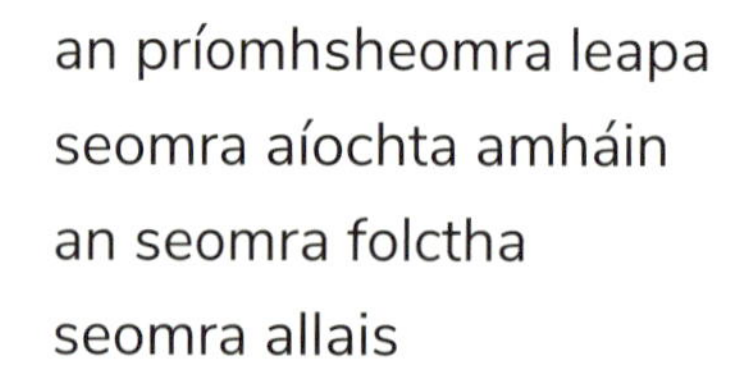

an príomhsheomra leapa	an príomhsheomra leapa	an príomhsheomra leapa
dhá sheomra aíochta	seomra aíochta amháin	dhá sheomra aíochta
an seomra folctha	an seomra folctha	an seomra folctha
seomra allais	seomra allais	oifig bheag
☐	☐	☐

6 Cá bhfuil an oifig agus an seomra cluichí?

7 Scríobh amach an uimhir theileafóin:
0 ___ 1 ___ 35 ___ 7 ___ .

8 Ar mhaith leat an teach seo a cheannach? Cuir fáth amháin le do fhreagra.

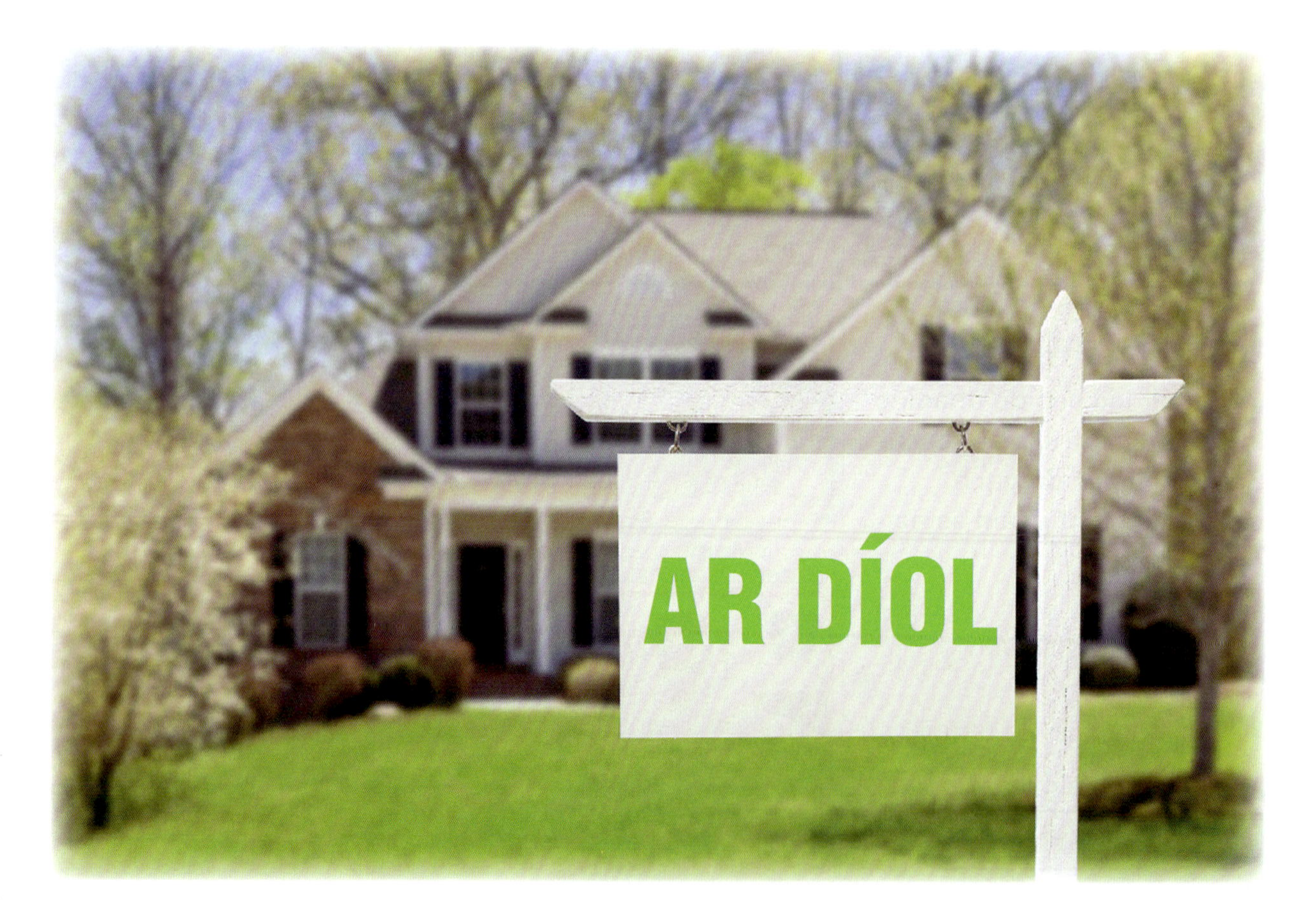

Súil eile ar an réamhfhocal *ar*

Féach ar lch 13.

Ar lch 13 d'fhoghlaim tú faoin réamhfhocal **ar**.
De ghnáth cuireann **ar** séimhiú ar an gcéad fhocal eile – ach tá roinnt eisceachtaí ann.
Ní leanann séimhiú *ar*:

- nuair is ionad ginearálta atá i gceist – mar shampla, ***ar muir***, ***ar bord***.
- nuair atá staid éigin i gceist: ***ar ceal***, ***ar meisce***, ***ar siúl***, ***ar crith***.
- nuair is am atá i gceist: ***ar ball***, ***ar maidin***.

Scríobh

Cuir tic sa bhosca ceart. Tabhair le fios i ngach cás cé acu, ceart nó mícheart, atá gach frása. Scríobh isteach brí an fhrása freisin. Tá an chéad cheann déanta duit mar shampla.

Frása	Ceart	Mícheart	Brí an sampla
1 ar conradh	✔		*contracted*
2 ar Sheán			
3 ar chíos			
4 ar dhíol			
5 ar son			
6 ar mhire			
7 ar fáil			
8 ar buile			

Cur i láthair

Samhlaigh gur gníomhaire eastáit thú. Beidh tú ag díol tí agus tá ort cur i láthair a dhéanamh ar an teach.

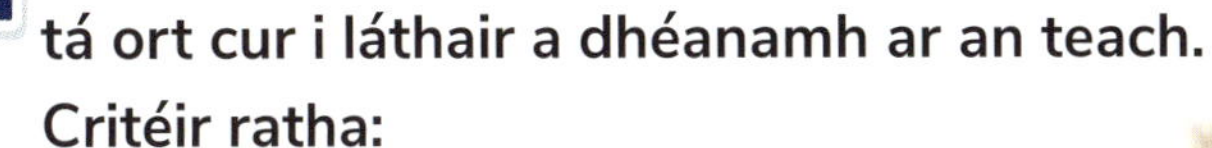

Critéir ratha:

- Roghnaigh teach ar líne agus cuir grianghraf de ar PowerPoint nó a mhacasamhail.
- Ullmhaigh sleamhnán faoi na seomraí atá thíos staighre.
- Ullmhaigh sleamhnán faoi na seomraí atá thuas staighre.
- Ullmhaigh sleamhnán faoi phraghas an tí. Cuir na sonraí teagmhála ar an sleamhnán sin freisin.

Nuair atá na sleamhnáin ullmhaithe agat, déan an cur i láthair os comhair an ranga. Bain úsáid as an acmhainn punainne (lch 13) mar chabhair duit.

Siopaí sa cheantar

Tasc foclóra

Céard iad na siopaí atá i do cheantar? Déan néal focal ar mentimeter.com nó a mhacasamhail agus scríobh liosta de na siopaí i do chóipleabhar.

Léamh

Beidh muintir Uí Mhurchú ag dul ag siopadóireacht ag an deireadh seachtaine. Scríobh gach duine sa teaghlach liosta siopadóireachta. Féach ar na liostaí a scríobh siad agus scríobh liosta de na siopaí gur chóir dóibh cuairt a thabhairt orthu. Cabhróidh an liosta siopaí sa bhosca thíos leat.

Mam
bia do Bhran agus Rex
pianmhúchán
sála arda
bearradh gruaige

Daid
feoil don dinnéar
síolta cabáiste
lón le Pat

Sinéad
creidmheas fóin
barr giortach
sluisí
leabhar sceitseála

Shane
caipín snámha
luchtaire nua don MacBook

bialann, gruagaire, ionad garraíodóireachta, siopa bróg, siopa búistéara, siopa éadaí, siopa ealaíne, siopa fón, siopa peataí, siopa poitigéara, siopa ríomhairí, siopa spóirt, teach uachtar reoite

Idirghníomhú cainte

Beidh tú ag dul ag siopadóireacht um thráthnóna. Scríobh amach liosta siopadóireachta agus léigh an liosta do dhuine eile sa rang. Iarr orthu buille faoi thuairim a thabhairt faoi na siopaí a mbeidh tú ag dul chucu.

Scríobh

1 Scríobh liosta de na siopaí atá i do cheantar féin. Bain úsáid as foclóir chun cabhrú leat. Roghnaigh an siopa is fearr leat ón liosta agus déan cur síos ar na rudaí a cheannaíonn tú ann.
   Sampla: *Is fearr liom an t-ollmhargadh mar is breá liom bia. Téim go dtí an t-ollmhargadh ag an deireadh seachtaine agus ceannaím torthaí, glasraí agus cúpla rud milis.*
2 Céard iad na siopaí nach bhfuil i do cheantar? Scríobh liosta díobh i do chóipleabhar.

Lá san ardchathair

Idirghníomhú cainte

Tá ceathrar agaibh ag siopadóireacht le chéile. Seo thíos an t-eolas do gach duine. Bíodh comhrá agaibh bunaithe ar an eolas sa ghreille. Cuirigí leis, más féidir. Bainigí úsáid as an stór focal thíos chun cabhrú libh.

Duine A	Duine B	Duine C	Duine D
Tá bróga agus barr nua ag teastáil uaim.	Tá bróga agus fón nua ag teastáil uaim.	Tá caipín agus luchtaire nua uaim.	Tá mála spóirt agus barr nua ag teastáil uaim.

Stór focal

Cad atá ag teastáil uait?	What do you need?	Cá rachaimid?	Where will we go?
An rachaimid le chéile?	Will we go together?	Buailfimid libh ag . . .	We will meet you at . . .
Cad é do thuairim?	What do you think?	Tá cabhair uaim.	I need help.

Éisteacht Rian 1.30

Osclóidh ionad siopadóireachta nua an deireadh seachtaine seo chugainn. Éist leis an bhfógra agus líon na bearnaí.

Osclófar ionad siopadóireachta nua i gcroílár na (1)____________________ an deireadh seachtaine seo chugainn. Beidh an méara agus ionadaí ón (2)____________________ nuachta i láthair. Is cúis áthais dom a fhógairt go mbeidh roinnt (3)____________________ agus (4)____________________ nua san ionad nua-aimseartha seo. Beidh (5)____________________ ____________________, caifé agus ionad aclaíochta ar urlár na talún, le (6)____________________, bialanna mearbhia agus siopa bróg ar an (7)____________________ urlár. Cuirimid fáilte roimh mhuintir na háite chuig an seoladh. Feicfimid ansin sibh.

Treoracha Rian 1.31

Tá treoracha á lorg ag custaiméir. Éist leis an eolas a thugann an fáilteoir di agus líon na bearnaí.

Urlár na talún	príomhdhoras		
An chéad urlár	siopa ceoil		siopa fón

Dán: 'Maith Dhom'

Nóta faoin bhfile

© RTÉ Archives

Rugadh Máirtín Ó Direáin ar Inis Mór sa bhliain 1910. Bhog sé go Baile Átha Cliath agus chaith sé **tréimhse**[1] ag obair mar rúnaí le Conradh na Gaeilge. D'fhoilsigh sé a chéad **chnuasach filíochta**[2] sa bhliain 1942. Bhuaigh sé go leor **duaiseanna litríochta**[3] agus ba **bhall**[4] d'Aosdána é. D'éirigh leis 12 chnuasach filíochta a fhoilsiú sula bhfuair sé bás sa bhliain 1988. Rinne TG4 **clár faisnéise**[5] faoina shaol agus a shaothar sa bhliain 2003. *An Charraig Stoite* an teideal a bhí air.

Éisteacht agus léamh

Rian 1.32

Éist leis an dán agus lean na focail i do leabhar ag an am céanna.

MAITH DHOM ← teideal an dáin

le Máirtín Ó Direáin ← ainm an fhile

I m'aonar dom aréir,
I mo shuí **cois mara**[6],
An spéir ar ghannchuid néal
Is muir is tír faoi chalm,
Do **chumraíocht**[7] ríonda
A scáiligh ar scáileán m'aigne
Cé **loinnir**[8] deiridh mo ghrá duit
Gur shíleas bheith **in éag**[9] le fada.

Ghlaos d'ainm go ceanúil
Mar ba ghnách liomsa tamall,
Is tháinig **scread scáfar**[10]
Ó éan uaigneach cladaigh;
Maith dhom murarbh áil leat
Fiú do **scáil**[11] dhil i m'aice,
Ach bhí an spéir ar ghannchuid néal
Is muir is tír faoi chalm.

Tá téarmaí filíochta le fáil ar lch 418.

1 a period of time 2 poetry collection 3 literary prizes 4 member 5 documentary
6 seaside 7 shape 8 spark 9 faded 10 frightful shriek 11 shadow

Scríobh

Freagair na ceisteanna thíos.

1. Sa dán seo tá dhá bhriathar sa leagan canúnach. Céard iad?
2. Tá sampla amháin de fhrása staide sa dán seo. Céard é?
3. Tá ocht sampla den aidiacht shealbhach sa dán ar lch 94. An féidir leat na samplaí a aimsiú?
4. Tar éis duit staidéar a dhéanamh ar na réamhfhocail shimplí ar lch 88, an féidir leat samplaí de na réamhfhocail shimplí a aimsiú sa dán?

Cuireann tú an t-ainmfhocal sa tuiseal ginideach tar éis na bhfocal seo:
timpeall, ***trasna***, ***chun*** agus (mar a fheicimid sa dán) **cois**.
Samplaí: cois mara, cois farraige, cois cósta, cois teallaigh, cois tine, cois bóthair

genitive singular

bóthar, *m.* (*gs.* **-air**, *pl.* **bóithre**) **1.** Road.

Foinse: teanglann.ie

Mothúcháin an dáin

Tá uaigneas an fhile le mothú sa dán brónach seo. Ar an gcéad dul síos bhí an file ina shuí cois farraige. B'áit iargúlta í a chuir uaigneas an fhile in iúl dúinn. Chomh maith leis sin ní raibh duine ar bith in éineacht leis. Bhí sé leis féin ar fad. Nuair atá sé ina shuí leis féin is éasca machnamh a dhéanamh ar gach uile rud, ach tháinig cuimhne an chailín ríonda chuige. Bhí grá mór aige di tráth.

Ghlaoigh sé ainm an chailín go ceanúil an oíche sin, ach níor tháinig ar ais chuige ach scread éin farraige. Baineann an file úsáid as **iomrall na comhbhá**[1] nuair a deir sé gur tháinig 'scread scáfar / Ó éan uaigneach cladaigh'. Míníonn an file go raibh uaigneas fiú ar éan na háite. Chuir scread éin farraige lena huaigneas. Taitníonn an meafar seo go mór leis an léitheoir mar tugtar le fios go raibh cumha agus uaigneas ar an bhfile féin.

Scríobh

Roghnaigh ceann de na mothúcháin eile ón mbosca thíos agus scríobh nóta gairid faoi, ag déanamh tagairt don dán.

aiféala, brón, cion, cumha, dóchas, grá, uaigneas

Teicnící fileata sa dán

Caint dhíreach

Ní luann an file ainm an chailín sa dán agus ní thugann sé mórán eolais don léitheoir fúithi ach oiread, ach labhraíonn sé léi **amhail is**[2] go bhfuil sí i láthair. Deir sé 'do chumraíocht ríonda', mar shampla. Labhraíonn sé go díreach léi agus is mar gheall ar an nádúr a thosaíonn sé ag smaoineamh uirthi.

Athrá

Baineann an file úsáid as athrá chun cur síos a dhéanamh ar an spéir, ar an bhfarraige agus ar an tír.

Deir an file: 'an spéir ar ghannchuid néal / Is muir is tír faoi chalm' sa dá véarsa.

Léirítear sna línte sin go bhfuil an file ar a sháimhín só san áit ina bhfuil sé. É sin ráite, cé go bhfuil gach rud suaimhneach, cuireann na línte sin béim ar uaigneas agus ar bhrón an fhile.

[1] *pathetic fallacy* [2] *as if*

Ceist shamplach

Maidir le dán amháin a ndearna tú staidéar air i rith do chúrsa, scríobh léirmheas pearsanta air. Is féidir leat an léirmheas a bhunú ar na focail sa liosta thíos más mian leat. Bíodh mioneolas as an dán sa fhreagra.

téama, mothúcháin, íomhánna, meafair,
an tionchar a bhí ag an dán ort mar léitheoir

Rinne mé staidéar ar an dán 'Maith Dhom' le Máirtín Ó Direáin. Is léir gur file cumhachtach agus spreagúil é Máirtín Ó Direáin. Thaitin an dán 'Maith Dhom' go mór liom toisc nach bhfuil aon easpa samhlaíochta ag an bhfile. Baineann an file úsáid as teicnící éagsúla sa dán seo. Is iad na gnéithe is mó den dán a thaitin liom ná: téama an dáin, mothúcháin an dáin agus meafair sa dán.

Grá éagmaise is téama an dáin seo. Nuair a bhí an file leis féin ar an trá tháinig cuimhne ar ais chuige de chailín a raibh sé mór léi tamall ó shin. Cailín fíor-álainn ríonda ba ea í. Deir sé gur 'cuimhne' é seo agus taispeántar grá éagmaise anseo. Is léir nach mbíonn an file i gcuideachta an chailín a thuilleadh. Léiríonn sé grá éagmaise arís: ghlaoigh an file ainm an chailín go ceanúil ach níor tháinig freagra ar ais chuige. Tá an cailín agus an grá a bhí aige di greanta ina intinn.

Tar éis dó ainm an chailín a ghlaoch amach níor tháinig ar ais chuige ach 'scread scáfar / Ó éan uaigneach cladaigh'. Léiríonn an líne seo príomh-mhothúchán an dáin agus is meafar é freisin. Tháinig an scread seo ó éan a bhí uaigneach. Chuir sé sin le huaigneas an fhile. An raibh uaigneas fiú ar éin na háite? Is dócha go seasann an meafar seo don uaigneas agus don easpa grá a mhothaigh an file. Thaitin an meafar seo go mór liom mar tugann sé le fios go raibh cumha ar an bhfile féin.

Tar éis an dán seo a léamh thuig mé gur rud álainn an grá agus spreag sé mé chun machnamh a dhéanamh air.

Scríobh

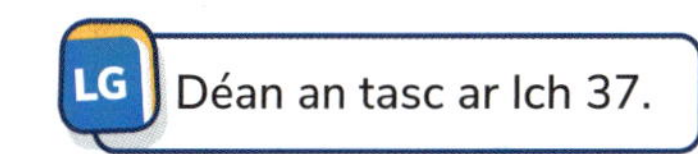

LG Déan an tasc ar lch 37.

Déan do rogha ceann de na ceisteanna seo a leanas.

1 An bhfuil teideal an dáin seo oiriúnach? Cén fáth? Scríobh freagra i d'fhocail féin.
2 Déan cur síos ar dhá íomhá sa dán ar cheap tú go raibh siad suimiúil agus déan cur síos orthu.
3 Déan cur síos ar phríomhthéama an dáin agus ar an gcaoi a gcuireann an file an téama sin os ár gcomhair.
4 Maidir le dán amháin a ndearna tú staidéar air i rith do chúrsa, déan cur síos ar an dá mheafar is fearr leat sa dán. Cuir fáthanna le do fhreagra (is leor dhá fháth).

Áras Chrónáin, Ionad Cultúir

Léamh

Léigh an t-alt thíos.

Is é Áras Chrónáin, **Ionad Cultúir**[1] i gCluain Dolcáin in **iarthar**[2] Bhaile Átha Cliath, an **cheanncheathrú**[3] atá ag Muintir Chrónáin. Is ionad den scoth é, nach bhfuil ar nós áit ar bith eile, agus atá ina **fhoinse**[4] cheoil, amhránaíochta, dhamhsa, chultúir agus, dár ndóigh, Ghaeilge sa cheantar. Baineann idir óg agus aosta, foghlaimeoir agus **cainteoir dúchais**[5] an-tairbhe as an áit. Tá Áras Chrónáin lonnaithe i dteach álainn **Seoirseach**[6] atá suite ar 2.9 acra i gcroílár shráidbhaile Chluain Dolcáin.

Bíonn rogha leathan d'imeachtaí ar siúl san ionad mar aon le h**áiseanna**[7] le fáil. Bíonn ranganna ceoil agus teanga ar siúl gach lá sna seomraí thuas staighre. Tá leabharlann le háiseanna don fhoghlaimeoir ar fáil agus bíonn ranganna damhsa ar siúl freisin. Bíonn clubanna óige á **reáchtáil**[8] ag Muintir Chrónáin freisin. Tá halla nua-aimseartha den scoth acu chun ceolchoirmeacha a reáchtáil agus is minic a sheinn grúpaí mór le rá ar nós Kíla agus Seo Linn ann. Is sa halla seo a rinneadh an físeán den leagan Seo Linn den amhrán clúiteach 'Óró Sé do Bheatha 'Bhaile', mar shampla. Tá **stiúideo taifeadadh**[9] ar chaighdeán raidió acu chomh maith. Is ansin a taifeadadh an clár *Raidió Chrónáin* a bhí á chraoladh ar Raidió na Life freisin.

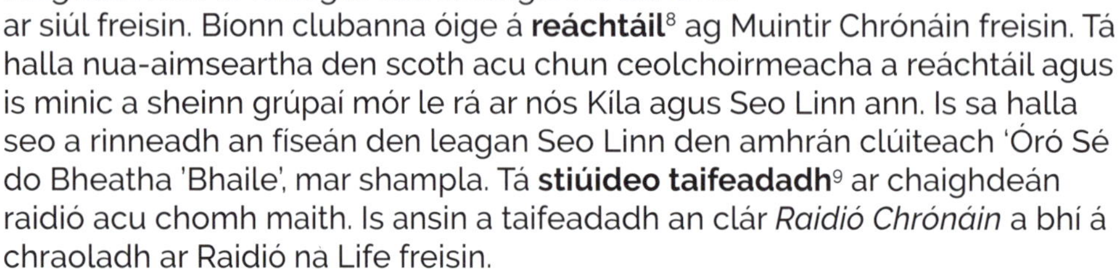

Níl an tÁras féin ach **scread asail**[10] ón mbealach glas, ón gcanáil ná ón g**cloigtheach**[11], ina bhfuil ionad cultúir eile. Bíonn an dá ionad cultúir ag obair ar scáth a chéile agus as lámha a chéile.

Is iad Muintir Chrónáin, grúpa áitiúil a chuireann an-suim sa Ghaeilge agus sa chur chun cinn cultúrtha, agus coiste Áras Chrónáin a reáchtálann imeachtaí san Áras féin. An **mana**[12] atá ag Muintir Chrónáin ná 'Gaeilge Lenár Linn'. Chun cabhrú le spreagadh na Gaeilge sa cheantar bíonn ciorcail chomhrá á reáchtáil freisin acu, chomh maith le grúpaí cainte ar líne agus maidineacha caife. Músclaíonn siad suim chomh maith sa teanga, sa cheol agus san oidhreacht go ginearálta trí imeachtaí cultúrtha, siúlóidí stairiúla, **beithilín**[13] beo um Nollaig agus níos mó. Bhuaigh Muintir Chrónáin gradam ó Ghlór na nGael chomh maith de bharr na sároibre a bhí déanta acu le linn Oireachtas na Samhna nuair a bhí sé in iarthar na cathrach.

[1] cultural centre [2] west [3] headquarters [4] source [5] native speaker [6] Georgian [7] facilities [8] organised [9] recording studio [10] a stone's throw [11] round tower [12] motto [13] crib

Scríobh

Freagair na ceisteanna seo i d'fhocail féin.

Buntuiscint

1 Cén contae ina bhfuil Áras Chrónáin?
2 Cad is ainm don ghrúpa atá i gceannas in Áras Chrónáin?
3 Cén t-amhrán traidisiúnta cáiliúil atá luaite san alt seo?
4 Pioc cúig shampla de na ranna cainte seo ón téacs.

	Briathra	Ainmfhocail	Aidiachtaí
1			
2			
3			
4			
5			

Léirthuiscint

5 Ar mhaith leat dul ann am éigin? Tabhair dhá fháth le do rogha.

Idirghníomhú cainte

Déan taifeadadh de ghlórtheachtaireacht[1] díot féin ag labhairt faoi na háiseanna atá i do cheantar. Scríobh trí cheist le dul leis an teachtaireacht agus seinn an taifeadadh beag do mhionghrúpa sa rang. Tá ar na daoine eile sa ghrúpa na trí cheist a fhreagairt.

Éisteacht Rian 1.33

Éist le Karina ag caint faoi oíche shóisialta in Áras Chrónáin agus freagair na ceisteanna seo.

1 Cad is ainm don bhanna ceoil a bhí ag seinm?
2 Cén t-am ar bhuail sí lena cairde?
3 Conas a chuaigh sí abhaile?

Tá cluastuiscintí don aonad seo le fáil ar lgh 154–7.

Cur i láthair

Roghnaigh ionad cultúir i do cheantar féin agus déan taighde air. Déan cur i láthair beag faoi os comhair an ranga. Bain úsáid as an acmhainn punainne (lch 15) mar chabhair duit.

Critéir ratha:

- Níl tú teoranta d'ionad a bhaineann leis an nGaeilge.
- Scríobh cúpla abairt faoi stair an ionaid.
- Cá bhfuil an áit suite?
- Cé mhéad duine atá ag obair ann?
- An raibh tú féin ann riamh?

[1] voice message

Buanna an cheantair

Léamh

Léigh an t-alt seo.

An 20 baile Gaeltachta is 'slachtmhaire' sa chomórtas Tidy Towns*

Fuair ocht mbaile Gaeltachta os cionn 300 marc as 470 i gComórtas na mBailte Slachtmhara 2019

Is i nDún na nGall atá **formhór**[1] na mbailte Gaeltachta is fearr a chruthaigh i gcomórtas Tidy Towns 2019.

De réir **scagadh**[2] atá déanta ag Tuairisc.ie ar thorthaí chomórtas na mbailte slachtmhara, a foilsíodh inné, fuair ocht mbaile Gaeltachta **os cionn**[3] 300 marc as 470 sa chomórtas.

Ba é an marc ab airde a fuair aon bhaile sa chomórtas, atá **urraithe**[4] ag Supervalu, ná 346, an marc a fuair an baile a bhuaigh comórtas 2019, Glasloch i gContae Mhuineacháin.

331 a fuair Carraig Airt i nGaeltacht Dhún na nGall, a tháinig sa chéad áit sa **rannóg**[5] Ghaeltachta sa chomórtas.

Ba iad na bailte Gaeltachta eile a ghnóthaigh níos mó ná 300 marc ná Béal an Mhuirthead, Co. Mhaigh Eo; an Clochán Liath, Co. Dhún na nGall; an Spidéal, Co. na Gaillimhe; Béal Átha an Ghaorthaidh, Co. Chorcaí; Loch an Iúir, Co. Dhún na nGall; Cill Charthaigh, Co. Dhún na nGall; agus an Daingean, Co. Chiarraí.

Ar na bailte nár éirigh leo áit a bhaint amach ar liosta na 20 baile Gaeltachta 'is slachtmhaire' bhí Ráth Chairn na Mí a fuair 272 marc, an Cheathrú Rua i gConamara, a fuair 260 marc, agus Gaoth Dobhair i nDún na nGall a ghnóthaigh 251 marc. Is ó Ghaeltacht Dhún na nGall is mó a tháinig **iarratais**[6]. Iarratas amháin a bhí ann ó Ghaeltacht Chorca Dhuibhne – an Daingean – agus ní raibh aon iarratas istigh ar chomórtas na bliana seo ó Ghaeltacht Phort Láirge.

* ábhar dílis

Taighde

Bain úsáid as logainm.ie nó suíomh eile le brí na logainmneacha seo a leanas a aimsiú. Tá an chéad cheann déanta duit mar shampla.

1 Dún na nGall *the fort of the foreigners*
2 Glasloch
3 Carraig Airt
4 Béal an Mhuirthead
5 An Clochán Liath
6 An Spidéal
7 Béal Átha an Ghaorthaidh
8 Loch an Iúir
9 An Cheathrú Rua
10 Gaoth Dobhair
11 An Daingean
12 Port Láirge

Idirghníomhú cainte

Cuir na ceisteanna seo a leanas ar dhuine eile ón rang.

1 An bhfuil Coiste na mBailte Slachtmhara i do cheantar?
2 An bhfuil tú (nó aon duine eile i do theaghlach) i do bhall den choiste?
3 Ar ghlac tú páirt i gcomórtas na mBailte Slachtmhara riamh?
4 An mbailíonn tú bruscar nuair a fheiceann tú ar an tsráid é?

[1] majority [2] screening/vetting [3] above [4] sponsored [5] department [6] applicants

Stór focal

déagóirí	teenagers
déagóirí an cheantair	the teenagers of the area
club óige	youth club
páirceanna	parks
áiseanna spóirt	sports facilities
ag crochadh thart ar na sráideanna	hanging around the streets
riachtanais an lae inniu	the necessities of today
freagracht	responsibility
tarraingteacht an cheantair	the charm of the area
mholfainn duit	I would recommend to you

Scríobh

Beidh polaiteoir áitiúil ag teacht chun na scoile le fáil amach faoi na tuairimí atá ag daoine óga chun an ceantar a chur chun cinn. Scríobh alt gearr faoi na smaointe a roinnfeá leis. Cabhróidh an stór focal thuas leat.

Idirghníomhú cainte

Féach ar an liosta thíos agus obair leis an duine in aice leat le fáil amach an fadhbanna nó an buanna iad. Bain úsáid as foclóir má tá cabhair uait. Tá an chéad cheann déanta duit.

	Fadhb	Bua
1 spiorad pobail		✔
2 fadhbanna tráchta		
3 málaí móra bruscair ar thaobh an bhóthair		
4 córas iompar poiblí		
5 barraíocht soilse tráchta		
6 spraoi-thiománaithe		
7 scéim faire comharsanachta		
8 loitiméireacht		
9 ionad athchúrsála		

Tasc scríofa

Maidir le cúig cinn de na frásaí sa ghreille thuas, cuir in abairt iad a léireoidh brí an fhrása.

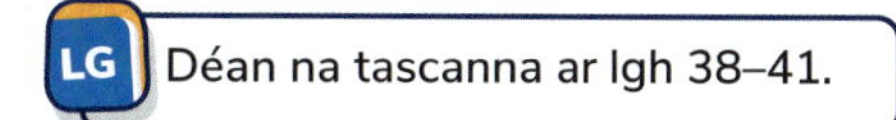

LG
Déan na tascanna ar lgh 38–41.

Codanna an rothair

Stór focal

Vocabulary

Meaitseáil

Cuir an focal ceart le gach abairt thíos.

1 Suíonn tú ar an rud seo. ____________________

2 Stopann tú an rothar leis na rudaí seo. ____________________

3 Cuireann tú é seo ar siúl nuair atá sé dorcha. ____________________

4 Cuireann tú aer sa rud seo go rialta. ____________________ ____________________

5 Athraíonn tú iad seo ag dul suas cnoc. ____________________

6 Brúnn tú ar an rud seo chun an rothar a bhogadh. ____________________

7 Tá dhá cheann ar gach rothar. ____________________

8 Tá an rud seo déanta as nascanna. Téann sé timpeall agus tú ag rothaíocht. ____________________

Scríobh

Cheannaigh tú rothar nua. Scríobh alt faoin rothar le postáil ar do chuntas Instagram.

Critéir ratha:

- Cén fáth a bhfuair tú an rothar nua seo?
- Cá raibh an siopa suite?
- Cad iad na dathanna air?
- Cad a rinne tú ar do bhealach abhaile air?

An pháirc scátála

Meaitseáil

Meaitseáil na frásaí thíos leis na pictiúir. Cuir an uimhir cheart le gach litir.

1	cláir scátála ar díol	5	drong de chúigear scátálaithe
2	cosc ar chlárscátáil	6	scátálaí ag titim
3	clogad dearg faighte	7	ealaín uirbeach
4	lanna rollála		

A	
B	
C	
D	
E	
F	
G	

Scríobh

Scríobh blag beag faoi eachtra a tharla duit i bpáirc an phobail. Sa bhlag déan tagairt do cheithre cinn de na pictiúir thuas. Scríobh an blag san aimsir chaite.

Tasc pictiúr

Scríobh faoi na difríochtaí idir an dá phictiúr thíos.

Critéir ratha:

Luaigh na rudaí seo a leanas:

- an aimsir
- an t-am
- líon na ndaoine
- na dathanna
- an t-atmaisféar
- an teocht

Seo roinnt nathanna. Is féidir iad a úsáid in ionad *tá*.

- Is cosúil go bhfuil . . .
- Ceapaim go bhfuil . . .
- Is dócha go bhfuil . . .
- Déarfainn go bhfuil . . .

An fheirm

Scríobh

Scríobh abairt faoi gach pictiúr sa gcolláis[1] thuas.
Bunaigh gach abairt ar an nod sa ghreille thíos.

1 uimhir phearsanta	2 na dathanna	3 bunuimhreacha
4 saghas tí	5 conas a mhothaíonn na muca?	6 cá bhfuil na ba?
7 saol don sicín saor-raoin[2]	8 am sosa	9 obair sa samhradh

thuas ar chlé	thuas sa lár	thuas ar dheis
sa lár ar chlé	i gcroílár an phictiúir	sa lár ar dheis
thíos ar chlé	thíos sa lár	thíos ar dheis

LG Déan na tascanna ar lgh 42–4.

Blag

Cum blag 100 focal faoi thuras a rinne tú ar an bhfeirm.

Critéir ratha:

- Conas a thaistil sibh chuig an áit?
- Cad a chonaic sibh ar an bhfeirm?
- Scríobh faoi eachtra a tharla (dearfach nó diúltach) ar an lá.
- Cén t-am ar bhain tú d'áit chónaithe amach ag deireadh an lae?

[1] collage [2] free-range

Idirghníomhú cainte

Ar dtús, déan staidéar ar an stór focal sa ghreille ar lch 84.

Mír A

- Caith bonn in airde leis an gcéad imreoir (duine A) a roghnú.
- Cuireann duine A na ceisteanna sa bhosca ar chlé ar an duine eile. Ansin cuireann duine B na ceisteanna ón mbosca ar dheis ar dhuine A.
- Coinnigh an scór i ngach babhta.

Liosta A	Liosta B
1 Céard é an t-ainmhí is mó sa phictiúr thuas ar chlé?	**1** Cé mhéad duine atá sa phictiúr thuas ar dheis?
2 Cad iad na dathanna ar an mbó?	**2** Conas atá an aimsir sa phictiúr?
3 Conas atá an aimsir sa phictiúr anseo?	**3** Cén dath atá ar gheansaí an fhir sa chúlra?
4 An bhfuil lacha le feiceáil sa phictiúr thuas?	**4** Cén t-ainmhí atá ina suí ar an tuí sa bhara rotha?

Mír B

- Tá dhá nóiméad ag gach duine chun na fuaimeanna ainmhithe ar fad a scríobh síos.
- Piocann duine A ainmhí amháin agus cuireann sé/sí ceist ar dhuine B.
  Sampla: Duine A: Cén fhuaim a dhéanann an madra? Duine B: Déanann an madra tafann.
- Piocann duine B ainmhí eile agus cuireann sé/sí ceist ar dhuine A.
- Déan trí bhabhta eile agus coinnigh an scór i ngach babhta.

Mír C

- Tá dhá nóiméad ag gach duine chun áiteanna cónaithe na n-ainmhithe ar fad a scríobh síos.
- Piocann duine A ainmhí amháin agus cuireann sé/sí ceist ar dhuine B.
  Sampla: Duine A: Cad is ainm don áit chónaithe atá ag an madra? Duine B: Bíonn sé ina chónaí i gcró madra.
- Piocann duine B ainmhí eile agus cuireann sé/sí ceist ar dhuine A.
- Déan trí bhabhta eile agus coinnigh an scór i ngach babhta.

Clár na scór		
	Duine A	**Duine B**
	Ainm:	Ainm:
Mír A	Scór /4:	Scór /4:
Mír B	Scór /4:	Scór /4:
Mír C	Scór /4:	Scór /4:
Iomlán	Scór /12:	Scór /12:

Margadh na bhfeirmeoirí agus an t-ollmhargadh

Idirghníomhú cainte

Thuas ar chlé tá pictiúr de mhargadh faoin spéir. Ar dheis, tá ollmhargadh. Labhair leis an duine in aice leat faoi na háiteanna seo.

Critéir ratha:

- Cén áit is fearr leat?
- An bhfuil margadh na bhfeirmeoirí i do cheantar?
- An dtéann tú chuig an ollmhargadh go minic?

Scríobh

Líon an ghreille seo bunaithe ar na tuairimí atá agaibh faoin dá áit. Tá cúpla rud déanta duit.

Margadh na bhfeirmeoirí	An t-ollmhargadh
Rudaí dearfacha	**Rudaí dearfacha**
1 *Faigheann feirmeoirí praghas cothrom dá gcuid táirgí.*	1
2	2
3	3
4	4
5	5
Rudaí diúltacha	**Rudaí diúltacha**
1	1 *Go minic ní bhíonn bia áitiúil i gceist.*
2	2
3	3
4	4
5	5

Páirc an phobail

Rialacha na páirce

1. **Ná himir peil ar an bhféar.**
2. **Níl cead ag éinne toitín a chaitheamh sa pháirc.**
3. **Ná tabhair arán do na lachain, le do thoil.**
4. **Níl cead ag éinne dul ag snámh sa lochán.**
5. **Cuirfimid fáilte roimh mhadraí fad is atá siad ar iall.**
6. **Glan suas salachar ó do mhadra.**
7. **Bain úsáid as na boscaí bruscair.**
8. **Tá cosc ar an mbuscáil sa pháirc.**
9. **Tá páistí óga sa pháirc. Mar sin, iarrfaimid ar dhaoine gan a bheith ag eascainí sa pháirc.**

Cuir glaoch ar an uimhir 01 45321 má fheiceann tú aon rud aisteach sa pháirc.

Tasc foclóra

Aimsigh na focail seo ar teanglann.ie nó tearma.ie.

1 toitín **2** lochán **3** iall **4** ag eascainí

Picthuiscint

Freagair na ceisteanna faoin bpictiúr thíos agus na rialacha a bhaineann leis an bpáirc seo.

1. Cad iad na dathanna ar an gcaisleán spraoi?
2. Cé mhéad duine atá sa pholl gainimh?
3. An bhfuil éinne ina suí ar an mbinse in aice leis an rang Pilates?
4. Cén spórt atá an cailín agus an buachaill ag imirt i lár an phictiúir?
5. Cé mhéad carr atá ar an rollchóstóir?
6. Cé mhéad duine atá ag rothaíocht sa pháirc?
7. An bhfuil aon lacha le feiceáil sa lochán?
8. An bhfuil madraí ceadaithe sa pháirc?
9. An féidir le daoine ceol a sheinm sa pháirc?
10. Cén riail a bhaineann le cúrsaí cainte?

Idirghníomhú cainte

Labhair le duine éigin eile sa rang faoi rialacha na páirce. Inis don duine sin má aontaíonn tú le gach riail agus labhair faoi rialacha eile ar mhaith leat a chur leis an liosta.

Scríobh

Déan ceann amháin de na tascanna seo.

1. Déan cur síos (80 focal) ar an bpictiúr thuas i d'fhocail féin.
2. Samhlaigh gur chuir tú glaoch ar an uimhir sa phóstaer rialacha mar tharla rud éigin sa pháirc. Scríobh (80 focal) faoin eachtra sin.

Gearrscannán: *An Díog Is Faide*

Léamh

Féach ar an ngearrscannán *An Díog Is Faide*. Léigh an t-alt seo faoi Michael 'Sonnie' Murphy agus déan na tascanna a ghabhann leis.

© Fís Éireann

Rugadh Michael 'Sonnie' Murphy i gContae an Chláir sa bhliain 1906. B'fheirmeoir é a athair agus tógadh Sonnie ar fheirm. Chuaigh sé chuig na Cluichí Oilimpeacha in Los Angeles i 1932. Ní raibh sé d'acmhainn a mhuintire íoc as an ticéad don bhád go Meiriceá. Ach feictear sa scannán gur tháinig an pobal le chéile agus bhailigh siad an t-airgead chun é a sheoladh chuig na cluichí.

Bhí an aimsir meirbh an samhradh sin. Thug daoine comhairle do Sonnie sos a ghlacadh ón traenáil ach níor éist sé leo. Rinne sé cead a chinn.

Tháinig lá an rása agus bhí an ghrian ag scoilteadh na gcloch. Bhí Sonnie faoi bhrú ón tús agus thit sé ina chnap le linn an rása. Feictear sa scannán gur chaith Sonnie tréimhse in ospidéal sular tháinig sé abhaile. Sa scannán scríobh sé abhaile ag rá go raibh rudaí go maith. B'fhéidir go raibh náire air nó b'fhéidir nach raibh sé ag iarraidh imní a chur ar a mhuintir sa bhaile.

Scríobh

Freagair na ceisteanna seo. Cuir tic leis an bhfreagra ceart más gá.

1. Cén contae arbh as Sonnie?
2. Cén post a bhí ag a athair?
3. Ainmnigh dhá phointe eolais faoi na cluichí inar ghlac Sonnie páirt.
4. Ar ghlac Sonnie leis an gcomhairle faoin traenáil?
5. B'as Cúige Mumhan do Sonnie. fíor ☐ bréagach ☐
6. Cé mhéad duine atá sa phictiúr thuas?

Idirghníomhú cainte

Labhair le cúpla dalta eile sa rang faoin ngearrscannán seo.

Critéir ratha:

- Ar chuala tú faoi Michael 'Sonnie' Murphy roimhe seo?
- An raibh saol deacair aige, i do thuairim?
- Ar thaitin an scannán leat?
- Déan cur síos ar an bpictiúr seo nó ar an gceann thuas.

© Fís Éireann

Litir ó Mheiriceá

Samhlaigh gur tusa Sonnie agus go bhfuil tú ag scríobh litir ó Mheiriceá chuig do mhuintir in Éirinn. (Tharla rudaí mar sin sna tríochaidí.) Bain úsáid as an acmhainn punainne (lch 17) mar chabhair duit.

Critéir ratha:

- Cá bhfuil tú ag fanacht?
- Conas a mhothaíonn tú?
- Scríobh rud nó dhó faoi do chairde.
- Cathain a bheidh tú ar ais i gContae an Chláir?

Inscne an ainmfhocail agus an túslitir

Rialacha

Sa Ghaeilge tá dhá ghrúpa ann do na hainmfhocail san uimhir uatha:

1. na hainmfhocail fhirinscneacha
2. na hainmfhocail bhaininscneacha

> San uimhir iolra níl ach grúpa amháin ann. Is é sin le rá gur cuma faoin inscne san uimhir iolra.

Cuireann tú na túsathruithe seo leis an alt uatha (sin an focal **an**).

An túslitir	Firinscneach	Baininscneach
Consan	an fear	an pháirc
Guta	an t-úll	an oifig
s	an sagart	an tsráid

- Ní ghlacann ***l***, ***n*** ná ***r*** séimhiú riamh sa Ghaeilge.
- Ní ghlacann **d** ná **t** séimhiú leis an alt uatha – mar shampla, ***an trá***.
- Cuireann an t-alt uatha **t-** roimh ghuta nuair atá an t-ainmfhocal firinscneach – mar shampla, an ***t-ainmhí***.
- Cuireann an t-alt uatha **t** roimh **s** nuair atá an t-ainmfhocal baininscneach (seachas **sc**, **sm**, **st**, **sp**) – mar shampla, **an tseachtain**.
- Tabhair faoi deara nach bhfuil fleiscín ann roimh ghuta mór – mar shampla, **an tUachtarán**.

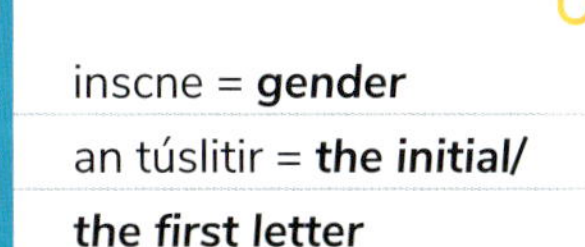

> inscne = **gender**
> an túslitir = **the initial/ the first letter**

Tá tionchar mór ag an ainmfhocal ar an aidiacht. Cuireann an t-ainmfhocal baininscneach séimhiú ar an aidiacht.
Samplaí: páirc m**h**ór, oifig b**h**eag, sráid t**h**anaí, leabharlann f**h**ada

> **Cén** = **Cad é an** – mar sin, pléann tú leis an bhfocal **cén** díreach cosúil leis an alt uatha.
> **Samplaí:** Cén t-am? Cén oíche?

Scríobh

Seo liosta ainmfhocail ón scannán *An Díog Is Faide*. Aimsigh iad i bhfoclóir agus cuir iad sa bhosca ceart.

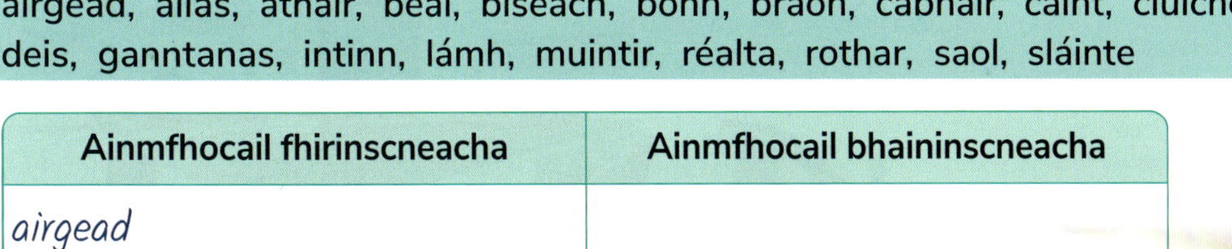

airgead, allas, athair, béal, biseach, bonn, braon, cabhair, caint, cluiche, deis, ganntanas, intinn, lámh, muintir, réalta, rothar, saol, sláinte

Ainmfhocail fhirinscneacha	Ainmfhocail bhaininscneacha
airgead	

Féach ar lch 378.

Measúnú an aonaid

Piarmheasúnú: Cluiche an Cheantair

Déan staidéar ar an aonad seo agus, an lá dár gcionn, beidh deis agat an cluiche cláir seo a imirt le daoine eile sa rang.

Treoracha (***instructions***)	• Roghnaigh cara amháin agus imir an cluiche seo thíos leis nó léi. • Úsáid bonn airgid leis an gcéad duine a roghnú. • Caith an dísle. Má fhaigheann tú uimhir a trí ar an dísle, mar shampla, caithfidh tú bogadh ar aghaidh trí bhosca. • Caithfidh tú an cheist sa bhosca sin a fhreagairt. • Is é an chéad duine a bhainfidh an chearnóg dheireanach amach an buaiteoir.	
Trealamh (**equipment**)	• Dísle nó stiallacha páipéir i gcupán • Clár an chluiche	
Nathanna/ Focail (**phrases/ words**) don chluiche	• Mo shealsa! *(My turn!)* • Do shealsa! *(Your turn!)* • Seal s'agamsa! *(My turn!)* • Seal s'agatsa! *(Your turn!)*	• Cuir chugam an dísle! *(Pass the dice!)* • Caith an dísle! *(Throw the dice!)* • Lean ort! *(Go ahead!)* • Is mise an buaiteoir! *(I am the winner!)*

TÚS AN CHLUICHE →	**Aistrigh an abairt!** 'They live in a new house in the city.'	Cuir na briathra seo san fhoirm dhiúltach san aimsir láithreach: • tar + muid/sinn • beir + muid/ sinn • tabhair + muid/sinn	Ainmnigh trí sheomra atá i do theach.	Ainmnigh dhá sheanfhocal a bhaineann leis an teach/an mbaile. ↓
Aistrigh an abairt! 'I was lying on the couch.' ↓	Cuir na briathra seo san fhoirm cheisteach san aimsir láithreach: • tabhair + tú • tar + tú • ith + tú	**Aistrigh an abairt!** 'You were sitting at the kitchen table.'	Ainmnigh trí shiopa atá i do cheantar.	← Cuir na briathra seo san fhoirm dhearfach san aimsir láithreach: • clois + tú • beir + mé • ith + sé
Cathain a d'fhreastail Michael 'Sonnie' Murphy ar na Cluichí Oilimpeacha? →	Ainmnigh dhá mhothúchán atá sa dán 'Maith Dhom'.	Cé a scríobh an dán 'Maith Dhom'?	Cathain a úsáidtear an tuiseal ginideach? Tabhair dhá shampla.	Cuir na briathra seo san fhoirm cheisteach san aimsir chaite: • beir + sé • clois + siad • ith + muid/sinn ↓
DEIREADH AN CHLUICHE	Cuir na briathra seo san fhoirm dhiúltach san aimsir chaite: • ith + siad • clois + tú • beir + siad	Ainmnigh dhá théama atá sa dán 'Maith Dhom'.	**Aistrigh an abairt!** 'The dog is sleeping in the garden.'	← An ionann 'teach' agus 'baile', dar leat? Mínigh do fhreagra.

Téigh go dtí **www.edco.ie/croinagaeilge3** agus bain triail as na hidirghníomhaíochtaí.

Féinmheasúnú

Nuair atá an piarmheasúnú déanta agat, comhlánaigh an ghreille seo thíos. Léigh gach intinn foghlama agus abairt mhachnaimh sa chéad cholún. An ndearna tú dul chun cinn? Cuir tic sa cholún cuí.

Anois táim in ann . . .	🙂	😐	🙁
stór focal ón gceantar a aithint agus a litriú i gceart.			
plé leis an gcúig beag san aimsir láithreach.			
labhairt agus scríobh faoin bhfeirm.			
na frásaí staide a thuiscint go hiomlán.			
anailís a dhéanamh ar an dán 'Maith Dhom'.			
inscne an ainmfhocail a láimhseáil.			
Déanfaidh mé machnamh ar na habairtí seo a leanas (scríobh d'abairt féin freisin):			
D'fhoghlaim mé go leor ón idirghníomhú cainte san aonad seo.			
Tuigim anois nach féidir Gaeilge chruinn a scríobh gan na réamhfhocail.			

Anois, comhlánaigh an plean feabhsúcháin seo thíos.

Trí rud a d'fhoghlaim mé:

1 ______________________________

2 ______________________________

3 ______________________________

Dhá rud nár fhoghlaim mé atá le cleachtadh agam:

1 ______________________________

2 ______________________________

Rud a dhéanfaidh mé chun feabhas a chur ar mo chuid Gaeilge:

Seiceáil amach

Mar iarfhoghlaim don aonad seo, déan an ghníomhaíocht 'Seiceáil amach' ag **www.edco.ie/croinagaeilge3**. Conas a d'éirigh leat?

Smaointe MRB 2

- **Comhrá:** Nochtaigh do chuid tuairimí faoin dán 'Maith Dhom' nó faoin ngearrscannán *An Díog Is Faide* os comhair an ranga.
- **Agallamh:** Déan agallamh le laochra spóirt ó do cheantar (is obair bheirte í seo).
- **Cur i láthair:** Labhair os comhair an ranga faoi bhuanna do cheantair.

Caitheamh Aimsire agus an Teicneolaíocht

Is maith an t-asal go dtaga an capall is an carr.

Torthaí foghlama an aonaid

Cumas cumarsáide	Feasacht teanga agus chultúrtha	Féinfheasacht an fhoghlaimeora
1.3, 1.9, 1.11, 1.13, 1.18, 1.20, 1.21, 1.24, 1.25, 1.29	2.3, 2.7	3.3, 3.6

Téacsanna an aonaid

Téacs litríochta
Dán: 'Stadeolaíocht' le Marcus Mac Conghail
Téacsanna tacúla eile
Téacs litríochta (rogha eile): 'Siar go Conamara' (amhrán) le hAerach Téacsanna eile: Seán Ó Ríordáin, Dán: 'Dán Grá (don Idirlíon)' Acmhainní eile: teanglann.ie, focloir.ie, léaráidí gramadaí, acmhainn punainne, acmhainní digiteacha ag edco.ie/croinagaeilge3

Achoimre ar an aonad seo

Tá an t-aonad seo bunaithe ar an téama 'Caitheamh Aimsire agus an Teicneolaíocht'. Leanfaidh na daltaí ar aghaidh ag cur lena gcumas cumarsáide sna scileanna teanga difriúla. Cuirfear béim ar fheasacht teanga agus chultúrtha, ag díriú isteach ach go háirithe ar theanga na Gaeilge mar chóras agus ag cothú feasachta i leith chultúr na teanga. Spreagfar na daltaí chun foghlaim fhéinriartha a fhorbairt.

San aonad seo foghlaimeoidh an dalta na scileanna seo:

Réamhfhoghlaim	Seiceáil isteach (lch 117)
Léamh	Ag traenáil san ionad aclaíochta (lch 120), Garry Ringrose – imreoir spóirt a bhfuil meas agam air (lch 121), Dan: 'Stadeolaíocht' (lch 126), Léamh (lch 129), Seán Ó Ríordáin (lch 132), Tuilleadh ón bhfile (lch 133), Fíor nó bréagach? (lch 133), Saol an rinceora (lch 134), Tráigh le láigh (lch 135), Club leabhar (lch 137), 'Dán Grá (don Idirlíon)' (lch 138), Saol an tionchaire (lch 141), Meaitseáil (lch 143), Comhar na n-óg (lch 144), TG4 (lch 145), Podchraoltaí (lch 149)
Scríobh	Scríobh (lgh 120, 121, 126, 128, 135, 137, 139, 142), Próifíl (lch 121), Ag cruthú ceisteanna (lch 125), Blag (lgh 125, 147), Uimhearthacht (lch 126), Beathaisnéis (lch 132), Léirthuiscint (lch 134), Ceisteanna (lch 139), Pleanálaí seachtainiúil (lch 142), Tasc ealaíne (lch 143), Ceist shamplach (lgh 150, 151)
Éisteacht	Éisteacht (lgh 118, 122, 125, 126, 136, 143, 147, 152), Amhrán (lch 133), Físeán (lch 139)
Labhairt	Labhairt (lgh 132, 133, 134, 149)
Idirghníomhú cainte	Idirghníomhú cainte (lgh 118, 120, 122, 125, 128, 131, 135, 139, 147, 148), Suirbhé ranga (lch 137)
Gramadach	Súil siar ar an réamhfhocal **do** (lch 119), Scríobh (lgh 119, 123, 125, 127, 129, 144, 147), Aistriúchán (lgh 119, 147), An t-ainm briathartha agus intreoir ar an tuiseal ginideach (lch 123), Na briathra rialta san aimsir chaite (lch 124), Cúinne na gramadaí (lgh 127, 134, 139, 145), An fleiscín (lch 129), Na briathra neamhrialta san aimsir chaite (lch 146)
Foclóir	Stór focal (lgh 118, 122, 127, 150, 151), Líon na bearnaí (lch 118), Téarmaí filíochta (lch 128), Tasc foclóra (lgh 136, 140, 145, 148), Meaitseáil (lch 140), Tascanna foclóra (lch 148)
Cultúr	Seán Ó Ríordáin (lch 132), TG4 (lch 145), Podchraoltaí (lch 149)
Leabhar gníomhaíochta	Tascanna (lgh 48–61), Cluastuiscint (lgh 158–62)
Measúnú	Piarmheasúnú (lch 152)
Machnamh	Féinmheasúnú (lch 153), Seiceáil amach (lch 153)

Ag deireadh an aonaid seo beidh mé in ann:

- labhairt agus scríobh faoi chúrsaí spóirt go cruinn.
- an réamhfhocal **do** a úsáid i gceart.
- anailís a dhéanamh ar an dán 'Stadeolaíocht'.
- plé leis na meáin shóisialta trí Ghaeilge.
- na briathra rialta agus an sé mór a úsáid go cruinn san aimsir chaite.

Clár an aonaid

Seiceáil isteach

Mar réamhfhoghlaim don aonad seo, déan an ghníomhaíocht 'Seiceáil isteach' ag **www.edco.ie/croinagaeilge3**. Conas a d'éirigh leat?

Téigh go dtí **www.edco.ie/croinagaeilge3** agus bain triail as na hidirghníomhaíochtaí.

Súil siar

Stór focal

Léigh an stór focal a bhaineann leis an bhfón póca agus aipeanna éagsúla ar an bhfón.

aip	app	léarscáileanna	maps
aimsir	weather	podchraoltaí	podcasts
ceamara	camera	téacsteachtaireachtaí	messages
féilire	calendar	scáileán	screen
idirlíon	internet	baile	home
nuacht	news	clog	clock
sparán	wallet	grianghraif	photos
glórphost	voicemail	nótaí	notes
Aipmhargadh	App Store	socruithe	settings
ceol	music	teagmhálaithe	contacts
físeáin	clips		

Idirghníomhú cainte

Déan iarracht trí fhocal ón liosta thuas a mhíniú as Gaeilge do dhuine sa rang agus scríobh síos na trí fhocal a mhíníonn an duine sin duitse. Tabhair trí leid don duine eile mar chuid den mhíniú. Ansin, déan seiceáil ar tearma.ie nó focloir.ie mura bhfuil tú cinnte faoi fhocal éigin.

Noda:

- Cad a dhéanann tú leis an rud seo?
- An bhfuil an rud seo le feiceáil san íomhá den fhón thuas?
- Cad í an chéad litir den fhocal? (Ná tabhair na litreacha eile don duine eile.)

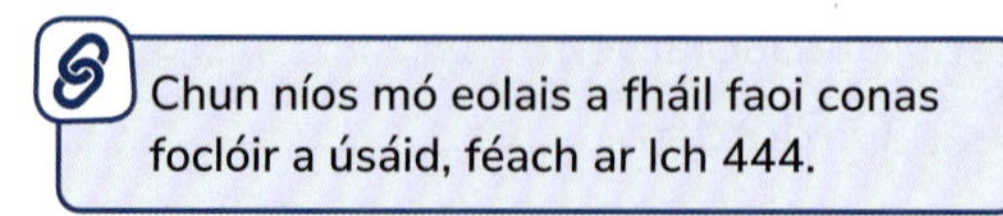

Chun níos mó eolais a fháil faoi conas foclóir a úsáid, féach ar lch 444.

Líon na bearnaí

Líon na bearnaí san alt seo. Tá na freagraí ar fad sa stór focal thuas. Déan pé athrú is gá.

1. Níl aon tráthnóna folamh ar an bh______________ dom an tseachtain seo chugainn.
2. Éistim le ______________ agus mé amuigh ag rith ar an Satharn.
3. Chuaigh mé tríd an liosta ______________ chun teacht ar an ainm agus a uimhir.
4. Rinne mé taighde ar an ______________ ar m'fhón póca.
5. D'fhéach mé ar an g______________ ar an ______________ chun an t-am a fháil.
6. Thóg mé féinín leis an g______________.
7. Cheannaigh mé iad san ______________.
8. Sheol siad ocht d______________ leis an nuacht faoin gcluiche.
9. D'íoc mé as an ______________ leis an ______________ ar m'fhón.
10. D'athraigh mé na ______________ ar mo chuntas Instagram.

Éisteacht Rian 1.35

Éist leis na freagraí agus ceartaigh do chuid oibre.

Súil siar ar an réamhfhocal *do*

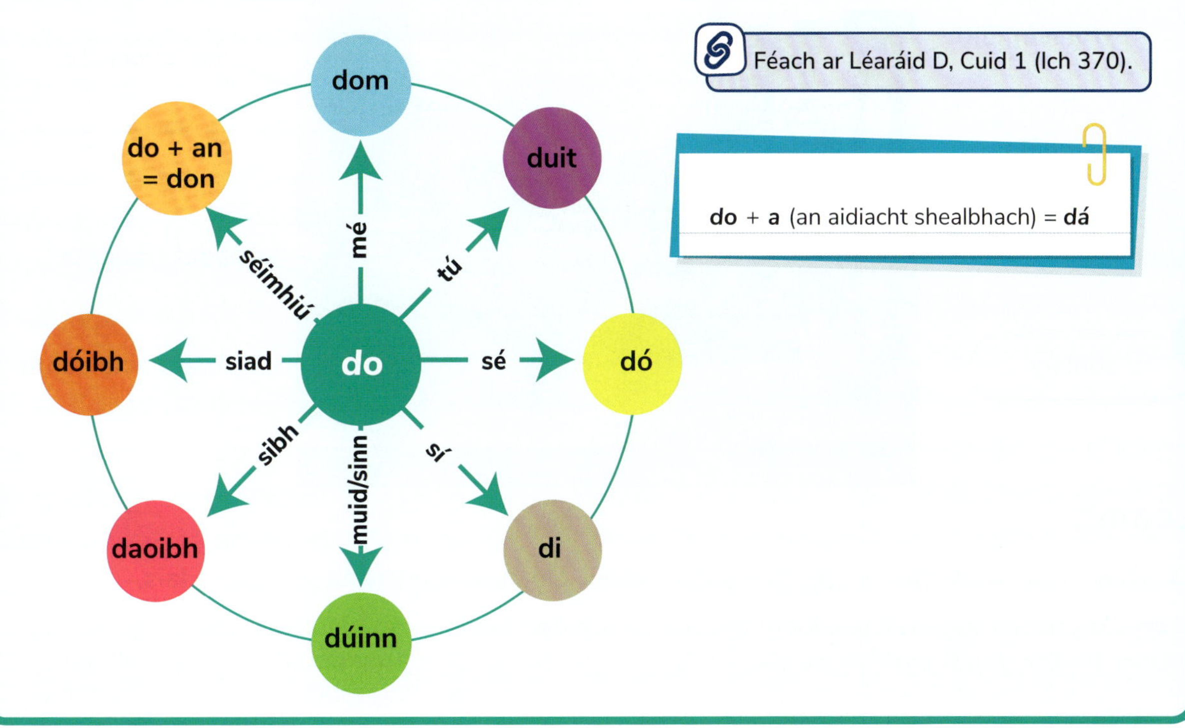

Féach ar Léaráid D, Cuid 1 (lch 370).

do + **a** (an aidiacht shealbhach) = **dá**

Scríobh

Líon na bearnaí agus athraigh na focail sna lúibíní más gá.

1 D'inis mé an scéal ________________ ar an bhfón. Leid: do + í
2 Thug sí an ticéad ________________ don scannán i seomra a cúig. Leid: do + mé
3 Déanann aclaíocht maitheas ________________. Leid: do + tú
4 Thug an bainisteoir íde béil don (moltóir). Leid: don + séimhiú
5 Thug siad an liathróid dá (príomhoide). Leid: do + a = dá

Aistriúchán

Cuir Gaeilge ar na habairtí thíos.

1 I gave the ticket to him.
2 She told the story to her friend.
3 The other players took care of me.
4 He gave me the phone.
5 She told you the same thing.
6 They went to the shops for the full day.

LG Déan na tascanna ar lgh 48–50.

Ag traenáil san ionad aclaíochta

Léamh

Léigh an t-alt thíos faoi Lisa agus a dearthái r. Déan na tascanna a théann leis.

Is eol do chách[1] go bhfuil aclaíocht rialta fiúntach don tsláinte, go háirithe nuair atá tú faoi bhrú scoile. Imríonn mo dheartháir rugbaí le foireann na scoile agus mar chuid den traenáil bíonn air cuairt a thabhairt ar an ionad aclaíochta trí lá sa tseachtain. Ligeann an t-ionad aclaíochta cead do dhaoine atá faoi 16 bliana d'aois dul isteach ann ar feadh uair an chloig gach Céadaoin. Taitníonn an t-ionad aclaíochta go mór liom mar is féidir liom mo rogha rud a dhéanamh. Ní thaitníonn **spóirt iomaíocha**[2] liom agus ní ghlacaim páirt i spórt ar scoil. Tá **plean traenála**[3] ag mo dheartháir agus cabhraíonn sé liom na cleachtaí a dhéanamh. Is maith leis an mbeirt againn a bheith **ag tógáil meáchan**[4] ach caithfidh mé a rá go mbíonn siad róthrom dom uaireanta. Tá mo dheartháir chomh láidir le capall, áfach. Cuirimid críoch leis an seisiún traenála le **babhta scipeála**[5] agus sínimid ár gcuid matán ar na mataí aclaíochta.

Dar le mo dheartháir, tá sé an-tábhachtach **aire mhaith**[6] a thabhairt do do chorp. Caithimid cúpla nóiméad sa linn snámha, sa **seomra allais**[7] agus sa **seomra gaile**[8] sula bhfágaimid an t-ionad aclaíochta chun sos a thabhairt dár gcuid matán. Tar éis an tseisiúin itheann mo dheartháir **cístí ríse**[9] le hiasc. Nílim an-tógtha leis an mbéile sin, áfach!

Scríobh

Cum ceisteanna a bheadh na habairtí seo a leanas mar fhreagraí orthu. Tá an chéad cheann déanta duit mar shampla.

1. Imríonn sé rugbaí le foireann na scoile. *Cén spórt a imríonn deartháir Lisa?*
2. Téann sé ag traenáil trí lá sa tseachtain.
3. Níl cead ag daoine faoi 16 bliana d'aois a bheith san ionad aclaíochta ach lá amháin sa tseachtain.
4. Is léir gur deartháir cabhrach é mar tugann sé cabhair do Lisa na cleachtaí a dhéanamh.
5. Tá Lisa níos laige ná a deartháir.
6. Déanann siad babhta scipeála agus síneann siad a gcuid matán ag deireadh an tseisiúin.
7. Itheann sé cístí ríse tar éis an tseisiúin.

Idirghníomhú cainte

Cuir na ceisteanna seo a leanas ar an duine in aice leat.

1. An ndéanann tú aclaíocht rialta?
2. Cén cineál aclaíochta is fearr leat?
3. An bhfuil tú i do bhall d'ionad aclaíochta?

[1] everyone knows [2] competitive sports [3] training plan [4] lifting weights
[5] round of skipping [6] good care [7] sauna [8] steam room [9] rice cakes

Garry Ringrose – imreoir spóirt a bhfuil meas agam air

Léamh

Léigh an phróifíl seo.

Ainm:	*Garry Ringrose*
Dáta breithe:	*26 Eanáir 1995*
Réaltchomhartha:	*Iompróir an Uisce*
Áit bhreithe:	*An Charraig Dhubh, Baile Átha Cliath, Éire*
Airde:	*sé troithe agus trí horlaí*
Oideachas:	*Meánscoil – Coláiste na Carraige Duibhe, Baile Átha Cliath* *Ollscoil – An Coláiste Ollscoile, Baile Átha Cliath*
Slí bheatha:	*Imreoir rugbaí le Cumann Rugbaí na hÉireann*

Próifíl

Dear próifíl do cheiliúrán spóirt a bhfuil meas agat air/uirthi. Bain úsáid as an acmhainn punainne (lch 19) mar chabhair duit.

Ainm:	______________________
Dáta breithe:	______________________
Réaltchomhartha:	______________________
Áit bhreithe:	______________________
Airde:	______________________
Oideachas:	______________________
Slí bheatha:	______________________

Scríobh

Déan do rogha ceann de na tascanna seo a leanas.

1. Bí i d'údar – cruthaigh leathanach Vicipéid faoi imreoir spóirt/cheiliúrán/dhuine a bhfuil meas agat air/uirthi.
2. Roghnaigh imreoir spóirt/ceiliúrán/duine cáiliúil a thaitníonn leat agus scríobh alt gairid faoin tionchar atá aige/aici ar dhaoine óga.

An spórt is fearr liom

Stór focal

badmantan	badminton	camógaíocht	camogie
cispheil	basketball	cruicéad	cricket
ficheall	chess	haca	hockey
iománaíocht	hurling	leadóg	tennis
peil (Ghaelach)	(Gaelic) football	rugbaí	rugby
sacar	soccer		

Éisteacht Rianta 1.36–40

Éist leis na déagóirí ag caint faoi na cluichí is fearr leo agus tú ag déanamh an tasc thíos. Líon na bearnaí.

1. Is mise ________________ agus is breá liom sacar. Imrím le mo ________________ áitiúil. Téim ag traenáil gach ________________ agus Déardaoin. Tosaíonn an seisiún ag a seacht agus críochnaíonn sé ag a ________________.
2. Is mise Ciarán agus imrím ________________ leis an bhfoireann i mo scoil. Is é an múinteoir ________________ an bainisteoir atá againn. Déanaimid traenáil ar an ________________ agus de ghnáth bíonn cluichí againn ar an ________________.
3. Max is ainm dom agus imrím cruicéad. Thosaigh mé ag imirt nuair a bhí mé seacht ________________ d'aois. Téim ag traenáil faoi dhó sa ________________.
4. Sophie is ainm ________________ agus is é an spórt is fearr liom ná ________________. Imrím le club agus le mo ________________. Thosaigh mé ag imirt sa chéad ________________. Sin dhá ________________ ó shin anois.
5. Is mise Dan agus thar aon rud eile is aoibhinn liom ________________. Téim chuig an gclub fichille sa ________________ maidin Dé ________________.

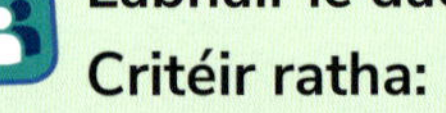

Idirghníomhú cainte

Labhair le daoine eile sa rang faoin spórt/gcaitheamh aimsire is fearr leo.

Critéir ratha:

Cuir na ceisteanna seo orthu:

- Cad é an rud is fearr leat faoin spórt/gcaitheamh aimsire?
- Cathain a thosaigh tú ag traenáil?
- Cé mhéad ama a chaitheann tú air gach seachtain?
- An ndéanann tú é ar scoil nó le club?
- An réitíonn tú go maith le do bhainisteoir?
- An bhfuil tú i do bhall d'aon chlub spóirt?
- An gcuidíonn do chaitheamh aimsire leat sos a thógáil ón obair scoile? Conas?

An t-ainm briathartha agus intreoir ar an tuiseal ginideach

Rialacha

Tá cúig **dhíochlaonadh** sa Ghaeilge – sin grúpa ainmfhocal. Leanann gach grúpa patrún áirithe sa tuiseal ginideach. Athraíonn litriú fhormhór na n-ainmfhocal sa tuiseal ginideach.

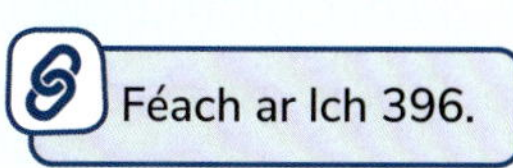

díochlaonadh, *m.* (*gs.* **-nta**, *pl.* **-ntaí**. **1.** *vn. of* DÍOCHLAON. **2.** *Gram:* Declension. **3.** *Astr:* Declination.

Foinse: teanglann.ie

Eolas ón bhfoclóir

peil *bain2* liathróid mhór le ciceáil thart; cluiche a imrítear léi

Foinse: *An Foclóir Beag*

San iontráil foclóra thuas, ciallaíonn *bain* go bhfuil an focal peil baininscneach. Ciallaíonn *2* go mbaineann an t-ainmfhocal seo leis an dara díochlaonadh.

1. **An chéad díochlaonadh:** cuireann tú *i* san fhocal sa tuiseal ginideach.
2. **An dara díochlaonadh:** tá e nua ag deireadh an fhocail sa tuiseal ginideach.
3. **An tríú díochlaonadh:** tá a nua ag deireadh an fhocail sa tuiseal ginideach.
4. **An ceathrú díochlaonadh:** ní athraíonn deireadh an fhocail sa tuiseal ginideach.

Féach lch 382 chun eolas a fháil ar an gcúigiu díochlaonadh agus na hainmfhocail neamhrialta.

Go minic bíonn an t-ainmfhocal sa tuiseal ginideach tar éis an **ainm briathartha** – mar shampla, ***Is breá liom a bheith ag imirt peile***.

	An spórt	***ag imirt*** + tuiseal ginideach
An chéad díochlaonadh	sacar	ag imirt sacair
	cruicéad	ag imirt cruicéid
	badmantan	ag imirt badmantain
An dara díochlaonadh	peil	ag imirt peile
	cispheil	ag imirt cispheile
	ficheall	ag imirt fichille
	leadóg	ag imirt leadóige Leid: *caol le caol*
An tríú díochlaonadh	iománaíocht	ag imirt iománaíochta
An ceathrú díochlaonadh	rugbaí	ag imirt rugbaí
	haca	ag imirt haca

Scríobh

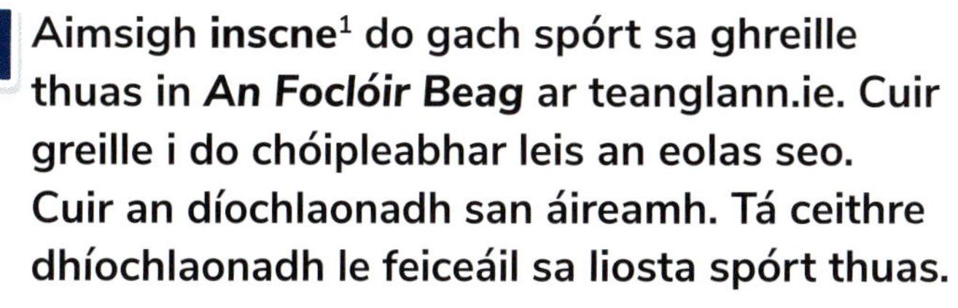
Aimsigh inscne[1] do gach spórt sa ghreille thuas in *An Foclóir Beag* ar teanglann.ie. Cuir greille i do chóipleabhar leis an eolas seo. Cuir an díochlaonadh san áireamh. Tá ceithre dhíochlaonadh le feiceáil sa liosta spórt thuas.

[1] gender

Na briathra rialta san aimsir chaite

Abairtí samplacha san aimsir chaite

1 Lean mé an duine sin ar na meáin shóisialta.
2 D'éist mé le glórtheachtaireacht ar m'fhón póca.
3 D'osclaíomar an dá ríomhphost ag an am céanna.
4 Dheisigh siad an ríomhaire glúine.

Na siollaí

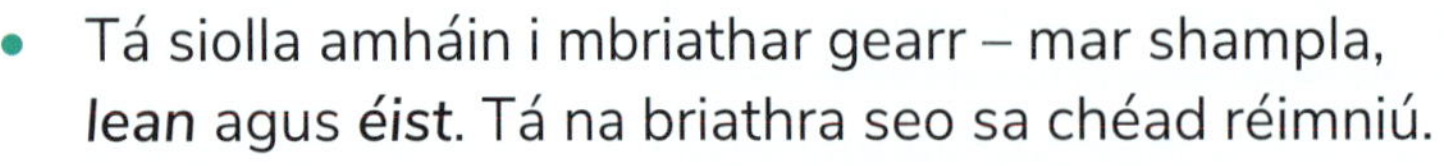

- Tá siolla amháin i mbriathar gearr – mar shampla, *lean* agus *éist*. Tá na briathra seo sa chéad réimniú.
- Tá dhá shiolla i mbriathar fada – mar shampla, **oscail**, *deisigh*. Tá na briathra seo sa dara réimniú den chuid is mó.
- Tá fréamh leathan, **oscl**, ag an mbriathar fada **oscail**.
- Tá fréamh chaol, **deis**, ag an mbriathar fada ***deisigh***.

An briathar	An fhréamh	Míniú
Lean	lean	Tá an briathar ***lean*** gearr agus leathan.
Éist	éist	Tá an briathar ***éist*** gearr agus caol.
Oscail	oscl	Tá an briathar ***oscail*** fada agus leathan.
Deisigh	deis	Tá an briathar ***deisigh*** fada agus caol.

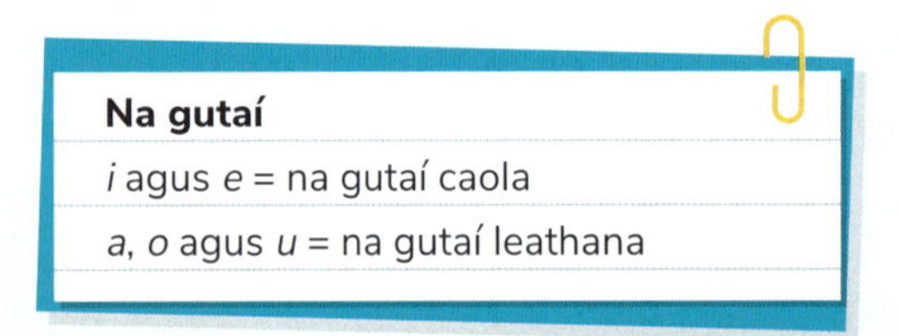
Na gutaí
i agus *e* = na gutaí caola
a, *o* agus *u* = na gutaí leathana

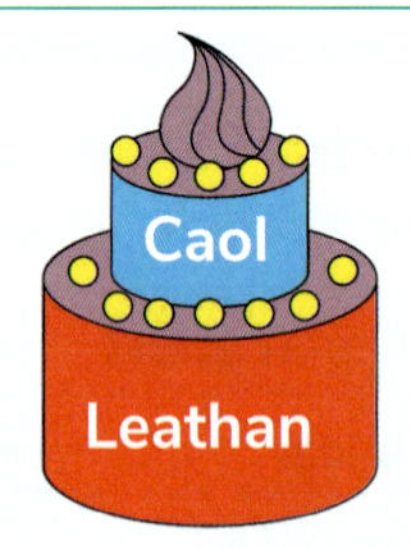

Dhá cheist faoin mbriathar rialta

1 An bhfuil an fhréamh caol nó leathan? Seo ceist faoi na **gutaí** sa bhriathar.
2 An bhfuil an briathar gearr nó fada? Seo ceist faoi **líon na siollaí** sa bhriathar.

An phearsa	Lean	Éist	Oscail	Deisigh
Mé/tú/sé/sí/sibh/siad	lean mé	d'éist tú	d'oscail sí	dheisigh sibh
Muid/sinn	leanamar	d'éisteamar	d'osclaíomar	dheisíomar
Níor (+ séimhiú)	níor lean sé	níor éist sé	níor oscail sé	níor dheisigh sé
Ar (+ séimhiú)	ar lean tú?	ar éist tú?	ar oscail tú?	ar dheisigh tú?
Nár (+ séimhiú)	nár lean siad?	nár éist siad?	nár oscail siad?	nár dheisigh siad?

Féach ar Léaráid A, Cuid 2 (lch 360).

Déan an tasc ar lch 56.

Éisteacht Rian 1.41

Éist le Sharon agus líon na bearnaí leis na focail chearta.

1 _______________ mé ar feadh uair a chloig inné _______________ _______________.

2 _______________ mé an iarnóin ar mo _______________.

3 _______________ _______________ mé le haon _______________ inné.

4 _______________ _______________ an teach tar éis an _______________.

5 _______________ _______________ le mo chairde ag an _______________.

6 _______________ ticéad don scannán i _______________ a dó.

Scríobh

Athscríobh iontráil dialainne Eli san aimsir chaite.
(Athraigh na briathra sa chló trom.)

(1) **Ithim** mo bhricfeasta ag a hocht a chlog ar an Satharn. Ansin (2) **rothaím** go dtí an club leadóige. (3) **Buailim** le mo chara Kemal ar chúirt a trí. (4) **Tosaímid** ag imirt ag a naoi a chlog agus (5) **imrímid** ar feadh uair go leith. (6) **Críochnaímid** go luath nuair a (7) **thosaíonn sé** ag cur báistí. Ansin (8) **siúlaimid** go dtí an seomra tae sa chlub. Ólaimid cupán tae agus (9) **léimid** an nuacht faoi chúrsaí leadóige ar an idirlíon. (10) **Rothaímid** abhaile thart ar a haon a chlog.

Ag cruthú ceisteanna

Cruthaigh trí cheist le dul leis an iontráil nua san aimsir chaite.
Sampla: *Cén t-am a d'ith Eli a bhricfeasta?*

Idirghníomhú cainte

Labhair le duine eile sa rang faoi na rudaí a rinne tú Dé Sathairn seo caite.
Critéir ratha:

- Cathain a d'éirigh tú?
- Céard a d'ith tú don bhricfeasta?
- Ar bhuail tú le haon chairde?
- Ar imir tú aon chluiche?
- Ar léigh tú aon rud ar d'fhón póca?
- Ar chuir tú teachtaireacht chuig cara ar bith?
- Cá fhad a chaith tú ag scimeáil trí na haipeanna?

Blag

Scríobh blag beag anseo faoi na rudaí a rinne tú Dé Sathairn seo caite.
Critéir ratha:

- Scríobh 50 focal ar a laghad.
- Bain úsáid as ceithre bhriathar dhifriúla.
- Cuir briathar amháin ar a laghad san fhoirm dhiúltach.
- Déan cinnte go bhfuil ceann de na briathra sa chéad phearsa, uimhir iolra – mar shampla, ***d'ólamar***.
- Luaigh dhá mhothúchán a bhí ort i rith an lae.

Dán: 'Stadeolaíocht'

Éisteacht agus léamh Rian 1.42

Éist leis an dán agus lean na focail i do leabhar ag an am céanna.

STADEOLAÍOCHT ← teideal an dáin

le Marcus Mac Conghail ← ainm an fhile

Brúim **cnaipe**[1] na haipe ag ceapadh
go gcuirfí ar an eolas mé
ach in áit **am theacht**[2] an bhus a thabhairt dom
ar mo **ghuthán**[3]
faighim radharc fíor-ama
den tiománaí ag féachaint orm
(is é ag tiomáint an bhus **thar bráid**[4])
ar **ardú**[5] mo chinn dom

Scríobh

Freagair na ceisteanna seo.

Buntuiscint

1 Cén fáth a mbrúnn Marcus ar an gcnaipe?
2 Cá bhfuil an dán seo lonnaithe?
3 An dtógann Marcus an bus sa deireadh?

Léirthuiscint

4 Déan cur síos i d'fhocail féin ar na heachtraí sa dán 'Stadeolaíocht'.
5 Taispeáin i d'fhocail féin nach bhfuil an file ag moladh an fhóin sa saothar seo.

Uimhearthacht

Freagair na ceisteanna seo. Tá nasc iontu uilig leis an uimhearthacht.

1 Cad a dhéanann an file sa **chéad** líne? (Tabhair freagra sa **tríú** pearsa.)
2 Cé hé an **dara** duine sa dán seachas an file?
3 Ainmnigh focal atá le feiceáil sa dán **faoi dhó**.

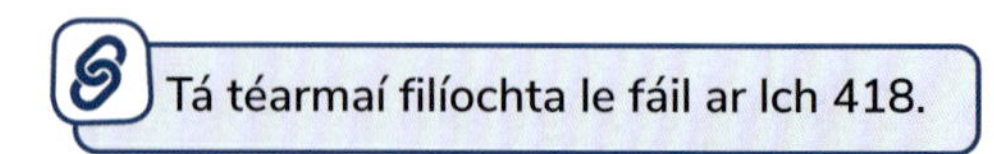
Tá téarmaí filíochta le fáil ar lch 418.

1 button 2 arrival time 3 phone 4 past 5 raising

Stór focal

Seo cúpla focal suimiúil ón dán.

stadeolaíocht	Is comhfhocal é seo. Is focal é sin atá déanta as dhá fhocal eile (***stad*** + ***eolaíocht***).
guthán	Is comhchiallach é seo leis an bhfocal ***fón***.
fíor-ama	Is focal le fleiscín é seo (féach ar lch 129).

Scríobh

Líon an ghreille le briathra ón dán.

An Ghaeilge	An Béarla
1 B_______________	I push
2 ag c_______________	thinking
3 go g_______________ ar an eolas mé	that I would be told
4 a t_______________	to give
5 f_______________	I receive
6 ag f_______________	looking
7 ag t_______________	driving

Cúinne na gramadaí

Féach ar an dán arís agus freagair na ceisteanna seo.

1. Aimsigh dhá bhriathar sa dán atá san aimsir láithreach.
2. Aimsigh ainm briathartha amháin sa dán.
3. Aimsigh cúig ainmfhocal as an dán.
4. Aimsigh aidiacht shealbhach sa dán.
5. Aimsigh dhá fhorainm réamhfhoclacha sa dán.

Téarmaí filíochta

Cuir an téarma filíochta ceart sa cholún ar dheis. Tá an chéad cheann déanta mar chabhair duit.

1 'Stadeolaíocht'	*an teideal*
2 Marcus Mac Conghail	
3 frustrachas, náire, brón, fearg	
4 cnaipe na haipe	
5 fadhb na teicneolaíochta sa saol seo	
6 tiománaí ag féachaint orm	

Nóta faoin bhfile

Is as Baile Átha Cliath é Marcus Mac Conghail. Is file é agus bíonn sé ag seinm ceoil freisin. Tá sé ina bhall de na grúpaí Bruadar agus Thatchers of the Acropolis. D'fhoilsigh an **foilsitheoir**[1] Coiscéim a chéad **chnuasach**[2] sa bhliain 2014 agus a dhara cnuasach sa bhliain 2021.

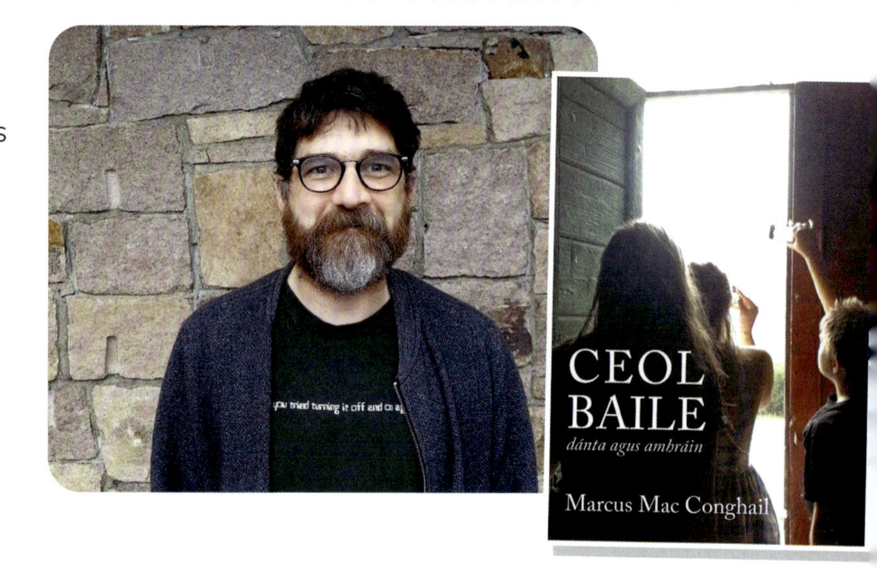

Scríobh

Cruthaigh ceithre cheist bunaithe ar an eolas anseo faoi Mharcus Mac Conghail.

Noda:

- a phost
- a áit dhúchais
- Coiscéim
- caitheamh aimsire
- 2014

Idirghníomhú cainte

Cuir do cheithre cheist ar dhuine éigin eile sa rang agus freagair na ceisteanna atá ag an duine sin.

> **Moladh**
> Déan taifeadadh digiteach den chomhrá seo. Éist leis agus tabhair aiseolas don dalta eile chun é/í a chabhrú lena c(h)uid Gaeilge.

[1] *publisher* [2] *collection*

An fleiscín

Cuireann tú an fleiscín:

- leis na réimíreanna **an** agus **dea** – mar shampla, ***an-mhaith***, ***an-sásta***, ***dea-ghuí***.
- le **t** roimh ainmfhocal firinscneach – mar shampla, ***an t-amhrán***, ***an t-údar*** (ach ***an tUachtarán*** – ní chuireann tú fleiscín le **t** roimh litir mhór).
- le comhfhocal nuair atá guta in aice le guta – mar shampla, ***mí-ádh***, ***ró-óg***.
- le comhfhocal nuair a thagann dhá cheann den litir chéanna le chéile – mar shampla, ***lag-ghlórach***, ***sean-nós***.

Ní chuireann tú fleiscín riamh nuair a chuireann tú **h** ar fhocal – mar shampla, ***tús na háite***, ***an dara hurlár***, ***ceithre huaire***, ***Cé hí sin?***

Léamh

Leigh an t-alt seo agus déan an tasc a ghabhann leis.

Ag tús an dáin (1) **tá** an file ina sheasamh ag feitheamh ag stad an bhus. (2) **Níl** an bus ag teacht in am agus (3) **déanann** an file seiceáil ar an bhfón póca le fáil amach cá (4) **bhfuil** sé ag dul. (5) **Ní fhéachann** sé timpeall le teacht ar an eolas seo. (6) **Cuardaíonn** sé ar an idirlíon don chlár ama. Agus fad is (7) **atá** sé ag féachaint ar an scáileán beag, (8) **tagann** an bus. Nuair a (9) **ardaíonn** an file a cheann, (10) **feiceann** sé an tiománaí agus an bus ag dul thar an stad. Is sampla den íoróin é seo.

Scríobh

Athscríobh scéal an dáin agus cuir na briathra sa chló trom san aimsir chaite. Tá an chéad cheann déanta mar chabhair duit.

*Ag tús an dáin **bhí** an file . . .*

Teideal an dáin

Is comhfhocal é an teideal, 'Stadeolaíocht'. Ciallaíonn sin go bhfuil an focal seo déanta as dhá fhocal eile. Cuireann Marcus Mac Conghail na focail **stad** agus ***eolaíocht*** le chéile. Tá blas grinn le cloisteáil sa teideal seo. Tá an file ag spochadh as féin anseo. Is léir ón teideal gur dán nua-aoiseach é seo. Is é an mothúchán is mó a chuireann an teideal i ndán dúinn ná an frustrachas. Ní maith leis an bhfile a bheith ag feitheamh ar an mbus agus cuireann sé é sin in iúl don léitheoir ón tús leis an teideal.

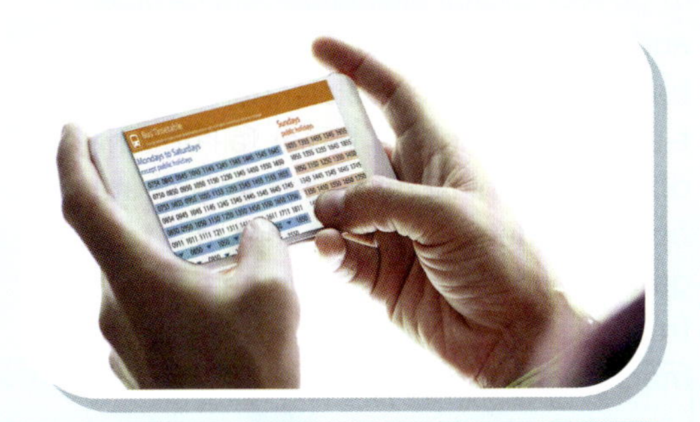

comhfhocal, *m.* (*gs.* & *npl.* **-ail**, *gpl.* **~**).
Compound word.

Foinse: teanglann.ie

Seán Ó Ríordáin

Léamh

Léigh an beathaisnéis[1] bheag seo agus freagair na ceisteanna a ghabhann leis.

File agus rí an chomhfhocail

Rugadh Seán Ó Ríordáin i mBaile Bhuirne i nGaeltacht Chontae Chorcaí. Rugadh é ar an 3 Nollaig sa bhliain 1916. D'fhreastail sé ar scoil i gCathair Chorcaí agus chaith sé an chuid is mó dá shaol sa chathair. D'oibrigh sé leis an m**bardas**[2] i gCorcaigh. Mhair sé leis an **eitinn**[3] ar feadh blianta fada agus chuir sin isteach ar a shaol go mór.

© Leabharlann Náisiúnta na hÉireann

Chuir an file seo go mór leis an bhfilíocht sa Ghaeilge. Chruthaigh sé focail nua sa teanga mar chuid den ealaín a bhí aige. Mar shampla, féach ar an bhfocal 'scillingsmaointe' ón dán 'Saoirse' le Seán Ó Ríordáin. Ní raibh an focal sin sa teanga sular chuir an Ríordánach é os comhair an phobail. Mar sin, is leis an bhfile an focal nua seo agus bhain sé úsáid as an bhfocal chun tuairim dheacair a mhíniú. Chreid an Ríordánach go raibh sé ina chónaí ar an taobh 'amuigh'. Cheap an file seo go raibh smaointe móra aige agus nach raibh ag an bpobal ach 'scillingsmaointe' – smaointe nárbh fhiú ach scilling.

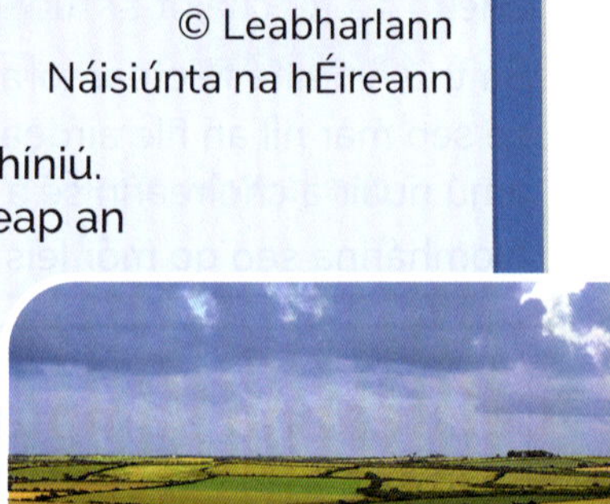

Tá comhfhocal eile sa dán sin, 'macsmaointe'. Arís, tá an Ríordánach ag rá nach bhfuil tuairimí móra ag daoine eile. Cheap an file go raibh rudaí móra ina **intinn**[4] agus rudaí móra le rá aige ina chuid dánta. Ach ní raibh ach 'macrud' le rá ag daoine eile. Is sampla de chomhfhocal eile é seo.

Bhí stíl nua-aoiseach aige agus bhain sé úsáid as an nGaeilge le cúrsaí éagsúla a phlé i stíl nua. Chruthaigh an file briathar chun léiriú go raibh tuiscint eile aige ar an teanga agus tábhacht na teanga. Bhain sé úsáid as an mbriathar 'Ríordáineoinn' chun an scil seo a mhíniú. Chreid Seán Ó Ríordáin go bhfuil gach teanga beo agus go bhfuil ar chainteoirí an teanga sin focail nua a chur leis an teanga chun í a chosaint ón mbás.

1. Cár rugadh Seán Ó Ríordáin?
2. Scríobh a dháta breithe i bhfigiúirí. Leid: dd/mm/bb
3. Pioc an achoimre is fearr ar an dara halt. Cuir tic sa bhosca ceart.
   Bhí ardmheas ag an bhfile ar an bpobal. ☐ Léigh sé a lán leabhar sa Ghaeilge. ☐
   Chruthaigh sé focail nua sa Ghaeilge. ☐
4. An gceapann tú go bhfuil an briathar 'Ríordáineoinn' sa chéad nó sa dara réimniú sa Ghaeilge? Cuir tic sa bhosca ceart.
   an chéad réimniú ☐ an dara réimniú ☐
5. I do bharúil, ar dhuine suimiúil é Seán Ó Ríordáin? Cuir dhá fháth le do fhreagra.

Labhairt

Labhair os comhair an ranga nó mionghrúpa faoin duine seo ar feadh 30 soicind.

Moladh
Déan taifeadadh digiteach de seo agus féach siar air mar chuid den turas foghlama.

Beathaisnéis

Scríobh beathaisnéis ghearr faoin gceoltóir/scríbhneoir/bhfile is fearr leat. Bain úsáid as an acmhainn punainne (lch 21) mar chabhair duit.

[1] biography [2] council [3] tuberculosis [4] mind

Tuilleadh ón bhfile

Léamh

Seo cúpla alt ón irisleabhar *Comhar*. Déanann Marcus Mac Conghail cur síos anseo ar dhá ghné a bhaineann leis an amhrán (an ceol agus na focail). Is ealaín ilmhódach[1] é an t-amhrán. Léigh an dá alt anseo agus freagair na ceisteanna a ghabhann leo.

An scríbhneoireacht amhrán mar fhoirm liteartha*

Má chuireann tú amhrán faoi scian seans nach n-éireoidh sé de **bhord na hobráide**[2]. Éist leis an amhrán. Bain taitneamh as. Nó ná bain taitneamh as. Nó bí ar **mhalairt tuairim**[3] an chéad uair eile a chloiseann tú é. Amhrán agus é seinnte beo, nó é taifeadta, atá i gceist agam anseo – **murab ionann**[4] agus na focail a ghabhann leis.

Is féidir le focail bás a fháil ar an leathanach nó ar an **ríomhscáileán**[5] más scartha ón gceol iad. Uaireanta, éistimid le hamhráin agus na liricí á léamh ag an am céanna againn. Ach liricí amhrán a scarúint amach ón gceol agus féachaint orthu mar rud liteartha – sin *kinda* . . . n'fheadar . . . **neamhiomlán**[6]?

Ag cumadh lasmuigh den traidisiún. Cén lasmuigh? Cén traidisiún?

Ní **d'aon ghnó**[7] a chuirim cruth áirithe ar amhrán. Cuireann an chéad líne den liric nó an chéad chúpla nóta in iúl dúinn cén fhoirm a bhí á lorg ag an amhrán (nó an dán). Ach is i ndiaidh an bhirt a thuigeann tú san. Is ina dhiaidh a thuigeann tú cad tá déanta agat, má thuigeann. Nuair a thagann sé is í an chéad líne i ndán nó in amhrán, nó an chéad líne cheoil, a **neosfaidh**[8] duit cad é atá agat — agus cén treo ar cheart dul leis. Agus, dá bhrí sin, toisc nach bhfuil faic nua faoin spéir, is beag amhrán nach bhfuil ag freagairt do thraidisiún éigin.

* ábhar dílis

Fíor nó bréagach?

An bhfuil na habairtí seo a leanas fíor nó bréagach? Cuir tic sa cholún ceart.

		✔	✘
1	Dar le Marcus Mac Conghail, má chuireann tú amhrán faoin scian tá sé i mbaol.		
2	Tá focail ar leathanach slán sábháilte.		
3	Baineann beagnach gach amhrán le traidisiún éigin.		

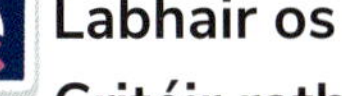

Labhairt

Labhair os comhair an ranga faoin amhrán nó faoin bhfísdán is fearr leat.

Critéir ratha:

- Labhair ar feadh 60 soicind.
- Labhair faoin dá ghné den saothar (an ceol agus na focail/na focail agus an físeán).
- An féidir leat ionannú leis an saothar?
- Cad é an mothúchán is mó atá sa saothar?

[1] *multimodal* [2] *operating table* [3] *change of mind* [4] *it's not the same* [5] *computer screen* [6] *incomplete* [7] *on purpose* [8] *will tell*

Saol an rinceora

Léamh

Léigh an t-alt thíos.

Is mise Louise agus caithfidh mé a rá nach dtaitníonn an spórt liom. Is breá liom a bheith **gníomhach**[1], áfach. Is rinceoir mé. **Tá dúil as cuimse agam**[2] sa damhsa. D'fhreastail mé ar mo chéad rang damhsa nuair a bhí me i mo chailín óg, **thart ar**[3] thrí bliana d'aois. **Bhí an t-ádh ó thalamh orm**[4] gur **tháinig an damhsa go héasca liom**[5]. D'fhreastail mé ar ranganna bailé trí huaire in aghaidh na seachtaine agus téim ag damhsa cúig lá sa tseachtain anois. Bhí an-mhuinín ag an múinteoir bailé asam. Bhí mé ar nós **rinceoir gairmiúil**[6], dar léi.

Táim fíorbhuíoch den dea-mholadh a thugann sí dom. Tugann sí spreagadh dom triail a bhaint as stíleanna nua agus thosaigh mé ag freastal ar ranganna brisdamhsa anuraidh. Ní dóigh liom go raibh sí an-sásta leis an g**cinneadh**[7] toisc go bhfuil sé éasca cnámha áirithe a bhriseadh. Bainim an-sult as na ranganna, áfach, agus taitníonn an dá stíl liom. **Tá siad go hiomlán difriúil óna chéile**.[8] Chuir mo mháthair brú orm **rince Gaelach**[9] a dhéanamh ach tá sé ró-iomaíoch domsa. Tá an-mheas agam ar na rinceoirí, áfach.

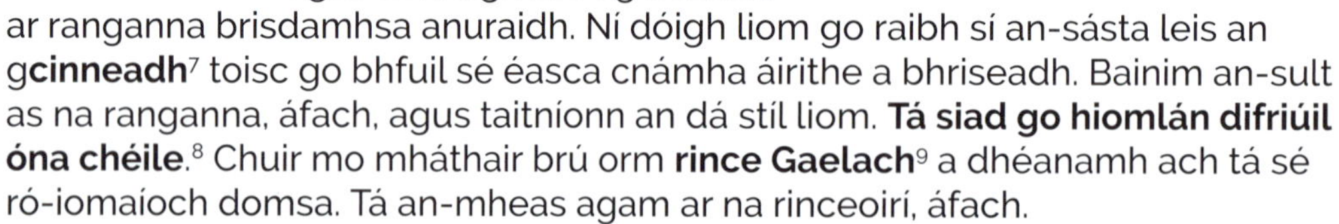

Cúinne na gramadaí

Aimsigh na briathra atá san aimsir láithreach san alt thuas. Athscríobh an liosta san fhoirm dhiúltach i do chóipleabhar.

Léirthuiscint

Freagair na ceisteanna seo.

1. Cén saghas duine í Louise? Scríobh an freagra i d'fhocail féin agus cuir dhá phíosa eolais ón téacs leis mar thacaíocht.
2. Tá Louise den tuairim go bhfuil rince Gaelach an-iomaíoch. An aontaíonn tú léi? Cuir dhá fháth le do fhreagra.

Labhairt

Tá rince Gaelach mar chuid de chultúr agus oidhreacht na hÉireann. Bain úsáid as an idirlíon chun na ceisteanna seo a leanas a fhreagairt.

1. Cathain a bunaíodh Cumann Rince Gaelach?
2. Cé a bhunaigh an Coimisiún le Rincí Gaelacha?
3. Ainmnigh dhá shampla den rince Gaelach (mar shampla, Ballaí Luimnigh).
4. Cad a chaitheann damhsóirí fireanna?
5. Cad a chaitheann damhsóirí baineanna?
6. Aimsigh rinceoir Gaelach atá cáiliúil agus scríobh cúig phíosa eolais faoi/fúithi (ainm, aois, áit bhreithe, srl.)

Anois, déan cur i láthair os comhair an ranga faoin méid a d'fhoghlaim tú.

1 *active* 2 *I live and breathe* 3 *approximately* 4 *I was extremely lucky* 5 *dancing came easily to me* 6 *professional dancer* 7 *decision* 8 *they are completely different from each other* 9 *Irish dancing*

Tráigh le láigh

Cogar tráigh = **ebb**
láigh = **dawn**

Léamh

Léigh an t-alt thíos agus déan na tascanna a bhaineann leis.

Is mise Lee Ó Dónaill agus beidh mé **ag tabhairt faoin**[1] tSraith Shóisearach ag deireadh na bliana. Is breá liom dul ag snámh chun mo scíth a ligean. **Tugann sé deis dom éalú ó**[2] bhrú an tsaoil. Téimid ag snámh le h**éirí na gréine**[3] gach deireadh seachtaine. Táimid inár gcónaí cois cósta agus tá rogha bhreá de thránna fada fairsinge againn. Is maith liom a bheith san fharraige an chéad rud ar maidin toisc go gcuireann sé **beocht**[4] ionam agus tugann sé deis dom an lá a thosú i gceart.

Tugann m'athair **caint spreagúil**[5] dom sula dtumaim isteach san uisce. Ní bhíonn an t-uisce an-te sa gheimhreadh ach tuigim go mbaineann go leor buntáistí leis an snámh. Tá uisce na farraige lán le h**iain dhiúltacha**[6] a ardaíonn an hormón sonais, séireatoinin, ionainn, ar hormón é a ardaíonn ár spiorad agus a íslíonn an seans go mbeidh muid in ísle brí. Is féidir le **brú na scoile**[7] cur isteach go mór ar intinn an dalta agus tá sé tábhachtach éalú ón mbrú sin **chomh minic agus is féidir leat**[8]!

Mholfainn duit[9] triail a bhaint as! Ní bheidh aon **fhearas**[10] ag teastáil uait seachas culaith shnámha, tuáille, húdaí ollmhór agus fleasc le haghaidh tae.

Scríobh

Freagair na ceisteanna seo.

1 Cén scrúdú a bheidh á dhéanamh ag Lee ag deireadh na bliana?
2 Cén fáth gur maith le Lee dul ag snámh?
3 Cén líne a léiríonn go mbíonn spreagadh ag teastáil ó Lee sula dtéann sé ag snámh?
4 Ainmnigh buntáiste amháin a bhaineann leis an snámh, dar le Lee.
5 Scríobh liosta de na rudaí atá ag teastáil uait agus tú ag dul ag snámh.
6 Bain úsáid as an bhfoclóir chun teacht ar dhá bhealach eile gur féidir linn a úsáid le rá go bhfuilimid *in ísle brí*.

Idirghníomhú cainte

Cuir na ceisteanna seo a leanas ar an duine in aice leat.

1 Smaoinigh ar uair amháin a bhí caint spreagúil de dhíth ort. Cad a bhí ar siúl agat?
2 Cén fáth ar theastaigh spreagadh uait?
3 Conas a mhothaigh tú an lá sin? Leid: *neirbhíseach, imníoch, áthasach*
4 Cé a thug an chaint spreagúil duit?

1 doing 2 it gives me a chance to escape from 3 sunrise 4 life 5 pep talk 6 negative ions 7 pressure of school 8 as often as you can 9 I would recommend to you 10 equipment

Cúrsaí ealaíne

Tasc foclóra

Baineann an stór focal seo a leanas le cúrsaí ealaíne. Bain úsáid as an bhfoclóir chun brí na bhfocal a aimsiú.

1 ealaíontóir graifítí	2 maisitheoir digiteach	3 spraephéinteáil	4 bogearraí
5 péint spraeála	6 grafaicí	7 portráid	8 portráidí
9 aghaidh	10 ealaíontóir fiadhúlra	11 saothar ealaíne	12 dúlra

Éisteacht

Rianta 1.43–46

Éist leis na cainteoirí seo a leanas agus líon na bearnaí.

1 ________________ is ainm dom agus is as Cathair Dhoire dom. Is ________________ ________________ mé, agus is minic a spreagann Banksy ealaín de mo chuid. Is breá liom dul amach ag ________________ sa tráthnóna. Ní bhíonn muintir na háite róshásta ealaín de mo chuid a fheiceáil ar bhallaí na cathrach. Ní thabharfaidís 'ealaín' air!

2 Is mise Niall agus is as Port Láirge mé. Táim ag obair mar ________________ ________________. Bainim úsáid as ________________ chun brí a chur sna dearaí de mo chuid. Caithim an-chuid ama ag obair ar ________________ éagsúla do shuíomhanna gréasáin.

3 Ciara is ainm dom agus táim i mo chónaí i gcroílár Bhaile ________________ ________________. Is ________________ mé agus is breá liom ________________ de mhná cumhachtacha a phéinteáil. Taispeánadh ________________ ________________ de mo chuid sa dánlann áitiúil anuraidh. Tá dúil as cuimse agam i gcúrsaí ealaíne agus is aoibhinn liom ________________ daoine difriúla a phéinteáil.

4 Is mise Pól agus is as ________________ ________________ dom. Is ________________ ________________ mé. Tá an-ghrá agam ar an dúlra, agus is é an ________________ a spreagann mé. Caithim formhór mo chuid ama taobh amuigh faoin spéir.

Club leabhar

Léamh

Léigh na hailt thíos agus freagair an cheist a bhaineann leo.

Is mise Tegan agus táim sa tríú bliain. Is breá liom an club leabhar atá againn ar scoil. Buailimid le chéile **ag deireadh gach míosa**[1] le labhairt faoin leabhar a bhí á léamh againn an mhí sin. An leabhar is mó a thaitin liom ná **an t-úrscéal**[2] *Nóinín* le Máire Zepf. Is údar í Máire Zepf a scríobhann leabhair don **aos óg**[3]. Tá 12 leabhar scríofa aici go dtí seo, idir phictiúrleabhair do **léitheoirí óga**[4], úrscéalta staire agus *Nóinín* – an chéad úrscéal véarsaíochta sa Ghaeilge do dhéagóirí. Thaitin an leabhar go mór liom toisc go raibh mé in ann ionannú leis na carachtair. Léitheoireacht **éasca**[5] a bhí ann freisin. Casann Nóinín ar bhuachaill ar an idirlíon agus níl sé cosúil leis na buachaillí eile ar scoil. Is duine cineálta é Oisín a thuigeann Nóinín **go smior**[6]. Titeann Oisín i ngrá le Nóinín agus ní mian léi am a chaitheamh lena cara is fearr, Eimear, **a thuilleadh**[7]. Nuair a théann Nóinín chun bualadh le hOisín tagann casadh ollmhór ar an scéal, casadh a bhain geit asam! Mholfainn do léitheoirí óga an leabhar seo a léamh. Déantar cur síos iontach ar **na deacrachtaí**[8] a bhíonn ag cairde nuair a thiteann duine acu i ngrá. Insíonn Nóinín féin agus Eimear an dá thaobh den scéal.

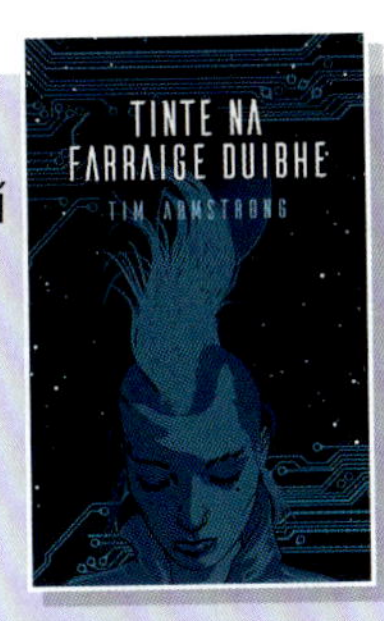

Is mise Hugh agus táim san idirbhliain. Buaileann na daltaí san idirbhliain le chéile gach coicís le labhairt faoi na leabhair atá á léamh againn. Tá an t-ádh orm nach bhfuil **brú millteanach**[9] orm i mbliana. Bíonn go leor deiseanna agam a bheith ag léamh. Chuir m'athair **dúshlán**[10] romham leabhar Gaeilge a léamh. Níor cheap mé go mbeinn in ann don dúshlán ach **d'éirigh go maith liom**[11]. Is as Albain é m'athair agus tá **Gaeilge na hAlban**[12] aige. Thug sé an leabhar *Tinte na Farraige Duibhe* dom mar bhronntanas Nollag. Is **úrscéal ficsin eolaíochta**[13] a scríobhadh i nGaeilge na hAlban é *Air Cuan Dubh Drilseach*. **D'aistrigh**[14] Eoin P. Ó Murchú é go Gaeilge. Is iad Sál agus Ríosa príomhcharachtair an scéil agus tá siad ar a dteitheadh ó Roghail, gealach bheag amach ón bpláinéad dearg Na Hasta. Éalaíonn siad i **spáslong lastais**[15] agus an crogall daonna, an Sáirsint Raithead, ar a dtóir. Ach amach rompu tá **namhaid**[16] níos mó agus níos measa agus i ngan fhios di féin, tá **rún**[17] á cheilt ag Ríosa a tharraingeoidh fórsaí uile an Oilc **sa mhullach orthu**[18]. Mholfainn do léitheoirí óga an leabhar seo a léamh toisc gur rud as an ngnáth é. Chuir an leabhar go mór le mo stór focal.

1 Cén ceann acu, *Nóinín* nó *Tinte na Farraige Duibhe*, ab fhearr leat a léamh? Cuir dhá fháth le do fhreagra.

Suirbhé ranga

Cuir na ceisteanna seo a leanas ar na daltaí eile i do rang.

1 An fearr leat leabhar a léamh nó féachaint ar scannán a rinneadh den leabhar?
2 Cén seánra leabhar is fearr leat? *Leid: ficsean, dírbheathaisnéis, neamhfhicsean, srl.*
3 Cé mhéad leabhar a léann tú in aghaidh na bliana?

Scríobh

Scríobh léirmheas ar leabhar a léigh tú le déanaí. Critéir ratha:

- Scríobh thart ar 150 focal.
- Luaigh an fáth ar/nár thaitin an leabhar leat.
- Déan cur síos ar phlota an leabhair.
- Cé hiad na carachtair?
- An mholfá do dhaoine óga an leabhar seo a léamh?

1 at the end of every month 2 the novel 3 young people 4 young readers 5 easy reading
6 deeply 7 any more 8 the difficulties 9 huge pressure 10 challenge 11 I got on well
12 Scots Gaelic 13 science fiction novel 14 translated 15 cargo spaceship 16 enemy
17 secret 18 down upon them

An físdán sa Ghaeilge

DÁN GRÁ (DON IDIRLÍON) ← teideal an dáin

le hEoin P. Ó Murchú ← ainm an fhile

Is beag rud atá chomh hálainn le do **Face**

Book atá ionat agus léimse thú ó chlúdach go clúdach.

Reddit!

Feicim **Hailo** os do chionn

Nuair nach mbíonn tú ann, fágann tú mé gan **Focal**,

gan **Téarma** fiú.

Istoíche cloisim thú ag **tweetáil** sna crainn.

Tweet tweet! Is carachtar thú (280 le bheith beacht).

Sea, is grá liom tú, a idirlín.

Is deacair stad de bheith ag smaoineamh ort **ríomhphost**,

ar feadh **Insta** fiú.

Níl **Tuairisc** ar d'áilleacht aon **Lá, Beo**.

Is tú an **Tinder** a choiglíonn mo thine.

Agus mé leat moillíonn **TikTok** an chloig.

Sea, is grá liom tú, a idirlín.

Is cuma más bean nó más **Gmail** thú

Nuair a imíonn tú uaim déanann mo chroí **Snap**.

Chat amháin eile, a stór, sula n-imíonn tú.

Ó sea, níl teora le mo ghrá duit, a idirlín dhil.

Ní chreidtear nach raibh oiread is troid amháin eadrainn. **What?**

Sapp níor ghlaoigh tú orm riamh! **YouTube** ach oiread.

Le daoine eile ní raibh ann ach **meme meme meme**,

Ach tusa, dúirt tú 'Conas is féidir liom cabhrú leat?'

Tú an chéad duine a roinnim rudaí leo.

Nuair atá rud éigin á chuardach agam,

Bíonn a fhios agat go díreach cá bhfuil sé.

Críochnaíonn tú mo chuid abairtí fiú.

A idirlín dhil,

An bhfuil fonn ort bheith mar mo **Wifi**?

(*agus freagra an idirlín:*)

01110100 11000011 10100001

Sin 'Tá'!

Yahoo! **DoneDeal**!

Físeán

Féach ar an bhfile san fhíseán 'Dán Grá (don Idirlíon)' ar líne agus éist le focail an dáin ag an am céanna.

Ceisteanna

Freagair na ceisteanna seo.

1 Cé a scríobh an físdán seo?
2 Cad é teideal an dáin?
3 Ainmnigh cúig shuíomh idirlín atá luaite san fhísdán.

Cúinne na gramadaí

Scríobh na briathra seo ón bhfísdán san aimsir chaite.

	Grúpa nó réimniú	An aimsir chaite
1 cloisim	an cúig beag	
2 feicim	an sé mór	
3 fágann tú mé	an chéad réimniú	
4 imíonn tú	an dara réimniú	
5 déanann mo chroí	an sé mór	
6 bíonn a fhios agat	an sé mór	
7 an bhfuil fonn ort?	an sé mór	

Idirghníomhú cainte

Cuir na ceisteanna seo ar dhuine eile sa rang agus freagair na ceisteanna céanna don duine sin.

1 An maith leat an 'Dán Grá (don Idirlíon)'?
2 An mbíonn tú ar an idirlíon gach lá?
3 Cad é an suíomh idirlín is fearr leat?
4 An mbíonn tú ar an idirlíon níos mó nuair atá sé ag cur báistí?
5 An éisteann tú le ceol ar d'fhón póca?
6 Cad é an rud is measa faoin idirlíon, i do thuairim?

Scríobh

Déan léirmheas ar an bhfísdán 'Dán Grá (don Idirlíon)'. Bain úsáid as an acmhainn punainne (lch 23) mar chabhair duit.

An seomra taifeadta

Meaitseáil

Ba mhaith le roinnt daoine óga a bheith ina dtionchaire na laethanta seo. Ar smaoinigh tú riamh ar an bhfearas a bheadh ag teastáil uait? Meaitseáil na focail thíos agus ansin cuir lipéid ar an bpictiúr.

1 ceamara	A gloine fhada atá cóirithe ar a cúl le go bhféadtar scáth a fheiceáil ann
2 micreafón	B gléas beag lena bhféadann duine labhairt le duine eile/téacs a sheoladh chuig duine eile atá i bhfad uaidh
3 fón póca	C gléas ar nós bosca beag chun pictiúir a thógáil
4 solas fáinneach	D seastán ar thrí chos
5 tríchosach	E gléas a phiocann suas fuaimeanna le haghaidh craolacháin
6 gléas cinn	F solas mór geal a bhfuil cruth ciorclach air
7 scáthán lánfhada	G meaisín leictreonach a dhéanann neart tascanna áirimh ar luas an-ard
8 ríomhaire glúine	H uirlis bheag a chaitheann tú ar do cheann le fuaimeanna soiléire a chloisteáil

1	2	3	4	5	6	7	8

Tasc foclóra

Tá na briathra seo coitianta i saol an tionchaire. Cad is brí leo? Bain úsáid as an bhfoclóir chun cabhrú leat. Cuir na briathra san aimsir chaite.

1 uaslódáil	2 íoslódáil	3 comhoibrigh
4 urraigh	5 fógair	6 tacaigh le
7 cruthaigh	8 taifead	9 dear
10 pléigh	11 spreag	12 cóirigh

Saol an tionchaire

Léamh

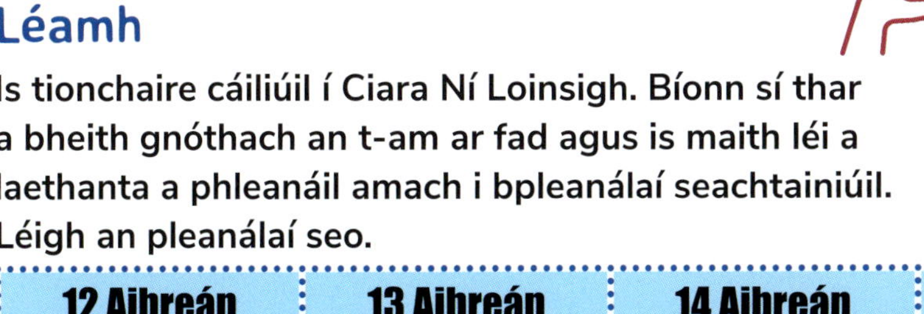

Is tionchaire cáiliúil í Ciara Ní Loinsigh. Bíonn sí thar a bheith gnóthach an t-am ar fad agus is maith léi a laethanta a phleanáil amach i bpleanálaí seachtainiúil. Léigh an pleanálaí seo.

12 Aibreán
1 machnamh ar maidin
2 obair eagarthóireachta
3 fótaisheisiún faisin sa chathair

13 Aibreán
1 machnamh ar maidin
2 uaslódáil físbhlag ar YouTube

14 Aibreán
1 machnamh ar maidin
2 obair eagarthóireachta
3 uaslódáil TikTok nua

15 Aibreán
1 machnamh ar maidin
2 uaslódáil físbhlag ar YouTube
3 caife le Gráinne

16 Aibreán
1 machnamh ar maidin
2 obair eagarthóireachta
3 déan beoshruth ar Instagram

17 Aibreán
1 seisiún traenála
2 uaslódáil físbhlag ar YouTube
3 lón le hÚna agus Cian

18 Aibreán
1 seisiún traenála
2 imeacht preasa
3 tionól teaghlaigh

19 Aibreán
1 machnamh ar maidin
2 cruinniú faoi urraíocht nua
3 scaip an scéal faoin bhfeachtas nua faisin ar Instagram

20 Aibreán
1 machnamh ar maidin
2 uaslódáil físbhlag ar YouTube
3 agallamh leis an nuachtán áitiúil

21 Aibreán
1 machnamh ar maidin
2 tabhair an cód lascaine nua do na leantóirí Instagram
3 siúlóid le hÚna

22 Aibreán
1 machnamh ar maidin
2 uaslódáil físbhlag ar YouTube
3 agallamh le Raidió Rí-Rá
4 cruinniú Zoom

23 Aibreán
1 machnamh ar maidin
2 cruinniú le branda nua smididh
3 agallamh leis an bpodchraoladh Smideadh Snasta

24 Aibreán
1 seisiún traenála
2 uaslódáil físbhlag ar YouTube
3 oíche spraoi in éineacht leis na mná

25 Aibreán
1 seisiún traenála
2 LIG DO SCÍTH

Scríobh

Freagair na ceisteanna seo. Cuir tic leis an bhfreagra ceart más gá.

Buntuiscint

1 Cé chomh minic agus a uaslódálann Ciara físbhlag nua ar YouTube?
   dhá uair sa tseachtain ☐ gach lá ☐ trí huaire sa tseachtain ☐
2 Scríobh liosta de na haipeanna mheáin shóisialta a úsáideann Ciara.
3 Cad a thugann le fios go bhfuil gnáthamh maidine ag Ciara?
4 Cad iad na hábhair a bhfuil suim ag Ciara iontu?
   faisean agus smideadh ☐ aclaíocht agus bia ☐ spórt agus sláinte ☐
5 Cad é an lá is gnóthaí atá ag Ciara?
6 An minic a bhíonn am saor ag Ciara? Cuir tacaíocht le do fhreagra.

Léirthuiscint

7 Is léir gur duine an-ghnóthach í Ciara. An bhfaigheann a saol oibre an lámh in uachtar uirthi, meas tú? Cuir dhá phíosa eolais le do fhreagra.
8 'Is rud maith é a bheith i do chapall oibre.' An aontaíonn tú leis an ráiteas sin? Is leor dhá phointe a scríobh.

Pleanálaí seachtainiúil

Samhlaigh gur tionchaire cáiliúil thú agus gur mhaith leat do phleanálaí seachtainiúil a líonadh. Cad a dhéanfaidh tú gach lá?

Critéir ratha:

- Scríobh seo san aimsir fháistineach.
- Úsáid ar a laghad trí bhriathar dhifriúla.
- Déan tagairt do rud nua a dhéanfaidh tú an tseachtain seo.

Sábháilteacht ar líne

Meaitseáil

Is minic a bhíonn daoine ag gearán faoin idirlíon nó faoi na meáin shóisialta. Is acmhainn iontach é an t-idirlíon nuair a bhaintear úsáid as i gceart agus go sábháilte! Féach ar na ceisteanna agus na freagraí thíos. Meaitseáil na ceisteanna agus na freagraí.

Ceisteanna

A Cad is sábháilteacht ar líne ann?
B Ar chóir dúinn bualadh le duine ar chasamar leis ar an idirlíon?
C Ar chóir dúinn eolas príobháideach a roinnt ar líne?
D An bhfuil sé réalaíoch a bheith ag déanamh comparáide idir tú féin agus réaltaí móra sna meáin shóisialta?
E Ar chóir dúinn teachtaireachtaí a chuireann isteach orainn a fhreagairt?
F Más rud é go bhfuil bulaíocht ar líne á déanamh ort, cad a bheidh uait chun cabhair a fháil?
G Dá ndéanfaí bulaíocht ar líne ort, cad a dhéanfá?
H Cad a tharlaíonn nuair a uaslódálann tú eolas, grianghraif nó físeáin ar shuíomhanna meán sóisialta?

Freagraí

1 Labhróinn le duine a bhfuil **muinín**[1] agam as. Chuirfinn **bac**[2] ar an mbulaí nó ar an **seoltóir**[3].
2 Ciallaíonn sé go bhfuil an t-eolas agat chun na **rioscaí féideartha**[4] a shainaithint agus go bhfuil tú feasach ar do shlándáil phearsanta fad is atá tú ar líne.
3 Níl sé réalaíoch a bheith ag déanamh comparáide idir tú féin agus na réaltaí móra. Sa saol réalaíoch níl aon duine foirfe.
4 Má fhaigheann tú teachtaireachtaí a chuireann isteach ort **ar bhonn rialta**[5], beidh **an fhianaise**[6] ag teastáil uait chun cabhair a fháil.
5 Ba chóir dúinn eolas atá príobháideach a choinneáil go príobháideach.
6 Cailleann tú **smacht**[7] ar an ábhar sin.
7 Níor chóir dúinn teachtaireachtaí a chuireann isteach orainn a fhreagairt. Is é sin go díreach a theastaíonn ón seoltóir.
8 Níor chóir dúinn bualadh le duine ar chasamar leis ar an idirlíon go brách.

A	B	C	D	E	F	G	H

Éisteacht Rian 1.47

Éist leis na freagraí anseo agus déan seiceáil ar do chuid oibre féin.

Tasc ealaíne

Ba mhaith leis an scoil polasaí frith-chibearbhulaíochta a chur i bhfeidhm. D'iarr an scoil ar na daltaí smaoineamh faoi agus polasaí samplach a scríobh. Obair i ngrúpa le cúig riail/mholadh a chur ar phóstaer.

1 trust   2 block   3 sender   4 potential risks   5 on a regular basis   6 the evidence   7 control

Comhar na n-óg

Léamh

Léigh an t-alt seo atá scríofa ag déagóir agus atá lán le comhairle do dhaoine agus iad ar an idirlíon.

DÉANTA AG DAOINE ÓGA DO DHAOINE ÓGA*

le Míde Nic Fhionnlaoich

Is **suíomh eolais** é *SpunOut.ie* atá dírithe ar dhaoine óga san aoisghrúpa 16–25. Ag *SpunOut.ie* déantar iarracht eolas cruinn, **neamhchlaonta** a chur ar fáil chun cumhacht a thabhairt do dhaoine óga sa **tsochaí**. Tá eolas ann ar gach rud ó **chearta an duine** agus é ag plé leis na gardaí go cén chaoi le déileáil le gnéithe difriúla de **chúrsaí meabhairshláinte**. Déantar sárobair lena chinntiú go bhfuil eolas cruinn **soléite** ar an suíomh.

Chomh maith leis sin bíonn roinnt mhaith alt ar an suíomh atá scríofa ag daoine óga agus iad ag scríobh faoina d**taithí leathan saoil** agus a gcuid tuairimí. Cuirtear fáilte roimh ailt i nGaeilge agus i mBéarla. Is bealach iontach é chun a chinntiú go gcloistear glór na n-óg i n**gach uile ghné** den obair atá ar bun acu agus chun a chinntiú go mbíonn ailt le léamh a bhfuil suim ag daoine óga iontu.

Táimse féin bainteach le *SpunOut.ie* tríd an b**painéal gníomhaíochta** atá acu. Thosaigh mé amach in 2017 agus **ó shin i leith** tá deiseanna iontacha faighte agam ó thaobh traenála agus taithí de agus ó thaobh aithne a chur ar dhaoine óga eile a bhfuil suim acu a chinntiú go gcloistear glór na hóige. Is grúpa mór é *SpunOut.ie* do dhaoine óga ó réimse leathan cúlraí agus aoisghrúpaí.

Ag na cruinnithe pléann muid feachtais *SpunOut.ie* chomh maith le hailt nua don suíomh agus fiú ar chóir do *SpunOut.ie* tacú le **feachtais phoiblí** mar a rinne siad maidir le pósadh comhghnéis agus aisghairm an ochtú leasú.

Déantar cinnte de – cuma céard atá faoi chaibidil – gurb iad na daoine óga atá i gceannas, agus go dtugann siad cúnamh dá chéile trína gcuid taithí agus a gcuid saineolais a roinnt.

Bíonn mana *SpunOut.ie Déanta ag daoine óga do dhaoine óga* le feiceáil i ngach uile ghné den obair a dhéanann siad. Eagraíocht í *SpunOut.ie* a fhreastalaíonn orainn mar dhaoine óga, ach chomh maith leis sin, is eagraíocht í a éisteann linn, a bhfuil **meas** aici orainn agus a thuigeann gur féidir le daoine óga tacú lena chéile agus leis an tsochaí.

* ábhar dílis

Nóta

Tá na focail i gcló trom ar fáil i bhfoclóir ar lch 450.

Scríobh

Cuir na nathanna seo san aimsir chaite.

1. is suíomh eolais é SpunOut.ie
2. bíonn roinnt mhaith alt ar an suíomh
3. pléann muid feachtais
4. tugann siad cúnamh dá chéile

Léamh

Léigh an t-alt seo agus freagair an cheist a bhaineann leis.

Tá TG4 ar an séú cainéal is mó féachana in Éirinn den chéad uair riamh*

De réir[1] figiúirí ó TAM Ireland, bhí TG4 ar an séú cainéal is mó lucht féachana **den chéad uair riamh**[2] in 2019, ardú áit amháin ón seachtú háit a bhí ag TG4 ó 2014. Is é seo an chéad uair ag TG4 a bheith ar an séú cainéal is mó féachana ó **bunaíodh**[3] é i 1996. Féachann níos mó daoine in Éirinn anois ar TG4 ná mar a fhéachann ar BBC Two, Virgin Media Three agus Channel 4. D'fhéach 85% den **daonra**[4] ar TG4 am éigin le linn 2019. Ba é an 15 Meán Fómhair, an lá a craoladh Cluiche Ceannais Pheil na mBan idir Áth Cliath agus Gaillimh, an lá a raibh an lucht féachana is airde, 787,000 duine, ag an stáisiún. D'fhreastail 56,114 duine ar an gcluiche i bPáirc an Chrócaigh, an lucht freastail is airde riamh ag Cluiche Ceannais Pheil na mBan.

Tháinig **méadú**[5] 3% ar sciar TG4 in 2019 cé go raibh **laghdú**[6] 6% ar an lucht féachana in 2018. 1.84% an meánsciar den lucht féachana a bhí ag TG4 in 2019. Ba é mí an Mhárta an mhí b'airde sa bhliain le meánsciar 2.65% don mhí.

Cluiche Ceannais Allianz, Maigh Eo v Ciarraí ar *GAA BEO*, an clár ba mhó féachana in 2019. D'fhéach 265,000 duine ar an meán ar an gclár a raibh sciar 30.4% den lucht féachana aige.

Bhí **an-tóir**[7] ar chláir cheoil tíre ar TG4 in 2019 chomh maith, d'fhéach breis is 83,000 duine ar *Opry le Daniel – Margo* ar Oíche Nollag. Bhí **suim ar leith**[8] freisin sna cláir faisnéise a craoladh ar TG4 le linn na bliana, le sraitheanna ar nós *Finné*, *Laochra Gael*, agus cláir aonair *Uchtú – Evanne Ní Chuilinn*, *Phil Coulter – Mo Shaol* and *Fear Darb Ainm Harris*, **ag mealladh**[9] lucht féachana ag amanna iomaíocha sa sceideal féachana.

Mheall craoladh ar ócáidí beo ar nós *Gradam Ceoil TG4*, *Fleadh TV*, *Mary From Dungloe* agus *The Irish Post Awards* lucht féachana mór ar aer agus ar na meáin shóisialta. Mhéadaigh an líon amharc ar fhiseáin ar na meáin shóisialta ó 18m in 2018 go dtí 23m in 2019.

Deir Ard-Stiúrthóir TG4, Alan Esslemont, 'Cuireann TG4 an "tsúil eile" i gcroílár na físe don chraoltóireacht seirbhíse poiblí, agus is léir go bhfuil **an fhís sin**[10] ag dul i bhfeidhm ar an lucht féachana. Tá mé **fíor-bhródúil as**[11] an bhfoireann i mBaile na hAbhann agus as na foirne léiriúcháin ar fad ar fud na tíre, os comhair agus taobh thiar de na ceamaraí as an éacht seo a bhaint amach.'

* ábhar dílis

1 'Ba chóir go mbeadh ábhar dóchais ag TG4 don todhchaí.' An aontaíonn tú leis an ráiteas seo? Cuir fianaise ón sliocht le do fhreagra.

Cúinne na gramadaí

1 Déan taighde ar líne le fáil amach cad é an difríocht idir **de réir** agus **dar le**.
2 Aimsigh dhá shampla de bhriathra neamhrialta san aimsir chaite ón sliocht.
3 Aimsigh sampla amháin de bhriathar rialta san aimsir láithreach ón sliocht.

Tasc foclóra

Cuir cúig cinn de na focail/frásaí seo a leanas in abairt a léireoidh brí an fhocail.

ag mealladh, an-tóir, den chéad uair riamh, fíor-bhródúil as, laghdú, méadú, suim ar leith

[1] *according to* [2] *for the first time ever* [3] *was established* [4] *population* [5] *increase* [6] *decrease* [7] *great demand* [8] *a particular interest* [9] *enticing* [10] *that vision* [11] *truly proud of*

Na briathra neamhrialta san aimsir chaite

An sé mór

Tá 11 bhriathar neamhrialta sa Ghaeilge. Úsáideann sé cinn acu **nach**, **an** agus ***ní*** san aimsir chaite. In ***Croí na Gaeilge*** cuirimid 'an sé mór' ar na briathra speisialta seo.

	An fhoirm dhearfach	An fhoirm dhiúltach	An fhoirm cheisteach	An cheist dhiúltach
Abair	dúirt mé	ní dúirt tú	an ndúirt tú?	nach ndúirt tú?
Bí	bhí sí	ní raibh siad	an raibh tú?	nach raibh tú?
Faigh	fuair siad	ní bhfuair sé	an bhfuair tú?	nach bhfuair tú?
Feic	chonaic sé	ní fhaca sibh	an bhfaca tú?	nach bhfaca tú?
Téigh	chuaigh tú	ní dheachaigh sí	an ndeachaigh tú?	nach ndeachaigh tú?
Déan	rinne sibh	ní dhearna mé	an ndearna tú?	nach ndearna tú?
	An chéad phearsa, uimhir iolra (*muid/sinn*)	***Ní* + séimhiú**	***An* + urú**	**Nach + urú**
Abair	dúramar	ní dúramar	an ndúramar?	nach ndúramar?
Bí	bhíomar	ní rabhamar	an rabhamar?	nach rabhamar?
Faigh	fuaireamar	ní bhfuaireamar	an bhfuaireamar?	nach bhfuaireamar?
Feic	chonaiceamar	ní fhacamar	an bhfacamar?	nach bhfacamar?
Téigh	chuamar	ní dheachamar	an ndeachamar?	nach ndeachamar?
Déan	rinneamar	ní dhearnamar	an ndearnamar?	nach ndearnamar?

séimhiú	urú	níl aon athrú ann

Eolas ón idirlíon

Tá an sé mór an-choitianta sa Ghaeilge. Má chuireann tú smacht ar na briathra seo tiocfaidh feabhas mór ar do chuid Gaeilge.

- Is é ***abair*** an 31ú focal is minice úsáid sa Ghaeilge.
- Is é ***faigh*** an 36ú focal is minice úsáid sa Ghaeilge.
- Is é ***feic*** an 76ú focal is minice úsáid sa Ghaeilge.
- Is é ***téigh*** an 41ú focal is minice úsáid sa Ghaeilge.
- Is é ***déan*** an 20ú focal is minice úsáid sa Ghaeilge.

STAITISTICÍ • STATISTICS

Is é bí an dara focal is minice úsáid sa Ghaeilge. Tagann sé chun cinn uair amháin i ngach 28 focal.

Foinse: potafocal.com

Féach ar Léaráid B, Cuid 1 (lch 362).

LG Déan na tascanna ar lch 59.

1 Úsáideann tú ***ní*** agus **an** leis an sé mór san aimsir chaite. Le gach briathar eile sa Ghaeilge úsáideann tú ***níor*** agus **ar** san aimsir chaite.

2 Níl ach briathar amháin a thógann urú le ***ní*** san aimsir chaite. Sin **faigh** (***ní* bhfuair**).

3 Cuireann tú **d'fh** in ionad an túslitir **f** san aimsir chaite, ach amháin leis an mbriathar **faigh** (**fuair** – ní athraíonn an túslitir seo ar chor ar bith).

4 Ní thógann an briathar **abair** séimhiú in aon fhoirm ná in aon aimsir riamh – mar shampla, ***ní dúirt mé***.

Tá dhá fhoirm faoi leith ag roinnt briathra san aimsir chaite – **bhí/*ní* raibh**, **chonaic/*ní* fhaca**, **chuaigh/*ní* dheachaigh**, **rinne/*ní* dhearna**. Ach níl sin fíor le gach briathar eile – mar shampla, **chuir/*níor* chuir**, **bhris/*níor* bhris**, **rug/*níor* rug**.

Scríobh

Cuir ceisteanna leis na freagraí seo. Tá an chéad cheann déanta duit mar shampla.

1 Chuaigh mo thuismitheoirí go dtí bialann aréir. *Cá ndeachaigh do thuismitheoirí aréir?*
2 Rinne d'athair an tsiopadóireacht inné.
3 Ní raibh mo mhamó ar an scairt Zoom.
4 Chonaic sé an nuacht ar Snapchat.
5 Fuair a iníon ticéad don chluiche cispheile.
6 Ní dheachaigh mo dheartháir go dtí an phictiúrlann.
7 Dúirt sí go raibh an liathróid caillte.

Blag

Scríobh blag beag anseo faoi cheann de na rudaí thíos.

- cluiche spóirt
- na meáin shóisialta
- lá sna siopaí

Critéir ratha:

- Scríobh 60 focal ar a laghad.
- Scríobh é seo sa chéad phearsa, uimhir uatha (**mé/mise**).
- Bain úsáid as ceithre cinn den sé mór san aimsir chaite.
- Cuir ceann amháin de na briathra ar a laghad san fhoirm dhiúltach. Is féidir briathra eile seachas an sé mór a úsáid.

Aistriúchán

Cuir Gaeilge ar na habairtí seo.

1 He went to the cinema on the bus.
2 My uncle made a mistake with the app.
3 Did you see the news on the internet?
4 I did not go to the sports hall with Colm.
5 Did you make that picture on the computer?
6 I got the song from his sister.

Éisteacht Rian 1.48

Éist leis na freagraí anseo agus bí cinnte go bhfuil Gaeilge curtha ar na habairtí.

Idirghníomhú cainte

Cuir ceisteanna ar dhuine eile sa rang faoi na rudaí a rinne sé/sí an deireadh seachtaine seo caite.

Noda:

- An raibh tú ag imirt spóirt?
- An bhfaca tú scannán?
- An ndeachaigh tú aon áit shuimiúil?

Na meáin shóisialta

Tasc foclóra

Seo duit liosta de na haipeanna is cáiliúla san am atá i láthair. Féach ar an stór focal a bhaineann leo. Bain úsáid as an bhfoclóir. Is briathra iad na focail i gcló trom.

Snapchat	Instagram	TikTok	Twitter
• aip ghrian-ghrafadóireachta • grianghraif • scéalta • scéalta príobháideacha • ainm úsáideora • gearrthóga sealadacha • greamáin • grianghraif shealadacha • léarscáileanna 'Snap' • scagairí • teachtaireachtaí sealadacha	• aip ghrian-ghrafadóireachta • grianghraif • scéalta • IGTV (teilifís Instagram) • ainm úsáideora • barúil • beoshruth • **beoshruthú** • clibeáil • fotheidil • haischlib • leantóirí • liosta dlúthchairde • scagairí • spóil • teachtaireacht dhíreach	• aip roinnte físeán • físeáin • gearrthóga • ainm úsáideora • barúil • **beolbheachtú** • beoshruth • beoshruthú • dísréad • haischlib • idirghníomhach • leantóirí	• aip mhicrea-bhlagála • giolc • ainm úsáideora • barúil • **clibeáil** • GIF beo • haischlib • idirghníomhach • leantóirí • **pionnáil** • snáithe • teachtaireacht dhíreach

Tá na focail uilig ón ngreille seo ar fáil san fhoclóir ar lch 450.

Tascanna foclóra

1 Roghnaigh cúig fhocal ón ngreille thuas agus cuir in abairtí iad. Déan cinnte brí an fhocail a léiriú san abairt.

2 Caith súil ar na cuntais seo a leanas agus scríobh síos cúig fhocal nua a d'fhoghlaim tú uathu.

TikTok	Instagram	Twitter
The Kerry Cowboy	Gaelgals	Coiste na bhFocal Nua
BLOC TG4	clodafoto	The Irish For

3 Aimsigh na focail a bhaineann leis na meáin shóisialta sna foclóirí ar líne.

Idirghníomhú cainte

Obair leis an duine in aice leat leis na buntáistí agus na míbhuntáistí a bhaineann le ceann amháin de na haipeanna sa ghreille thuas a liostáil.

Podchraoltaí

Léamh

Léigh na hailt seo faoi phodchraoltaí as Gaeilge.

MOTHERFOCLÓIR

Ní labhraítear Gaeilge ar an bpodchraoladh *Motherfoclóir* ach déanann siad plé ar fhocail, ar an nGaeilge, ar fhocail Ghaeilge agus ar fhocail ó Éirinn. Chuir Darach Ó Séaghdha tús leis an bpodchraoladh sa bhliain 2017 agus de ghnáth is iad Darach agus Peadar Ó Caomhánaigh **óstaigh**[1] an phodchraolta. Bíonn Osgur Ó Ciardha, Éimear Duffy, Gearóidín McEvoy agus Clodagh McGinley le cloisteáil ar an bpodchraoladh anois agus arís. Cuirtear eipeasóid nua ar iTunes agus Spotify uair amháin sa tseachtain. Tháinig deireadh leis an bpodchraoladh sa bhliain 2021 ach tá na heipeasóid fós ar fáil ar líne.

GAELGALS

Ochtar ban atá taobh thiar den phodchraoladh seo. Is iad: Róisín, Sinéad, Alswyn, Dúlra, Aoife, Cliodhna, Lucy agus Rachel. Is minic a dhéanann siad plé ar an gceol, ar chúrsaí smididh, ar chúrsaí timpeallachta agus ar an nádúr. Bíonn triúr ban le cloisteáil ar gach **eagrán**[2], agus athraítear an triúr a bhíonn ann le haghaidh gach cláir. Chomh maith leis sin bíonn **meascán de chanúintí**[3] na Gaeilge agus Gaeilge atá an-bhinn le cloisteáil ar an gclár. Is féidir éisteacht leis na Gaelgals ar Raidió Rí-Rá nó súil a chaitheamh orthu ar Instagram.

BEO AR ÉIGEAN

Is podchraoladh spraíúil agus spreagúil é *Beo ar Éigean*. Cuireadh an chéad eagrán den phodchraoladh ar an aer sa bhliain 2017. Bíonn na mná le cloisteáil ar RTÉ Radio 1. Labhraíonn an triúr ban seo, Siún Ní Dhuinn, Sinéad Ní Uallacháin agus Áine Ní Bhreisleáin, faoin **ngnáthshaol**[4], faoi **shaol na gceiliúrán**[5], faoi fhadhbanna pearsanta a bhíonn acu agus faoin **meabhairshláinte**[6]. Bíonn an-spraoi go deo ag an triúr ban agus dar leis na héisteoirí mothaíonn siad féin páirteach sa spraoi.

AN SPOTA DUBH

Bíonn an clár spóirt le Cárthach Bán Breathnach agus Cian Ó Griallais le cloisteáil gach maidin Aoine ar Raidió na Life. Is aisteoir, **tráchtaire**[7] agus **podchraoltóir**[8] é Cárthach.

Déanann siad plé ar **scéal spóirt na seachtaine**[9] agus is minic a chuireann siad **aíonna**[10], imreoirí agus **iarimreoirí**[11] faoi agallamh. Bhí Oilimpigh, Seaimpíní na hÉireann agus na Stáit Aontaithe, **dornálaithe cáiliúla**[12] agus réaltaí CLG ar nós Pól Ó Flannagáin mar aíonna ar an bpodchraoladh.

Labhairt

Samhlaigh gur podchraoltóir thú agus go mbeidh aoi speisialta ag dul faoi agallamh leat. Is féidir leis an aoi a bheith ina dhuine cáiliúil/réalta spóirt/ghnáthdhuine. Déan taifead dhá nóiméad ar an agallamh.

Critéir ratha:

- Déan cinnte ainm a thabhairt ar an bpodchraoladh.
- Cuir tú féin in iúl mar phodchraoltóir.
- Cuir an t-aoi i láthair don lucht éisteachta.
- Cuir sé cheist (ar a laghad) ar an aoi.

1 hosts 2 edition 3 mix of dialects 4 everyday life 5 celebrities' lives 6 mental health 7 commentator 8 podcaster 9 sports stories of the week 10 guests 11 former players 12 famous boxers

Ceisteanna scrúdaithe samplacha

Stór focal

na meáin chumarsáide	the media	na meáin shóisialta	social media
dea-thionchar	good influence	drochthionchar	bad influence
dearfacht	positivity	diúltachas	negativity
fanacht i dteagmháil le	stay in contact with	líonraí sóisialta	social networks
ardán idirghníomhach	interactive platform	an iomarca eolais	too much information
bagairtí ar líne	online threats	grianghraif mhíréadúla	unrealistic photos
dochar	harm	brú digiteach	digital pressure

Ceist shamplach

Seachtain na teicneolaíochta atá ann ar scoil. Iarradh ort óráid a scríobh faoin maitheas agus faoin donas a bhaineann leis na meáin chumarsáide. Tá ort tagairt a dhéanamh ar an dá thaobh den argóint.

Bíodh na rudaí seo a leanas san áireamh san óráid:

- sainmhíniú – cad iad na meáin chumarsáide?
- dhá phointe dhearfacha faoi na meáin chumarsáide
- dhá phointe dhiúltacha faoi na meáin chumarsáide
- an tionchar atá ag na meáin chumarsáide ar shaol an déagóra

Stór focal

siamsaíocht teilifíse	TV entertainment	lucht féachana	audience
obair shealadach	temporary work	obair bhuan	permanent work
conradh gearrthéarmach	short-term contract	conradh fadtéarmach	long-term contract
ceannáras TG4	TG4 headquarters	Gaeltacht Chonamara	Connemara Gaeltacht
fuinniúil	energetic	cumasach	capable/powerful
dícheallach	hard-working	ardchumas scríofa	good writing skills
Gaeilge den scoth	high level of Irish	Gaeilge líofa	fluent Irish

Tá stór focal an aonaid seo le fáil ar lch 449.

Ceist shamplach

Tá na poist a thaispeántar thíos le líonadh ag TG4. Roghnaigh post amháin agus scríobh an téacs le haghaidh fógra (thart ar 200 focal) a bheidh le léamh ar TG4 chun daoine a mhealladh le cur isteach ar an bpost sin.

Bíodh na rudaí seo a leanas san áireamh san fhógra:

- pointe eolais faoi TG4
- an post atá i gceist
- na scileanna pearsanta atá ag teastáil
- an taithí atá ag teastáil
- an dáta deireanach a ghlacfar le CV

Ealaíontóir grafach	Eagarthóir léiriúcháin	Láithreoir nuachta

LG Déan na tascanna ar lgh 51–5, 58 agus 60–1.

Measúnú an aonaid

Piarmheasúnú: Cluiche do bheirt

LG Tá cluastuiscintí don aonad seo le fáil ar lgh 158–62.

Éisteacht Rian 1.49

Mír A

Ord na bhfocal: Breac síos na focail a chloiseann tú i Mír A agus ansin cuir iad san ord ceart.

Mír B

Scríobh na habairtí seo san aimsir chaite.

1 Téim ag snámh ar maidin.
2 Déanaim traenáil tar éis an lá scoile ar an gCéadaoin.
3 Ní deir sé aon rud ar na meáin shóisialta faoi sin.
4 Feicim sonraí faoi na rudaí sin ar Instagram.
5 Faighim na focail éagsúla ar teanglann.ie nó ar focloir.ie.
6 Níl aon chuntas TikTok ná Snapchat agam.

Mír C

Caith bonn san aer don bhabhta seo agus roghnaigh liosta ceisteanna ansin. Beidh ort an liosta seo a fhreagairt.

Liosta 1	Liosta 2
1 Cé a scríobh 'Stadeolaíocht'?	1 Cárb as d'fhile an dáin 'Stadeolaíocht'?
2 Cad é an focal do 'software' as Gaeilge?	2 Cad é an focal ar 'digital illustrator' as Gaeilge?
3 Cad é an focal do 'messages' as Gaeilge?	3 Cad é an focal ar 'contacts' as Gaeilge?
4 Cén bhliain ar rugadh Garry Ringrose?	4 Cárb as do Garry Ringrose i mBaile Átha Cliath?
5 Cé a scríobh an t-úrscéal véarsaíochta *Nóinín*?	5 Cé a scríobh an t-úrscéal ficsean eolaíochta *Tinte na Farraige Duibhe*?
6 Cuir Gaeilge air seo: 'I didn't do any work.'	6 Cuir Gaeilge air seo: 'Did you see the movie?'
7 Ainmnigh an podchraoladh atá ag Cárthach Bán Breathnach.	7 Ainmnigh an podchraoladh ar chuir Darach Ó Séaghdha tús leis.
8 Cad é an focal do 'positivity' as Gaeilge?	8 Cad é an focal do 'negativity' as Gaeilge?
9 Scríobh 'Chuaigh mé' san fhoirm dhiúltach.	9 Scríobh 'Chonaic mé' san fhoirm dhiúltach.

Clár na scór

	Mír A	Mír B	Mír C	Iomlán
Imreoir A	/5	/6	/9	/20
Imreoir B	/5	/6	/9	/20

Téigh go dtí **www.edco.ie/croinagaeilge3** agus bain triail as na hidirghníomhaíochtaí.

Féinmheasúnú

Nuair atá an piarmheasúnú déanta agat, comhlánaigh an ghreille seo thíos. Léigh gach intinn foghlama agus abairt mhachnaimh sa chéad cholún. An ndearna tú dul chun cinn? Cuir tic sa cholún cuí.

Anois táim in ann . . .	🙂	😐	🙁
labhairt agus scríobh faoi chúrsaí spóirt go cruinn.			
an réamhfhocal **do** a úsáid i gceart.			
anailís a dhéanamh ar an dán 'Stadeolaíocht'.			
plé leis na meáin shóisialta trí Ghaeilge.			
na briathra rialta agus an sé mór a úsáid go cruinn san aimsir chaite.			
Déanfaidh mé machnamh ar na habairtí seo a leanas (scríobh d'abairt féin freisin):			
Chuaigh an físdán 'Dán Grá (don Idirlíon)' i bhfeidhm orm go mór.			
Tagann feabhas ar mo shaibhreas teanga nuair a léim rudaí as mo stuaim féin.			

Anois, comhlánaigh an plean feabhsúcháin seo thíos.

Trí rud a d'fhoghlaim mé:

1 ______________________________

2 ______________________________

3 ______________________________

Dhá rud atá le cleachtadh agam:

1 ______________________________

2 ______________________________

Rud a dhéanfaidh mé chun feabhas a chur ar mo chuid Gaeilge:

Seiceáil amach

Mar iarfhoghlaim don aonad seo, déan an ghníomhaíocht 'Seiceáil amach' ag **www.edco.ie/croinagaeilge3**. Conas a d'éirigh leat?

Smaointe MRB 2

- **Taispeántas:** I mbeirteanna nó i mionghrúpa, pioc mír ón leabhar is fearr libh agus déan dráma den radharc sin os comhair an ranga.
- **Taispeántas:** Pioc amhrán ó na cairteacha faoi láthair agus ansin cuir Gaeilge leis an gceol. Seinn é os comhair an ranga.
- **Cur i láthair:** Labhair os comhair an ranga ar feadh nóiméid faoin aip nó faoin suíomh idirlín is fearr leat.

Dráma *Gleann Álainn*

Torthaí foghlama an aonaid

Is glas iad na cnoic i bhfad uainn.

Cumas cumarsáide	Feasacht teanga agus chultúrtha	Féinfheasacht an fhoghlaimeora
1.1, 1.5, 1.9, 1.15, 1.17, 1.19, 1.21, 1.27, 1.28	2.2, 2.3, 2.5, 2.7	3.2, 3.6, 3.7

Téacsanna an aonaid

Téacs litríochta
Dráma: *Gleann Álainn* le Brian Ó Baoill
Téacsanna tacúla eile
Téacs litríochta (rogha eile): *Na Deoraithe* (dráma) le Celia de Fréine Téacsanna eile: Nóta faoin údar Acmhainní eile: teanglann.ie, focloir.ie, léaráidí gramadaí, acmhainn punainne, acmhainní digiteacha ag edco.ie/croinagaeilge3

Achoimre ar an aonad seo

Tá an t-aonad seo bunaithe ar an dráma *Gleann Álainn*. Leanfaidh na daltaí ar aghaidh ag cur lena gcumas cumarsáide sna scileanna teanga difriúla agus iad ag deireadh an dara bliain. Cuirfear béim ar fheasacht teanga agus chultúrtha, ach go háirithe ag díriú isteach ar theanga na Gaeilge mar chóras agus ag cothú feasachta i leith chultúr na teanga. Spreagfar na daltaí chun féintuiscint a chothú mar fhoghlaimeoirí teanga, chun foghlaim fhéinriartha a fhorbairt, agus chun tuiscint a fhorbairt ar spreagadh pearsanta i leith na teanga.

San aonad seo foghlaimeoidh an dalta na scileanna seo:

Réamhfhoghlaim	Seiceáil isteach (lch 155)
Léamh	*Gleann Álainn*, Cuid 1 (lch 158), Léamh (lch 159), *Gleann Álainn*, Cuid 2 (lch 160), *Gleann Álainn*, Cuid 3 (lch 162), *Gleann Álainn*, Cuid 4 (lch 164), *Gleann Álainn*, Cuid 5 (lch 166), *Gleann Álain*n, Cuid 6 (lch 168), *Gleann Álain*n, Cuid 7 (lch 170), An seánra agus an t-údar (lch 172)
Scríobh	Scríobh (lgh 159, 167, 173), Tasc scríofa (lgh 163, 181), Taighde (lch 173), Tascanna scríofa (lch 178)
Éisteacht	Éisteacht (lgh 159, 161, 162, 165, 167, 169, 170), Físeán (lch 173)
Labhairt	Labhairt (lch 163), Taispeántas (lch 176)
Idirghníomhú cainte	Idirghníomhú cainte (lgh 156, 163, 171, 172, 174, 176, 178, 179)
Gramadach	Na tréithe pearsanta (lch 157), Aistriúchán (lgh 157, 161), Tasc gramadaí (lgh 159, 161), Scríobh (lgh 161, 171), Cúinne na gramadaí (lgh 163, 165, 169), Na ranna cainte (lch 171)
Foclóir	Meaitseáil (lch 156, 169), Tasc foclóra (lgh 157, 161, 163, 174, 176), Crosfhocal (lch 167), Stór focal (lch 174)
Cultúr	Nóta faoin údar (lch 172)
Leabhar gníomhaíochta	Tascanna (lgh 62–74), Cluastuiscint (lgh 163–5)
Measúnú	Piarmheasúnú (lch 182)
Machnamh	Féinmheasúnú (lch 183), Seiceáil amach (lch 183)

Ag deireadh an aonaid seo beidh mé in ann:

- an dráma a léamh agus a thuiscint as mo stuaim féin.
- na haidiachtaí pearsanta a úsáid i gcomhthéacs.
- an téarmaíocht a bhaineann leis an seánra seo a aithint agus a litriú go cruinn.
- cur síos a dhéanamh ar na carachtair sa dráma *Gleann Álainn*.
- anailís a dhéanamh ar gach gné den dráma.
- na forainmneacha réamhfhoclacha a úsáid agus mé ag caint faoin litríocht.

Clár an aonaid

Seiceáil isteach

Mar réamhfhoghlaim don aonad seo, déan an ghníomhaíocht 'Seiceáil isteach' ag **www.edco.ie/croinagaeilge3**. Conas a d'éirigh leat?

Téigh go dtí **www.edco.ie/croinagaeilge3** agus bain triail as na hidirghníomhaíochtaí.

Súil siar

Meaitseáil

Féach ar an liosta téarmaíochta a bhaineann leis an drámaíocht agus ar na sainmhínithe. Cuir an téarma ceart le gach sainmhíniú.

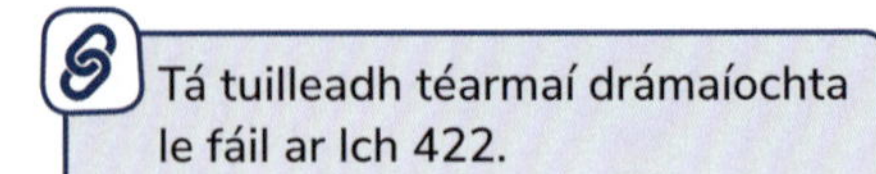

Tá tuilleadh téarmaí drámaíochta le fáil ar lch 422.

1 aisteoir	A duine le páirt bheag sa dráma
2 buaicphointe	B an chéad chuid den dráma
3 carachtar	C nuair atá dhá rud go hiomlán contráilte (mar shampla, culaith dhubh agus culaith bhán)
4 casadh	D pointe sa dráma nuair a athraíonn an scéal i mbealach nach raibh an lucht féachana ag súil leis
5 codarsnacht	E an duine a scríobh an dráma
6 críoch	F an t-ainm atá ar an dráma
7 mioncharachtar	G foirm litríochta (mar shampla, dán, úrscéal nó dráma)
8 plota	H an carachtar is tábhachtaí sa dráma
9 príomhcharachtar	I creatlach an dráma
10 radharc	J an chuid ag deireadh an dráma
11 seánra	K an pointe is tábhachtaí ar fad sa dráma
12 teideal	L rud a bhaineann le nádúr carachtair éigin
13 tréithe	M duine a ghlacann páirt i ndráma
14 tús	N gníomh iomlán den dráma (tá trí cinn sa dráma *Gleann Álainn*)
15 údar	O pearsa sa scéal

A	B	C	D	E
F	**G**	**H**	**I**	**J**
K	**L**	**M**	**N**	**O**

Idirghníomhú cainte

Mínigh ceann de na téarmaí thuas do dhuine eile sa rang. Tá ar an duine sin an téarma a ainmniú. Ansin, ainmnigh téarma a mhíníonn an duine eile. Clúdaigh na sainmhínithe don tasc seo.

Na tréithe pearsanta

Féach ar Léaráid A, Cuid 1 (lch 358).

Is scil riachtanach é agus tú ag plé le dráma a bheith in ann an chopail (*is*, *ní*, *an*, *nach*) a cheangal leis na haidiachtaí go cruinn. Sin bealach úsáideach le cur síos ar thréithe pearsanta na gcarachtar.

Samplaí:

- Is fear deas é. *Leid: gan séimhiú ar an aidiacht*
- Is bean dheas í. *Leid: séimhiú ar an aidiacht*
- Is daoine deasa iad. *Leid: ainmfhocal iolra + aidiacht iolra*

Ní chuireann tú séimhiú ar an aidiacht leis na focail **fear**, **buachaill**, **carachtar** ná **cailín** – tá na hainmfhocail seo firinscneach.

Seift ghramadaí[1]

- Dá mbeadh an aidiacht in aice le hainmfhocal sa Bhéarla, agus má tá an t-ainmfhocal Gaeilge baininscneach, bíonn séimhiú ann.

  Sampla: Is bean chliste í. = *She is a* ***clever woman***.
- Dá mbeadh an aidiacht scartha ón ainmfhocal sa Bhéarla, ní bhíonn séimhiú ar an aidiacht riamh.

  Sampla: Tá an bhean cliste. = *The* ***woman*** *is* ***clever***.

Grammar

Tasc foclóra

Seo roinnt aidiachtaí le cur síos ar charachtair. Scar na haidiachtaí diúltacha ó na haidiachtaí dearfacha.

Chun níos mó eolais a fháil faoi conas foclóir a úsáid, féach ar lch 444.

álainn, béasach, bocht, brónach, cantalach, ceanndána, cineálta, cliste, cneasta, cróga, cruálach, deacair, deas, éirimiúil, flaithiúil, foighneach, gealgháireach, leisciúil, leithleach, macánta, mímhacánta, neirbhíseach, olc, santach, stuama, uafásach, uaigneach

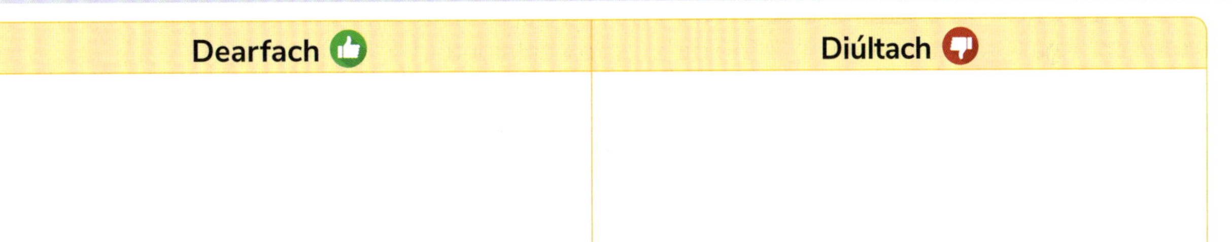

Dearfach	Diúltach

Aistriúchán

Cuir Gaeilge ar na habairtí seo.

1. He is a brave man.
2. She is not a selfish woman.
3. She is an honest woman.
4. The woman was brave.
   Leid: Féach ar an tseift ghramadaí thuas.
5. Is he a lonely character?
6. The boy is awful.
7. She was a lazy person.
8. She was very generous yesterday.
9. He was nervous at the start.
10. He was a patient character.

Beidh trí rud á dhéanamh againn san aonad seo.

1. Léifimid an dráma ***Gleann Álainn*** le Brian Ó Baoill ó thús go deireadh.
2. Déanfaimid cleachtadh ar na pointí gramadaí ó Aonad 1 go dtí Aonad 4 agus ar na rudaí a rinneamar sa chéad bhliain. Beidh an cleachtadh seo bunaithe ar an script ón dráma.
3. Ag bun an aonaid, déanfaimid plé ar an scéal, ar na carachtair, srl.

Déan na tascanna ar lgh 62–4.

[1] grammar hack

Gleann Álainn, Cuid 1

Léigh an chuid seo den dráma *Gleann Álainn* agus déan na tascanna a ghabhann léi.

GLEANN ÁLAINN ← teideal an dráma

le Brian Ó Baoill ← ainm an údair

RADHARC 1, SUÍOMH:

Ar cúl ar clé, radharc tíre, portach, sliabh, coill, nó trá. **Sceacha**[1], crainn, **dumhcha**[2] nó carraigeacha, de réir mar a fheileann. Ar deis, chun tosaigh, seomra le bord agus le dhá chathaoir. Bainfear feidhm as an seomra seo mar aonaid éagsúla, seomra i dteach, oifig, cúirt. Dhá radharc éagsúla iad seo agus lonróidh an solas ar an gceann a bhíonn in úsáid ag an am. Ar cúl ar clé, rud éigin ar féidir le daoine seasamh air, ba leor bosca nó dhó.

Tagann seisear daoine óga ar an stáitse ón taobh clé, iad ag iompar málaí agus ábhar péinteála, go dtí an radharc tíre álainn, loch agus sléibhte. Sceach aitinn agus carraig nó dhó ar an ardán, más féidir.

EILÍS *(ag díriú méire ar an radharc)*: Céard faoin áit seo?

PÁDRAIG: Tá sé go hálainn. Céard a dúirt an múinteoir linn? Áit a thaitníonn linn a **roghnú**[3]. An dtaitníonn an áit seo le gach uile dhuine?

GACH DUINE: Taitníonn!

PÁDRAIG: Go hiontach!

(Osclaíonn daoine a leabhair sceitseála, duine nó beirt ag cur suas tacas agus bord bán. Socraíonn ceathrar acu síos.)

SEOSAMH: Sílim go rachaidh mise suas ar an **ard**[4], beidh radharc níos fearr ar na **sléibhte**[5] ón áit sin. Céard fútsa, a Shinéad?

(Breathnaíonn an chuid eile ar Shinéad, iad fiosrach. Tá SINÉAD beagán trína chéile.)

PÁDRAIG *(ag magadh)*: Bhuel, a Shinéad?

SINÉAD: Ó! *(Éiríonn sí, tógann léi a cuid stuif agus leanann Seosamh.)*

PÁDRAIG: Ahá! Grá don ealaín nó, b'fhéidir, grá don ealaíontóir!

(Gáire ón chuid eile. Feictear Seosamh agus Sinéad ag dul as radharc.)

EILÍS: Ní cóir bheith **ag magadh fúthu**[6].

PÁDRAIG *(le gáire beag)*: Ó! Nach cuma. Bheadh siad féin sásta bheith ag magadh fúinne, dá mbeadh an seans acu.

*(Socraíonn siad síos arís agus bíonn siad ag péinteáil agus ag sceitseáil. Feictear SINÉAD ag teacht ar ais **go sciobtha**[7]. Breathnaíonn an chuid eile suas agus iontas orthu.)*

PÁDRAIG: Ní raibh muid ag súil libhse go fóill. Titim amach idir ealaíontóirí nó . . . céard é seo . . . ar chaill tú Seosamh?

(Briseann SINÉAD isteach ar a chuid cainte.)

SINÉAD: Éirigh as an **tseafóid**[8], a Phádraig, tá **rud gránna**[9] éigin thuas ansin.

PÁDRAIG: Ó, céard é féin? Seosamh?

(Gáire ón chuid eile)

SINÉAD *(go feargach)*: Éirigh as, a dúirt mé! Tá Seosamh thuas ann go fóill. Tá bruscar caite ag amadán éigin thuas ansin!

EILÍS: Bruscar. Cén sórt bruscair?

SINÉAD: **Gabhaigí i leith**[10] go bhfeicfidh sibh féin.

(Bailíonn siad go léir ar an taobh clé ar cúl agus breathnaíonn siad uathu. Casann SEOSAMH leo.)

1 bushes 2 dunes 3 choose 4 height 5 mountains 6 mocking them
7 quickly 8 nonsense 9 something horrible 10 come here

Éisteacht Rian 1.51

Éist leis an gcuid seo den dráma agus lean í i do leabhar.

Léamh

Féach ar fhoireann an dráma agus déan an tasc a bhaineann léi.

Déagóirí óga	Daoine fásta
Pádraig	Séamus Dubh
Eilís	Peadairín Thóin an Bhaile
Éamonn Beag	Breitheamh
Pádraigín	Tadhg Ó Cuill, oifigeach sa Chomhairle Chontae
Seosamh	Seán Mac an Mháistir, polaiteoir
Sinéad	Cléireach na Cúirte
Slua ar phicéad	Mac Uí Dhroma
	Mac Uí Ghríofa
	Doirseoir

Scríobh

Freagair na ceisteanna seo. Scríobh na huimhreacha i bhfoirm focal.

1. Cé mhéad déagóir atá ar fhoireann an dráma (seachas an slua ar phicéad)?
2. Cé mhéad duine fásta atá ar an bhfoireann?
3. Cé mhéad duine ar an iomlán atá ar an bhfoireann (seachas an slua)? *Leid: 13 nó níos mó*
4. Cé mhéad déagóir atá ann a bhfuil an túslitir E nó É lena n-ainmneacha?
5. Cé mhéad duine atá ann a bhfuil an túslitir S lena n-ainmneacha (seachas an slua)?

Féach ar Léaráid C, Cuid 1 (lch 366).

Tasc gramadaí

Freagair na ceisteanna seo agus déan iarracht iad a dhéanamh. Ansin, déan seiceáil ar do chuid oibre agus ceartaigh aon bhotún atá agat (más gá).

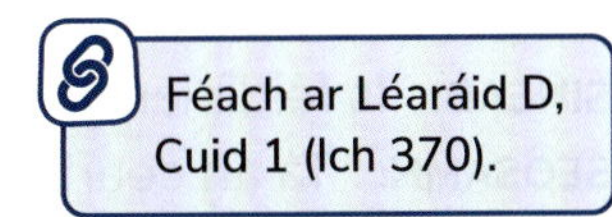

Féach ar Léaráid D, Cuid 1 (lch 370).

1. Cén tionchar atá ag an bhfocal **faoin** ar thúslitir an ainmfhocail? Cuir tic sa bhosca ceart.
   Cuireann sé séimhiú ☐ urú ☐ **h** roimh ghuta ☐ ar an túslitir.
2. Cuireann an réamhfhocal **le h** roimh ghuta. Cén réamhfhocal simplí eile a dhéanann an rud céanna?
3. Cad iad an dá fhocal a thagann le chéile chun an focal **ón** a chruthú?
4. Cén tionchar atá ag an réamhfhocal **ar** ar an ainmfhocal de ghnáth?
   Cuireann sé ______________ ar an túschonsan.
5. An gcuireann **ar an** urú ar na túslitreacha **d** agus **t**?
6. An bhfuil aon tionchar ag na réamhfhocail **ag** nó **as** (gan an t-alt) ar an ainmfhocal?

Gleann Álainn, Cuid 3

Léigh an chuid seo den dráma *Gleann Álainn* agus déan na tascanna a ghabhann léi.

PEADAIRÍN: Meas tú, a Shéamaisín, an bhfuil aon seans go mbéarfar orainn?

SÉAMUS: Go mbéarfar orainn! **Céard sa diabhal**[1] atá i gceist agat, a mhac?

PEADAIRÍN: Muise, an fógra sin thoir go gcaithfidh tú €800 a íoc má bheirtear ort ag dumpáil.

SÉAMUS: €800, mo thóin. Nach raibh muide ag dumpáil anseo sular rugadh cibé **clabhta**[2] a chuir an fógra sin in airde?

PEADAIRÍN: Bhí muid, ó bhí, tá an ceart agat. Ach tá fógra ann anois agus . . .

SÉAMUS *(ag briseadh isteach air)*: Dhera, éirigh as mar scéal, **cén chaoi**[3] a mbeadh a fhios acu gur muide a rinne é?

PEADAIRÍN *(ag casadh chun imeachta)*: Tá an ceart agat, tá an ceart agat.

SÉAMUS: Agus fiú dá mbeadh a fhios acu, nach bhfuil na cairde cearta againne?

PEADAIRÍN: Ar ndóigh, tá, Mac an Mháistir, nach Teachta Dála é? **Ní féidir dul thairis sin**[4].

SÉAMUS: Sin é an buachaill a choinneoidh **smacht**[5] ar na hoifigigh sin!

*(Imíonn an bheirt acu. Breathnaíonn SINÉAD ar Sheosamh, **uafás**[6] ina súile.)*

SINÉAD *(de chogar)*: Mo Dhaide!

(Cuireann SEOSAMH a lámh timpeall ar ghualainn Shinéad.)

SEOSAMH: Níl tada mícheart déanta ag do Dhaide. **Ná bí buartha**[7].

SINÉAD: Ach ceapann siad sin . . .

SEOSAMH: Ná bac leo, seans nach bhfuil ann ach bladar, tá a fhios agat an bheirt sin.

SINÉAD: Ach tá **imní**[8] orm.

SEOSAMH: Céard faoi?

SINÉAD *(de chogar buartha)*: Céard a **dhéanfas muid**[9] mura seasann an chuid eile linn?

SEOSAMH *(de chogar)*: **Tuige**[10] nach seasfadh?

SINÉAD *(de chogar)*: Uncail le hÉamonn Beag is ea Séamus Dubh.

SEOSAMH *(de chogar)*: Tuigim. **Ní mór dúinn**[11] bheith an-chúramach.

(Tagann an chuid eile as na háiteanna ina raibh siad i bhfolach.)

PÁDRAIG: An bhfuil an bheirt agaibhse ag teacht nó an bhfuil sé i gceist agaibh an oíche a chaitheamh anseo?

PÁDRAIGÍN: Bhuel, tá a fhios againn cé a rinne é. Céard é an chéad chéim eile?

EILÍS *(go gliondrach)*: Séamus Dubh agus Peadairín Thóin an Bhaile.

SINÉAD: Agóid! Agus an dlí a chur orthu!

ÉAMONN BEAG *(cuma bhuartha air)*: Ní bhíonn sé ciallmhar . . . **sceitheadh ar chomharsana**[12].

*(Caitheann sé cúpla nóiméad ag fústráil anseo agus ansiúd, an chuid eile ag breathnú air. Ansin déanann sé **cinneadh**[13].)*

Feicfidh mé ar ball sibh.

(Imíonn ÉAMONN BEAG ina aonar. Breathnaíonn an chuid eile ina dhiaidh. Breathnaíonn SINÉAD agus SEOSAMH ar a chéile. Imíonn siad uile amach go ciúin, ar clé)

(Soilse múchta)

Éisteacht Rian 1.53

Éist leis an gcuid seo den dráma agus lean í i do leabhar.

1 what the devil 2 lout 3 how 4 you can't do better than that 5 control 6 horror 7 don't worry 8 worry 9 would we do 10 why 11 we have to 12 betraying neighbours 13 decision

Féach ar Léaráid B, Cuid 1 (lch 362).

Cúinne na gramadaí

1 **Pioc amach trí shampla den aidiacht shealbhach ón leathanach ar chlé.**
2 **Féach ar na samplaí den sé mór ón gcéad radharc den dráma (Codanna 1–3) agus ansin líon na bearnaí sa ghreille thíos. Cén ceann den sé mór nach bhfuil ann?**

An aimsir chaite		An aimsir láithreach	
An fhoirm dhearfach	An fhoirm dhiúltach	An fhoirm dhearfach	An fhoirm dhiúltach
dúirt mé			
		téann siad i bhfolach	
		feiceann Sinéad na fir	
		tá imní orm	
			ní bhíonn sé ciallmhar
		déanann sé cinneadh	

Tasc foclóra

I do chóipleabhar, péireáil na focail chomhchiallacha le chéile. Bain úsáid as an teasáras iontach potafocal.com/thes/ más maith leat.

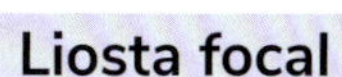

Liosta focal
ag casadh, ar ball, breathnaíonn, cairde, ciallmhar, clabhta, imní, ina aonar, ní mór dúinn, seans, tada, tuige

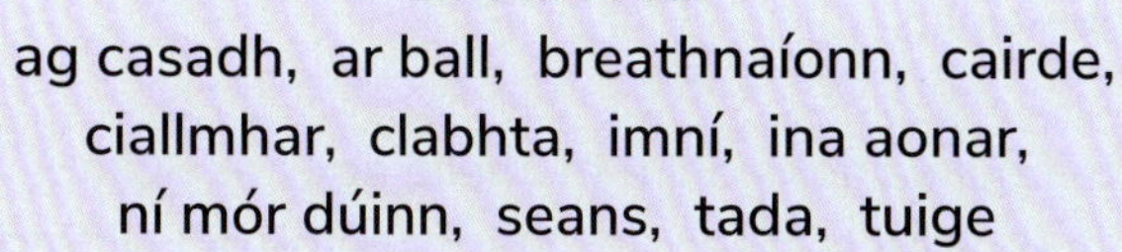

Liosta comhchiallaigh (*synonyms*)
ag tiontú, amadán, cén fáth, compánaigh, deis, eagla, faic, féachann, go luath, leis féin, stuama, tá orainn

Labhairt

Téigh chuig an suíomh idirlín storyboardthat.com nó a mhacasamhail. Dear do scéalchlár féin bunaithe ar Radharc 1 agus labhair faoi os comhair an ranga.

Idirghníomhú cainte

Suigh droim le droim le duine eile ón rang. Déan cur síos ar cheann de na pictiúir ó do scéalchlár. Tá ar an duine eile an pictiúr a roghnú chomh tapaidh agus is féidir leis/léi.

Tasc scríofa

Scríobh achoimre ar Radharc 1 san aimsir chaite (120 focal nó níos mó).
Critéir ratha:

- Bain úsáid as ar a laghad cúig cinn de na comhchiallaigh ón tasc thuas.
- Bain úsáid as ar a laghad cúig bhriathar dhifriúla san achoimre.
- Déan cinnte go bhfuil uimhir phearsanta amháin agus aidiacht shealbhach amháin ar a laghad inti.

Gleann Álainn, Cuid 4

 Léigh an chuid seo den dráma **Gleann Álainn** agus déan na tascanna a ghabhann léi.

RADHARC 2
Soilse ag lasadh thaobh na láimhe deise den stáitse.

SUÍOMH:
Oifig sa **Chomhairle Chontae**[1]. *Fuinneog ar an mballa ar cúl.*

Oifigeach na Comhairle, **TADHG Ó CUILL**, *ina shuí ag an mbord.*

Cloistear béicíl taobh amuigh.

GUTHANNA: Deireadh le dumpáil! An dlí ar lucht na dumpála.

A LÁN GUTHANNA LE CHÉILE: Hurú! Hurú! Hurú!
Deireadh le **truailliú**[2]!
Deireadh le dumpáil,
Deireadh le dumpáil,
Fíneáil mhór inniu!

(Éiríonn TADHG agus breathnaíonn sé an fhuinneog amach. Feiceann sé rud éigin a bhaineann geit as agus léiríonn sé é seo trí chnead beag a ligean agus lámh a chur lena smig. Tagann DOIRSEOIR agus fógraíonn go bhfuil cuairteoir aige.)

DOIRSEOIR: An tUasal Seán Mac an Mháistir.

(Tagann SEÁN MAC AN MHÁISTIR isteach ag baint stuif buí dá aghaidh, é ***trí chéile agus ar buile***[3].*)*

SEÁN *(fós á ghlanadh féin)*: An bhfaca tú é sin? Na **dailtíní sráide**[4] sin? **Daoscarshlua**[5]! Ní féidir le comhairleoir siúl isteach ina oifig féin **gan bheith faoi ionsaí**[6]! Céard tá á dhéanamh ag na tuismitheoirí? Easpa smachta! Céard tá ar siúl?

TADHG *(duine tirim oifigiúil)*: De réir mar a thuigim, a Sheáin, tá siad ag éileamh go gcuirfí an dlí ar an dream a bhíonn ag dumpáil go mídhleathach. **Ní ormsa an locht faoi sin**[7].

SEÁN: An dlí? Cén meas atá acu siúd ar an dlí? Nach féidir leat fáil réidh leo?

TADHG: Tá na Gardaí ag teacht le súil a choinneáil orthu.

SEÁN *(le drochmheas)*: Le súil a choinneáil orthu. Dhéanfadh trí mhí i bpríosún maitheas don daoscarshlua sin.

TADHG *(le mionghháire rúnda)*: Tá mé ag ceapadh go bhfaca mé d'iníon ina measc.

SEÁN *(preab bainte as)*: M'iníonsa! Ní féidir. **Ag dul thar bráid a bhí sí**[8], tá mé cinnte.

(Déanann TADHG mionghháire ach ní deir sé dada.)

SEÁN: Ach ní faoi sin a tháinig mé isteach. De réir mar a thuigim, tá seanchairde liom, Séamus Dubh agus Peadairín Thóin an Bhaile, **le bheith os comhair na cúirte gan mhoill**[9]. Daoine an-mhaithe iad agus . . . bheinn an-bhuíoch . . . um . . . á . . . dá bhféadfadh an Chomhairle an cás a tharraingt siar . . . um . . . fianaise bhréige atá á cur ina gcoinne, tá mé cinnte. Tuigim, dár ndóigh, go mbíonn costas ag baint le cás mar seo, obair bhreise, agus mar sin de.

(Tógann sé clúdach beag donn as a phóca agus cuireann sé síos ar an mbord os comhair Thaidhg é.)

TADHG *(ag déanamh neamhshuime den chlúdach agus* ***ag caint go tomhaiste***[10]*)*: Bhuel, a Sheáin, caithfidh an cás dul ar aghaidh . . . ach . . . b'fhéidir go bhféadfaí pointí ina bhfabhar a lua, nó finné ina bhfabhar a aimsiú. Labhróidh mé lenár ndlíodóir. Ach tá mé cinnte go dtuigeann tú nach í an Chomhairle, ach na daoine óga seo, atá ag cur an dlí orthu. Beidh sé deacair.

SEÁN: **Fágfaidh mé fút féin é**[11]. Tá mé cinnte go ndéanfaidh tú an rud ceart, **mar a rinne tú riamh**[12], a Thaidhg.

(Déanann TADHG mionghháire.) (Íslítear na soilse.)

[1] County Council [2] pollution [3] flustered and angry [4] street brats [5] rabble [6] without coming under attack [7] that's not my fault [8] she was passing by [9] to be before the court soon [10] talking measuredly [11] I'll leave it to you [12] as you always did

Éisteacht Rian 1.54

Éist leis an gcuid seo den dráma agus lean í i do leabhar.

Cúinne na gramadaí

1 Cuir na focail éagsúla ón liosta seo sa chuid cheart den ghreille.

beag, buí, ceart, cinnte, comhairle, cuairteoir, deireadh, dlí, doirseoir, donn, éigin, finné, fuinneog, geit, iníon, rúnda, truailliú

Nod faoin bhfoclóir
inscne an ainmfhocail (firinscneach)
crann, *m.* (*gs.* & *npl.* **-ainn**, *gpl.* ~ . . .)
Foinse: teanglann.ie

Ainmfhocail	Aidiachtaí

2 Anois, cuir na hainmfhocail éagsúla ón tasc thuas sa chuid cheart den ghreille seo.

Nuair atá aidiacht ceangailte le hainmfhocal baininscneach, bíonn séimhiú ar an aidiacht.
Sampla: bean chliste

Baininscneach	Firinscneach

3 Bris síos gach forainm réamhfhoclach thíos i réamhfhocal agus forainm. Tá an chéad cheann déanta duit.

forainm réamhfhoclach = réamhfhocal + forainm

Forainm réamhfhoclach	Réamhfhocal	Forainm
1 agam	ag	mé
2 ormsa		
3 acu		
4 leat		
5 leo		
6 orthu		
7 fút		

4 Aimsigh briathra ó Radharc 2 (Cuid 4) agus cuir iad sna boscaí cearta thíos. Pioc amach cúig cinn do gach bosca. Scríobh an fhoirm ordaitheach den bhriathar – mar shampla, ***bris***, ***ceannaigh***, ***abair***.

An chéad réimniú	An dara réimniú	Briathra neamhrialta
1	1	1
2	2	2
3	3	3
4	4	4
5	5	5

Gleann Álainn, Cuid 5

Léigh an chuid seo den dráma *Gleann Álainn* agus déan na tascanna a ghabhann léi.

RADHARC 3
An chúirt. Bord bogtha isteach sa lár.
Spotsolas ar an gcúirt.
Séamus Dubh, Peadairín agus Mac Uí Dhroma, a n**dlíodóir**[1], ar clé. Mac Uí Ghríofa, dlíodóir na ndaoine óga, ar clé. Níl Seosamh ann. Tá Pádraig, Eilís, agus Pádraigín níos faide ar clé. Níl Éamonn Beag ann. Tá Cléireach na Cúirte ina shuí.

SINÉAD *(ag breathnú thart, agus ag caint lena dlíodóir)*: Níl Seosamh tagtha fós.
*(Siúlann sí **sall**[2] le labhairt leis na hógánaigh eile.)*
SINÉAD: Cá bhfuil Seosamh?
PÁDRAIG: Bhí mé ag caint leis ar maidin agus dúirt sé rud éigin faoina cheamara agus rith sé leis.
SINÉAD *(imní uirthi)*: An ceamara! Bhí dearmad déanta agam de sin! Tá mé cinnte gur fhág sé ar an bportach é!
*(Ní thuigeann Pádraig an chaint seo faoi cheamara agus casann sé ar ais chuig na hógánaigh eile le **searradh dá ghuaillí**[3]. Téann SINÉAD ar ais go dtí a dlíodóir agus cuma bhuartha uirthi. Éiríonn CLÉIREACH NA CÚIRTE.)*
CLÉIREACH: Seasaigí don Bhreitheamh!
(Tagann an BREITHEAMH isteach. Seasann sé taobh thiar den bhord ar feadh nóiméid. Suíonn sé. Suíonn na daoine eile a bhfuil suíocháin ann dóibh.)
BREITHEAMH: Móra dhaoibh! Cad é an chéad chás ar maidin?
CLÉIREACH: Cás dumpála. Is iad Séamus Dubh agus Peadairín Thóin an Bhaile na **cosantóirí**[4], a Dhuine Uasail.
BREITHEAMH: Céard é an cás in aghaidh na ndaoine ainmnithe?
MAC UÍ GHRÍOFA: Is é an cás, a Dhuine Uasail, gur chaith na daoine ainmnithe bruscar ar an bportach go mídhleathach, agus go bhfaca **scata daoine óga**[5] iad á dhéanamh.

BREITHEAMH: An bhfuil na daoine óga sin i láthair?
(Breathnaíonn MAC UÍ GHRÍOFA ar Shinéad agus cuireann ceist uirthi os íseal. Freagraíonn sí é os íseal.)
MAC UÍ GHRÍOFA: Tá ceathrar den seisear a chonaic iad anseo, a Dhuine Uasail.
BREITHEAMH: Ceathrar den seisear. Tuigim. Lean ort.
MAC UÍ GHRÍOFA: Bhí an seisear ag péintéireacht ar an bportach ar an 20ú lá den mhí agus chonaic siad an bheirt chosantóirí seo ag dumpáil go mídhleathach.
BREITHEAMH: Agus aontaíonn an seisear go bhfaca siad an bheirt ainmnithe ag dumpáil?
MAC UÍ GHRÍOFA: Aontaíonn an ceathrar atá anseo.
BREITHEAMH: Tuigim. Ceathrar. Go raibh maith agat. Anois, an bhfuil aon rud le rá ag an dream atá **cúisithe**[6]?
MAC UÍ DHROMA: Ba mhaith liom ceist a chur ar Shinéad Nic an Mháistir. Tuige nach bhfuil an seisear a chonaic na daoine ainmnithe ag dumpáil, mar dhea, anseo?
MAC UÍ GHRÍOFA: Tá duine amháin acu, Seosamh Mac Domhnaill, ag cuardach fianaise atá fíorthábhachtach.
MAC UÍ DHROMA: Sin cúigear. Céard faoin séú duine?

[1] lawyer [2] over [3] shrug of his shoulders [4] defendants [5] crowd of young people [6] accused

Éisteacht Rian 1.55

Éist leis an gcuid seo den dráma agus lean í i do leabhar.

Crosfhocal

Féach ar na leideanna in aice leis an gcrosfhocal. Tá na freagraí ar fad ar fáil ar an leathanach ar chlé. Is féidir an tasc seo a dhéanamh le duine éigin eile sa rang más maith leat. Is féidir é a dhéanamh in aghaidh an chloig freisin.

Trasna

1 focal eile do dhream nó do ghrúpa (5)
2 2 duine (5)
4 5 duine (7)
8 i gcoinne an dlí (12)
10 4 duine (8)
11 an áit as a mbaineann tú móin don tine (7)
12 leagan eile den nath ***ar aghaidh leat*** (4, 3)
14 an fhoirm dhearfach den fhrása ***ní fhaca*** (7)
15 rud a chuireann tú ar dhuine le freagra a fháil uaidh/uaithi (5)

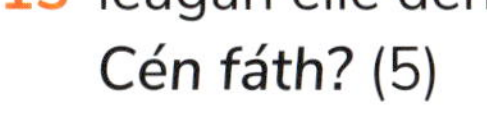

Síos

1 6 duine (7)
3 an duine atá i gceannas sa chúirt (10)
5 an briathar ***aontaigh*** sa tríú pearsa, aimsir láithreach (9)
6 an uimhir iolra den aidiacht ***óg*** (3)
7 ceithre seachtaine (2)
9 rud lena dtógann tú grianghraif (7)
13 leagan eile den cheist *Cén fáth?* (5)

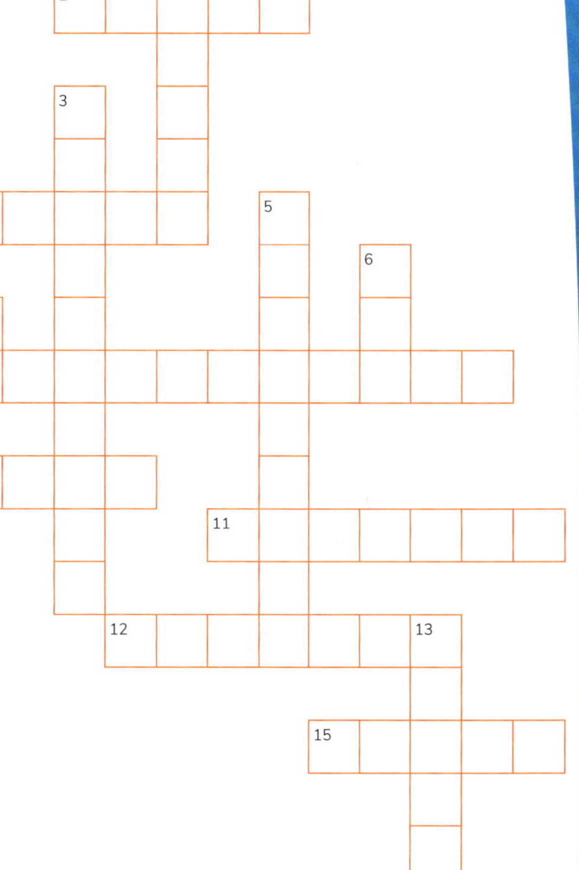

Scríobh

Déan cur síos (i d'fhocail féin) ar na mothúcháin éagsúla atá le brath ar an leathanach ar chlé.

Critéir ratha:

- Breac síos ceithre mhothúchán.
- Cuir ainm agus pointe eolais le gach mothúchán.

Gleann Álainn, Cuid 6

Léigh an chuid seo den dráma *Gleann Álainn* agus déan na tascanna a ghabhann léi.

MAC UÍ GHRÍOFA: Tá muid ag súil leis **aon nóiméad feasta**[1].

MAC UÍ DHROMA: Bhuel, b'fhéidir gur féidir liom **lámh chúnta**[2] a thabhairt daoibh. Glaoim ar Éamonn Beag Ó Murchú.

DOIRSEOIR: Éamonn Beag Ó Murchú.

(Tagann ÉAMONN BEAG isteach agus seasann taobh le Mac Uí Dhroma. Breathnaíonn NA HÓGÁNAIGH ar a chéile agus uafás orthu.)

MAC UÍ GHRÍOFA *(de chogar le Sinéad)*: Ní maith liom é seo. **Níl ag éirí go rómhaith le cúrsaí**[3], tá faitíos orm.

MAC UÍ DHROMA: Is tusa Éamonn Beag Ó Murchú.

ÉAMONN BEAG *(ag caint os íseal)*: Is mé.

MAC UÍ DHROMA: An raibh tú ar an turas péintéireachta seo leis an gcúigear eile?

ÉAMONN BEAG *(os íseal)*: Bhí.

MAC UÍ DHROMA: An bhfaca tú daoine agus iad ag dumpáil bruscair?

ÉAMONN BEAG *(os íseal)*: Chonaic.

MAC UÍ DHROMA: Agus arbh iad seo, na daoine ainmnithe, na daoine a rinne an dumpáil?

ÉAMONN BEAG *(**go neirbhíseach**[4] agus **go héiginnte**[5])*: Ní . . . ní féidir liom a bheith cinnte.

MAC UÍ DHROMA: Agus tuige nach féidir leat a bheith cinnte?

ÉAMONN BEAG *(trí chéile)*: E . . . bhí sceach ann . . . ní cuimhin . . . ní raibh mé ábalta iad a fheiceáil i gceart.

MAC UÍ DHROMA: Mar sin, ní féidir leat a rá gurbh iad seo na daoine a rinne an dumpáil?

ÉAMONN BEAG: Ní féidir.

MAC UÍ DHROMA: Is dóigh liomsa, a Dhuine Uasail, nach féidir na daoine seo a **chúiseamh**[6] gan **fianaise**[7] níos cinnte.

SINÉAD *(de chogar lena dlíodóir)*: Iarr sos cúig nóiméad.

MAC UÍ GHRÍOFA: A Dhuine Uasail, **iarraim ort**[8] sos cúig nóiméad a cheadú dom le dul i gcomhairle le mo chuid cliant.

BREITHEAMH: Tá go maith. Cúig nóiméad.

CLÉIREACH NA CÚIRTE: Seasaigí don Bhreitheamh!

*(Seasann gach duine. Imíonn an BREITHEAMH. Labhraíonn MAC UÍ DHROMA le Séamus Dubh agus le Peadairín Thóin an Bhaile agus tagann cuma **an-ríméadach**[9] orthu, iad ag caint agus ag gáire. Is léir nach bhfuil ÉAMONN BEAG sona, áfach, agus seasann sé **ar leataobh**[10] uathu. Bailíonn NA HÓGÁNAIGH le chéile lena ndlíodóir siúd, iad an-chiúin.)*

MAC UÍ GHRÍOFA: **Tá ár gcosa nite**[11] murar féidir linn teacht ar **fhianaise chinnte**[12].

PÁDRAIG: An **cladhaire**[13] sin Éamonn Beag, ag cliseadh orainn mar sin!

EILÍS: Ach cén rogha a bhí aige, is é Séamus Dubh a uncail.

PÁDRAIG *(feargach)*: Tá a fhios aige chomh maith is atá a fhios againne gurbh iad a bhí ann!

MAC UÍ GHRÍOFA: Is cuma faoi sin anois, mar níl sé sásta é a rá.

PÁDRAIGÍN: Ach cá bhfuil Seosamh?

SINÉAD: Nuair a bhí muid ar an bportach, ghlac Seosamh cúpla grianghraf de na daoine a bhí ag dumpáil. Ach tá mé ag ceapadh gur fhág sé an ceamara san áit ina raibh muid. Chuir sé síos é, ach ní fhaca mé é á thógáil leis. Rinne muid dearmad.

*(Cuireann SINÉAD a lámha lena cloigeann **go héadóchasach**[14])*

PÁDRAIGÍN: Caithfidh sé go ndeachaigh sé suas ansin ar maidin **á lorg**[15].

[1] *any minute now* [2] *a hand* [3] *things aren't going too well* [4] *nervously* [5] *uncertainly* [6] *accuse* [7] *evidence* [8] *I request* [9] *delighted* [10] *aside* [11] *it's all over* [12] *firm evidence* [13] *coward* [14] *hopelessly* [15] *to look for it*

Éisteacht Rian 1.56

LG Déan na tascanna ar lgh 65–6.

Éist leis an gcuid seo den dráma agus lean í i do leabhar.

Meaitseáil

Féach ar na sainmhínithe A–F thíos agus cuir an uimhir cheart le gach litir.

1 bruscar	A cuid ama a mhaireann 60 soicind
2 faitíos	B rud a léiríonn go ndearna duine rud éigin
3 fianaise	C focal atá comhchiallach le h*eagla*
4 lámh	D ábhar a chaitheann daoine uathu – bíonn cuid de in-athchúrsáilte
5 nóiméad	E ball coirp lena bpiocann tú suas an peann luaidhe
6 sceach	F rud a fhásann sa ghairdín atá cosúil le crann beag

A	B	C	D	E	F

Cúinne na gramadaí

Tá sé [aidiacht] *ach Is* [ainmfhocal] *é.*

1 Cuir Gaeilge ar na habairtí seo (tá an stór focal tábhachtach ar an leathanach ar chlé).

Féach ar Léaráid A, Cuid 1 (lch 358).

1 He feels scared. *Leid: mothúchán*
2 It is a good trip.
3 The trip is good.
4 My leg is broken.
5 He is in the bog. *Leid: suíomh*
6 The bog is very big.
7 It is a very big bog.
8 I do not have the photograph. *Leid: seilbh*
9 I do not own the photograph. *Leid: úinéireacht*

2 Tá an ghreille seo bunaithe ar na briathra ón sliocht ar an leathanach ar chlé. Líon na bearnaí sa ghreille.

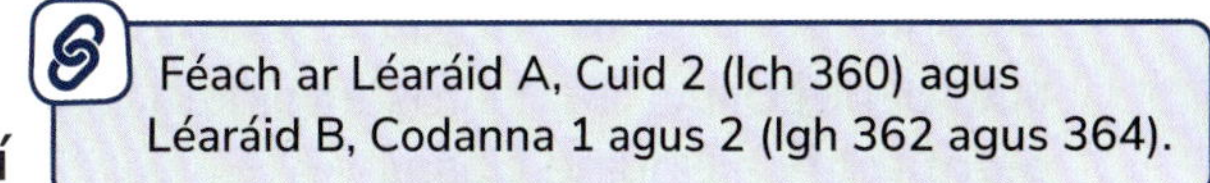

Féach ar Léaráid A, Cuid 2 (lch 360) agus Léaráid B, Codanna 1 agus 2 (lgh 362 agus 364).

An aimsir chaite		An aimsir láithreach	
An fhoirm dhearfach	An fhoirm dhiúltach	An fhoirm dhearfach	An fhoirm dhiúltach
		tagann Éamonn Beag isteach	
an bhfaca tú daoine?			
		seasann gach duine	
		imíonn an breitheamh	
		labhraíonn Mac Uí Dhroma	
bhí muid ar an bportach			
ghlac Seosamh cúpla grianghraf			

3 I do chóipleabhar, liostaigh na forainmneacha réamhfhoclacha do *ar*, *le* agus *faoi*. Féach ar an suíomh idirlín daltai.com nó ar lch 59 chun cabhair a fháil.

Gleann Álainn, Cuid 7

Léigh an chuid seo den dráma *Gleann Álainn* agus déan na tascanna a ghabhann léi.

EILÍS: **Má éiríonn leis**[1] . . .

MAC UÍ GHRÍOFA: **Beidh linn**[2].

EILÍS *(go mall)*: Ach . . . mura n-éiríonn . . .

(Breathnaíonn siad ar a chéile gan focal a rá ach iad ag breathnú sall ar an ngrúpa eile.)

CLÉIREACH NA CÚIRTE: Seasaigí don Bhreitheamh!

(Éiríonn gach duine. Tagann an BREITHEAMH *isteach agus suíonn sé síos.)*

BREITHEAMH: An bhfuil **aon rud breise**[3] le rá ag taobh ar bith sa chás seo?

(Breathnaíonn an BREITHEAMH *ó ghrúpa go grúpa.)*

BREITHEAMH: Níl? Bhuel, sa chás . . .

(Go tobann, cloistear coiscéimeanna agus briseann SEOSAMH *isteach ar an gcúirt, cuma fhiáin air, é stróicthe ag driseacha, a chuid gruaige in aimhréidh, a léine stróicthe agus salach, saothar air.)*

BREITHEAMH *(ag glaoch amach)*: Stop an duine sin!

(Léimeann an DOIRSEOIR *agus beireann greim ar Sheosamh.)*

MAC UÍ GHRÍOFA: A Dhuine Uasail, creidim go bhfuil fianaise atá **fíorthábhachtach**[4] ag an duine sin, Seosamh Mac Domhnaill. Iarraim cead í a ghlacadh uaidh.

(Tá na PÁISTÍ *go léir ar bís. Tá Séamus Dubh agus a* ***bhuíon***[5] *ag breathnú ar Sheosamh agus* ***iontas***[6] *orthu. Níl a fhios acu céard tá ag tarlú.)*

BREITHEAMH: Tá go maith. Tá súil agam **gur fiú é**[7].

(Faoin am seo tá SEOSAMH *ar tí titim ach síneann sé cúpla grianghraf chuig dlíodóir na n-ógánach. Breathnaíonn an* DLÍODÓIR *orthu, déanann miongháire agus síneann chuig an mBreitheamh iad. Breathnaíonn an* BREITHEAMH *orthu agus déanann* ***comhartha***[8] *do Mhac Uí Dhroma teacht chuige. Tagann* MAC UÍ DHROMA. *Taispeánann an* BREITHEAMH *na grianghraif dó. Baintear* ***preab***[9] *(geit) uafásach as Mac Uí Dhroma.*

Téann MAC UÍ DHROMA *ar ais chuig a ghrúpa féin, agus deir cúpla focal leo go ciúin.*

Tagann dreach scanraithe ar Shéamus Dubh agus ar Pheadairín Thóin an Bhaile.

Casann MAC UÍ DHROMA *i dtreo an Bhreithimh.)*

MAC UÍ DHROMA: Tá na cosantóirí ag tarraingt a gcáis siar agus **ag admháil**[10] go bhfuil siad **ciontach**[11], a Dhuine Uasail.

BREITHEAMH: Gearraim fíneáil ocht gcéad euro an duine oraibh.

(Imíonn MAC UÍ DHROMA, SÉAMUS DUBH *agus* PEADAIRÍN THÓIN AN BHAILE *as an gcúirt. Bualadh bos mór ó na hógánaigh,* ***liú buach***[12]*, agus ardaíonn siad a gcuid bratach.*

Téann SINÉAD *chuig Seosamh agus tugann lámh chúnta dó lena choinneáil ar a chosa agus iad ar an mbealach amach.*

Breathnaíonn SINÉAD *siar ar Éamonn Beag atá ina sheasamh leis féin agus cuma an-uaigneach air. Tugann sí comhartha dó lena cloigeann teacht leo agus ritheann sé chucu go háthasach. Casann na gasúir uile a n-amhrán ar an mbealach amach, bratacha ar crochadh.)*

Hurú! Hurú! Hurú!
Cosc ar thruailliú!
Deireadh le dumpáil,
Deireadh le dumpáil,
Fíneáil mhór inniu!

CRÍOCH

Éisteacht Rian 1.57

Éist leis an gcuid seo den dráma agus lean í i do leabhar.

LG Tá cluastuiscintí don aonad seo le fáil ar lgh 163–5.

1 if he succeeds 2 we'll win 3 anything else 4 very important 5 group 6 surprise 7 it's worth it 8 signal 9 fright 10 admitting 11 guilty 12 victorious cry

Machnamh

Na ranna cainte

Roinn cainte	Sampla
ainmfhocal	capall
forainm	mé
briathar	dún
aidiacht	beag
dobhriathar	go mall
réamhfhocal	as

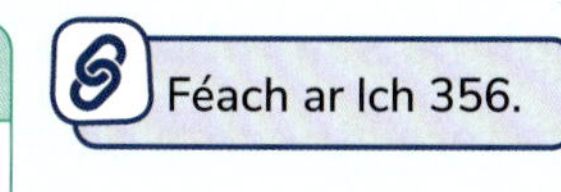
Féach ar lch 356.

Scríobh

Féach ar na téarmaí seo ón dráma agus cuir iad sna boscaí cearta.

ag, amadán, ar, bailigh, breitheamh, ciontach, cléireach, cúnta, dumpáil, é, gearr, go ciúin, go hálainn, go mídhleathach, imigh, labhair, le, muid, ógánaigh, portach

Ainmfhocal	Forainm	Briathar
Aidiacht	**Dobhriathar**	**Réamhfhocal**

Idirghníomhú cainte

Beidh an comhrá seo bunaithe ar an méid a d'fhoghlaim tú faoin nGaeilge nuair a léigh tú an dráma *Gleann Álainn*. Cuir na ceisteanna seo ar dhuine eile sa rang agus freagair na ceisteanna bunaithe ar do chuid machnaimh féin. Labhair leis an duine eile faoi na rudaí a eascraíonn[1] as na ceisteanna.

1 Ainmnigh cúpla focal a d'fhoghlaim tú nuair a léigh tú an dráma seo.
2 Ar fhoghlaim tú aon bhriathra agus tú ag léamh *Gleann Álainn*?
3 An bhfuil tuiscint níos fearr agat ar an aimsir chaite anois?
4 An bhfuil tú níos compordaí leis an dá réimniú de na briathra sa Ghaeilge anois?
5 An fearr leat a bheith ag léamh Gaeilge nó a bheith ag éisteacht le Gaeilge?
6 Pioc amach cúpla aidiacht ón dráma le séimhiú orthu agus mínigh an fáth a bhfuil séimhiú ann.

[1] arise

An seánra agus an t-údar

Léamh

Léigh na sainmhínithe seo agus déan an tasc a bhaineann leo.

Is seánra litríochta é an dráma. Bíonn drámaí beo ar siúl ar an stáitse in amharclanna agus is féidir drámaí (scannáin) a fheiceáil ar an scáileán i bpictiúrlanna freisin. Tá cúig chineál/stíl dráma ann.

- **Dráma grinn**[1]**:** Is scéal greannmhar agus spraíúil é seo.
- **Traigéide**[2]**:** Baineann an scéal seo le tragóid nó tubaiste. Tá cáil idirnáisiúnta ar an traigéide Ghréagach.
- **Greannthraigéide**[3]**:** Is dráma é seo a bhaineann le tragóid ach tá **greann dubh**[4] sa scéal freisin. Tá go leor drámaí mar seo ag William Shakespeare.
- **Méaldráma**[5]: Seo dráma atá lán le heachtraí drámata agus lán le háibhéil. Tá siad cosúil le **sobalchláir**[6] ar an teilifís.
- **Ceoldráma**[7]: Is dráma é seo atá lán le hamhráin. Is iomaí ceoldráma atá scríofa san Iodáilis.

Idirghníomhú cainte

Labhair le duine éigin nó le mionghrúpa agus roghnaigh dráma amháin a bhaineann le gach stíl thuas. Mar aon leis seo, roghnaigh an stíl a bhaineann leis an dráma *Gleann Álainn*. Léirigh do rogha anseo le dhá thagairt don scéal féin.

Nóta faoin údar

Rugadh Brian Ó Baoill i 1929 i mBealach an Doirín, Contae Ros Comáin. Chónaigh sé i Londain agus sa Mhí ina óige. Phós sé Beti Jones, as an mBreatain Bheag, i 1964. Bhí triúr páistí acu, Ruairí, Niamh agus Dara. Spreagtha ag easpa leabhair Ghaeilge do pháistí, scríobh Brian Ó Baoill *An Bealach Rúnda*, scéal agus amhráin, i 1969. Idir 1965 agus 2016 foilsíodh 27 leabhar dá chuid: leabhair do pháistí (péire acu le hOisín Ó hEartáin, a gharmhac), leabhair d'fhoghlaimeoirí fásta agus do dhéagóirí, úrscéalta, drámaí, filíocht, leabhair thaistil agus aistriúcháin ón Bhreatnais (sin an teanga sa Bhreatain Bheag).

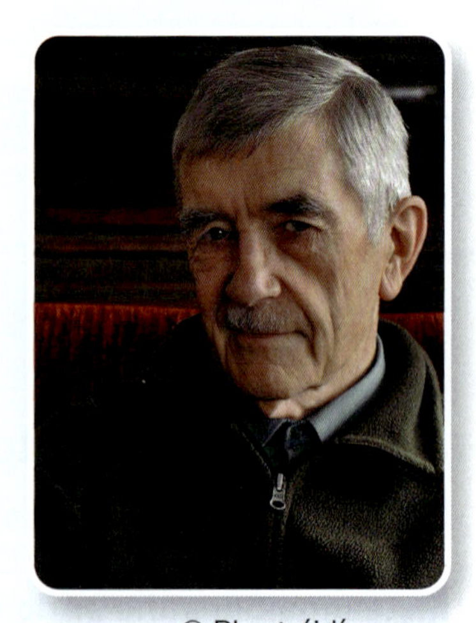

Déanann sé léaráidí do chuid dá leabhair féin. Bhain sé duaiseanna litríochta amach ag Mòd na hAlban, ag Oireachtas Gaeilge Cheanada, agus mórán ag Oireachtas na Gaeilge. Bronnadh Gradam Liteartha an Oireachtais air in 2011. Chaith sé tráth ina rúnaí ar Chonradh na Gaeilge i Londain, agus ina bhall de Choiste Gnó an Chonartha in Éirinn. Bhí sé páirteach i bhfeachtas Chonradh na Gaeilge do theilifís Ghaeilge i 1985. Chaith sé seal i bpríosún. Is cuntasóir cáilithe é. D'oibrigh sé leis an mBanc Ibeirneach, Baile Mhic Andáin, ansin le Unilever agus Plessey i Sasana, Rio Tinto i gCeanada, Comhdháil Náisiúnta na Gaeilge, Gael Linn, Údarás na Gaeltachta agus TG4. D'aistrigh sé cláir theilifíse.

1 comedy 2 tragedy 3 tragicomedy 4 dark humour 5 melodrama 6 soap operas 7 opera

Scríobh

Cruthaigh cúig cheist bunaithe ar an bpróifíl ar an leathanach ar chlé agus cuir iad ar dhuine eile sa rang. Is féidir úsáid a bhaint as na ceistfhocail seo.

Cad? Cá? Cathain? Cén? Cé? Cé mhéad?

Físeán

Cuardaigh le haghaidh 'Brian Ó Baoill Welcomed Home' ar rte.ie. Éist le Brian Ó Baoill ag caint faoin bhfeachtas[1] ar son theilifís na Gaeilge.

Taighde

Déan taighde ar cheann de na fostóirí a bhí ag Brian Ó Baoill. Seo liosta díobh.

An Banc Ibeirneach, Unilever, Plessey, Rio Tinto, Comhdháil Náisiúnta na Gaeilge, Gael Linn, Údarás na Gaeltachta, TG4

Nóta scrúdaithe faoin litríocht

Nuair atá tú ag scríobh faoin bhfilíocht sa scrúdú, tá ort **athfhriotal**[2] díreach a thabhairt ón dán. Nuair atá tú ag scríobh faoi na seánraí eile sa scrúdú, is féidir **athleagan**[3] a chur ar rudaí ón scéal nó ón dráma agus is leor sin.

Leis an tSraith Shóisearach, caithfidh tú a bheith **solúbtha**[4] mar athraíonn na ceisteanna ó bhliain go bliain. Mar sin, tá na cnámhfhocail ón dráma ríthábhachtach. Má bhaineann tú úsáid as na cnámhfhocail in éineacht le réimse briathra (agus ainmneacha na gcarachtar, dar ndóigh), beidh do fhreagra **ábhartha**[5] agus bainteach leis an dráma i gcónaí. Tá nathanna úsáideacha le fáil ar an gcéad leathanach eile.

[1] *campaign* [2] *quotation* [3] *paraphrase* [4] *flexible* [5] *relevant*

Nathanna úsáideacha

Stór focal

Cnámhfhocail ón dráma	Nathanna solúbtha a bhaineann leis an dráma	✔
seisear déagóirí portach	Tosaíonn an dráma le **seisear déagóirí** ar an b**portach**.	
an tírdhreach álainn	Tá ar na déagóirí **tírdhreach álainn** a tharraingt.	
an bheirt fhear	Aithníonn siad (Sinéad agus Seosamh) **an bheirt fhear**.	
an fógra	Is cuma leo (Séamus agus Peadairín) faoin bh**fógra**.	
i bhfolach	Téann siad (Sinéad agus Seosamh) **i bhfolach** faoin sceach.	
sceach	Fágann Seosamh an ceamara faoin **sceach**.	
an timpeallacht	Tuigeann na déagóirí an tábhacht a bhaineann leis **an timpeallacht**.	
grianghraf	Glacann Seosamh **ghrianghraf** de na fir.	
bruscar/dumpáil	Beartaíonn siad ar rud a dhéanamh faoin m**bruscar/ dumpáil**.	
an Chomhairle Chontae	Tá agóid ar siúl os comhair oifigí **an Chomhairle Chontae**.	
agóid	Cloistear na daoine san **agóid** ag screadaíl.	
an t-oifigeach	Deir **an t-oifigeach** go bhfaca sé iníon Sheáin.	
clúdach donn	Tugann Seán breab i g**clúdach donn** do Thadhg.	
caimiléireacht	Feictear an **chaimiléireacht** i dtosach sa radharc seo.	
iníon	Is idéalaí í **iníon** Sheáin Mhic an Mháistir. *Leid: tuiseal ginideach*	
an polaiteoir	Ní chreideann **an polaiteoir** go bhfuil a iníon sa ghrúpa.	
uncail	Is léir go bhfuil Éamonn Beag faoi bhrú óna **uncail**.	
teach na cúirte	Críochnaíonn an dráma i d**teach na cúirte**.	
an breitheamh	Seasann gach duine don **bhreitheamh**.	
an dlíodóir/na dlíodóirí	Cuireann an breitheamh ceisteanna ar **na dlíodóirí** agus ar na déagóirí.	
na pictiúir	Ritheann Seosamh isteach leis **na pictiúir**.	
ciontach	Cruthaíonn na grianghraif go bhfuil na fir **ciontach**.	

Tasc foclóra

Aistrigh na cnámhfhocail thuas go Béarla. Déan iarracht an líon is airde i do ghrúpa a bhaint amach i gceann trí nóiméad. Cuir tic in aice le gach nath nuair atá tú compordach go bhfuil sé ar eolas agat.

Tá stór focal an aonaid seo le fáil ar lch 451.

Idirghníomhú cainte

Pioc focal ón liosta cnámhfhocal agus iarr ar dhalta eile é a chur in abairt a bhaineann leis an dráma. Ansin, piocann an duine eile cnámhfhocal difriúil. Tá ortsa é a chur in abairt. Clúdaigh na nathanna solúbtha don tasc seo.

Moladh
Caith bonn in airde leis an gcéad duine a roghnú chun focal a chur in abairt.

Achoimre ar an dráma

Radharc 1

Tá trí radharc sa dráma. Ag an tús buailimid le seisear déagóirí. Is ealaíontóirí iad. Tá siad amuigh faoin spéir i bportach atá suite in aice na sléibhte. Cloistear iad ag labhairt faoina múinteoir ealaíne. Feiceann beirt acu (Sinéad agus Seosamh) málaí móra bruscair in aice leis an loch agus cuireann sé seo fearg orthu. Beartaíonn siad ar an scéal a fhiosrú agus téann siad i bhfolach in aice leis an loch.

Tagann beirt fhear (Séamus Dubh agus Peadairín Thóin an Bhaile) le níos mó bruscair. Aithníonn Sinéad an bheirt fhear. Is cairde iad lena hathair (Seán Mac an Mháistir). Is teachta dála é a hathair agus tugann an bheirt fhear tacaíocht dó. Glacann Seosamh grianghraf den bheirt fhear gan fhios dóibh. Éisteann na déagóirí leis an gcomhrá atá ag na fir. Is léir go bhfuil siad ag teacht chuig an ngleann go minic leis an mbruscar. Níl aon mheas acu ar an timpeallacht.

Tuigeann Sinéad agus Seosamh go mbeidh sé deacair ar Shinéad dul in aghaidh na beirte seo agus beartaíonn siad é a dhéanamh ar mhaithe na timpeallachta sa cheantar. Nuair a chloiseann an ceathrar eile an scéal iomlán, imíonn Éamonn Beag (duine de na déagóirí) mar tá sé gaolta le Séamus Dubh. Níl Éamonn sásta dul in aghaidh a uncail. Ansin fágann siad an áit ach déanann siad dearmad ar an gceamara atá fós faoin sceach in aice leis an loch.

Radharc 2

Tá an dara radharc suite in oifig sa Chomhairle Chontae. Tosaíonn an radharc seo le déagóirí i mbun agóide lasmuigh den oifig ag gearán faoi dhaoine ag dumpáil go mídhleathach. In oifig éigin san fhoirgneamh tá Seán Mac an Mháistir ag caint leis an oifigeach Tadhg Ó Cuill. Tá Seán ar buile mar bhuail ceann de na déagóirí ón agóid é le hubh. Cuireann Tadhg an teachta dála ar an eolas go bhfuil a iníon sa ghrúpa sin. Ní chreideann Seán Tadhg beag ná mór.

Ansin athraíonn Seán a phort agus tosaíonn sé ag caint faoina chairde atá ag dul os comhair na cúirte. Molann Seán do Thadhg an cás a tharraingt siar. Ansin cuireann Tadhg an teachta dála ar an eolas nach féidir leis é sin a dhéanamh mar níor chuir an chomhairle an dlí ar an mbeirt fhear (Séamus Dubh agus Peadairín Thóin an Bhaile).

Geallann Tadhg do Sheán go ndéanfaidh sé gach rud chun an scéal a chur ina cheart. Anseo feicimid an chaimiléireacht go ríshoiléir. Tugann an polaiteoir clúdach do Thadhg. Deir sé go bhfuil airgead ann chun aon chostais a ghlanadh.

Radharc 3

Tá an dráma lonnaithe anois i dteach na cúirte. Tá an bheirt fhear os comhair na cúirte an lá seo. Níl Éamonn Beag sa chúirt agus níl Seosamh ann ach oiread, mar chuaigh sé ar ais go dtí an gleann álainn leis an gceamara a aimsiú. Deir Éamonn os comhair na cúirte go bhfaca sé beirt fhear sa ghleann ar an lá úd ach go raibh sceach idir na déagóirí agus na fir. Mar sin, ní raibh sé in ann na fir a fheiceáil i gceart agus ní féidir leis iad a aithint sa chúirt. Is cleasaíocht é seo a shocraigh Tadhg Ó Cuill. Is léir go bhfuil Éamonn bocht faoi bhrú anseo.

Is cosúil ag an bpointe seo go mbeidh teipthe ar na déagóirí. Ach ansin, ritheann Seosamh isteach agus an ceamara ina láimh aige. Tugann Seosamh cúpla grianghraf don bhreitheamh agus féachann sí orthu sula labhraíonn sí leis an dlíodóir atá ag an mbeirt fhear. Ansin tá ar na fir a admháil go raibh siad ag dumpáil bruscair sa ghleann. Gearrann an breitheamh pionós €800 an duine orthu. Ag an deireadh cuireann Sinéad fáilte roimh Éamonn teacht ar ais sa ghrúpa agus tosaíonn siad ar fad ag ceiliúradh an bua le chéile.

Taispeántas

Oibrigh i ngrúpa agus pioc ceann de na radhairc ón dráma *Gleann Álainn*. Scríobh dialóg bheag don radharc a roghnaigh sibh. Déan taispeántas den radharc os comhair an ranga. Bain úsáid as an acmhainn punainne (lch 25) mar chabhair duit.

Ceist shamplach

Cad iad na cúig phointe sa dráma *Gleann Álainn* a sheas amach duit?

1. Feiceann Sinéad agus Seosamh an bheirt fhear ag dumpáil bruscair in aice leis an loch sa ghleann. Cuireann an **(1) eachtra** seo **(2) déistin** ar na déagóirí mar is cairde le hathair Shinéad iad.
2. Tá sé **(3) suntasach** ag deireadh an chéad radhairc go n-imíonn Éamonn Beag leis féin nuair a thuigeann sé go bhfuil a uncail páirteach sa dumpáil. Tá **(4) codarsnacht** idir seo agus an plean atá ag Sinéad agóid a shocrú agus an dlí a chur ar na **(5) caimiléirí**.
3. Nuair a thugann Seán Mac an Mháistir clúdach do Thadhg Ó Cuill is pointe mór é seo sa dráma. Leis seo nochtann an t-údar go ríshoiléir an chaimiléireacht atá i gcroílár an dráma. Tá codarsnacht idir an **(6) mhímhacántacht** seo agus an agóid atá ar siúl lasmuigh d'oifigí an Chomhairle Chontae.

4. Sa tríú radharc feictear Éamonn Beag ina sheasamh in **(7) ísle brí** agus **(8) lagmhisneach** air. Is léir anseo go bhfuil **(9) maistíneacht** i gceist anseo agus go bhfuil uncail Éamoinn ag cur isteach air. Is cosúil go bhfuil an cluiche thart do na déagóirí ag an bpointe seo sa dráma.
5. Casann an cás cúirte ag an gcúigiú pointe a sheas amach dom, nuair a ritheann Seosamh isteach agus an grianghraf ina ghlac aige. Leis an **(10)** bh**fianaise** seo tá an breitheamh in ann pionós a ghearradh ar na fir a bhí ag dumpáil bruscair.

Tasc foclóra

Cad is brí leis na focail i gcló trom sa fhreagra samplach thuas? Bain úsáid as d'fhoclóir nó uirlis ar líne más gá don tasc seo.

Idirghníomhú cainte

An bhfuil aon phointí eile a sheas amach duitse sa dráma? Labhair faoi na pointí eile agus breac síos nótaí fúthu.

Na carachtair

Céard é an carachtar is fearr leat?

Is é an carachtar is fearr liom ná . . .

Sinéad

Is é Seán Mac an Mháistir (an teachta dála) athair Shinéad. Is **idéalaí**[1] í Sinéad agus teastaíonn uaithi an **timpeallacht**[2] a chosaint agus rudaí sa saol seo a chur ina gceart. Nuair atá na déagóirí ar an bportach téann Sinéad ag péintéireacht le Seosamh mar tá gean ag an mbeirt acu ar a chéile. Is duine láidir macánta í Sinéad. Socraíonn sí **agóid**[3] in aghaidh na dumpála, cé go gcruthaíonn sin fadhbanna móra dá hathair. Is duine cliste í Sinéad freisin. Molann sí don dlíodóir (Mac Uí Ghríofa) sos cúig nóiméad a iarraidh agus cruthaíonn sin neart ama do Sheosamh chun filleadh ar ais ón bportach. Murach sin, bheadh a gcosa nite sa chás cúirte.

Seán Mac an Mháistir

Is polaiteoir é agus is athair Shinéad é freisin. Ní duine macánta é cosúil lena iníon. Déanann sé iarracht an bheirt fhear (Séamus Dubh agus Peadairín Thóin an Bhaile) a chosaint ón dlí le **breab**[4]. Labhraíonn Seán leis an oifigeach Tadhg Ó Cuill agus is léir ón gcomhrá nach é seo an chéad ghar a shocraigh an teachta dála leis an oifigeach. Níl aithne aige ar a iníon féin mar ní féidir leis a chreidiúint go mbeadh Sinéad i mbun agóide in aghaidh na dumpála. Caitheann sé a shaol **faoi anáil na caimiléireachta**[5] agus ní fheiceann sé aon mhaitheas a bheith **ag obair ar son na cúise**[6]. Caitheann sé **maslaí**[7] leis na daoine ar an bpicéad. Is cinnte nach bhfuil an t-athair agus an iníon cosúil lena chéile beag ná mór.

Seosamh

I mbealach amháin is é Seosamh an **laoch**[8] sa scéal seo. Nuair atá an cluiche beagnach caillte ag na déagóirí sa chúirt agus a gcosa beagnach nite acu, ritheann Seosamh isteach le grianghraif de na fir ag dumpáil in aice leis an loch. Nuair atá sé i bhfolach taobh thiar den sceach coinníonn sé a chloigeann agus bailíonn sé an fhianaise láidir leis an dlí a chur ar an mbeirt fhear. Teastaíonn ó Sheosamh dul i gcion ar Shinéad mar tá meas aige uirthi agus ar an idéalachas atá aici. Ag deireadh an chéad radhairc, fágann sé a cheamara faoi sceach ach sa deireadh éiríonn leis é a fháil ar ais. Tá an lá leis na déagóirí i dteach na cúirte, mar gheall ar obair Sheosaimh.

Séamus Dubh agus Peadairín Thóin an Bhaile

Tá an bheirt fhear seo sa chumann polaitiúil atá ag Seán Mac an Mháistir. Is cosúil nach daoine cliste iad agus **tá siad beag beann**[9] ar an dlí. Creideann siad go bhfuil siad slán fad is atá na cairde cearta acu. Is cosúil gur beirt **ghiollaí**[10] iad a dhéanann an drochobair dá gceannaire (Seán Mac an Mháistir). Íocann siad go daor as seo sa deireadh i dteach na cúirte.

1 idealist 2 environment 3 protest 4 bribe 5 under the influence of dishonesty
6 working for the cause 7 insults 8 hero 9 they have no regard 10 lackeys

Éamonn Beag

Tá trua ag an léitheoir d'Éamonn sa dráma seo. Is ball den ghrúpa é agus tá suim aige sa timpeallacht, cosúil leis na déagóirí eile. Ach tagann a uncail (Séamus Dubh) idir Éamonn agus a chairde. Níl an misneach aige dul in aghaidh a uncail agus, dar ndóigh, bheadh sin thar a bheith deacair d'aon duine óg. Deir sé sa chúirt nach n-aithníonn sé an bheirt fhear mar tá sé faoi bhrú ollmhór. Déarfainn go bhfuil sé in ísle brí ag an bpointe seo, ach sa deireadh cuireann Sinéad fáilte roimhe teacht isteach i gciorcal na gcarad arís.

Pádraig

Is duine **searbhasach**[1] é Pádraig. Feictear é **ag spochadh as**[2] Seosamh agus as Sinéad. Cuireann seo isteach ar Shinéad tar éis tamaillín, ach nuair a chloiseann sé faoin dumpáil taispeánann sé taobh eile de féin. Léiríonn sé go bhfuil sé lánsásta rud a dhéanamh faoin mbruscar.

Eilís

Is mioncharachtar amach is amach í Eilís agus is léir ó na línte atá aici gur duine dáiríre í. Ní maith léi a bheith ag magadh faoi dhaoine. Mar aon leis seo, is duine neirbhíseach í. Níl sí ar a compord dul in aghaidh na ndaoine atá ag dumpáil ar dtús agus sa chúirt tá eagla uirthi nach mbeidh an bua acu.

Idirghníomhú cainte

Cuir na ceisteanna seo ar dhuine eile sa rang agus freagair na ceisteanna don duine sin freisin.

1 Cad é an carachtar is tábhachtaí sa dráma? Tabhair cúis le do fhreagra.

2 An bhfuil aon charachtar sa dráma a bhfuil **iomarcach**[3] ann nó nach bhfuil de dhíth leis an dráma a chur i gcrích?

3 An bhfeiceann tú aon tréithe pearsanta in aon charachtar atá i do charachtar féin freisin? Cuir pointe eolais ón dráma le do fhreagra.

Tascanna scríofa

Déan cúpla tasc ón liosta seo. Bain úsáid as an acmhainn punainne (lch 27) mar chabhair duit.

1 Scríobh scéal Instagram a bheadh ag ceann de na déagóirí ar an lá a ndeachaigh siad ag sceitseáil agus ag péintéireacht sa ghleann álainn.

2 Scríobh scéal Instagram eile ó charachtar eile tar éis an chás cúirte.

3 Ag obair le duine eile sa rang, scríobh script chomhrá idir Sinéad agus a hathair ón maidin tar éis an chás cúirte. (Is féidir taispeántas den chomhrá a dhéanamh os comhair an ranga.)

4 Ag obair le duine eile sa rang, scríobh script chomhrá idir Éamonn Beag agus a uncail ón lá tar éis an chás cúirte. (Is féidir taispeántas den chomhrá a dhéanamh os comhair an ranga.)

5 Scríobh ríomhphost a sheol uncail Éamoinn d'Éamonn féin. Sa ríomhphost, gabhann an t-uncail a leithscéal agus míníonn sé d'Éamonn go raibh sé féin faoi bhrú.

6 Scríobh amach na téacsteachtaireachtaí a sheol Sinéad chuig (a) a hathair (b) Seosamh (c) Éamonn Beag. Cuir freagairt ó na carachtair eile le gach téacs.

1 sarcastic   2 making fun of   3 superfluous

Na téamaí

Tá dhá théama mhóra le feiceáil sa dráma seo:
- an timpeallacht
- an chaimiléireacht

An timpeallacht

Tá trí radharc sa dráma seo agus tá tábhacht na timpeallachta le feiceáil i ngach radharc. Ag an tús téann dream de sheisear déagóirí chuig portach atá lonnaithe i ngleann álainn. Is ealaíontóirí iad na déagóirí seo agus cuireann siad suim sa dúlra agus san áilleacht a bhaineann leis an dúlra. Sa chéad radharc feiceann beirt acu (Sinéad agus Seosamh) fir **ag diúscairt**[1] bruscair go mídhleathach sa ghleann. Beartaíonn siad ar rud a dhéanamh faoi seo agus tógann Seosamh grianghraf den bheirt fhear (Séamus Dubh agus Peadairín Thóin an Bhaile).

Sa dara radharc, is léir nach bhfuil meas ar bith ag an teachta dála (Seán Mac an Mháistir) ar an timpeallacht agus is cosúil go bhfuil an tuairim chéanna ag an oifigeach. Ach os a gcoinne seo tá na déagóirí lasmuigh d'oifigí an Chomhairle Chontae i mbun agóide in aghaidh na dumpála.

Leanann an téama ar aghaidh sa tríú radharc, nuair atá an bheirt fhear os comhair na cúirte faoin dumpáil. Faigheann na déagóirí **an lámh in uachtar**[2] ag an deireadh nuair a ritheann Seosamh isteach leis na grianghraif.

An chaimiléireacht

Feictear téama na caimiléireachta sna trí radharc den dráma *Gleann Álainn*. Sa chéad radharc tá an bheirt fhear (Séamus Dubh agus Peadairín) ag magadh faoin bhfógra a deir go bhfuil cosc ar an dumpáil. Creideann siad nach mbaineann na rialacha sin leo mar tá na cairde cearta acu agus 'Ní féidir dul thairis sin.'

Tá an dara radharc bunaithe ar chomhrá in oifig sa Chomhairle Chontae. Tá go leor uisce faoi thalamh i gceist sa chomhrá seo. Tugann Seán Mac an Mháistir (an polaiteoir) breab don oifigeach (Tadhg Ó Cuill) le bheith cinnte nach mbeidh a chairde thíos sa chás cúirte. Deir Seán go bhfuil daoine **ag clúmhilleadh**[3] na fir le fianaise bhréige.

Sa tríú radharc feicimid croí dubh na caimiléireachta. Anseo tá Éamonn Beag faoi bhrú agus é ar a neamhchompord ag insint bréige. Déanann Éamonn seo chun a uncail agus a chairde **cam**[4] a shásamh. Baineann seo leis an iarracht ó na **caimiléirí**[5] chun an cás cúirte a scriosadh. Ach sa deireadh teipeann orthu. Tagann Seosamh chuig teach na cúirte leis an bhfianaise a chruthaíonn go raibh na fir ag dumpáil bruscair sa ghleann álainn.

Idirghníomhú cainte

Pioc carachtar ón liosta thíos. Bíodh tusa an carachtar sin agus bíodh dalta eile ón rang carachtar eile. Cuir na ceisteanna cuí ón ngreille ar an dalta eile agus freagair na ceisteanna a chuirfidh an dalta eile ort. Ansin pioc carachtar eile agus téigí trí na ceisteanna eile. (Breac síos nótaí don tasc seo más maith leat.)

Sinéad	1 An bhfuil aon trua agat don bheirt fhear a bhí ag dumpáil?
	2 Conas a bhí an t-atmaisféar sa bhaile tar éis an chás cúirte?
	3 Ar mhaith leat dul ar choinne le Seosamh?
Seosamh	1 An raibh tú buartha agus tú ag dul in aghaidh athair Shinéad?
	2 Conas a d'aimsigh tú an ceamara sa ghleann?
	3 Ar mhaith leat dul ar choinne am éigin le Sinéad?
Éamonn Beag	1 Conas a mhothaigh tú agus tú i do sheasamh sa chúirt?
	2 An raibh comhrá agat le d'uncail faoin toradh sa chúirt?
	3 An raibh tú sásta Seosamh a fheiceáil agus na pictiúir aige?
Seamus Dubh	1 Ar chuir tú brú ar do nia faoin gcás cúirte?
	2 Cá bhfaighidh tú €800 don fhíneáil?
	3 An bhfuil tú fós ag obair le Seán Mac an Mháistir?

1 dumping 2 the upper hand 3 slandering 4 crooked 5 crooks

Na mothúcháin

Frásaí úsáideacha

Buaileann [**mothúchán**]* [é/í/iad/*ainm*] nuair a . . .	[**Emotion**] strikes [him/her/them/*name*] when . . .
Cuireann an eachtra seo/chuid seo den dráma [**mothúchán**] orm.	This event/part of the play makes me feel [**emotion**].
Feictear [**mothúchán**] go minic sa dráma seo.	[**Emotion**] is seen often in this play.
Is é an mothúchán is láidre sa dráma ***Gleann Álainn*** ná [**mothúchán**].	The strongest emotion in the play ***Gleann Álainn*** is [**emotion**].
Is féidir liom ionannú leis an gcarachtar anseo mar . . .	I can identify with the character here because . . .
Is léir go bhfuil [**mothúchán**] ar an gcarachtar seo ag an bpointe seo sa dráma.	It is clear that this character is feeling [**emotion**] at this point in the play.

* Cuir isteach an mothúchán áirithe atá uait don fhreagra.

Uafás

Is léir go bhfuil uafás ar Shinéad agus ar Sheosamh sa chéad radharc den dráma nuair a fheiceann siad an bruscar caite ar fud na háite in aice leis an loch. Buaileann an t-uafás iad don dara huair nuair a thuigeann siad go bhfuil athair Shinéad ag tacú leis na fir atá ag dumpáil go mídhleathach. Is cosúil go bhfuil uafás as cuimse ar an bpolaiteoir sa dara radharc nuair a fheiceann sé an agóid faoi lánseol lasmuigh d'oifig sa Chomhairle Chontae. Cuireann sé uafás ormsa nuair a thugann an teachta dála clúdach airgid don oifigeach. I mo bharúil féin tá an t-uafás is measa le feiceáil sa tríú radharc. Is cinnte go bhfuil uafás ar na déagóirí i dteach na cúirte nuair a fheiceann siad Éamonn Beag ag insint bréige sa chúirt. Déanann sé é seo leis an dumpáil a chur i gceilt. Ach tuigeann an lucht féachana go bhfuil sé faoi bhrú óna uncail, mar aon le cairde a uncail.

Áthas

Tá áthas an domhain ar na déagóirí ag an tús nuair atá an seisear acu ag dul amach chuig an ngleann leis an lá a chaitheamh ag sceitseáil agus ag péintéireacht. Cuireann an tírdhreach ansin áthas mór ar na healaíontóirí agus tá siad sásta an lá a chaitheamh in éineacht lena gcairde. Sa dara radharc is oth liom a rá go bhfuil áthas ar Thadhg Ó Cuill mar faigheann sé **lab**[1] airgid mar bhreab ón teachta dála. Nuair atá Éamonn Beag ag caint sa chúirt is dócha go bhfuil áthas ar an mbeirt fhear mar creideann siad go bhfuil siad ar tí **a gcosa a thabhairt leo**[2]. Ach ansin ritheann Seosamh isteach agus cuireann sé áthas ar na déagóirí agus ar an lucht féachana freisin, dar ndóigh. Mar aon leis seo, ag an deireadh **sméideann**[3] Sinéad anall ar Éamonn Beag agus cuireann sé seo áthas ar Éamonn agus gliondar ina chroí. Go dtí sin bhí sé scartha óna chairde.

Buairt

Sa chéad radharc deir Eilís go bhfuil buairt uirthi – b'fhéidir go bhfeicfidh lucht an bhruscair iad. Ach tá sí ina haonar anseo. Creideann na déagóirí eile gur chóir súil a choimeád ar an áit chun na daoine a aimsiú. Is suimiúil an rud é nach bhfuil buairt ar Shinéad dul in aghaidh a hathar ag deireadh an chéad radhairc. Is léir go bhfuil Seán Mac an Mháistir buartha go dtiocfaidh sé chun solais go bhfuil a chairde ag dumpáil bruscair sa ghleann. Is é seo an fáth a dtugann sé airgead don oifigeach leis an trioblóid a ghlanadh. Sa tríú radharc, ar dtús, tá buairt ar na déagóirí go bhfuil **a gcosa nite**[4] agus ansin tá buairt ar an mbeirt fhear mar tagann Seosamh isteach leis an ngrianghraf agus gearrann an breitheamh fíneáil orthu. Is dócha go bhfuil buairt mhór ar an bpolaiteoir ag an bpointe seo freisin.

Tasc scríofa

Scríobh alt bunaithe ar cheann de na focail ón dráma sa liosta anseo. Bain úsáid as an acmhainn punainne (lch 29) mar chabhair duit.

crógacht, dílseacht, eagla, imní, lagmhisneach, mídhílseacht, ríméad

Critéir ratha:

- Déan cinnte go bhfuil tagairt ann do gach radharc ón dráma.
- Cuir an focal i gcodarsnacht le mothúchán/cáilíocht eile atá le feiceáil sa dráma.
- Déan cinnte go bhfuil tagairtí do bheirt charachtar (nó níos mó) i do fhreagra.

LG Déan na tascanna ar lgh 67–74.

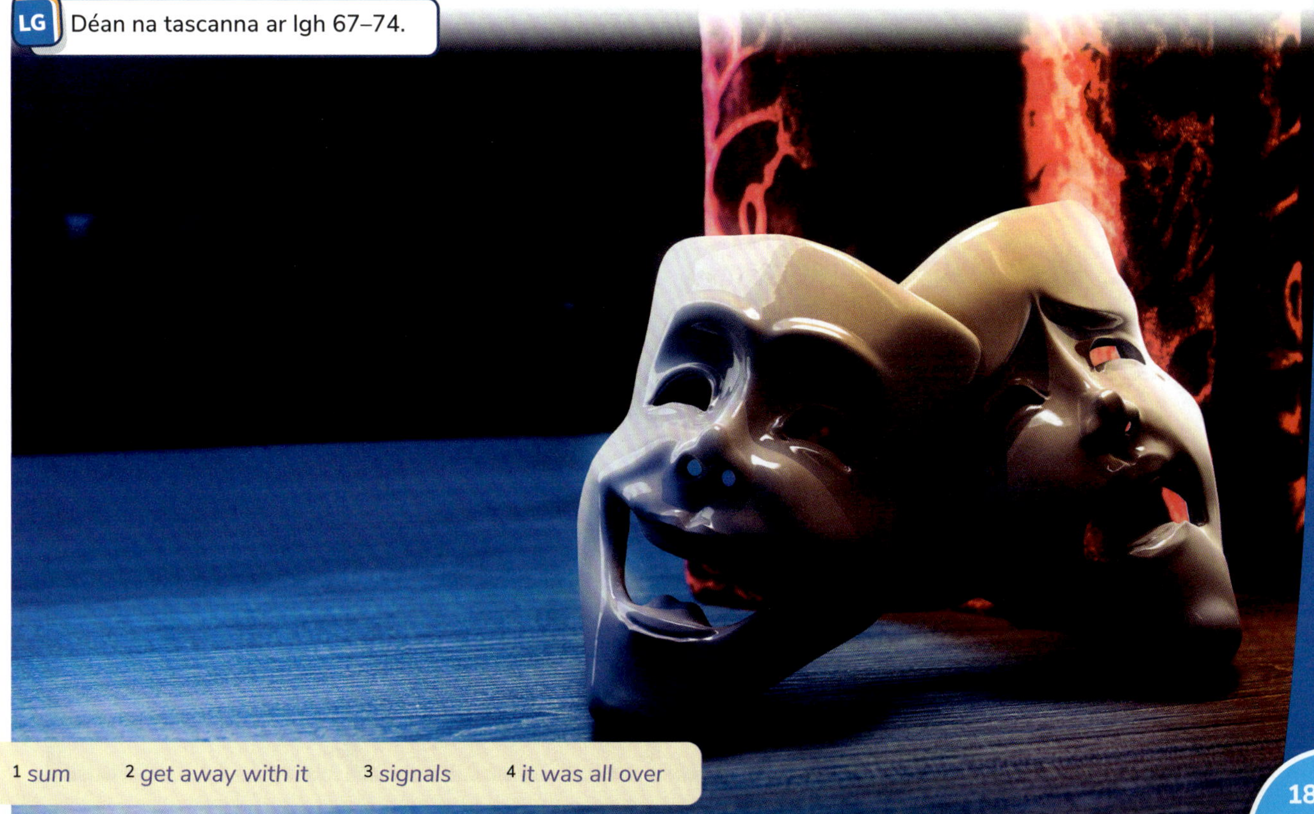

[1] sum [2] get away with it [3] signals [4] it was all over

Measúnú an aonaid

Piarmheasúnú: Cluiche *Gleann Álainn*

Déan staidéar ar an aonad seo agus, an lá dár gcionn, beidh deis agat an cluiche cláir seo a imirt le daoine eile sa rang.

Treoracha (*instructions*)	• Roghnaigh cara amháin agus imir an cluiche seo thíos leis nó léi. • Úsáid bonn airgid leis an gcéad duine a roghnú. • Caith an dísle. Má fhaigheann tú uimhir a trí ar an dísle, mar shampla, caithfidh tú bogadh ar aghaidh trí bhosca. • Caithfidh tú an cheist sa bhosca sin a fhreagairt. • Is é an chéad duine a bhainfidh an chearnóg dheireanach amach an buaiteoir.
Trealamh (equipment)	• Dísle nó stiallacha páipéir i gcupán • Clár an chluiche
Nathanna/ Focail (phrases/ words) don chluiche	• Mo shealsa! (*My turn!*) • Do shealsa! (*Your turn!*) • Seal s'agamsa! (*My turn!*) • Seal s'agatsa! (*Your turn!*) • Cuir chugam an dísle! (*Pass the dice!*) • Caith an dísle! (*Throw the dice!*) • Lean ort! (*Go ahead!*) • Is mise an buaiteoir! (*I am the winner!*)

TÚS AN CHLUICHE →	Cá bhfuil na déagóirí ag tús an dráma?	Cé mhéad déagóir atá sa dráma seo?	Ainmnigh an dlíodóir atá ag Séamus agus ag Peadairín. ↓
Chuir tú na haraidí amach! Téigh céim chun cinn. ↓	Cén post atá ag athair Shinéad?	**Bosca bán** Fan anseo.	← Ainmnigh nia Shéamuis Dhuibh.
Níor phioc tú suas páipéar sa seomra ranga! Téigh siar trí chéim. →	Litrigh ainm iomlán an údair: B _ _ _ _ Ó B_ _ _ _ _ _	Cad atá ar aghaidh Sheáin nuair a bhuaileann sé le Tadhg?	**Bosca bán** Fan anseo. ↓
Cén sos a iarrann siad ar an mbreitheamh? ↓	**Bosca bán** Fan anseo.	Ainmnigh an duine searbhasach ón gcéad radharc.	← **Ghlan tú do sheomra!** Téigh céim amháin chun cinn.
Cén t-ábhar scoile atá na daoine óga go léir ag déanamh, dar leat? →	Ainmnigh an dlíodóir atá ag na déagóirí.	Cén pionós a ghearrann an breitheamh ar an mbeirt fhear?	**Bhí tú ag dumpáil go mídhleathach!** Téigh siar ocht gcéim. ↓
MAITH THÚ! UMHLAIGH ANOIS OS COMHAIR AN RANGA!	Cé atá ag obair in oifig an Chomhairle Chontae?	Cé atá ag spochadh as Seosamh ag an tús?	← Cén sloinne atá ag Seán (athair Shinéad)?

Téigh go dtí **www.edco.ie/croinagaeilge3** agus bain triail as na hidirghníomhaíochtaí.

Féinmheasúnú

Nuair atá an piarmheasúnú déanta agat, comhlánaigh an ghreille seo thíos. Léigh gach intinn foghlama agus abairt mhachnaimh sa chéad cholún. An ndearna tú dul chun cinn? Cuir tic sa cholún cuí.

Anois táim in ann . . .	🙂	😐	🙁
an dráma a léamh agus a thuiscint as mo stuaim féin.			
na haidiachtaí pearsanta a úsáid i gcomhthéacs.			
an téarmaíocht a bhaineann leis an seánra seo a aithint agus a litriú go cruinn.			
cur síos a dhéanamh ar na carachtair sa dráma *Gleann Álainn*.			
anailís a dhéanamh ar gach gné den dráma.			
na forainmneacha réamhfhoclacha a úsáid agus mé ag caint faoin litríocht.			
Déanfaidh mé machnamh ar na habairtí seo a leanas (scríobh d'abairt féin freisin):			
Is fearr liom a bheith ag foghlaim Gaeilge tríd an litríocht seachas trí na rialacha gramadaí.			
Tá an difríocht idir an chanúint agus an caighdeán deacair le tuiscint.			

Anois comhlánaigh an plean feabhsúcháin seo thíos.

Trí rud a d'fhoghlaim mé:

1 ______________________________

2 ______________________________

3 ______________________________

Dhá rud atá le cleachtadh agam:

1 ______________________________

2 ______________________________

Rud a dhéanfaidh mé chun feabhas a chur ar mo chuid Gaeilge:

Seiceáil amach

Mar iarfhoghlaim don aonad seo, déan an ghníomhaíocht 'Seiceáil amach' ag **www.edco.ie/croinagaeilge3**. Conas a d'éirigh leat?

Smaointe MRB 2

- **Agallamh:** Cuir ceisteanna ar dhuine eile faoi charachtar ón dráma *Gleann Álainn* (is obair bheirte í seo).
- **Comhrá:** Labhair os comhair an ranga faoin dráma *Gleann Álainn*.
- **Taispeántas:** I ngrúpa, cuir deireadh difriúil leis an dráma *Gleann Álainn* agus déan dráma de os comhair an ranga.

Úrscéal *Cúpla*

Torthaí foghlama an aonaid

Tá difear lá agus oíche idir an cúpla.

Cumas cumarsáide	Feasacht teanga agus chultúrtha	Féinfheasacht an fhoghlaimeora
1.1, 1.5, 1.6, 1.14, 1.16, 1.17, 1.22, 1.25, 1.26, 1.28	2.1, 2.3, 2.5, 2.7	3.2, 3.7

Téacsanna an aonaid

Téacs litríochta
Úrscéal: *Cúpla* le hÓgie Ó Céilleachair
Téacsanna tacúla eile
Téacs litríochta (rogha eile): *Daideo* (úrscéal) le hÁine Ní Ghlinn Téacsanna eile: An chaibidil is fearr liom Acmhainní eile: teanglann.ie, focloir.ie, léaráidí gramadaí, acmhainn punainne, acmhainní digiteacha ag edco.ie/croinagaeilge3

Achoimre ar an aonad seo

Tá an t-aonad seo bunaithe ar an úrscéal *Cúpla*. Leanfaidh na daltaí ar aghaidh ag cur lena gcumas cumarsáide sna scileanna teanga difriúla agus iad ag tús an tríú bliain. Cuirfear béim ar fheasacht teanga agus chultúrtha, ach go háirithe ag díriú isteach ar theanga na Gaeilge mar chóras agus ag cothú feasachta i leith chultúr na teanga. Spreagfar na daltaí chun féintuiscint a chothú mar fhoghlaimeoirí teanga agus chun tuiscint a fhorbairt ar spreagadh pearsanta i leith na teanga.

San aonad seo foghlaimeoidh an dalta na scileanna seo:

Réamhfhoghlaim	Seiceáil isteach (lch 185)
Léamh	Léamh (lgh 203, 205), An chaibidil is fearr liom (lch 205)
Scríobh	Scríobh (lgh 189, 191, 193, 195, 197, 198, 200, 201, 202, 203, 205, 209), Próifíl (lch 189), Obair ealaíne (lgh 189, 195), Tasc scríofa (lgh 189, 191, 193, 195, 197, 198), Téacsteachtaireacht (lch 189), Blag (lch 193), Alt (lgh 195, 205), Litir (lch 197), Clár staidéir (lch 210), Tasc ealaíne (lch 211), Roghchlár (lch 211)
Éisteacht	Éisteacht (lgh 188, 190, 192, 193, 194, 196, 198)
Labhairt	Cur i láthair (lch 191), Clár staidéir (lch 210)
Idirghníomhú cainte	Idirghníomhú cainte (lgh 191, 193, 197, 205, 206, 209, 211), Clár staidéir (lch 210), Roghchlár (lch 211)
Gramadach	Meaitseáil (lgh 189, 191), Tasc gramadaí (lgh 189, 191, 193, 195, 197), Cúinne na gramadaí (lgh 195, 197, 198)
Foclóir	Do thuairim a chur in iúl (lch 186), Tasc foclóra (lgh 186, 193)
Cultúr	An chaibidil is fearr liom (lch 205)
Leabhar gníomhaíochta	Tascanna (lgh 75–87), Cluastuiscint (lgh 166–8)
Measúnú	Piarmheasúnú (lch 214)
Machnamh	Féinmheasúnú (lch 215), Seiceáil amach (lch 215)

Ag deireadh an aonaid seo beidh mé in ann:

- an t-úrscéal **Cúpla** a léamh agus a thuiscint as mo stuaim féin.
- úsáid cheart a bhaint as an téarmaíocht a bhaineann leis an úrscéal mar sheánra.
- cur síos a dhéanamh ar na carachtair ón úrscéal.
- mo thuairimí faoin úrscéal seo a léiriú ó bhéal.
- freagairt phearsanta a scríobh bunaithe ar an úrscéal **Cúpla**.
- na ranna cainte (briathair, aidiachtaí, ainmfhocail, srl.) san úrscéal a aithint.

Clár an aonaid

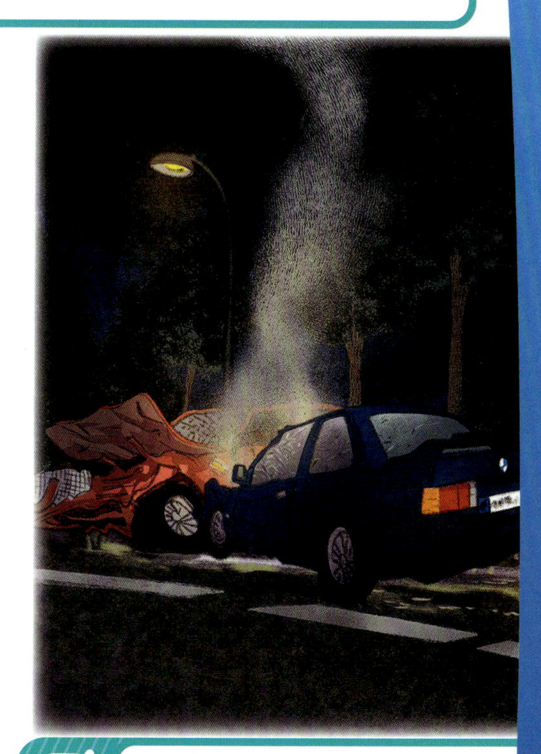

Seiceáil isteach

Mar réamhfhoghlaim don aonad seo, déan an ghníomhaíocht 'Seiceáil isteach' ag **www.edco.ie/croinagaeilge3**. Conas a d'éirigh leat?

Téigh go dtí **www.edco.ie/croinagaeilge3** agus bain triail as na hidirghníomhaíochtaí.

An úrscéalaíocht

Is minic a dhéantar plé ar na carachtair, na mothúcháin, na téamaí, an suíomh agus na buaicphointí atá in úrscéal. Seo nathanna agus frásaí a chabhróidh leat agus úrscéal á phlé agat.

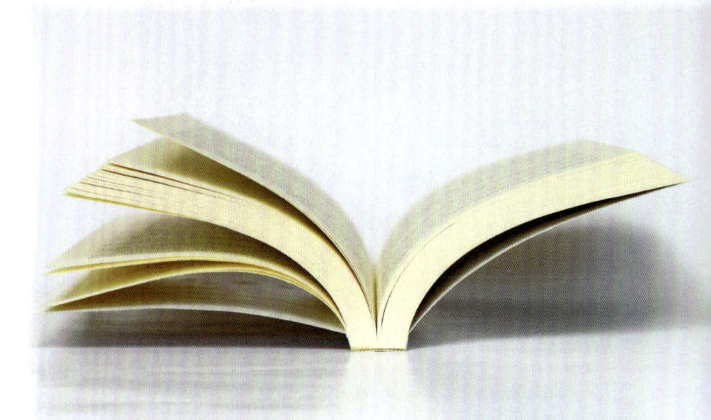

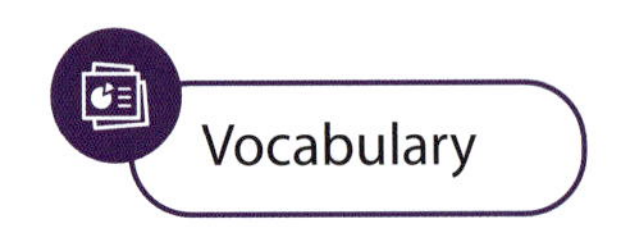

Téarmaí litríochta

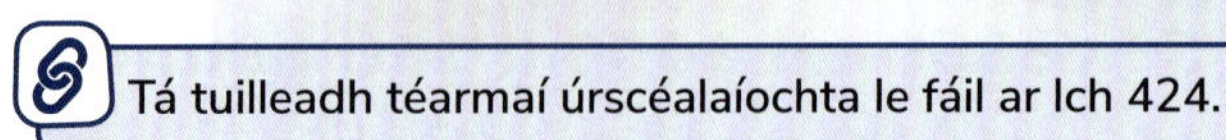
Tá tuilleadh téarmaí úrscéalaíochta le fáil ar lch 424.

Is é/í . . . príomhcharachtar an úrscéil seo.	. . . is the principal character in this novel.
Tá pearsantacht . . . aige/aici.	He/she has a . . . personality.
Is duine . . . é/í.	He/she is a . . . person.
Tá pearsantachtaí difriúla aige/aici.	He/she has different personalities.
Tá . . . agus . . . mar a chéile ó thaobh pearsantachta de.	. . . and . . . are similar as regards personality.
Gan amhras, tá duine . . . le sonrú/le feiceáil sa scéal seo.	Without a doubt, we see a . . . person in this story.
Feictear duine . . . sa scéal seo.	A . . . person can be seen in this story.
Thaitin príomhcharachtar an scéil liom. Bhí mé in ann ionannú leis/léi.	I liked the principal character in the story. I was able to identify with him/her.
Cuireann an t-údar pearsantacht . . . in iúl dúinn.	The author shows us a . . . personality.
Níl aon dabht ach go léiríonn an t-údar duine . . . go soiléir sa scéal seo.	There's no doubt that the author portrays a . . . person to us in this story.
Tá a p(h)earsantacht le brath san úrscéal.	His/her personality is evident in the novel.

Do thuairim a chur in iúl

Críochnaigh an abairt seo de réir do thuairime féin. Bain úsáid as na focail sa bhosca thíos.

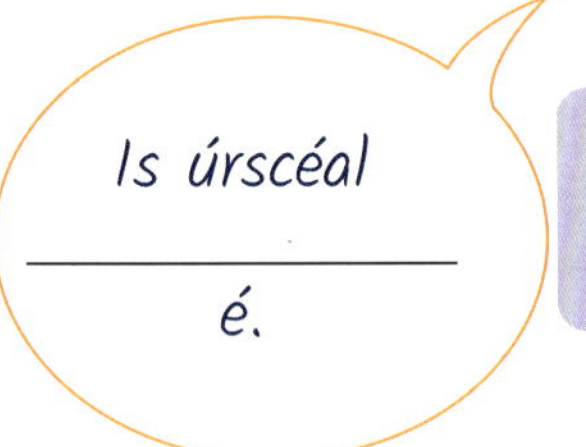

barrúil, coscrach, croíúil, dorcha, duairc, fíorspéisiúil, mealltach, millteanach, nua-aimseartha, seanfhaiseanta, spreagúil, suimiúil, taitneamhach, tarraingteach

Tasc foclóra

Bain úsáid as teanglann.ie le brí na n-aidiachtaí sa bhosca thuas a aimsiú.

Chun níos mó eolais a fháil faoi conas foclóir a úsáid, féach ar lch 444.

Léirmheas litríochta

Téarmaí litríochta

Thaitin an t-úrscéal liom	Níor thaitin an t-úrscéal liom
Ní bheadh drogall dá laghad orm an t-úrscéal seo a mholadh.	Bheadh drogall orm an t-úrscéal seo a mholadh.
Ba cheart do dhaoine óga an scéal seo a léamh.	Chun an fhírinne a rá, ní fhéadfainn an t-úrscéal seo a mholadh.
Is fiú súil a chaitheamh ar an úrscéal seo.	Ní cheapaim gur fiú an scéal seo a léamh.
Bhí mé sáite san úrscéal.	Bhí mé dubh dóite den scéal.
Tá an t-úrscéal seo scríofa go han-mhaith.	Bhí mé bréan de na carachtair.
Is scéal é atá an-éasca le léamh.	Tá an scéal beagán leanbaí.
Tríd is tríd is scéal iontach é.	Chuir an scéal mearbhall orm in áiteanna.
Tá greann sa scéal.	Ní raibh mórán le foghlaim ón scéal.
Chuaigh an scéal go mór i bhfeidhm orm.	Ní dheachaigh an scéal i bhfeidhm orm.
Léitheoireacht éadrom atá san úrscéal.	Léitheoireacht throm atá sa scéal.
Ní raibh mé in ann an t-úrscéal a fhágáil uaim.	Tá an scéal leadránach.
Tá go leor le foghlaim ó phlota an scéil.	Tá an scéal leamh.
Seoid amach is amach is ea an t-úrscéal seo.	Seafóid amach is amach is ea an t-úrscéal seo.
Tá an scéal breá soléite.	Tá plota an úrscéil róchasta do dhéagóirí.
Bhí mé iontach tógtha leis an scéal.	Ní raibh mé róthógtha leis an scéal seo.
Is úrscéal é faoi fhíordhaoine.	Chuir rudaí áirithe sa scéal isteach orm.
Is deacair scéal maith a bhualadh agus is scéal maith é seo.	Is deacair scéal maith a bhualadh agus ní scéal maith é seo.

LG Déan an tasc ar lch 75.

Cúpla: Caibidlí 1 agus 2

Moladh
Ceannaigh an t-úrscéal agus léigh é ina iomlán.

Éisteacht Rian 2.39

Éist leis an achoimre agus lean na focail i do leabhar.

Achoimre ar Chaibidil 1

Is í Máiréad máthair an chúpla agus tá sí **pósta le**[1] Timmy Ó Braonáin. Deir sí an chéad líne sa leabhar – '"A Thiarna an domhain . . . Cad atá tar éis tarlú in aon chor?"' – agus cuireann sí críoch leis an gcéad chaibidil leis **an abairt chéanna**[2]. Tugann an abairt seo nod dúinn go bhfuil imní de shaghas éigin uirthi. Caitheann sí **formhór**[3] a cuid ama ina suí sa chistin ag ól tae agus gafa lena smaointe.

Tá beirt iníonacha ag Máiréad agus Timmy agus is cúpla iad Sharon agus Éile. Is múinteoir é Timmy i meánscoil áitiúil, Scoil na mBráithre, agus is **cóitseálaí**[4] é ar an bhfoireann iománaíochta. Timmy Tíogair an **leasainm**[5] atá air. B'imreoir **fíochmhar**[6] é agus é óg. Tugann sé **síob**[7] do na cailíní ag deireadh gach lae agus nuair a bhíonn traenáil ar siúl aige suíonn na cailíní in aice na páirce. Tá an cúpla ag freastal ar scoil do chailíní. Tá Éile **éirimiúil**[8] agus **díograiseach**[9] ó thaobh an staidéir de. Oibríonn sí go han-dian ar scoil agus gach uair a thagann tuairisc ón scoil bíonn A ar gach líne. Tá suim aici sa spórt agus **tá an-chion aici**[10] ar Charlie, an capall atá sa pháirc béal dorais leo. Téann sí chun é a fheiceáil agus chun **tuí**[11] a thabhairt dó gach tráthnóna. Is minic a chaitheann sí tréimhsí fada ag caint leis faoi imeachtaí éagsúla an lae. Tá an-suim ag Sharon in **aon rud a bhfuil baint aige le faisean**[12]. Tá na buachaillí áitiúla **craiceáilte i ndiaidh**[13] Sharon agus tá sí cairdiúil le cailíní a bhfuil suim acu i mbuachaillí agus buachaillí amháin. Níl sí **ag caitheamh go maith le**[14] hÉile le déanaí. Tá Máiréad buartha faoi Sharon toisc nach bhfuil ag éirí go maith idir í agus a deirfiúr ná le haon duine sa teaghlach.

1 married to 2 the same sentence 3 majority 4 coach 5 nickname 6 formidable 7 lift 8 intelligent 9 conscientious 10 she's very fond 11 straw 12 anything to do with fashion 13 mad about 14 being nice to

Éisteacht Rian 2.40

Éist leis an achoimre agus lean na focail i do leabhar.

Achoimre ar Chaibidil 2

Feicimid Éile **ag tabhairt aire do**[1] Charlie ag tús na caibidle. Tugann sí **cnapán siúcra**[2] dó agus caitheann sí roinnt ama ag labhairt leis. Uaireanta ceapann sí gur ag tabhairt **comhairle**[3] di atá sé. Is mór an **sólás**[4] é di. Mínítear dúinn go raibh **an-chosúlacht**[5] idir an cúpla ar feadh roinnt blianta agus b'annamh a d'aithin na múinteoirí iad óna chéile. Bhí fráma ard acu le gruaig fhada dhonn. Tá sé éasca do na múinteoirí iad a aithint óna chéile anois, áfach. Rinne dath a ngruaige agus an smideadh ar Sharon an-difríocht.

Níor chaith Sharon ródheas le hÉile le cúpla mí. Thosaigh Sharon **ag crochadh timpeall le**[6] cailíní ón mbaile mór agus **tá an-tionchar acu uirthi**[7]. Tá Sharon **ag siúl amach le**[8] Jack de Grás gan fhios dá tuismitheoirí. Is **leaid áitiúil**[9] é a bhfuil Honda Civic aige. **Cuireann Sharon an dallamullóg ar**[10] Éile agus insíonn sí bréag di. Deir sí go bhfuil sí ag fanacht siar tar éis scoile chun **tionscadal**[11] OSSP a dhéanamh ach tá sí ag caitheamh a cuid ama le Jack an **spraoi-thiománaí**[12]. Tá **an-ghráin**[13] ag Éile ar Jack mar go **sciorrann**[14] sé timpeall na háite sa charr spóirt le teicnicheol ard á sheinm aige. D'fhreastail siad ar fad ar an mbunscoil chéanna agus bhí Jack de shíor **ag spochadh as**[15] daoine éagsúla. Is buachaill gránna é, dar léi.

1 taking care of 2 sugar lump 3 advice 4 comfort 5 close resemblance 6 hanging around with 7 they have a huge influence on her 8 going out with 9 local lad 10 Sharon deceives 11 project 12 joyrider 13 intense dislike 14 skids 15 making fun of

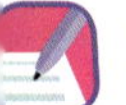

Scríobh

Freagair na ceisteanna seo faoi Chaibidil 1.

1. Cén post atá ag Timmy?
2. Cén sórt scoil a bhfreastalaíonn na cailíní uirthi?
3. Cén fáth ar scríobh an t-údar an abairt chéanna ag tús agus ag deireadh na caibidle, meas tú?
4. Roghnaigh trí aidiacht le cur síos a dhéanamh:
   - ar Éile
   - ar Sharon
   - ar Mháiréad
   - ar Timmy

   Anois, bain úsáid as an gcopail leis na haidiachtaí a roghnaigh tú a chur in abairtí.

Próifíl

Bain úsáid as an gcaibidil a léigh tú le próifíl a scríobh do gach ball clainne.

Obair ealaíne

Tarraing crann ginealaigh den teaghlach.

Meaitseáil

Seo samplaí d'fhocail/de fhrásaí ó lch 1 den úrscéal. Meaitseáil iad leis an téarma gramadaí cuí.

A	buartha	D	beirt
B	na cistine	E	aonair
C	ba	F	bocht

1	an tuiseal ginideach
2	uimhir phearsanta
3	an chopail san aimsir chaite
4	aidiacht

A		D	
B		E	
C		F	

Tasc scríofa

Freagair na ceisteanna seo faoi Chaibidil 2.

1. Conas a chaitheann Sharon le hÉile na laethanta seo?
2. Cén fáth nach dtaitníonn Jack de Grás le hÉile?
3. Cén bhréag a insíonn Sharon d'Éile?
4. Tabhair dhá phíosa fianaise le taispeáint go bhfuil ról tábhachtach ag Charlie i saol Éile.

Téacsteachtaireacht

Samhlaigh gur tusa Sharon agus scríobh an téacs a chuirfeá chuig Éile le rá go bhfuil tionscadal OSSP á dhéanamh agat agus go mbeidh tú sa bhaile go déanach. Is leor sé abairt a scríobh.

Tasc gramadaí

Seo samplaí d'fhocail/de fhrásaí ó lch 12 den úrscéal. Meaitseáil iad leis an téarma gramadaí a bhaineann leo.

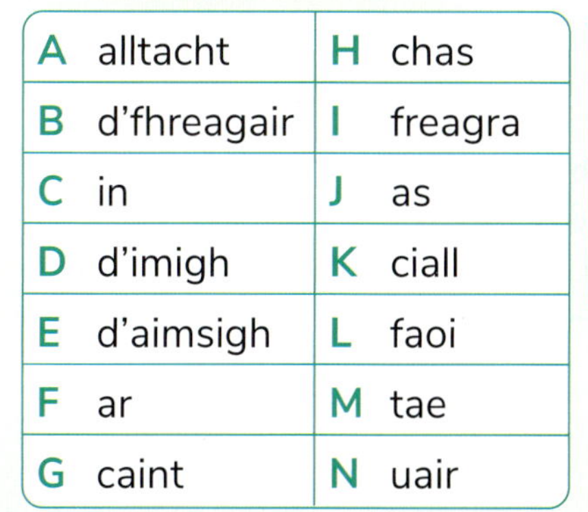

A	alltacht	H	chas
B	d'fhreagair	I	freagra
C	in	J	as
D	d'imigh	K	ciall
E	d'aimsigh	L	faoi
F	ar	M	tae
G	caint	N	uair

1	ainmfhocal firinscneach
2	ainmfhocal baininscneach
3	briathar rialta san aimsir chaite
4	réamhfhocal simplí

A		H	
B		I	
C		J	
D		K	
E		L	
F		M	
G		N	

Cúpla: Caibidlí 3 agus 4

Éisteacht Rian 2.41

Éist leis an achoimre agus lean na focail i do leabhar.

Achoimre ar Chaibidil 3

Tugtar **léargas**[1] dúinn ar an n**gnáthamh maidine**[2] atá ag Sharon ag tús na caibidle. Éiríonn sí ar a deich tar éis a sé ar maidin **chun í féin a chóiriú**[3] roimh an scoil. Glacann sí cith agus cuireann sí smideadh uirthi gach maidin **gan teip**[4]. Faigheann sí téacs ó Jimmy (buachaill áitiúil eile) an mhaidin áirithe seo ag iarraidh uirthi **an lá a chaitheamh faoin tor**[5] agus bualadh leis ag '*Cúl Scoil na mBráithre inniu ag 10 a.m*'. Insíonn sí bréag dá deirfiúr agus iad ar a mbealach chun na scoile. Deir sí le hÉile go bhfuil uirthi rith go dtí an siopa le peann agus cóipleabhar a fháil. Tá Éile breá sásta peann agus cóipleabhar a thabhairt dá deirfiúr ach ní ghlacann Sharon lena **tairiscint**[6] toisc go bhfuil plean iomlán éagsúil aici. Feictear Éile sa rang staire agus í buartha faoina deirfiúr. Níl an-suim aici sa stair ach tá múinteoir den scoth aici. Ní éiríonn le hÉile **díriú ar**[7] a hobair scoile toisc go bhfuil sí róghnóthach ag smaoineamh faoina deirfiúr. Siúlann Sharon **i dtreo an tseanbhotháin**[8] chun bualadh le Jimmy. Tuigeann sí go bhfuil **rud éigin as an ngnáth**[9] á dhéanamh aici ach 'thaitin an dainséar léi'. Baintear **geit uafásach**[10] aisti nuair a bhaineann sí an seanbhothán amach. Feiceann sí a hathair, Timmy, agus Iníon de Clár **ina bhaclainn**[11] aige. Ní fheiceann Timmy í ach tuigeann sé go bhfuil duine éigin eile i láthair ar feadh cúpla nóiméad, agus tá an t-ádh le Timmy agus le hIníon de Clár **nach mbeirtear orthu**[12], dar leis. Filleann Sharon ar scoil agus déanann Éile iarracht labhairt léi. Ní labhraíonn Sharon ach cúpla focal léi agus labhraíonn sí **go giorraisc**[13].

1 insight; 2 morning routine; 3 to get ready; 4 without fail; 5 skip school for the day; 6 offer; 7 focus on; 8 towards the old shed; 9 something strange; 10 terrible fright; 11 in his arms; 12 that they aren't caught; 13 curtly

Éisteacht Rian 2.42

Éist leis an achoimre agus lean na focail i do leabhar.

Achoimre ar Chaibidil 4

Feictear ó thús na caibidle seo go **gcaitheann Sharon go borb le**[1] daoine. Fiafraíonn Éile di an bhfuil sí ag déanamh a tionscadail inniu agus tá Sharon an-drochbhéasach léi. Is léir gur **ghoill**[2] an eachtra sa seanbhothán go mór uirthi. Insíonn Sharon bréag arís agus níos measa fós ná go n-iarrann sí ar Éile bréag a insint dá dtuismitheoirí. Cloiseann Éile Honda Civic **ag réabadh**[3] tríd an oíche agus tuigeann sí anois gur chaith a deirfiúr an tráthnóna i g**cuideachta**[4] Jack de Grás. Filleann Sharon abhaile ar meisce agus **boladh óil**[5] uaithi. Seans go bhfuil an t-ól ina uirlis aici le **plé leis**[6] an rún atá á choinneáil aici. Tá a héide scoile ina praiseach agus tá sí **sna trithí gáire**[7]. **Níl cos fúithi**[8] agus titeann sí ar a tóin. Níl a fhios ag Máiréad ná Timmy conas caitheamh léi. Imíonn Sharon léi chuig a seomra leapa agus cuireann sí rapcheol ar siúl. Is féidir léi **ionannú le**[9] liricí an amhráin agus **briseann na deora uirthi**[10]. Cloiseann Éile a deirfiúr ag gol ach níl aon **trócaire**[11] aici di. Níl tuiscint ar bith aici ar chúrsaí shaol Sharon.

1 Sharon behaves rudely towards; 2 distressed; 3 tearing; 4 company; 5 smell of drink; 6 deal with; 7 in fits of laughter; 8 she's very drunk; 9 relate to; 10 she bursts into tears; 11 compassion

Scríobh

Freagair na ceisteanna seo faoi Chaibidil 3.

1. Cén bhréag a insíonn Sharon d'Éile?
2. An dtaitníonn an stair le hÉile?
3. Cé a fheiceann Sharon sa bhothán?
4. Cén fáth a gcaitheann Sharon go leor ama ag fáil réidh ar maidin, meas tú?

Idirghníomhú cainte

Oibrigh leis an duine in aice leat agus scríobhaigí an comhrá a bheadh idir Sharon agus Éile dá mbeadh an mhuinín ag Sharon an fhírinne a insint d'Éile. Léigí an comhrá os comhair an ranga.

Meaitseáil

Meaitseáil samplaí de na rudaí seo a leanas leis na focail ó lch 18 den úrscéal sa bhosca.

A	tamaill	F	ar an
B	chuici	G	cailín
C	ón	H	leis an
D	an aonaigh	I	fágadh
E	leat	J	na leithreas

1	réamhfhocal simplí agus an t-alt
2	an tuiseal ginideach
3	forainm réamhfhoclach
4	saorbhriathar san aimsir chaite

A		F	
B		G	
C		H	
D		I	
E		J	

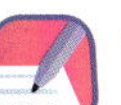

Tasc scríofa

Freagair na ceisteanna seo faoi Chaibidil 4.

1. Cé leis a insíonn Éile bréag?
2. Déan cur síos ar staid Sharon nuair a fhilleann sí abhaile.
3. Cad a spreagann Sharon dul amach **ar an drabhlás**[1], dar leat?
4. Tabhair sampla amháin a léiríonn go bhfuil Éile bréan d'iompar Sharon.

Cur i láthair

Is dócha go bhfuil an t-ól ina uirlis ag Sharon le plé le cúrsaí an tsaoil – ach tá bealaí níos sábháilte agus níos dearfaí lena leithéid a dhéanamh. Dá mbeadh cara leat ag streachailt lena s(h)aol baile, céard iad na moltaí a bheadh agat dó/di? Bain úsáid as mentimeter.com nó a mhacasamhail le do thuairimí a nochtadh.

Tasc gramadaí

Scríobh amach na briathra sa liosta thíos san aimsir fháistineach. Is briathra ó lch 22 den úrscéal iad.

1. stad sí
2. dhírigh sí
3. d'éalaigh an déagóir
4. thit Sharon
5. las sí
6. d'fhéach sí
7. rinne sí
8. ní raibh sí
9. thosaigh an seomra
10. bhí sí
11. smaoinigh sí
12. níor theastaigh uaithi
13. phléasc Sharon
14. chuala sí

[1] on a bender

Cúpla: Caibidlí 5 agus 6

Éisteacht Rian 2.43

Éist leis an achoimre agus lean na focail i do leabhar.

Achoimre ar Chaibidil 5

Tá **teannas**[1] agus droch-atmaisféar sa charr agus an cúpla ar a mbealach chun na scoile. Tá **póit mhillteach**[2] ar Sharon agus míníonn a hathair di nach raibh an rud a rinne sí aréir cóir. Deir Timmy go scriosfaidh Sharon agus a drochiompar an teaghlach. Ní deir Sharon focal amháin féin. Ní éiríonn go maith le Sharon ar scoil. Iarrann sí ar an múinteoir **cead imeachta**[3] a thabhairt di. Tá a ceann **ag scoilteadh**[4] toisc an méid a chonaic sí sa bhothán. Tugtar **torthaí scrúduithe**[5] dóibh agus ní éiríonn le Sharon ach 21 faoin gcéad a bhaint amach. Éiríonn go breá le hÉile, áfach – is '**swot**' agus '***sadcase***' í, dar le Sharon. Seans nach bhfuil an-suim ag Sharon i gcúrsaí scoile nó seans go bhfuil sí in éad lena deirfiúr. Is minic a bhíonn Sharon **ag pleidhcíocht**[6] ar scoil. Ní chaitheann sí go deas leis na múinteoirí ná na daltaí eile. Ní theastaíonn ó Éile baint a bheith aici le **rógaireacht**[7] Sharon agus is léir go gcuireann iompar Sharon isteach uirthi. Caitheann Sharon mála Julie (dalta eile) amach an fhuinneog. Brúnn Sharon Julie amach an fhuinneog nuair atá sí ag iarraidh a mála a fháil ar ais. **Ní leor é sin**[8] do Sharon, áfach. Cuireann sí sárghliú ar an nglantóir agus goideann sí an **marcóir sealadach**[9] ó bhord an mhúinteora agus fágann sí ceann **buan**[10] air. Filleann Julie ar an seomra ranga, tarraingíonn Sharon an suíochán uaithi agus titeann Julie ar a tóin.

1 tension 2 terrible hangover 3 permission to go out 4 splitting 5 exam results
6 messing around 7 roguery 8 that isn't enough 9 erasable marker 10 permanent

Éisteacht Rian 2.44

Éist leis an achoimre agus lean na focail i do leabhar.

Achoimre ar Chaibidil 6

Cuirtear tús leis an gcaibidil seo agus Éile amuigh sa pháirc ag labhairt le Charlie. Taitníonn an séasúr seo go mór léi mar éiríonn na hoícheanta níos giorra agus an aimsir níos teo. Is **cleas scríbhneoireachta**[1] é an comhrá idir Éile agus Charlie. Cuireann sé smaointe Éile in iúl dúinn **i bhfoirm comhrá**[2]. **Tá muinín aici as**[3] an gcapall seo. Cuireann sí a fadhbanna in iúl dó – insíonn sí dó go dtagann Sharon abhaile i gcarranna difriúla san oíche agus is minic a bhíonn boladh óil uaithi. Deir sí leis go gcloiseann sí Mam agus Daid arís is arís ag argóint agus nach bhfuil siad ag caint lena chéile. Insíonn Máiréad do Timmy nach raibh comhrá **ceart**[4] acu le trí mhí anuas ach ní fhaigheann siad am an fhadhb sin a phlé toisc go dtagann Sharon abhaile. Diúltaíonn Sharon eolas a thabhairt dá tuismitheoirí faoi cén áit ina raibh sí. **Cuireann Daid ina leith**[5] go bhfuil sí **ag cur buairt ar**[6] a Mam agus ceapann Sharon gur **ráiteas fimíneach**[7] ar fad é seo. **Buaileann Timmy buille ar**[8] a iníon nuair a luann sí an bothán ag Scoil na mBráithre. Admhaíonn Máiréad go bhfuil Sharon **ag náiriú**[9] an teaghlaigh ach níl cliú aici go bhfuil rún uafásach á choinneáil ag a hiníon. Ní féidir le Sharon aird a thabhairt ar aon rud ar scoil agus **is annamh**[10] nach smaoiníonn sí ar an radharc a chonaic sí ar chúl Scoil na mBráithre. Luann cara Sharon roinnt buachaillí sa chaibidil seo, agus is buachaillí iad a bhfuil **caidreamh**[11] ag Sharon leo. Baineann sí úsáid astu le toitíní nó alcól a cheannach di. Beidh dioscó ar siúl Dé Sathairn agus iarrann Sharon ar Timmy cead a thabhairt di dul chuige. Níl Timmy sásta cead a thabhairt di ar dtús go dtí go n-insíonn sí dó go raibh sí i láthair ag an mbothán. Tá a iníon féin **á chur faoi dhúmhál**[12]. Filleann siad abhaile. Ní chreideann Máiréad go ndearna Timmy neamhaird ar a **mianta**[13] – dúirt an bheirt acu roimhe seo nach ligfidís cead do Sharon dul chuig an dioscó. Ní thuigeann sí go bhfuil rún ar eolas ag Sharon.

1 narrative device 2 in the form of a conversation 3 she trusts 4 proper 5 Dad accuses her
6 worrying 7 hypocritical thing to say 8 Timmy hits 9 shaming 10 it's rare 11 relationship
12 blackmailing him 13 wishes

Scríobh

Freagair na ceisteanna seo faoi Chaibidil 5.

1 Cén fáth a bhfuil droch-atmaisféar sa charr chun na scoile?
2 Conas a éiríonn leis an gcúpla i leith cúrsaí scoile?
3 An dteastaíonn ó Éile baint a bheith aici le drochiompar Sharon?
4 Tabhair dhá shampla a thaispeánann nach gcaitheann Sharon go deas leis na daltaí agus na múinteoirí ar scoil.

Tasc foclóra

Is minic a úsáidtear réamhfhocail le briathar chun brí an bhriathair a athrú. Seo cúpla sampla ó Chaibidil 5. Oibrigh leis an duine in aice leat leis an mbrí a aimsiú.

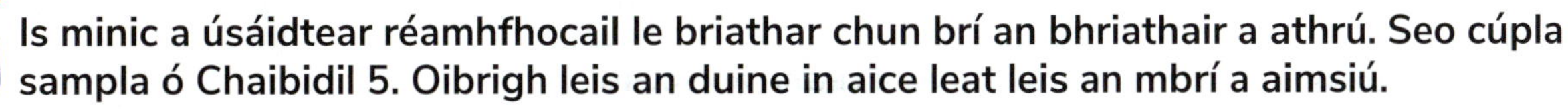

1 tosaigh ar	2 éalaigh ó	3 ardaigh ó	4 imigh le
5 lean ar	6 bain as	7 tarraing ó	8 beir ar
9 tabhair do	10 tar ar	11 beartaigh ar	12 abair le

Blag

Scríobh blag beag faoi chuimhne gheal atá agat ar do shaol scoile.

Critéir ratha:

- Cá raibh tú nuair a tharla an eachtra?
- Cé a bhí in éineacht leat?
- Cén fáth a bhfuil cuimhne agat ar an eachtra sin?

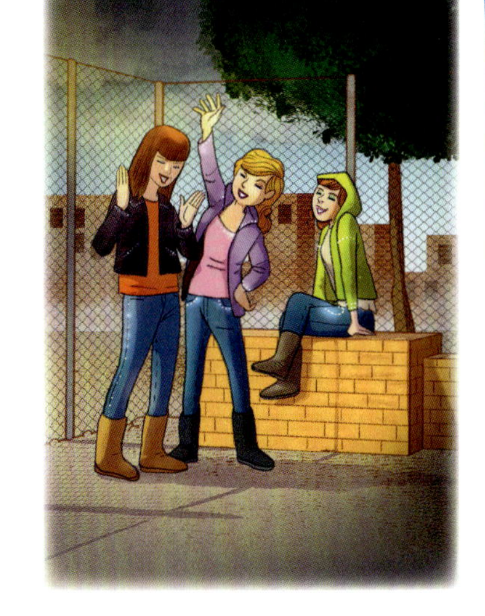

Tasc scríofa

Freagair na ceisteanna seo faoi Chaibidil 6.

1 Cén fáth a dtaitníonn an samhradh le hÉile?
2 Tabhair dhá shampla le taispeáint go bhfuil caidreamh míshocair idir Máiréad agus Timmy.
3 Fiafraíonn Sinéad de Sharon an bhfuil a fhios ag Jack 'faoi John agus Tommy agus Jason'. Cén fáth a dtaitníonn aird na mbuachaillí le Sharon, meas tú?
4 An ndéanann Sharon dúmhál ar a hathair? Cuir tacaíocht le do fhreagra.

Idirghníomhú cainte

'Is déagóir trioblóideach í Sharon.'

Déan plé ar an ráiteas seo leis an duine in aice leat. An aontaíonn tú leis? Cuir trí phíosa fianaise ón úrscéal le do thuairim.

Tasc gramadaí

Is iomaí aidiacht atá i gCaibidil 6. Aimsigh brí na n-aidiachtaí thíos agus scríobh amach breischéim agus sárchéim na n-aidiachtaí. Leid: *níos . . ., is . . .*

1 gearr	7 óg	13 cúramach	19 dearg
2 te	8 fada	14 gáirsiúil	20 iontach
3 minic	9 íseal	15 rua	21 álainn
4 gar	10 ceart	16 liathdhubh	22 mór
5 deas	11 ciniciúil	17 scriosta	
6 aisteach	12 suimiúil	18 maith	

LG Déan na tascanna ar lgh 76–7.

Cúpla: Caibidlí 7 agus 8

Éisteacht Rian 2.45

Éist leis an achoimre agus lean na focail i do leabhar.

Achoimre ar Chaibidil 7

Feictear an bheirt tuismitheoirí sa seomra suí agus míníonn Máiréad do Timmy go mbeidh orthu labhairt lena chéile **uair éigin**[1]. '"Nach bhfuilimid ag caint anois?"' a deir sé agus iarrann Máiréad air **an tseafóid a chaitheamh uaidh**[2]. Is léir go bhfuil comhrá ceart uaithi. Admhaíonn sí go bhfuil sí buartha faoin gcaidreamh atá acu. Deir Timmy léi go bhfuil sé faoi bhrú ar scoil leis na scrúduithe **agus a leithéid**[3] ach is bréag é sin. Tá Timmy ag iarraidh na cailíní a sheoladh chuig **cúrsa samhraidh**[4] i gceantar Gaeltachta díreach tar éis an Teastais Shóisearaigh. Bheadh am acu le cúrsaí a phlé mar sin. Titeann croí Éile nuair a thuigeann sí go bhfuil a tuismitheoirí ag iarraidh í a chlárú do chúrsa samhraidh. Tá a fhios aici go **mothóidh sí Charlie uaithi**[5]. Bhí sé ar intinn aici **post samhraidh**[6] a lorg ón tréidlia áitiúil chomh maith. Ar an lámh eile, tá Sharon lánsásta freastal ar an gcúrsa mar chuala sí ó na cailíní eile ar scoil go mbíonn buachaillí dathúla ó Bhaile Átha Cliath ag freastal air. Cuirtear buachaill nua in aithne don léitheoir sa chaibidil seo. Mícheál Ó Laoire is ainm dó agus col ceathrair le Jimmy is ea é. Buachaill gránna atá ann ach is cuma le Sharon, mar tá BMW gorm aige. Ceannaíonn sé **creidmheas fóin**[7] di agus tugann sé deochanna saor in aisce di. Tá Mícheál **faoi bhois an chait aici**[8].

1 *some time* 2 *stop talking nonsense* 3 *and so on* 4 *summer course* 5 *she will miss Charlie* 6 *summer job* 7 *phone credit* 8 *under her thumb*

Éisteacht Rian 2.46

Éist leis an achoimre agus lean na focail i do leabhar.

Achoimre ar Chaibidil 8

Baineann an cúpla an coláiste samhraidh amach. Níl Sharon pioc sásta mar tá an áit lán le cailíní agus gan ach **corrbhuachaill**[1] le feiceáil timpeall an halla. Ardaíonn croí Éile nuair a fheiceann sí cúirt álainn cispheile agus nuair a fheiceann sí cailíní ó Thrá Lí a bhfuil aithne aici orthu. Míníonn **príomhoide an choláiste**[2] na rialacha agus **tugann na daltaí cluas dó**[3]. Tá Éile breá sásta faoin teach ina bhfuil sí ach tá déistin ar Sharon go bhfuil uirthi seomra a roinnt le ceathrar eile. Ceapann sí gur cleas atá ann agus cuireann sí an bhean tí ar an eolas. Iarrann an bhean tí ar na cailíní a bhfóin phóca a thabhairt di ach insíonn Sharon bréag arís – níl fón aici, a deir sí. Suíonn Sharon in aice le hÉile sa chéad rang toisc nach bhfuil aithne aici ar aon duine eile, ach tar éis tamaill casann sí le cailíní a bhfuil 'pearsantachtaí' acu.

Fanann tuismitheoirí an chúpla in óstán ar feadh cúpla lá. Itheann siad béile le chéile an chéad oíche agus réitíonn siad go maith le chéile. Seolann Bláithín de Clár téacs chuig Timmy agus socraíonn sé ar **scaradh uaithi**[4]. Cuireann Timmy seomra san óstán in áirithe ar feadh seachtain iomlán agus cuireann sé seisiún spá in áirithe do Mháiréad. Lasann an fón arís is arís eile le teachtaireachtaí ó Bhláithín agus nuair a fhiafraíonn Máiréad de cé atá ag seoladh na dteachtaireachtaí, insíonn sé bréag. '"An bord contae"' atá á seoladh, dar leis. Tá Timmy **ciaptha ag an gciontacht**[5] ag an bpointe seo agus insíonn sé an fhírinne do Mháiréad. Pléascann Máiréad amach ag caoineadh agus, tar éis di machnamh a dhéanamh ar an gcaidreamh, deir sí go dteastaíonn uaithi scaradh uaidh.

1 *the odd boy* 2 *principal of the college* 3 *the pupils pay attention to him* 4 *leave her* 5 *tormented with guilt*

Scríobh

Freagair na ceisteanna seo faoi Chaibidil 7.

1 Iarrann Máiréad ar Timmy 'an tseafóid' a chaitheamh uaidh. Cad atá i gceist aici anseo, dar leat?
2 Cén leithscéal a thugann Timmy do Mháiréad?
3 Cén fáth nach bhfuil Éile sásta cúrsa i gceantar Gaeltachta a dhéanamh?
4 Cén fáth a bhfuil Sharon ag tnúth leis an gcúrsa?

Alt

Luaitear carachtar nua sa chaibidil seo, Mícheál Ó Laoire. Scríobh dhá alt ghairide faoi na buachaillí (Jack de Grás agus Mícheál Ó Laoire) a bhfuil Sharon cairdiúil leo.

Cúinne na gramadaí

Tabhair téarma gramadaí do na focail seo atá luaite i gCaibidil 7. Tá cúpla ceann déanta duit mar shampla.

Focal	Téarma gramadaí	Focal	Téarma gramadaí
1 as	*réamhfhocal simplí*	7 róthe	*aidiacht le réimír*
2 gar		8 ag éisteacht	
3 bean	*ainmfhocal baininscneach*	9 roinnt	
4 beirt		10 leis	
5 faoi		11 codladh	
6 ag dul		12 spóirt	

Tasc scríofa

Freagair na ceisteanna seo faoi Chaibidil 8.

1 Conas a bhraitheann an cúpla nuair a bhaineann siad an coláiste samhraidh amach?
2 Ceapann an bhean tí gur '**madam** ceart' í Sharon. Cén fáth, dar leat?
3 Cén fáth a bhfuil fonn ar Timmy seomra san óstán a chur in áirithe ar feadh seachtaine?
4 An ndéanann Timmy an cinneadh ceart an rún a scaoileadh, dar leat? Cuir dhá fháth le do fhreagra.

Obair ealaíne

Míníonn príomhoide an choláiste riail nó dhó i gCaibidil 8. Oibrigh leis an duine in aice leat le liosta rialacha an choláiste a chur le chéile. Cuir na rialacha ar phóstaer agus mínigh an fáth ar roghnaigh sibh na rialacha sin os comhair an ranga.

Tasc gramadaí

Seo liosta d'ainmfhocail atá sa tuiseal ginideach ó Chaibidil 8. I do chóipleabhar, scríobh amach inscne an ainmfhocail agus an t-ainmfhocal sa tuiseal ainmneach. Tá an chéad cheann déanta mar chabhair duit.

Sampla: boladh láidir **cumhráin** *firinscneach, cumhrán*

a chuid **súl**, uair an **chloig**, in aice **láimhe**, liosta na d**tithe**, an saghas seo **ruda**, am **spóirt**, roinnt **cailíní**, rialacha an **choláiste**, aon saghas **caidrimh**, an bhean **tí**, péire **cuarán**, ar feadh **tamaill**, mórán cainte, mo chuid **airgid**, ag fágaint na d**teachtaireachtaí**, roinnt ama

Cúpla: Caibidlí 9 agus 10

Éisteacht Rian 2.47

Éist leis an achoimre agus lean na focail i do leabhar.

Achoimre ar Chaibidil 9

Tá céilí ar siúl sa halla agus casann Sharon agus cairde dá cuid le ceathrar buachaillí ó Bhaile Átha Cliath. Cuireann na buachaillí as do na múinteoirí agus cuirtear ina suí iad. Taitníonn sé le Sharon gur **pleidhcí**[1] iad. Cuireann Sharon agus na cailíní iad féin in aithne do na buachaillí agus éalaíonn siad ón gcéilí. Téann siad ar fad go dtí an pháirc in aice láimhe agus caitheann siad cúpla 'fags'. Beireann múinteoir orthu agus tugann sé **íde béil**[2] dóibh. Tugann duine de na buachaillí a uimhir do Sharon agus níos déanaí sa tráthnóna seolann sí téacs chuige. Déanann sí plean le Jamie bualadh leis ag a haon a chlog ar maidin. Iarrann an bhean tí ar Sharon na **soithí**[3] a ní agus cabhrú le Christine ach níl fonn ar bith uirthi cabhrú léi. Níor ith Sharon aon rud don dinnéar agus níl sé cóir go bhfuil uirthi na soithí a ní, dar léi.

Fad is atá na cailíní eile ina gcodladh, éalaíonn Sharon ón teach. Buaileann sí le Jamie agus tá **raithneach**[4] aige. Sula gcaitheann siad an raithneach, beireann príomhoide agus leas-phríomhoide an choláiste orthu.

Fiafraíonn Cáit d'Éile ar chuala sí an **scannal**[5] an lá dár gcionn ach níl cliú ar bith ag Éile faoi na himeachtaí a tharla an oíche roimhe. Cuireann sé sin imní ar Éile agus cuireann sí ceist ar roinnt múinteoirí faoina deirfiúr ach níl aon eolas acu fúithi. Nuair a fheiceann Éile Sharon agus a grúpa cairde ag an gcéilí **ag seitgháire**[6] faoi gach duine, éiríonn fearg laistigh di. Tosaíonn an cúpla ag argóint agus fiafraíonn Éile di nach bhfuil náire uirthi agus a cairde bréige. Tarraingíonn Sharon **sceilp**[7] ar a deirfiúr agus leagann ar an urlár í.

1 *messers* 2 *telling off* 3 *dishes* 4 *joint* 5 *gossip* 6 *sniggering* 7 *slap*

Éisteacht Rian 2.48

Éist leis an achoimre agus lean na focail i do leabhar.

Achoimre ar Chaibidil 10

Cuirtear **glao gutháin**[1] ar Timmy istoíche agus deir príomhoide an choláiste leis go bhfuil **drochscéal**[2] aige dó. Tá ar Timmy turas a dhéanamh go dtí an coláiste le Sharon a bhailiú mar tá foireann an choláiste ag iarraidh í a chur abhaile. Cuireann Sharon glao ar roinnt buachaillí ón mbaile a bhfuil aithne aici orthu ag iarraidh orthu síob abhaile a thabhairt di. Diúltaíonn siad di agus tugann siad **leithscéal**[3] i ndiaidh leithscéil di. Cheapfaí nach bhfuil dúil acu inti a thuilleadh. Tá a cuid féidearthachtaí anois nach mór imithe ach cuireann sí glaoch ar Mhícheál Ó Laoire. Is buachaill gránna amaideach é Mícheál ach tá carr deas aige agus níl **an dara rogha**[4] ag Sharon ach éalú leis. Éalaíonn Sharon amach fuinneog an tí agus buaileann sí le Mícheál agus buidéal vodca sa charr aige. Níos measa ná sin ná go bhfuil **piollaí**[5] á dtógáil acu chomh maith. Deir Sharon leis gur mhaith léi an carr a thiomáint agus ligeann sé uirthi triail a bhaint as. Le himeacht ama téann Sharon i dtaithí ar an tiomáint agus tosaíonn **luas**[6] an chairr **ag méadú**[7]. Maraíonn siad **caora**[8] ar an mbóthar agus ní mhothaíonn siad ciontach faoi – pléascann an bheirt acu amach ag gáire. Leanann Sharon ar aghaidh ag dul níos tapúla agus níos tapúla go dtí go n-imíonn an carr **as smacht**[9]. Tá Séamas Ó Ceallaigh ar a bhealach abhaile nuair a thagann sé ar shuíomh na timpiste. Feiceann sé dhá charr atá briste brúite. **Caitheann sé aníos**[10] nuair a fheiceann sé an fhuil atá **doirte**[11] ar an mbóthar. Cuireann sé fios ar na seirbhísí éigeandála.

1 *phone call* 2 *bad news* 3 *excuse* 4 *any other choice* 5 *pills* 6 *speed* 7 *increasing* 8 *sheep* 9 *out of control* 10 *he throws up* 11 *spilt*

Scríobh

Freagair na ceisteanna seo faoi Chaibidil 9.

1 Cad as don ghrúpa buachaillí?
2 Cén fáth nach bhfuil fonn ar Sharon na soithí a ní?
3 Cén fáth a dtugann Éile 'cairde bréige' ar chairde de chuid Sharon?
4 An gceapann tú go gcuireann Sharon díomá ar Éile? Cuir dhá phointe eolais le do fhreagra.

Litir

Samhlaigh go raibh tú i láthair nuair a thosaigh an troid idir Sharon agus Éile. Scríobh litir chuig cara leat atá sa bhaile agus déan cur síos ar an méid a chonaic tú. Cabhróidh lgh 62 agus 63 san úrscéal leat.

Cúinne na gramadaí

Seo roinnt samplaí den aidiacht shealbhach ó Chaibidil 9. Athscríobh na samplaí:

- sa chéad phearsa, uimhir uatha (mo)
- sa tríú pearsa, uimhir iolra (a)

Cogar Nouns beginning with a consonant take an ***urú*** in the third person plural.

1 a buíon nua
2 ina cónaí
3 a phóca
4 a hainm
5 ina leabhrán
6 a seomra
7 a lámh
8 a fón
9 a cuid éadaigh
10 ina dúiseacht
11 ina bhos
12 a ceann
13 a cara
14 ina seilbh
15 a deirfiúr
16 a croí
17 do chairde
18 a cuid gruaige

Tasc scríofa

Freagair na ceisteanna seo faoi Chaibidil 10.

1 Cé a chuireann glaoch ar Timmy istoíche?
2 Déan cur síos gairid ar na heachtraí a tharlaíonn i gcarr Mhíchíl.
3 Cé a thagann ar an timpiste?
4 Luaigh dhá rud a fheiceann an fear a thagann ar an timpiste.

Idirghníomhú cainte

Oibrigh leis an duine in aice leat agus scríobhaigí an comhrá atá ag Séamas Ó Ceallaigh agus na gardaí nuair a chuireann sé glaoch orthu. Léigí an comhrá os comhair an ranga.

Tasc gramadaí

Scríobh amach fréamh na mbriathra seo ó Chaibidil 10.

1 ag leanúint
2 ag caitheamh
3 ag slogadh
4 ag éirí
5 ag taispeáint
6 ag dul
7 ag méadú
8 ag gáire
9 ag breith
10 ag teacht

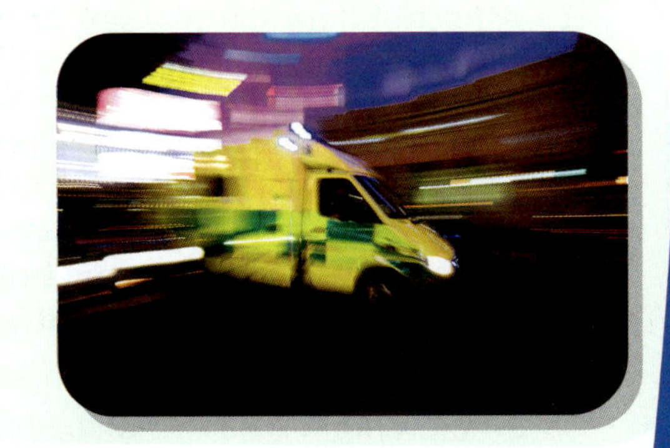

Déan na tascanna ar lgh 78–80.

Cúpla: Caibidil 11

Éisteacht Rian 2.49

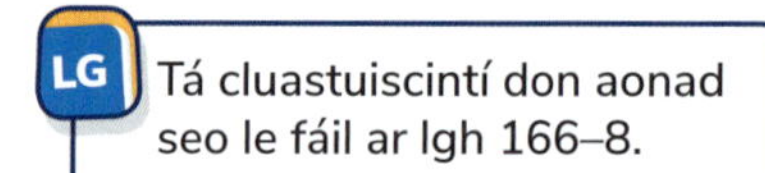

LG
Tá cluastuiscintí don aonad seo le fáil ar lgh 166–8.

Éist leis an achoimre agus lean na focail i do leabhar.

Achoimre ar Chaibidil 11

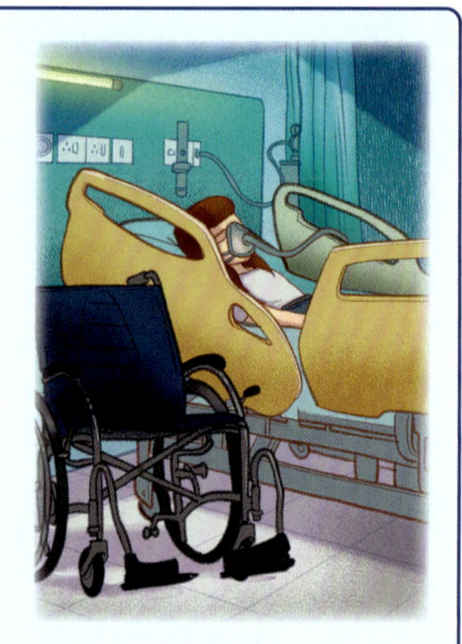

Dúisíonn Sharon san ospidéal ar an 25 Lúnasa agus tá **mearbhall**[1] uirthi. Ní thuigeann sí cén áit ina bhfuil sí. Ní aithníonn sí na daoine atá **ina timpeall**[2]. Ceapann sí go bhfuil sí **ag déanamh brionglóide**[3]. Déanann sí iarracht ceist a chur ar **dhuine de na haltraí**[4] ach níl focail aici. **Níl sé ar a cumas**[5] éirí as an leaba. Níl sí in ann a cosa ná a lámha a bhogadh. Is léir gur **cuireadh pairilis uirthi**[6] sa timpiste, rud nach dtuigeann sí ar dtús. Teastaíonn cabhair ó Sharon dul go dtí an leithreas agus folcadh a bheith aici. Tá **cathaoir rothaí**[7] aici agus cuireann sé sin náire uirthi agus 'Súile lán le trua ag faire uirthi'. Tugann Éile agus a máthair cuairt uirthi chun í a thógáil amach ar feadh tamaill. Luaitear sa scéal go bhfuil ar Mháiréad úsáid a bhaint as **maidí croise**[8] toisc gur baineadh a cos chlé di san **obráid**[9] tar éis na timpiste. Tógtar an triúr acu go reilig in otharcharr. Stopann siad ag uaigh a hathar, 'Timmy Ó Braonáin, a fuair bás an 10 Iúil'. Tar éis tamaill bogann siad go bun na reilige, áit a bhfuil leac eile agus 'Mícheál Ó Laoire, a cailleadh an 10 Iúil' scríofa uirthi.

1 confusion 2 around her 3 dreaming 4 one of the nurses 5 she isn't able 6 she was paralysed
7 wheelchair 8 crutches 9 operation

Scríobh

Freagair na ceisteanna seo faoi Chaibidil 11.

1 Scríobh síos dhá phíosa eolais a thugann le fios go bhfuil ionadh ar Sharon nuair a dhúisíonn sí.
2 D'fhulaing Máiréad gortú gránna. Cad a tharla di?
3 Conas atá a fhios againn gur cuireadh pairilis ar Sharon sa timpiste? Liostaigh dhá shampla ón achoimre.
4 Cé hiad an bheirt a fuair bás ar an 10 Iúil?

Tasc scríofa

Scríobh an iontráil dialainne a scríobhfadh Éile nuair a d'fhillfeadh sí abhaile ón gcúrsa samhraidh. Is leor 100 focal. Bain úsáid as an acmhainn punainne (lch 31) mar chabhair duit.

Cúinne na gramadaí

Ná déan dearmad: má bhaineann an forainm réamhfhoclach le ***mé/mise***, críochnaíonn sé leis an litir ***m***.

1 **Athscríobh na samplaí seo de na forainmneacha réamhfhoclacha ó Chaibidil 11 sa chéad phearsa, uimhir uatha.**

1 aici	3 di	5 acu	7 ann
2 léi	4 orthu	6 uirthi	

2 **Seo cúpla sampla den ainm briathartha atá luaite i gCaibidil 11. Scríobh amach an modh ordaitheach den bhriathar lena mbaineann gach ceann díobh.**

1 éirí	3 bogadh	5 tabhairt
2 tarraingt	4 labhairt	6 fanacht

Téamaí an úrscéil

Saol an teaghlaigh

Tá ceathrar i dteaghlach Uí Bhraonáin san úrscéal seo – Mam (Máiréad), Daid (Timmy), Sharon agus Éile. Is cúpla iad na cailíní. Is **gnáth-theaghlach**[1] atá ann ar mhórán slite. Ón gcéad chaibidil, áfach, tuigimid nach bhfuil gach rud mar ba chóir sa teaghlach seo. Tá **easpa cumarsáide**[2] le feiceáil idir Máiréad agus Timmy. Tagann Timmy isteach sa chistin chun an fón a fháil ach ní labhraíonn sé focal lena bhean chéile. I gCaibidil 2 feicimid nach bhfuil an **caidreamh**[3] go maith idir Sharon agus Éile nuair a thagann Sharon abhaile i gcarr Jack de Grás. Cuireann sí **piarbhrú**[4] ar Éile agus insíonn sí bréaga dá mam.

An scoil

Tá Éile agus Sharon ag freastal ar an scoil áitiúil, scoil do chailíní sa bhaile mór in aice leo. Tá a ndaid ag múineadh i scoil do bhuachaillí. Tá an bheirt déagóir i mBliain 3, bliain an Teastais Shóisearaigh. Tá Éile díograiseach ar scoil ach is cuma le Sharon. Feicimid é seo go mór i gCaibidil 3 nuair a éalaíonn Sharon ón scoil. Feicimid arís é i gCaibidil 5 nuair atá Éile ag iarraidh a bheith ag foghlaim ach tá fonn **pleidhcíochta**[5] ar Sharon, go háirithe i rang Iníon Nic Amhlaoibh.

Saol an déagóra

Feicimid go leor a bhaineann le **saol an déagóra**[6] san úrscéal seo – mothúcháin, caitheamh aimsire, an teaghlach, caidreamh **siblíneach**[7], cairde, caidreamh grá, ceol, spórt, scrúduithe, brú, **féiníomhá**[8] agus **fadhbanna daoine óga**[9]. Tá an saol deacair go leor mar dhéagóir ach éiríonn sé níos deacra fós nuair a fheiceann Sharon rud nach dteastaíonn uaithi a fheiceáil riamh ina saol – a daid i mbaclainn Bhláithín de Clár agus iad ag pógadh a chéile (Caibidil 3). Cuireann sé sin Sharon ar bhóthar trioblóideach – bóthar a tharraingíonn trioblóid ar gach duine eile timpeall uirthi.

An Ghaeltacht

Tá ról tábhachtach ag an nGaeltacht san úrscéal seo ó Chaibidil 8 ar aghaidh. Seolann Máiréad agus Timmy na cailíní ann ionas gur féidir leo am a chaitheamh leo féin. Tá súil ag Máiréad go gcuirfidh sé **leigheas**[10] ar a gcaidreamh. Insíonn Timmy an **fhírinne**[11] di faoi Bhláithín de Clár (Caibidil 8), áfach, agus bristear an caidreamh. Sa Ghaeltacht tá ag éirí go hiontach le hÉile. Tá cairde spórtúla aici agus tá sí ag glacadh páirte sna himeachtaí ar fad – na ranganna ar maidin, an spórt tráthnóna, an céilí san oíche agus **cúraimí**[12] sa teach. Déanann Sharon cairdeas le grúpa cailíní nach bhfuil chomh deas sin agus, tar éis tamaill, aimsíonn siad grúpa buachaillí nach bhfuil ródheas ach oiread. Cruthaíonn Sharon mórán trioblóide agus leanann sí ar aghaidh go dtí go mbeireann an príomhoide uirthi amuigh déanach san oíche le duine de na buachaillí gránna. Tá drugaí ina seilbh acu.

Tragóid

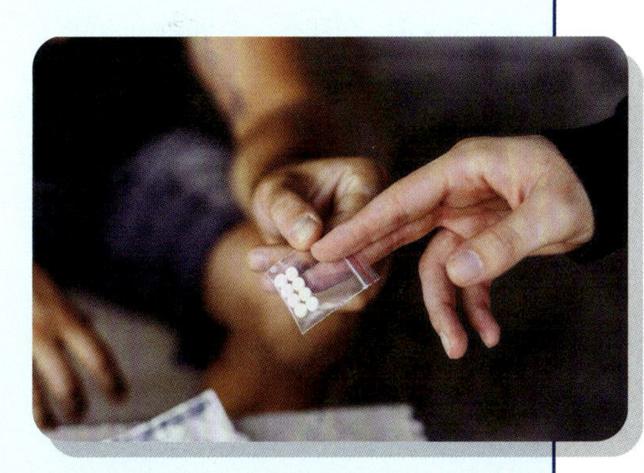

I ndeireadh thiar thall, is scéal tragóideach é seo. Éalaíonn Sharon ón teach agus téann sí ag ól agus ag tiomáint le Mícheál Ó Laoire. Ag an am céanna tá Máiréad agus Timmy ag teacht chun í a bhailiú toisc gur caitheadh amach as an gcoláiste í. An tragóid mhór ná, fad is atá Sharon ag iarraidh an carr a thiomáint **faoi thionchar óil**[13] agus drugaí, tiomáineann sí isteach i gcarr a maime agus a daid. Faigheann Timmy agus Mícheál bás, cailleann Máiréad a cois agus tá pairilis ar Sharon ón muineál síos.

LG Déan na tascanna ar lgh 81–2.

1 *ordinary family* 2 *lack of communication* 3 *relationship* 4 *peer pressure* 5 *messing around* 6 *teenage life* 7 *sibling* 8 *self-image* 9 *young people's problems* 10 *healing* 11 *truth* 12 *responsibilities* 13 *under the influence of drink*

Carachtair an úrscéil

Éile

Ciúin agus béasach

Is cailín ciúin agus **béasach**[1] í Éile. Bíonn sí béasach lena mam i rith an scéil agus feicimid go mbíonn sí ciúin agus béasach ar scoil, go háirithe i gCaibidlí 3 agus 5. Nuair a théann sí go dtí an Ghaeltacht (Caibidil 8 ar aghaidh), feicimid go bhfuil sí béasach sa rang agus go leanann sí **treoracha**[2] na múinteoirí, na gcúntóirí agus na gcinnirí.

Cliste agus staidéarach

Gan dabht is cailín cliste agus **staidéarach**[3] í Éile. I gCaibidil 5 faigheann Éile marc an-ard sa scrúdú. I gCaibidil 5 freisin feicimid nach bhfuil aon suim ag Éile sa phleidhcíocht ach a bheith ag foghlaim. I gCaibidil 7 cruthaíonn Éile go bhfuil sí cliste agus staidéarach mar go bhfuil sí thar a bheith **réitithe**[4] don Teastas Sóisearach.

Cineálta agus ionbháúil

Feictear gur cailín cineálta í Éile nach mór **ar an bpointe boise**[5] i gCaibidil 1. Tá an-ghrá aici d'ainmhithe agus ba mhaith léi a bheith ina tréidlia nuair a bheidh sí níos sine. Tugann sí an-aire do Charlie, an capall atá sa pháirc béal dorais lena teach. Taispeánann sé sin go bhfuil sí cineálta. Tá sí **ionbháúil**[6] leis an ainmhí freisin. Insíonn sí a cuid mothúchán don chapall ag pointí difriúla i rith an scéil.

Daonna

Cé gur duine cineálta agus ionbháúil í Éile, taispeánann sí go bhfuil sí **daonna**[7] chomh maith. **Níl saoi gan locht**[8], mar a deir an seanfhocal. I gCaibidil 4 cloiseann Éile Sharon ag caoineadh ina seomra ach níl aon **trócaire**[9] aici di ag an nóiméad sin. I gCaibidil 9 tá fearg ar Éile mar gheall ar **iompar**[10] Sharon. Éiríonn argóint **theasaí**[11] idir an bheirt acu agus tosaíonn siad ag troid i lár an urláir. Léiríonn sé seo gur carachtar daonna í Éile. Tá **lochtanna**[12] aici.

Spórtúil

Is duine spórtúil í Éile. Deirtear é seo linn i gCaibidil 1. Imríonn sí ar fhoireann cispheile na scoile agus tá suim mhór aici ann. Cé go bhfuil spéis mhór aici sa spórt, tá sí in ann **cothromaíocht**[13] a choinneáil idir an spórt agus an staidéar. Nuair a théann sí go dtí an Ghaeltacht i gCaibidil 8, buaileann sí le cairde a rinne sí tríd an spórt agus baineann sí lántaitneamh as spóirt an choláiste ar nós eitpheile agus cispheile.

Scríobh

Cén saghas chuntas Instagram a bheadh ag Éile? Cruthaigh cúpla postáil nó scéal a cheapann tú a bheadh aici. Bain úsáid as an acmhainn punainne (lch 33) mar chabhair duit.

1 well behaved 2 instructions 3 studious 4 prepared 5 straight away 6 empathetic 7 human 8 No one is without fault 9 compassion 10 behaviour 11 heated 12 faults 13 balance

Sharon

Fiáin

Is cailín **fiáin**[1] í Sharon sa scéal seo. Feicimid an tréith seo den chéad uair nuair a thagann sí abhaile i gcarr Jack de Grás le ***hickey*** ar a muineál. Insíonn sí bréaga freisin, í ag rá lena tuismitheoirí go raibh **tionscnamh**[2] OSSP ar siúl aici. Tar éis go bhfeiceann Sharon a daid ag pógadh Bláithín de Clár sa tseid i gCaibidil 3, áfach, éiríonn sí an-fhiáin ar fad. Fanann sí amuigh déanach san oíche ag ól le buachaillí difriúla i gcarranna éagsúla. Is cuma léi faoin scoil ná faoi na scrúduithe. Fiú nuair a théann sí go dtí an Ghaeltacht ní chuireann sé sin deireadh leis an bpleidhcíocht. Ar deireadh, íocann sí praghas ard de dheasca a **fiántais**[3].

Gránna agus sotalach

Tá go leor samplaí sa scéal seo ina bhfeictear Sharon mar chailín **gránna**[4] agus **sotalach**[5]. Nuair a fhaigheann Éile toradh maith sa scrúdú i gCaibidil 5, glaonn Sharon '***swot***' agus '***sadcase***' ar Éile os comhair an ranga. Tá sé seo gránna. Sa chaibidil chéanna déanann Sharon gach iarracht cur isteach ar Iníon Nic Amhlaoibh. Ní thugann sí aon aird ar threoir an mhúinteora, rud atá an-sotalach ar fad.

Sleamhain agus glic

Níl aon dabht ach go bhfuil Sharon **sleamhain**[6] agus **glic**[7]. Tá a lán buachaillí difriúla aici agus is cuma léi faoi **dhílseacht**[8]. Tá sé seo sleamhain. Cé go bhfeiceann sí a daid le Bláithín de Clár i gCaibidil 3, coimeádann sí an t-eolas chuici féin go dtí go bhfuil sí réidh chun é a úsáid le dúmhál a dhéanamh ar a daid i gCaibidil 6. Cé go gceapann Sharon go bhfuil sí glic agus í ag éalú amach an fhuinneog i gCaibidil 9, filleann an feall ar an bh**feallaire**[9] agus beirtear uirthi.

Daonna

Feicimid go bhfuil Sharon daonna sa scéal seo. Nuair a fheiceann sí a daid sa bhothán ag cúl Scoil na mBráithre, baintear geit aisti. Níl a fhios aici cé acu an rud is fearr le déanamh. Coimeádann sí an rún léi féin ar feadh tamaill, rud a thaispeánann go bhfuil sí dílis agus nach bhfuil sí ag iarraidh raic a thosú sa bhaile. Tagann a daonnacht chun buaice, áfach, nuair nach bhfuil sí in ann an rún a choimeád léi féin níos mó.

Leithleach agus mífhreagrach

Is cuma le Sharon faoi aon duine eile seachas í féin – tá sí **leithleach**[10]. Nuair a fheiceann sí Bláithín de Clár i mbaclainn a daid, úsáideann sí é le **leas**[11] a bhaint as di féin. Úsáideann sí buachaillí éagsúla ar mhaithe le **toitíní**[12] nó deochanna a cheannach di nó mar go bhfuil carranna deasa acu. Feicimid é seo i gCaibidil 6 nuair a úsáideann sí Jack de Grás chun toitíní agus buidéal vodca a fháil di. Ar ndóigh, tá Sharon thar a bheith **mífhreagrach**[13] tríd an scéal ar fad. An gníomh is mífhreagraí a dhéanann sí, áfach, ná glaoch a chur ar Mhícheál Ó Laoire i gCaibidil 10. Ólann sí vodca, tógann sí piollaí agus déanann sí iarracht tiomáint a dhéanamh ar an gcarr faoi thionchar alcóil agus drugaí. Níl críoch ródheas leis an ngníomh mífhreagrach sin.

Scríobh

Cén saghas chuntas Instagram a bheadh ag Sharon? Cruthaigh cúpla postáil nó scéal a cheapann tú a bheadh aici.

1 wild 2 project 3 wildness 4 unpleasant 5 cheeky 6 sly 7 cunning 8 loyalty
9 traitor 10 selfish 11 advantage 12 cigarettes 13 irresponsible

Máiréad

Truamhéalach

Is carachtar **truamhéalach**[1] í Máiréad. Bheadh trua ag an léitheoir di. Feicimid é seo sa chéad chúpla líne den úrscéal. Tá sí buartha faoi Sharon agus is léir nach bhfuil gach rud mar ba chóir sa chaidreamh lena fear céile ach oiread. Nuair a thagann Timmy isteach sa chistin i gCaibidil 1, tógann sé a fón agus ní labhraíonn sé lena bhean chéile. Nuair a insíonn Timmy an fhírinne do Mháiréad i gCaibidil 8 faoina chaidreamh le bean eile, ní féidir ach trua a bheith againn di.

Cineálta

Is duine cineálta í Máiréad. Feicimid é seo mar go bhfuil sí buartha faoi Éile agus a fear céile. Aithníonn sí go bhfuil fadhbanna sa teaghlach agus déanann sí iarracht iad a shocrú. I gCaibidil 7 tapaíonn sí an deis lena fear céile – labhraíonn sí go cineálta leis agus déanann sí iarracht teacht ar réiteach maidir leis na **fadhbanna caidrimh**[2] atá acu. Beartaíonn siad ar na cailíní a sheoladh go dtí an Ghaeltacht le ham a thabhairt dóibh féin teacht ar an réiteach sin.

Tugtha don mhoilleadóireacht

Is **moilleadóir**[3] í Máiréad. Fágann sí rudaí ar an méar fhada. Feicimid í ag tús an scéil agus í buartha mar gheall ar Sharon agus buartha mar gheall ar a caidreamh lena fear céile. Cén fáth nach ndéanann sí aon rud faoi? Más rud é go ndearna Máiréad iarracht cúrsaí a chur ina gceart ní ba luaithe, seans nach n-éireodh na fadhbanna a d'éirigh. Mar a deir an seanfhocal, áfach, tar éis a thuigtear gach beart.

Timmy

Mídhílis

Is duine **mídhílis**[4] é Timmy. Tá caidreamh eile ar bun aige le múinteoir óg i Scoil na mBráithre, Bláithín de Clár. Feiceann Sharon é seo **beo bríomhar**[5] nuair a théann sí chuig an tseid ag cúl Scoil na mBráithre i gCaibidil 3.

Glic agus sleamhain

Tá Timmy glic agus sleamhain. Tá sé in ann an caidreamh le Bláithín de Clár **a cheilt**[6] óna bhean chéile chomh maith leis na téacsanna a bhíonn á bhfáil aige uaithi. I gCaibidil 6 déanann a iníon dúmhál air agus, glic go leor, tugann sé airgead di chun í a chiúnú. Tugann sé cead di dul go dtí an dioscó freisin, cé gur aontaigh seisean agus Máiréad gan cead a thabhairt di. Úsáideann Timmy an dioscó mar leithscéal cuairt a thabhairt ar theach Bhláithín de Clár, rud atá an-sleamhain.

Macánta

Cé go bhfuil Timmy mímhacánta tríd an scéal ar fad, beartaíonn sé ar an fhírinne a insint ar deireadh i gCaibidil 8. Is dócha gur fíor don seanfhocal '**Más mall is mithid**'[7] sa chuid seo den scéal.

Scríobh

Roghnaigh carachtair amháin a phléitear ar lgh 200–2. Scríobh liosta de na tréithe dearfacha atá ag an gcarachtar sin (is leor trí thréith). Anois, scríobh liosta de na tréithe diúltacha atá ag an gcarachtar sin (is leor trí thréith).

1 *pitiful* 2 *relationship problems* 3 *procrastinator* 4 *disloyal* 5 *in the flesh* 6 *hide* 7 *better late than never*

Léamh

Léigh na leideanna thíos agus aimsigh ainmneacha na gcarachtar sa chuardach focal. Cuir tic sna boscaí in aice na leideanna agus na hainmneacha aimsithe agat.

S	J	L	C	I	E	Z	Q	P	J	B	I	O	J	E	N	J	G	P	R
B	L	Á	I	T	H	Í	N	A	X	I	W	J	A	C	K	X	N	F	X
C	B	Z	H	T	B	B	F	D	C	H	M	G	A	M	U	Y	N	W	I
Z	C	J	I	N	Í	O	N	N	I	C	A	M	H	L	A	O	I	B	H
B	Y	W	Z	M	I	I	P	V	J	R	S	D	Y	G	W	H	J	O	C
M	T	J	Y	O	Y	E	I	J	N	U	O	W	O	G	D	H	S	B	C
G	J	I	I	I	T	X	M	T	H	O	L	G	X	M	D	G	F	F	N
S	N	O	M	Á	I	S	T	I	R	Ó	R	I	A	I	N	S	Y	P	H
Q	O	Z	J	M	N	Y	B	O	S	É	Y	U	E	Q	V	S	T	W	M
J	S	F	Y	V	Y	Q	L	G	K	H	I	U	S	S	I	N	É	A	D
O	N	S	É	A	M	A	S	Ó	C	E	A	L	L	A	I	G	H	K	G
U	T	M	Í	C	H	E	Á	L	A	T	X	R	E	Y	V	V	F	S	Q
G	S	Z	E	J	I	T	U	D	S	Y	Z	C	O	C	W	Y	H	Z	P
Y	Y	R	V	F	Y	P	D	X	X	K	Y	E	G	N	B	E	E	W	W
Z	B	S	J	W	I	J	M	R	B	B	R	S	Q	J	Y	Q	A	C	Z
S	E	O	S	A	M	H	Ó	C	E	A	L	L	A	I	G	H	F	G	O
M	Á	I	R	É	A	D	G	U	J	F	M	T	B	E	O	U	G	N	N
P	P	Z	S	E	Á	N	Ó	M	Ó	R	Á	I	N	O	Y	Q	Z	U	Q
K	Q	K	C	R	I	L	L	Y	A	N	O	I	N	L	N	Z	O	E	H
T	B	U	H	G	V	U	K	Z	G	W	E	G	H	K	N	G	C	O	N

1. leathchúpla – cailín faiseanta agus fiáin ☐
2. leasainm phríomhoide scoil na gcailíní ☐
3. múinteoir tíreolaíochta a bhfuil ualach mór uirthi ☐
4. leathchúpla – cailín éirimiúil agus cineálta ☐
5. bean óg atá ag múineadh i Scoil na mBráithre a bhfuil cónaí uirthi in eastát nuathógtha ☐
6. cara de chuid Sharon ☐
7. príomhoide an choláiste Gaeltachta ☐
8. athair an chúpla ☐
9. spraoi-thiománaí a bhfuil Honda Civic beag aige ☐
10. dalta a mbrúnn Sharon amach as an bhfuinneog í ☐
11. buachaill gránna a bhfuil BMW aige; col ceathrair le Jimmy is ea é ☐
12. múinteoir staire a mhúsclaíonn suim Éile san ábhar ☐
13. máthair an chúpla ☐
14. an buachaill a chuireann Sharon i dtreo an tseanbhotháin ☐
15. an tréidlia áitiúil ☐
16. an fear a thagann ar an timpiste ☐

Scríobh

Roghnaigh trí charachtar ón liosta thuas agus cuir in iúl cén fáth ar mhaith/nár mhaith leat aithne a chur orthu. Is leor dhá fháth do gach aon charachtar a roghnaíonn tú.

Mothúcháin an úrscéil

Teannas

Tá go leor teannais le brath san úrscéal seo. Tosaíonn sé le **radharc**[1] ina bhfuil **teannas**[2] le Máiréad ag féachaint amach an fhuinneog faoi bhuairt agus Timmy ag teacht isteach chun an fón a bhailiú gan focal as. Tar éis go bhfeiceann Sharon a daid ag pógadh Bláithín de Clár, tá an-teannas le brath go dtí go n-insíonn sí dó go bhfuil sé ar eolas aici i gCaibidil 6. Tá an-teannas ar fad le brath arís i gCaibidil 10 nuair atá Sharon ag tiomáint an chairr faoi thionchar alcóil agus drugaí. Níl a fhios ag an **léitheoir**[3] cén deireadh a bheidh ann. Faraor, níl deireadh ródheas leis.

Áthas

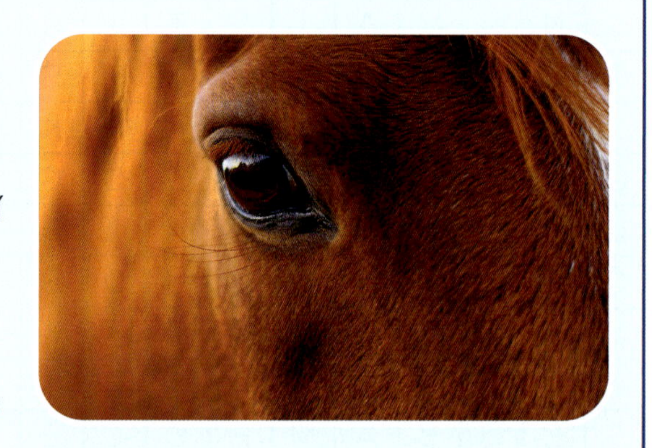

Tá roinnt áthais le feiceáil san úrscéal seo. Cuireann sé áthas ar Éile go bhfuil sí in ann am a chaitheamh le Charlie, an capall, agus go bhfuil sí in ann labhairt leis **amhlaidh is**[4] gur **comhairleoir**[5] é. Níl Sharon in ann áthas nádúrtha a bhrath. Dá bhrí sin lorgaíonn sí áthas mínádúrtha trí chaidrimh bhréagacha, trí alcól agus trí dhrugaí. Nuair a théann an bheirt go dtí an Ghaeltacht i gCaibidil 8, cuireann sé áthas ar Éile go bhfuil cailíní a bhfuil aithne aici orthu ann agus baineann sí sult as an am. Baineann Sharon áthas as a bheith gránna le daoine in éineacht le cailíní agus buachaillí gránna eile.

Fearg

Tá a lán samplaí sa scéal seo ina bhfuil fearg le brath. Cuireann sé fearg agus **frustrachas**[6] ar Sharon go bhfuil a daid feicthe aici ag pógadh Bláithín de Clár. Níl a fhios aici conas **déileáil**[7] leis. Mar sin, braitheann sí ar an ól agus ar an bhfiántas. Cuireann sé fearg ar Éile go bhfuil Sharon chomh gránna sin, go háirithe nuair a bhíonn sí ag pleidhcíocht sa seomra ranga i gCaibidil 5 agus an t-iompar a bhíonn ar siúl aici sa Ghaeltacht ó Chaibidil 8 ar aghaidh.

Spleodar agus sceitimíní

Tá **spleodar**[8] agus **sceitimíní**[9] le feiceáil go minic tríd an úrscéal seo. Cuireann sé sceitimíní ar Sharon go bhfuil sí **ar seachrán**[10] ón scoil i gCaibidil 3 agus go bhfuil sí ag bualadh le Jimmy sa tseid ag cúl Scoil na mBráithre. Cuireann sé sceitimíní ar Éile nuair a smaoiníonn sí ar an Teastas Sóisearach i gCaibidlí 6 agus 7. Tá spleodar agus sceitimíní le brath nuair a éalaíonn Sharon amach an fhuinneog agus é ar intinn aici bualadh le buachaill i lár na hoíche i gCaibidil 9. I gCaibidil 10 tá spleodar á bhrath ag Sharon nuair a ólann sí an vodca, nuair a thógann sí an piolla agus nuair a thiomáineann sí an carr. Ní thagann toradh rómhaith as, áfach.

Brón

Is brónach an chríoch atá leis an úrscéal seo. Tá drochiompar **leanúnach**[11] le feiceáil tríd an scéal. An toradh atá leis an drochiompar seo ná go n-éiríonn Sharon níos fiáine agus níos fiáine fós. Fad is atá sí **ag spraoi-thiomáint**[12], buaileann sí i gcoinne cairr a maime agus a daid i ngan fhios di féin. Maraítear a daid agus Mícheál Ó Laoire. Fágtar a mam ar chois amháin agus tá pairilis ar Sharon ón muineál síos. Críoch an-bhrónach ar fad atá ann.

1 scene 2 tension 3 reader 4 as if 5 adviser 6 frustration 7 deal 8 exuberance 9 excitement 10 skipping 11 continuous 12 joyriding

Alt

Scríobh alt bunaithe ar cheann de na mothúcháin/cáilíochtaí sa liosta seo. Bain úsáid as an acmhainn punainne (lch 35) mar chabhair duit.

aiféala, déistin, imní, lagmhisneach, mídhílseacht, uaigneas

Critéir ratha:

- Déan cinnte go bhfuil mioneolas ón úrscéal i do fhreagra.
- Cuir an mothúchán/cháilíocht i gcodarsnacht le mothúchán/cáilíocht eile atá le feiceáil san úrscéal.
- Déan cinnte go bhfuil tagairtí do bheirt charachtar (nó níos mó) i do fhreagra.

Léamh

Léigh an t-alt seo a scríobh Ógie Ó Céilleachair agus déan an tasc a bhaineann leis.

Nuair a thosaigh mé i mo mhúinteoir Gaeilge bhí Gaeilge an Teastais Shóisearaigh á múineadh agam. Bhí mé ag teagasc i scoil lánchailíní ag an am agus ní raibh cuma ró-áthasach ar an rang, Bliain 3. Bhí scéal áirithe á dhéanamh agam leo agus dúirt siad nach raibh suim dá laghad acu sa scéal. Nuair a chuir mé ceist orthu cén fáth nach raibh suim acu ann, dúirt siad nár cheap siad go raibh baint aige lena saolta níos mó. Chuir mé stop leis an rang agus cheistigh mé iad maidir leis an saghas scéil ar mhaith leo ó thaobh téamaí, mothúchán, carachtar agus mar sin de. Gheall mé dóibh go ndéanfainn iarracht scéal a scríobh go mbainfeadh daltaí sóisearacha taitneamh as. Tar éis machnamh a dhéanamh air, agus bliain nó mar sin ina dhiaidh, ba é an t-úrscéal seo toradh mo chuid smaointe.

Scríobh

Freagair na ceisteanna seo bunaithe ar an alt thuas.

1. Cén saghas scoile ina raibh Ógie ag múineadh?
2. Cén fáth nár thaitin an scéal a bhí idir lámha aige leis an rang?
3. Cad a rinne sé nuair a fuair sé amach nach raibh suim ag an rang sa scéal?
4. Cad a gheall sé don rang?
5. Cén toradh a bhí ar an bplé a rinne sé leis an rang?

An chaibidil is fearr liom

Léigh an t-alt seo a scríobh Ógie Ó Céilleachair agus déan an tasc a bhaineann leis.

Tá sé deacair caibidil a phiocadh ach, dá mbeadh orm é sin a dhéanamh, roghnóinn Caibidil 8. Is breá liom an samhradh agus is breá liom freastal ar choláistí Gaeltachta i rith an tsamhraidh. Tá sé seo ar fad le feiceáil i gCaibidil 8. Feictear an slua sa halla, an spórt, bean an tí, na múinteoirí, na cúntóirí agus na cinnirí. Is féidir aimsir an tsamhraidh a bhrath, nach mór, agus an chaibidil seo á léamh agam.

Idirghníomhú cainte

Bain úsáid as mentimeter.com nó a mhacasamhail agus iarr ar gach duine an chaibidil is fearr leo a scríobh isteach. Cad í an chaibidil is coitianta?

Ceisteanna samplacha

Cad iad na cúig phointe sa scéal a sheas amach duit?

Is iad na cúig phointe sa scéal a sheas amach dom ná na cinn seo a leanas:

1. Nuair a fheiceann Sharon a daid agus Bláithín de Clár sa tseid i gCaibidil 3. Sheas an íomhá seo amach dom mar go bhfuil sé chomh dochreidte, **scannalach**[1] sin. Ní raibh mé ag tnúth leis an gcasadh sin sa scéal ar chor ar bith.
2. Na cleasanna a bhíonn ar siúl ag Sharon sa seomra ranga i gCaibidil 5. Cheap mé go bhfuil an phleidhcíocht atá ar siúl ag Sharon greannmhar ach bhí trua agam d'Iníon Nic Amhlaoibh bhocht, agus do Julie, ar ndóigh.
3. Nuair a dhéanann Sharon dúmhál ar a daid i gCaibidil 6. Tá roinnt mhaith **eachtraí**[2] dochreidte agus scannalach a tharlaíonn i gCaibidil 7 ach baineadh siar asam nuair a rinne Sharon dúmhál ar a daid. Níor chreid mé go bhféadfadh sí a bheith chomh glic sin.
4. An troid atá ag Éile agus Sharon. Cé gur **móreachtra**[3] é nuair a éalaíonn Sharon amach an fhuinneog, níor chuir sé iontas orm. An rud a chuir iontas orm, áfach, ná go bhfuil Éile cróga go leor an fód a sheasamh in aghaidh a **leathchúpla**[4]. Cé gur eachtra **náireach**[5] is ea an troid, bhí mé ag tacú le hÉile as an g**crógacht**[6] a thaispeáint.
5. Críoch an scéil. Caithfidh mé a rá nach raibh mé ag súil leis an gcríoch atá leis an scéal seo. Bhí mé ag súil an t-am ar fad go dtiocfadh Sharon chuici féin agus go ndéanfadh sí iarracht a botúin a leigheas. Baineadh geit asam nuair a chonaic mé an damáiste go léir atá cruthaithe aici. Gan dabht chuir sé ag smaoineamh mé faoi eachtraí cosúil leis sin sa saol.

Idirghníomhú cainte

An bhfuil aon phointí eile a sheas amach duitse? Déan liosta de na pointí a sheas amach duit. Is leor trí phointe a roghnú.

Critéir ratha:

- Cuir fáth amháin le gach aon phointe.
- Iarr ar an duine in aice leat na pointí a roghnaigh sé/sí a roinnt leat.
- Oibrigh le chéile chun bhur bpointí a chur in ord tosaíochta.

Scríobh críoch dhifriúil a chuirfeá ar an úrscéal seo.

Chuir Sharon a cos ar an **luasaire**[7]. D'éirigh an carr ní ba thapúla agus ní ba thapúla. 'Stop!' arsa Mícheál. 'Cad é?' arsa Sharon. 'Stop an carr!' a dúirt Mícheál. 'Cén fáth?' a d'fhreagair Sharon.

I ngan fhios di, bhí Mícheál tar éis scéal a chur chuig na gardaí mar go raibh eagla ag teacht air de dheasca a hiompair. Bhí na gardaí tar éis an scéal a chur ar aghaidh go Máiréad agus Timmy. Bhí an coláiste Gaeltachta ar an eolas freisin. D'fhéach Sharon ar aghaidh Mhíchíl agus bhí a fhios aici go raibh rud éigin mícheart. Thosaigh sí **ag moilliú**[8] an chairr. Thiomáin sí timpeall an chúinne agus chonaic sí iad, na soilse gorma ag splancadh. Mhoilligh sí an carr píosa eile go dtí gur shroich siad an **bac bóthair**[9]. Chonaic sí a mam, a daid, Éile agus an príomhoide amach tríd an n**gaothscáth**[10]. Rinne an garda **comhartha**[11] léi an fhuinneog a bhrú síos. 'Anois, a chailín, tá tú i dtrioblóid an-mhór,' arsa an garda. 'Amach as an gcarr leat sula maraíonn tú duine éigin.' Amach le Sharon **go corrach**[12]. Bhraith sí tinn. Ag an nóiméad sin thuig sí go raibh rud uafásach déanta aici. Bheartaigh sí ar an bpointe boise go gcuirfeadh sí leigheas ar a saol.

1 scandalous 2 events 3 major event 4 twin sister 5 shameful 6 courage
7 accelerator 8 slowing down 9 roadblock 10 windscreen 11 sign 12 unsteadily

Ainmnigh carachtar a sheas amach duit agus mínigh an fáth.

Tuigim go seasann Sharon amach d'an-chuid daoine sa scéal seo ach ceapaim féin go seasann Éile amach níos mó. Tá sé an-éasca an slua a leanúint nuair atáimid inár ndéagóirí. Tá crógacht ag baint le roinnt mhaith de na tréithe atá ag Éile, áfach. Tá sí compordach gan a bheith ag caitheamh an iomarca **smididh**[1] ná a bheith gafa lena híomhá agus baineann sí taitneamh as an bhfoghlaim. Tuigeann sí nach bhfuil sna blianta scoile ach **seal**[2] agus go gcabhródh a meon **aibí**[3] léi níos déanaí sa saol. Is trua go bhfuil **drochthionchar**[4] ag dul i bhfeidhm ar shaol a leathchúpla, áfach.

Dá mbeifeá ag scríobh aiseolais chuig an údar faoin úrscéal, cad a scríobhfá?

A Ógie, a chara,

Tá súil agam go bhfuil tú slán sábháilte agus i mbarr na sláinte. Táim ag scríobh chugat maidir le d'úrscéal **Cúpla**. Caithfidh mé a rá gur bhain mé an-taitneamh as an scéal. Ba mhaith liom roinnt aiseolais a thabhairt duit, murar mhiste leat.

Thaitin an caidreamh idir Éile agus Sharon go mór liom. Is léir go bhfuil aithne mhaith ag an mbeirt acu ar a chéile, cé go mbíonn siad ag troid lena chéile go minic. Tá deartháireacha agus deirfiúracha agam féin agus bímid ag troid i gcónaí.

Thaitin sé liom go bhfuil cosúlachtaí le feiceáil idir Máiréad agus Éile, chomh maith le Timmy agus Sharon. Cheap mé go bhfuil cosúlachaí idir Éile agus Máiréad ó thaobh an **chineáltais**[5] agus na **tuisceana**[6] de. Cheap mé gurb é an chosúlacht idir Sharon agus Timmy ná an mhídhílseacht. Tá siad beirt sleamhain agus glic, dar liom.

Nílim cinnte ar thaitin an chríoch chomh mór sin liom mar bhain sé geit asam. Cheap mé go bhfuil sé beagáinín róbhrónach agus nach dtugann sé deis do Sharon dul ar bhóthar a leasa. É sin ráite, tuigim go dtarlaíonn eachtraí mar seo sa saol agus tá sé tábhachtach go mbeadh sé ar eolas againn.

Go raibh míle maith agat arís as an scéal a scríobh. Tá súil agam go mbeidh scéalta eile mar seo á scríobh agat sa todhchaí.

Le gach dea-ghuí,

Sam de Búrca

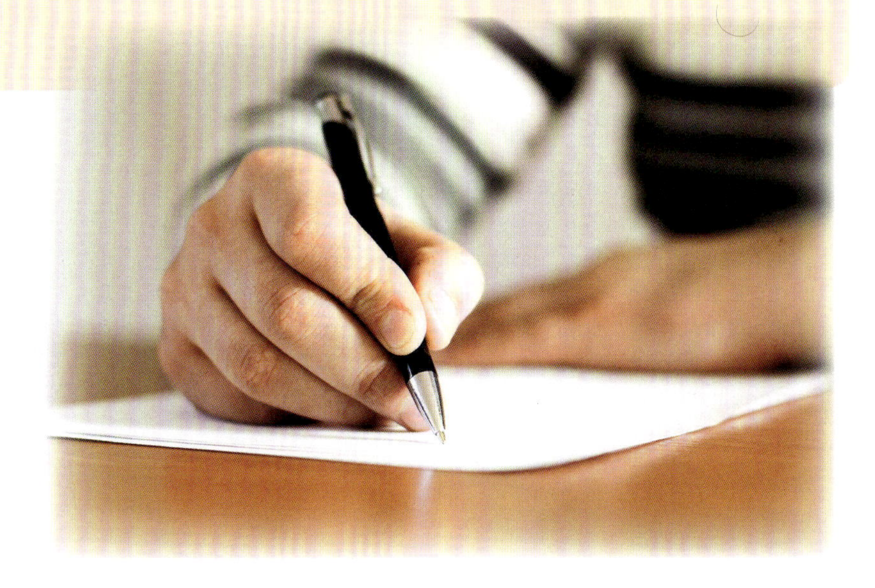

1 make-up 2 while 3 mature 4 bad influence 5 kindness 6 understanding

Cad iad na buaicphointí sa scéal, dar leat?

1. Tarlaíonn an chéad bhuaicphointe sa scéal i gCaibidil 3 nuair atá Sharon i láthair sa tseid. Feiceann sí a daid le Bláithín de Clár ina bhaclainn aige agus iad ag pógadh a chéile. Is **corr**[1] sa scéal é seo gan dabht agus seolann sé Sharon níos faide **síos an bóthar mícheart**[2] ar a raibh sí cheana féin.
2. Tá an dara buaicphointe sa scéal seo i gCaibidil 6, nuair a thagann Sharon abhaile **ar meisce**[3] agus tarlaíonn argóint theasaí idir í féin agus a daid. Tá an **chumhacht**[4] ag Timmy go dtí go gcuireann Sharon in iúl dó go bhfuil a fhios aici faoin bpóg le Bláithín de Clár sa tseid ag cúl Scoil na mBráithre. Buaileann Timmy **slais**[5] trasna an leicinn ar a iníon.
3. An tríú buaicphointe sa scéal ná nuair a dhéanann Sharon dúmhál do Timmy. Tá an chumhacht ag Sharon anois agus is féidir léi buntáiste a bhreith ar a daid dá dheasca. Tugann sé **ceadúnas**[6] di aon rud ar mhaith léi a dhéanamh **beag beann**[7] ar atá ráite ag Máiréad.
4. An ceathrú buaicphointe sa scéal ná an **tionóisc**[8] bhóthair a chruthaíonn Sharon idir carr Mhíchíl Uí Laoire agus carr a maime agus a daid. Díreach roimhe seo tá sí ag scaoileadh gach píosa frustrachais aisti a bhí le brath suas go dtí seo. Cruthaíonn an scaoileadh frustrachais seo tragóid, áfach.
5. Gan dabht is buaicphointe é críoch an scéil, an cúigiú buaicphointe, i gCaibidil 11. **Baintear geit as**[9] an léitheoir nuair a fhaigheann sé/sí amach go bhfuair Timmy agus Mícheál Ó Laoire bás, gur chaill Máiréad cos agus nach mbeidh Sharon in ann siúl ná húsáid na n**géag**[10] a bheith aici don chuid eile dá saol.

Pioc carachtar sa scéal. Cén chomhairle a chuirfeá air/uirthi?

Haigh, Sharon. Gráinne anseo. Táim sa rang gnó céanna leat ar scoil. Tá súil agam nach cuma leat an teachtaireacht seo a fháil uaim ach theastaigh uaim é a chur chugat tar éis cúpla rud a chuala mé á rá ar scoil. Bhí mé sa leithreas agus bhí grúpa cailíní ag caint fút. Bhí siad ag rá go raibh sé ar intinn agat a bheith ag ól agus ag tógáil drugaí ag an dioscó an Satharn seo chugainn. Rinne mise an rud céanna cúpla mí ó shin agus b'éigean mé a thabhairt go dtí an t-ospidéal. Ní raibh sé go deas in aon chor. Bhí mé an-tinn agus dúirt na dochtúirí go raibh an t-ádh liom nár tharla aon rud **tromchúiseach**[11] dom. Le do thoil, smaoinigh arís mar gheall ar an méid atá ar intinn agat don Satharn seo chugainn. Is féidir leat glacadh leis an gcomhairle seo nó is féidir leat **mallacht**[12] a chur orm as é a sheoladh. Cibé rud a tharlaíonn, braithim níos fearr go bhfuil an chomhairle seo curtha agam ort. Fan slán. x

Scríobh tuairisc nuachta ar eachtra sa scéal.

Tá na gardaí ag fiosrú eachtra thromchúiseach aréir, eachtra inar bhuail carr amháin in aghaidh carr eile ag crosbhóthar in airde ar an gCnoc Mór. Tuigtear gur beirt **ógánach**[13] a bhí ag tiomáint an chairr agus gur bhuail sé in aghaidh carr eile a bhí ag gabháil tríd an gcrosbhóthar. Tá tuairiscí faighte go bhfuair beirt bás de dheasca na timpiste agus go bhfuil beirt eile san ospidéal. **Feirmeoir caorach**[14] a tháinig ar an láthair ar dtús agus chuir sé glaoch ar na gardaí láithreach.

1 turning point 2 down the wrong path 3 drunk 4 power 5 blow 6 permission 7 regardless 8 accident 9 is taken aback 10 limbs 11 serious 12 curse 13 young people 14 sheep farmer

Eochairfhocail ón úrscéal

Idirghníomhú cainte

Féach ar an liosta eochairfhocal thíos agus déan na tascanna seo a leanas.

- Aimsigh inscne na bhfocal san fhoclóir.
- Cuir an t-alt rompu.
- Iarr ar an dalta in aice leat ceann de na focail a chur in abairt.
- Iarr ar an dalta in aice leat focal eile a roghnú duitse, agus cuir in abairt é.

Tá cúpla sampla déanta duit.

Moladh
Caith bonn in airde leis an gcéad duine a roghnú chun focal a chur in abairt.

	An focal	An inscne	Leis an alt		An focal	An inscne	Leis an alt
1	alcól	*firinscneach*	*an t-alcól*	18	locht		
2	baclainn			19	múinteoir		
3	buíon			20	pairilis		
4	caidreamh			21	pleidhce		
5	capall			22	póit		
6	cleas			23	reilig		
7	coimhlint			24	rógaireacht		
8	cóitseálaí			25	samhradh		
9	cúpla			26	seanbhothán		
10	déagóir			27	síob		
11	díoltas			28	smideadh		
12	éad			29	spraoi-thiománaí	*firinscneach*	*an spraoi-thiománaí*
13	foláireamh			30	timpiste		
14	géarchéim			31	tionscadal		
15	leac			32	toitín		
16	leasainm			33	torann		
17	leathchúpla	*firinscneach*	*an leathchúpla*	34	trócaire		

Scríobh

Déan na tascanna seo.

1. Cruthaigh liosta de na haidiachtaí is coitianta san úrscéal.
2. Cruthaigh liosta eochairfhocal ón úrscéal de do chuid féin. Cuir inscne an ainmfhocail in aice le gach aon fhocal agus cuir an t-alt roimh an bhfocal chomh maith.

Tascanna éagsúla

Clár staidéir

Déan na tascanna seo. Cuir tic ar gach tasc nuair atá sé déanta agat.

☐ 1 Tá roinnt físeán curtha in airde ag daoine éagsúla ar TikTok faoi na haischlibeanna #Cúpla agus #Cupla. Déan iarracht iad a aimsiú agus pléigh iad le do pháirtí sa rang. Déan iarracht d'fhíseán féin a uaslódáil, fiú. Seans go bhfeicfeadh Ógie Ó Céilleachair é!

☐ 2 'Bhí pointí difriúla i rith an scéil go bhféadfaí deireadh a chur le hiompar Sharon agus an tragóid a sheachaint.'
An aontaíonn tú leis an tuairim sin? Bain úsáid as samplaí ón scéal chun do chinneadh a mhíniú. (Is leor trí shampla.)

☐ 3 An gnáthiompar é iompar Sharon sa scéal seo, dar leat? Tabhair trí fháth go gceapann tú gur/nach gnáthiompar é seo do dhéagóir.

☐ 4 Freastalaíonn an cúpla ar choláiste samhraidh san úrscéal. Lig ort gur tusa príomhoide an choláiste agus cruthaigh amchlár na seachtaine ar phóstaer.

☐ 5 Tá comhlacht léiriúcháin ag iarraidh scannán a thaifeadadh den úrscéal. Oibrigh leis an duine in aice leat le ról a thabhairt d'aisteoirí cáiliúla. Cuir fáth amháin le gach aisteoir a roghnaíonn sibh.

☐ 6 Foilsítear léirmheas leabhar gach mí sa nuachtlitir scoile. Scríobh léirmheas ar an úrscéal **Cúpla**. Déan cinnte tagairt a dhéanamh do na carachtair, do na téamaí, do na mothúcháin agus do do thuairim phearsanta. Is leor 300 focal a scríobh.

Cúpla

☐ 7 Roghnaigh leathanach amháin ón gcaibidil is fearr leat agus athscríobh i bhfoirm scripte é. Déan cinnte treoracha stáitse a scríobh isteach. Bailigh grúpa daltaí ó do rang agus léirigh an radharc os comhair an ranga.

Féach ar lch 158.

☐ 8 Tá na daltaí sa dara bliain ag iarraidh blaiseadh den úrscéal a fháil uait. Déan achoimre de phlota an úrscéil i bhfoirm greannáin. Ná mill an plota dóibh!

☐ 9 Lig ort gur láithreoir ar chlár cainte thú agus cuir ceist ar charachtar de do rogha. Beidh ort oibriú le duine eile ón rang. Scríobh amach an comhrá ar dtús agus cuir na ceisteanna ar an gcarachtar os comhair an ranga.

Clúdaigh shamplacha

Tasc ealaíne

Tá eagrán[1] nua den úrscéal *Cúpla* le foilsiú agus iarrtar ort clúdach nua a dhearadh. Smaoinigh ar an úrscéal agus tú ag dearadh clúdaigh faoi leith.

Idirghníomhú cainte

I ngrúpaí de cheathrar, roghnaígí an clúdach is oiriúnaí don úrscéal, dar libh. Labhair os comhair an ranga faoi na fáthanna ar roghnaigh sibh an clúdach seo.

Roghchlár

Déan dhá cheann de na tascanna seo a leanas. Cuir tic orthu.

☐ **1** Cuir clúdach amháin ón tasc thuas i gcomparáid leis an gceann a roghnaigh Ógie agus a fhoilsitheoir.
Déan tagairt do:
- na dathanna
- an clóscríobh
- na híomhánna

☐ **2** Oibrigh leis an duine in aice leat. Ligigí oraibh go bhfuil sibh i gceannas ar an bhfeachtas margaíochta don úrscéal nua **Cúpla**. Céard iad na straitéisí margaíochta a d'úsáidfeadh sibh chun an t-úrscéal a chur chun cinn?

☐ **3** Roghnaigh dhá cheann de na clúdaigh ón tasc thuas agus scríobh sé phointe faoi na leideanna a fhaighimid uathu faoin úrscéal.

☐ **4** Oibrigh leis an duine in aice leat. Ligigí oraibh go bhfuil sibh i siopa leabhar. Beidh páirt an chustaiméara ag duine amháin agus páirt an fhreastalaí ag duine eile. Scríobhaigí an comhrá a bheadh agaibh faoin úrscéal agus léigh os comhair an ranga é. Déan cinnte trí cheist a chur ar an bhfreastalaí agus tagairt a dhéanamh do cheann de na clúdaigh ón tasc thuas.

☐ **5** Roghnaigh clúdach ón tasc thuas agus scríobh litir chuig an bhfoilsitheoir ag míniú dó/di go gceapfá go mbeadh an ceann seo níos oiriúnaí don úrscéal.

[1] edition

Ceisteanna scrúdaithe samplacha

Ainmnigh úrscéal ó **Liosta Téacsanna Dualgais T2** a ndearna tú staidéar air le linn do chúrsa.

Ní mór teideal an úrscéil agus ainm an údair a scríobh síos go cruinn.

Teideal an úrscéil: *Cúpla*
Ainm an údair: *Ógie Ó Céilleachair*

(a) Scríobh **trí cheist** a chuirfeá ar do rogha carachtar **amháin** ón úrscéal maidir lenar tharla dó/di san úrscéal agus na **trí fhreagra** is dóigh leat a thabharfadh sé/sí.
Bíodh mioneolas as an úrscéal i ngach aon fhreagra.

Ainm an charachtair: *Sharon*
Ceist 1: *Cén fáth nár inis tú an fhírinne d'Éile?*
Freagra: *Cé gur cúpla mé féin agus Éile, ceapaim go bhfuilimid an-difriúil ó thaobh pearsantachta de. Tá* ***croí bog***[1] *ag Éile agus is cailín an-lách í. Níor theastaigh uaim* ***an rún a ligean léi***[2] *mar bhí a fhios agam go mbrisfeadh a croí. Cheap mé go raibh sé mar dhualgas orm í a* ***chosaint***[3] *ón gcaidreamh seachphósta a bhí ar siúl idir ár n-athair agus Bláithín. Is cuimhin liom an lá ar tháinig mé orthu sa seanbhothán. Bhí mé ar an mbealach chun bualadh le Jimmy. Níor chaith mé go deas le hÉile nuair a d'fhill mé ar scoil an lá sin toisc go raibh mé* ***trí chéile***[4].
Ceist 2: *Cén fáth a raibh sé de nós agat teacht abhaile ar meisce?*
Freagra: *Chun an fhírinne a rá leat, bhí an t-alcól ina uirlis agam le plé leis an rún uafásach a bhí á choinneáil agam. Bhí sé ró-éasca dom teacht ar alcól toisc go raibh suim ag an méid sin buachaillí ionam, agus bhí siad i gcónaí sásta alcól a cheannach dom. Níor thuig Jack ná Mícheál an fáth a raibh sé á ól agam toisc nár lig mé an rún le haon duine eile. Bhí an rún sin* ***ina luí go trom orm***[5] *agus ní raibh tuiscint agam conas déileáil leis an mbuairt. Tuigim anois go bhfuil bealaí níos fearr chun déileáil le mo chuid mothúchán.*
Ceist 3: *An bhfuil aiféala ort go ndearna tú iarracht éalú ón gcúrsa samhraidh?*
Freagra: *Beidh aiféala orm* ***go bás***[6] *gur éalaigh mé ón teach an oíche áirithe sin. Bheadh m'athair agus Mícheál fós beo mura bhfágfainn an oíche sin.* ***Bhí mé leagtha amach ar dhul abhaile***[7] *agus is cuimhin liom gur iarr mé ar Jack, John agus Pete mé a bhailiú. Cuireann sé fearg orm anois go raibh Mícheál chomh hamaideach agus é faoi bhois an chait agam. Bhí a fhios agam go ndéanfadh sé rud ar bith dom. Ní féidir liom an* ***milleán***[8] *a chur air, áfach. Ní raibh taithí agam ar charr a thiomáint agus bhí mé faoi thionchar óil agus drugaí. Ní dhearna Mícheál aon iarracht stop a chur leis an* ***tiomáint mhífhreagrach***[9] *agus gortaíodh beirt go huafásach. Maraíodh beirt sa timpiste chomh maith. Mothaím uaim go mór m'athair.*

1 soft heart 2 reveal the secret to her 3 protect 4 upset 5 weighing heavily on me
6 until I die 7 I planned to go home 8 blame 9 irresponsible driving

Ainmnigh úrscéal ó **Liosta Téacsanna Dualgais T2** a ndearna tú staidéar air le linn do chúrsa.

Ní mór teideal an úrscéil agus ainm an údair a scríobh síos go cruinn.

Teideal an úrscéil: *Cúpla*
Ainm an údair: *Ógie Ó Céilleachair*

(a) Déan cur síos ar charachtar a bhfuil bá (trua) agat dó/di agus léirigh **dhá fháth** leis an mbá sin.

Tá trua agam do Sharon. Is léir go bhfuil sí ag streachailt lena ***saol baile***[1] *agus nach bhfuil tuiscint aici conas a cuid mothúchán a* ***láimhseáil***[2]*. Tá trua agam di nuair a thagann sí ar a daid agus Bláithín de Clár sa tseid. Is léir nach raibh sí ag súil leis sin – bhí sí ar an mbealach chun bualadh le Jimmy. Tá trua agam di nuair a thagann sí abhaile ar meisce. Deir a mam go bhfuil sí ag náiriú an teaghlaigh ach níl cliú ag Máiréad céard atá ar siúl i saol Sharon. Buaileann Timmy* ***buille***[3] *ar Sharon chomh luath agus a luann sí Scoil na mBráithre. Tá cosúlachtaí idir Timmy agus Sharon mar ní thuigeann an bheirt acu conas a gcuid mothúchán a láimhseáil. É sin ráite, níl sé cóir buille a thabhairt do pháiste (ná d'aon duine eile) agus tá an-trua agam do Sharon. Tá an-bhuairt uirthi.*

(b) Tabhair miontuairisc ar an gceantar nó ar an suíomh san úrscéal.

Is iomaí suíomh a fheictear san úrscéal seo – mar shampla, teach an teaghlaigh, an scoil a bhfreastalaíonn an cúpla uirthi, an seanbhothán agus halla an choláiste samhraidh. Is dócha go dtarlaíonn formhór na n-imeachtaí i dteach mhuintir Uí Bhraonáin. Tá teach an teaghlaigh suite in aice le páirc fhairsing, áit a mbíonn Charlie, an capall a bhfuil an-chion ag Éile air. Cé gur cúpla iad Éile agus Sharon, tá a seomra leapa féin ag an mbeirt chailín. Caitheann Sharon an-chuid ama ina seomra leapa ag fáil réidh ar maidin agus is maith leis an mbeirt acu éalú go dtí a seomraí chun éisteacht le ceol. Caitheann Máiréad an-chuid ama sa chistin ag ól tae, gafa lena cuid smaointe. Is iomaí troid a thosaíonn sa teach agus is teach é atá lán le teannas.

Tarlaíonn roinnt imeachtaí agus na cailíní ar scoil. Tuigimid go mbíonn Sharon ag déanamh grinn agus ag pleidhcíocht ar scoil agus is minic a imíonn sí go dtí an leithreas le machnamh a dhéanamh ar a cás.

Is é an seanbhothán ar chúl Scoil na mBráithre an áit ina dtagann Sharon ar a hathair agus Bláithín. Is suíomh an-tábhachtach é toisc go bhfuil casadh ollmhór sa scéal mar gheall ar an radharc a fheiceann Sharon ann. Tagann an scéal chun críche agus na cailíní i gcoláiste samhraidh. Tá an-tábhacht ag baint leis an áit seo chomh maith toisc go bhfaigheann Timmy agus Mícheál bás i dtimpiste a tharlaíonn ar bhóithre an cheantair.

LG Déan na tascanna ar lgh 83–7.

Tá stór focal an aonaid seo le fáil ar lch 451.

[1] home life [2] handle [3] blow

Measúnú an aonaid

Piarmheasúnú: Cluiche do bheirt

Déan staidéar ar an aonad seo agus ansin imir an cluiche seo le daoine eile sa rang.

Rialacha an chluiche

1. Duine i gcoinne duine atá i gceist (imreoir A agus imreoir B).
2. Roghnaíonn imreoir A ceann ar bith de na boscaí 1–20 ón ngreille thíos d'imreoir B.
3. Caithfidh imreoir B an cheist sa bhosca sin a fhreagairt. Is fiú pointe amháin gach bosca.
4. Roghnaíonn imreoir B bosca ansin d'imreoir A. Caithfidh sé/sí an rud céanna a dhéanamh.
5. Má dhéanann aon imreoir botún, beidh seans ag an imreoir eile é a cheartú agus an pointe a ghoid.
6. Ba cheart do na himreoirí gach scór a scríobh isteach sna boscaí.
7. Beidh an bua ag an imreoir a fhaigheann an méid is mó pointí ag deireadh an chluiche.

1
Cé a scríobh an t-úrscéal seo?
2
Cén bhliain ina bhfuil an cúpla ar scoil?
3
Cén leasainm a tugadh ar athair an chúpla?
4
Roghnaigh trí aidiacht le cur síos a dhéanamh ar Éile.
5
Roghnaigh trí aidiacht le cur síos a dhéanamh ar Sharon.
6
Cén post atá ag athair an chúpla?
7
Cá dtagann Sharon ar a hathair agus an bhean eile?
8
Cad is ainm don bhean a bhfuil caidreamh seachphósta aici le Timmy?
9
Ainmnigh dhá théama atá san úrscéal seo.
10
Cén fáth nach bhfuil Éile sásta freastal ar chúrsa samhraidh?
11
Déan cur síos ar dhá imeacht a tharlaíonn agus Sharon ar scoil.
12
Ainmnigh dhá mhothúchán atá san úrscéal seo.
13
Liostaigh dhá mhioncharachtar atá san úrscéal.
14
Cad í an chaibidil is fearr leat? Mínigh do fhreagra.
15
An réitíonn Sharon agus Éile go maith lena chéile? Mínigh do fhreagra.
16
Cad é buaicphointe an úrscéil, dar leat?
17
Roghnaigh trí aidiacht le cur síos a dhéanamh ar Timmy.
18
Ainmnigh dhá rud a bhfuil suim ag Éile iontu.
19
Roghnaigh trí aidiacht le cur síos a dhéanamh ar Mháiréad.
20
Déan cur síos gairid ar imeachtaí deireanacha an úrscéil.

Scór d'imreoir A = ☐ Scór d'imreoir B = ☐

Téigh go dtí **www.edco.ie/croinagaeilge3** agus bain triail as na hidirghníomhaíochtaí.

Féinmheasúnú

Nuair atá an piarmheasúnú déanta agat, comhlánaigh an ghreille seo thíos. Léigh gach intinn foghlama agus abairt mhachnaimh sa chéad cholún. An ndearna tú dul chun cinn? Cuir tic sa cholún cuí.

Anois táim in ann . . .	🙂	😐	🙁
an t-úrscéal *Cúpla* a léamh agus a thuiscint as mo stuaim féin.			
úsáid cheart a bhaint as an téarmaíocht a bhaineann leis an úrscéal mar sheánra.			
cur síos a dhéanamh ar na carachtair ón úrscéal.			
mo thuairimí faoin úrscéal seo a léiriú ó bhéal.			
freagairt phearsanta a scríobh bunaithe ar an úrscéal *Cúpla*.			
na ranna cainte (briathair, aidiachtaí, ainmfhocail, srl.) san úrscéal a aithint.			
Déanfaidh mé machnamh ar na habairtí seo a leanas (scríobh d'abairt féin freisin):			
Tá sé níos éasca an litríocht a leanúint nuair atá sí nua-aoiseach.			
Foghlaimím go leor faoin gcruinneas nuair atáim ag léamh rudaí as Gaeilge.			

Anois comhlánaigh an plean feabhsúcháin seo thíos.

Trí rud a d'fhoghlaim mé:

1 ____________________
2 ____________________
3 ____________________

Dhá rud atá le cleachtadh agam:

1 ____________________
2 ____________________

Rud a dhéanfaidh mé chun feabhas a chur ar mo chuid Gaeilge:

____

Seiceáil amach

Mar iarfhoghlaim don aonad seo, déan an ghníomhaíocht 'Seiceáil amach' ag **www.edco.ie/croinagaeilge3**. Conas a d'éirigh leat?

Smaointe MRB 2

Sample CBA 2

- **Comhrá:** Déan cur síos os comhair an ranga ar chaibidil amháin ón úrscéal *Cúpla*.
- **Agallamh:** Cuir ceisteanna ar dhuine eile faoin gcarachtar is fearr leis/léi ón úrscéal *Cúpla* (is obair bheirte í seo).
- **Taispeántas:** I ngrúpa, samhlaigh gur muintir Uí Bhraonáin sibh, ag ithe an dinnéir ar an oíche sula ndeachaigh an cúpla chuig an nGaeltacht. Déan dráma den eachtra seo os comhair an ranga.

Poist agus Cúrsaí Oibre

Torthaí foghlama an aonaid

Tús maith leath na hoibre.

Cumas cumarsáide	Feasacht teanga agus chultúrtha	Féinfheasacht an fhoghlaimeora
1.6, 1.11, 1.15, 1.19, 1.20, 1.24, 1.25, 1.26, 1.27, 1.29	2.2, 2.4	3.4, 3.5, 3.6

Téacsanna an aonaid

Téacs litríochta
Gearrscannán: *Asal*
Téacsanna tacúla eile
Téacs litríochta (rogha eile): *Iníon an Fhiaclóra* (gearrscannán) Téacsanna eile: Alex Hijmans, Comhrá idir chairde Acmhainní eile: teanglann.ie, focloir.ie, léaráidí gramadaí, acmhainn punainne, acmhainní digiteacha ag edco.ie/croinagaeilge3

Tá an t-aonad seo bunaithe ar an téama 'Poist agus Cúrsaí Oibre'. Leanfaidh na daltaí ar aghaidh ag cur lena gcumas cumarsáide sna scileanna teanga difriúla. Cuirfear béim ar fheasacht teanga, ach go háirithe ag díriú isteach ar theanga na Gaeilge mar chóras. Spreagfar na daltaí chun foghlaim fhéinriartha a fhorbairt.

San aonad seo foghlaimeoidh an dalta na scileanna seo:

Réamhfhoghlaim	Seiceáil isteach (lch 217)
Léamh	Stíleálaí faisin (lch 221), Meaitseáil (lch 221), Cócaire taosráin (lch 222), An post is ansa liom ar domhan (lch 224), Gearrscannán: *Asal* (lch 228), Alex Hijmans (lch 229), Comhrá idir chairde (lch 231), Poist pháirtaimseartha do dhéagóirí (lgh 232–3), *Nuacht Mhall* arís (lch 234), Léamh (lch 236), Mná ag obair i bpobal na Gaeilge (lch 237)
Scríobh	Scríobh (lgh 218, 219, 222, 225, 227, 230, 231, 233, 237), Cur síos (lch 225), Tascanna scríofa (lch 228), Taighde (lch 236), Ceist shamplach (lgh 238, 239)
Éisteacht	Éisteacht (lgh 219, 222, 225, 226, 230, 233), Podchraoladh (lch 227)
Labhairt	Tasc pictiúir (lch 222), Cur i láthair (lch 223), Labhairt (lch 227)
Idirghníomhú cainte	Idirghníomhú cainte (lgh 221, 223, 228, 231), Cur síos (lch 221)
Gramadach	Aistriúchán (lgh 219, 226), Cúinne na gramadaí (lgh 222, 228, 237), Na briathra neamhrialta san aimsir chaite (lch 226), Na bloic thógála san aimsir fháistineach (lch 230), Scríobh (lgh 235), Tasc gramadaí (lch 235)
Foclóir	Sórtáil (lch 219), Crosfhocal (lch 220), Tasc foclóra (lgh 222, 236), Tascanna foclóra (lch 225), Néal focal (lch 236), Stór focal (lgh 238, 239)
Cultúr	Alex Hijmans (lch 229)
Leabhar gníomhaíochta	Tascanna (lgh 88–101), Cluastuiscint (lgh 169–73)
Measúnú	Piarmheasúnú (lch 240)
Machnamh	Féinmheasúnú (lch 241), Seiceáil amach (lch 241)

Ag deireadh an aonaid seo beidh mé in ann:

- cur síos a scríobh go cruinn fúm féin.
- plé leis an gcúig beag san aimsir chaite.
- stór focal a bhaineann le poist dhifriúla a aithint agus a litriú i gceart.
- alt a scríobh faoin bpost ab fhearr liom a dhéanamh sa todhchaí.
- labhairt os comhair an ranga faoin oideas is fearr liom.
- na briathra rialta a réimniú i gceart san aimsir fháistineach.

Clár an aonaid

Seiceáil isteach

Mar réamhfhoghlaim don aonad seo, déan an ghníomhaíocht 'Seiceáil isteach' ag **www.edco.ie/croinagaeilge3**. Conas a d'éirigh leat?

Téigh go dtí **www.edco.ie/croinagaeilge3** agus bain triail as na hidirghníomhaíochtaí.

Súil siar

Scríobh

Is é seo an chéad leathanach ó fhoirm iarratais do phost samhraidh i do cheantar. Freagair na ceisteanna anseo san fhoirm le habairtí iomlána agus le sonraí bunaithe ar do chás féin.

Sonraí pearsanta

1. Cad is ainm duit? ______
2. Cén aois thú? ______
3. Cad é do dháta breithe? ______
4. An raibh post samhraidh agat roimhe seo? ______

Sonraí teagmhála

5. Uimhir ghutháin: ______
6. Seoladh ríomhphoist: ______
7. Seoladh poist: ______

Fút féin

8. Cad iad na trí thréith is láidre atá agat? *Is duine* ______
9. Cad iad an dá chaitheamh aimsire is mó atá agat? ______
10. Cén t-ábhar is fearr leat ar scoil? ______
11. An fearr leat spórt nó ceol? Cén fáth? ______
12. Cad é an rud is fearr leat faoi do cheantar? ______
13. An bhfuil tú go maith ar an ríomhaire? ______
14. An fearr leat a bheith ag obair i d'aonair nó le foireann? Tabhair dhá fháth le do fhreagra. ______

Sórtáil

Cuir na focail seo sna boscaí cearta.

Leid: Bíodh sé cinn i ngach bosca.

Banc focal
aibhsitheoir, bara rotha, bioróir, bothán, fillteán, folúsghlantóir, lomaire, miasniteoir, peann luaidhe, píopa uisce, ráca, rialóir, sconna, scriosán, scuab, sluasaid, soithí, tuáille gréithe

Obair scoile	Obair sa ghairdín	Obair tí

Féach ar Léaráid A, Cuid 1 (lch 358).

Aistriúchán

Cuir Gaeilge ar na habairtí seo. Baineann siad uilig leis an gcopail san aimsir láithreach.

1. It is a brush.
2. It is not a big shed.
3. Is it a pencil sharpener?
4. It is not a ruler.
5. It is not a tea-towel.
6. Is it a highlighter?

Éisteacht Rian 2.03

Éist leis na freagraí cearta agus déan seiceáil ar na freagraí atá agat.

Scríobh

Scríobh teachtaireacht téacs faoin obair a dhéanann tú ar scoil gach lá agus teachtaireacht eile faoin obair a dhéanann tú sa bhaile nó sa ghairdín ag an deireadh seachtaine.

Critéir ratha:

- Scríobh 30–40 focal do gach teachtaireacht.
- Scríobh na teachtaireachtaí san aimsir láithreach.
- Bain úsáid as roinnt briathra as an mbosca seo.

breac, críochnaigh, cuir, déan, dear, dún, éist + le, faigh, féach + ar, glan, leag, lom, nigh, oscail, scríobh, scuab, téigh, tosaigh

Poist éagsúla

Crosfhocal

Chun níos mó eolais a fháil faoi conas foclóir a úsáid, féach ar lch 444.

Déan an crosfhocal seo. Bain úsáid as an bhfoclóir más gá.

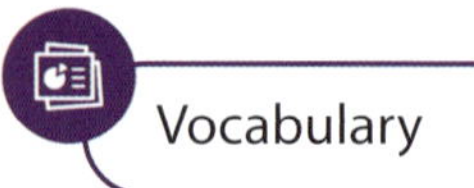

Trasna

2 duine a stiúrann eitleán (7)
5 duine a chleachtann an dlí mar shlí bheatha; aturnae nó abhcóide (8)
6 duine a dhéileálann le comhfhreagras agus le páipéir rúnda d'fhostóir (5)
7 duine a fheistíonn píopaí uisce, gáis agus sistéil i dtithe (8)
11 coimeádaí leabharlainne (13)
13 duine a chuidíonn le daoine rudaí a fhoghlaim (9)
14 dílseánach nó stiúrthóir bainc (8)
15 duine a dhéanann dearadh (9)
16 duine a thugann aire do dhuine tinn/dhaoine tinne (5)

Síos

1 duine a thógann tithe (7)
3 dochtúir ainmhithe (8)
4 adhmadóir (8)
8 duine a bhfuil céim sa leigheas aige/aici agus a thugann aire do dhaoine tinne (8)
9 duine atá cáilithe chun cuntais a choinneáil agus a iniúchadh (9)
10 duine a chuireann isteach, a oibríonn le nó a dheisíonn gairis leictreacha (10)
12 duine a bhácálann arán nó cístí milse don phobal (7)

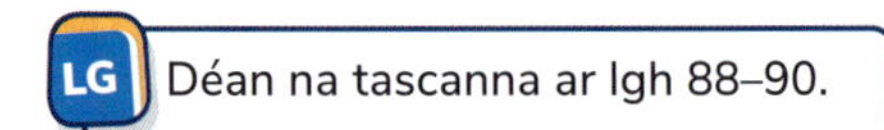

LG
Déan na tascanna ar lgh 88–90.

Stíleálaí faisin

Léamh

Léigh an sliocht seo faoi Éiriú agus déan na tascanna a bhaineann leis.

A Éiriú is ainm dom agus is stíleálaí faisin mé. Bhain mé céim amach san fhaisean ón Institiúid Teicneolaíochta i Luimneach sa bhliain 2014. Bhí suim agam i gcúrsaí faisin i gcónaí. Ní raibh orm éadaí scoile a chaitheamh agus mé ar an mbunscoil agus thug sé **deis**[1] dom triail a bhaint as **feistis**[2] agus stíleanna difriúla. Is bean an-fhaiseanta í mo mháthair agus bíonn sí gléasta suas i gcónaí. Tá stíl dheas **gan dua**[3] aici agus tugann sí an-inspioráid dom. É sin ráite, tugann daoine ar na meáin shóisialta an-spreagadh dom. Is maith liom cúpla uair a chaitheamh **ag brabhsáil**[4] ar Instagram agus ag féachaint ar éadaí na dtionchairí is faiseanta. Faighim spreagadh ó na daoine atá i mo thimpeall freisin.

B Is é an rud is fearr liom faoin bpost atá agam ná go mbíonn na laethanta oibre an-difriúil óna chéile. Is minic a bhím ag obair ar fhótaisheisiúin i stiúideonna difriúla timpeall na hEorpa. Caithim an-chuid ama ag ullmhú do na fótaisheisiúin agus bíonn orm na feistis agus na h**oiriúntaí**[5] a chur le chéile roimh ré. Tá féith na cruthaitheachta ionam, dar leis na **comhghleacaithe**[6] de mo chuid.

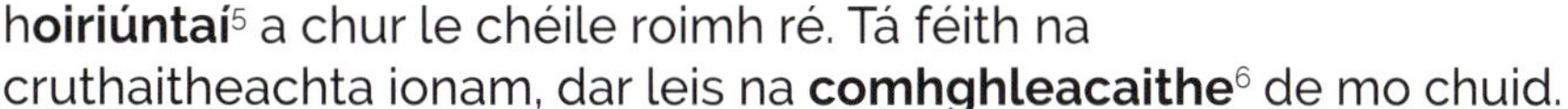

C Maidir leis an mball éadaigh is fearr liom, caithfidh mé a rá go bhfuil sé thar a bheith deacair rud amháin a roghnú. Tá gúna **lánfhada**[7] agam agus taitníonn **ábhar**[8] an ghúna go mór liom – tá sé déanta as síoda. Is annamh a bhíonn an deis agam éadaí galánta a chaitheamh, áfach. Táim an-tógtha le **barra giortacha**[9] faoi láthair. Is féidir liom barr giortach a chaitheamh sa samhradh agus T-léine bheag a chur faoi don gheimhreadh!

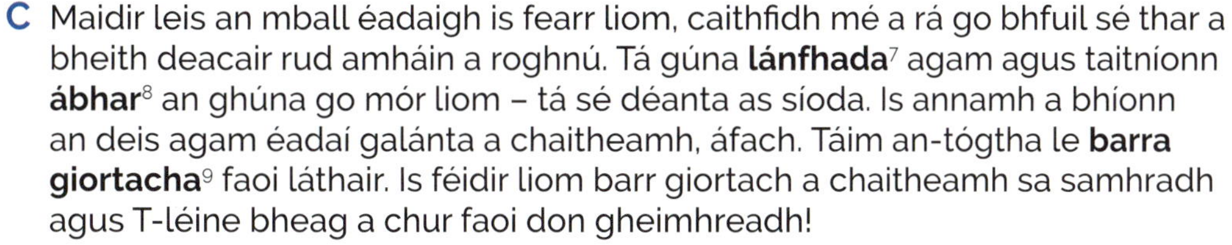

D Déarfainn go bhfuil stíl shimplí nua-aimseartha agam ach is breá liom a bheith gléasta suas pé scéal é! Tá buataisí troma **téagartha**[10] go mór i bhfaisean faoi láthair. Is fearr liom na cinn le Dr Martens – téann siad go deas le gúnaí móra compordacha a bhfuil dath **neodrach**[11] orthu.

Meaitseáil

Cén t-alt sa sliocht thuas a dtagraíonn na habairtí seo a leanas dó?

1 Ní minic a bhíonn an deis ag Éiriú éadaí galánta a chaitheamh.
2 Tá stíl nua-aoiseach ag Éiriú.
3 Faigheann Éiriú spreagadh ó dhaoine éagsúla ina timpeall.
4 Is duine cruthaitheach í Éiriú.

Idirghníomhú cainte

Dar le hÉiriú, is post cruthaitheach é post an stíleálaí faisin. Déan liosta de phoist chruthaitheacha eile leis an duine in aice leat. Ní hionann an chruthaitheacht agus an ealaín.

Cur síos

Iarr ar an duine in aice leat grianghraf de/di féin agus a g(h)náthéadaí air/uirthi a thaispeáint duit. Déan cur síos ar an gcineál stíle atá aige/aici. Bain úsáid as aidiachtaí éagsúla.

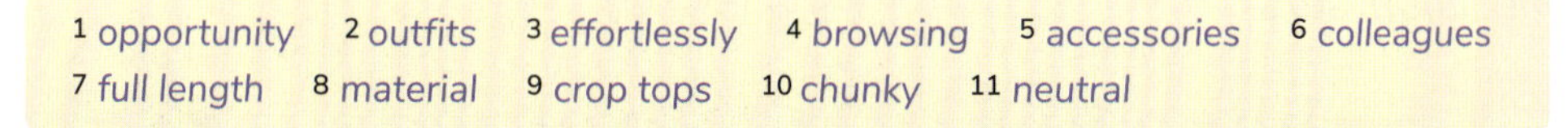

1 opportunity 2 outfits 3 effortlessly 4 browsing 5 accessories 6 colleagues
7 full length 8 material 9 crop tops 10 chunky 11 neutral

Cócaire taosráin

Léamh

Léigh an t-eolas seo agus féach ar an bpictiúr. Ansin, freagair na ceisteanna a bhaineann leo.

Is **cócaire taosráin**[1] é athair Darpan agus oibríonn sé sa chistin in óstán ina gceantar. Is breá leis an áit agus an fhoireann agus baineann sé neart súp agus sult as an obair. Mar a tharlaíonn sé, tá suim ag an teaghlach ar fad sa bhácáil. Caitheann Darpan a lán ama i mbun oibre sa chistin. Seo oideas a fuair sé ar an suíomh idirlín atá ag TRTÉ.

1. Cén dath atá ar ghruaig Darpan?
2. Cá bhfuil a athair ag obair agus cén post atá aige ansin?
3. Cá bhfuil Darpan sa teach?
4. An bhfuil éinne eile ag obair leis?
5. Cén dath atá ar an **naprún**[2] atá aige?
6. Cé mhéad duine atá sa phictiúr? Leid: uimhir phearsanta
7. Cé mhéad lámhainn atá le feiceáil sa phictiúr?

Éisteacht Rian 2.04

Éist le duine ag dul tríd an oideas agus lean na focail i do leabhar ag an am céanna.

Donnóga seacláide*

Comhábhair

Im – 275g
Siúcra mín – 300g
Uibheacha – 4 cinn
Púdar cócó – 75g
Plúr éiritheach – 100g
Sceallaí seacláide – 100g

Modh

Réamhthéigh an t-oigheann go 160C.
Bealaigh agus líneáil an tráidire bácála.
Cuir an t-im, an siúcra, na huibheacha, an plúr éiritheach agus an púdar cócó isteach i mbabhla agus measc iad.
Cuir isteach na sceallaí seacláide agus measc iad tríd.
Doirt an meascán isteach sa tráidire bácála agus leath amach é.
Bácáil go ceann 40–45 nóiméad iad.

Bain sult astu!

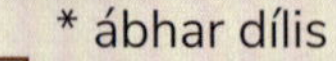

* ábhar dílis

Scríobh

Freagair na ceisteanna seo faoin oideas.

1. An bhfuil níos mó nó níos lú ná cúig ubh san oideas?
2. Ainmnigh an dara agus an ceathrú comhábhar sa liosta.

Tasc foclóra

Téigh tríd an oideas le duine eile sa rang agus aimsigh na focail nach bhfuil ar eolas agat san fhoclóir.

Tasc pictiúir

Déan cur síos ar an bpictiúr thuas.

Critéir ratha:

- Ba chóir an cur síos a bheith thart ar 30 focal.
- Labhair faoi na dathanna agus na huirlisí. Luaigh cúpla cuid dhifriúil den phictiúr.

Cúinne na gramadaí

I do chóipleabhar, scríobh síos an tríú pearsa, uimhir uatha de na briathra seo – *bealaigh*, *doirt*, *líneáil*, *measc* – san aimsir chaite, san aimsir láithreach agus san aimsir fháistineach. Sampla: *bhealaigh sé/sí*

[1] pastry chef [2] apron

Maidin chaife sa seomra ranga

Cur i láthair

Téigh ar líne agus faigh oideas deas a thaitníonn leat. Tá go leor ar fáil ar RTÉ Player. Cuardaigh le haghaidh *Ár mBia, Ár Slí*.

Samplaí:

- arán banana
- borróga calóga arbhair seacláide
- greimíní banana
- pavlóva
- popanna brioscán ríse

Ansin, déan cur i láthair agus físeán díot féin ag bácáil sa bhaile le tusa ag caint faoin oideas agus faoin obair. Bain úsáid as an acmhainn punainne (lch 37) mar chabhair duit.

Idirghníomhú cainte

Eagraígí maidin chaife sa seomra ranga. Ar lá an mhaidin chaife, déanaigí deochanna te sa scoil (le cead ón múinteoir, dar ndóigh) nó bainigí úsáid as mianraí[1] don ócáid. Tugaigí bhur gcuid bácála libh ar an lá. Téigí i mionghrúpaí (athraigh na grúpaí gach deich nóiméad, más maith libh). Cuirigí na ceisteanna seo ar a chéile (nó aon cheist eile, más fearr libh).

1. Cén t-oideas a rinne tú?
2. Cá bhfaca tú an t-oideas?
3. Cár cheannaigh tú na comhábhair?
4. An raibh siad costasach?
5. Cén fhad a bhí tú i mbun bácála sa chistin?
6. An fearr leat tae nó caife?
7. An fearr leat deochanna le siúcra nó gan siúcra?
8. An mbíonn bainne agat le do dheoch the?
9. Cad é an caifé is fearr leat sa cheantar?

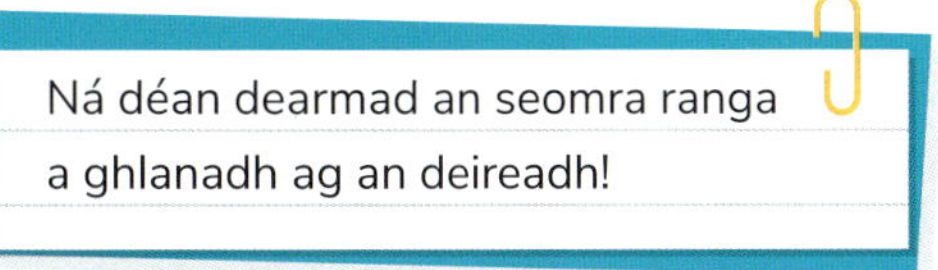

Ná déan dearmad an seomra ranga
a ghlanadh ag an deireadh!

Moladh
Gearr €2 ar gach duine ar an lá mar tháille don mhaidin chaife. Roghnaigh carthanas ón gceantar agus seol an t-airgead ar aghaidh chuig an gcarthanas sin.

1 soft drinks

An post is ansa liom ar domhan

Léamh

Léigh na hailt seo agus déan na tascanna a ghabhann leo.

Niamh

Ba bhreá liom a bheith i mo mhúinteoir meánscoile. Is múinteoir Gaeilge í mo mháthair agus ba mhaith liom a sampla a leanúint. Tá an-suim agam sa stair agus ba bhreá liom gach lá a chaitheamh ar scoil. Ceapaim go mbeadh an obair (1) **an-taitneamhach** agus (2) **an-sásúil**. Caithfidh tú a bheith (3) **foighneach**, (4) **díograiseach** agus (5) **tuisceanach** chun a bheith i do mhúinteoir agus is duine foighneach, díograiseach agus tuisceanach mé!

Tuigim go mbíonn (6) **saol an mhúinteora** gnóthach i gcónaí. Bheadh (7) **ceartúcháin** le déanamh agam agus nótaí le scríobh agam an t-am ar fad. Cheap mé go raibh (8) **saol an mhadra bháin** ag múinteoirí ach feicim mo mháthair (9) **ag obair go dian** gach oíche. Táim ag tnúth go mór le ranganna a phleanáil, aistí a cheartú agus rudaí (10) **spraíúla** a eagrú do na daltaí.

Jake

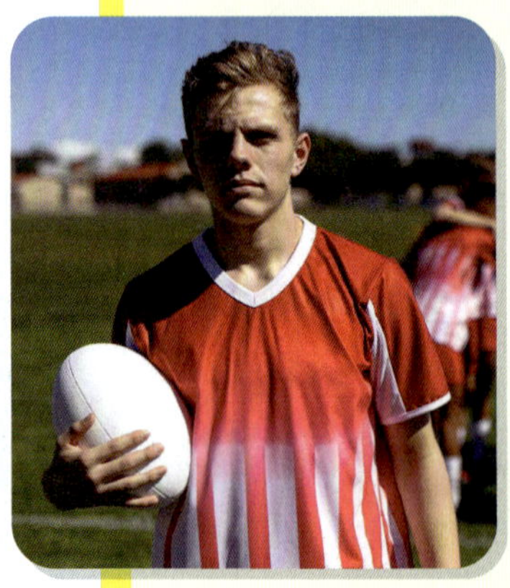

Is imreoir rugbaí mé agus ba bhreá liom dul leis an spórt (11) **go gairmiúil**. Tá an-suim agam i gcúrsaí spóirt agus is duine an-spórtúil mé. Ba mhaith liom gach lá a chaitheamh ar an bpáirc imeartha leis na daoine eile ón bhfoireann.

Tugann an rugbaí (12) **faoiseamh** dom (13) **ó bhrú an tsaoil** agus ba bhreá liom saol (14) **suaimhneach** a bheith agam. Tá an traenáil a dhéanann imreoirí gairmiúla i bhfad (15) **níos sofaisticiúla** agus (16) **níos déine** ná an traenáil a bhíonn ar siúl agam agus tuigim go mbeadh orm dul ag traenáil beagnach gach lá. Ach ag deireadh an lae is fear mór spóirt mé agus ní chuirfeadh sé sin isteach orm.

Katie

Ba bhreá liom a bheith i mo (17) **vlagálaí** YouTube. Ceapaim go bhfuil saol an mhadra bháin ag na vlagálaithe agus ag na tionchairí sa tír seo. Tá (18) **fás as cuimse** tagtha le blianta anuas ar líon na ndaoine a bhfuil vlaganna acu faoi chúrsaí faisin agus smididh. Tá an-suim agam i gcúrsaí faisin agus is minic a chuirim scéalta ar mo chuntas Instagram faoi na héadaí a chaithim nó faoi na héadaí a cheannaím ó áiteanna difriúla. Taitníonn mo scéalta le mo chairde agus tá pearsantacht an-láidir agam, dar leo. Ba mhaith liom mo shaol a chaitheamh ag obair le brandaí éagsúla agus ag cruthú vlaganna do YouTube. Tá a fhios agam go bhfaigheann na blagálaithe is mó (19) **urraíocht** agus (20) **íocaíochtaí móra** ó chomhlachtaí faisin agus smididh lena dtacaíocht a thabhairt ar líne do tháirgí ar leith. Ba bhreá liom post mar sin a bheith agam!

Tascanna foclóra

1 **Aimsigh na focail atá i gcló trom sna hailt ar lch 224 san fhoclóir agus scríobh na téarmaí Béarla i do chóipleabhar.**

2 **Roghnaigh cúig cinn de na téarmaí ón tasc thuas agus cuir in abairtí iad. Déan cinnte brí an téarma a léiriú.**

Scríobh

Scríobh alt faoin sórt oibre ab fhearr leatsa a dhéanamh.
Critéir ratha:

- Luaigh an tslí bheatha agus déan cur síos uirthi.
- Luaigh na tascanna a bheadh á ndéanamh agat.
- Luaigh na tréithe a bheadh ag duine a bheadh ag tabhairt faoin bpost sin.

Éisteacht Rianta 2.05–07

Éist leis na cainteoirí seo a leanas agus freagair na ceisteanna. Cuir tic leis an bhfreagra ceart más gá.

Ciara

1 Cá háit a ndearna Ciara taithí oibre?
leis an raidió áitiúil ☐ leis an dochtúir áitiúil ☐ san ollmhargadh áitiúil ☐

2 Cén post ab fhearr le Ciara?

3 Cén saghas ceoil is fearr léi?
ceol clasaiceach ☐ popcheol ☐ rac-cheol ☐

Ryan

4 Cén t-ábhar is fearr le Ryan?
an bhitheolaíocht ☐ an cheimic ☐ an eolaíocht ☐

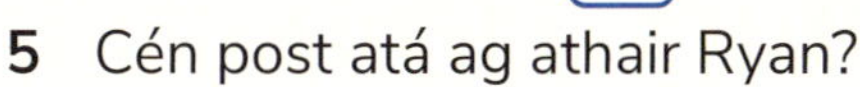

5 Cén post atá ag athair Ryan?

6 Cé mhéad peata atá acu sa bhaile?

Eimear

7 An bhfuil Eimear go maith le huimhreacha?
Tá. ☐ Níl. ☐ Ní deirtear. ☐

8 Cad a mhol an múinteoir gairmthreorach di?

9 B'fhearr léi a bheith ina múinteoir bunscoile.
fíor ☐ bréagach ☐

LG Déan na tascanna ar lch 91.

Cur síos

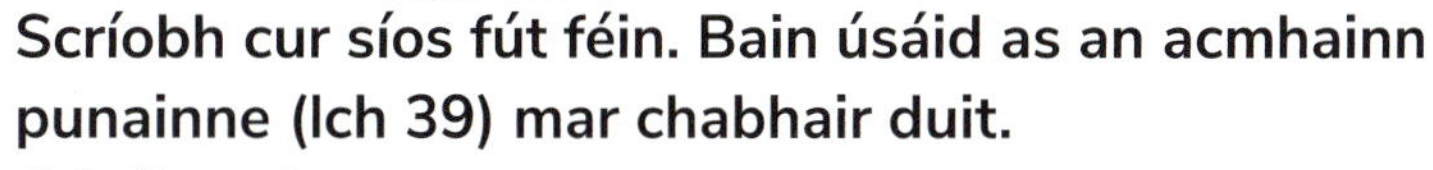

Scríobh cur síos fút féin. Bain úsáid as an acmhainn punainne (lch 39) mar chabhair duit.
Critéir ratha:

- Déan seiceáil ar an gcéad dréacht in éineacht le dalta eile.
- Déan taifeadadh digiteach den dara dréacht.
- Roinn an obair dhigiteach le dalta eile sa rang.

Na briathra neamhrialta san aimsir chaite

An cúig beag

	An fhoirm dhearfach 👍	An fhoirm dhiúltach 👎	An fhoirm cheisteach ?	An cheist dhiúltach
	mé, tú, sé/sí, sibh, siad			
Clois	chuala siad	níor chuala sí	ar chuala tú?	nár chuala tú?
Ith	d'ith mé	níor ith sibh	ar ith tú?	nár ith tú?
Tar	tháinig sibh	níor tháinig sé	ar tháinig tú?	nár tháinig tú?
Tabhair	thug sé	níor thug tú	ar thug tú?	nár thug tú?
Beir	rug tú	níor rug siad	ar rug tú?	nár rug tú?
	muid/sinn			
Clois	chualamar	níor chualamar	ar chualamar?	nár chualamar?
Ith	d'itheamar	níor itheamar	ar itheamar?	nár itheamar?
Tar	thángamar	níor thángamar	ar thángamar?	nár thángamar?
Tabhair	thugamar	níor thugamar	ar thugamar?	nár thugamar?
Beir	rugamar	níor rugamar	ar rugamar?	nár rugamar?

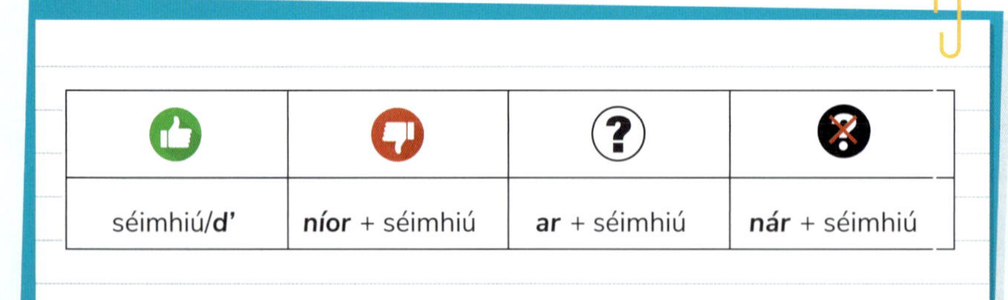

👍	👎	?	✗
séimhiú/**d'**	**níor** + séimhiú	**ar** + séimhiú	**nár** + séimhiú

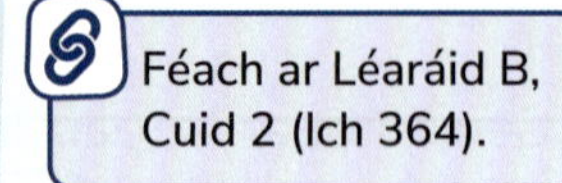
Féach ar Léaráid B, Cuid 2 (lch 364).

Aistriúchán

Cuir Gaeilge ar na habairtí thíos.

1 Rebecca did not come to the office last Monday.
2 Did Odhrán not eat at his desk this morning?
3 Did you give the computer to that woman yesterday?
4 They heard news about the contract yesterday. Leid: conradh
5 He grabbed the bags upstairs yesterday.

Éisteacht Rian 2.08

Éist leis an deachtú seo agus líon na bearnaí sna habairtí thíos.

1 ______________ sí chuig an oifig ______________ ______________ ______________ inné.
2 ______________ san óstán tar éis an chruinnithe ar an ______________.
3 ______________ na sonraí faoi sin ______________ ______________.
4 ______________ Kyle ar na boscaí ar an ______________.
5 ______________ ______________ ______________ ______________ don mhúinteoir ar maidin.

Déan na tascanna ar lch 93.

Nuacht Mhall

Podchraoladh

Ceist ghasta
Cén fáth a bhfuil séimhiú ar an bhfocal *mall* sa fhrása *Nuacht Mhall*?

Cuardaigh le haghaidh an phodchraolta *Nuacht Mhall* do 28 Samhain 2020. Maireann an feasachán nuachta[1] seo sé nóiméad ar fad. Tá trí chuid san fheasachán. Éist leis agus freagair na ceisteanna thíos.

Cuid 1: Scannán faoi iascaire óg ó Chonamara

Freagair na ceisteanna seo faoin gcéad chuid den fheasachán.

1 Cad is ainm don léitheoir?
2 Cad is ainm don scannán seo?
3 Cén bhliain a ainmnítear le linn an scéil nuachta seo?
4 Cathain a bheidh an scannán á léiriú sna pictiúrlanna?

Cuid 2: An peileadóir gairmiúil le lámh Dé

Freagair na ceisteanna seo faoin dara cuid den fheasachán.

1 Cén aois a bhí Diego Maradona nuair a fuair sé bás?
2 Cad a tharla dó Dé Céadaoin?
3 Cathain a bhuaigh an Airgintín Corn Domhanda agus Maradona ina chaptaen orthu?
4 Cé mhéad lá caointe a bhí san Airgintín nuair a fuair Maradona bás?

Cuid 3: Daoine ag obair leis an móin

Freagair na ceisteanna seo faoin tríú cuid den fheasachán.

1 Cén áit sa tír a bhfuil an tionscadal seo suite?
2 Cé mhéad oibrí atá ag baint móna sa cheantar sin?
3 Dar leis an bhfeasachán seo, cathain a thosóidh an obair seo?

Scríobh

Samhlaigh go bhfuil tú ag obair i seomra nuachta. Scríobh scéal nuachta faoi rud a tharla i do scoil, i do cheantar/do chlub, nó sa tír.

Critéir ratha:

- Scríobh 80 focal ar a laghad.
- Bain úsáid as uimhir phearsanta amháin. *Leid: Féach ar Léaráid C, Cuid 1 (lch 366).*
- Bain úsáid as trí réamhfhocal dhifriúla. *Leid: Féach ar Léaráid D, Cuid 1 (lch 370).*
- Bain úsáid as cúig bhriathar san aimsir chaite.
- Bain úsáid as an liosta briathra seo. Is briathra iad ón bhfeasachán thuas. (Níl tú teoranta do na briathra sa liosta thíos, áfach.)

aontaigh, bain, bí, buaigh, caith, cuir, déan, dearbhaigh, roghnaigh, scóráil, tabhair

Féach ar Léaráid A, Codanna 1 agus 2 (lgh 358 agus 360) agus Léaráid B, Codanna 1 agus 2 (lgh 362 agus 364).

Labhairt

Déan taifeadadh digiteach díot féin ag léamh do scéil nuachta. Bain úsáid as an acmhainn punainne (lch 41) mar chabhair duit.

[1] *news bulletin*

Gearrscannán: *Asal*

Léamh

Féach ar an ngearrscannán Asal. Léigh an achoimre seo agus líon na bearnaí leis na focail ón mbanc focal thíos. Ansin, athscríobh í agus cuir na briathra (atá i gcló trom) san aimsir fháistineach.

Cloiseann tú (1)__________ Chonamara sa scannán seo. **Feiceann** tú Fionn ag tabhairt aire d'(2)__________. **Tugann** Fionn faoi deara (3)__________ ón asal ar a lámha. **Cuireann** seo brón ar an mbuachaill. **Tugann** an (4)t-__________ rabhadh d'Fhionn agus **cuireann** sé seo eagla air gan amhras. **Imíonn** Fionn leis. **Feiceann** tú é ar an (5)m__________ ag obair le (6)__________. **Cuireann** an fhuil an t-asal i gcuimhne dó. **Filleann** sé ansin agus **sábhálann** sé an t-asal.

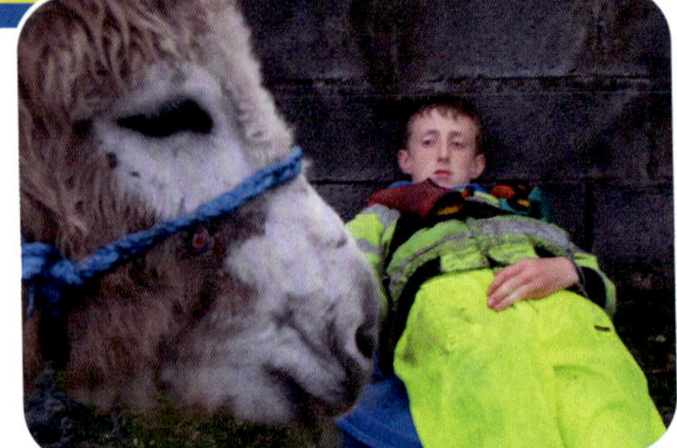

Banc focal
asal, bád, canúint, fuil, héisc, úinéir

Cúinne na gramadaí

Is liosta ainmfhocal é seo thíos ón ngearrscannán Asal. I do chóipleabhar, scríobh síos an inscne, an díochlaonadh, an t-athrú leis an alt agus an uimhir iolra do gach ceann. Bain úsáid as teanglann.ie.

asal, bád, ceart, lucht, muir, ocras, pota, ronnach, taoide

Idirghníomhú cainte

Pléigh na ceisteanna seo i mionghrúpa sa rang.

1. Cad a cheapann tú faoi Fhionn sa ghearrscannán?
2. Cad iad an dá mhothúchán is láidre sa ghearrscannán seo?
3. Ar thaitin deireadh an ghearrscannáin leat?
4. An bhfuil aon cheist agat ar mhaith leat a chur ar Fhionn?
5. Cad a tharla d'Fhionn ar an lá dár gcionn, meas tú?

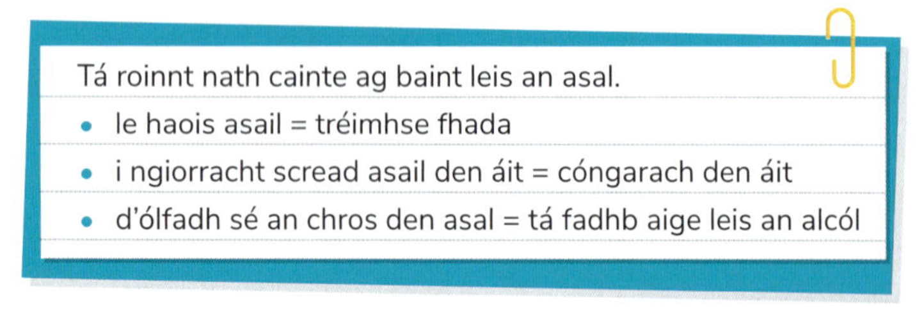

Tá roinnt nath cainte ag baint leis an asal.
- le haois asail = tréimhse fhada
- i ngiorracht scread asail den áit = cóngarach den áit
- d'ólfadh sé an chros den asal = tá fadhb aige leis an alcól

Tascanna scríofa

Literature

1. **Fiosraigh an dá sheanfhocal seo ar líne agus scríobh míniú dóibh i do chóipleabhar.**
   - Ní dhéanfadh an domhan capall rása d'asal.
   - Is fearr asal beo ná capall marbh.
2. **Scríobh blag ag críochnú le ceann de na seanfhocail thíos. Roghnaigh ceann de na teidil seo.**

Ag Déanamh an Dinnéir | Botún a Rinne Mé ar Scoil | Lá ar Thug Mé Mo Chosa Liom
Ag Obair ar an bhFeirm | Comhairle ó Mo Bhainisteoir | Mo Chéad Lá i bPost Nua

Alex Hijmans

Léamh

Léigh an t-alt thíos faoi dhuine ón Ísiltír[1] atá ag obair leis an nGaeilge gach lá. Ansin, freagair na ceisteanna a bhaineann leis. Cuir tic leis an bhfreagra ceart más gá.

ALEX HIJMANS*

Seánraí: Prós-scríbhneoir neamhfhicsin, Colúnaí, Aistritheoir, Iriseoir, Úrscéalaí

© Portráidí na Scríbhneoirí Gaeilge

Rugadh Alex Hijmans san Ísiltír. Bhí cónaí air in Éirinn ar feadh dhá bhliain déag i nóchaidí an chéid seo caite agus i dtosach an chéid seo. D'fhoghlaim sé an Ghaeilge i nGleann Cholm Cille, ar an gCeathrú Rua agus i nGaillimh; chaith sé tréimhsí ag obair i seomraí nuachta *Foinse*, Raidió na Gaeltachta, RTÉ agus TG4 agus bhí teach caife dátheangach aige i gcathair na Gaillimhe ar feadh scaithimh. Le tamall de bhlianta anuas tá sé lonnaithe sa Bhrasaíl.

Tá sé leabhar scríofa i nGaeilge aige, idir fhicsean agus neamhfhicsean: *Idir dhá thír*, *An Tearmann*, *Splancanna ó shaol eile*, *Gonta*, *Aiséirí* agus *Favela* (le Cois Life).

Bronnadh **gradaim liteartha**[2] Oireachtais ar an saothar neamhfhicsin *Favela*, ar an gcnuasach gearrscéalta *Gonta*, agus ar an ngearrscéal *An neascóid* atá ar fáil sa chnuasach *Idir dhá thír*. Tá an t-úrscéal *Aiséirí* ainmnithe ar liosta '50 Irish Books' de chuid na heagraíochta Contemporary Irish Writing.

Foilsíodh gearrscéalta i nGaeilge ó pheann Alex sna hirisí *Comhar* agus *Irish Pages*. Cuireann sé ailt iriseoireachta ar fáil go rialta do *Comhar* agus scríobhann sé dhá cholún don suíomh *Tuairisc.ie* gach seachtain.

D'aistrigh Alex mórshaothar Mháirtín Uí Chadhain, *Cré na Cille*, go hÍsiltíris agus tá dhá úrscéal do dhéagóirí aistrithe ón Ísiltíris go Gaeilge aige, mar atá *Cén chaoi a bhfuil tú? Go maith* le Anke Kranendonk agus *Maistín* le Peter-Jan Rens (le Cló Iar-Chonnacht).

* ábhar dílis

© https://portraidi.ie/ga/alex-hijmans

Buntuiscint

1 Cad a bhí speisialta faoin teach caife a bhí ag Alex Hijmans i gCathair na Gaillimhe?

2 Féach ar an iontráil foclóra den fhocal **cathair** ar teanglann.ie agus líon na sonraí dó.
Inscne (firinscneach nó baininscneach): ______________
Uimhir iolra: ______________ Tuiseal ginideach, uimhir uatha: ______________

3 Cé mhéad leabhar atá luaite sa dara halt thuas?

4 Ainmnigh an suíomh idirlín atá luaite sa cheathrú halt.

5 Is scríbhneoirí Gaeilge iad Anke Kranendonk agus Peter-Jan Rens.
fíor ☐ bréagach ☐

Léirthuiscint

6 An mbeadh suim agat obair Alex Hijmans a léamh am éigin? Tabhair fáth le do fhreagra.

7 Breac síos dhá shonra ón alt thuas a chuir ionadh ort.

8 Cén t-údar nó file is fearr leatsa?

[1] Netherlands [2] literary awards

Na bloic thógála san aimsir fháistineach

Rialacha

I ngach aimsir tá ceann de dhá fhuaim sa lár – fuaim ghearr nó fuaim fhada. Tá dhá litriú ar na fuaimeanna sin.

	An fhréamh	An lár		An chlib (le gach briathar)
		Caol	Leathan	
Briathar gearr	Tá fréamh dhifriúil ag gach briathar.	f	fa	idh (mé, tú, sé/sí, sibh, siad) imid (muid/sinn)
Briathar fada		eo	ó	

Briathra rialta a bhaineann leis an obair

An briathar	An briathar san aimsir láithreach	
	mé, tú, sé/sí, sibh, siad	muid/sinn
An chéad réimniú (briathra gearra)		
Clogáil isteach/amach	Clogálfaidh Dermot amach ag a cúig.	Clogálfaimid isteach.
Cuir	Cuirfidh sí an áit faoi ghlas ag a cúig.	Cuirfimid an siopa faoi ghlas.
Pléigh	Pléifidh Fatima leis an duine sin níos déanaí.	Pléifimid leis an bhfadhb ansin.
Scuab	Scuabfaidh sé an chistin.	Scuabfaimid an t-urlár.
Tiomáin	Tiomáinfidh m'athair an bus scoile.	Tiomáinfimid an tacsaí abhaile.
An dara réimniú (briathra fada)		
Freagair	Freagróidh mé an guthán ar feadh an lae.	Freagróimid an ríomhphost sin anois.
Oscail	Osclóidh sí an oifig ag a naoi.	Osclóimid an áit amárach.
Réitigh	Réiteoidh siad na leapacha don oíche.	Réiteoimid an seomra don chruinniú.
Suimigh	Suimeoidh Ciarán an stoc amárach.	Suimeoimid an t-airgead anocht.
Ullmhaigh	Ullmhóidh mé na glasraí sa chistin.	Ullmhóimid na boird sa bhialann.

Éisteacht Rian 2.09

Éist leis an deachtú seo agus bí cinnte go bhfuil na habairtí scríofa amach. Tá na briathra ar fad san aimsir fháistineach.

Féach ar Léaráid A, Cuid 2 (lch 360).

Scríobh

Scríobh alt faoin bpost ab fhearr leat a dhéanamh sa todhchaí (san aimsir fháistineach). Critéir ratha:

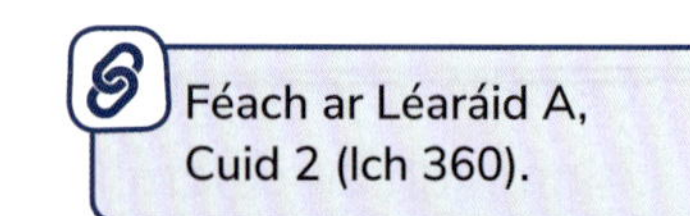

LG Déan na tascanna ar lch 92.

- Cén fáth ar mhaith leat an post sin a dhéanamh?
- Cad a dhéanfaidh tú le linn na hoibre?
- An bhfuil aon rud faoin bpost nach mbeidh tú sásta faoi?

Comhrá idir chairde

Léamh

Seo grúpa déagóirí ag caint lena chéile i seomra scaradh[1]**. Tá orthu labhairt faoi na poist ar mhaith leo a dhéanamh nuair a bheidh siad níos sine agus críochnaithe leis an scoil. Léigh an méid atá le rá acu.**

Ahmed 10.43 r.n.

Tá mise ag dul i dtosach agus an cheist seo a fhreagairt. Ceapaim go mbeidh siopa agam nuair atáim níos sine. Is aoibhinn liom a bheith ag plé le daoine agus mar aon leis seo is é an t-ábhar is fearr liom ar scoil ná staidéar gnó.

Zoe 10.45 r.n.

Bhuel, is é an t-ábhar is fearr liom ná an Ghaeilge agus teastaíonn uaim a bheith i mo mhúinteoir nuair atáim níos sine. Mar aon leis an obair sa seomra ranga, ba bhreá liom a bheith i mo bhainisteoir ar fhoireann peile i scoil éigin.

Celine 10.48 r.n.

I gceann cúpla bliain ba bhreá liom cúrsa leighis a dhéanamh tar éis na hArdteistiméireachta. Tuigim go mbeidh sé an-deacair na pointí arda sin a fháil ach déanfaidh mé mo sheacht ndícheall . . . ceist duit, Ahmed. Cén cúrsa ar mhaith leat a dhéanamh sa todhchaí?

Ahmed 10.50 r.n.

Ba bhreá liom cúrsa cuntasaíochta a dhéanamh, mar aon le cúrsa ríomhaireachta. Agus cad fútsa, Zoe?

Zoe 10.53 r.n.

Tá sé ar intinn agam cúrsa bunmhúinteoireachta a dhéanamh agus obair a dhéanamh i ngaelscoil tar éis é sin. Ach tá seans ann go ndéanfaidh mé cúrsa aistriúcháin agus go rachaidh mé ag obair i Lucsamburg leis an Aontas Eorpach i dtosach.

Scríobh

Freagair na ceisteanna thíos.

1 Cén t-am a sheol Zoe a céad teachtaireacht sa chomhrá seo?
2 Cé mhéad duine atá ag caint sa chomhrá?
3 Ainmnigh an tríú duine a sheolann teachtaireacht sa chomhrá.
4 Cad iad do thuairimí féin? Scríobh teachtaireacht ghearr fúthu.

Idirghníomhú cainte

Labhair le daoine eile sa rang faoin bpost ar mhaith leat a dhéanamh sa todhchaí.
Critéir ratha:

- Cad é an post?
- An mbeidh ort cúrsa tríú leibhéal a dhéanamh?
- An bhfuil aithne agat ar dhaoine leis an bpost sin?
- An mbeidh tú in ann taithí oibre a fháil sa samhradh a bhaineann leis an bpost sin?

[1] breakout room

Poist pháirtaimseartha do dhéagóirí

Léamh

Ní féidir le fostóirí poist lánaimseartha rialta a thabhairt do dhaoine óga faoi bhun 16 bliana d'aois. Is minic a bhíonn poist pháirtaimseartha ag déagóirí, áfach. Léigh faoi.

Is mise Rachel agus is **feighlí leanaí**[1] mé. Bím ag obair ag an deireadh seachtaine amháin. Tugaim aire do leanaí chun **airgead póca**[2] a shaothrú. Tugtar €10 dom **in aghaidh na huaire**[3]. Is é an rud is fearr liom faoin bpost atá agam ná go mbíonn **dea-spion**[4] orm ag deireadh gach oíche agus mé ag obair. Bíonn páistí an-ghreannmhar uaireanta agus bíonn sé deacair gan **peataireacht**[5] a dhéanamh orthu. Is mór an onóir dom aire a thabhairt do pháistí mar tuigim gur gá dea-shampla a thabhairt dóibh. Táim sásta go bhfuil **muinín**[6] ag a dtuismitheoirí asam.

Is mise Keith agus is cúntóir siopa mé. Bím ag obair go páirtaimseartha san ollmhargadh áitiúil. Chaith mé **seal**[7] ag obair sa siopa seo nuair a bhí mé ar **thaithí oibre**[8] san idirbhliain. Réitigh mé go han-mhaith leis an mbainisteoir agus tairgeadh **post sealadach**[9] dom. Bím ag obair ag an deireadh seachtaine óna naoi a chlog go dtí a leathuair tar éis a haon. Caithim an lá oibre ag cur earraí ar na seilfeanna. Beidh mé ag dul faoi **oiliúint**[10] ag deireadh na míosa agus beidh deis agam a bheith ar an **scipéad**[11] as sin amach. Tugtar €10.20 dom in aghaidh na huaire. Is é an rud is fearr liom faoin bpost atá agam ná an spórt a bhíonn agam leis na **baill foirne**[12] eile.

Peadar is ainm dom agus is cinnire mé. Bím ag obair sa choláiste samhraidh Spleodar gach samhradh. D'fhreastail mé ar Spleodar sa chéad agus sa dara bliain agus tugadh deis dom filleadh ar an gcoláiste mar chinnire. Bhí lúcháir an domhain orm nuair a tairgeadh an post seo dom an bhliain seo caite. Tá **dualgas**[13] an-tábhachtach ag cinnirí an Ghaeilge a spreagadh i measc na scoláirí. Ní bhím an-dian orthu ach oiread toisc go bhfuilim in ann ionannú leo. Ní raibh ach cúpla focal agam nuair a d'fhreastail mé ar Spleodar cúpla bliain ó shin. Tugtar €300 dom in aghaidh an chúrsa. Is é an rud is fearr liom faoin bpost atá agam ná na céilithe a eagrú. Bíonn téama difriúil ag gach aon cheann díobh!

1 babysitter 2 pocket money 3 per hour 4 good mood 5 coddling 6 trust 7 a while
8 work experience 9 temporary job 10 training 11 till 12 team members 13 duty

Aimee is ainm dom agus is freastalaí mé. Táim ag obair sa bhialann áitiúil le cúpla mí anuas. Is bialann lodálach í agus tugadh an post seo dom toisc go bhfuil an-aithne ag mo thuismitheoirí ar úinéirí na bialainne. Tá cúigear freastalaithe, bheirt chócairí agus fáilteoir amháin ag obair sa bhialann. Is foireann bheag muid agus tá an-aithne againn ar a chéile. Bím ag obair gach oíche Aoine agus gach tráthnóna Sathairn. Bíonn orm orduithe a ghlacadh ó na custaiméirí agus is minic a fhágtar **séisín flaithiúil**[1] dom ag deireadh na hoíche. Tugtar €11 dom in aghaidh na huaire agus cuirim gach pingin de i dtaisce sa bhanc. Is é an rud is fearr liom faoin bpost atá agam ná go ligtear cead dom bia a thabhairt abhaile liom ag deireadh an lae!

Scríobh

Freagair na ceisteanna thíos.

1. Cé a thuilleann an méid is mó airgid, dar leat?
2. An mbíonn na déagóirí ar fad ag obair i bpost buan?
3. An mbaineann Rachel sult as an bpost atá aici? Cuir fáth amháin le do fhreagra.
4. Cén abairt a léiríonn go mbíonn Peadar cothrom leis na daltaí?
5. Cé mhéad duine atá ag obair sa bhialann le Aimee?
6. Cén abairt a léiríonn go dtugann daoine flaithiúla cuairt ar an mbialann?

Éisteacht

Rianta 2.10–13

Éist leis na déagóirí ag caint agus líon na bearnaí sa ghreille thíos.

	Cainteoir 1	Cainteoir 2	Cainteoir 3	Cainteoir 4
Ainm				
Post				
Laethanta oibre				
Pá				

LG Tá cluastuiscintí don aonad seo le fáil ar lgh 169–73.

1 generous tip

Nuacht Mhall arís

Léamh

Seo an script ón bpodchraoladh ar chas tú air ar lch 227. Léigh an script agus déan na tascanna a bhaineann leis.

NUACHT MHALL*

Príomhscéalta na seachtaine, léite go mall.

Inniu an 28ú de mhí na Samhna. Is mise Liam Ó Brádaigh.

Beidh scannán Gaeilge ag dul chun cinn mar **iarrthóir**[1] don scannán idirnáisiúnta is fearr ag gradaim na nOscar an bhliain seo chugainn. Roghnaíodh an scannán *Arracht*, atá suite i gConamara i rith an Ghorta Mhóir, ag Gradaim Scannán agus Teilifíse na hÉireann. Baineann an scéal le hiascaire (an t-aisteoir Dónall Ó hÉalaí) a aontaíonn **foscadh**[2] a thabhairt do iarshaighdiúir i gCogaí Napoleon sa bhliain 1845. 'Tugann **feidhmíocht**[3] lárnach den scoth agus mhothúchánach Dónal Ó hÉalaí **daonnacht**[4] ghotach don scéalaíocht a chuirfidh fonn ar lucht féachana i dteanga ar bith,' dar le hÁine Moriarty, CEO na nIFTAs. Táthar ag súil go mbeidh *Arracht* á léiriú i bpictiúrlanna san earrach.

Tá domhan na peile ag **caoineadh**[5] faoi bhás duine de na himreoirí is íocónacha riamh, Diego Maradona, ag 60 bliain d'aois. Dé Céadaoin bhí **taom croí**[6] ar an imreoir lár páirce na hAirgintíne sa bhaile i mBuenos Aires. Coicís roimhe sin, rinneadh obráid ar an bpeileadóir cáiliúil le haghaidh **téachtán inchinne**[7]. Bhí Maradona mar chaptaen nuair a bhuaigh an Airgintín Corn an Domhain 1986, ag scóráil an chúil cháiliúil 'Lámh Dé' i gcoinne Shasana sna babhtaí ceathrú ceannais. Dhearbhaigh uachtarán na hAirgintíne, Alberto Fernandez, trí lá caoineadh, ag rá: 'Thug tú sinn go barr an domhain. Chuir tú áthas mór orainn. Ba thusa an duine ba mhó acu ar fad.'

Tá **Comh-aireacht**[8] na hÉireann tar éis cead a thabhairt do thionscadal mór athchóiriú i lár na tíre. Caithfear breis agus 100 milliún euro chun 80,000 acra de **thalamh portaigh**[9] a athshlánú agus deireadh a chur le fómhar móna. Tá sé beartaithe go laghdóidh an tionscnamh seo astaíochtaí carbóin agus go ndéanfar na 250 oibrí atá fostaithe i mbaint móna a **ath-imlonnú**[10] i róil eile. Cuirfear tús leis an obair in Aibreán 2021. Tá grúpa ionadaithe na bhfeirmeoirí, an ICMSA, ag lorg dearbhuithe nach mbeidh aon iarmhairtí diúltacha ann ó thaobh riosca tuile agus slite beatha na mball.

Léirithe ag Conradh na Gaeilge i Londain. Tá script ar fáil i d'aip phodchraolta.

* ábhar dílis

1 candidate 2 shelter 3 performance 4 humanity 5 mourning 6 heart attack
7 blood clot in the brain 8 Cabinet 9 bogland 10 redeploy

Scríobh

Aimsigh samplaí de bhriathra sna haimsirí thíos. Tá cúpla ceann déanta duit mar chabhair.

An aimsir chaite	An aimsir láithreach	An aimsir fháistineach
1 *dhearbhaigh*	1 *aontaíonn*	1 *beidh*
2 *thug*	2	2
3	3	3
4	4	4
5	5	5

Tasc gramadaí

Seo samplaí den tuiseal ginideach ón script. Roghnaigh ceithre cinn acu agus cuir iad in abairtí san aimsir fháistineach.

gradaim **na nOscar**
i rith **an Ghorta Mhóir**
lucht **féachana**
domhan **na peile**
imreoir **lár páirce**
Lámh **Dé**
i lár **na tíre**
baint **móna**

Baintear úsáid as an saorbhriathar san eipeasóid seo de **Nuacht Mhall** – mar shampla, **roghnaíodh**, **rinneadh**, **caithfear**, **déanfar**, **cuirfear**. Tá cur síos ar an saorbhriathar mar aon le tascanna faoi san aonad gramadaí ar lgh 390–1.

Poist éagsúla i saol na Gaeilge

Néal focal

Is minic a cheapann daoine nach mbaineann mórán deiseanna fostaíochta leis an nGaeilge. An fíor sin? Déan néal focal as poist éagsúla a d'fhéadfá an Ghaeilge a úsáid iontu. Bain úsáid as mentimeter.com nó a mhacasamhail chun an néal focal a chruthú.

Tasc foclóra

Céard iad na poist seo a leanas? Tá an chéad cheann déanta duit mar chabhair.

1. duine a thugann caint fhoirmiúil ar ábhar ar leith *léachtóir*
2. duine a scríobhann do nuachtán, d'iris, do chlár raidió, srl., nó a chuireann eagar ar pháipéar nó ar iris
3. duine a aistríonn téacsanna éagsúla
4. duine a bhíonn ag craoladh
5. duine a chuireann fotheidil ar mheáin éagsúla
6. eolaí i gcúrsaí teanga
7. oifigeach, gníomhaire, seirbhíseach
8. duine a chuidíonn le daoine rudaí nua a fhoghlaim
9. duine a chuireann podchraoltaí ar fáil
10. duine a cheartaíonn téacsanna éagsúla sula bhfoilsítear iad
11. duine a chuireann leabhair, irisí, srl. in eagar

Banc focal

aistritheoir, craoltóir, eagarthóir, feidhmeannach, fotheidealóir, iriseoir, ~~léachtóir~~, léitheoir profaí, múinteoir, podchraoltóir, teangeolaí

Léamh

Léigh an t-alt seo faoi PEIG.ie.

Fógraíonn PEIG.ie poist in Éirinn agus poist eile fud fad an domhain. Luaitear **spriocdhátaí**[1] na bhfolúntas ina dteidil agus tá siad in ord **croineolaíoch**[2] dá réir. Tá roinn ar an suíomh gréasáin ina dtugtar eolas ar fáil faoi shlite beatha éagsúla. Chuir an fhoireann ag PEIG.ie roinnt daoine gairmiúla faoi agallamh chun níos mó eolais a fháil ar an gcineál oibre a bhíonn ar siúl acu.

Taighde

Téigh go dtí peig.ie/Nuacht/do-ghairm-le-gaeilge agus léigh ceann de na hagallaimh. Scríobh síos trí phíosa eolais faoin gcineál oibre a bhíonn ar siúl ag an duine.

[1] deadlines [2] chronological

Mná ag obair i bpobal na Gaeilge

Léamh

Léigh na hailt seo agus déan na tascanna a bhaineann leo.

Loretta Ní Ghabháin

Is **bunaitheoir**[1] agus **stiúrthóir**[2] Lorg Media í Loretta. Déanann foireann Lorg Media an-chuid oibre le comhlachtaí éagsúla timpeall na tíre. Is é 'Brandaí á neartú le fonn agus díograis' **mana**[3] na cuideachta. Tá an t-ádh dearg ar fhoireann Lorg Media go mbíonn an deis acu a bheith ag obair le brandaí a bhfuil siad paiseanta fúthu, dar le Loretta. Tugann Lorg Media deis don fhoireann an Ghaeilge a spreagadh agus a chur chun cinn. Oibríonn foireann Lorg Media le réimse leathan cuideachtaí, fiú mura bhfuil ach cúpla focal ag foireann na gcuideachtaí sin.

Deirdre Ní Choistín

Ceapadh Deirdre Ní Choistín mar **bhainisteoir cumarsáide**[4] le TG4 sa bhliain 2019. Sular ceapadh í sa ról sin bhí sí ina **heagarthóir**[5] ar MOLSCÉAL, ardán ar líne a bhunaigh TG4 sa bhliain 2017. Tá **neart taithí**[6] ag Deirdre le TG4 mar léiritheoir agus stiúrthóir. D'oibrigh sí ar na cláir stiúideo *7 Lá*, *Comhrá*, *Róisín* agus *Léirmheas Leabhar* ó 2003 ar aghaidh. Tógadh Deirdre i gContae Chill Dara. D'fhreastail sí ar Scoil Chearbhaill Uí Dhálaigh, Léim an Bhradáin, agus bhain sí **céim**[7] amach sa Ghaeilge agus sa Fhraincis i gColáiste na Tríonóide, Baile Átha Cliath. Bhog sí go Gaillimh ina dhiaidh sin le tabhairt faoin ard-dioplóma sa chumarsáid fheidhmeach. Fuair sí post i TG4 ag 22 bhliain d'aois.

Áine Ní Bhreisleáin

Is **cainteoir dúchais**[8] Gaeilge as an mBun Beag, Gaoth Dobhair, Contae Dhún na nGall í Áine Ní Bhreisleáin. Is iriseoir le nuacht RTÉ agus TG4 í agus is iarmhac léinn í de Scoil na Gaeilge, an Léinn Cheiltigh agus an Bhéaloidis sa Choláiste Ollscoile, Baile Átha Cliath. Mar aon leis sin, is duine de na podchraoltóirí a bhíonn le cloisteáil ar *Beo ar Éigean* í, chomh maith le Sinéad Ní Uallacháin agus Siún Ní Dhuinn. Is í Áine craoltóir an chláir *Bladhaire* ar RTÉ Raidió na Gaeltachta. Bíonn idir cheol agus chaint le cloisteáil ar *Bladhaire* agus, cé go gcraoltar an clár ó stiúideo na nDoirí Beaga i nGaoth Dobhair, tá éisteoirí suite i ngach cearn den tír agus den domhan.

Cúinne na gramadaí

1. **Déan liosta de na poist éagsúla atá luaite sna sleachta thuas agus cuir an t-alt rompu. Bain úsáid as foclóir chun cabhrú leat. Tá an chéad cheann déanta duit mar chabhair.**
   Sampla: *bunaitheoir* ➜ *an bunaitheoir*
2. **Aimsigh dhá shampla den saorbhriathar san aimsir chaite sna sleachta thuas.**

Scríobh

Freagair na ceisteanna seo.

1. Cad é an mana atá ag an gcuideachta Lorg Media?
2. Ainmnigh dhá phost dhifriúla a bhí ag Deirdre Ní Choistín sular ceapadh í mar bhainisteoir cumarsáide le TG4.
3. Cén aois a bhí Deirdre nuair a fuair sí a céad phost le TG4?
4. Cad as d'Áine Ní Bhreisleáin?

Déan na tascanna ar lgh 94–6.

1 founder 2 director 3 motto 4 communications manager 5 editor 6 plenty of experience 7 degree 8 native speaker

Ceisteanna scrúdaithe samplacha

Stór focal

bainisteoir	manager	foireann	team
fáilteach	welcoming	cabhrach	helpful
caitheadh go deas liom	I was treated well	taitneamhach	enjoyable
dúshlánach	challenging	tuirsiúil	tiring
obair chrua	hard work	sos lóin	lunch break
uaireanta oibre	working hours	cuntas coigiltis	savings account

Ceist shamplach

Is tusa Liam agus fuair tú post nua le déanaí. Post páirtaimseartha sa nuachtán áitiúil atá i gceist. Freagair na ceisteanna seo a leanas a chuireann do chara Diane ort faoin bpost. Déan cinnte na freagraí a thugann Diane ort a léamh.

Critéir ratha:

- Scríobh trí abairt ar a laghad do gach freagra.

Diane: Haigh, a Liam. Tá súil agam gur bhain tú sult as an gcéad lá oibre. An raibh lá fada agat?

Liam: ______________________________

Diane: Tá an-áthas orm a chloisteáil gur chaith an fhoireann go deas leat. An mbeidh tú ag obair ann gach deireadh seachtaine? An bhfuil an pá go maith?

Liam: ______________________________

Diane: Tá an t-ádh ort nach bhfuil an lá oibre rófhada, mar sin. An gcuirfidh tú roinnt airgid i dtaisce? An bhfuil ort éadaí oibre a chaitheamh?

Liam: ______________________________

Diane: Tá sé ar intinn agam dul thar lear i mbliana chomh maith! Ar mhaith leat dul amach i gcomhair caife amárach? Táim ag tnúth leis an scannal a chloisteáil uait.

Liam: ______________________________

Stór focal

Ba mhaith liom cur isteach ar an bpost.	I would like to apply for the job.	Tá Gaeilge líofa agam.	I have fluent Irish.
Bhí mé ag obair mar . . .	I was working as . . .	Oibrím go crua.	I work hard.
Bhain mé céim amach sa . . .	I've got a degree in . . .	Tá an-taithí agam ar . . .	I have great experience with . . .
imreoir foirne	team player	Déanaim mo sheacht ndícheall.	I do my very best.
Beidh mé ag súil le freagra uait go luath.	I will be looking forward to an answer from you soon.	Le meas	Yours sincerely

Ceist shamplach

Féach ar an bhfógra thíos agus scríobh litir chumhdaigh chuig an bhfostóir.

Fógra Poist – Múinteoir Gaeilge

Tá Coláiste an Chnoic ag lorg iarratais do phost mar mhúinteoir Gaeilge.

Ní mór d'iarrthóirí céim sa Ghaeilge agus taithí ag obair le páistí, chomh maith le taithí ag obair mar chuid d'fhoireann, a bheith acu. Tá líofacht sa Ghaeilge riachtanach don phost seo.

Is post lánaimseartha é seo, ag obair ó Luan go hAoine.

Má tá tuilleadh eolais uait is féidir glaoch ar rúnaí na scoile ar an uimhir 036 421954.

Seol litir chumhdaigh agus CV chomh maith le cóip de do chuid cáilíochtaí chuig an seoladh seo roimh 6 Nollaig 2022:

Coláiste an Chnoic, Maigh Réidh, Baile Mhic Íre, Co. Chorcaí

Critéir ratha:

- Déan cinnte an dáta, an seoladh agus ainm a chur sa litir.
- Bain úsáid as an mbeannú seo: *A dhuine uasail* . . .
- Bain úsáid as an gcríoch seo: *Le meas* . . .
- Scríobh réamhrá le heolas fút féin agus faoin gcúlra atá agat.
- Cén fáth a bhfuil spéis agat sa phost seo?
- Cén fáth a gcreideann tú gur iarrthóir feiliúnach thú? Scríobh dhá chúis leis sin.

Déan na tascanna ar lgh 97–101.

Tá stór focal an aonaid seo le fáil ar lch 452.

Measúnú an aonaid

Piarmheasúnú: Cluiche do bheirt

Déan staidéar ar an aonad seo agus ansin imir an cluiche seo le daoine eile sa rang.

Rialacha an chluiche

1 Scríobh na litreacha A, B, C agus D ar phíosaí páipéir. Cuir iad béal faoi ar an mbord.
2 Piocann gach duine dhá litir.
3 Féach ar an liosta ceisteanna thíos. Tá deich gceist do gach litir. Scríobh amach na freagraí i do chóipleabhar. Tá 25 nóiméad agat don tasc seo (20 ceist an duine). Is féidir é seo a imirt leis an leabhar ar oscailt nó leis an leabhar dúnta.
4 Déan é seo in aghaidh an chloig. Má tá an scór céanna agaibh, beidh an bua ag an duine a chríochnaíonn an tasc níos tapúla.
5 Déan seiceáil ar na freagraí atá ag an duine eile sa chluiche. Déan taifead ar an scór.

Ceisteanna A	Ceisteanna B	Ceisteanna C	Ceisteanna D
1 Cuir Gaeilge ar an bhfocal seo: 'pilot'	**1** Cuir Gaeilge ar an bhfocal seo: 'nurse'	**1** Cuir Gaeilge ar an bhfocal seo: 'vet'	**1** Cuir Gaeilge ar an bhfocal seo: 'baker'
2 Tóg amach na lúibíní anseo agus déan pé athrú is gá: 'leis an (im)'	**2** Tóg amach na lúibíní anseo agus déan pé athrú is gá: 'leis an (plúr)'	**2** Tóg amach na lúibíní anseo agus déan pé athrú is gá: 'leis an (seacláid)'	**2** Tóg amach na lúibíní anseo agus déan pé athrú is gá: 'leis an (púdar)'
3 Cuir Gaeilge ar an bhfocal seo: 'patient' (aidiacht)	**3** Cuir Gaeilge ar an bhfocal seo: 'diligent'	**3** Cuir Gaeilge ar an bhfocal seo: 'understanding' (aidiacht)	**3** Cuir Gaeilge ar an bhfocal seo: 'tranquil'
4 Cuir Gaeilge ar an abairt seo: 'He gave me a bag'.	**4** Cuir Gaeilge ar an abairt seo: 'I did not hear the news'.	**4** Cuir Gaeilge ar an abairt seo: 'We ate our dinner yesterday'.	**4** Cuir Gaeilge ar an abairt seo: 'I didn't come on my bike'.
5 Cárb as Alex Hijmans?	**5** Cén chathair ina raibh caifé ag Alex Hijmans?	**5** Ainmnigh dhá leabhar a scríobh Alex Hijmans.	**5** Ainmnigh an leabhar a d'aistrigh Alex Hijmans go hÍsiltíris.
6 Scríobh seo san aimsir fháistineach: 'Thiomáin mé abhaile'.	**6** Scríobh seo san aimsir fháistineach: 'Chlogáil sé isteach go luath'.	**6** Scríobh seo san aimsir fháistineach: 'D'fhreagair sí an ríomhphost'.	**6** Scríobh seo san aimsir fháistineach: 'D'osclaíomar suas ag a naoi'.
7 Cén inscne atá ag an bhfocal seo: 'taoide'?	**7** Cén inscne atá ag an bhfocal seo: 'ronnach'?	**7** Cén inscne atá ag an bhfocal seo: 'bád'?	**7** Cén inscne atá ag an bhfocal seo: 'ocras'?
8 Cad é 'savings account' as Gaeilge?	**8** Cad é 'challenging' as Gaeilge?	**8** Cad é 'working hours' as Gaeilge?	**8** Cad é 'lunchtime' as Gaeilge?
9 Luaigh an post atá ag Loretta Ní Ghabháin.	**9** Luaigh an post atá ag Deirdre Ní Choistín.	**9** Cén contae inar rugadh Deirdre Ní Choistín?	**9** Luaigh an post atá ag Áine Ní Bhreisleáin.
10 Scríobh seo san fhoirm cheisteach: 'Pléifidh sé an cheist'.	**10** Scríobh seo san fhoirm cheisteach: 'Scuabfaimid an áit ó bhun go barr'.	**10** Scríobh seo san fhoirm cheisteach: 'Ullmhóidh sí na cuntais'.	**10** Scríobh seo san fhoirm cheisteach: 'Tiomáinfidh Jan an bus'.

Scór d'imreoir A = ☐ /20 Scór d'imreoir B = ☐ /20

Téigh go dtí **www.edco.ie/croinagaeilge3** agus bain triail as na hidirghníomhaíochtaí.

Féinmheasúnú

Nuair atá an piarmheasúnú déanta agat, comhlánaigh an ghreille seo thíos. Léigh gach intinn foghlama agus abairt mhachnaimh sa chéad cholún. An ndearna tú dul chun cinn? Cuir tic sa cholún cuí.

Anois táim in ann . . .	🙂	😐	🙁
cur síos a scríobh go cruinn fúm féin.			
plé leis an gcúig beag san aimsir chaite.			
stór focal a bhaineann le poist dhifriúla a aithint agus a litriú i gceart.			
alt a scríobh faoin bpost ab fhearr liom a dhéanamh sa todhchaí.			
labhairt os comhair an ranga faoin oideas is fearr liom.			
na briathra rialta a réimniú i gceart san aimsir fháistineach.			
Déanfaidh mé machnamh ar an abairt seo a leanas (scríobh dhá abairt de do chuid féin freisin):			
Éistfidh mé leis an nuacht níos minice sa todhchaí chun mo scileanna éisteachta a fhorbairt.			

Anois, comhlánaigh an plean feabhsúcháin seo thíos.

Trí rud a d'fhoghlaim mé:

1 ______________________________

2 ______________________________

3 ______________________________

Dhá rud atá le cleachtadh agam:

1 ______________________________

2 ______________________________

Rud a dhéanfaidh mé chun feabhas a chur ar mo chuid Gaeilge:

Seiceáil amach

Mar iarfhoghlaim don aonad seo, déan an ghníomhaíocht 'Seiceáil amach' ag **www.edco.ie/croinagaeilge3**. Conas a d'éirigh leat?

Smaointe MRB 2

Sample CBA 2

- **Taispeántas:** Déan dráma beag bunaithe ar chuid den ghearrscannán *Asal*.
- **Agallamh:** I mbeirteanna, déan agallamh ar nós go bhfuil sibh sa seomra nuachta.
- **Cur i láthair:** Labhair os comhair an ranga ar feadh nóiméid faoin bpost ab fhearr leat a dhéanamh sa todhchaí.

Laethanta Saoire agus Taisteal

Torthaí foghlama an aonaid

Is cuma leis an óige cá gcroithfidh sí a cos.

Cumas cumarsáide	Feasacht teanga agus chultúrtha	Féinfheasacht an fhoghlaimeora
1.3, 1.5, 1.8, 1.9, 1.16, 1.17, 1.23, 1.24, 1.25, 1.28	2.1, 2.3, 2.5, 2.7	3.1, 3.3, 3.6

Téacsanna an aonaid

Téacs litríochta
Dán: 'An Ghealach' le Caitríona Ní Chléirchín
Téacsanna tacúla eile
Téacs litríochta (rogha eile): 'Sámhchodladh' (dán) le Colm Breathnach Téacsanna eile: Lá in Barcelona, An Blascaod Mór Acmhainní eile: teanglann.ie, focloir.ie, abair.ie, léaráidí gramadaí, acmhainn punainne, acmhainní digiteacha ag edco.ie/croinagaeilge3

Achoimre ar an aonad seo

Tá an t-aonad seo bunaithe ar an téama 'Laethanta Saoire agus Taisteal'. Leanfaidh na daltaí ar aghaidh ag cur lena gcumas cumarsáide sna scileanna teanga difriúla. Cuirfear béim ar fheasacht teanga agus chultúrtha, ach go háirithe ag díriú isteach ar theanga na Gaeilge mar chóras agus ag cothú feasachta i leith chultúr na teanga. Spreagfar na daltaí chun féintuiscint a chothú mar fhoghlaimeoirí teanga agus chun foghlaim fhéinriartha a fhorbairt.

San aonad seo foghlaimeoidh an dalta na scileanna seo:

Réamhfhoghlaim	Seiceáil isteach (lch 243)
Léamh	Ag ullmhú don aerfort (lch 246), Feistis aerfoirt (lch 248), Léamh (lgh 253, 254), Dán: 'An Ghealach' (lch 256), Solas na gealaí (lch 258), 'An Ghealach' arís (lch 260), Meaitseáil (lch 260), An traein faoi thalamh (lch 265), Lá in Barcelona (lch 266), An Blascaod Mór (lch 270), Daoine cáiliúla an Bhlascaoid Mhóir (lch 271)
Scríobh	Ceisteanna (lch 246), Scríobh (lgh 246, 251, 252, 254, 255, 256, 257, 258, 265, 266, 271, 273), Cur síos (lch 248), Blag (lch 254), Ceisteanna scrúdaithe samplacha (lch 262), Tasc pictiúr (lch 269), Taighde (lgh 270, 271, 273), Ceist shamplach (lgh 274, 275)
Éisteacht	Éisteacht (lgh 244, 247, 249, 251, 255, 256, 265, 266, 269)
Labhairt	Labhairt (lgh 263, 267)
Idirghníomhú cainte	Idirghníomhú cainte (lgh 248, 251, 252, 267, 273), Ról-imirt (lch 249), Piarmheasúnú (lch 266)
Gramadach	An chopail (lch 244), Scríobh (lgh 244, 259, 264), Aistriúchán (lgh 244, 251, 255, 272), Cúinne na gramadaí (lgh 246, 251, 257, 258, 269), Na briathra neamhrialta san aimsir fháistineach (lch 250), Tasc gramadaí (lgh 253, 258, 269), Na ceisteanna (lch 255), Intreoir ar an tuiseal ginideach (lch 259), An modh coinníollach: *sé*, *sí* agus *sibh* (lch 264), Na céimeanna comparáide (lch 267), An modh coinníollach: *mé* agus *muid/sinn* (lch 272)
Foclóir	Stór focal (lgh 244, 268, 274, 275), Meaitseáil (lgh 245, 252), Líon na bearnaí (lgh 247, 265), Tasc foclóra (lgh 247, 254, 268), Taighde (lch 268)
Cultúr	Logainm (lch 270), Daoine cáiliúla an Bhlascaoid Mhóir (lch 271)
Leabhar gníomhaíochta	Tascanna (lgh 102–16), Cluastuiscint (lgh 174–7)
Measúnú	Piarmheasúnú (lch 276)
Machnamh	Féinmheasúnú (lch 277), Seiceáil amach (lch 277)

Ag deireadh an aonaid seo beidh mé in ann:

- labhairt faoi chúrsaí taistil.
- anailís a dhéanamh ar an dán 'An Ghealach'.
- plé leis na briathra neamhrialta san aimsir fháistineach.
- freagairt phearsanta a scríobh faoin dán 'An Ghealach'.
- an tuiseal ginideach a aithint.
- na céimeanna comparáide a úsáid i gceart mar aon leis an modh coinníollach.

Clár an aonaid

Seiceáil isteach

Mar réamhfhoghlaim don aonad seo, déan an ghníomhaíocht 'Seiceáil isteach' ag **www.edco.ie/croinagaeilge3**. Conas a d'éirigh leat?

Téigh go dtí **www.edco.ie/croinagaeilge3** agus bain triail as na hidirghníomhaíochtaí.

Súil siar

An chopail

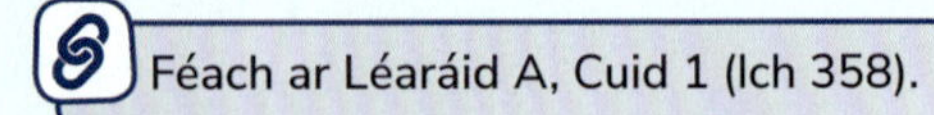
Féach ar Léaráid A, Cuid 1 (lch 358).

	An aimsir láithreach	An aimsir chaite	
		Roimh chonsan	Roimh ghuta
👍	Is seomra deas é.	Ba sheomra deas é.	B'óstán mór é.
👎	Ní seomra deas é.	Níor sheomra deas é.	Níorbh óstán mór é.
?	An seomra deas é.	Ar sheomra deas é?	Arbh óstán mór é?
⊘?	Nach seomra deas é?	Nár sheomra deas é?	Nárbh óstán mór é?

Bí cúramach leis an litir **f**:

Samplaí: B'fhear deas é; Níorbh fhear deas é.

Pléigh le **f** + consan cosúil le haon chonsan eile.

Sampla: Ba fhleasc gorm é.

Cleas cuimhne

Seo cleas cuimhne chun na foirmeacha eile den chopail a chur de ghlanmheabhair.

Nach An your Ní

Stór focal

Chun níos mó eolais a fháil faoi conas foclóir a úsáid, féach ar lch 444.

Seo an stór focal a bhaineann leis an rothar ó Aonad 3.

bonn rotha	ciseán	coscáin	diallait
giaranna	iomprán	roth	slabhra
solas	trasnán	troitheán	

Nuair atá an chopail i gceist, tá dhá fhocal Gaeilge ar an bhfocal Béarla **it**:

1 **é** (le hainmfhocal firinscneach)

2 **í** (le hainmfhocal baininscneach)

Scríobh

Scríobh na habairtí seo san aimsir chaite.

1 Is diallait dhonn í. *Leid: Is ainmfhocal baininscneach é* ***diallait****: sin an fáth leis an séimhiú ar* ***ghorm****.*
2 An slabhra costasach é?
3 Ní iomprán mór é.
4 Is giaranna maithe iad.
5 An solas maith é?
6 Nach ciseán deas é? *Leid: Cuireann* ***nach*** *urú ar bhriathar ach ní athraíonn sé ainmfhocal.*

Aistriúchán

Cuir Gaeilge ar na habairtí seo.

1 It was a red light.
2 It was not a big basket.
3 It was a small saddle.
4 Was it not a blue pedal?
5 Was it a strong chain?
6 They were good brakes. *Leid: iolra*
7 It was a small carrier.

LG Déan na tascanna ar lgh 102–3.

Éisteacht Rian 2.15

Éist leis na freagraí agus déan seiceáil ar do chuid oibre féin nó ar obair duine eile.

Na treoracha agus na huimhreacha móra

Meaitseáil

Meaitseáil na treoracha seo agus na pictiúir. Cuir an uimhir cheart faoi gach pictiúr.

1. Caithfidh tú casadh ar chlé.
2. Níl cead agat dul ar chlé anseo.
3. Gheobhaidh tú pointí pionóis má théann tú thar 50 ciliméadar in aghaidh na huaire anseo.
4. Níl aon rogha eile agat ach chun dul ar aghaidh anseo.
5. Ní féidir leat dul thar 80 ciliméadar in aghaidh na huaire sa limistéar seo.
6. Tá ort casadh ar dheis anseo.
7. Is limistéar 30 ciliméadar in aghaidh na huaire é seo.
8. Má tá tú anseo tá tú cóngarach do scoil éigin.
9. Cuireann an **comhartha tráchta**[1] seo thú ar an eolas go bhfuil capaill thart.
10. Bí ar an eolas go bhfuil tú ag teacht i dtreo timpeallláin.
11. Tá cosc ar charranna dul ar aghaidh anseo.
12. Is **rabhadh**[2] é seo go bhfuil **oibreacha bóthair**[3] ar siúl chun tosaigh.

1 road sign 2 warning 3 roadworks

Ag ullmhú don aerfort

Léamh

Léigh an t-alt thíos agus déan na tascanna a bhaineann leis.

Bhí muintir Uí Cheallaigh ag ullmhú le dul ar turas. D'eagraigh Mamaí turas thar lear (1) **mar bhronntanas gan choinne** do lá breithe Liam. Bhí rudaí beaga le déanamh ag gach duine sa teaghlach an oíche sula ndeachaigh siad go dtí an t-aerfort. Chuir Mamaí an raca bagáiste ar an gcarr. D'aimsigh Síle na málaí taistil agus thug sí mála do gach duine. Thóg Daidí na héadaí samhraidh agus na cultacha snámha as na tarraiceáin. Bhí roinnt iarnála le déanamh aige agus ba léir gur (2) **chuir sé sin leadrán air**. D'fhill Síle agus David a gcuid éadaí go néata agus chuir siad sna málaí taistil iad. Thóg Daidí na cásanna anuas ón áiléar. D'iarr sé ar gach duine a gcuid éadaí a phacáil. Bhí ar Shíle agus David mála Liam a phacáil ionas nach dtabharfadh sé aon rud faoi deara. Chuir siad dhá phéire bróg, cuaráin, culaith oíche, bríste gearra agus cúpla T-léine isteach ann. Leag Mamaí na málaí taistil agus na cásanna ar an raca bagáiste. Chlúdaigh sí iad le canbhás. Ní dhearna sí dearmad ar na spáda ná na buicéid! D'éirigh go maith leis an teaghlach (3) **an dallamullóg a chur ar** Liam. (4) **Ní raibh gíog na míog as** an oíche ar fad!

Ceisteanna

Freagair na ceisteanna thíos.

1. Cén fáth ar eagraigh Mamaí an turas thar lear?
2. Cad a bhí sna tarraiceáin?
3. Cad a chuir isteach ar Dhaidí?
4. Cén fáth a raibh ar Shíle agus David mála Liam a phacáil?
5. An raibh muintir Uí Cheallaigh ag dul ar turas go tír the nó tír fhuar, meas tú? Cuir fáth amháin le do fhreagra.
6. An raibh a fhios ag Liam go mbeadh sé ag dul ar turas? Cuir fáth amháin le do fhreagra.

Cúinne na gramadaí

Aimsigh na rudaí seo a leanas sa sliocht thuas:

1. trí bhriathar rialta
2. dhá bhriathar neamhrialta
3. trí ainmfhocal san uimhir iolra
4. trí réamhfhocal shimplí

Scríobh

Féach ar na frásaí a bhfuil cló trom orthu san alt thuas agus cum abairtí nua a bhfuil na frásaí sin iontu.

Déan an tasc ar lch 103.

Málaí earraí folctha

Éisteacht Rianta 2.16–17

Tá Saeed agus Nadia ag ullmhú le dul ar turas ar maidin. Tá orthu beirt mála earraí folctha a phacáil. Éist leo ag labhairt faoi na rudaí a chuirfidh siad sna málaí. Bí cinnte go bhfuil na lipéid chearta curtha ar na táirgí.

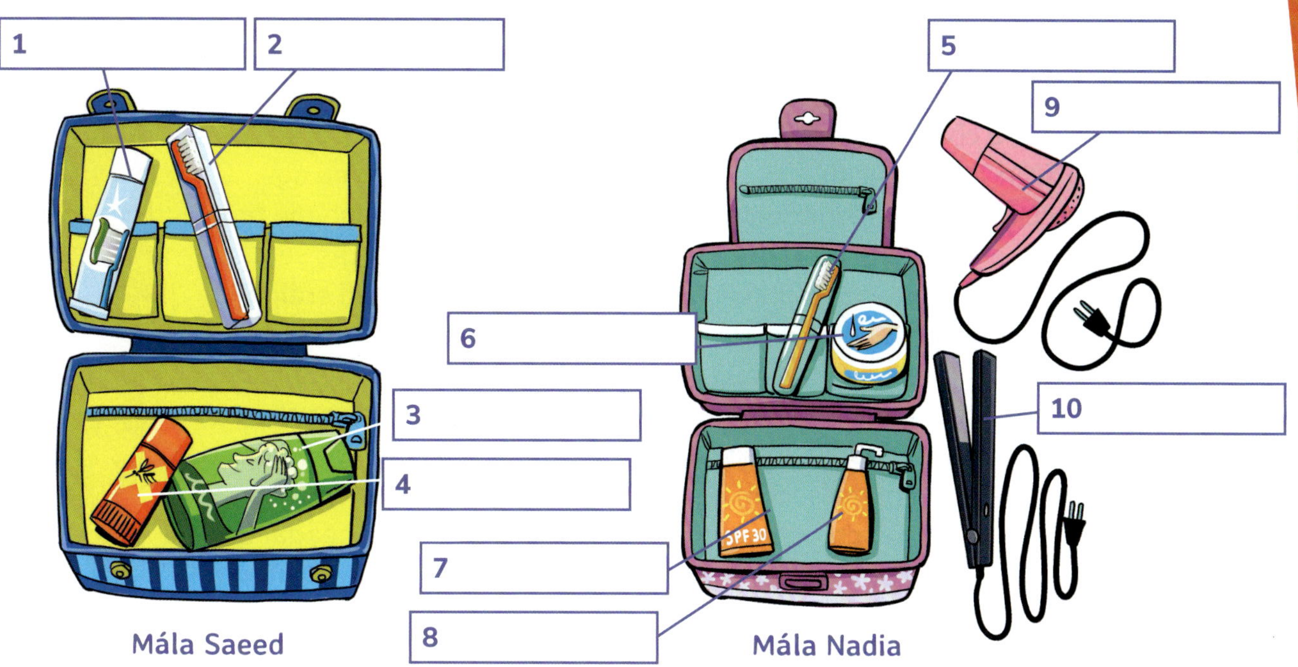

Mála Saeed   Mála Nadia

Líon na bearnaí

Tar éis duit na lipéid a scríobh ar na táirgí, líon na bearnaí thíos.

1 Scuabfaidh Saeed a chuid fiacla ag tús agus ag deireadh gach lae leis an __________ __________ agus an __________ __________.
2 Bainfidh Saeed úsáid as __________ __________ sa chith toisc go bhfuil craiceann an-bhog air.
3 Spraeálfaidh Saeed __________ __________ air féin chun na muiscítí a sheachaint!
4 Cuirfidh Nadia __________ ar a haghaidh tar éis di í a ghlanadh ar maidin.
5 Cuirfidh an bheirt acu __________ __________ orthu féin sula dtéann siad amach faoin ngrian.
6 Beidh orthu __________ __________ a chur orthu tar éis dóibh teacht isteach ón ngrian.
7 Triomóidh Nadia a cuid gruaige leis an __________ __________.
8 Díreoidh Nadia a cuid gruaige leis an __________ __________.

Tasc foclóra

Lig ort go mbeidh tú ag dul ar turas maidin amárach agus go bhfuil ort mála earraí folctha a phacáil. Déan liosta de na rudaí a chuirfidh tú ann.

Critéir ratha:

- Bain úsáid as tearma.ie chun cabhrú leat.
- Fiafraigh den duine in aice leat cad atá ar a liosta. An bhfuil aon rud ar a liosta nach bhfuil ar do cheannsa?

Feistis aerfoirt

Léamh

Léigh na hailt seo agus cum ceisteanna a mbeadh na freagraí thíos oiriúnach dóibh. Mura bhfuil na focail i gcló trom ar eolas agat, féach ar an bhfoclóir ar lch 453.

Is mise Aoife agus táim ag dul ar turas chun na hlodáile inniu. Shocraigh mé ar an bhfeisteas seo a chaitheamh toisc gur fearr liom a bheith compordach. Tá **luiteoga** liatha orm. Taitníonn luiteoga go mór liom toisc go bhfuil siad an-**sínteach**. Chuir mé T-léine chadáis orm agus geansaí timpeall mo ghuaillí ar eagla go n-éireodh sé fuar ar an eitleán. Ní maith liom mála trom a iompar ar mo dhroim agus mé ag siúl timpeall an aerfoirt – tá an **mála beilte** seo an-áisiúil agus tá go leor áite ann don phas agus don ticéad. Ní bhíonn mo sparán agam agus mé san aerfort – tá a fhios agam go gcaithfinn an t-uafás airgid dá mbeadh sé! Ní rachainn ar eitleán gan mo spéaclaí gréine orm. Tá a fhios agam go mbeidh mé **dallta ag** an ngrian nuair a bhainfidh mé an Iodáil amach.

Craig is ainm dom agus beidh mé **ag taisteal** chun na Fraince tráthnóna. Is maith liom éadaí móra compordacha a chaitheamh agus mé ag taisteal. Cheannaigh mé bróga reatha nua don turas seo. Tá an-suim agam i **stíl sráide** agus is breá liom na bróga reatha is faiseanta a bheith orm. Shocraigh mé ar chulaith reatha a chaitheamh inniu ionas go mbeinn compordach ar an eitleán. Is féidir le h**éadaí teanna** bac a chur ar an **imshruthú fola** nuair atáimid ar eitleán. Moladh dom mo stocaí a bhaint díom chomh maith ach ní dhéanfainn a leithéid! Táim ag imeacht ar **shaoire an mhála droma** agus mar sin tá mála ollmhór ar mo dhroim. Dúirt mo mháthair liom go mbeinn in ann níos mó rudaí a cheannach nuair a bhainfidh mé áiteanna éagsúla amach ach níor éist mé léi. Thug mé a raibh agam liom!

1. Beidh sí ag dul chun na hIodáile.
2. Is maith léi luiteoga a chaitheamh mar tá siad an-sínteach.
3. Tá – tá spás sa mhála beilte don phas agus don ticéad, dar léi.
4. Is fearr leis stíl sráide.
5. Cuireann siad bac ar an imshruthú fola.
6. Is léir nach nglacann sé le comhairle a mháthar.

Idirghníomhú cainte

Cuir do cheisteanna ar dhalta eile sa rang. Ansin, cuir an cheist seo ar an duine in aice leat: Cad a chaitheann tú chun an aerfoirt de ghnáth?

Cur síos

Tarraing pictiúr díot féin agus tú ag dul go dtí an t-aerfort. Cuir lipéid ar na baill éadaigh. Ansin, déan cur síos ar an obair ealaíne atá déanta agat nó ag dalta eile sa rang.

Critéir ratha:

Luaigh na rudaí seo sa chur síos: do shúile, do ghruaig, na dathanna atá ar do chuid éadaí, an fáth ar roghnaigh tú na héadaí éagsúla, an siopa ina bhfuair tú na héadaí.

An gníomhaire taistil

Éisteacht Rian 2.18

Is gníomhaire taistil í Irena. Buaileann Adam agus Caitlín isteach chuici lá amháin chun eolas faoi thuras thar lear a fháil. Éist leis an gcomhrá agus líon na bearnaí.

Caitlín: Haigh! Tá roinnt (1)____________________ uainn faoi thuras go San Francisco, le do thoil.

Irena: Fadhb ar bith. Cén t-eolas atá ag teastáil uaibh?

Caitlín: Cén costas a bheadh ar na (2)____________________?

Irena: Cathain ar mhaith libh dul? San (3)____________________ nó sa samhradh?

Adam: Nílimid róchinnte go fóill. Mí an (4)____________________ nó mí lúil, b'fhéidir.

Irena: Is í €335 an táille sa Bhealtaine agus i Meitheamh. Tá sé níos saoire i mí an Mhárta. Ní chosnódh sé ach (5)____________________ ____________________ ____________________. *Leid: Scríobh an freagra i bhfoirm focal.*

Caitlín: Cad faoi mhí Lúnasa?

Irena: Tá sé níos (6)____________________ fós i mí Lúnasa. Chosnódh sé €400.

Adam: Dhera! Tá sé sin i bhfad Éireann ródhaor, dar liom.

Caitlín: An bhféadfá (7)____________________ leis na táillí difriúla a thabhairt dúinn? Déanfaimid machnamh air.

Irena: D'fhéadfainn, cinnte. Seo ceann duit. D'fhéadfadh sibh breathnú ar na táillí ar an suíomh (8)____________________ atá againn chomh maith.

Adam: Go raibh míle maith agat. Beimid i (9)____________________ leat.

Irena: Fáilte agus fiche, a chairde!

Ról-imirt

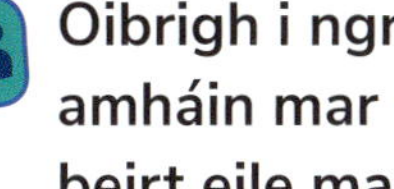

Oibrigh i ngrúpa de thriúr. Beidh duine amháin mar ghníomhaire taistil agus beidh beirt eile mar chustaiméirí. Is féidir úsáid a bhaint as teimpléad san acmhainn punainne (lgh 65–70) más maith leat.

Critéir ratha:

- Tá eolas faoi thuras go Nua-Eabhrac ag teastáil ón mbeirt chustaiméirí.
- Scríobhaigí an comhrá a bheadh eadraibh.
- Bain úsáid as an gcleachtadh éisteachta thuas chun cabhrú libh.

Moladh
Déan taifeadadh digiteach den chomhrá agus éist leis cúpla uair.

Na briathra neamhrialta san aimsir fháistineach

An sé mór

	An fhoirm dhearfach	An fhoirm dhiúltach	An fhoirm cheisteach	An cheist dhiúltach
mé, tú, sé/sí, sibh, siad				
Abair	déarfaidh siad	ní déarfaidh sibh	an ndéarfaidh tú?	nach ndéarfaidh tú?
Bí	beidh tú	ní bheidh siad	an mbeidh tú?	nach mbeidh tú?
Faigh	gheobhaidh sí	ní bhfaighidh tú	an bhfaighidh tú?	nach bhfaighidh tú?
Feic	feicfidh sé	ní fheicfidh sí	an bhfeicfidh tú?	nach bhfeicfidh tú?
Téigh	rachaidh sibh	ní rachaidh mé	an rachaidh tú?	nach rachaidh tú?
Déan	déanfaidh mé	ní dhéanfaidh sé	an ndéanfaidh tú?	nach ndéanfaidh tú?
muid/sinn				
Abair	déarfaimid	ní déarfaimid	an ndéarfaimid?	nach ndéarfaimid?
Bí	beimid	ní bheimid	an mbeimid?	nach mbeimid?
Faigh	gheobhaimid	ní bhfaighimid	an bhfaighimid?	nach bhfaighimid?
Feic	feicfimid	ní fheicfimid	an bhfeicfimid?	nach bhfeicfimid?
Téigh	rachaimid	ní rachaimid	an rachaimid?	nach rachaimid?
Déan	déanfaimid	ní dhéanfaimid	an ndéanfaimid?	nach ndéanfaimid?

Féach ar Léaráid B, Codanna 1 agus 2 (lgh 362 agus 364).

An cúig beag

	An fhoirm dhearfach	An fhoirm dhiúltach	An fhoirm cheisteach	An cheist dhiúltach
mé, tú, sé/sí, sibh, siad				
Clois	cloisfidh sé	ní chloisfidh sibh	an gcloisfidh tú?	nach gcloisfidh tú?
Ith	íosfaidh siad	ní íosfaidh sí	an íosfaidh tú?	nach n-íosfaidh tú?
Tar	tiocfaidh sí	ní thiocfaidh mé	an dtiocfaidh tú?	nach dtiocfaidh tú?
Tabhair	tabharfaidh sibh	ní thabharfaidh siad	an dtabharfaidh tú?	nach dtabharfaidh tú?
Beir	béarfaidh mé	ní bhéarfaidh tú	an mbéarfaidh tú?	nach mbéarfaidh tú?
muid/sinn				
Clois	cloisfimid	ní chloisfimid	an gcloisfimid?	nach gcloisfimid?
Ith	íosfaimid	ní íosfaimid	an íosfaimid?	nach n-íosfaimid?
Tar	tiocfaimid	ní thiocfaimid	an dtiocfaimid?	nach dtiocfaimid?
Tabhair	tabharfaimid	ní thabharfaimid	an dtabharfaimid?	nach dtabharfaimid?
Beir	béarfaimid	ní bhéarfaimid	an mbéarfaimid?	nach mbéarfaimid?

Cúinne na gramadaí

Féach ar na briathra ar an leathanach ar chlé chun na ceisteanna seo a fhreagairt.

1. Cad é an t-aon bhriathar neamhrialta a ghlacann séimhiú san fhoirm dhearfach den aimsir fháistineach?
2. Cad é an t-aon bhriathar neamhrialta a ghlacann urú san fhoirm dhiúltach den aimsir fháistineach?
3. Cad atá aisteach faoin bhfoirm dhiúltach den bhriathar **abair** san aimsir fháistineach?
4. An bhfuil na briathra **clois**, **déan** agus **feic** go hiomlán rialta san aimsir fháistineach?

Scríobh

Cuir ceisteanna leis na freagraí seo. Tá an chéad cheann déanta duit mar shampla.

1. Rachaimid go dtí an Spáinn. *Cá rachaidh sibh ar saoire don samhradh seo?*
2. Íosfaimid san árasán gach oíche.
3. Beidh puball againn ar an trá mar lóistín.
4. Gheobhaidh mé tacsaí chuig an stáisiún traenach.
5. Tabharfaidh mé €50 liom.
6. Rachaidh mé chuig an gceolchoirm ag a hocht a chlog.
7. Tiocfaidh mé abhaile le Keith agus Paula.

Tá tuilleadh eolais faoi cheisteanna ar fáil ar lch 255.

Idirghníomhú cainte

Cuir cúig cheist ar dhuine éigin sa rang faoi na pleananna atá aige/aici don deireadh seachtaine. Bain úsáid as na ceistfhocail seo ar fad: cá, cé, conas, cad, cathain.

> **Moladh**
> Mar shíneadh foghlama don tasc seo, tabhair isteach pictiúr ón áit is fearr leat (in Éirinn nó thar lear). Cuirfidh duine eile sa rang ceist ort faoi do phictiúr. Freagair í agus ansin cuir ceist ar an duine eile.

Aistriúchán

Cuir Gaeilge ar na habairtí seo.

1. We will go home on the bus.
2. He will eat in the city centre.
3. Will we see Fionn after the movie?
4. We will be late for the flight. Leid: don
5. I will come home on Saturday.
6. Barbara will not be at the restaurant at seven o'clock.

Éisteacht Rian 2.19

Éist leis na habairtí agus bí cinnte go bhfuil Gaeilge curtha ar na habairtí i gceart.

LG Déan na tascanna ar lgh 104–5.

Turas ar eitleán

Meaitseáil

Féach ar na téarmaí seo a bhaineann le turas ar eitleán agus cuir uimhir gach téarma leis an sainmhíniú[1] ceart.

1 pasáiste	A siúlann na haeróstaigh suas agus síos an áit seo ag caint leis na paisinéirí
2 aeróstach	B an seomra beag ina mbíonn an píolóta ag obair
3 píolóta	C an duine atá i gceannas ar na rialtáin
4 sciatháin	D na cnaipí agus na **luamháin**[2] a úsáideann an píolóta agus é/í ag eitilt
5 smailc	E béile beag a fhaigheann tú le linn an turais
6 cró an phíolóta	F duine a thugann aire do na daoine atá ag taisteal ar an eitleán
7 idirchum	G baill den eitleán atá ar chlé agus ar dheis
8 bolg an eitleáin	H an áit ina bhfuil na málaí móra curtha don turas
9 tuirlingt	I nuair a thagann an t-eitleán anuas ón spéir ag deireadh an turais
10 rialtáin	J labhraíonn an píolóta leis na paisinéirí ar an rud seo

A	B	C	D	E	F	G	H	I	J

Idirghníomhú cainte

Cuir na ceisteanna seo a leanas ar dhuine eile sa rang maidir le turas a rinne sé/sí le déanaí.

1. Cén lá sa tseachtain a bhí ann?
2. Cén séasúr a bhí ann?
3. Cé a bhí in éineacht leat?
4. Cá raibh tú/sibh ag dul?
5. Conas a bhí tú/sibh ag taisteal?
6. Cá fhad a mhair an turas?
7. Ar stop tú/sibh le greim bia a fháil?
8. Ar tharla aon eachtra ghreannmhar/shuimiúil ar an turas?
9. Roghnaigh trí aidiacht le cur síos a dhéanamh ar an turas (**suimiúil/compordach/breá**, srl.)

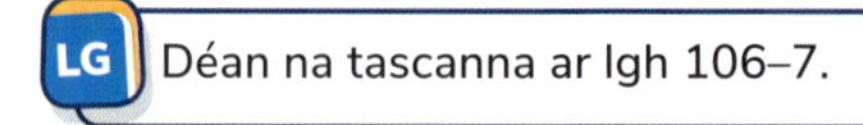
LG
Déan na tascanna ar lgh 106–7.

Scríobh

Cleachtadh
MRB 1

Scríobh iontráil dialainne faoi thuras a rinne tú le déanaí (turas thar lear/turas scoile/turas le do theaghlach, srl.). Bain úsáid as na ceisteanna thuas chun cabhrú leat. Bain úsáid as an acmhainn punainne (lch 43) mar chabhair duit.

> **Moladh**
> Roinn an iontráil seo ar na meáin shóisialta más maith leat.

[1] definition [2] levers

Cleachtadh ar na huimhreacha

Laethanta Saoire agus Taisteal

Tasc gramadaí

Féach ar Léaráid C, Cuid 1 (lch 366).

Athscríobh na habairtí thíos agus cuir focail in ionad na bhfigiúirí.

1. D'éirigh mé go moch ar maidin, thart ar a 6 a chlog.
2. Bhí mise agus 2 chairde liom ag dul chuig an aerfort.
3. Thaistealaíomar ar bhus 7.
4. D'íoc mé 350 euro as an ticéad.
5. Shroicheamar an áit ag 7:55.
6. Chaith mé 40 nóiméad ag seiceáil isteach.
7. Cheannaigh mé bricfeasta ar 4 euro agus bhíomar inár suí ag Bord 4.
8. Ansin chualamar an 2ú glaoch don eitilt agus bhí orainn dul faoi dheifir.
9. Bhíomar déanach agus ní raibh ach 2 nóiméad ag an 3 againn chun dul go dtí Geata 2.
10. Bhaineamar an deasc amach ag 8:50. Chonaic mé 4 aeróstach ag obair ag an ngeata.
11. Bhí mise i mo shuí in aice leis an bhfuinneog ar shuíochán 23.
12. Shuigh mé síos agus thit mé i mo choladh tar éis 1 nóiméad.

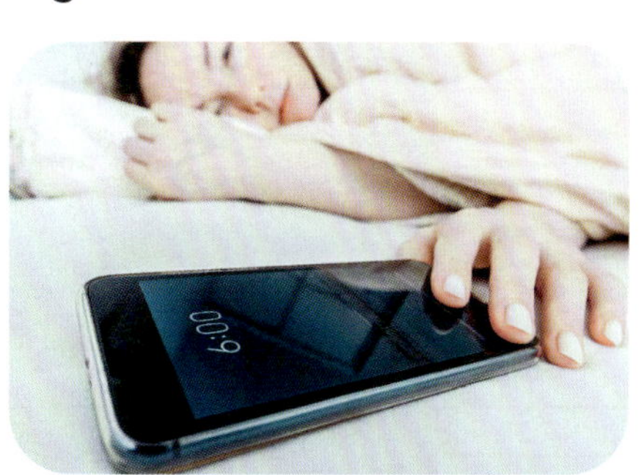

Léamh

Féach ar na sonraí ar an gclár thíos agus freagair na ceisteanna a ghabhann leis.

Am	Geata	Eitiltí isteach	Eitiltí amach
08:55	2	Londain	
09:15	5		Barcelona
10:20	3		Páras
10:45	8	Chicago	

1. Cé mhéad eitilt ar an iomlán atá ar an gclár eolais seo?
2. Cén chathair arb as an chéad eitilt ag teacht isteach?
3. Cá bhfuil an chéad eitilt amach ag dul?
4. Ainmnigh an chathair ar an gclár nach bhfuil suite san Eoraip.
5. An raibh tú féin riamh i gceann de na cathracha seo?
6. Cad é an geata leis an uimhir is airde ar an gclár seo?
7. Cuireann an t-alt (**an**) séimhiú ar an bhfocal **cathair** mar tá an focal . . .

   firinscneach. ☐ baininscneach. ☐
8. Scríobh na hamanna ón gcéad cholún i bhfoirm focal.

LG Déan na tascanna ar lch 108.

An pháirc shiamsaíochta

Tasc foclóra

Cuir an lipéad ceart le gach siamsaíocht.

halla na scáthán	an roithleagán ró *Leid: timpeall agus timpeall*
traein na dtaibhsí	na luascáin *Leid: suas agus síos*
na tuairteáin *Leid: gluaisteáin*	an rollchóstóir
an bhean feasa	an preabchaisleán
an sleamhnán uisce	an roth Ferris

Scríobh

Scríobh faoi na mothúcháin atá ar na daoine sa phictiúr, dar leat. Cuir an focal *áthas* isteach ar potafocal.com/thes/ agus gheobhaidh tú go leor focal eile don tasc seo.

Léamh

Léigh an t-alt thíos agus freagair na ceisteanna a ghabhann leis.

Is é George Washington Gale Ferris Óg a chruthaigh an chéad roth Ferris. Rugadh George in Illinois ar an 14 Feabhra 1859, agus bhí deartháir níos sine aige darbh ainm Frederick. B'innealtóir é George, agus chruthaigh sé an roth Ferris do mhórthaispeántas a bhí ar siúl i gCathair Chicago sa bhliain 1893. Fuair sé bás ar an 22 Samhain 1896.

1. Cár rugadh George Ferris Óg?
2. Cé hé Frederick? An raibh sé níos óige ná George?
3. Cén post a bhí ag George?
4. Cén aois a bhí aige nuair a fuair sé bás?

Blag

Scríobh blag san aimsir fháistineach faoi lá a chaithfidh tú i bpáirc shiamsaíochta. Bain úsáid as an liosta briathra seo agus as an acmhainn punainne (lch 45) mar chabhair duit.

bain + sult, buail + le, caith, ceannaigh, críochnaigh, cuir, fág, feic, gortaigh, imir, íoc + as, ith, labhair + le, léim, ól, rith, siúil, sroich, téigh, tosaigh

Critéir ratha:

- Luaigh ceithre rud ar a laghad ón bpictiúr thuas.
- Déan cinnte go bhfuil seacht mbriathar dhifriúla ar a laghad sa bhlag.
- Déan cinnte go mbaineann tú úsáid as an gcopail sa bhlag.

Na ceisteanna

An fhoirm spleách

San fhoirm spleách, athraíonn litriú cúpla briathar tar éis na bhfocal *ní*, *an*, *nach*, *go*, *cá* agus *cén*. Seo liosta de na briathra sin atá athraithe sna haimsirí simplí.

An fhoirm neamhspleách	An fhoirm spleách
The independent form	*The dependent form*
bhí	(ní) raibh
chuaigh	(an) ndeachaigh

An aimsir chaite	An aimsir láithreach	An aimsir fháistineach
Ní **raibh** tú ar saoire anuraidh. Nach **bhfaca** tú an Túr Eiffel? An **ndearna** tú rudaí deasa? Cá **ndeachaigh** tú aréir?	An **bhfuil** tú go maith?	Nach **bhfaighidh** tú an ticéad?

Le gach briathar eile, níl i gceist ach urú nó séimhiú. Ní athraíonn bunlitriú an bhriathair.

Samplaí: Tosaíonn sé ➜ An dtosaíonn sé? Cuirfidh sí ➜ Nach gcuirfidh sí?

Leanann an fhoirm spleách ceistfhocail áirithe.

Cá, Cén fáth, Cén chaoi, Cén áit, Cén dóigh, Cad chuige

- **Cá raibh** tú ar saoire anuraidh?
  Cá bhfuair tú lóistín?
- **Cén fáth a ndeachaigh** sibh go dtí an Spáinn?
  Cén fáth a bhfuil tú ag dul ar ais ansin?
- **Cén áit a bhfuil** sibh ag dul ar saoire?
- **Cár ith** tú lasmuigh den óstán? Leid: *Úsáideann tú* **cár** *+ séimhiú san aimsir chaite le gach briathar seachas an sé mór.*
- **Cén chaoi a bhfuil** an aimsir?
  Cén chaoi a raibh an áit?
  Cén chaoi ar tháinig tú abhaile?

Leis na ceistfhocail eile, ní bhíonn an fhoirm spleách i gceist.

Na ceistfhocail eile

- **Conas atá** an aimsir ansin inniu?
  Conas a bhí an t-óstán?
- **Cad a rinne** sibh san aerfort?
  Cad a cheannaigh tú sna siopaí saor ó dhleacht?
- **Cathain a chuaigh** tú ag snámh?
- **Cé a chonaic** tú ar an trá inniu?
- **Cé** mhéad seomra **a bhí** sa teach?
- **Cén fhad ar chaith** tú ag an linn snámha?

Aistriúchán

Cuir Gaeilge ar na ceisteanna seo.

1 Where did you get that picture?
2 Where did you go on Saturday?
3 Why are you in the Gaeltacht today?
4 When did you see the *Mona Lisa*?
5 Who went to the beach this morning?
6 What will the weather be like tomorrow? Leid: *Conas . . .? Cén chaoi . . .?*

Éisteacht Rian 2.20

Éist leis na freagraí anseo agus déan seiceáil ar do fhreagraí féin.

Scríobh

Cruthaigh ceithre cheist ar mhaith leat a chur ar an gceoltóir/aisteoir is fearr leat.

Dán: 'An Ghealach'

Éisteacht agus léamh

Rian 2.21

Éist leis an dán agus lean na focail i do leabhar ag an am céanna.

AN GHEALACH ← teideal an dáin

le Caitríona Ní Chléirchín ← ainm an fhile

Sí banríon na **spéartha**[1] í
áilleacht na hoíche
réalt **rúnda**[2]
a ritheann romham
mo chara ar an bhóthar*
ar turas
sa dorchadas
a haghaidh
anois **faoi cheilt**[3]
i gceo
thar pháirc is chrainn
a eitlíonn sí,
ag scaipeadh[4] scáileanna.
Tá an tír **ina baclainn**[5].
Mo **spéirbhean**[6].
Mo chroí rúnda.

*canúint Uladh

Nóta faoin bhfile

© Portráidí na Scríbhneoirí Gaeilge

Is file, **criticeoir**[7] agus **léachtóir**[8] le Gaeilge in Ollscoil Chathair Bhaile Átha Cliath í Caitríona Ní Chléirchín. Is as Contae Mhuineacháin ó dhúchas di. Bhuaigh a céad chnuasach filíochta, *Crithloinnir* (2010), an chéad duais san Oireachtas i gComórtas na Scríbhneoirí Úra 2010. Bhuaigh a dara cnuasach, *An Bhrídeach Sí* (2014), Duais Mhichíl Uí Airtnéide sa bhliain 2015. Chríochnaigh sí a **dochtúireacht**[9] ar fhilíocht Nuala Ní Dhomhnaill agus Biddy Jenkinson in 2014. Foilsíodh dánta dá cuid in *Comhar*, *Irish Pages*, *Cyphers*, *An tUltach*, *An Guth* agus cinn eile.

Scríobh

Cruthaigh ceithre cheist bunaithe ar an eolas thuas faoi Chaitríona Ní Chléirchín.

Cúpla nod:

- a post
- a háit dhúchais
- ábhar na dochtúireachta
- ainmneacha na gcnuasach

[1] of the skies [2] secret [3] hidden [4] casting [5] in her arms
[6] goddess/beauty [7] critic [8] lecturer [9] doctorate

Scríobh

Freagair na ceisteanna seo faoin dán.

Buntuiscint

1. Cén sórt oíche atá ann?
2. An bhfuil an file léi féin?
3. Céard atá an ghealach cosúil leis, dar leis an bhfile?

Léirthuiscint

4. Déan cur síos **i d'fhocail féin** ar an gcaidreamh atá ag an bhfile leis an ngealach.
5. Scríobh síos dhá phíosa eolais a léiríonn go dtugann an ghealach sólás don fhile.
6. Déan cur síos **i d'fhocail féin** ar mhothúchán amháin atá ar an bhfile.

Cúinne na gramadaí

Déan na tascanna seo.

1. Aimsigh dhá shampla den aidiacht shealbhach sa dán.
2. Tá sampla amháin de réamhfhocal simplí agus an aidiacht shealbhach curtha le chéile sa dán seo. Céard é?
3. An féidir leat na réamhfhocail shimplí atá sa dán a aimsiú?
4. Aimsigh deich n-ainmfhocal bhaininscneacha atá sa dán.
5. Aimsigh sé ainmfhocal fhirinscneacha atá sa dán.
6. Aimsigh na hainmfhocail atá san uimhir iolra sa dán.
7. Tá trí shampla den tuiseal ginideach sa dán seo. Céard iad? Bain úsáid as an bhfoclóir chun tuiseal ainmneach na bhfocal a aimsiú. (Tabhair faoi deara nach mbíonn difríocht idir an tuiseal ainmneach agus an tuiseal ginideach uaireanta.)

Solas na gealaí

Léamh

Léigh an t-alt thíos agus déan na tascanna a bhaineann leis.

Chuaigh Sam agus triúr cairde leis ar saoire ag campáil in aice na farraige sa Ghaeltacht. Nuair a shroich siad an áit, chaith siad a lán ama ar an trá ag tógáil an phubaill. Nuair a thosaigh Sam ag déanamh na tine, chuaigh na daoine eile ag siúl timpeall na háite. Ansin thit an dorchadas agus thosaigh Ciara ag seinm ceoil ar an ngiotár. D'ith Sam mála mór milseán nuair a bhí sé ag éisteacht leis an gceol. Bhí an ceathrar acu ina suí faoi **sholas na gealaí**[1]. Ansin bhuail an tuirse Sam go tobann agus bheartaigh sé dul a chodladh. D'aimsigh sé a mhála codlata agus thit sé ina chodladh go trom. Ar maidin, chuala siad madra ag tafann agus dhúisigh siad go luath. Ansin chonaic siad **éirí na gréine**[2] ag **bun na spéire**[3].

Is samplaí den tuiseal ginideach iad na frásaí i gcló donn. Tá an pointe gramadaí seo an-tábhachtach nuair atá tú ag scríobh nó ag labhairt as Gaeilge.

Scríobh

Freagair na ceisteanna seo.

1 Cé mhéad duine a bhí ag campáil? Cuir tic leis an bhfreagra ceart.
   beirt ☐ triúr ☐ ceathrar ☐
2 Cé a rinne an tine?

Cúinne na gramadaí

Cuir na briathra seo sna boscaí cearta.

bheartaigh, chonaic, chuaigh, chuala, d'ith, shroich, thit, thosaigh

An chéad réimniú	An dara réimniú	Briathra neamhrialta

Tasc gramadaí

Scríobh an chéad cheithre abairt ón alt thuas san aimsir fháistineach.
(*Rachaidh Sam . . . ar an ngiotár.*)

LG Déan na tascanna ar lch 110.

[1] moonlight [2] sunrise [3] horizon

Intreoir ar an tuiseal ginideach

Rialacha

Cathain a bhíonn an tuiseal ginideach agat? Tá cúig riail le foghlaim anseo.

	Riail	Sampla (teach)
A	*noun of noun* (*ainmfhocal an ainmfhocail*)	bean an tí
B	i ndiaidh **ag** + ainm briathartha	ag glanadh an tí
C	i ndiaidh CCTT (**cois**, **chun**, **timpeall**, **trasna**)	timpeall an tí
D	i ndiaidh réamhfhocail chomhshuite (**le hais**, **i rith**, **os cionn**, srl.)	os comhair an tí
E	i ndiaidh cainníochta éiginnte (**cuid**, **mórán**, **roinnt**, **a lán**, srl.)	cuid an tí

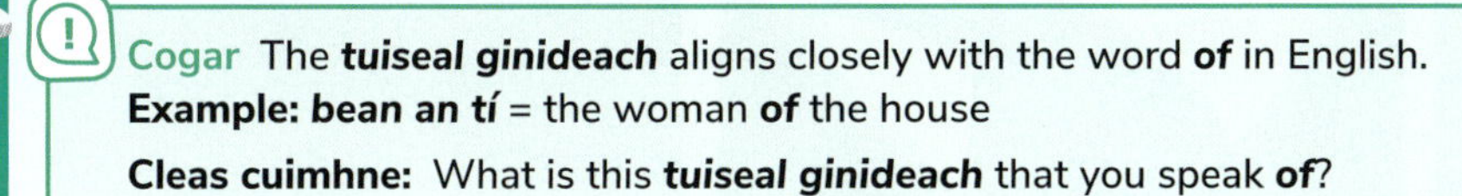
Cogar The ***tuiseal ginideach*** aligns closely with the word **of** in English.
Example: *bean an tí* = the woman **of** the house
Cleas cuimhne: What is this ***tuiseal ginideach*** that you speak **of**?

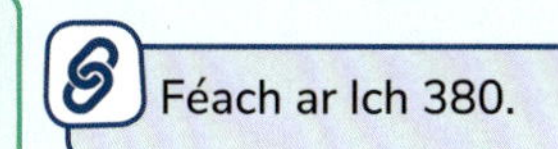
Féach ar lch 380.

D'fhéachamar ar na túsathruithe sa tuiseal ainmneach ar lch 111.

An tuiseal ainmneach		
An túslitir	**Firinscneach**	**Baininscneach**
Consan	an fear	an pháirc
Guta	an t-úll	an oifig
s	an sagart	an tsráid

Sa tuiseal ginideach, athraíonn litriú an ainmfhocail. Sa tuiseal ginideach, bíonn na hathruithe bunoscionn ón tuiseal ainmneach.

- Bíonn séimhiú agus **ts** ar ainmfhocal firinscneach.
- Cuirtear **h** ar ainmfhocal baininscneach a thosaíonn le guta.

An tuiseal ginideach		
An túslitir	**Firinscneach**	**Baininscneach**
Consan	hata an f**h**ir	i lár na páirce
Guta	cuid an úill	timpeall na **h**oifige
s	ainm an **t**sagairt	ag glanadh na sráide

Scríobh

Féach ar na samplaí seo den tuiseal ginideach. Cén riail ón ngreille thuas atá i gceist? Cuir uimhir na rialach (A–E) in aice le gach ceann. Tá an chéad cheann déanta mar shampla duit.

1. solas na gealaí *A*
2. a lán ama
3. ag tógáil an phubaill
4. in aice na farraige
5. ag seinm ceoil
6. timpeall na háite
7. i lár na hoíche
8. ag déanamh na tine
9. mála codlata
10. mála mór milseán
11. éirí na gréine
12. bun na spéire

'An Ghealach' arís

Léamh

Léigh an dán arís (féach ar lch 256). Bain úsáid as na frásaí sa bhanc focal thíos le teideal a chur ar gach íomhá. Scríobh ord na n-íomhánna faoi na pictiúir.

 A ______________________________

____

 B ______________________________

____

 C ______________________________

____

______________________________ ______________________________ ______________________________

______________________________ ______________________________ ______________________________

Banc focal
Ar Turas, Mo Spéirbhean, Banríon na Spéartha,
an chéad íomhá, an dara híomhá, an tríú híomhá

Meaitseáil

Cén íomhá ón tasc thuas atá á plé sna hailt seo?

1 Cruthaíonn an file íomhá **ghléineach**[1] de dhuine ar turas. Is léir go bhfaigheann an duine seo sólás ón ngealach agus go dtugann an ghealach fuinneamh agus cosaint di. Luaitear sa dán go bhfuil an duine seo ar turas istoíche ach níl faitíos uirthi mar tá an tír agus an talamh i mbaclainn na gealaí. Cé go ngluaiseann an ghealach timpeall an domhain, bíonn sí linn i gcónaí.

______________________________ ______________________________

2 Míníonn an file go bhfuil an ghealach cosúil le banríon agus gur rud rúnda í. Is léir go gceapann an file go bhfuil áilleacht as an ngnáth ag baint leis an mbanríon seo. Is í banríon na spéartha í an ghealach, dar leis an bhfile. Léirítear san íomhá seo gur duine cumhachtach í an bhanríon agus go bhfuil solas na gealaí **níos gile**[2] ná aon solas eile sa spéir.

______________________________ ______________________________ ______________________________

3 Déanann an file cur síos ar bhean atá fíorálainn agus tugann sí 'Mo spéirbhean' uirthi. Baineann an file úsáid as comhfhocal agus í ag cur síos ar an mbean álainn seo. Is comhfhocal é ***spéirbhean***. Ciallaíonn sé gur bean álainn í an duine seo agus gur bean ón spéir í.

______________________________ ______________________________

[1] *clear* [2] *brighter*

Téamaí an dáin

Is iad ár dturas saoil agus áilleacht na hoíche na téamaí is láidre sa dán seo. Pléann an file an caidreamh idir an ghealach agus an duine, agus an ról atá ag an gcaidreamh seo i dturas saoil an duine. Tá an ghealach cumhachtach agus faightear fuinneamh uaithi, dar leis an bhfile. Is réalta eolais í an ghealach. Tugann sí comhairle do dhaoine agus cinntíonn sí nach dtéann siad **ar bhealach a n-aimhleasa**[1]. Cabhraíonn an ghealach le daoine. Molann sí dóibh a dturas saoil féin a dhéanamh agus féinmhuinín a bheith acu astu féin. Cuireann an file an ghealach i gcomparáid le spéirbhean – tá áilleacht as an ngnáth ag baint léi. Tá teachtaireacht dhomhain ag an spéirbhean rúnda do dhaoine. Deir sí leo a bheith láidir agus a ngealach nó a réalta eolais féin a aimsiú. Tá an réalta seo le fáil istigh iontu féin, dar léi.

Chomh maith lena dturas saoil, déanann an file cur síos ar áilleacht na hoíche. Is léir go dtéann an file amach ar shiúlóid istoíche. Tá an file ar a suaimhneas sa dorchadas toisc go dtugann an ghealach cosaint di. Tuigtear go mothaíonn an file slán sábháilte nuair a chuireann sí an ghealach i gcomparáid le máthair. Deir an file go bhfuil an tír 'ina baclainn' agus cheapfaí go bhfuil an ghealach ag tabhairt barróige do gach aon duine ar domhan.

Mothúcháin an dáin

Is iad áthas agus dóchas na mothúcháin is láidre sa dán. Tá an file ar turas agus tá solas na gealaí ag lonrú anuas uirthi. Tá áthas uirthi agus tá sí ar a suaimhneas mar tá sí ag leanúint a turais féin. Tugann an ghealach cosaint agus fuinneamh don fhile. Tá an ghealach cosúil le máthair thuisceanach agus cabhraíonn sí leis an bhfile. Tugann sí comhairle di agus cuireann sí an file sa treo ceart. Tá áthas ar an bhfile go bhfuil a gealach féin aici. Leanfaidh sí solas na gealaí seo agus í ar a turas saoil.

Tá an file dóchasach chomh maith mar cuireann an ghealach an file **ar bhealach a leasa**[2]. Tá muinín aici as an ngealach.

Teideal an dáin

'An Ghealach' is teideal an dáin seo. Is teideal gearr é – níl ach an t-alt agus focal amháin eile i gceist. Léirítear sa teideal go mbeidh an dán dírithe ar an ngealach. Tugtar nod don léitheoir go mbeidh an file áit éigin san oíche. Taitníonn teideal an dáin seo go mór leis an léitheoir. Tá sé an-éasca le tuiscint agus tugann sé blúirín eolais don léitheoir faoin dán.

Pearsantú sa dán

Pléitear an caidreamh idir an duine agus an ghealach sa dán seo. Déanann an file pearsantú ar an ngealach. Labhraíonn sí faoin ngealach sa bhealach a labhraítear faoi dhuine daonna. Tugann sí **téarmaí ceana**[3] ar an ngealach ar nós 'mo chara ar an bhóthar', 'Mo spéirbhean', agus 'Mo chroí rúnda'. Léirítear don léitheoir go bhfuil an file **faoi gheasa**[4] ag an ngealach. Chomh maith leis na téarmaí ceana, luann an file 'a haghaidh' – ball coirp atá ag daoine agus í ag tagairt do **dhromchla**[5] na gealaí.

[1] astray [2] on the right path [3] terms of affection [4] spellbound [5] surface

Ceisteanna samplacha

Cad é téama an dáin?

Is é ár dturas saoil téama an dáin. Tá an file ar turas agus tá an ghealach ag lonrú anuas uirthi. Cuireann an ghealach an file sa treo ceart. Leanfaidh sí solas na gealaí seo agus í ar a turas saoil. Tá teachtaireacht dhomhain ag an ngealach dúinn. Míníonn an file dúinn go bhfuilimid go léir ar turas saoil agus deir an spéirbhean linn a bheith láidir agus ár dturas féin a leanúint. Thaitin téama an dáin seo go mór liom mar tá sé suimiúil agus réadúil.

Déan cur síos ar íomhá thuairisciúil atá sa dán.

Is é 'Mo spéirbhean' an íomhá is láidre sa dán, dar liom. Cruthaíonn an file íomhá de spéirbhean álainn chumhachtach. Is léir go bhfuil an-áilleacht ag baint leis an duine **samhailteach**[1] seo. Moltar dúinn glacadh le teachtaireacht na spéirmhná agus an ghealach a leanúint. Deir an spéirbhean linn a bheith cróga agus ár mbealach féin a leanúint. Is dócha go gceapann an file gur chóir go mbeadh muinín againn as an ngealach. Gach áit a dtéann an file, leanfaidh an ghealach.

Cén ról atá ag an íomhá thuairisciúil sin i gcur i láthair an téama?

Tá ról tábhachtach ag an íomhá thuairisciúil den spéirbhean i gcur i láthair an téama mar tá teachtaireacht láidir sa dán. Tá an ghealach cosúil le máthair agus cabhraíonn sí leis an bhfile. Déanann an file plé ar théama ár dturas saoil féin sa dán. Míníonn an file dúinn gur réalta eolais í an ghealach agus go mbíonn sí ann i gcónaí. Sna seandánta, is minic a bhíodh teachtaireacht speisialta ag spéirmhná. Deir an spéirbhean linn a bheith láidir agus ár dturas féin a leanúint. Is dócha go gceapann an file gur chóir muinín a bheith againn as an ngealach. Gach áit a dtéimid, bíonn sí ann. Bíonn sí ann i gcónaí.

Mínigh teideal an dáin agus cuir in iúl an fáth ar thaitin nó nár thaitin an teideal sin leat.

Is teideal gearr é. Níl ach an t-alt agus focal amháin eile i gceist. Léiríonn an teideal dúinn go mbeidh an dán dírithe ar an ngealach. Tugann sé nod dúinn go mbeidh an file áit éigin san oíche. Thaitin teideal an dáin seo go mór liom agus bhí sé éasca le tuiscint.

Ceisteanna scrúdaithe samplacha

1. **Maidir le dán amháin a ndearna tú staidéar air i rith do chúrsa, luaigh roinnt gnéithe den dán a thaitin leat.**
   Noda:
   - íomhánna
   - ábhar nach bhfuil an-chasta
   - pearsantú
2. **Maidir le dán amháin a ndearna tú staidéar air i rith do chúrsa, cad é an mothúchán is láidre ann? (Cuir samplaí ón dán le do fhreagra.)**
3. **Maidir le dán amháin a ndearna tú staidéar air i rith do chúrsa, scríobh alt faoin gcaoi ar mhothaigh tú nuair a léigh tú an dán seo. Déan tagairt do dhá rud sa dán a chuir an mothúchán/na mothúcháin sin ort.**

LG Déan na tascanna ar lch 109.

[1] *imaginary*

Téarmaí litríochta

an file	the poet	íomhánna láidre sa dán	strong images in the poem
mothúcháin an dáin	feelings in the poem	pearsantú	personification
téama an dáin	the theme of the poem	teideal an dáin	the title of the poem

Thaitin an dán liom	Níor thaitin an dán liom
cumhachtach	áiféiseach
mistéireach	casta
spreagúil	deacair le tuiscint
suaimhneach	leadránach
suimiúil/spéisiúil	míréadúil

Labhairt

Tá tuilleadh téarmaí filíochta le fáil ar lch 418.

Roghnaigh ceann de na tascanna seo. Is féidir úsáid a bhaint as teimpléad san acmhainn punainne (lgh 65–70) más maith leat.

1 Scríobh léirmheas pearsanta ar an dán agus labhair os comhair an ranga faoi. D'fhéadfá ceann de na rudaí thíos a dhéanamh chun cabhrú leat do smaointe a chur in iúl:
- Prezi (nó a mhacasamhail)
- taispeántas sleamhnán
- póstaer

2 Ag obair le daoine eile sa rang, déan agallamh le duine nó beirt ag freagairt ceisteanna faoin dán 'An Ghealach'. Déan iarracht an t-agallamh a dhéanamh le nótaí beaga nó **leidchártaí**[1] ach gan script iomlán.

3 Scríobh dán beag nó amhrán a bhaineann leis an oíche agus léigh an dán nó can an t-amhrán os comhair an ranga.

4 Déan dráma beag os comhair an ranga bunaithe ar oíche champála faoi sholas na gealaí.

Moladh
Déan taifeadadh digiteach ar an gcleachtadh agus déan anailís ort féin ag labhairt os comhair an ranga.

[1] cue cards

An modh coinníollach: *sé, sí* agus *sibh*

Rialacha

Úsáideann tú an modh coinníollach in ionad an fhocail **would** as Béarla.

An tríú pearsa, uimhir uatha = **sé**, ***sí*** (nó ainmfhocal éigin)
An dara pearsa, uimhir iolra = **sibh**

Bíonn an chéad litir sa mhodh coinníollach cosúil leis an aimsir chaite:

- séimhiú (mar shampla, **chuirfinn**)
- **d'** (mar shampla, **d'ólfainn**)
- **d'fh** (mar shampla, **d'fhreagróinn**)

Ní bhíonn aon athrú ar **l**, **n**, **r**, **sc**, **sm**, **sp** ná **st**.

Le hathrú ón aimsir fháistineach chuig an modh coinníollach sa tríú pearsa, uimhir uatha agus an dara pearsa, uimhir iolra:

1. Scríobh tús an bhriathair mar a scríobhtar san aimsir chaite.
2. Tóg amach an ***i*** atá sa siolla deireanach san aimsir fháistineach. (Má tá briathar caol sa chéad réimniú i gceist, cuir **ea** sa bhearna.)

Samplaí

An aimsir fháistineach	An modh coinníollach
Ceannóidh sí caife ag an aerfort.	Cheannódh sí caife ag an aerfort.
Tosóidh sibh ag ullmhú ar an lá.	Thosódh sibh ag ullmhú ar an lá.
Fágfaidh sé an t-óstán go déanach.	D'fhágfadh sé an t-óstán go déanach.
Brisfidh sé an turas le cupán tae.	Bhrisfeadh sé an turas le cupán tae.

Seasann an riail seo leis na briathra neamhrialta freisin.

An aimsir fháistineach	An modh coinníollach
Íosfaidh Kyle béile ar an mbus.	D'íosfadh Kyle béile ar an mbus.
Rachaidh sibh chuig an trá gach lá.	Rachadh sibh chuig an trá gach lá.
Ní bhfaighidh sé an ticéad ansin.	Ní bhfaigheadh sé an ticéad ansin.

séimhiú	urú/n- roimh ghuta

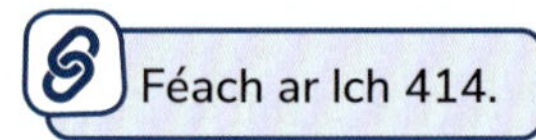
Féach ar lch 414.

Seo iad na míreanna (mionfhocail) a chuireann tú roimh an mbriathar sa mhodh coinníollach.

	An fhoirm dhiúltach	An fhoirm cheisteach	An cheist dhiúltach
An focal	ní	an	nach
Tionchar an fhocail	séimhiú	urú	urú/n- roimh ghuta

Úsáideann tú na míreanna (mionfhocail) céanna san aimsir láithreach, san aimsir fháistineach agus sa mhodh coinníollach. Níl ort aon rud nua a fhoghlaim anseo.

Scríobh

Scríobh an t-alt seo arís sa mhodh coinníollach.

Gheobhaidh Rod an ticéad don eitleán agus **rachaidh** sé chuig an aerfort i dtacsaí. **Ólfaidh** sé cupán tae agus é ag feitheamh. **Cuirfidh** sé cúpla glaoch ar dhaoine ar an bhfón póca. **Siúlfaidh** sé chuig an ngeata in am agus **féachfaidh** sé ar scannán le linn an turais.

An traein faoi thalamh

Léamh

Féach ar an léarscáil seo agus freagair na ceisteanna a ghabhann léi.

An Pháirc Uisce
Stáisiún na nGardaí
Ionad na Siopaí
An Trá
An Leabharlann
An Ollscoil
An Stáisiún Mór
An Bhunscoil
Garraí na nAinmhithe

1 Cé mhéad líne atá sa chóras iompair seo?

2 An bhfuil An Ollscoil agus An Bhunscoil ar an líne chéanna? Cuir tic sa bhosca ceart.

Tá. ☐ Níl. ☐

3 Cén inscne atá an focal *ollscoil*? Leid: *Níl aon t- roimh an ghuta.*

4 Tá An Stáisiún Mór ag an ngabhal idir an líne ghlas agus cén líne eile?

5 Cén stáisiún atá idir An Ollscoil agus An Pháirc Uisce (ar an líne ghorm)?

6 Cén stáisiún is fearr leatsa? Tabhair dhá chúis le do rogha.

7 Téann tú ó Ionad na Siopaí go dtí An Stáisiún Mór. Tógann tú an líne dhearg i dtreo An Trá. Cad é an chéad stáisiún eile?

8 Téann tú ón mBunscoil chuig Garraí na nAinmhithe. Tógann tú an líne ghlas i dtreo Ionad na Siopaí. Cad é an chéad stáisiún eile?

Líon na bearnaí

Líon na bearnaí leis an stór focal a bhaineann leis an stáisiún traenach.

Shiúil mé chuig an stáisiún agus d'fhéach mé ar an (1)g__________ __________. Chonaic mé go raibh traein ag imeacht ó (2)__________ a ceathair i gceann sé nóiméad. Labhair mé le duine in (3)__________ __________ __________. Cheannaigh mé (4)__________ __________ mar ní raibh go leor airgid agam do (5)__________ __________. Ansin rith mé chuig an (6)n__________ __________. Is ar éigean gur éirigh liom an traein a fháil.

Banc focal
ardán, clár eolais, **geata casta**[1], oifig na dticéad, thicéad fillte, ticéad singil

Éisteacht

Rian 2.22

Éist leis an taifeadadh seo. Déan seiceáil ar do fhreagra féin.

Scríobh

Scríobh cúig abairt sa mhodh coinníollach faoi Cheryl nó Declan ag taisteal ar an traein faoi thalamh. Is féidir na briathra sa bhosca thíos a úsáid.

caill, ceannaigh, fág, feic, labhair, téigh

1 turnstile

Lá in Barcelona

Léamh

Mar obair dá punann, bhí ar Shorcha alt a scríobh faoin lá a chaith sí ar saoire thar lear. Chuir sí pictiúr leis an alt ina punann. Is é seo an chéad dréacht den obair agus tá nótaí ón múinteoir ann faoin alt. Léigh an dréacht agus na nótaí agus déan na tascanna a ghabhann leo.

Sorcha Nic Mhathúna   An 15 Bealtaine 2022   An Ghaeilge

Teideal an Ailt: Mo Theach (an chéad dréacht)

Dhá ***bhliana*** *ó shin chuaigh mise agus mo theaghlach ar laethanta saoire chuig an Spáinn.* ***D'fhaneamar*** *in óstán in Barcelona. An chéad oíche ní* ***chuaigh*** *mé amach mar bhí tuirse an* ***domhan*** *orm. An* ***maidin*** *dar gcionn, d'éiríomar go luath agus chuamar go dtí an* ***phairc*** *uisce. Bhí orainn traein faoin talamh a fháil chuig an áit. Bhí an traein ar an dara* ***ardán****. Shiúlamar* ***istigh*** *sa pháirc ag a deich a* ***clog****. Níos* ***déanach*** *sa lá, bhí picnic againn sa pháirc uisce.*

Ceartúcháin: Nótaí ón múinteoir

1 bí cúramach leis an ainmfhocal *bliain*
2 leathan le leathan
3 an sé mór (an fhoirm dhiúltach)
4 an tuiseal ginideach
5 cuireann an séimhiú ar ainmfhocal baininscneach
6 ná déan dearmad ar an bhfada
7 cuireann na horduimhreacha (seachas an chéad) h roimh ghuta
8 suíomh nó gníomh?
9 an clog/a trí a chlog/dhá uair an chloig
10 an bhreischéim

Scríobh

Féach ar na nótaí ón múinteoir agus ansin scríobh an dara dréacht den alt.

Piarmheasúnú

Labhair le duine eile sa rang faoi na freagraí agus éist leis na freagraí atá ag an duine sin. Abair leis an duine má cheapann tú go bhfuil botún déanta aige/aici.

Éisteacht Rian 2.23

Éist leis an duine ag litriú na bhfreagraí anseo agus ceartaigh na freagraí atá agat.

Na céimeanna comparáide

Aidiachtaí rialta

	-úil	-ach	guta	eile
An aidiacht	dathúil	tábhachtach	cliste	gorm
An bhreischéim	níos dathúla	níos tábhachtaí	níos cliste	níos goirme
An tsárchéim	is dathúla	is tábhachtaí	is cliste	is goirme

Aidiachtaí neamhrialta

An aidiacht	álainn	dona	fada	maith	mór	sean	te
An bhreischéim	níos áille	níos measa	níos faide	níos fearr	níos mó	níos sine	níos teo
An tsárchéim	is áille	is measa	is faide	is fearr	is mó	is sine	is teo

Idirghníomhú cainte

Cuir na ceisteanna seo ar dhuine eile sa rang.

1. Cén áit a bhfuil níos faide ó Éirinn, Sasana nó an Astráil?
2. Cén áit a bhfuil níos teo, Éire nó an Spáinn?
3. Cén tír atá níos mó, Sasana nó an tSín?
4. Cad atá níos airde, an Túr Eiffel nó teach na scoile?
5. Cad atá níos sine, Caisleán Bhun Raite nó Disneyland?
6. Cén lóistín atá níos costasaí, puball nó seomra in óstán?
7. Cathain a éiríonn tú níos luaithe, sa bhaile nó ar saoire? Tabhair fáth le do rogha.
8. Cá háit ab fhearr leat dul ag snámh, san fharraige nó sa linn snámha? Tabhair fáth le do rogha.
9. Cad atá níos measa ar saoire, lá báistí nó lá fuar? Tabhair fáth le do rogha.
10. Cén áit a bhfuil níos áille, an chathair nó ceantar tuaithe? Tabhair fáth le do rogha.

Labhairt

Labhair os comhair an ranga faoi laethanta saoire a bhí agat le déanaí (sos abhus[1] nó saoire thar lear). Déan cur síos ar na rudaí is fearr agus ar na rudaí is measa faoin sos. Is féidir é seo a dhéanamh le cúpla pictiúr ar PowerPoint, Prezi nó a macasamhail. Is féidir úsáid a bhaint as teimpléad san acmhainn punainne (lgh 65–70) más maith leat.

Critéir ratha:

- Conas a bhí an aimsir?
- Conas a bhí an lóistín?
- Conas a bhí an bia?
- Conas a bhí an turas abhaile nó go dtí an áit?
- Cad é an rud is fearr a rinne tú le linn an tsosa?

LG Déan na tascanna ar lgh 111–12.

[1] staycation

Lá ar an trá

Stór focal

Tasc foclóra

Cuir an focal ceart, nó na focail chearta, le gach abairt thíos.

1 Is féidir leat dul ag snámh anseo (loch lán le huisce ón muir/bhfarraige).
2 Is féidir caisleán a dhéanamh ar an trá leis na trí rud seo.
3 Cloiseann tú an fharraige nuair a chuireann tú an rud seo thar do chluas.
4 Feictear an t-ainmhí seo sa seanscannán Jaws.
5 Feiceann tú an t-ainmhí seo ag léim go hard as an uisce.
6 Má sheasann tú ar an rud seo beidh do chos gortaithe le **cealg**[1].
7 Tá **crúbacha**[2] ag an dá rud seo.
8 Faigheann tú an t-ábhar seo ar an trá agus is féidir **gallúnach**[3] a dhéanamh leis.
9 Má chaitheann tú na rudaí seo san uisce déanann siad **cuilithíní**[4].

Taighde

Is iomaí bealach atá ann le *sunbathing* a rá as Gaeilge. I mbeirteanna, bain úsáid as an bhfoclóir chun teacht ar dhá bhealach éagsúla ar a laghad.

[1] sting [2] claws [3] soap [4] ripples

Cleachtadh ar na réamhfhocail

Cúinne na gramadaí

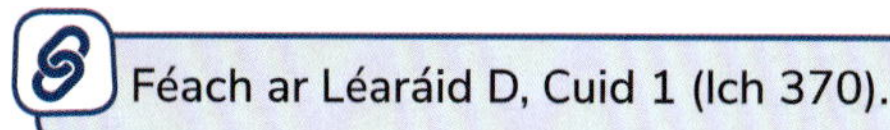
Féach ar Léaráid D, Cuid 1 (lch 370).

Tóg amach na lúibíní sna habairtí seo agus déan pé athrú is gá.

1. Chuir mé an gaineamh sa (buicéad).
2. Bhí cúpla smugairle róin ar an (trá).
3. Chaith mé na spallaí (sa) uisce.
4. Bhí Felicia ina luí ar an (gaineamh).
5. Chonaic mé mo mhamó ina suí ar an (cathaoir) faoin (parasól).
6. Shiúl Jeff chuig an trá le (Áine).
7. D'ól sí buidéal uisce leis an (ceapaire) tar éis an tsnámha.
8. Bhí carraig bheag in aice leis an (portán).

Éisteacht

Rian 2.24

Éist leis an taifeadadh seo. Ansin déan seiceáil ar na freagraí atá agat.

LG Tá cluastuiscintí don aonad seo le fáil ar lgh 174–7.

Tasc gramadaí

Athscríobh na habairtí thuas agus cuir iad san aimsir láithreach.

Tasc pictiúr

Féach ar an dá thrá seo agus déan cur síos ar na pictiúir.

Critéir ratha:

- Scríobh abairt nó dhó faoin aimsir.
- Scríobh faoi líon na ndaoine sna pictiúir.
- Cén t-am é (i rith an lae), i do bharúil? *Leid: Ceapaim go bhfuil sé . . . sa phictiúr ar chlé/ar dheis.*
- Cén mhí nó séasúr den bhliain atá ann?
- Conas a mhothaíonn na daoine sa dá phictiúr?
- Scríobh rud nó dhó faoi na dathanna sna pictiúir.

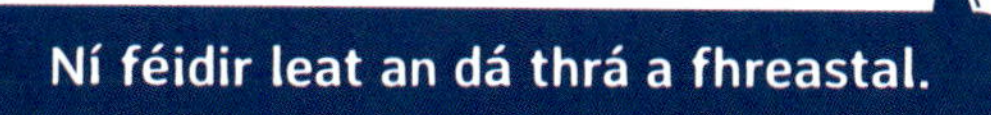
Ní féidir leat an dá thrá a fhreastal.

An Blascaod Mór

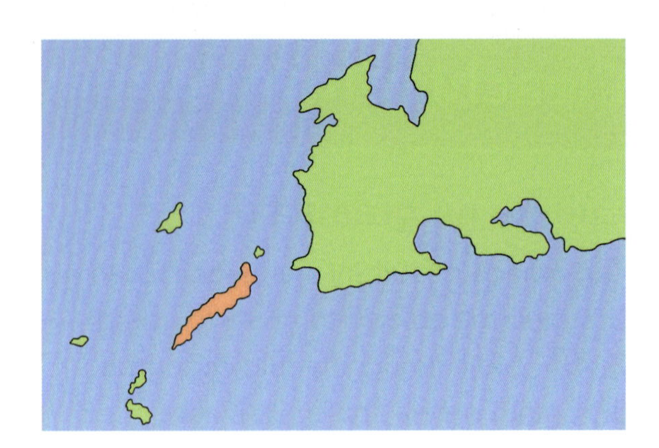

Logainm

Bain úsáid as logainm.ie le níos mó eolais a aimsiú faoin logainm An Blascaod Mór.

Léamh

Léigh an t-alt seo faoin mBlascaod Mór.

Tá an Blascaod Mór suite thart ar cheithre chiliméadar amach ó Chorca Dhuibhne i gContae Chiarraí. Is ceann den ghrúpa oileán darbh ainm Na Blascaodaí é. Tá sé oileán ann in iomlán – An Blascaod Mór, Beiginis, Inis Tuaisceart, Inis na Bró, Inis Mhic Aoibhleáin, agus An Tiaracht.

Tá a fhios againn go raibh daoine ina gcónaí ar an oileán ar feadh ar a laghad trí chéad bliain, ach d'fhág na daoine deireanacha i 1953. Faoin am sin, ní raibh mórán seirbhísí fágtha ar an oileán, seachas oifig an phoist. Bhí scoil ann ar feadh roinnt mhaith blianta, ach dhún sé i 1941.

Ní chónaíonn daoine ar an oileán anois, ach tagann daoine ar cuairt le linn an tsamhraidh chun foghlaim faoi stair agus cultúr an oileáin. Bhí an-saibhreas cultúrtha ag baint le muintir na n-oileán, agus tháinig scoláirí acadúla ar cuairt ann ó dheireadh an naoú haois déag go dtí tús an fichiú haois déag. Rinne siad staidéar teangeolaíochta agus antraipeolaíochta ar na hoileánaigh, agus spreag siad roinnt daoine ón oileán chun dul i mbun pinn. I measc na saothar seo bhí *An tOileánach* le Tomás Ó Criomhthain, *Peig* le Peig Sayers agus *Fiche Bliain ag Fás* le Muiris Ó Súilleabháin.

Bíonn seirbhís farantóireachta ag dul amach go dtí an t-oileán i rith an tsamhraidh má bhíonn sé sábháilte, ach ní bhíonn an aimsir maith go leor uaireanta. Níl aon áiseanna ar an mBlascaod Mór, ach tá caifé agus brú i gceann de na seantithe a bhíonn ar oscailt sa samhradh roinnt blianta.

Ionad an Bhlascaoid

Tá Ionad an Bhlascaoid lonnaithe i nDún Chaoin, i gContae Chiarraí. Is féidir foghlaim ansin faoi scéal an oileáin. Tugtar léargas dúinn faoi ghnáthshaol na ndaoine. Tá taispeántais ann faoi na nósanna traidisiúnta a bhí acu i leith obair, iompar, saol an teaghlaigh, cúrsaí tithíochta agus siamsaíocht. Bhíodh muintir an oileáin ag feirmeoireacht agus ag iascaireacht mar shlí bheatha.

De ghnáth bíonn an t-ionad ar oscailt ó mhí an Mhárta go mí Dheireadh Fómhair. Is féidir turas fíorúil a dhéanamh tríd an suíomh idirlín.

Taighde

Téigh ar turas ar líne chuig Ionad an Bhlascaoid (blasket.ie). Roghnaigh ceann de na teidil agus scríobh síos dhá fhíric a d'fhoghlaim tú faoin mBlascaod Mór.

Daoine cáiliúla an Bhlascaoid Mhóir

Léamh

Léigh an t-alt seo. Caith súil ar an gclár faisnéise *PEIG* ar sheinnteoir TG4.

Is iad Tomás Ó Criomhthain, Peig Sayers agus Muiris Ó Súilleabháin na daoine is mó clú ón oileán. Is minic a luaitear Peig agus plé á dhéanamh ar cheist na teanga. Bhí leabhar dá cuid ar shiollabas na hArdteistiméireachta thart ar 25 bliana ó shin. Is minic a chuirtear an milleán ar Pheig nuair a bhíonn drochdhearcadh ag daoine i leith na teanga.

Chíor Sinéad Ní Uallacháin oidhreacht Pheig ar chlár TG4 sa bhliain 2021. D'fhéach Sinéad ar shaol agus ar oidhreacht na mná Gaeltachta. Chuaigh sí 'ar aistear' chun scéal Pheig i gcomhthéacs an lae inniu a fhiosrú agus í ag iarraidh a fháil amach 'an bhfuil meon na tíre athraithe blianta fada tar éis dá leabhar a bheith ar shiollabas na hArdteiste'.

Bhuail Sinéad le réimse leathan daoine ar an gclár, idir shaineolaithe ar bhéaloideas na hÉireann, dhaoine as ceantar dúchais Pheig féin agus fiú daoine ar nós Sharon Granahan, a bhfuil tatú de Pheig ar a lámh. Tá dán nua cumtha ag an bhfile iomráiteach Nuala Ní Dhomhnaill faoi Pheig Sayers don chlár. Thug Sinéad léargas don lucht féachana ar 'cérbh í Peig' chun an meon diúltach atá coitianta i measc an phobail Béarla a 'dhíbirt'.

Scríobh

Scríobh freagairt phearsanta bunaithe ar an gclár *PEIG*.

Critéir ratha:

Luaigh na pointí seo a leanas:

- áit dhúchais Shinéad
- beirt aíonna atá ar an gclár
- píosa eolais a léiríonn go raibh féith an ghrinn i bPeig
- an tatú atá ar lámh Sharon Granahan
- an saghas duine atá i bPeig, dar leat (cuir fáth amháin le do thuairim)

Taighde

Cleachtadh
MRB 1

Bain úsáid as an idirlíon le heolas a bhailiú faoi Thomás Ó Criomhthain nó faoi Mhuiris Ó Súilleabháin. Bain úsáid as an acmhainn punainne (lch 47) mar chabhair duit.

Critéir ratha:

Bailigh an t-eolas seo a leanas:

- áit bhreithe
- dáta breithe
- dhá fhíric faoina shaol pearsanta
- dhá fhíric faoina shaol oibre
- bás

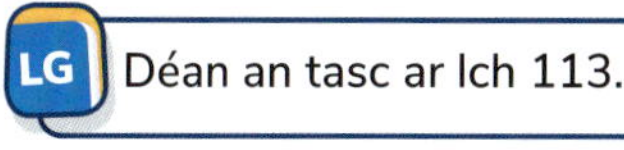
LG
Déan an tasc ar lch 113.

An modh coinníollach: *mé* agus *muid/sinn*

Rialacha

Cogar You use the conditional (**modh coinníollach**) in the same way as you use **would** in English.
Example: I would buy you a present. = **Cheannóinn** bronntanas duit.

	Uatha	Iolra
An chéad phearsa	mé	muid/sinn

Nótaí bunúsacha faoin modh coinníollach

- San fhoirm dhearfach, tá tús an fhocail cosúil le tús an fhocail san aimsir chaite.
- Seo na míreanna éagsúla a úsáidtear sa mhodh coinníollach: *ní* (+ séimhiú), *an* (+ urú) agus *nach* (+ urú/*n*- roimh ghuta).
- Mar is iondúil le gach aimsir sa Ghaeilge, tá ceann de dhá fhuaim i lár an bhriathair – ceann gearr nó ceann fada.
- Is ionann na fuaimeanna sa lár sa mhodh coinníollach agus san aimsir fháistineach.

	An fhréamh	An lár		An chlib (le gach briathar)
		Caol	Leathan	
Briathar gearr	Tá fréamh dhifriúil ag gach briathar.	f	fa	inn (mé) imis (muid/sinn)
Briathar fada		eo	ó	

An chéad phearsa	An aimsir fháistineach	An modh coinníollach	Nótaí faoin modh coinníollach
Uatha (mé)	cuirfidh mé	chuirfinn	Bíonn -*nn* in áit -*dh*.
	fanfaidh mé	d'fhanfainn	Bíonn an dá lár mar an gcéanna.
Iolra (muid/sinn)	ullmhóimid	d'ullmhóimis	Bíonn s in áit d.
	ceannóimid	cheannóimis	Bíonn tús an bhriathair mar a bhíonn sé san aimsir chaite.
	déanfaimid	dhéanfaimis	Bíonn foirm na mbriathra neamhrialta cosúil leis an aimsir fháistineach.

séimhiú

Aistriúchán

Cuir Gaeilge ar na habairtí seo.

1. I would put my bag under the table.
2. I would pay with my card.
3. We would go to the bank. Leid: Rachaimid (aimsir fháistineach)
4. I would prepare for the airport in the morning. Leid: don

Tá tuilleadh eolas faoin modh coinníollach ar lgh 264 agus 272.

Léarscáil na hEorpa

Is sampla den tuiseal ginideach é *léarscáil na hEorpa*.

Idirghníomhú cainte

Cuir na ceisteanna seo ar dhuine eile sa rang agus freagair iad don duine sin freisin.

1. Cad is ainm don tír in aice leis an Spáinn, san iarthar?
2. Cé mhéad tír atá sa Ríocht Aontaithe?
3. Cad í an tír is mó ar an léarscáil seo? *Leid: Tosaíonn sí le* R.
4. Cad í an tír is lú ar an léarscáil seo? *Leid: Tosaíonn sí le* L.
5. Ainmnigh an tír atá taobh thuaidh den Ghearmáin.
6. Ainmnigh an tír idir an Ghearmáin agus an Bhealarúis.

Scríobh

Cruthaigh ceithre cheist eile agus cuir iad ar dhuine éigin sa rang.

Taighde

Déan taighde faoi cheann de na tíortha san Eoraip. Coinnigh an cháipéis i do phunann féin nuair atá sé déanta agat.

Critéir ratha:

- Cad é an **daonáireamh**[1] sa tír sin?
- Cad is ainm don **phríomhchathair**[2] (as Gaeilge, dar ndóigh)?
- Cad iad na dathanna ar an m**brat náisiúnta**[3]?
- Conas atá an bia ón tír sin?
- Cad iad na teangacha a labhraítear sa tír sin?
- Cad iad na **foirgnimh cháiliúla**[4] sa tír sin?

1 population 2 capital city 3 national flag 4 famous buildings

Ceisteanna scrúdaithe samplacha

Stór focal

tír iasachta	foreign country
áit aduain	unfamiliar place
malartú scoile	school exchange
turais lae	day trips
cultúir thíortha eile	other countries' cultures
iarsmalanna	museums
teangacha	languages
blas na teanga	accent of the language
béaltrialacha	oral exams
eispéiris nua	new experiences
fonn bóthair	travel bug (desire to travel)
gá le taisteal	a need for travel
níos leathanaigeanta	more open-minded
aithne a chur ar dhaoine nua	get to know new people

Ceist shamplach

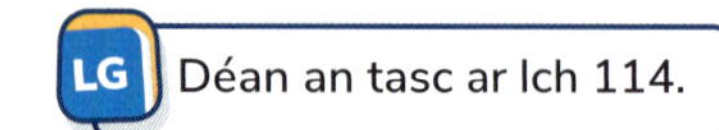
LG Déan an tasc ar lch 114.

Iarradh ort píosa cainte a dhéanamh ar chlár raidió na scoile ar an ábhar seo a leanas.

Cuidíonn an taisteal leis an oideachas.

Scríobh an píosa cainte a dhéanfá ar an ábhar sin.

Critéir ratha:

- Cad is taisteal ann?
- Luaigh trí thionchar dhearfacha atá ag an taisteal ar an oideachas.
- Luaigh drochthionchar amháin atá ag an taisteal ar an oideachas.

Bíonn siúlach scéalach.

Stór focal

óstán sómasach	deluxe hotel	óstán cúig réalta	five-star hotel
suíomh an óstáin	the location of the hotel	ar imeall na trá	at the seafront
atmaisféar taitneamhach	convivial atmosphere	áiseanna den chéad scoth	excellent facilities
seirbhís seomra	room service	linn snámha ar an díon	rooftop swimming pool
breá fairsing	extensive	ag cur thar maoil le galántacht	oozing exclusivity
fáilteoir	receptionist	foireann fháilteach	welcoming staff
oiriúnach do dhéagóirí	suitable for teenagers	oiriúnach do chathaoireacha rothaí	suitable for wheelchairs
Tá an-cháil ar an óstán seo.	This hotel has a great reputation.	Is é an t-óstán is fearr amuigh ansin é.	It is the best hotel out there.
Tá togha an bhia ar fáil san óstán.	The hotel serves food of the highest quality.	Tá radharc ón óstán amach ar . . .	There is a view from the hotel of . . .
Bhíomar millte amach is amach san óstán seo.	We were completely spoiled in this hotel.	Mholfainn go hard na spéire é.	I would highly recommend it.

LG Déan na tascanna ar lgh 115–16.

Ceist shamplach

Chuaigh tú ar turas chun na Spáinne le déanaí. Scríobh an léirmheas a chuirfeá ar TripAdvisor faoin óstán a stop tú ann.

Critéir ratha:

- Ar thaitin an t-óstán leat?
- Tabhair pointe eolais faoin seomra leapa.
- Tabhair pointe eolais faoi agus samplaí d'áiseanna an óstáin.
- Tabhair pointe eolais faoi fhoireann an óstáin.
- Luaigh dhá rud dhearfacha faoin turas.
- Tabhair moladh a bheadh agat do dhaoine eile faoin óstán.

Tá stór focal an aonaid seo le fáil ar lch 453.

Measúnú an aonaid

Piarmheasúnú: Tráth na gceist

Déan staidéar ar an aonad seo agus ansin déan an tráth na gceist seo.

Treoracha

1. Imríonn duine in aghaidh duine.
2. Déanann gach bord **30 stiall** (***30 strips***) páipéir. Cuir uimhreacha orthu agus cuir iad i gcupán nó bunoscionn ar an mbord.
3. Piocann duine amháin 15 stiall.
4. Freagraíonn duine amháin na ceisteanna sin ón liosta thíos.
5. Freagraíonn an duine eile na ceisteanna eile.
6. Déanaigí seiceáil ar an scór ag an deireadh.

Na ceisteanna

1. Cad é an Ghaeilge ar 'crossbar'?
2. Cad é an Ghaeilge ar 'chain' (maidir leis an rothar)?
3. Cuir an abairt seo san aimsir fháistineach: 'Chuaigh mé abhaile ag a hocht.'
4. Cuir an abairt seo san aimsir fháistineach: 'Ní bhfuair mé aon ticéad.'
5. Conas a deir tú seo as Gaeilge: 'We will be on the bus'?
6. Conas a deir tú seo as Gaeilge: 'We will make the dinner on Friday'?
7. An gcuireann tú urú ar na briathra a thosaíonn le **d** nó **t** tar éis an fhocail **an**?
8. An gcuireann tú urú ar na hainmfhocail a thosaíonn le **d** nó **t** tar éis an fhocail **an**?
9. Conas a labhraíonn an píolóta leis na paisinéirí ar eitleán?
10. Cá gcuirtear na málaí móra ar eitleán?
11. Cé a scríobh an dán 'An Ghealach'?
12. Cárb as don fhile a scríobh 'An Ghealach'?
13. Tóg amach na lúibíní agus cuir an t-ainmfhocal sa tuiseal ginideach: 'solas (an ghealach)'.
14. Tóg amach na lúibíní agus cuir an t-ainmfhocal sa tuiseal ginideach: 'ag tógáil (an puball)'.
15. Cad í an bhreischéim den aidiacht 'suimiúil'?
16. Cad í an bhreischéim den aidiacht 'tábhachtach'?
17. Ainmnigh an t-ainmhí sa phictiúr seo.
18. Ainmnigh an t-ainmhí sa phictiúr seo.

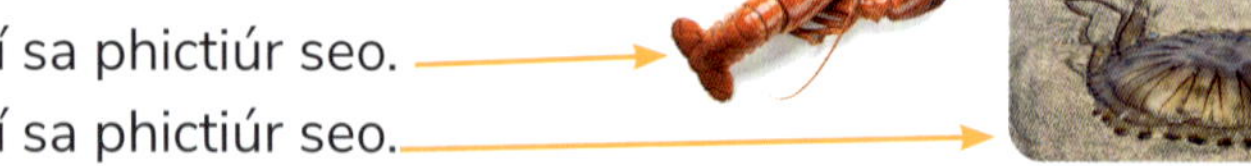

19. Cad is féidir leat a dhéanamh d'fheamainn chun do lámha a ghlanadh?
20. Cad a chloiseann tú má chuireann tú sliogán thar do chluas?
21. Cad a tharlaíonn do thúslitir an bhriathair sa mhodh coinníollach más guta í?
22. Cad a tharlaíonn do thúslitir an bhriathair sa mhodh coinníollach más **f** í?
23. Cad í an chlib don chéad phearsa, uimhir uatha (**mé**) sa mhodh coinníollach?
24. Cad í an chlib don chéad phearsa, uimhir iolra (**muid/sinn**) sa mhodh coinníollach?
25. Cad é an Ghaeilge ar 'Italy'?
26. Cad é an Ghaeilge ar 'Greece'?
27. Cén fhad atá an Blascaod Mór amach ón gcósta?
28. Cad a tharla ar an mBlascaod Mór i 1953?
29. Cén saghas báid a théann go dtí an Blascaod Mór sa samhradh?
30. Cá bhfuil Ionad an Bhlascaoid suite?

Scór d'imreoir A = ☐ /15   Scór d'imreoir B = ☐ /15

Téigh go dtí **www.edco.ie/croinagaeilge3** agus bain triail as na hidirghníomhaíochtaí.

Féinmheasúnú

Nuair atá an piarmheasúnú déanta agat, comhlánaigh an ghreille seo thíos.
Léigh gach intinn foghlama agus abairt mhachnaimh sa chéad cholún.
An ndearna tú dul chun cinn? Cuir tic sa cholún cuí.

Anois táim in ann . . .	🙂	😐	🙁
labhairt faoi chúrsaí taistil.			
anailís a dhéanamh ar an dán 'An Ghealach'.			
plé leis na briathra neamhrialta san aimsir fháistineach.			
freagairt phearsanta a scríobh faoin dán 'An Ghealach'.			
an tuiseal ginideach a aithint.			
na céimeanna comparáide a úsáid i gceart mar aon leis an modh coinníollach.			
Déanfaidh mé machnamh ar an abairt seo a leanas (scríobh dhá abairt de do chuid féin freisin):			
Nuair a gheobhaidh mé aiseolas ón múinteoir déanfaidh mé nótaí faoin aiseolas agus coinneoidh mé na nótaí sin le chéile.			

Anois, comhlánaigh an plean feabhsúcháin seo thíos.

Trí rud a d'fhoghlaim mé:

1 ______________________________

2 ______________________________

3 ______________________________

Dhá rud atá le cleachtadh agam:

1 ______________________________

2 ______________________________

Rud a dhéanfaidh mé chun feabhas a chur ar mo chuid Gaeilge:

Seiceáil amach

Mar iarfhoghlaim don aonad seo, déan an ghníomhaíocht 'Seiceáil amach' ag **www.edco.ie/croinagaeilge3**. Conas a d'éirigh leat?

Smaointe MRB 2

Sample CBA 2

- **Ról-imirt:** Níl tú sásta leis an seomra san óstán. I mbeirteanna, déan ról-imirt ar an gcomhrá idir tusa agus an bainisteoir faoi.
- **Cur i láthair:** Labhair faoin áit is suimiúla ina raibh tú riamh. Is féidir labhairt faoi stair agus nósanna na háite, mar shampla.
- **Comhrá:** Labhair os comhair an ranga faoin dán 'An Ghealach'.

An Ghaeilge agus Cultúir Eile (MRB 2)

Níor bhris focal maith fiacail riamh.

Torthaí foghlama an aonaid

Cumas cumarsáide	Feasacht teanga agus chultúrtha	Féinfheasacht an fhoghlaimeora
1.1, 1.2, 1.7, 1.8, 1.13, 1.14, 1.18, 1.23, 1.24, 1.28, 1.29	2.1, 2.2, 2.4, 2.6	3.3, 3.4, 3.6

Téacsanna an aonaid

Téacs litríochta
Amhrán: 'Bí Ann/Leanfaidh Mé' le Kíla
Téacsanna tacúla eile
Téacs litríochta (rogha eile): 'Amhrán an Ghaeilgeora Mhóir' (amhrán) le Tadhg Mac Dhonnagáin Téacsanna eile: Scéal Marie Young, Píosa filíochta ó bhéal: 'Siúcra' Acmhainní eile: teanglann.ie, focloir.ie, léaráidí gramadaí, acmhainn punainne, acmhainní digiteacha ag edco.ie/croinagaeilge3

Achoimre ar an aonad seo

Tá an t-aonad seo bunaithe ar an téama 'An Ghaeilge agus Cultúir Eile'. Leanfaidh na daltaí ar aghaidh ag cur lena gcumas cumarsáide sna scileanna teanga difriúla agus iad ag ullmhú don tasc cumarsáideach (MRB 2). Cuirfear béim ar fheasacht teanga agus chultúrtha, ach go háirithe ag díriú isteach ar theanga na Gaeilge mar chóras agus ag cothú feasachta i leith chultúr na teanga. Spreagfar na daltaí chun foghlaim fhéinriartha a fhorbairt.

San aonad seo foghlaimeoidh an dalta na scileanna seo:

Réamhfhoghlaim	Seiceáil isteach (lch 279)
Léamh	Leidchártaí Lee (lch 281), Dán: 'Croí na Gaeilge' (lch 282), Scéal Marie Young (lch 285), Daltaí ó Ardeaglais na Foghlama (lch 287), Kíla (lch 295), Léamh (lgh 298, 307, 314), Féile Eid al-Adha i bPáirc an Chrócaigh (lch 301), An pobal aiteach (lch 303), Féiríní Gaelacha 2.0 (lch 305), An béaloideas sa Ghaeilge (lch 310), Gaeilgeoirí na nua-aoise (lch 312)
Scríobh	Ceisteanna (lgh 281, 286), Scríobh (lgh 284, 294, 301, 304, 308, 310), Scéalchlár (lch 284), Obair ealaíne (lch 297), Taighde (lgh 281, 306, 309)
Éisteacht	MRB samplach (lch 280), Físeán (lgh 287, 311), Amhrán (lch 288), 'Siúcra' (lch 296), *Nuacht Mhall* (lch 301), Éisteacht (lgh 304, 306)
Labhairt	Cur i láthair (lgh 286, 295), Labhairt (lch 287)
Idirghníomhú cainte	Idirghníomhú cainte (lgh 280, 314, 315), Tasc pictiúir (lch 298)
Gramadach	Tasc scríofa (lgh 281), Cúinne na gramadaí (lgh 283, 300, 303), Aidiachtaí san uimhir iolra (lch 290), Aistriúchán (lgh 290, 291, 302), Súil siar ar na céimeanna comparáide (lch 291), Scríobh (lgh 291), An aidiacht agus an t-alt (lch 291), An modh ordaitheach (lch 293), An sé mór sa mhodh coinníollach (lch 299), Na réamhfhocail chomhshuite (lch 302), An modh foshuiteach (lch 307)
Foclóir	Stór focal (lgh 296, 309, 315), Tasc foclóra (lgh 303, 309)
Cultúr	Dán: 'Croí na Gaeilge' (lch 282), Scéal Marie Young (lch 285), Daltaí ó Ardeaglais na Foghlama (lch 287), Kíla (lch 295), 'Siúcra' (lch 296), Féile Eid al-Adha i bPáirc an Chrócaigh (lch 301), An pobal aiteach (lch 303), Féiríní Gaelacha 2.0 (lch 305), Beannachtaí agus mallachtaí (lch 309), An béaloideas sa Ghaeilge (lch 310), Gaeilgeoirí na nua-aoise (lch 312), Mionteangacha (lch 314)
Leabhar gníomhaíochta	Tascanna (lgh 117–130), Cluastuiscint (lgh 178–80)
Measúnú	Piarmheasúnú (lch 316)
Machnamh	Féinmheasúnú (lch 317), Seiceáil amach (lch 317)

Ag deireadh an aonaid seo beidh mé in ann:

- an téarmaíocht a bhaineann leis an bhfilíocht a litriú go cruinn.
- labhairt go compordach faoi ábhar spreagthach.
- cur i láthair a dhéanamh ar ábhar ina gcuirim féin suim.
- plé leis na haidiachtaí san uimhir iolra.
- labhairt agus scríobh faoi amhrán sa Ghaeilge.
- idirdhealú a dhéanamh idir an aimsir fháistineach agus an modh coinníollach.
- teasáras ar líne a úsáid.

Clár an aonaid

Seiceáil isteach

Mar réamhfhoghlaim don aonad seo, déan an ghníomhaíocht 'Seiceáil isteach' ag **www.edco.ie/croinagaeilge3**. Conas a d'éirigh leat?

Téigh go dtí **www.edco.ie/croinagaeilge3** agus bain triail as na hidirghníomhaíochtaí.

Intreoir ar an aonad

MRB 2: an tasc cumarsáideach

San aonad seo beidh fócas ann ar an Measúnú Rangbhunaithe 2 (an tasc cumarsáideach). Ag an tús, déanaimid cur síos ar an tasc. Beidh tuairimí don MRB fite fuaite tríd an aonad. Is féidir triail a bhaint as cúpla ceann mar obair bhaile sula roghnaíonn tú d'ábhar don MRB é féin. Do na cinn trialacha, níl ort ach 30 soicind nó mar sin a dhéanamh.

Beidh ort labhairt as Gaeilge os comhair an ranga ar ábhar a roghnaíonn tú féin agus faoi rud ina gcuireann tú féin suim.

Achoimre ar MRB 2	Rogha don tasc
• Is féidir **ar an uasmhéid**[1] trí seachtaine a chaitheamh ag ullmhú don tasc seo. • Maireann an tasc idir trí agus ceithre nóiméad (tá na ceisteanna mar chuid den tréimhse sin). • Ní cóir duit script iomlán a léamh, ach is féidir úsáid a bhaint as leidchártaí. • Má dhéanann beirt nó triúr an tasc le chéile, beidh orthu níos mó ná trí nóiméad a chaitheamh ag caint os comhair an ranga. • Ag an deireadh, glacann tú/sibh ceisteanna ón ngrúpa.	• **Taispeántas:** Dán, amhrán, dráma, srl. a scríobh tú féin atá i gceist anseo. • **Cur i láthair:** Labhraíonn tú faoi ábhar ina gcuireann tú féin spéis – mar shampla, seoltóireacht nó bácáil. • **Agallamh:** Oibríonn beirt nó triúr le chéile. Cuireann duine amháin ceisteanna (an t-agallóir) agus freagraíonn duine/daoine eile (an freagróir/na freagróirí) iad. • **Comhrá:** Is freagairt phearsanta ar ábhar spreagthach é seo. Labhraíonn tú faoi scannán, faoi leabhar nó faoi phíosa litríochta. (Níl tú teoranta do shaothair as Gaeilge.) Is cleachtadh maith don scrúdú é seo! • **Ról-imirt:** Oibríonn beirt nó triúr le chéile don tasc seo. Beidh frapaí de dhíth oraibh agus beidh sibh gléasta suas. Is féidir cur i gcéill gur laochra spóirt/teilifíse sibh.

Feiceann beirt rud nach bhfeiceann duine amháin.

Is iomaí tuairim don MRB san aonad seo. Is féidir triail a bhaint as cúpla ceann. Thig leat cúpla taifeadadh digiteach (30–60 soicind) a mhalartú le dalta eile sa rang agus ansin is féidir libh aiseolas a mhalartú. Má dhéanann tú an piarmheasúnú sin beidh do thasc cumarsáideach níos fearr ag an deireadh gan amhras.

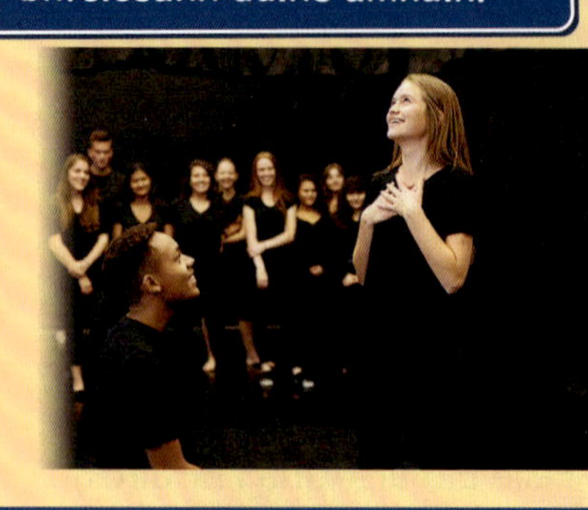

Thig leat = *Is féidir leat* (tá an dá nath seo comhchiallach)

Idirghníomhú cainte

Pléigh an rogha atá le déanamh agat don tasc cumarsáideach. Cén fhoirm ab fhearr leat? (Is féidir do thuairim a athrú níos déanaí, dar ndóigh.) Arbh fhearr leat é a dhéanamh i d'aonar nó le daoine eile? An ritheann aon ábhar faoi leith leat ar an toirt?

MRB samplach

Cuardaigh 'Roy Keane MRB 2 Sampla' ar líne agus éist leis an MRB samplach seo.

[1] a maximum of

Leidchártaí Lee

Léamh

Is as Luimneach do Lee. Féach ar na leidchártaí seo a bhí aige dá Mheasúnú Rangbhunaithe. Freagair na ceisteanna a ghabhann leo.

A Saol Rí Eoin

1. Rugadh é sa bhliain 1166
2. Rí Eoin 1199–1216 (bás)
3. a athair = Rí Anraí II
4. triúr deartháireacha aige
5. curtha ag an ardeaglais in Worcester

B Caisleán Rí Eoin

1. Cathair Luimnigh
2. tógadh é idir 1200 agus 1212
3. in aice leis an tSionainn
4. ní raibh éinne ina gcónaí sa chaisleán seo

C Seandálaíocht[1] sa chaisleán

1. an chéad cheann 1976
2. ceithre bhabhta eile idir 1990 agus 1998

D An fichiú haois

1. 1935 (22 teach sa chlós)
2. **an t-ionad léirithe**[2] Deireadh Fómhair 1991
3. Charles Haughey a d'oscail é

E Lá sa chaisleán

1. 10.00 r.n.–5.00 i.n.
2. seacht lá sa tseachtain
3. caifé ann freisin

F Caisleán Rí Eoin agus an tSraith Shóisearach

1. €6.50 an dalta
2. cuireann an turas seo go mór le do chumas mar staraí

1. Cén cineál MRB a rinne Lee? Cuir tic sa bhosca ceart.
   taispeántas ☐ cur i láthair ☐ agallamh ☐ comhrá ☐ ról-imirt ☐
2. Tabhair fáth don rogha a rinne tú i gCeist 1.
3. Seachas an Ghaeilge, cén t-ábhar scoile lena mbaineann an obair seo?
4. An mbeadh suim agatsa dul chuig an gcaisleán seo? Tabhair dhá fháth le do fhreagra.

Tasc scríofa

Freagair na ceisteanna thíos. Baineann siad uilig leis an uimhearthacht.

1. Cén bhliain a bhfuair Rí Eoin bás? Scríobh an bhliain i bhfocail.
2. Cén fhad a chaith siad ag tógáil an chaisleáin?
   Leid: Chaith siad ____________________ ____________________.
3. Cén aois a bhí Rí Eoin nuair a fuair sé bás?
4. Cén t-am a osclaíonn an caisleán don phobal gach lá?
5. Cén praghas atá ar an doras do dhalta?

Ceisteanna

Labhair Lee os comhair an ranga dá MRB 2. Scríobh dhá cheist le cur air ag deireadh an chuir i láthair.

Taighde

Déan taighde ar cheann de na rudaí seo. Dear ceithre leidchárta faoi.

- do scoil
- duine cáiliúil i do chontae
- an áit is fearr leat
- foirgneamh stairiúil

[1] archaeology [2] the interpretive centre

Dán: 'Croí na Gaeilge'

Léamh

Léigh an dán seo agus déan na tascanna a bhaineann leis.

CROÍ NA GAEILGE

An cheist mhór ← teideal an dáin

le Ava Ní Loingsigh ← ainm an fhile

Tugann sí nasc álainn dúinn, rud iontach agóide fúinn,	
Fanann sí linn inár n-intinn, inár bhfáinne infheicthe **mar rún**,	samhail
Sise ag luascadh faoi chumhacht na gaoithe anseo, i ngach nóta ceoil, i ngach aon chéim,	
Tá'n ceart ag Tommy Tiernan, ní oireann aon teanga ár n-anamacha **ach amháin ár** dteanga féin,	uaim
Ceanglaíonn sí muid uilig, na hÉireannaigh **idir sean agus óg**, gach aon chuma 's inscne	codarsnacht
Fiú fanann na Gael ó fadó linn go deo i leabhair chrua,	
stampáilte le stampaí dúigh Gaelach leabharlainne,	íomhá
Leanann muid ár sinsear léi, sise ar na comharthaí go léir,	comhfhuaim
cuireadh i gcuimhne dúinn uilig cá bhfuilimid (go díreach) faoin **spéir,**	rím (léir / spéir)
Mistéireach, neamhtheoranta ina cód rúnda idir bunmhúinteoirí,	
Tugann sí cabhair dúinne agus muid ag iarraidh a bheith níos Éireannaí gan scileanna CLG,	pearsantú
N'fhéadfainn mo shaol a shamhlú inniu gan í,	
's an grá, 's an gáire, 's an dóchas a chruthaíonn sí don todhchaí,	tré
Is muidne croí na Gaeilge le Gaeilge inár **gcroíthe.**	saoirse fhileata

Téarmaí litríochta

teideal	ainm an dáin *Leid: Tá an focal* **dán** *sa tuiseal ginideach anseo.*
fotheideal	cúpla focal nó abairt bheag faoin teideal
file	an duine a scríobh an dán
rann	véarsa de dhán
leathrann	dhá líne sa dán le feidhm faoi leith acu
friotal	an teanga i ndán nó in amhrán
íomhá	líne/línte sa dán a chruthaíonn pictiúr
samhail	comparáid dhíreach idir dhá rud – mar shampla, ***chomh milis le mil; bhí sé cosúil le páiste***
meafar	comparáid indíreach – mar shampla, ***cód rúnda*** (seasann an cód in áit na Gaeilge sa dán seo)
pearsantú	tréithe an duine á gcur ar rud éigin eile – mar shampla, ***bhí an ghaoth ag gáire; bhí an crann ag rince***
codarsnacht	rud éigin agus a mhalairt – mar shampla, ***searbh agus milis***
tré	nuair atá trí rud in aice le chéile agus is aonad iad na trí rud – mar shampla, ***tine, gaoth agus uisce*** (baineann sé seo leis an saibhreas)
rím	nuair atá an fhuaim chéanna ag deireadh dhá líne sa dán
uaim	teicníc le focail ag tosú leis an litir chéanna – mar shampla, ***Tuigeann Tadhg Taidhgín***
comhfhuaim	nuair a réitíonn na gutaí trasna an líne le chéile – mar shampla, ***Máire sa tSráid***
saoirse fhileata	nuair a bhriseann an file an ghramadach ar mhaithe an dáin

G Cúinne na gramadaí

Roghnaigh tasc amháin ó na tascanna thíos.

1 Aimsigh na ranna cainte seo a leanas sa dán.
- trí bhriathar rialta san aimsir láithreach
- trí aidiacht
- sampla amháin den aidiacht shealbhach

2 Aimsigh na ranna cainte seo a leanas sa dán.
- trí réamhfhocal shimplí
- dhá ainm briathartha
- forainm réamhfhoclach amháin

LG Déan an tasc ar lch 117.

Scríobh

Roghnaigh tasc amháin ó na tascanna thíos.

1. Cad a chiallaíonn 'Croí na Gaeilge' duit? Scríobh alt gairid ar an ábhar. Déan tagairt don tábhacht a bhaineann leis an teanga, dar leat. Bain úsáid as an acmhainn punainne (lch 49) mar chabhair duit.
2. Dear pictiúr den tuiscint atá agat ar 'Croí na Gaeilge'. Déan cur síos ar an bpictiúr seo os comhair an ranga.
3. Scríobh alt gairid ar do thuras foghlama go dtí seo. Déan tagairt do na deacrachtaí a sháraigh tú go dtí seo.

Scéalchlár

Dear scéalchlár[1] den dán agus labhair le dalta eile sa rang faoi. Bain úsáid as storyboardthat.com nó a mhacasamhail.

Smaointe MRB 2

Comhrá mar fhreagairt ar ábhar spreagthach

Roghnaíonn tú ábhar spreagthach – íomhá, téacs scríofa, píosa físe gairid, cluastéacs – a spreagann thú chun dul i mbun cainte faoi.

- Tá an rud seo cosúil le freagairt phearsanta nach bhfuil scríofa ach atá déanta ó bhéal/os ard.
- Is féidir cur síos a dhéanamh ar dhán nó amhrán a thaitníonn go mór leat.
- Labhair faoin bhfile/faoin amhránaí (níl tú teoranta do dhánta/d'amhráin as Gaeilge).
- Labhair faoi na teicnící sa dán/san amhrán.
- Is féidir an saothar a mhíniú trí Ghaeilge.
- Cén fáth a dtaitníonn an dán/amhrán go mór leat?
- An féidir leat ionannú leis an saothar?
- Is féidir leat cúpla pictiúr a úsáid mar fhrapaí agus tú ag cur síos ar an saothar a roghnaigh tú.

Sa tasc MRB 2, beidh ort glacadh le ceisteanna ag an deireadh.

Moladh
Is féidir úsáid a bhaint as teimpléid san acmhainn punainne (lgh 65–70) chun tascanna Cleachtadh MRB 2 a dhéanamh, más maith leat.

[1] storyboard

Scéal Marie Young

Léamh

Léigh an t-alt thíos agus déan na tascanna a ghabhann leis.

Fáilte go Pittsburgh agus beannachtaí ó Bhaile Phitt! Is mise Marie Young agus is as Baile Átha Cliath mé. Táim pósta le John (as Contae an Dúin) agus tá triúr mac againn – Ronan, Jack agus Tiernan. Táim ag múineadh ranganna Gaeilge in Ollscoil Bhaile Phitt le 15 bliana anuas. Gach bliain bíonn thart ar 60 daoine agam agus iad ag foghlaim Gaeilge liom. Tógann siad scrúduithe liom agus foghlaimíonn siad faoi Éirinn agus faoi theanga na Gaeilge. Tagann siad chuig mo rang ó Philadelphia, ó Chicago, ó Cleveland agus ó go leor cathracha eile i Meiriceá. Is é an t-ainm atá ar an bhfoirgneamh seo ná **Ardeaglais na Foghlama**[1] agus múinim na ranganna Gaeilge ann. Is aoibhinn le mo dhaltaí ceol Éireannach, go háirithe Niall Horan agus Dermot Kennedy, agus is maith leo a bheith ag faire ar Netflix nuair a bhíonn am saor acu – féachaimid ar *Derry Girls* sa rang agus ar *Ros na Rún* chomh maith. Leanann siad go leor tionchairí Gaeilge ar Instagram, Facebook agus TikTok.

Is cathair mhór í Baile Phitt agus tá go leor daoine ina gcónaí anseo atá ceangailte le hÉirinn. Bhog go leor daoine go Baile Phitt ó Bhostún. Bíonn mórshiúl againn le Lá Fhéile Pádraig a cheiliúradh gach bliain. Bíonn peil Ghaelach le feiceáil anseo chomh maith i rith an tsamhraidh. Bíonn mná agus fir a rugadh i Meiriceá ag imirt ar na foirne seo (the Celtics and the Pittsburgh Banshees). Faoi láthair táimid ar tí foireann óige don pheil a thosú. Mar aon leis an méid sin sa chathair tá cumann do rinceoirí Gaelacha againn. Tá club iománaíochta agus club cultúir san ollscoil.

© Marie Young

Is aoibhinn linn an pheil Mheiriceánach anseo i mBaile Phitt. Is leis an gclann Rooney an fhoireann na Pittsburgh Steelers. Is as Éirinn muintir Rooney. Tá muintir na cathrach an-tógtha le haca oighir freisin agus is é an t-ainm atá ar an bhfoireann sin ná na Pittsburgh Penguins. Tháinig Heinz agus Andy Warhol ó Pittsburgh.

1 *Cathedral of Learning*

Ceisteanna

Freagair na ceisteanna seo.

1. Cé a scríobh an t-alt seo?
2. Cár rugadh an t-údar?
3. Ainmnigh an dá chlár teilifíse a luaitear san alt.
4. An raibh a fhios agat go raibh an Ghaeilge san ollscoil in Pittsburgh sular léigh tú an t-alt seo?
5. Luaigh dhá rud nua (eile) a d'fhoghlaim tú ón alt ar lch 285.

Fíric fhánach

burgh = *borough* = *baile*

Feiceann tú é seo i mBaile Átha Cliath: ***Phibsborough*** nó, as Gaeilge, ***Baile Phib***.

Cur i láthair

Téigh ar líne agus bailigh eolas faoin nGaeilge i gcathair éigin eile i Meiriceá. Scríobh alt gairid faoi. Ansin, déan cur i láthair ilmhódach (le focail agus pictiúir ann) ar cheann de na rudaí seo ón alt ar lch 285:

- ollscoil i Meiriceá
- Lá Fhéile Pádraig in áit éigin i Meiriceá
- foireann peile
- foireann haca oighir
- Heinz nó comhlacht eile
- *Rós na Rún*/TG4

Bain úsáid as an acmhainn punainne (lch 51) mar chabhair duit.

Critéir ratha:

Scríobh 200 focal (4 nó 5 alt ar an iomlán) agus cuir na pointí seo san áireamh:

- an fáth ar roghnaigh tú an t-ábhar seo
- cúpla líne faoin stair a bhaineann leis an ábhar
- alt amháin bunaithe ar na huimhreacha a bhaineann leis an ábhar
- alt amháin faoi do thuairimí féin faoin ábhar

Daltaí ó Ardeaglais na Foghlama

Léamh

Léigh na hailt thíos agus déan na tascanna a ghabhann leo.

Marcela ón mBrasaíl

Dia daoibh, a chairde! Is mise Marcela agus tá mé geallta le Ciarán. Is as an mBrasaíl mé agus is as Éirinn é. Tá Portaingéilis agam agus tá Gaeilge aige. Tá muid inár gcónaí i bPittsburgh sna Stáit Aontaithe. Tá Gaeilge ag gach ball de theaghlach Chiaráin. Mar sin, shocraigh mé í a fhoghlaim. Anois tá Gaeilge agam freisin. Níl sé foirfe, ach tada gan iarracht. Bhíomar sa Bhrasaíl nuair a tógadh an pictiúr seo. Mhúineamar conas roinnt focal Gaeilge a rá do mo theaghlach. Is breá liom an Ghaeilge a fhoghlaim agus is aoibhinn liom bualadh le Gaeilgeoirí! Go raibh maith agaibh. Slán agus beannacht!
Marcela

Maggie Gralinski ó Scranton

Dia daoibh! Maggie Gralinski is ainm dom. Tá mé 20 bliain d'aois. Táim i mo chónaí in Pittsburgh. Is as Scranton, Pennsylvania dom. Is mac léinn mé. Táim ag foghlaim Gaeilge anseo in Ollscoil Pittsburgh. Táim ag déanamh staidéir ar an mbitheolaíocht anseo freisin, ach is breá liom an Ghaeilge. Is as an Mhí do mo mháthair. Tá a teaghlach ar fad ina gcónaí in Éirinn. Rinne mo chol ceathracha as Éirinn staidéar ar an nGaeilge agus bhí fonn i gcónaí orm cuid den teanga a fhoghlaim. Ó thosaigh mé ag foghlaim dhá bhliain ó shin, tá feabhas mór tagtha orm agus tá mé ar bís don todhchaí. Go raibh maith agaibh agus slán!
Maggie

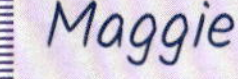

Físeán

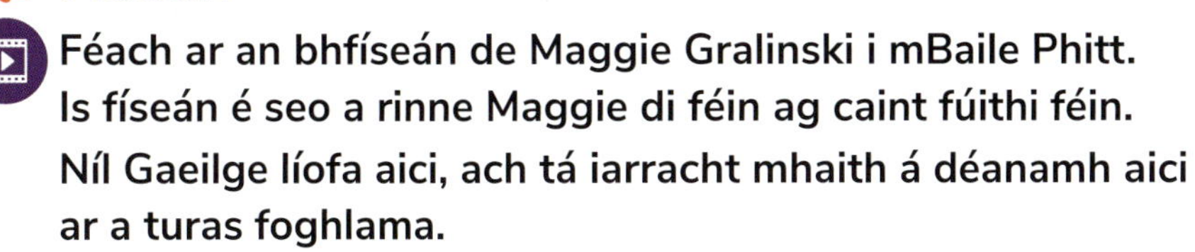

Féach ar an bhfíseán de Maggie Gralinski i mBaile Phitt. Is físeán é seo a rinne Maggie di féin ag caint fúithi féin. Níl Gaeilge líofa aici, ach tá iarracht mhaith á déanamh aici ar a turas foghlama.

Labhairt

Ag obair le duine eile, déan físeán díot féin ag siúl faoin spéir.
Critéir ratha:

- Labhair faoi na háiteanna atá le feiceáil san fhíseán.
- Is féidir an chaint a dhéanamh beo agus tú ag siúl, nó is féidir taifeadadh a dhéanamh uirthi sa bhaile.
- Bain úsáid as **bogearraí**[1] – mar shampla, Movavi – leis an bhfuaim a chomhcheangal leis an bhfíseán.

Beidh ort caint bheo a dhéanamh don tasc cumarsáideach (MRB 2) ach is féidir físeán gairid réamhthaifeadta a úsáid mar intreoir nó mar **chúlbhrat**[2] don chur i láthair ilmhódach.

Déan na tascanna ar lgh 118–20.

1 software   2 backdrop

Amhrán: 'Bí Ann/Leanfaidh Mé'

Amhrán

Cuardaigh 'Kíla – 'Bí Ann/Leanfaidh Mé' ar líne. Éist leis an amhrán anseo agus lean na focail i do leabhar.

BÍ ANN/LEANFAIDH MÉ ← teideal an amhráin

← ainm an bhanna ceoil

Bí ann, bí liom
Bí gasta, bí cróga
Bí cliste, bí cinnte
Bí casta, bí glic
Bí grámhar, gealgáireach
Bí socair laistigh
Is bí doimhin ach bí éadrom
Gan teannas ar bith
I do chorp, i do chroí
I do cheann, ins an tslí
Ina chuireann tú tú féin i láthair
I pé comhluadar ina bhfuil tú
Bí ann liom
Bí láidir, ildána
Nuair a chasann an domhan
Bí ann dom
Agus buailfimid le chéile
Nuair a thagann an t-am

So, fiú má chothaítear fadhb
Ó, leanfaidh mé ar aghaidh, *now*
Fiú má chothaítear fadhb
Ó, leigheasófar é
Ó, fiú má chothaítear fadhb
Ó, leanfaidh mé ar aghaidh, *now*
Fiú má chothaítear fadhb
Ó, *no*, ní deireadh an domhain é
Fiú má chothaítear fadhb
Ó, leanfaidh mé ar aghaidh, *now*
Fiú má chothaítear fadhb

No, ní dhéanfaidh siad riamh cosc a chur ar mo bhróga
No, ní dhéanfaidh siad riamh cosc a chur ar mo chóta
No, ní dhéanfaidh siad riamh cosc a chur ar mo threo

Scríobh

Breac síos cúig aidiacht ón gcuid seo den amhrán.

Tasc gramadaí

Aimsigh sampla den aimsir fháistineach agus den saorbhriathar ón gcuid seo den amhrán.

Tá téarmaí amhránaíochta le fáil ar lch 418.

Leanfaidh mé, leanfaidh mé
Leanfaidh mé, leanfaidh mé
Leanfaidh mé, mar go bhfuil mé fós beo
Leanfaidh mé, mar go bhfuil mo shaol le caitheamh agam
Leanfaidh mé, mar go bhfuil mé fós beo
Leanfaidh mé, mar go bhfuil sé ar mo chumas agam
Leanfaidh mé, mar go bhfuil mé fós beo
Leanfaidh mé, mar gurb shin an modh ab fhearr a oireann dom
Leanfaidh mé, mar go bhfuil mé fós beo
Leanfaidh mé le pé rud é atá le déanamh agam
Leanfaidh mé, mar go bhfuil mé fós beo
Leanfaidh mé, mar gur b'shin an treo a bhraithim ionam
Leanfaidh mé, mar go bhfuil mé fós beo
Leanfaidh mé, mar a leanann mo chroí ag buaileadh liom
Leanfaidh mé, mar go bhfuil mé fós beo
Leanfaidh mé ar an luas a ritheann liom ag an am
Leanfaidh mé, mar go bhfuil mé fós beo
Leanfaidh mé, fiú más rud é nach mbíonn fhios mo shlí agam

Tá saol agam, tá súil agam
Tá rogha agam, tá rún agam
Tá bád agam, tá cuan agam
Tá tonn ar an trá
Tá scéal agam, tá siúl agam
Tá deis agam, tá duais agam
Tá cás agam, tá cúis agam
Tá fonn ar mo ghrá

So, fiú má chothaítear fadhb
Ó, leanfaidh mé ar aghaidh, *now*
Fiú má chothaítear fadhb (abair é)
Ó, leigheasófar é
Ó, fiú má chothaítear fadhb
Ó, leanfaidh mé ar aghaidh, *now*
Fiú má chothaítear fadhb
Ó, *no*, *no*, ní deireadh an domhain é
Fiú má chothaítear fadhb
Ó, leanfaidh mé ar aghaidh, *now*
Fiú má chothaítear fadhb
Ó, leigheasófar é
Ó, fiú má chothaítear fadhb

No, ní dhéanfaidh siad riamh cosc a chur ar mo anam

Léamh

Aimsigh sampla d'athrá ón gcuid seo den amhrán.

Idirghníomhú cainte

Pléigh na ceisteanna le duine eile sa rang.

1. Cad a cheapann tú faoin gceol seo?
2. Cén sórt ceoil é?
3. An maith leat na liricí?
4. An dtuigeann tú na focail ar fad?
5. An féidir sult a bhaint as amhrán mura dtuigeann tú na focail ar fad?

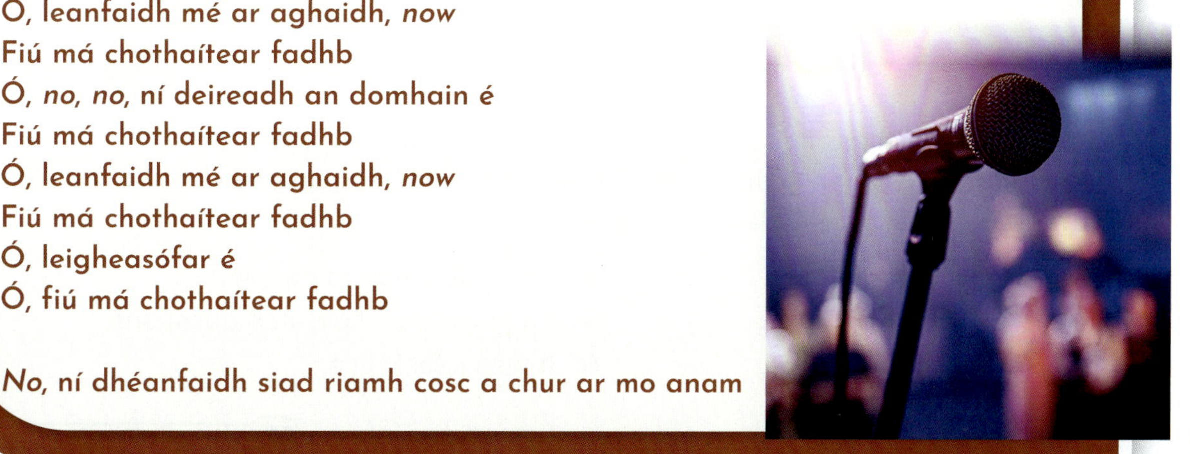

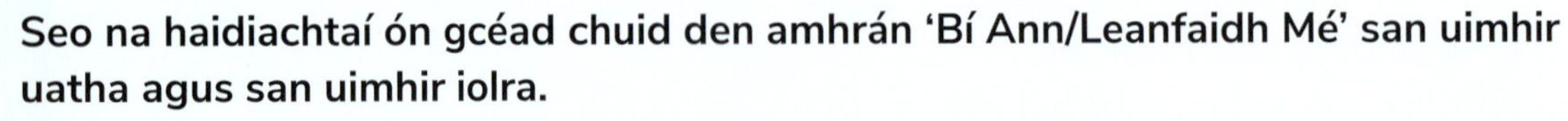

Aidiachtaí san uimhir iolra

Aidiachtaí

Seo na haidiachtaí ón gcéad chuid den amhrán 'Bí Ann/Leanfaidh Mé' san uimhir uatha agus san uimhir iolra.

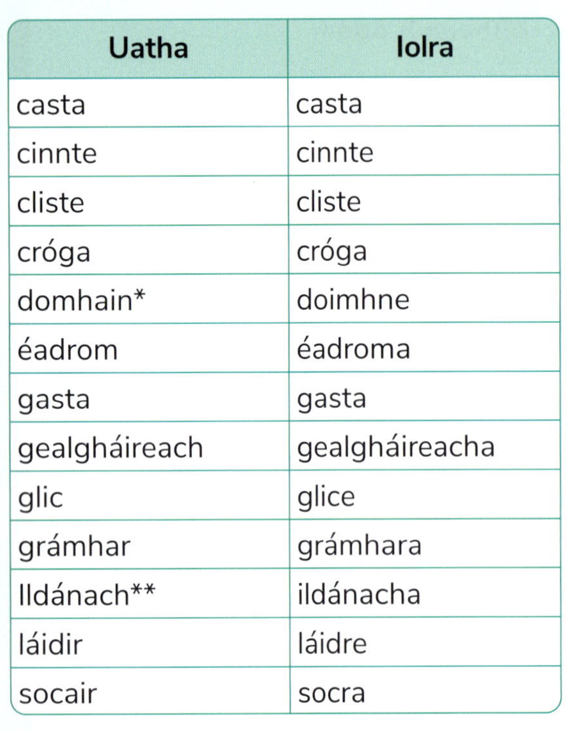

Uatha	Iolra
casta	casta
cinnte	cinnte
cliste	cliste
cróga	cróga
domhain*	doimhne
éadrom	éadroma
gasta	gasta
gealgháireach	gealgháireacha
glic	glice
grámhar	grámhara
Ildánach**	ildánacha
láidir	láidre
socair	socra

* Úsáidtear an leagan neamhchaighdeánach *doimhin* san amhrán.

** Úsáidtear an leagan neamhchaighdeánach *ildána* san amhrán.

Is ionann an uimhir uatha agus an uimhir iolra nuair a chríochnaíonn an aidiacht ar ghuta – mar shampla, **gasta**.

Féach ar na nótaí gramadaí ar lch 388.

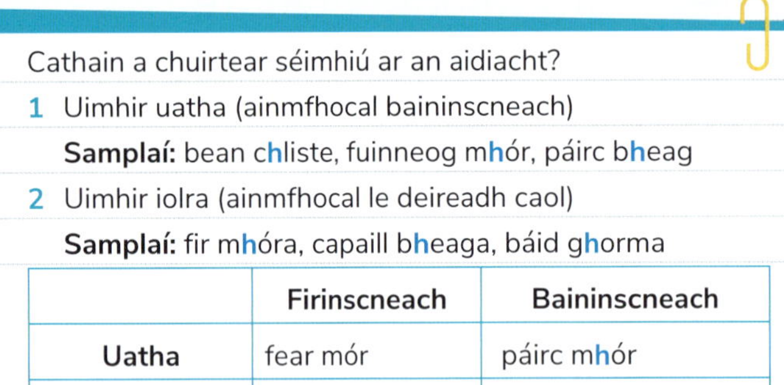

Cathain a chuirtear séimhiú ar an aidiacht?

1 Uimhir uatha (ainmfhocal baininscneach)

Samplaí: bean c**h**liste, fuinneog m**h**ór, páirc b**h**eag

2 Uimhir iolra (ainmfhocal le deireadh caol)

Samplaí: fir m**h**óra, capaill b**h**eaga, báid g**h**orma

	Firinscneach	Baininscneach
Uatha	fear mór	páirc m**h**ór
Iolra	fir m**h**óra (caol)	páirceanna móra

Aistriúchán

Grammar

Féach ar an treoir thuas agus ansin cuir Gaeilge ar na habairtí thíos. Is cleachtadh é seo ar an gcopail. Is féidir cúnamh a fháil don tasc seo ón Draoi Gramadaí ar teanglann.ie/ga/gram/.

1 She is a jolly woman.
2 He is a loving man.
3 It is a light box.
4 They are cunning people.
5 They were complicated questions.
6 It was a fast race.

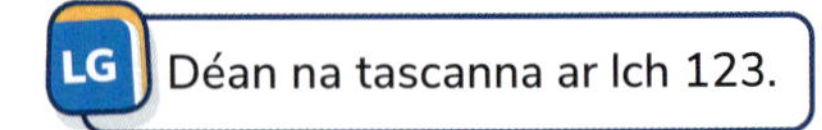

Déan na tascanna ar lch 123.

Súil siar ar na céimeanna comparáide

Rialacha

Féach ar Léaráid A, Cuid 1 (lch 358).

- *Tá* + *níos* (breischéim)
  Sampla: Tá mo scoil **níos sine** ná do scoil.
- *Is* + *is* (sárchéim)
  Sampla: Is í seo an scoil **is sine** sa cheantar.
- Is féidir *ní ba* a úsáid san aimsir chaite in ionad *níos*.
  Sampla: Bhí gruaig Emily **ní ba ghiorra** ná gruaig Salma.

BREISCHÉIM
níos socra
• ní ba shocra
SÁRCHÉIM
is socra
• ba shocra

Foinse: teanglann.ie

Faigheann tú an t-eolas seo ón leathanach gramadaí ar teanglann.ie le gach aidiacht.

Scríobh

Líon na bearnaí anseo. Is féidir úsáid a bhaint as an leathanach gramadaí ar teanglann.ie mar chúnamh duit.

An aidiacht	An bhreischéim	An tsárchéim	An aidiacht	An bhreischéim	An tsárchéim
cróga			gasta		
domhain			glic		
éadrom			grámhar		

An aidiacht agus an t-alt

Seo roinnt ainmfhocal ón amhrán 'Bí Ann/Leanfaidh Mé' leis an alt.

Firinscneach		Baininscneach	
an comhluadar	an rún	an aghaidh	an rogha
an cóta	an saol	an bhróg	an tslí
an croí	an treo	an fhadhbh	an tsúil
an domhan			

Aistriúchán

Cuir Gaeilge ar na habairtí seo. Gheobhaidh tú na haidiachtaí agus na hainmfhocail ar fad sna greillí thuas. Tá dhá cheann déanta duit mar shamplaí.

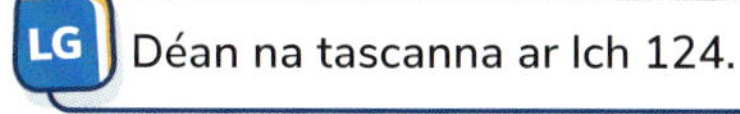
LG Déan na tascanna ar lch 124.

1 This shoe is stronger. Leid: an t-ainmfhocal x 1 *Tá an bhróg seo níos láidre.*
2 This is the strongest shoe. Leid: an t-ainmfhocal x 2 *Is í an bhróg seo an bhróg is láidre.*
3 This coat is lighter.
4 This way is the fastest. Leid: an t-ainmfhocal x 2
5 His choice is braver.
6 Her heart is the most loving.
7 This world is more cunning.
8 This problem is deeper.

'Bí Ann/Leanfaidh Mé' arís

Téama an amhráin

Pléitear san amhrán seo leis an tábhacht a bhaineann leis an machnamh agus leis an bhféinfheasacht. Cloistear machnamh sna horduithe éagsúla sa chéad chuid den amhrán. Cloistear an focal 'bí' 15 huaire anseo. Tá an briathar ceangailte le haidiachtaí éagsúla. Críochnaíonn an t-amhrán leis an dá fhocal 'm'anam'. Is léir gur saothar machnamhach é seo atá lán le comhairle don éisteoir agus is cinnte go bhfuil an scríbhneoir ag iarraidh a bheith dílis don fhéinfheasacht atá ina shaol féin.

Na mothúcháin

Tosaíonn an t-amhrán seo le slám comhairle: 'bí cróga . . . bí cinnte . . . bí glic'. Baineann an chomhairle seo leis an ngrá. Teastaíonn ón gcumadóir aire a thabhairt dá c(h)ara nó dá leannán anseo agus déanann sé iarracht é/í a chur ar an mbealach ceart leis an gcomhairle chuimsitheach seo. Sa dara leath, athraíonn an ceol mar aon leis an mothúchán. Anseo cloistear crógacht an chumadóra. Deir siad arís agus arís eile, 'Leanfaidh mé, mar go bhfuil mé fós beo'. Is léir go mbeidh an t-amhránaí dílis don tuiscint atá aige ar an saol seo. Go minic bíonn sé níos éasca gan dul in aghaidh an easa ach ba léir anseo go bhfuil an cumadóir cróga go leor lena rogha rud a dhéanamh.

Íomhá mhór san amhrán

Cruthaíonn an abairt 'nuair a chasann an domhan' pictiúr den phláinéad **ag tiontú**[1]. Is cinnte nach bhfuil mórán neart ag duine aonánach ar thuras na cruinne sin. Tá an íomhá seo ag rá leis an lucht éisteachta gur chóir dóibh a bheith níos réchúisí faoi chúrsaí an tsaoil.

Meafair san amhrán

Cloistear trí mheafar sa tríú cuid:

> No, ní dhéanfaidh siad riamh cosc a chur ar mo bhróga
> No, ní dhéanfaidh siad riamh cosc a chur ar mo chóta
> No, ní dhéanfaidh siad riamh cosc a chur ar mo threo

Is léir anseo go bhfuil sé ar intinn ag an amhránaí **cead a chinn a bheith aige**[2]. B'fhéidir go seasann na bróga don turas atá ag an scríbhneoir tríd an saol seo. Baineann éadaí daoine lena bpearsantacht agus mar sin seasann 'mo chóta' in ionad phearsantacht an fhile. Maidir leis an tríú ceann, 'mo threo', is léir go bhfuil an t-amhránaí ag rá anseo go mbeadh sé dílis dá nádúr féin agus mar sin taistealóidh sé ar a bhóthar féin faoina rialacha féin ar a luas féin.

Struchtúr an amhráin

Sa chéad chuid den amhrán labhraíonn an t-amhránaí leis an duine atá ag éisteacht. Tá liosta orduithe ann do dhuine agus é/í ag éisteacht. Mar chuid den liosta seo, cloistear an tré a bhaineann feidhm as an uaim: 'bí cróga / Bí cliste, bí cinnte'. Cuireann an liosta seo an t-éisteoir ag smaoineamh faoi na tréithe pearsanta atá tábhachtach. Is ábhar machnaimh é. Is cinnte go bhfuil an t-amhrán ag labhairt le héisteoirí anseo. Athraíonn treo an amhráin ag an líne 'Nuair a thagann an t-am'. As seo amach tá an t-amhránaí ag labhairt leis féin. Cloistear an dá fhocal 'leanfaidh mé' go mionmhinic tríd an dán. Is **féinuiríoll**[3] é seo. Is é sin le rá go bhfuil an t-amhránaí ag labhairt leis féin sa dara chuid den saothar. Críochnaíonn an t-amhrán le líne láidir:

> No, ní dhéanfaidh siad riamh cosc a chur ar m'anam

Is gealladh é seo, gealladh atá déanta ag an scríbhneoir dó féin. Is léir go mbeidh sé dílis do na tuairimí atá aige agus don chóras creidimh atá aige. Tá an guth sa chéad chuid den amhrán níos óige ná an duine atá ag labhairt le linn an fhéinuiríll. Admhaíonn an t-amhránaí go bhfuil fadhbanna le sárú aige.

[1] *turning* [2] *do his own thing* [3] *soliloquy*

An mantra san amhrán

Tá an mantra (rud a deir tú arís agus arís eile) mar chuid lárnach den amhrán seo. Cloistear é sin ón tús leis an **athrá**[1] ar an bhfocal 'bí' sa chéad chuid. Is sampla den **mhodh ordaitheach**[2] é 'bí'. Úsáidtear an modh seo le comhairle a chur ar dhaoine. Is rud **suntasach**[3] é go mbaintear úsáid as an uimhir uatha den mhodh ordaitheach anseo. Tá an ghné seo den amhrán taitneamhach, mar leis an gcruth seo ar an amhrán labhraíonn an t-amhrán díreach leis an éisteoir mar dhuine aonair. Baintear úsáid as an bhfocal 'bí' 15 huaire sula n-athraíonn an ceol agus an mantra:

Bí ann . . .
bí cróga . . .
Bí socair laistigh . . .
Bí láidir . . .

Is uirlis áisiúil é an saorbhriathar (i gcló corcra ar an leathanach seo) nuair atá tú ag scríobh léirmheas. Gheobhaidh tú cur síos air seo ar lch 390.

Níos déanaí, cloistear na nathanna 'leanfaidh mé' agus 'fiú má chothaítear fadhb' arís agus arís eile. Tugtar **le fios don**[4] éisteoir leis an dá nath seo go mbeidh an t-amhránaí dílis dá nádúr nó don tuiscint atá aige, fiú má chruthaíonn sé seo fadhbanna. **Cuireann** an tuairim atá ag an amhránaí anseo paidir **i gcuimhne don éisteoir**[5] ach ní paidir thraidisiúnta atá i gceist.

Is sampla den **chantaireacht**[6] é an mantra agus réitíonn an nós sin go mór leis an gcluas. Cuireann an mantra príomhthuairim an amhráin in iúl don éisteoir. Sa chás seo, deir an scríbhneoir go mbeidh sé dílis dá nádúr 'mar go bhfuil mé fós beo'. Mar aon leis seo, tá sé níos éasca scéal an tsaothair a thuiscint sa dara teanga nuair atá an t-athrá ann go forleathan. Cruthaíonn an t-athrá spás don éisteoir teacht isteach ar thuiscint an amhráin.

An modh ordaitheach

Cuardaigh 'Modh Ordaitheach – Rang Gaeilge' ar líne. Féach ar an bhfíseán le cur síos a fháil ar an modh ordaitheach. Tá an uimhir uatha agus an uimhir iolra clúdaithe san fhíseán.

An dá chineál ceoil san amhrán

Tosaíonn an t-amhrán seo le ceol atá cosúil le **rosc catha**.[7] Tá 'Bí Ann' ar an gcuid seo den saothar agus is féidir a rá go bhfuil an chuid seo an-spreagúil. Ach sa dara cuid den saothar tá rian na **geantraí**[8] le cloisteáil. Is cinnte go bhfuil an ceol seo **níos suáilcí**.[9] Cuireann an chodarsnacht agus an dá stíl ceoil go mór leis an amhrán agus leis an saothar. Cloistear an t-athrú sa cheol nuair a deir an t-amhránaí 'So, fiú má chothaítear fadhb'. Scríobhadh an dara leath den amhrán faoi **anáil**[10] cheol na Cairibe agus tá fuinneamh aoibhinn le cloisteáil ann.

Ceist shamplach

Scríobh freagairt phearsanta ar an amhrán seo.

Tá an t-amhrán seo scoite go néata ina dhá chuid. Athraíonn an ceol go suntasach nuair a deir an t-amhránaí 'So, fiú má chothaítear fadhb'. Sa chéad chuid cloistear neart aidiachtaí – mar shampla, 'cróga', 'cliste', 'glic', 'grámhar'. Baineann siad seo ar fad leis an duine atá 'socair laistigh' agus an té atá ar a shuaimhneas. Cuireann an t-amhránaí comhairle ar fáil don éisteoir sa chéad chuid leis na tréithe a chuireann sé san áireamh sa liosta. Ceapaim go bhfuil an ceol sa chéad chuid ar nós rud éigin a chloisfeá i dteach an phobail nó ó mhanaigh i mainistir éigin. B'fhéidir go bhfuil an t-amhránaí ag caint leis an dia thuas ar neamh agus mar sin is féidir a rá gur paidir nó **iomann**[11] beomhar é an t-amhrán seo. Ach, leis sin ráite agam, níl aon tagairt dhíreach ann don chreideamh ná don reiligiún. Seans go bhfuil an t-amhránaí ag labhairt le gaol nó le cara atá caillte agus seans go bhfuil sé ag **mairgneach**[12] faoi dhuine tábhachtach óna shaol. Tuairim eile a rith liom agus mé **i mbun pinn**[13] faoin dán seo ná gur dócha go bhfuil an t-amhránaí ag labhairt lena ghrá geal agus é ag rá ar ard a ghutha go mbeidh sé dílis don ghealltanas eatarthu.

1 *repetition* 2 *imperative* 3 *important* 4 *it is made known to* 5 *reminds the listener* 6 *chanting*
7 *rallying cry* 8 *laughter/light music* 9 *more upbeat* 10 *influence* 11 *hymn* 12 *lamenting* 13 *writing*

Frásaí úsáideacha

Thaitin an t-amhrán liom		Níor thaitin an t-amhrán liom	
beomhar	lively	casta	complicated
mealltach	beguiling	deacair le tuiscint	hard to understand
spreagúil	rousing	leadránach	boring
suáilceach	upbeat	liodánach	repetitive
suimiúil/spéisiúil	interesting	teibí	abstract

Scríobh

Scríobh léirmheas pearsanta ar an amhrán seo agus déan cur síos ar na fáthanna ar/nár thaitin sé leat. Bain úsáid as na frásaí thuas chun cabhrú leat. Déan cinnte tagairt a dhéanamh do thrí ghné ón mbosca thíos ar a laghad.

an ceol, cumadóir an amhráin,
feidhm an mhantra,
mothúcháin an amhráin,
téama an amhráin

Smaointe MRB 2

Cur i láthair	Taispeántas
Roghnaíonn tú réimse spéise/topaic/saincheist agus déanann tú cur i láthair faoi ag úsáid do rogha meán agus frapaí. • Labhair os comhair an ranga faoin léirmheas pearsanta a scríobh tú ar an amhrán. • D'fhéadfá ceann de na rudaí thíos a dhéanamh le cabhrú leat do smaointe a chur in iúl. – Prezi (nó a mhacasamhail) a dhéanamh – taispeántas sleamhnán a chruthú – póstaer a dhearadh	Léiríonn tú píosa gairid a chum tú féin, dán, amhrán, píosa drámaíochta, scéal san áireamh. • Cum amhrán simplí agus can an t-amhrán os comhair an ranga. • Mínigh don rang cad is brí leis na focail. • Labhair faoin teachtaireacht atá ag an saothar. Déan cur síos ar an inspioráid a bhí agat leis an amhrán a chumadh. • Labhair faoi aon deacracht a bhí agat agus tú ag cur an amhráin le chéile.

LG Déan na tascanna ar lgh 121–2.

Kíla

Léamh

Léigh an t-alt seo faoin mbanna ceoil Kíla* agus cuir na habairtí thíos san ord ceart le hachoimre ar an alt a dhéanamh. Mura bhfuil na focail i gcló trom ar eolas agat, féach ar an bhfoclóir ar lch 454. *Leid: Baineann gach abairt le halt amháin ón sliocht thíos.*

1 Deirtear faoi Kíla, ar bunaíodh go deireanach sna hochtóidí agus iad fós ar scoil, go bhfuil siad ar cheann de na buíonta **is bisiúla** in Éirinn. Tá a gcruth féin á chur acu ar an gceol Gaelach, cruth a bhíonn ag siar athrú le fuaimeanna ó cheol na cruinne nó a dtuairimí ceolmhara úra féin. 'Ceol comhaimseartha cruinne Gaelach' an cur síos a dhéantar orthu go minic mar go bhfíonn siad a bhfoinn is a n-amhráin úra Gaeilge le huirlisí ceoil dhúchasaigh ar nós fidil, feadóg, píobaí is bodhrán le djembe, congas is drumaí, mar aon le maindilín, dordghiotár is **giotár aibhléiseach**. Tá cúlraí ceoil dhúchasaigh, clasaicigh is rac ag an ochtar ball de Kíla.

2 Is é an toradh ná cumasc úr ceoil d'fhoinn fhíochmhara, portanna preabacha agus rithimí corraitheacha a sháraíonn teorainneacha an cheoil Ghaelaigh. Ní haon eisceacht an ceirnín is úire uathu dar teideal *Alive/Beo* atá lán d'**anamúlacht**, **bríomhaireacht** is **teaspúlacht**. Is é an tríú taifead beo as 19 taifead é agus seolfar é ar Lá 'le Pádraig ar an 17 Márta.

3 Tá cáil fhairsing ar Kíla as a gceolchoirmeacha fuinniúla agus táid théis seinnt in os cionn 30 tír san Eoraip, san Áis, san Astraláise, san Aifric agus i dTuaisceart Mheiriceá, le linn a 35 bliain ar an bhfód. Sheinn siad ag féilte móra ar nós Montreux Jazz Festival, WOMAD éagsúla ar fud na cruinne, Féile Sziget, an fhéile cheoil domhanda RWMF agus níos gaire don bhaile Glastonbury, an Electric Picnic agus thugadar an oíche chun críche ag an Cambridge Folk Festival.

4 Bhí sé de phribhléid acu ceol a sheinm ag Searmanais Oscailte na hOilimpeacha Speisialta, agus d'onóir seinm ag searmanais fáilte don Dalai Lama go hÉirinn agus iarradh orthu seinm go minic ag cóisir gharraí Uachtarán na hÉireann Mícheál D. Ó hUigínn.

5 Tá'n t-uafás ceoil cumtha agus ceol óna n-albaim úsáidte ar an teilifís agus i scannáin. Cuirtear a gceol le **fáisnéiseáin** ar RTÉ, TG4 agus le gairid ar mhórán de fháisnéiseáin *Timewatch* de chuid BBC a 2. I dtaca le scannáin an rud is sonrach ná an ceolrian don fhadscannán Gaeilge *Arracht* agus an comhchumadh a rinneadar le Bruno Coulais don trí bheochan de chuid Cartoon Saloon ar ainmníodh d'Oscar agus a ghnóthaigh gradaim ag na hAnnies. B'iúd *Wolfwalkers*, *The Secret of Kells* agus *The Song of the Sea*. Sa bhliain 2015 ainmníodh d'Emmy iad dá gceolrian don fáisnéiseáin *Ireland's Wild River* ar ainmníodh mar an fáisnéiseáin fiadhúlra is fearr sa domhan don dá bhliain sin.

* ábhar dílis

A Déantar cur síos ar an stíl ceoil atá acu.
B Faightear léargas anseo ar an mbaint atá ag Kíla leis na meáin chumarsáide.
C Labhraítear faoi na háiteanna ar thaisteal Kíla thar na blianta.
D Tosaíonn an t-alt le cur síos ar an mbanna ceoil.
E Is cur síos é seo ar thrí rud iontacha a rinne Kíla thar na blianta.

A	
B	
C	
D	
E	

Smaoineamh MRB 2

Cur i láthair

Roghnaíonn tú réimse spéise/topaic/saincheist agus déanann tú cur i láthair faoi, ag úsáid do rogha meán agus frapaí.

- Déan é seo i d'aonair.

Cur i láthair

Scríobh faoin mbanna ceoil is fearr leatsa agus labhair os comhair an ranga fúthu.

Píosa filíochta ó bhéal: 'Siúcra'

'Siúcra'

Éist leis an bpíosa **filíochta ó bhéal**[1] 'Siúcra' le Roxanna Nic Liam.

comhchiallach[1], *m.* (*gs. & npl.* **-aigh**, *gpl.* ~). Synonym.

Foinse: teanglann.ie

Tá áis iontach (saor in aisce) ar fáil ar potafocal.com/thes/. Is **teasáras**[2] é.

Stór focal

Tá an focal 'mistéireach' sa dán 'Croí na Gaeilge' agus sa saothar (an fhilíocht ó bhéal) 'Siúcra' le Roxanna Nic Liam. Luann Roxanna roinnt focal a bhfuil brí chomhchosúil lena chéile leo.

mistéireach	rud nach féidir a thuiscint go simplí ná go soiléir
rúnda/rúnach	rud éigin atá faoi rún
diamhair	áit nó rud uaigneach, aisteach, mistéireach, áit ait a chuireann eagla éigin ort
dúrúnda	seo rud atá faoi rún i gciorcal dúnta
fáthrúnda	baineann an focal seo le meafair agus le **fáthchiallachas**[3]
folachasach	cód cripteach nach dtuigeann mórán daoine
glanrúnda	rún a bhaineann leis an reiligiún agus le cúrsaí Dé
mua	duine mistéireach, taibhse nó spiorad
neach	focal eile do dhuine mistéireach, do dhuine a imíonn i bpreabadh na súl

Chun níos mó eolais a fháil faoi conas foclóir a úsáid, féach ar lch 444.

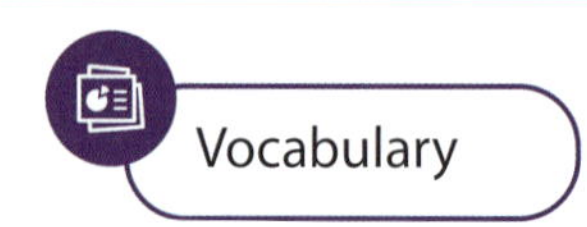

1 spoken-word poetry 2 thesaurus 3 allegory

Obair ealaíne

Déan néal focal ar na comhchiallaigh a bhaineann le ceann de na focail seo agus mínigh na focail i ngreille. Roghnaigh focal ón mbosca seo. Suíomhanna áisiúla anseo ná: focloir.ie, potafocal.com/thes/ agus wordart.com.

álainn, báisteach,
ceantar, páirc,
páiste, teach

mistéireach fáthrúnda
mistéireach glanrúnda folachasach
folachasach mistéireach rúnach
mua
diamhair dúrúnda diamhair
fáthrúnda fáthrúnda mua dúrúnda
folachasach diamhair rúnda
dúrúnda
rúnda folachasach neach
neach dúrúnda mistéireach diamhair
mua fáthrúnda rúnach
glanrúnda neach glanrúnda mua
diamhair folachasach
rúnach rúnda
neach mua rúnach

mistéireach

- **AIDIACHT**
  chomh diamhair leis an bhfarraige, rúnda, rúndiamhair, folachasach, rúnach, fáthrúnda, diamhair, dothuigthe, doiléir, domhínithe

Foinse: potafocal.com

Smaointe MRB 2

Taispeántas	Comhrá mar fhreagairt ar ábhar spreagthach
Léiríonn tú píosa gairid a chum tú féin, dán, amhrán, píosa drámaíochta, scéal san áireamh. • Féach ar 'Siúcra' mar inspioráid don tasc cumarsáideach seo. • Is féidir an taispeántas a dhéanamh i mbeirteanna. • Tá ort nó oraibh é a dhéanamh beo. Ní féidir an tasc cumarsáideach a réamhthaifead. • Is féidir píosa filíochta ó bhéal a dhéanamh os comhair an ranga. Mar aon leis sin, is féidir leat labhairt faoin saothar le bheith cinnte go bhfuil an tasc fada go leor. • Le gach tasc cumarsáideach (MRB 2), beidh ort glacadh le ceisteanna ag an deireadh.	Roghnaíonn tú ábhar spreagthach – íomhá, téacs scríofa, píosa físe gairid, cluastéacs – a spreagann thú chun dul i mbun cainte faoi. • Bain úsáid as 'Siúcra' mar ábhar spreagthach. • Labhair faoi na rudaí a thaitníonn leat faoin saothar agus faoina struchtúr. • Labhair faoi conas a chuir 'Siúcra' tú ag smaoineamh.

Léamh

Seo cuid de na seanfhocail ón saothar 'Siúcra'. Léigh iad agus déan an tasc a ghabhann leo.

	An seanfhocal	Míniú ar an seanfhocal
1	Nuair a bhíonn an cat amuigh, bíonn an luch ag rince.	Bíonn rírá sa seomra ranga nuair nach bhfuil an múinteoir ann.
2	Ar mhaithe leis féin a bhíonn an cat ag crónán.	Déanann daoine rudaí dóibh féin agus tugann siad aire dóibh féin.
3	Ólann an cat ciúin bainne leis.	Tá an duine ciúin cliste go leor.
4	Aithnítear cara i gcruatan.	Feiceann tú do chairde nuair atá tú i dtrioblóid.
5	Is maith an t-anlann an t-ocras.	Bíonn bia níos blasta nuair atá ocras ort.
6	Is minic a bhris béal duine a shrón.	Bí cúramach faoi na rudaí a deir tú.
7	Ní fíon faoi lár é.	Níl gach rud caillte fós.
8	Ní bhíonn in aon rud ach seal.	Tagann deireadh le gach rud.
9	Is fearr uaigneas maith ná droch-chuideachta.	Bí cúramach faoi na cairde atá agat.
10	Tús maith leath na hoibre.	Déan an obair i gceart ón tús.
11	Ar scáth a chéile a mhaireann na daoine.	Tugann daoine aire do dhaoine eile.
12	Níl aon tinteán mar do thinteán féin.	Tá baile deas an-tábhachtach sa saol.
13	Ní neart go cur le chéile.	Déanann an mheitheal go leor oibre.
14	Aithníonn ciaróg ciaróg eile.	Bíonn daoine go minic cairdiúil le daoine leis na tuairimí céanna.

Tasc pictiúir

Tarraing pictiúr a réitíonn le ceann de na seanfhocail. Labhair le duine eile faoin bpictiúr. Bain úsáid as an acmhainn punainne (lch 53) mar chabhair duit.

Smaointe MRB 2

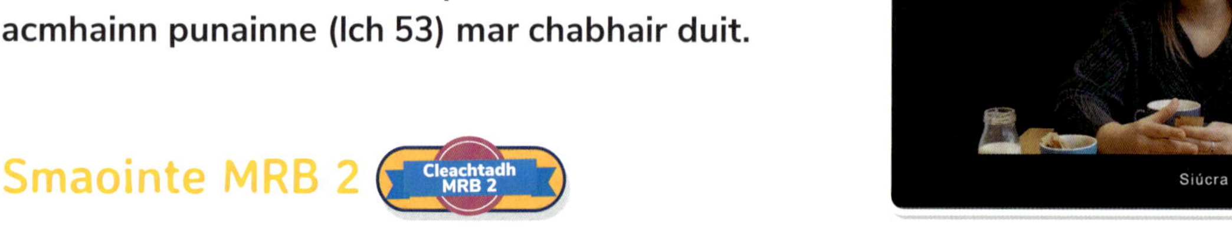

Siúcra

Cur i láthair	Taispeántas
Roghnaíonn tú réimse spéise/topaic/saincheist agus déanann tú cur i láthair faoi ag úsáid do rogha meán agus frapaí. • Dear cúpla pictiúr ag léiriú seanfhocail éagsúla. • Labhair leis an rang faoi na pictiúir agus faoin bpróiseas. • Labhair faoi na fáthanna ar roghnaigh tú na seanfhocail siúd. (Níl tú teoranta do na cinn ó 'Siúcra'.) • Cuir scéal ó do shaol féin le ceann de na seanfhocail.	Léiríonn tú píosa gairid a chum tú féin, dán, amhrán, píosa drámaíochta, scéal san áireamh. • Ag obair le duine nó beirt eile sa rang, scríobh dráma beag bunaithe ar sheanfhocal. (Níl tú teoranta do na cinn ó 'Siúcra'.) • Faigh na héadaí cearta don dráma agus cúpla frapa don seit. • Léirigh an dráma beo os comhair an ranga. • Déan cinnte go bhfuil neart le rá ag gach duine sa dráma.

An sé mór sa mhodh coinníollach

An chéad phearsa, uimhir uatha (*mé*)

Chun aistriú ón aimsir fháistineach go dtí an modh coinníollach:

1 Tóg amach an forainm *mé*.
2 Scríobh tús an bhriathair mar a scríobhtar é san aimsir chaite.
3 Cuir nn in ionad dh ag deireadh an bhriathair.

Briathra rialta		
An fhoirm	**An aimsir fháistineach**	**An modh coinníollach**
An fhoirm dhearfach	ceannóidh mé (*I will buy*)	cheannóinn (*I would buy*)
An fhoirm dhiúltach	ní cheannóidh mé	ní cheannóinn
An fhoirm cheisteach ?	an gceannóidh mé?	an gceannóinn?
An cheist dhiúltach	nach gceannóidh mé?	nach gceannóinn?

An sé mór		
An briathar	**An aimsir fháistineach**	**An modh coinníollach**
Abair	Déarfaidh mé rud éigin faoi sin. Ní déarfaidh mé rud ar bith faoi sin.	Déarfainn rud éigin faoi sin. Ní déarfainn rud ar bith faoi sin.
Bí	Beidh mé ar buile faoi sin.	Bheinn ar buile faoi sin.
Faigh	Gheobhaidh mé an méid céanna.	Gheobhainn an méid céanna.
	Ní bhfaighidh mé an méid céanna.	Ní bhfaighinn an méid céanna.
Feic	Feicfidh mé an scannán sa phictiúrlann.	D'fheicfinn an scannán sa phictiúrlann.
Téigh	Rachaidh mé abhaile go luath.	Rachainn abhaile go luath.
Déan	Déanfaidh mé m'obair bhaile.	Dhéanfainn m'obair bhaile.

séimhiú	urú/n- roimh ghuta

- Tá an briathar agus an duine scartha óna chéile (in dhá fhocal) san aimsir fháistineach – mar shampla, ***beidh mé***.
- Tá an briathar agus an duine ceangailte le chéile (i bhfocal amháin) sa mhodh coinníollach – mar shampla, ***bheinn***.
- Ní ghlacann an briathar ***abair*** séimhiú riamh.
- Bíonn séimhiú ar an bhfoirm dhearfach den bhriathar ***faigh*** san aimsir fháistineach agus sa mhodh coinníollach: ***gheobhaidh mé/gheobhainn***.
- Cuireann ***ní*** urú ar an mbriathar ***faigh*** san aimsir fháistineach agus sa mhodh coinníollach: ***ní bhfaighidh mé/ní bhfaighinn***.

Seo iad na míreanna (mionfhocail) a chuireann tú roimh an mbriathar sa mhodh coinníollach.

	An fhoirm dhiúltach	An fhoirm cheisteach ?	An cheist dhiúltach
An focal	ní	an	nach
Tionchar an fhocail	séimhiú	urú	urú/n- roimh ghuta

Na réamhfhocail chomhshuite

Rialacha

Má leanann ainmfhocal réamhfhocal comhshuite, bíonn an tuiseal ginideach i gceist – mar shampla, *ar nós* ***na gaoithe***.

réamhfhocal simplí + ainmfhocal = réamhfhocal comhshuite

Réamhfhocal comhshuite			Sampla	
Gaeilge	**Béarla**	**Aistriúchán litriúil**	**Gaeilge**	**Béarla**
ar	**on**	–	–	–
ar feadh	for (the extent/duration of)	on extent	ar feadh seachtaine	for a week
ar fud	all over	on area	ar fud na tíre	all over the country
ar nós	like	on way	ar nós na gaoithe	like the wind
de	**of**	–	–	–
d'ainneoin	despite	of unwillingness	d'ainneoin a chúlfhiacla	in spite of him
de bharr	as a result of, due to	of point	de bharr báis	as a result of death
de réir	according to	of will	de réir an leabhair	according to the book
faoi	**under**	–	–	–
faoi cheann	within (time)	under head	faoi cheann seachtaine	within a week
go	**until**	–	–	
go ceann	until, for (time)	until head	go ceann bliana	for a year
i	**in**	–	–	–
i gcoinne	against	in meeting	i gcoinne an tsrutha	against the flow
i lár	in the middle of	in middle	i lár an bhóthair	in the middle of the road
i measc	between, in the midst of	in mix	i measc na ndaoine	among the people
in aghaidh	against	in face	in aghaidh an dorais	against the door
in aice	in the vicinity of	in area	in aice na Gaillimhe	near Galway
i ndiaidh	after	in afterwards	i ndiaidh an scéil	after the story
i rith	during	in run	i rith na seachtaine	during the week
le	**with**	–	–	–
le haghaidh	for	with face	le haghaidh an gheimhridh	for the winter
le cois	beside, at the foot of	with foot	le cois na habhann	beside the river
le linn	during	with duration	le linn na seachtaine	during the week

Aistriúchán

Aistrigh na habairtí seo a leanas.

1 I was in Spain for a month.
2 He will be against the motion.
3 They live in the middle of the city.
4 I met her during the week.
5 Francesca lives beside the beach.
6 The hurley was at the foot of the stairs.

Tá tuilleadh tascanna ar fáil ar lch 381.

LG Déan an tasc ar lch 125.

An pobal aiteach

Léamh

Léigh an t-alt thíos agus déan na tascanna a ghabhann leis.

Is **ócáid dhátheangach**[1] labhartha é REIC a bhunaigh Ciara Ní É sa bhliain 2015.

Bíonn filíocht, rap, ceol, **scéalaíocht**[2] agus go leor eile le cloisteáil ag ócáidí REIC. Soláthraíonn sé spás fáilteach ina spreagtar úsáid na Gaeilge. Tionóltar REIC go rialta i mBaile Átha Cliath agus bíonn sé le feiceáil ag féilte mar Electric Picnic, Body & Soul agus IMRAM.

Is minic a léann Ciara filíocht dá cuid féin ag ócáidí REIC. Rugadh Ciara i mBaile Átha Cliath agus tógadh le Béarla í. Thit sí i ngrá leis an teanga mar thoradh na dtréimhsí a chaith sí i nGaeltacht Chonamara agus í óg. Ceapadh í ina **scríbhneoir cónaithe**[3] in Ollscoil Chathair Bhaile Átha Cliath don bhliain 2020.

Is **comhbhunaitheoir**[4] an **chomharghrúpa**[5] AerachAiteachGaelach í Ciara chomh maith. Spreag an ócáid Pride í féin agus Eoin McEvoy an grúpa a bhunú. Grúpa cainteoirí Gaeilge **LADTA+**[6] atá in AerachAiteachGaelach, agus tá sé mar **fheidhm**[7] acu saothar ildisciplíneach a fhorbairt mar cheiliúradh ar stair na gcainteoirí Gaeilge LADTA+.

Glacann Eoin páirt sna himeachtaí REIC chomh maith agus scríobh sé rap dar teideal 'Seo Mo Spás' a chuir sé le **fuaimrian**[8] Doja Cat. Tá roinnt bheag de na Gaeil uaisle ar fud na cruinne san fhíseán a bhfuil an fód á sheasamh acu don Ghaeilge, dá pobal agus do na **glúnta**[9] a labhróidh í sna céadta atá amach romhainn.

Le roinnt blianta anuas tá fás mór tagtha ar imeachtaí agus eagraíochtaí a thugann tacaíocht don phobal aiteach Gaeilge. Foilsíodh *An Foclóir Aiteach* tamall de bhlianta ó shin le stór focal atá oiriúnach don phobal sin a fhorbairt.

Cúinne na gramadaí

Aimsigh na ranna cainte seo a leanas san alt thuas.

1 saorbhriathar san aimsir láithreach
2 saorbhriathar san aimsir chaite
3 trí ainmfhocal fhirinscneacha
4 trí ainmfhocal bhaininscneacha
5 ceithre réamhfhocal shimplí
6 dhá shampla den tuiseal ginideach

Tasc foclóra

Téigh ar líne agus aimsigh trí fhocal ón bh*Foclóir Aiteach* nach raibh ar eolas agat cheana.

1 bilingual event 2 storytelling 3 writer in residence 4 co-founder 5 collective
6 LGBTQ+ 7 purpose 8 soundtrack 9 generations

Scríobh

Bain úsáid as mentimeter.com nó a mhacasamhail le **tobsmaointeoireacht**[1] a dhéanamh ar na rudaí is féidir libh a dhéanamh le fáilte a chur roimh dhaoine atá ina mbaill den phobal LADTA+.

Smaointe MRB 2

Comhrá mar fhreagairt ar ábhar spreagthach	Taispeántas
Roghnaíonn tú ábhar spreagthach – íomhá, téacs scríofa, píosa físe gairid, cluastéacs – a spreagann thú chun dul i mbun cainte faoi. • Tá cainéal YouTube ag Ciara agus Eoin araon. Caith súil ar vlaganna dá gcuid agus déan iarracht vlag de do chuid féin a thaifeadadh.	Léiríonn tú píosa gairid a chum tú féin, dán, amhrán, píosa drámaíochta, scéal san áireamh. • Scríobh Eoin amhrán dá chuid féin a chan sé le fuaimrian de chuid Doja Cat. Roghnaigh amhrán a thaitníonn leat nó amhrán atá sna cairteacha faoi láthair agus cuir do liricí féin leis.

Éisteacht

Éist leis an bhfógra. Ansin, líon na bearnaí.

BRÓD NA nGAEL

DÁTA: ____________________

ÓCÁID ____________________
agus cheoil do Ghaeilgeoirí aiteacha

ÁIT: ____________________

____________________ ____________________

____________________ ar Shráid Fhearchair

PRÍOMHIMEACHT: plé painéil le baill aitheanta ó phobal ____________________ na Gaeilge

COSTAS: ____________________

____________________ ____________________

1 brainstorming

Féiríní Gaelacha 2.0

Léamh

Léigh na hailt thíos agus déan an tasc a ghabhann leo.

CLODAFOTO

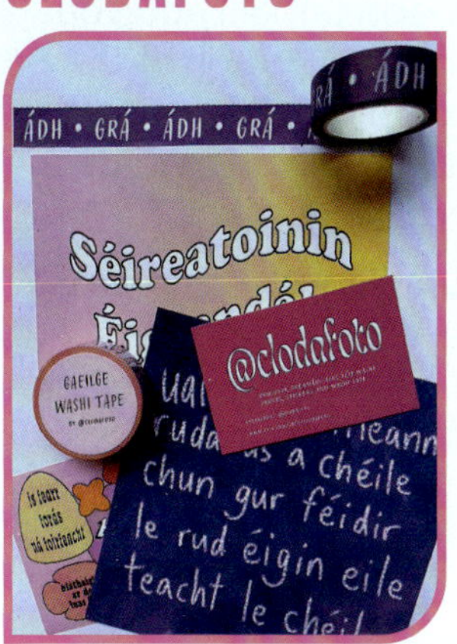

Bhunaigh Clodagh Nic Fhionnlaoich an cuntas Instagram clodafoto sa bhliain 2019 toisc gur theastaigh uaithi grianghraif a raibh **fotheidil dhátheangacha**[1] scríofa fúthu a roinnt. Chruthaigh sí teimpléid éagsúla a úsáidtear ar scéalta Instagram agus thosaigh sí ag postáil grafaicí difriúla sa bhliain 2020. Tá an-tóir ar phriontaí a bhfuil **dearbhuithe**[2] dearfacha scríofa orthu le déanaí agus ba í Clodagh an chéad duine a rinne a leithéid sa Ghaeilge. Dúirt Clodagh gur theastaigh uaithi rud éigin a thabhairt ar ais don teanga mar **bhuíochas**[3] di as an méid gliondair a thug sí do Chlodagh. Tá i bhfad níos mó bainteach leis an teanga ná na **seanscéalta**[4] agus na **nósanna**[5] atá inti le fada an lá, dar le Clodagh, agus theastaigh ó Chlodagh an nua-Ghaeilge a chur chun cinn.

EXECUTE EXIST

Is as Contae an Chláir é Greg agus bhunaigh sé an comhlacht Execute Exist sa bhliain 2017 ach admhaíonn sé nach ndearna sé mórán leis go dtí 2020. Bhí **an-éileamh**[6] ar na táirgí dá chuid nuair a thosaigh sé ag cur píosa Gaeilge orthu. Taitníonn an Ghaeilge go mór leis agus tá an-spraoi ag baint léi, dar leis. Cheap sé go raibh **bearna sa mhargadh**[7] do tháirgí Gaeilge atá faiseanta agus nach bhfuil **róthraidisiúnta**[8]. Deir Greg gur chóir dúinn an teanga a chothú. Cé nach bhfuil Gaeilge líofa aige, tá **an-mheas**[9] aige ar an teanga. Tá réimse leathan táirgí ar fáil ar an suíomh gréasáin executeexist.com. Thosaigh sé ag déanamh coinnle ar nós an tseanfhóin Nokia sa bhliain 2021.

BAILE CLOTHING

Bunaíodh Baile Clothing i mbaile na m**bunaitheoirí**[10] féin, Droichead Átha. Bunaíodh an comhlacht i mí Lúnasa 2020 le linn na paindéime. Rith spreagadh don chomhlacht le Elsie agus Dean nuair a bhí an bheirt acu ina suí ag bord na cistine tráthnóna amháin. Chaith an bheirt acu seal i Londain i mí Eanáir 2020 agus tháinig **cumha i ndiaidh an bhaile**[11] orthu. Bhí Elsie in **umar na haimléise**[12] nuair a chaill sí a post lánaimseartha. An **aidhm**[13] a bhí acu agus an comhlacht á bhunú acu ná **cuimhneamh**[14] ar a n-oidhreacht agus **blaiseadh**[15] de chultúr na hÉireann a thabhairt do mhuintir na hÉireann a bhfuil cónaí orthu thar lear. Dar leis na bunaitheoirí, bíonn daoine níos bródúla as cultúr a n-áit dhúchais nuair a bhogann siad **thar sáile**[16]. Theastaigh ón mbeirt acu **ceiliúradh**[17] a dhéanamh ar chultúr na tíre. Níl Gaeilge **líofa**[18] ag duine acu ach bhí siad ag iarraidh an teanga a chur chun cinn agus an comhlacht á bhunú acu. Ba chóir go mbeadh bród orainn ar fad an teanga a labhairt, dar le Elsie agus Dean.

[1] bilingual captions [2] slogans [3] thanks [4] old stories [5] customs [6] high demand
[7] gap in the market [8] too traditional [9] great respect [10] founders [11] homesickness
[12] deep depression [13] aim [14] remember [15] taste [16] abroad [17] celebration [18] fluent

NINE ARROW

Is **maisitheoir**[1] í Catherine Geaney a bhunaigh an comhlacht Nine Arrow sa bhliain 2017. Rinne sí staidéar ar an nGaeilge ar scoil ach d'admhaigh sí go ndearna sí dearmad ar gach rud a d'fhoghlaim sí **de ghlanmheabhair**[2] tar éis di an scoil a fhágáil. Chónaigh sí sa t**Seapáin**[3] ar feadh tamaill agus ba mhinic a tháinig **náire**[4] uirthi nuair a iarradh uirthi rud éigin a rá i nGaeilge toisc nach raibh sé ar a cumas. Spreag an podchraoladh *Motherfoclóir* í **léaráidí**[5] a dhéanamh i nGaeilge.

Thug an **moladh**[6] óna teaghlach agus ó chairde dá cuid misneach di a léaráidí a chur ar an margadh. Is breá léi go mbíonn sí ag plé leis an teanga **ar bhonn laethúil**[7] agus **dearann sí**[8] léaráidí éagsúla bunaithe ar na focail nua a fhoghlaimíonn sí. Tá **réimse leathan táirgí**[9] ar fáil aici anois, priontaí, cártaí, éadaí, **oiriúintí tí**[10] agus **suaitheantais**[11] ina measc.

Taighde

Caith súil ar na suíomhanna gréasáin thíos agus roghnaigh táirge amháin a thaitníonn leat. Cuir dhá fháth le do rogha.

- etsy.com/shop/clodafoto
- executeexist.com
- baileclothing.com
- ninearrow.com

Éisteacht Rian 2.27

Éist leis an gcomhrá agus freagair na ceisteanna a ghabhann leis. Cuir tic leis an bhfreagra ceart más gá.

1 Cén lá a bheidh an chóisir ar siúl?
   oíche Dé Luain ☐ oíche Dé hAoine ☐ oíche Dé Sathairn ☐
2 Cén uair a chuirfear tús leis an gcóisir?
   thart ar 7:00 i.n. ☐ ar bhuille 6:00 i.n. ☐ thart ar 6:00 i.n. ☐
3 Cén teanga a bhfuil suim ag deartháir Ghearóid inti?
4 Tabhair dhá phíosa eolais faoi na táirgí de chuid Execute Exist.
5 Cad a bhíonn le feiceáil ar phriontaí de chuid clodafoto?

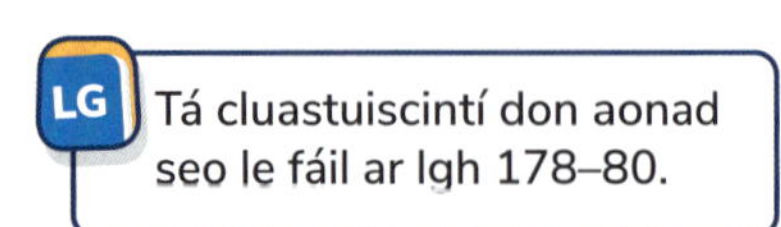

LG
Tá cluastuiscintí don aonad seo le fáil ar lgh 178–80.

1 illustrator 2 by heart 3 Japan 4 shame 5 drawings 6 encouragement 7 on a daily basis 8 she designs 9 wide range of products 10 household accessories 11 badges

An modh foshuiteach

Rialacha

> **Cogar** go raibh maith agat = ***may there be goodness at you***

Ní dhéanfaimid staidéar foirmiúil ar an modh seo in *Croí na Gaeilge* ach fós ba chóir dúinn a thuiscint go bhfuil an modh seo ann sa Ghaeilge. Baineann seo leis an bhfeasacht teanga. Is féidir an modh foshuiteach a úsáid le guí, dóchas, mian nó beannú a léiriú.

Sampla	Nóta faoin sampla
Go dtaga biseach ort go luath.	Deir tú seo le duine atá tinn.
Go dtaga do ríocht.	Seo ceann ón bpaidir 'Ár nAthair'.
Go dté tú slán!	Deirtear seo nuair atá duine ag imeacht ó do theach.
Go maire tú an dá chéad!	Seo ceann maith do sheanduine ar ócáid a mbreithlá.
Go mbeirimid beo ar an am seo arís!	Is féidir é seo a rá nuair atá tú ag ceiliúradh lá mór – mar shampla, an Nollaig.
Go n-éirí an bóthar leat!	Is féidir é seo a rá le duine atá i mbun taistil. *Bon voyage* a deirtear i bhFraincis.
Go n-éirí an t-ádh leat!	Is féidir é seo a rá le duine roimh scrúdú nó cluiche.
Go raibh an bia blasta!	Deir freastalaí i mbialann nó óstach ag dinnéar é seo.
Nár laga Dia thú!	Is ardmholadh é seo má dhéanann duine rud maith.

Léamh

Léigh an t-alt thíos agus déan na tascanna a ghabhann leis.

NÁR CHAITHE MUIDE AN MODH FOSHUITEACH SNA FATAÍ LOFA*

Domhnall Ó Braonáin

Bhí mé ag caint le mo chol ceathrar an lá cheana agus **th'éis** (*tar éis*) dúinn comhrá beag a bheith againn faoi mo thuras go Meiriceá dúirt sé 'Bíodh *time* agat thall ann.' B'fhéidir **nach gceapfá**[1] go bhfuil fadhb ar bith leis sin agus tá mé cinnte faoi cheann deich mbliana, nó mar sin, go n**glacfar leis**[2] go hiomlán.

I mBéarla deirtear '*Have a nice day*'; mar sin cén fáth nach ndéarfadh muide 'Bíodh lá deas agat'? Anois, níl mé ag fáil **locht**[3] ar bith ar mo chol ceathrar (is *towny* é – mar sin thuigfeá dó), agus go dtí le cúpla bliain anuas ní raibh a fhios agam féin nach raibh sé ceart. Is Gaeilgeoirí muid i saol an Bhéarla agus mar sin bíonn **teanga na Banríona**[4] **go seasta síoraí**[5] á **brú isteach inár n-intinn**[6], **trínár**[7] súile agus trínár gcluasa.

Mar sin, bíonn muid i gcónaí ag dul ón mBéarla go Gaeilge le chuile shórt agus tá sé i bhfad níos éasca ag an **intinn**[8] rud a aistriú go díreach, i bhfoirm atá ceart i gcomhthéacs eile, ná an iarracht bhreise a bhaineann le modh gramadaí nach dtuigeann go leor againn go hiomlán a chur isteach inár stór Gaeilge.

Ansin, má tá d'intinn ag déanamh an ruda chéanna arís agus arís eile, **cuirfidh sí an dallamullóg uirthi féin**[9] agus **cuirfidh sí ina luí ort**[10] nach bhfuil an rud sin mícheart.

Chomh maith leis sin, cloiseann muid i gcónaí é ag teacht ó dhaoine eile nach ndéanann imní faoin gcineál sin ruda, agus glacann an intinn leis sin mar **fhianaise**[11] go bhfuil sé ceart.

1 *you wouldn't think* 2 *it will be accepted* 3 *fault* 4 *the queen's English* 5 *perpetually* 6 *pushed into our head* 7 *through our* 8 *mind* 9 *it fools itself* 10 *it convinces you* 11 *evidence*

Agus ó tharla go bhfuil muid th'éis glacadh leis ní chloistear an modh foshuiteach sa gcaint níos mó seachas 'go raibh maith agat', 'go bhfóire Dia ort' agus, má tá do dheaide chomh haisteach le mo cheannsa, '**go mba hé duit**[1]'.

An ceann is deise liom féin ná 'go dtuga an diabhal coirce duit 's clocha beaga thríd'. Sin ceann a thug aintín mo mhama dom (agus ceann a bhain geit as mo mhúinteoir Gaeilge nuair a bhéic mé amach sa rang é nuair a bhí sí ag cuartú samplaí de bheannachtaí agus de mhallachtaí).

Don té a bhfuil suim aige ann, tá alt i leabhar Iób sa mBíobla atá go hiomlán sa mhodh foshuiteach (Iób 3:1–10) agus nuair a léigh mé é bhí glór beag i gcúl mo chinn a dúirt '*aww class*'. (Tuigim gur *nerd* mé.)

Cé chomh minic a chloiseann tú 'go raibh lá deas agat' ar aon nós? **Airíonn sé** (*it feels*) cineál aisteach é a rá mar nach bhfuil cleachtadh agam air. Ach tiocfaidh sé le húsáid mar a tháinig focla eile isteach i mo chuid cainte th'éis iad a úsáid d'aon cheird go minic le n-iad a ghreanadh i m'intinn.

Anois tuigim, nuair a thosaíonn cuid den ghramadach ag imeacht, **gur fusa an taoille a chasadh le píce**[2] ná é a tharraingt ar ais in úsáid, ach cuir an cheist ort féin: 'nuair a bheidh an foshuiteach imithe, cén chéad rud eile a fhágfaidh muid sna fataí lofa?'.

Tá sé seo tarlaithe cheana féin leis an tuiseal tabharthach. Cén fáth gur Éirinn agus Albain a thugtar ar Éire agus Alba? Mar cé gur Éire agus Alba an t-ainm atá orthu, nuair a théann tú ann bíonn tú in Éirinn nó in Albain; mar sin d'athraigh muid go dtí an tuiseal tabharthach ach níor bhac muid athrú ar ais.

Impím ort mar sin, a léitheoir, iarracht a dhéanamh an modh foshuiteach a fhí isteach i do chuid cainte agus an modh ordaitheach a chur ar leataobh go dtí go mbuailfidh racht feirge thú.

Nár laga Dia thú agus go dtuga Dia slán thú.

bíodh = ordú (imperative)	
go raibh = guí (wish)	

* ábhar dílis

Scríobh

Freagair na ceisteanna thíos. Cuir tic leis an bhfreagra ceart más gá.

Buntuiscint

1 Pioc amach an modh ordaitheach ón liosta seo:
Cheannaigh mé é. ☐ Ceannaigh é anois. ☐ Ceannóidh mé é anois. ☐

2 Cuir tic leis an abairt atá ag déanamh achoimre ar an dara halt ón scéal thuas.
Cuireann an Béarla leis an nGaeilge sa tír seo. ☐
Tá tionchar mór ag an mBéarla ar an nGaeilge sa lá atá inniu ann. ☐
Ní féidir Gaeilge a labhairt mura bhfuil Béarla agat. ☐

3 Pioc amach trí shampla den chanúnachas (canúint Chonamara) ón alt thuas. Cuir do rogha i gcomparáid le dalta eile sa rang agus déan seiceáil uirthi.

Léirthuiscint

4 Mínigh an nath cainte 'Nár chaithe é san fataí lofa' i d'fhocail féin. Pioc sampla de rud éigin atá caite againn sna fataí lofa in Éirinn. *Leid: fataí = prátaí*

5 Déan cur síos (40 focal) i d'fhocail féin ar na rudaí atá á bplé ag an údar san alt seo.

6 Cad a cheapann tú féin faoi na tuairimí atá ag an údar seo? An aontaíonn tú leo?

1 the same to you 2 that it's easier to turn the tide with a pike

Beannachtaí agus mallachtaí

Stór focal

Is frásaí saibhre iad na cinn a úsáidtear le mallacht a chur ar dhuine nó le beannú do dhuine. Tá cumarsáid i dteanga ársa na Gaeilge saibhir agus spraíúil.

Beannachtaí (do chairde de do chuid)		Mallachtaí (do naimhde de do chuid)	
Sonas ort!	Happiness on you!	Go hifreann leat!	Go to hell!
Fáinne óir ort!	Bravo!	Go mbeire an diabhal leis thú!	May the devil take you!
Mo cheol thú!	Good for you!	Damnú ort!	Damn you!
Mo sheacht mbeannacht ort!	Well done!	Loscadh is dó ort!	Damn you!
Go dté tú an céad!	Long life to you!	Go mbrise an diabhal do chnámha!	May the devil break your bones!
Go gcuire Dia an t-ádh ort!	God give you good luck!	Mallacht na baintrí ort!	A widow's curse upon you!
Go n-éirí an bóthar leat!	Safe trip!	Go ndalla an diabhal thú!	May the devil blind you!

Tasc foclóra

Bain úsáid as an idirlíon le brí na bhfrásaí thuas focal ar fhocal a aimsiú.
Sampla: Fáinne óir ort! = *A gold ring on you!*

Taighde

Is minic a luaitear an uimhir seacht i mbeannachtaí. An bhfuil aon tábhacht ag baint leis an uimhir sin sa Ghaeilge? Téigh ag brabhsáil ar líne le heolas a bhailiú. Aimsigh trí fhíric faoin uimhir.

An béaloideas sa Ghaeilge

Léamh

Léigh an t-alt thíos agus déan na tascanna a ghabhann leis.

béaloideas *fir1* eolas a thagann anuas chugainn ó bhéal go béal

Foinse: *An Foclóir Beag*

Focal eile don bhéaloideas ná an seanchas. Is traidisiún é an béaloideas a bhaineann leis 'an seanchaí' (sin duine atá in ann na seanscéalta a insint i gceart). Baineann an t-eolas seo le scéalta, logainmneacha, nósanna an phobail agus **piseogacht**[1]. Mar aon leis seo, baineann mallachtaí, beannachtaí, **leigheasanna traidisiúnta**[2] agus paidreacha leis an mbéaloideas. Tá scéalta ann timpeall na tíre faoi na **toibreacha beannaithe**[3] agus baineann seo leis an mbéaloideas. Ceiliúrtar na naoimh éagsúla ar lá an phátrúin (sin lá speisialta a bhaineann le naoimh an cheantair).

Síscéalta[4]

Is scéalta iad seo a bhaineann leis na 'daoine maithe'. Maireann na síoga i **liosanna**[5]. Dar leis an traidisiún, ní cóir d'éinne cur isteach ar aon lios ar a dtalamh. Is é seo an fáth go maireann a lán **sceach gheal**[6] i lár páirceanna ar fheirmeacha timpeall na hÉireann. Dar leis an traidisiún, tugann an sceach gheal foscadh do lios na síog. Cloistear daoine in Éirinn sa lá atá inniu ann ag caint faoin mbean sí.

An Rúraíocht

Is seantraidisiún é seo a bhaineann le scéalta faoi Chonchúir Mac Neasa. Tá na scéalta seo lonnaithe i gCúige Uladh. Is é an scéal is cáiliúla agus is faide ón traidisiún seo ná an *Táin Bó Cuailgne*. Tá banríon Méabh (ó Chonnachta) agus Cú Chulainn (ó Ulaidh) sa scéal seo.

An Fhiannaíocht

Níl an traidisiún seo chomh sean leis an Rúraíocht. Baineann na scéalta seo le Fionn agus na Fianna. Fuair Fionn **bua na feasa**[7] ón mbradán sular bhain sé ceannas na Féinne amach. Tá go leor tagartha sa traidisiún seo do Naomh Pádraig agus don phágántacht.

Scríobh

Freagair na ceisteanna seo.

Buntuiscint

1 Breac síos comhchiallach don fhocal *béaloideas*.
2 Cad is ainm don áit chónaithe atá ag na síoga?
3 An bhfuil baint ag an reiligiún leis an mbéaloideas? Cuir tic leis an bhfreagra ceart.
   Tá. ☐   Níl. ☐   Ní deirtear. ☐
4 Cén traidisiún lena mbaineann Conchúir Mac Neasa? Cén traidisiún atá níos sine, an Rúraíocht nó an Fhiannaíocht?

Léirthuiscint

5 An gceapann tú go bhfuil an béaloideas tábhachtach? Tabhair fáth le do fhreagra.

1 superstition   2 traditional cures   3 holy wells   4 fairy stories   5 ringforts   6 hawthorn
7 the gift of knowledge

Físeán

Cuardaigh le haghaidh 'Lá Pátrún Naomh Gobnait i nDún Chaoin' ar molsceal.ie. Féach ar an bhfíseán seo ag cur síos ar lá pátrún.

Smaointe MRB 2

Cur i láthair	Agallamh
Roghnaíonn tú réimse spéise/topaic/saincheist agus déanann tú cur i láthair faoi ag úsáid do rogha meán agus frapaí. • Déan cur i láthair ar ghné éigin de stair na Gaeilge, mar shampla: – litríocht na Gaeilge – filí na Gaeilge – an Rúraíocht – an Fhiannaíocht – seanscéalta (bain úsáid as storyboardthat.com nó a mhacasamhail chun scéalchlár a chruthú bunaithe ar sheanscéal) – Conradh na Gaeilge – TG4	Glacann tú ról an agallóra agus/nó ról an fhreagróra. • Ullmhaigh agallamh faoi ghné éigin de stair do cheantair, mar shampla: – béaloideas/seanchas i do cheantar – daoine cáiliúla ón gceantar – seanfhoirgneamh sa cheantar – lá patrún i do cheantar – naomh áitiúil – an Ghaeilge i do cheantar

Tá go leor eolais faoin mbéaloideas i ngach contae ar fáil ar an suíomh duchas.ie.

Gaeilgeoirí na nua-aoise

Léamh

Is pobal an-ilghnéitheach[1] é pobal na Gaeilge ina bhfuil fáilte roimh chách. Tá an-cháil ar na baill thíos. Léigh na hailt seo a leanas agus freagair na ceisteanna a ghabhann leo.

© Vanessa Ifediora

Ola Majekodunmi

Is **saoririseoir**[2], cruthaitheoir, scríbhneoir agus cainteoir poiblí í Ola Majekodunmi, a oibríonn trí mheán na Gaeilge. Déanann sí ábhar a sholáthar don *Irish Times*, Journal.ie, RTÉ.ie agus eile, agus tá roinnt oibre déanta aici le TG4.

Rugadh í sa **Nigéir**[3] agus d'fhás sí aníos i mBaile Átha Cliath. D'fhreastail sí ar Choláiste Íosagáin agus tá **máistreacht**[4] ag Ola sa Léiriúchán Craolacháin Digiteach ón Scoil Náisiúnta Scannánaíochta in IADT Dhún Laoghaire. Thosaigh Ola ag obair le Raidió na Life sa bhliain 2014. Chuir sí *An Meangadh Beag* i láthair ar dtús sular bhog sí ar aghaidh go dtí *Seinnliosta an tSathairn* ar feadh cúig bliana. Cuireann sí *Afra-Éire* i láthair ar an stáisiún anois. Cloistear í go minic freisin ar RTÉ Raidió na Gaeltachta, RTÉ 2FM, RTÉ 2XM, BBC Radio Ulster, BBC Radio Foyle, RTÉ Radio 1 agus stáisiúin raidió eile nach iad.

Tá sí ar dhuine de **chomh-bhunaitheoirí**[5] Beyond Representation, tionscnamh a bhfuil sé mar sprioc aige ceiliúradh a dhéanamh ar a bhfuil bainte amach agus á bhaint amach ag mná de dhath in Éirinn. **Stiúir**[6] sí **clár faisnéise**[7] físe, *What Does 'Irishness' Look Like?*, in 2018. Ghlac sí páirt go rialta sa phodchraoladh **aitheanta**[8] *Motherfoclóir* agus sna hócáidí REIC. Bhuaigh sí gradam in 2019 ó Amdalah Africa Foundation mar aitheantas ar an obair a dhéanann sí i measc an phobail.

1. Cár rugadh Ola?
2. Ainmnigh eagraíocht amháin a ndéanann Ola obair léi.
3. Cén sprioc atá ag an tionscnamh Beyond Representation?
4. Aimsigh dhá shampla de bhriathar rialta san aimsir chaite san alt.

Kitty Ní Houlihán

Is **banríon draig**[9] í Kitty Ní Houlihán a shocraigh ar phostálacha trí mheán na Gaeilge a scríobh toisc go n-úsáideann sí an Ghaeilge gach lá agus mothaíonn sé níos nádúrtha di an Ghaeilge a úsáid ar líne. Is maith léi an Ghaeilge a úsáid ar Instagram toisc nach féidir le Instagram an Ghaeilge a aistriú. Chomh maith leis sin, níl aon bhanríon draig eile **ag cruthú**[10] postálacha sa Ghaeilge.

Dar le Kitty, tá an teanga **fíorthábhachtach**[11] ó thaobh an chultúir de. Ceapann sí gur chóir dúinn an teanga a úsáid mar fuair daoine bás ar son na teanga agus níl sí ag iarraidh an teanga a chailleadh. B'fhearr léi dá mbeadh Gaeilge ag gach duine in Éirinn. Ar an drochuair, níl sé sin **sodhéanta**[12], ach creideann sí go mbeidh sí in ann daoine eile a spreagadh chun cúpla focal a úsáid nó an teanga a fhoghlaim nuair a fheiceann siad na postálacha dá cuid.

D'fhoghlaim Kitty a cuid Gaeilge ó go leor áiteanna difriúla. Tá Gaeilge mhaith ag a máthair agus rinne sí **iarracht**[13] í a labhairt léi agus í óg. D'fhreastail sí ar scoil lán-Bhéarla ach bhí **ardchaighdeán**[14] Gaeilge ag **tromlach**[15] na múinteoirí. Chomh maith leis sin, d'fhreastail sí ar chúrsa i gColáiste Lurgan nuair a bhí sí sa chúigiú bliain agus d'athraigh an turas sin an dearcadh a bhí aici **i leith na teanga**[16]. Rinne sí gach iarracht an Ghaeilge a chur chun cinn agus a úsáid gach lá i ndiaidh an tsamhraidh sin.

1 diverse 2 freelance journalist 3 Nigeria 4 master's 5 co-founder 6 directed
7 documentary 8 renowned 9 drag queen 10 creating 11 truly important 12 possible
13 effort 14 high standard 15 majority 16 towards the language

1. Cén fáth a dtaitníonn le Kitty an Ghaeilge a úsáid ar líne?
2. Ainmnigh an ball teaghlaigh Kitty a bhfuil Gaeilge aici.
3. Cén coláiste samhraidh ar fhreastail sí air?
4. Aimsigh trí shampla de réamhfhocal simplí san alt.

Gaylgeoirí

Is **margóir**[1] sna meáin shóisialta é Cian Ó Gríofa ach tá go leor eile ar bun aige. Is maith leis a bheith ag scríobh, ag déanamh obair theilifíse agus a bheith ag obair mar iriseoir freisin. Cé go bhfuil sé ag obair trí mheán an Bhéarla go laethúil, déanann sé an-chuid trí mheán na Gaeilge freisin.

Bhain Cian Ó Gríofa céim amach sa Ghaeilge agus sa Bhéarla. Dúirt sé nach raibh sé **rómhuiníneach**[2] as féin agus as a chuid Gaeilge agus é ar an ollscoil. Bhraith sé go raibh gach duine sa rang níos fearr ná é agus chuir sé tús leis an gcuntas Instagram Gaylgeoirí chun níos mó Gaeilge a fhoghlaim. Bhí suim ollmhór aige i gcónaí i **méimeanna**[3] agus chonaic sé go raibh **nideog**[4] ann do mhéimeanna trí mheán na Gaeilge. De bharr an chuntais Gaylgeoirí tá deis ag Cian **ionadaíocht**[5] a dhéanamh ar son daoine óga aiteacha sa tír seo. Nuair a bhí sé ag fás aníos, ní raibh **eiseamláirí aiteacha**[6] aige, agus is cinnte go raibh siad ag teastáil agus é ag streachailt leis féin agus lena chuid **féiniúlachta**[7]. Tá sé an-tábhachtach dó an t-ardán a úsáid chun spotsolas a thabhairt do dhaoine nár léiríodh a leithéid ar na meáin agus iad a cheiliúradh. Tá súil ag Cian go bhfeiceann siad go bhfuil grá ag daoine do chúrsaí LADTA+ agus go mbeidh gach rud ceart go leor.

Tá an Ghaeilge lárnach ina shaol ó thaobh a chuid féiniúlachta de. Is fear **aerach**[8] é agus **b'uirlis féinfhollasaithe**[9] é Gaylgeoirí dó féin sula raibh sé réidh le bheith amach go hoscailte. Bhí sé in ann a fhéiniúlacht agus a **ghnéasúlacht**[10] a **iniúchadh**[11] go príobháideach toisc nach raibh Gaeilge ag duine dá mhuintir. D'éirigh sé i bhfad níos muiníní agus tá sé an-sásta anois (gafa leis féin, mar is ceart!) mar fhear aerach. Ní dóigh leis go mbeadh sé mar seo murach an Ghaeilge.

1. Cén post atá ag Cian Ó Gríofa?
2. Roghnaigh abairt amháin a léiríonn nach raibh mórán féinmhuiníne ag Cian nuair a bhí sé san ollscoil.
3. Ainmnigh rud amháin a bhí in easnamh agus Cian ag fás aníos, dar leis.
4. Aimsigh sampla amháin de réimír san alt.
5. Aimsigh sampla amháin de bhreischéim na haidiachta san alt.

gaylgeoiri
Message
459 posts
15.4 k followers
894 following
Cian Griffin (Ó Gríofa) he/him
Writer, gay icon, vlogger, Gaeilge freak.
IE Irish/English LGBTQ+ content.
Social Media at Salesforce & @nagaeilaeracha.
Ráth Maonais / Rathmines.
linktr.ee/gaylgeoiri
Followed by gaelgory, gaeilgevibes, cumanngaelachoeg + 21 more

LG Déan na tascanna ar lgh 126–8.

1 *marketeer* 2 *too confident* 3 *memes* 4 *niche* 5 *representation* 6 *queer role models* 7 *identity* 8 *gay* 9 *self-discovery tool* 10 *sexuality* 11 *examine*

Mionteangacha

Idirghníomhú cainte

Emma Ní Chearúil
@gingeripod

An Ghaeilge: teanga mhionl*aigh* nó teanga mhionl*aithe*?

Translate Tweet

Emma Ní Chearúil
21.2K Tweets

Follow

Emma Ní Chearúil
@gingeripod
Níl ann ach seal bhur gcuarta ✨
cruthaitheoir ⁊ craoltóir | producer/presenter ✨
linktr.ee/gingeripod Joined April 2009
1,354 Following 2,548 Followers

Tweets | Tweets & replies | Media | Likes

Féach ar an ngiolc thuas a scríobh Emma Ní Chearúil. Is láithreoir raidió í Emma a bhíonn an-ghníomhach ar na meáin shóisialta. An teanga mhionlaigh nó mhionlaithe í an Ghaeilge, meas tú? Cad é an difríocht idir an dá fhocal? Pléigh an cheist seo le duine eile sa rang.

Léamh

Léigh an t-alt thíos faoi mhionteangacha eile ar na meáin shóisialta.

@cabadaichlekait

Is 'Instagrammer' í Kaitlin MacPherson a bhfuil **an-tóir**[1] uirthi ar na meáin shóisialta. Deir sí go dtugann Gàidhlig deis di dáimh a bheith aici le daoine ar bhealach difriúil. Is mian le Kaitlin go mbeidh daoine **toilteanach**[2] Gàidhlig a chleachtadh nó a **athfhoghlaim**[3] go nádúrtha, agus mar sin cuireann sí teidil dhátheangacha ar a grianghraif faoi chúrsaí faisin, smididh, srl.

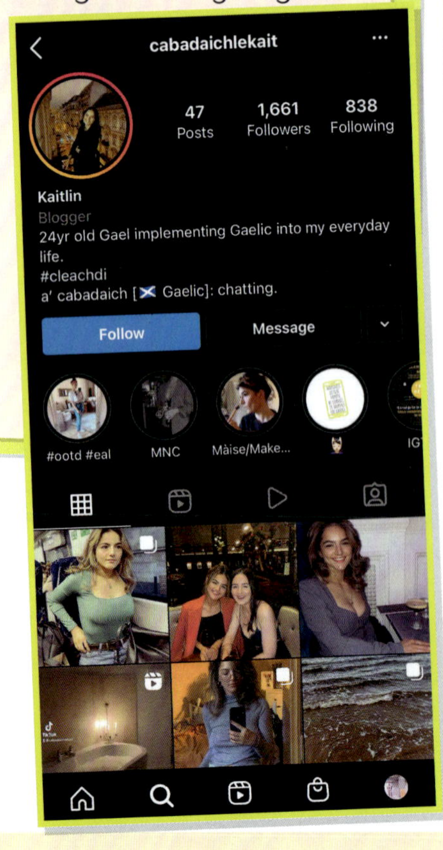

@love_gaidhlig

Tá beagnach 5,000 **leantóir**[4] ag Eòghan Stiùbhart ar a leathanach Instagram, Gàidhlig Gu Leòr, 'an cainéal Gàidhlige is mó tóir air nach mbaineann le cúrsaí **scéimhe**[5]'. Postálann sé físeáin 60-soicind i nGàidhlig atá thar a bheith greannmhar, agus iad oiriúnach d'fhoghlaimeoirí na Gàidhlige mar **dhara teanga**[6] agus do **chainteoirí dúchais**[7] araon. Faigheann sé go leor **tráchtaireachtaí**[8] dearfacha ar a chuid físeán.

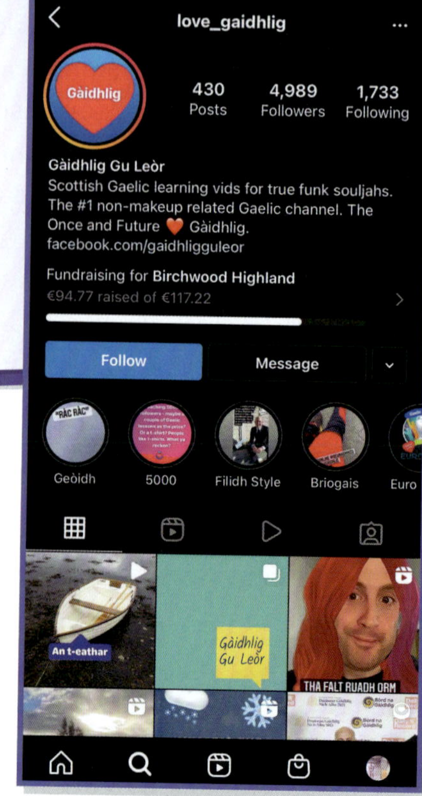

1 great appeal 2 willing 3 relearn 4 followers 5 beauty
6 second language 7 native speakers 8 comments

Díospóireacht

Idirghníomhú cainte

Roghnaigh ceann de na teidil sa bhosca thíos agus obair le chéile i bhfoirne le díospóireacht a bheith agaibh. Beidh foireann amháin ar son an rúin agus an ceann eile in aghaidh an rúin. Déan cinnte go ndéanann gach ball den fhoireann plé ar phointí difriúla.

1 Is cur amú ama í foghlaim na Gaeilge.
2 Ba chóir go mbeadh an Ghaeilge mar ábhar roghnach.
3 Tá athbheochan i ndán don Ghaeilge.
4 Tá na meáin shóisialta ina gcabhair mhór maidir le dul chun cinn na Gaeilge.

Stór focal

Tús na díospóireachta:
A chathaoirligh, a mholtóirí, a chomhscoláirí agus a lucht an fhreasúra, is mise ____________________ agus tá áthas orm a rá libh go bhfuilim anseo chun labhairt libh ar son/in aghaidh an rúin seo.

Tacaím go láidir leis an rún seo.	I strongly support this motion.	Táim go hiomlán i gcoinne an rúin seo.	I am completely against this motion.
Ar an gcéad dul síos . . .	First of all . . .	Caithfidh mé a rá . . .	I have to say . . .
Chomh maith leis sin . . .	As well as that . . .	Anuas air sin . . .	On top of that . . .
Ná déanaigí dearmad . . .	Don't forget . . .	Tá muinín agam as . . .	I am confident about . . .
Ní chreidim gur fíor sin.	I don't believe that that is true.	Mar fhocal scoir . . .	Finally . . .
argóintí láidre	strong arguments	argóintí laga	weak arguments
pointí ciallmhara	sensible points	pointí amaideacha	foolish points

Tá tuilleadh frásaí ar fáil don díospóireacht ar lch 433.

Déan na tascanna ar lgh 129–30.

Smaoineamh MRB 2

Tá stór focal an aonaid seo le fáil ar lch 454.

Cur i láthair

Roghnaíonn tú réimse spéise/topaic/saincheist agus déanann tú cur i láthair faoi ag úsáid do rogha meán agus frapaí.

- Roghnaigh ceann de na rúin thuas agus déan cur i láthair air.
- Déan é seo i d'aonair.

Measúnú an aonaid

Piarmheasúnú: Cluiche na Gaeilge

Ní neart go cur le chéile.

Déan staidéar ar an aonad seo agus imir an cluiche cláir seo le daoine eile sa rang. Féach ar na rialacha ar lch 114 sula n-imríonn tú an cluiche cláir.

TÚS AN CHLUICHE	**Bosca bán** Fan anseo.	Cén contae in Éirinn ina bhfuil Caisleán Rí Eoin?	Cén bhliain a rugadh Rí Eoin, 1166 nó 1176?	**Bosca bán** Fan anseo.	Téigh siar dhá bhosca.
Ainmnigh an file a scríobh an dán 'Croí na Gaeilge'.	Cén chathair ina bhfuil Marie Young ag múineadh Gaeilge?	Téigh siar dhá bhosca.	**Bosca bán** Fan anseo.	Cad é an focal Gaeilge do 'alliteration'?	Cad é an focal Gaeilge do 'image'?
Cén bhliain ar bunaíodh REIC?	Ainmnigh an duine a bhunaigh REIC.	**Téigh siar go tús an chluiche.**	Litrigh an bhreischéim den aidiacht 'grámhar'.	Litrigh an bhreischéim den aidiacht 'glic'.	Conas a deir tú 'bon voyage' as Gaeilge?
Conas a deir tú 'repetition' as Gaeilge?	Cén post atá ag Catherine Geaney?	**Bog ar aghaidh dhá bhosca.**	Cén chathair ina bhfuil Ardeaglais na Foghlama?	Cad is brí leis an bhfocal 'suáilceach'?	Cad is brí leis an bhfocal 'teibí'?
Bog ar aghaidh dhá bhosca.	Líon an bhearna sa seanfhocal. 'Ní ________ faoi lár é.'	Líon an bhearna sa seanfhocal. 'Tús ________ leath na hoibre.'	**Bosca bán** Fan anseo.	**Aistrigh an frása!** 'I would make . . .'	**Aistrigh an frása!** 'I would go . . .'
DEIREADH AN CHLUICHE	Conas a deir tú 'personification' as Gaeilge?	**Aistrigh an frása!** 'We would receive . . .'	Téigh siar trí bhosca.	**Aistrigh an frása!** 'We would not receive . . .'	**Bosca bán** Fan anseo.

Téigh go dtí **www.edco.ie/croinagaeilge3** agus bain triail as na hidirghníomhaíochtaí.

Féinmheasúnú

Nuair atá an piarmheasúnú déanta agat, comhlánaigh an ghreille seo thíos. Léigh gach intinn foghlama agus abairt mhachnaimh sa chéad cholún. An ndearna tú dul chun cinn? Cuir tic sa cholún cuí.

Anois táim in ann . . .	🙂	😐	🙁
an téarmaíocht a bhaineann leis an bhfilíocht a litriú go cruinn.			
labhairt go compordach faoi ábhar spreagthach.			
cur i láthair a dhéanamh ar ábhar ina gcuirim féin suim.			
plé leis na haidiachtaí san uimhir iolra.			
labhairt agus scríobh faoi amhrán sa Ghaeilge.			
idirdhealú a dhéanamh idir an aimsir fháistineach agus an modh coinníollach.			
teasáras ar líne a úsáid.			
Déanfaidh mé machnamh ar na habairtí seo a leanas (scríobh trí abairt):			

Anois, comhlánaigh an plean feabhsúcháin seo thíos.

Trí rud a d'fhoghlaim mé:

1 ____________________

2 ____________________

3 ____________________

Dhá rud atá le cleachtadh agam:

1 ____________________

2 ____________________

Rud a dhéanfaidh mé chun feabhas a chur ar mo chuid Gaeilge:

Seiceáil amach

Mar iarfhoghlaim don aonad seo, déan an ghníomhaíocht 'Seiceáil amach' ag **www.edco.ie/croinagaeilge3**. Conas a d'éirigh leat?

Aonad
8

Spórt agus Cúrsaí Folláine

Torthaí foghlama an aonaid

Is fearr an tsláinte ná na táinte.

Cumas cumarsáide	Feasacht teanga agus chultúrtha	Féinfheasacht an fhoghlaimeora
1.1, 1.2, 1.9, 1.12, 1.14, 1.15, 1.17, 1.21, 1.22, 1.25, 1.29	2.1, 2.3, 2.6, 2.9	3.3, 3.4, 3.8

Téacsanna an aonaid

Téacs litríochta
Gearrscéal: 'An Cluiche Mór' le hÓgie Ó Céilleachair
Téacsanna tacúla eile
Téacs litríochta (rogha eile): 'Deirdre an Bhróin' (gearrscéal) le Máirtín Mac Grianna Téacsanna eile: Óga Yoga, An córas athchúrsála Acmhainní eile: teanglann.ie, focloir.ie, *Nuacht Mhall*, léaráidí gramadaí, acmhainn punainne, acmhainní digiteacha ag edco.ie/croinagaeilge3

Achoimre ar an aonad seo

Tá an t-aonad seo bunaithe ar an téama 'Spórt agus Cúrsaí Folláine'. Is aonad dul siar é, ina dhaingneoidh na daltaí a gcumas cumarsáide sna scileanna teanga difriúla agus iad ag deireadh an tríú bliain. Cuirfear béim ar fheasacht teanga agus chultúrtha, ach go háirithe ag díriú isteach ar theanga na Gaeilge mar chóras agus ag cothú feasachta i leith chultúr na teanga agus i leith an dátheangachais. Spreagfar na daltaí chun foghlaim fhéinriartha a fhorbairt agus chun tuiscint a fhorbairt ar spreagadh pearsanta i leith na teanga.

San aonad seo foghlaimeoidh an dalta na scileanna seo:

Réamhfhoghlaim	Seiceáil isteach (lch 319)
Léamh	Gearrscéal: 'An Cluiche Mór' (lgh 322, 323), Nóta ón údar (lch 326), Súil an scríbhneora (lch 331), Cispheil cathaoireacha rothaí (lch 336), Rothaíocht tandaim (lch 338), Sacar na sráide (lch 342), Bia sláintiúil (lch 344), Óga Yoga (lch 346), An córas athchúrsála (lch 347), Léamh (lgh 348, 350), Scoileanna Glasa (lch 351)
Scríobh	Scríobh (lgh 337, 339, 342, 344, 346, 348), Taighde (lgh 337, 338, 339, 351), Ceisteanna (lch 342), Tasc pictiúr (lch 348), Ceist shamplach (lgh 352, 353)
Éisteacht	Éisteacht (lgh 321, 325, 335, 341, 345, 351), *Nuacht Mhall* (lch 343), Físeán (lch 350)
Labhairt	Labhairt (lgh 326, 348)
Idirghníomhú cainte	Idirghníomhú cainte (lgh 325, 344, 347)
Gramadach	Scríobh (lgh 320, 322, 325, 338, 343, 350, 351), Súil siar ar an gcopail agus tuairimí (lch 321), Aistriúchán (lgh 321, 341), Tasc gramadaí (lgh 337, 338), An cúig beag sa mhodh coinníollach (lch 340), Cúinne na gramadaí (lch 343)
Foclóir	Crosfhocal (lch 320), Machnamh (lch 337), Tasc foclóra (lgh 344, 345, 347, 348), Meaitseáil (lch 347), Stór focal (lgh 352, 353)
Cultúr	Óga Yoga (lch 346)
Leabhar gníomhaíochta	Tascanna (lgh 131–46), Cluastuiscint (lgh 181–3)
Measúnú	Piarmheasúnú (lch 354)
Machnamh	Féinmheasúnú (lch 355), Seiceáil amach (lch 355)

Ag deireadh an aonaid seo beidh mé in ann:

- an tasc measúnaithe a láimhseáil i gceart.
- freagairtí a scríobh faoin ngearrscéal 'An Cluiche Mór'.
- an cúig beag a úsáid sa mhodh coinníollach.
- stór focal a bhaineann leis an tsláinte a aithint agus a litriú go cruinn.
- úsáid cheart a bhaint as foclóir ar líne.
- labhairt os comhair an ranga faoin athchúrsáil.

Clár an aonaid

Seiceáil isteach

Mar réamhfhoghlaim don aonad seo, déan an ghníomhaíocht 'Seiceáil isteach' ag **www.edco.ie/croinagaeilge3**. Conas a d'éirigh leat?

Téigh go dtí **www.edco.ie/croinagaeilge3** agus bain triail as na hidirghníomhaíochtaí.

Súil siar

Crosfhocal

Léigh na leideanna crosfhocail thíos agus líon an crosfhocal. Bain úsáid as foclóir chun cabhrú leat.

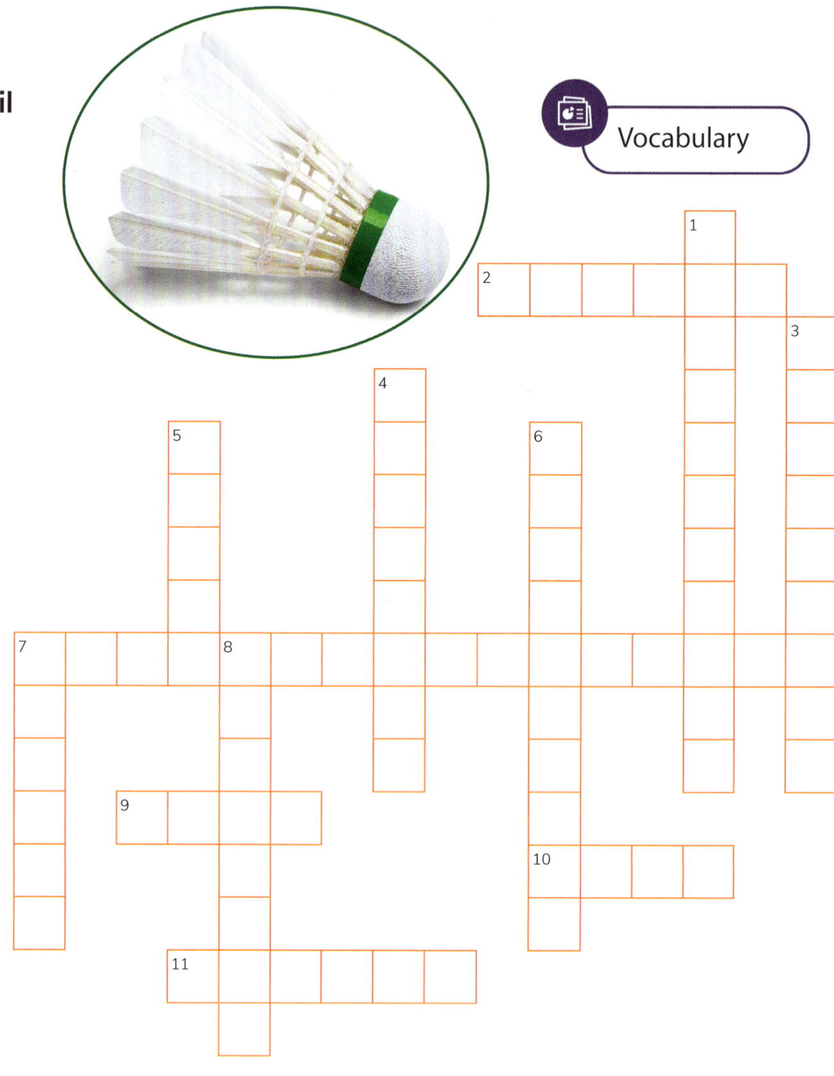

Trasna

2 cineál peile ina n-úsáidtear liathróid ubhach gur féidir a iompar agus a chaitheamh (6)

7 spóirt a bhfuil luas, neart agus fuinneamh tábhachtach iontu – mar shampla, cluichí raoin is faiche (16)

9 liathróid mhór le ciceáil thart; cluiche a imrítear léi (4)

10 cluiche foirne, cosúil le hiománaíocht, ach le bata atá níos caoile as a bharr ná an camán (4)

11 gluaiseacht in am le ceol (6)

Síos

1 iománaíocht idir mná (11)

3 cluiche cosúil le leadóg a imrítear le heiteán in ionad liathróide (9)

4 cluiche foirne ina gcaitear liathróid mhór isteach i líon ardaithe (8)

5 gluaiseacht ar barr uisce, nó thíos faoi, nó tríd (5)

6 tiomáint bháid le maidí rámha (10)

7 cluiche idir bheirt nó idir dhá bheirt ina mbuaileann siad liathróid le raicéid chun a chéile de dhroim líontáin (6)

8 cluiche le bataí, liathróid agus stumpaí idir dhá fhoireann (8)

Scríobh

Nuair atá an crosfhocal déanta agat, bain úsáid as foclóir le hinscne na n-ainmfhocal a aimsiú. Scríobh liosta de na hainmfhocail bhaininscneacha agus na hainmfhocail fhirinscneacha i do chóipleabhar. Ansin, cuir an t-alt rompu.

Chun níos mó eolais a fháil faoi conas foclóir a úsáid, féach ar lch 444.

Súil siar ar an gcopail agus tuairimí

🙂	🙂🙂	😐	🙁	🙁🙁
Is maith liom peil.	Is breá liom peil.	Ní miste liom peil.*	Ní maith liom peil.	Is fuath liom peil.
	Is aoibhinn liom peil.			Is gráin liom peil.
	Is fearr liom peil.			

* Is rogha neodrach é sin.

léigh VERBAL NOUN
• *VERB* **léamh**

teanglann.ie

Tuairim le hainmfhocal	Tuairim le hainm briathartha
Is maith liom (**ainmfhocal**). **Sampla:** Is maith liom **peil**.	Is maith liom a bheith ag (**ainm briathartha + ainmfhocail**). **Sampla:** Is maith liom a bheith ag **imirt peile**.

Tá an t-ainm briathartha de gach briathar ar fáil ar teanglann.ie.
Lean an nasc seo.

Gramadach

Is maith liom leabhair.	**ach**	Is maith liom **a bheith ag léamh** leabhar.
Ní maith leis rugbaí.	**ach**	Ní maith leis **a bheith ag imirt** rugbaí.
Is aoibhinn linn prátaí.	**ach**	Ní maith linn **a bheith ag piocadh** prátaí.

Réamhfhocal	le					
Forainm	mé	tú	sé	sí	muid/sinn	sibh	siad
Forainm réamhfhoclach	liom	leat	leis	léi	linn	libh	leo

Ná déan dearmad go bhfuil an t-ainmfhocal sa tuiseal ginideach de ghnáth tar éis an ainm bhriathartha.
Sampla: Is maith liom peil. **ach** Is maith liom a bheith ag imirt **peile**.

Aistriúchán

Cuir Gaeilge ar na habairtí seo. Bain úsáid as an bhfoclóir má tá aon stór focal uait.

1 I like vegetables.
2 She likes playing tennis.
3 I do not like golf.
4 He really likes eating fruit.
5 We like our house.
6 I prefer hurling.
7 They love Gaelic football.
8 They do not like watching football.

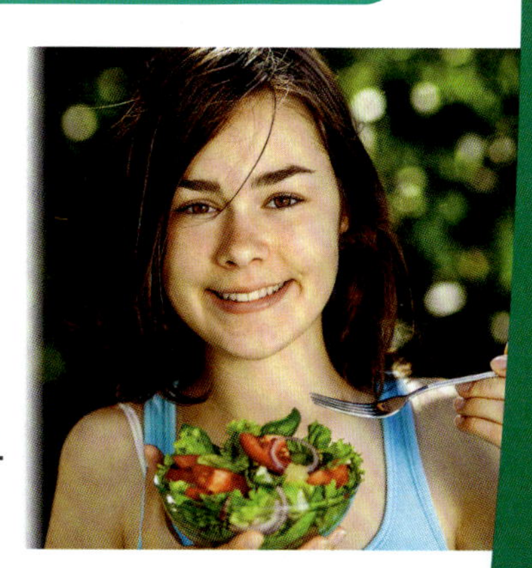

Éisteacht Rian 2.29

Éist leis an taifeadadh agus bí cinnte go bhfuil Gaeilge curtha ar na habairtí i gceart.

Gearrscéal: 'An Cluiche Mór'

Léamh

Léigh an chéad chuid den scéal agus déan na tascanna a bhaineann leis.

An bhfuilim **ag taibhreamh**[1]? Naoi mbliana déag d'aois. An uair seo an tseachtain seo caite bhí mé ag **sochraid**[2] m'athar. Anois táim suite anseo ar an mbus foirne leis na sluaite taobh amuigh. **Bratacha**[3] ag eitilt, bandaí timpeall riostaí nó ag ceangal siar ghruaig na gcailíní. Os mo chomhair tá staid ollmhór Pháirc an Chrócaigh. Aréir chuir mo thraenálaí glaoch orm go déanach ag insint dom go raibh áit faighte agam ar an bhfoireann ag an nóiméad deireanach. **Lánchúlaí**[4] ar chlé.

Isteach sa **seomra feistis**[5] linn. I mo shuí ar an mbinse agus an **óráid**[6] ar siúl. An bhfuil aon rud atá á rá aige ag dul isteach i m'**aigne**[7]? Táim ag crith. Amach tríd an doras. Camáin á **lascadh**[8] i gcoinne an fhalla. Beireann sé greim orm.

'**Ná tóg aon cheann**[9] don Súilleabhánach nuair atá sé ag labhairt leat, *ok*? Tá cáil air a bheith ag iarraidh leaideanna **a chur as**[10] trí raiméis a rá leo i rith cluichí. Ná tóg aon cheann do na rudaí atá á rá aige. Tá's agam gur am deacair é seo duit agus maith thú as fanacht leis. Bheadh d'athair an-bhródúil inniu dá mbeadh sé anseo.'

Lámh ar mo dhroim agus amach go dtí an **pháirc chatha**[11].

Ochtó míle duine ag screadail. Tá mo chosa **imithe i laige**[12]. Cúpla poc den sliotar. Anall leis an gcaptaen chugam.

'An traenáil ar fad atá déanta againne an bhliain ar fad ní fiú ach leath de inniu. Mar sin caithfimid céad caoga faoin gcéad a thabhairt. Tá gach leaid ar an bhfoireann seo ag tabhairt aire dá chéile agus seasfaidh gach duine acu **sa bhearna bhaoil**[13] duit. Socróimid síos chomh luath is atá an sliotar caite isteach. Ardfhear. Ar aghaidh leat!'

Suas go dtí an cairpéad dearg liom. An dtosnóidh an cluiche seo **go deo**[14]? Ní cuimhin liom ainm an uachtaráin fiú. An pharáid anois. Buaileann na gártha mé ag siúl timpeall na páirce. Scaipeann an dream eile roimh dheireadh na paráide. **Dímheas**[15]. Seasaimid go léir le chéile. **Aontaithe**[16]. Nóiméad ciúnais do m'athair. An tAmhrán Náisiúnta.

Gáir an tslua[17]. Síos chuig **mo chéile comhraic**[18]: an Súilleabhánach. 'Hé, tusa. Féach suas ansin sa slua. Tá m'athair thuas ann ag féachaint ormsa inniu. Cá bhfuil d'athairse? Caithfidh go raibh aistear uaigneach agat aníos go Baile Átha Cliath ar an traein!'

Réitíonn an réiteoir do chaitheamh isteach na liathróide. Faigheann an Súilleabhánach **sonc**[19] de lámh mo chamáin isteach sna **heasnacha**[20] agus titeann sé chun talún.

'An bhfuil tú ceart go leor? Ar bhuail an traein tú?'

Suas leis agus dorn i m'aghaidh. **M'ascaill**[21] timpeall a mhuinéil. Slua fear isteach. Go leor soncanna isteach, amach, i ngach aon áit. Feadóg an réiteora á séideadh. Anall leis chugainn. Cárta buí an duine.

Scríobh

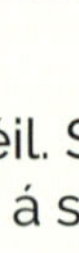

Tá téarmaí gearrscéalaíochta le fáil ar lch 420.

Aimsigh na briathra seo ar an sliocht thuas agus cuir iad in abairtí san aimsir fháistineach.

1 bí
2 lasc
3 tabhair
4 seas
5 féach
6 réitigh

1 dreaming 2 funeral 3 flags 4 full-back 5 changing room 6 speech 7 mind 8 lashing 9 pay no attention 10 put off 11 battlefield 12 gone weak 13 in the gap of danger 14 ever 15 disrespect 16 united 17 the roar of the crowd 18 opponent 19 thrust 20 ribs 21 armpit

Léamh

Léigh an dara cuid den scéal agus déan na tascanna a bhaineann leis.

Tá an sliotar caite isteach agus tá sé faighte acu sin. Lasctar é isteach os comhair an tSúilleabhánaigh. Amach leis os mo chomhair. Preabann sé go hálainn dó agus isteach ina bhos. Ar chlé, ar dheis. Sleamhnaím. Ardaím mo cheann. Tá sé **i mbéal an bháide**[1]. Raspar de phoc. Cúl! Pléascann Páirc an Chrócaigh. Amach leis chugam. Ardaíonn sé a **mhuinchille**[2].

'An aithníonn tú an uimhir seo?'

Cad é? Uimhir Áine atá ann. M'Áine. **Racht feirge**[3]. Caithfidh mé ciúnú. Tabharfaidh mé freagra dó le linn na himeartha. An poc amach tógtha. Isteach i **lapa**[4] an fhreasúra. Sliotar ard isteach. Suas le mo lámh san aer. Dorchadas. Tá an *clip* bainte de mo chlogad. Cúl agus cúilín anois ag an Súilleabhánach.

Poc amach eile dúinne. Ceann mór ard fada i dtreo ár **líne leathchúil**[5]. Tá sé faighte ag an leatosaí láir againne. Tosaíonn sé ar ruathar. Tá sé imithe thar an líne daichead slat, tríocha slat ón gcúl anois, tá sé ag dul i dtreo na líne 21. Buaileann sé raspar. Tá an líontán ag crochadh. Tá an taobh eile de Pháirc an Chrócaigh ag pléascadh.

Tagann sliotar íseal isteach os ár gcomhair. É ag preabadh **in ainm an diail**[6] ar an talamh. Rithim amach. Isteach i mo lapa. Sracfhéachaint taobh thiar díom. Poc mór fada síos an taobhlíne? Tá sé faighte againn. Pas láimhe trasna na páirce. Tá fear againn ann leis féin. Thar an trasnán leis an sliotar.

Tá an sliotar ag eitilt isteach arís chugainn i dtreo na taobhlíne. Amach leis an Súilleabhánach **ar cosa in airde**[7]. An rachaidh an sliotar amach thar an taobhlíne? An sroichfidh sé é in am? Sroichfidh. Tá sé ina sheilbh aige. Gualainn. Tá an Súilleabhánach ina chnap thar an taobhlíne. Impíonn sé ar an réiteoir. Croitheann sé a cheann.

Poc taobhlíne[8] dúinne. Tógtha agamsa. Tá an tseilbh fós againn. Pas trasna na páirce. Iarracht ar phoc. Tá sé blocáilte. Poc taobhlíne eile dúinn. Tógtar é – féach air sin! Tá an sliotar imithe caol díreach thar an spota dubh ar an trasnán agus tá an slua ag béiceach. Cad é mar chúilín!

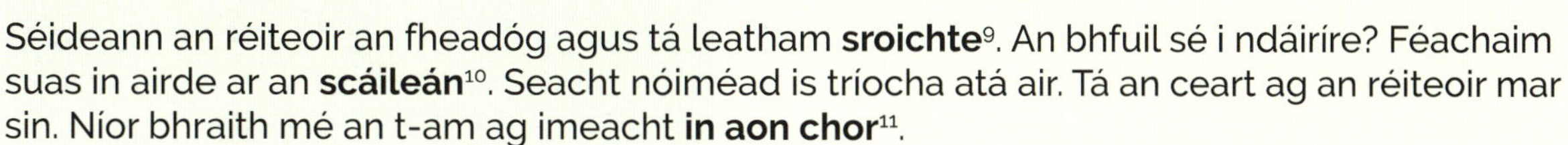

Séideann an réiteoir an fheadóg agus tá leatham **sroichte**[9]. An bhfuil sé i ndáirire? Féachaim suas in airde ar an **scáileán**[10]. Seacht nóiméad is tríocha atá air. Tá an ceart ag an réiteoir mar sin. Níor bhraith mé an t-am ag imeacht **in aon chor**[11].

Ar ais isteach linn faoi Ardán Uí Ógáin. Féachann mo thraenálaí díreach **idir mo dhá shúil**[12].

'Tá an Súilleabhánach tar éis cúl agus ceithre chúilín a fháil ón imirt. Sin fear atá **faoi do chúramsa**[13]. Má leanann tú ar aghaidh mar sin beidh tú i do shuí ar an mbinse laistigh den chéad deich nóiméad. An dtuigeann tú mé?'

Tá an dara leath tosaithe. Sliotar ard isteach i dtreo an tSúilleabhánaigh. Beidh mé os comhair m'fhir an uair seo. Gheobhaidh mé an chéad cheann. Sleamhnaíonn sé os mo chomhair go tapa, áfach. **Uillinn**[14] im bholg. An ghaoth imithe óm sheolta. Preabaim san aer pé scéal é. Tá sé ina lapa aige. Ritheann sé caol díreach i dtreo na cearnóige bige. Mise **ag caitheamh scátha air**[15]. Sracfhéachaint taobh thiar dá ghualainn ar chlé. Táimse ar an ngualainn ar dheis. Iarracht ar raspar. Húcáil déanta. Sliotar agamsa. Buille mór ard amach i dtreo lár na páirce agus béiceann an slua.

1 *in the goal mouth* 2 *sleeve* 3 *fit of anger* 4 *paw (hands)* 5 *half-back line* 6 *like the devil* 7 *at a gallop* 8 *side puck* 9 *reached* 10 *screen* 11 *at all* 12 *into my eyes* 13 *your responsibility* 14 *elbow* 15 *shadowing him*

An sliotar ar ais isteach sa chúinne eile trasna uaim. Tá ár lánchúlaí ar dheis á chlúdú go maith. Tá sé ag an lántosaí ar dheis go fóill. Buaileann sé poc ón taobhlíne. Ar fóraoil. Poc amach gearr chugam. Ní raibh siad ag súil leis sin. Lascadh ard, álainn suas i dtreo na **líne leatosach**[1]. An bhfuil? Níl. Tá sé imithe níos faide ag preabadh os comhair na **líne lántosach**[2]. Tá sé inár seilbh. Ritheann sé i dtreo an chúil. Tá sé i mbéal an bháide. Cúl!

Faigheann an Súilleabhánach an comhartha ón taobhlíne. Imíonn sé suas i dtreo lár na páirce. Tá an lámh in uachtar faighte agam. Féachaim i dtreo mo dhream ar an taobh líne. **Ordóg**[3] suas. Comhartha tugtha dom fanacht socair san áit ina bhfuilim.

Tá an poc amach tógtha. Tá **clibirt**[4] i lár na páirce. An sliotar faighte acu. Tá an Súilleabhánach ag dul ar ruathar aonair isteach thar an líne lánchúil. Rithim amach chun bualadh leis. Gualainn. An Súilleabhánach caite ina scraith ar an talamh. An ghaoth bainte amach as a sheolta agam. Feicim súile an réiteora. Níl sé sásta. Caithfidh mé rud éigin a thosú chun an aird a tharraingt uaim. Stánaim ar uimhir a 11 le **miongh____áire**[5]. Cuirim amach mo lámh chuige. Lámh i m'aghaidh. Slua mór istigh anois. Doirn á gcaitheamh, camáin san aer. Cúpla nóiméad troda agus tá cúrsaí ciúnaithe arís. Níl dearmad déanta ag an réiteoir. 'Bú!' ón slua.

'Rud amháin eile anois agus gheobhaidh tú an taobhlíne.'

Seasann an Súilleabhánach os cionn an tsliotair. Seo ceann éasca dó. Ardaíonn sé é agus cuireann sé caol díreach é idir na **cuaillí**[6] thar an trasnán. Amach leis arís go lár na páirce. Tá orduithe faighte agam m'fhód féin a sheasamh agus fanacht taobh istigh.

An poc amach gearr chugam. Lascáilte go hard sa spéir agam suas an pháirc. Cé a chuireann a lámh in airde chun é a fháil ach mac Uí Shúilleabháin. Pas trasna na páirce go dtí an líne leatosach. Coimeádaim leathshúil air agus leathshúil ar an sliotar. Imíonn uimhir 12 ar ruathar aonair. Feicim an Súilleabhánach ag rith isteach **cliathánach**[7]. Níl aon duine tar éis é a phiocadh suas. Screadaim amach chucu. Ní chloiseann siad mé. An Súilleabhánach fós ag rith. Screadaim arís. Dada. Ó Súilleabháin feicthe ag uimhir 12. Pas trasna chuige. Amach liom chun bualadh leis. Casann sé ar dheis. Casann sé ar chlé. Tá sé buailte aige. Tá sé blocáilte agam. Isteach i mo ghlac. Lascáilte arís suas an pháirc agam. Gáir ón slua. Dorn san aer i dtreo an tSúilleabhánaigh. Dhá mhéar i mo threosa.

Laistigh de dheich nóiméad fágtha sa dara leath. Tá na foirne ar comhscór. Isteach leis an Súilleabhánach chuig an líne leatosach arís. Súile an réiteora iompaithe an treo eile. Lámh a chamáin isteach im easnacha. Táim i mo chnap ar an talamh. Isteach leis an *physio* leis an mbuidéal draíochta. Tá draíocht ann go deimhin. Éirím i mo sheasamh. Féachaim sa tsúil air. **Caochaim**[8] mo shúil leis. Féachann sé an treo eile. Bogaim i ngaireacht dó. Tugaim póigín dó mar ó dhea.

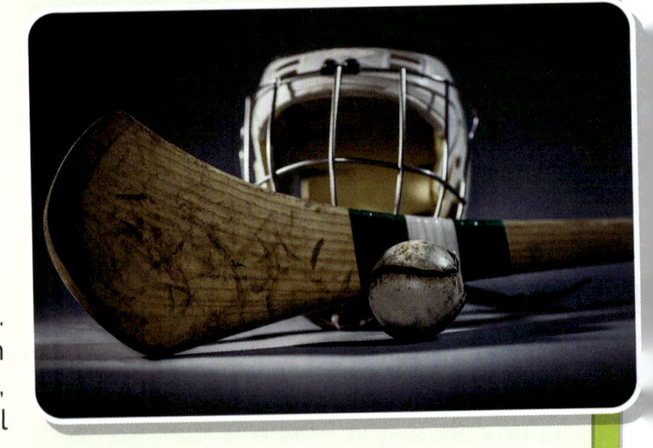

'Stop é sin.'

Póigín eile.

'Táim á rá leat é sin a stopadh.'

Póigín eile agus beirim greim láimhe air go bog. Bos an chamáin san aghaidh. Táim ar an talamh arís. Tá sé feicthe ag an réiteoir. Cárta dearg. *Adiós*, a mhic Uí Shúilleabháin, tá súil agam go bhfuil d'athair bródúil asat!

Tá an t-am **geall le**[9] bheith caite. Táimid in **am cúitimh ghortaithe**[10]. Na foirne uair amháin eile ar comhtharrac. Tá teannas san aer. An poc gearr amach chugam. Tá an t-am agam duine a phiocadh amach. Pas deas suas go dtí mo chaptaen. Táim traochta. Tá na cosa imithe uaim. Tá duine éigin **ag cogarnaíl**[11] liom. Deir sé liom leanacht ar aghaidh ag rith suas an pháirc. Táim rólag. Go tobann tagann fuadar ó áit éigin fúm. Iompaíonn sé mé suas an pháirc.

1 half-forward line 2 full-forward line 3 thumb 4 scrum 5 smile 6 goalposts
7 sideways 8 wink 9 practically 10 injury time 11 whispering

Tá mo shúile dírithe ar ár gcaptaen agam. Tugann sé pas ar aghaidh. Ritheann sé chun cinn. Glacann sé le pas ar ais. Tá beirt timpeall air. Tá triúr timpeall air. Tá sé á bhrú sall i dtreo na taobhlíne acu. Níl aon duine tar éis mise a fheiceáil go fóill. Ligim **liú**[1] amach. Cloiseann sé mé. Pas faighte agam. Lascadh amháin deireanach ar an sliotar. Tá sé go hard. Tá sé go cruinn. Tá sé ann. Tá an t-am istigh. An poc amach tógtha. An fheadóg séidte. Tá Craobh na hÉireann buaite againn! Féachaim i dtreo na spéire. Tá na deora ag titim. Go raibh maith agat, Daid. Bhí tú ann ag féachaint orm.

Éisteacht

Rianta 2.30–31

Éist le hÓgie Ó Céilleachair ag léamh a ghearrscéil 'An Cluiche Mór'.

Scríobh

Líon an ghreille seo atá bunaithe ar ainmfhocail ón dara chuid den scéal. Tá an chéad cheann déanta mar chúnamh duit. Bain úsáid as teanglann.ie nó as d'fhoclóir féin.

Gheobhaidh tú an t-eolas ar fad ar an taobh Gaeilge–Béarla den fhoclóir.

	Ainmfhocal	Inscne	Iolra	Tuiseal ginideach (uatha)	Béarla
1	cearnóg	*baininscneach*	*cearnóga*	*cearnóige*	*square*
2	fear				
3	gualainn				
4	iarracht				
5	líontán				
6	traenálaí				
7	trasnán				
8	uimhir				

Idirghníomhú cainte

Cuir na ceisteanna seo ar dhuine éigin eile sa rang. Freagraíonn duine amháin na huimhreacha corra (1, 3, 5, 7) agus cuireann an duine sin na huimhreacha cothroma (2, 4, 6, 8) ar an duine eile.

1 Cad a fhaigheann an Súilleabhánach ón taobhlíne tar éis an chúil?
2 Cén uimhir imreora a stánann an príomhcharachtar air?
3 Cén uimhir imreora a théann ar ruathar aonair?
4 Cé dó a thugann uimhir 12 pas?
5 Cad atá ag an *physio*?
6 Cén fáth a bhfaigheann an Súilleabhánach cárta dearg?
7 Cé a fhaigheann an pointe deireanach?
8 Conas a mhothaíonn an príomhcharachtar ag an deireadh?

[1] *yell*

Nóta ón údar

Is mise Ógie Ó Céilleachair. Rugadh agus tógadh mé i nGaeltacht na Rinne i bPort Láirge. Bhí suim agam i scéalta agus leabhair i rith mo shaoil ach níor thosaigh mé ag scríobh ar bhonn dáiríre go dtí gur fhreastail mé ar Choláiste na hOllscoile Corcaigh. D'fhoilsigh mé úrscéal, ***Cúpla***, sa bhliain 2011. Tá staidéar á dhéanamh ag roinnt mhaith daltaí ar an leabhar sin sa tSraith Shóisearach. D'fhoilsigh mé mo dhara leabhar, ***Katfish agus Scéalta Eile***, sa bhliain 2017 agus tá 'An Cluiche Mór' i measc na ngearrscéalta sa leabhar sin. Tá an-suim agam i gcúrsaí spóirt, CLG agus dornálaíocht ach go háirithe. Fuair mé an deis mo shuim sa spórt agus mo shuim sa scríbhneoireacht a chur le chéile sa ghearrscéal seo.

Scríobh Ógie Ó Céilleachair na nótaí seo a leanas faoina ghearrscéal.

Achoimre ar an scéal

Tá fear óg 19 mbliana d'aois tar éis a fháil amach go bhfuil áit faighte aige ar fhoireann iománaíochta an chontae, sna sinsir, do chluiche ceannais na hÉireann. Fuair a athair bás seachtain roimhe seo agus anois beidh sé ag tosú mar lánchúlaí ar chlé, ag marcáil an tSúilleabhánaigh, fear go bhfuil droch-cháil air. Sula dtosaíonn an cluiche maslaíonn an Súilleabhánach an fear óg maidir lena athair a fuair bás. Tugann sé sonc don Súilleabhánach, tosaíonn troid agus taispeánann an réiteoir cárta buí an duine dóibh. Tosaíonn an cluiche agus is léir go bhfuil an lámh in uachtar á fáil ag an Súilleabhánach. Tá réimse droch-chleasanna ag an Súilleabhánach. Cleas amháin ná go bhfuil uimhir le cailín an fhir óig faighte amach aige agus í scríofa ar a lámh aige chun cur as dó. Ceann eile ná go scaoileann sé an **clip** ar an gclogad nuair atá sliotar ard ag teacht isteach. Titeann a chlogad thar shúile an fhir óig agus aimsíonn an Súilleabhánach cúl dá bharr. Ag leath-am deir an bainisteoir leis an bhfear óg go mbeidh sé á bhaint as an bpáirc laistigh de dheich nóiméad mura bhfaigheann sé greim ar an Súilleabhánach. Tosaíonn an fear óg ar an lámh in uachtar a fháil ar an Súilleabhánach. Buaileann sé gualainn air agus imíonn an ghaoth ó sheolta an tSúilleabhánaigh. Tosaíonn sé troid chun aird an réiteora a bhaint ón ngualainn. Tugann an réiteoir rabhadh don bhfear óg go mbeidh cárta dearg aige an chéad uair eile. Imíonn an Súilleabhánach amach i dtreo lár na páirce mar go bhfuil an lámh in uachtar ag an bhfear óg anois. Nuair a thagann sé isteach déanann an fear óg húcáil agus bloc air. Sánn an Súilleabhánach tóin a chamáin in easnacha an fhir óig nuair nach bhfuil an réiteoir ag féachaint. Tá sé ag súil le sonc ar ais agus ag iarraidh cárta dearg a tharraingt ar an bhfear óg.

In ionad sonc ar ais tosaíonn an fear óg ag stánadh ar an Súilleabhánach agus ag caitheamh póigíní leis. Éiríonn an Súilleabhánach feargach agus buaileann sé buille ar an bhfear óg. Feiceann an réiteoir é seo agus tugann sé cárta dearg don Súilleabhánach. Filleann an feall ar an bhfeallaire! Críochnaíonn an cluiche agus tá Craobh na hÉireann buaite ag an bhfear óg. Braitheann sé go raibh a athair ag faire air i rith an chluiche ar fad.

Labhairt

Tá go leor eolais sa ghearrscéal faoin gcluiche é féin agus rudaí a tharlaíonn ann. Scríobh tráchtaireacht bunaithe ar an eolas seo agus déan taifeadadh digiteach den tráchtaireacht. Roinn é le daoine eile.

Critéir ratha:

- Luaigh na rudaí a dhéanann an réiteoir.
- Luaigh na cúilíní agus na cúil.
- Luaigh na rudaí a dhéanann an bainisteoir.

Téamaí

Baineann na téamaí go léir sa scéal seo leis an spórt.

An spórt

Is é an spórt an téama is mó atá le feiceáil sa ghearrscéal seo. Feictear téama an spóirt ón gcéad chúpla líne. Tuigimid gur imreoir iománaíochta idir-chontae atá mar phríomhcharachtar. Beidh an cluiche is mó ina shaol go dtí seo á imirt aige – cluiche ceannais na hÉireann – agus gan é ach 19 mbliana d'aois. Is cinnte go bhfuil an spórt an-tábhachtach don bhfear óg seo. Tá sé lárnach ina shaol. Feicimid go raibh an spórt lárnach i saol a athar freisin.

An feall

I ngach spórt tá codanna dearfacha agus diúltacha. Ní féidir spórt a imirt gan feall a dhéanamh. Uaireanta, áfach, bíonn feallanna i gceist ag daoine agus uaireanta ní bhíonn siad i gceist. Feicimid sa ghearrscéal seo go mbíonn an chuid is mó de na feallanna i gceist ag an Súilleabhánach. Sánn sé an clogad thar shúile an phríomhcharachtair; tugann sé cúpla sonc dó agus bíonn sé garbh leis. Déanann sé gach iarracht fearg a chur air ionas go gcuirfidh an réiteoir den bpáirc é. Ar deireadh, áfach, filleann an feall ar an bhfeallaire, mar a deir an seanfhocal. Is é an príomhcharachtar a chuireann isteach ar an Súilleabhánach trí fheallanna níos cliste agus taispeánann an réiteoir an cárta dearg dó.

An bás

Tá bás mar théama sa ghearrscéal seo. Foghlaimímid ón tús go bhfuil athair an bhuachalla imithe ar shlí na fírinne. Creideann sé go bhfuil a athair fós leis, áfach, agus go bhfuil sé ag féachaint anuas air. Ní chailleann an príomhcharachtar misneach i rith an chluiche ar fad agus is é críoch an scéil ná go mbíonn an bua aige. Creideann sé gan aon dabht go raibh lámh ag a athair sa bhua sin.

An óige

Níl aon dabht ach go bhfuil an óige ina théama lárnach sa ghearrscéal seo. Is iad daoine óga na daoine is aclaí. Dá bhrí sin, is iad daoine óga a imríonn spórt ag an leibhéal is airde. Tá imreoirí idir-chontae ag éirí níos óige agus níos óige de réir mar atá na blianta ag dul ar aghaidh. Tá an-chuid d'imreoirí idir-chontae faoi 30 bliain d'aois sa lá atá inniu ann. Tá cuid mhór arís atá faoi bhun 25 bliana. Is féidir é seo a fheiceáil in aois an phríomhcharachtair sa scéal seo.

An chlabaireacht

Ní deas an rud í clabaireacht ach tarlaíonn sé i ngach spórt, go háirithe i spórt atá á imirt ag an leibhéal is airde. Is éard atá i gceist le clabaireacht ná a bheith ag rá rudaí drochbhéasacha le himreoir eile mar go bhfuil tú ag iarraidh a aird a bhaint as an gcluiche. Feicimid samplaí de chlabaireacht sa ghearrscéal seo nuair atá uimhir fóin chailín an phríomhcharachtair scríofa ar lámh an tSúilleabhánaigh. An sampla is measa, áfach, ná nuair a deir an Súilleabhánach rudaí gránna faoi athair an phríomhcharachtair nuair atá a fhios aige go bhfuil sé marbh.

Mothúcháin

Tá réimse leathan mothúchán ag baint leis an spórt. Is maith an rud é mothúcháin a aithint. Baineann sé sin le folláine.

Sceitimíní/Neirbhís

Is rud an-nádúrtha é a bheith neirbhíseach roimh chluiche mór. Deirtear go bhfuil sé go maith má tá sceitimíní éigin ar imreoir roimh chluiche ach gan an iomarca sceitimíní a bheith air nó uirthi. Sa ghearrscéal seo feicimid go bhfuil an príomhcharachtar neirbhíseach mar go bhfuil sé roghnaithe den chéad uair ar a fhoireann idir-chontae. Ní hamháin sin ach tá sé roghnaithe ar an bhfoireann a bheidh ag imirt i gcluiche ceannais na hÉireann agus beidh an t-imreoir is fearr á mharcáil aige. Feicimid na sceitimíní ag teacht amach sa chéad chúpla imirt nuair a fhaigheann an Súilleabhánach an ceann is fearr air. Ní éiríonn go ró-mhaith leis sa chéad leath. Sa dara leath socraíonn an príomhcharachtar síos agus bíonn an lá leis ar deireadh.

Fearg

Tagann fearg ar an bpríomhcharachtar sa scéal seo ag pointí difriúla sa chluiche. Is é an Súilleabhánach a chuireann fearg air. Ó thús an chluiche bíonn Ó Súilleabháin ag clabaireacht agus ag iarraidh a aird a tharraingt ón gcluiche. Déanann sé é seo trí chomhrá a bheith aige faoin traein ar an tslí aníos, uimhir a chailín a bheith scríofa ar a lámh, soncanna a thabhairt dó agus cleasanna a imirt air – mar shampla, an clogad a chur thar a shúile. An rud is mó a chuireann fearg ar an mbuachaill, áfach, ná nuair a chaitheann an Súilleabhánach anuas ar a athair. Tugann an réiteoir cárta buí don bhfear óg as a bheith ag troid agus b'éigean dó a bheith cúramach. Ar deireadh éiríonn leis an mbuachaill an ceann is fearr a fháil ar an Súilleabhánach trí phóigíní a thabhairt dó. Cuireann sé seo an-fhearg ar an Súilleabhánach agus tugann sé cúpla buille don bhuachaill. Cuirtear an Súilleabhánach den bpáirc mar thoradh.

Frustrachas

Is féidir frustrachas a fheiceáil sa chéad leath den gcluiche go mór mór. Tá an buachaill neirbhíseach ach déanann sé roinnt botún. Faigheann an Súilleabhánach an ceann is fearr air agus bíonn sé ag clabaireacht leis. Tagann frustrachas ar an bpríomhcharachtar mar nach féidir leis smacht a fháil ar an Súilleabhánach. Tá sé ag ligean dó a aird a thógáil ón gcluiche. Ag leath-am deir an bainisteoir leis go bhfuil an Súilleabhánach tar éis cúl agus ceithre chúilín a scóráil ón imirt. Mura n-éiríonn leis smacht a fháil air, beidh sé ag suí ar an mbinse go luath sa dara leath. Mar sin, úsáideann an príomhcharachtar an frustrachas sin chun spreagadh a thabhairt dó féin. Éiríonn leis an bhó a chur thar abhainn ar deireadh de bharr gur úsáid sé an frustrachas i slí dhearfach.

Brón

Feictear brón sa scéal seo nuair a fhaighimid amach go bhfuil athair an phríomhcharachtair imithe ar shlí na fírinne. Caithfidh go bhfuil sé an-bhrónach. An rud atá níos brónaí fós, áfach, ná nach bhfuil ach seachtain imithe ónar cailleadh a athair. Braithimid brón freisin nuair a bhíonn nóiméad ciúnais ann dá athair. Is rud brónach é chomh maith nuair a deir an Súilleabhánach rudaí gránna faoina athair. Níl aon ghá leis. Nuair a bhuann sé an cluiche ceannais, cé go bhfuil áthas an domhain air, is féidir brón a aithint chomh maith mar nach bhfuil a athair ar an saol chun an t-áthas a roinnt.

Áthas/Gliondar

Feicimid áthas agus gliondar ó thús an ghearrscéil. Tugtar cur síos dúinn den radharc atá le feiceáil ó na himreoirí atá ar an mbua – sluaite, bratacha, bandaí riosta agus a leithéid. Is íomhá í sin a bhraithimid go léir nuair atáimid ag freastal ar chluiche mór roimh ré. An áit is mó sa scéal a fheictear an t-áthas nó an gliondar, áfach, ná nuair a bhuann an príomhcharachtar an duais is mó atá le buachan ag imreoirí CLG, cluiche ceannais na hÉireann. Is féidir linn na liúnna, na gártha agus na deora áthais a shamhlú láithreach. Deirtear liom gurb é an mothúchán is fearr ar domhan é ach ní bheadh aon eolas againne i bPort Láirge ar a leithéid de mhothúchán! Go luath, le cúnamh Dé!

Tréithe na gcarachtar

Níl sa ghearrscéal seo ach beirt phríomhcharachtar, an fear óg 19 mbliana d'aois agus an Súilleabhánach.

An Súilleabhánach

Feictear dúinn sa scéal seo go bhfuil an Súilleabhánach níos sine ná an fear óg agus go bhfuil níos mó taithí aige ar an bpáirc. Úsáideann sé an taithí seo i slí mhíthrócaireach. Na tréithe atá ag an Súilleabhánach ná gur duine míthrócaireach, glic, gránna agus sleamhain é.

Míthrócaireach

Is cinnte gur duine míthrócaireach é an Súilleabhánach. Tá sé sásta aon rud a rá nó a dhéanamh chun an cluiche a bhuachan. Níl aon mheas ná teorainn mhorálta aige. Tá a fhios aige go bhfuair athair an fhir óig bás seachtain ó shin ach tá sé fós sásta rudaí gránna a rá faoina athair ar mhaithe le cur isteach air.

Glic

I rith an chluiche ar fad déanann an Súilleabhánach rudaí atá glic le cur as don bhfear óg. Ní hé seo an chéad chluiche mór a d'imir an Súilleabhánach, is léir. Tugann sé soncanna faoi cheilt dó, scaoileann sé leis an clip ar a chlogad, bogann sé amach ar an bpáirc chun níos mó den liathróid a phiocadh suas. Aimsíonn an Súilleabhánach scóranna mar thoradh ar an ngliceas seo ar fad.

Gránna

Léiríonn an Súilleabhánach go bhfuil sé gránna le dhá mhóreachtra. I dtús báire, tá sé tar éis uimhir chailín an fhir óig a aimsiú in áit éigin agus tá sí scríofa aige faoina mhuinchille. Taispeánann sé an uimhir dó agus cuireann sé sin fearg ar an mbuachaill. Chomh maith leis sin, deir sé rudaí an-ghránna faoina athair, cé go bhfuil a fhios aige go bhfuair a athair bás seachtain ó shin.

Sleamhain

Tá an Súilleabhánach thar a bheith sleamhain. Tá a fhios aige go bhfuil an buachaill seo óg agus nach bhfuil taithí aige ar an gcluiche mór. Glacann sé buntáiste de seo trí a bheith ag clabaireacht agus ag déanamh fill. Ar deireadh, áfach, feicimid nach bhfuil an Súilleabhánach sleamhain go leor. Tugann an réiteoir cárta dearg dó mar go dtosaíonn sé ag troid leis an mbuachaill óg nuair nach bhfuil aon ghá leis.

'An Cluiche Mór'

An fear óg

Cé nach bhfuil an méid sin taithí ag an bhfear óg sa scéal seo, éiríonn leis rudaí a fhoghlaim an-tapa agus an lámh in uachtar a fháil dá bharr sin. Is iad na tréithe atá ag an bhfear óg ná go bhfuil sé láidir, crua, seasmhach, diongbháilte agus glic.

Láidir

Is léir go bhfuil an fear óg seo láidir, sciliúil agus spórtúil. Cé nach bhfuil sé ach in aois a 19 mbliana, tá sé fós in ann áit a bhaint amach ar fhoireann a chontae do chluiche ceannais na hÉireann. Chun cur leis sin, tá ceist curtha ag an mbainisteoir air marcáil a dhéanamh ar an imreoir is fearr atá ag an bhfoireann eile. Taispeánann an fear óg go bhfuil sé láidir i rith an chluiche nuair atá sé ábalta an fód a sheasamh in aghaidh an tSúilleabhánaigh go fisiciúil agus go hintinniúil.

Crua

Cé gur buachaill sna déaga fós é, feicimid gur fear crua é an príomhcharachtar. Ní ghlacann sé le haon phleidhcíocht ón Súilleabhánach. Tugann sé sonc ar ais dó nuair a bhuaileann an Súilleabhánach buille air. Seasann sé an fód ina aghaidh go crua agus go cothrom den chuid is mó. Tá sé go maith in ann gualainn a bhuaileadh agus a bheith i measc an aicsin. Cruthaíonn sé go bhfuil a áit tuillte aige ar an bhfoireann.

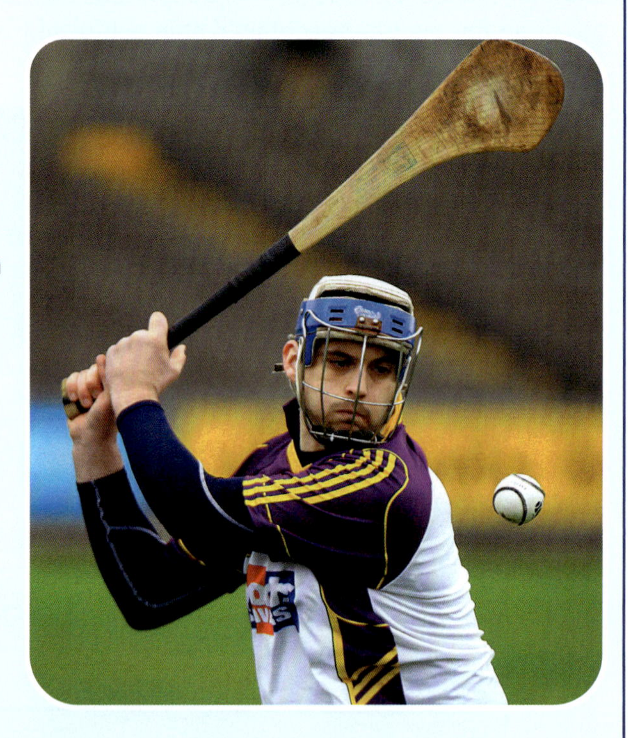

Seasmhach

Tá an fear óg sa ghearrscéal seo seasmhach, gan aon dabht. Tá sé ag marcáil an imreora is fearr atá ag an bhfoireann eile ach tá sé sásta seasamh le cinneadh an bhainisteora agus a dhícheall a dhéanamh. Buaileann an Súilleabhánach bob i ndiaidh bob air ach seasann an príomhcharachtar leis an bpost a thug an bainisteoir dó. Nuair a imíonn an Súilleabhánach amach ar an bpáirc leanann an príomhcharachtar comhairle an bhainisteora agus seasann sé an fód.

Diongbháilte

Is duine diongbháilte é an príomhcharachtar sa scéal seo cinnte. Tá a sheans aige bonn uile-Éireann a bhuachan agus tá sé diongbháilte go dtarlóidh sé seo. Cé go bhfuil sé neirbhíseach ar dtús ní ligeann sé don ócáid cur as dó rómhór mar a théann an cluiche ar aghaidh. Éiríonn leis an Súilleabhánach an lámh in uachtar a fháil air sa chéad leath ach go háirithe. De bharr gur buachaill diongbháilte é, áfach, taispeánann sé an mhuinín atá aige as féin sa dara leath. Éiríonn leis an lámh in uachtar a fháil ar an Súilleabhánach agus buann sé Craobh na hÉireann.

Glic

Is imreoir glic é an Súilleabhánach ach léiríonn an fear óg sa scéal seo go bhfuil sé níos glice ná é ar deireadh. Bíonn an Súilleabhánach ag clabaireacht ina aghaidh, tugann sé soncanna dó, sánn sé an clogad thar a shúile ach seasann an buachaill an fód. Cruthaíonn sé scliúchas i measc imreoirí nuair atá an chuma ar an scéal go bhfuil an réiteoir chun é a chur den bpáirc. Baineann an troid aird an réiteora uaidh, rud atá an-ghlic. Foghlaimíonn an fear óg faoi láidreachtaí an tSúilleabhánaigh ach foghlaimíonn sé faoina laigí freisin. Is fuath leis an Súilleabhánach fir ag iarraidh póg a thabhairt dó. Déanann an buachaill óg é seo, éiríonn an Súilleabhánach rótheasaí agus buaileann sé buille air. Feiceann an réiteoir é seo agus tugann sé cárta dearg don Súilleabhánach. Is gníomh an-ghlic é seo ón bhfear óg.

Súil an scríbhneora

Tá an scéal seo bunaithe ar go leor scéalta a chuala mé ó imreoirí CLG thar na blianta. Níl a fhios agam cé chomh fíor is atá na scéalta a chuala mé. Chuir mé cosa leis na scéalta ansin i bhfoirm an ghearrscéil seo. Tá scéal amháin atá go forleathan i measc mhuintir na hÉireann agus sin an caidreamh a bhí idir peileadóirí Chiarraí agus peileadóirí Bhaile Átha Cliath sna seachtóidí agus sna hochtóidí. De réir dealraimh, bhí cúlaí an-aitheanta ó Chiarraí ag marcáil tosaí an-aitheanta i gcluiche i bPáirc an Chrócaigh. D'fhiafraigh an tosaí ó Bhaile Átha Cliath ar an gcúlaí ó Chiarraí, 'Ar thaitin ag traein suas leat?' Bhuail an cúlaí buille ar an tosaí agus leag sé chun talún é. Sheas sé os a chionn agus dúirt sé, 'An bhfuil tú ceart go leor? Ar bhuail an traein thú?'

Ceisteanna samplacha

Scríobh an comhrá a bheadh ag beirt charachtar sa ghearrscéal tar éis eachtra a tharla.

An Súilleabhánach (AS): Comhghairdeachas.
An Fear Óg (AFÓ): Go raibh maith agat. Comhbhrón leat.
AS: D'imir tú go maith.
AFÓ: Rinne mé mo dhícheall.
AS: Cogar, tá brón orm faoin gclabaireacht a rinne mé i rith an chluiche. Ní raibh sé spórtúil.
AFÓ: Ceart go leor. Glacaim le do leithscéal ach ní deas an rud é sin a bheith ag rá le héinne.
AS: Bím ag iarraidh cluiche a bhuachan.
AFÓ: Tá roinnt rudaí sa saol níos tábhachtaí ná an spórt, creid é nó ná creid.
AS: Is dócha go bhfuil an ceart agat.
AFÓ: Bí cinnte de.
AS: Feicim go bhfuil TG4 ag iarraidh agallamh a chur ort ansin. Fágfaidh mé thú. Tá brón orm faoi bhás d'athair chomh maith. Ní maith liom do thrioblóid.
AFÓ: Go raibh maith agat. Feicimid a chéile an bhliain seo chugainn, b'fhéidir.
AS: Bí ag súil liom!

Tá tú ag cur agallaimh ar an bpríomhcharachtar sa ghearrscéal. Scríobh an t-agallamh sin.

Mise: Comhghairdeachas ó chroí leat, a chara, agus sula dtéimid níos faide, ba mhaith liom, thar cheann an chainéil teilifíse seo, comhbhrón a ghuí ort agus ar do theaghlach maidir le bás d'athar.

An Fear Óg (AFÓ): Míle buíochas.
Mise: Cluiche crua a bhí ann. An aontófá leis sin?
AFÓ: Cinnte. Ní raibh aon uair i rith an chluiche a cheap mé go rabhamar sábháilte. Chuir siad brú orainn suas go dtí an soicind deireanach agus, buíochas le Dia, d'éirigh linn an bhó a chur thar abhainn.
Mise: An raibh iontas ort nuair a phioc an bainisteoir thú le tosú agus tú ag marcáil an imreora is fearr?
AFÓ: Bhí áthas orm ionadaíocht a dhéanamh ar mo chontae. Aon lá gur féidir é sin a dhéanamh is lá iontach é. Tá painéal láidir againn agus tá gach duine chomh maith lena chéile. Táim an-bhuíoch go bhfuair mé an deis agus rinne mé mo dhícheall.
Mise: Rinne tú jab maith ar an Súilleabhánach. An t-imreoir is fearr atá acu.
AFÓ: Cogar, is imreoir iontach é an Súilleabhánach agus thaispeáin sé é sin thar na blianta ach tá foireann iontach acu sin. Ní bheidís sa chluiche ceannais mura raibh foireann mhaith acu. Ní féidir cluiche a bhuachan le himreoir amháin.
Mise: Caithfimid labhairt faoin gcárta dearg. Cad a tharla?

AFÓ: Tarlaíonn na rudaí seo i rith cluichí. Tá paisean ag gach duine againn don gcluiche. Bíonn cur agus cúiteamh i measc gach duine agus uaireanta éiríonn rudaí teasaí. Is imreoir maith é an Súilleabhánach, áfach, agus beidh sé ar ais.

Mise: An mbeidh sibh ar ais an bhliain seo chugainn chun dhá cheann as a chéile a bhuachan?

AFÓ: Táimid chun taitneamh a bhaint as an gceann seo anois agus smaoineoimid ar an mbliain seo chugainn nuair a thagann an t-am. Ní bheimid ag féachaint thar an gcéad chluiche eile a bheidh againn.

Mise: Bhuel, bain taitneamh as an gceiliúradh agus comhghairdeachas arís.

AFÓ: Go raibh míle maith agat.

Scríobh críoch eile don scéal.

Éirím ón talamh nuair a thagann an réiteoir chugainn. Féachann sé orm. Feiceann sé nach bhfuil mé gortaithe. Bíonn focal aige leis an Súilleabhánach. Cén fáth nár thug sé cárta dearg dó? Beidh orm leanacht ar aghaidh leis an gcluiche ina ainneoin seo. Faighim pas gairid ón gcúl báire. Tá an t-am agam duine a phiocadh amach suas an pháirc. Buailim an sliotar suas chuige. Tá mo chosa trom. Leanaim ar aghaidh ag rith suas an pháirc. Tá guth éigean im' iompar. Rithim suas an taobhlíne. Níl aon duine tar éis mé a phiocadh suas. Tá triúr imreoir timpeall ar mo dhuine. Ligim liú agus cloiseann sé mé. Tugann sé pas amach dom. Seo hé. Tá na foirne ar chomhtharrac. Beirim ar an sliotar. Tugaim lasc amháin deireanach. Tá sé go hard. Tá sé cruinn. An bhfuil sé cruinn? Níl an brat ardaithe ag an maor cúil. Déanann sé cruth cearnógach chun dul i gcomhairle le Hawkeye. Tríocha soicind fada. Braitheann sé cosúil le tríocha nóiméad. Tá freagra ag Hawkeye. Níl. Cnead ón slua. Táim tar éis mo chomhimreoirí, mo bhainisteoir, mo chontae, mo chlub, mo theaghlach, mo dhaid a ligean síos. Tógann an cúl báire an poc amach. Séideann an réiteoir an fheadóg. Tá an cluiche thart. Comhscór. Beidh orainn é ar fad a dhéanamh arís.

An bhfuil an gearrscéal seo réalaíoch, an gceapann tú?

Ceapaim go bhfuil an gearrscéal seo an-réalaíoch. Tá go leor cainte sna meáin chumarsáide ar an gclabaireacht a bhíonn ar siúl ag imreoirí lena chéile. Deirtear rudaí uafásacha ina measc, de réir dealraimh. Bhí cúpla cás le blianta anuas inar dúradh rudaí faoi dhaoine a fuair bás. Chomh maith leis sin is cluiche é an iománaíocht atá in oiriúint do dhaoine óga sa lá atá inniu ann. Ní rud annamh é fir óga 18 nó 19 mbliana d'aois a fheiceáil ar fhoirne sinsearacha idir-chontae. Bíonn an-chuid brú ar imreoirí CLG ón gcontae, ón slua agus ón bpobal. Is féidir an brú sin a bhrath tríd an scéal seo ar fad, rud atá an-réalaíoch, ar ndóigh.

Déan cur síos ar na rudaí a thaitin leat sa ghearrscéal.

Thaitin an gearrscéal go mór liom. I dtús báire táim gafa leis an spórt, an CLG ach go háirithe. Cheap mé go raibh an cur síos den aicsean ar an bpáirc an-réalaíoch. Thaitin sé liom go raibh laigí ag an bpríomhcharachtar sa ghearrscéal. Bhí sé sin go maith mar thaispeáin sé dom nach bhfuil saoi gan locht. Bhí sé taitneamhach dom go raibh an fear óg in ann a bheith crua, glic agus sleamhain nuair a bhí gá leis. Níor lig sé don Súilleabhánach bulaíocht a dhéanamh air. Bhain mé an-taitneamh as críoch an scéil nuair a fuair an príomhcharachtar an cúilín a bhuaigh Craobh na hÉireann. Caithfidh go raibh a dhaid sásta ag féachaint anuas air freisin.

Scríobh ríomhphost gairid go dtí príomhcharachtar an ghearrscéil seo.

Chuig: anfearog@gmail.com

Ábhar: Cluiche ceannais na hÉireann

A chara,

Seo ríomhphost gairid le comhghairdeachas a ghuí ort agus ar d'fhoireann ar an mbua iontach a bhí agaibh i gcluiche ceannais na hÉireann le déanaí. Táim cúpla bliain níos óige ná tú ach tá súil agam, lá éigin, go mbeidh mé in ann a bheith ar fhoireann idir-chontae, cosúil leat. Ceapaim gur imreoir an-sciliúil, tapa, crua agus cliste thú. I mo thuairim, is iad sin na tréithe is mó atá ag teastáil le hiománaíocht a imirt.

Tá scéalta ag dul timpeall an chontae faoi roinnt rudaí a bhí an Súilleabhánach ag rá leat i rith an chluiche. Tá súil agam nach bhfuil siad fíor. Is imreoir iontach é an Súilleabhánach freisin agus bheadh an-díomá orm dá mbeadh a fhios agam go raibh an t-iompar sin á dhéanamh aige. Níl aon ghá dó é a dhéanamh mar go bhfuil sé chomh maith sin.

Is club an-bheag sinne agus uaireanta ní bhímid in ann foireann iomlán a chur amach ar an bpáirc. Chuala mé agallamh leat le déanaí agus bhí an scéal céanna agat faoi do chlub nuair a bhí tú ag fás aníos. Ba bhreá liom dá mbeifeá in ann cuairt a thabhairt ar ár gclub i rith na bliana. Seans go n-ardódh na huimhreacha le Corn Liam Mhic Cárthaigh ar taispeáint.

Le gach dea-ghuí,

Hassan Dawoud

Déan cur síos ar na rudaí nár thaitin leat sa ghearrscéal.

Cé gur thaitin an gearrscéal go mór liom, bhí rudaí ann nár thaitin liom. Bhí liosta de ghníomhartha gránna a bhí an dá imreoir ag déanamh in aghaidh a chéile. Bhí siad ag tabhairt soncanna dá chéile agus ag clabaireacht lena chéile. Ceapaim gur féidir spórt a imirt gan an oiread sin foréigin ann. Níor thaitin na rudaí a dúirt an Súilleabhánach leis an bpríomhcharachtar faoina athair liom in aon chor. Chuir sé brón orm nuair a smaoinigh mé go dtarlaíonn na saghsanna eachtraí sin ar an bpáirc imeartha. Rud amháin eile nár thaitin liom ná an tslí ar labhair an bainisteoir leis an bpríomhcharachtar ag leath-am. Ceapaim go ndearna sé jab a bhí ceart go leor agus é ag marcáil an tSúilleabhánaigh. Ní raibh aon ghá bagairt a dhéanamh air go mbeadh sé ag suí ar an mbinse, i mo thuairim.

LG Déan na tascanna ar lgh 131–3.

An tasc measúnaithe

Sa tasc measúnaithe déanann tú machnamh ar an tasc cumarsáideach (MRB 2) agus scríobhann tú amach na tuairimí atá agat faoi MRB 2. Déanfaidh tú an tasc measúnaithe sa seomra ranga agus beidh do mhúinteoir **ag maoirseacht**[1]. Cuirfidh an scoil na tascanna measúnaithe ar fad sa phost agus ceartóidh daoine ó Choimisiún na Scrúduithe Stáit (CSS) do chuid oibre.

Machnamh 
Cleachtadh
MRB 2

Mar chleachtadh don tasc measúnaithe, líon an teimpléad atá ar fáil san acmhainn punainne (lgh 61–3).

Giorrúcháin
MRB = Measúnú Rangbhunaithe (***Classroom-Based Assessment (CBA)***)
CSS = Coimisiún na Scrúduithe Stáit (***State Examinations Commission (SEC)***)
PGSS = Próifíl Ghnóthachtála na Sraithe Sóisearaí (***Junior Cycle Profile of Achievement (JCPA)***)

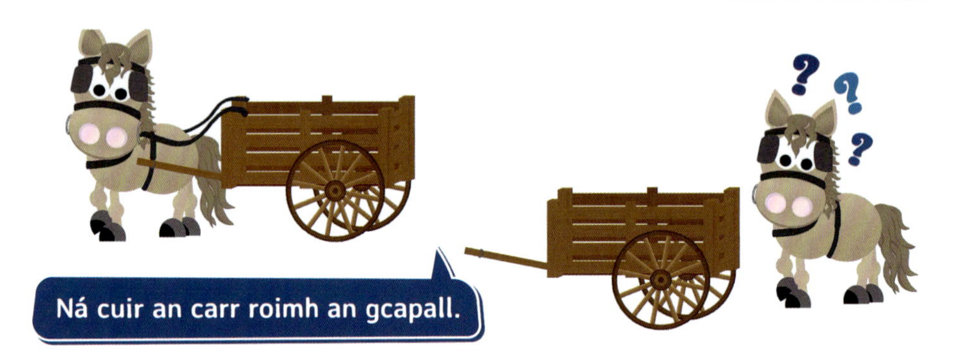
Ná cuir an carr roimh an gcapall.

An tasc cumarsáideach agus an tasc measúnaithe

An tasc cumarsáideach (MRB 2)

Labhraíonn tú os comhair an ranga nó os comhair dhaltaí eile faoi thopaic a roghnaíonn tú féin. Beidh **tuairiscín**[2] ar do Phróifíl Ghnóthachtála na Sraithe Sóisearaí (PGSS) mar thoradh ar an obair seo.

Tá an tasc measúnaithe iomlán comónta idir an dá leibhéal.

Tasc measúnaithe na Sraithe Sóisearaí

Beidh tú ag scríobh faoin bpróiseas a bhaineann le do MRB 2. Bí ar an eolas gur ionann an tasc measúnaithe agus deich fán gcéad den ghrád a fhaigheann tú ó CSS ar do PGSS.

Tasc dhá chéim

Tá dhá chéim sa tasc seo.

Céim 1 (40 nóiméad)

Déanfaidh an rang cleachtadh agus ullmhúchán don tasc measúnaithe lá amháin le chéile mar ghrúpa.

Céim 2 (40 nóiméad)

Déanfaidh gach dalta obair ina (h)aonar agus é/í ag líonadh foirme a fhaigheann an scoil ó CSS.

1 supervising 2 descriptor

Seancheisteanna

Tá trí chuid sa tasc scríofa (Céim 2). Seo iad na ceisteanna ón tasc measúnaithe don bhliain 2019.

Ceist 1 (8 marc)

(a) Scríobh síos **teideal** agus **formáid** an Taisc Chumarsáidigh a rinne tú.

Sampla

Teideal an taisc: *An Caisleán i Mo Cheantar*
Formáid: *Cur i láthair*

(b) Cén fáth ar roghnaigh tú an Tasc Cumarsáideach áirithe seo?

Ceist 2 (10 marc)

(a) Mínigh bealach **amháin** inar chabhraigh an Tasc Cumarsáideach seo le d'fhoghlaim teanga.

(b) Mínigh cad a dhéanfá ar bhealach difriúil an chéad uair eile duit tasc cumarsáideach a chruthú.

Ceist 3 (12 mharc)

Smaoinigh ar an bpróiseas a bhain le cruthú an Taisc Chumarsáidigh agus scríobh alt gearr mar fhreagra ar **dhá** leid ón liosta leideanna atá leagtha síos.

Liosta leideanna

(a) An chaoi ar úsáid mé cumarsáid éifeachtach a bhí oiriúnach don spriocghrúpa.
(b) An chaoi ar chabhraigh píosa aiseolas áirithe le m'fhoghlaim teanga.
(c) An chaoi ar tháinig forbairt ar mo chruinneas i bhfuaimniú focail Ghaeilge.
(d) An chaoi ar chabhraigh idirghníomhaíocht le húsáideoirí teanga eile le m'fhoghlaim teanga.

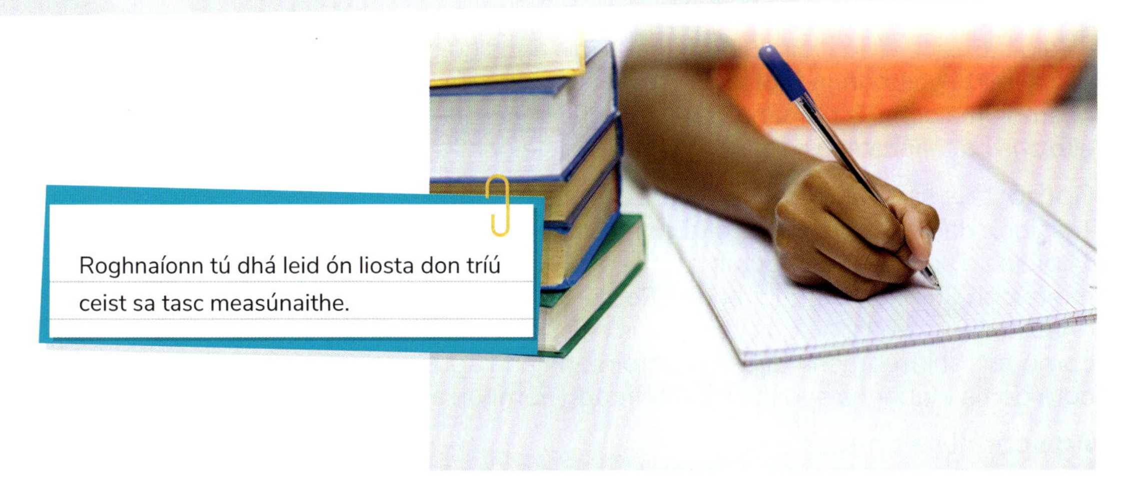

Roghnaíonn tú dhá leid ón liosta don tríú ceist sa tasc measúnaithe.

Éisteacht Rian 2.32

Éist leis an tasc measúnaithe anseo agus lean an script i do leabhar.

Féach ar lgh 438–9.

Cispheil cathaoireacha rothaí

Léamh

Léigh an t-alt seo agus déan na tascanna a bhaineann leis.

CUMANN CATHAOIREACHA ROTHAÍ NA hÉIREANN AGUS AN CHISPHEIL

Eagraíodh an chéad chomórtas den chispheil cathaoireacha rothaí sna cluichí Parailimpeacha sa bhliain 1960 agus bhí an chéad chomórtas do mhná ar siúl sa bhliain 1968. Tá cúigear ar gach foireann agus maireann na cluichí daichead nóiméad le ceithre cheathrú de dheich nóiméad ann. Nuair atá tú ag bogadh timpeall na cúirte, caithfidh tú an liathróid a phreabadh le lámh amháin agus na rothaí a chasadh leis an lámh eile. Má chuireann imreoir an liathróid ar a nglúin, tá cead acu na rothaí a chasadh faoi dhó. Ansin caithfidh tú pas a dhéanamh, **amas a thabhairt**[1] ar chiseán nó tosú **ag gibreacht**[2] arís ansin. Má chasann tú na rothaí don tríú huair, tá tú ag taisteal. Gheobhaidh an fhoireann eile an liathróid agus tosóidh an imirt ó phointe ar an taobhlíne.

Cé a imríonn an spórt seo?

Is féidir le daoine óga idir cúig bliana d'aois agus cúig bliana déag d'aois an spórt seo a imirt i gclubanna **faoi leith**[3] timpeall na tíre. Tá 11 chlub ann a eagraíonn cluichí neamhiomaíocha. Is clubanna **sóisearacha**[4] iad agus imríonn daoine go leor spórt eile sna háiteanna seo. Tá an bhéim ar an aclaíocht agus ar an gcairdeas anseo.

Comórtais sa chispheil cathaoireacha rothaí

Tosaíonn daoine ag imirt sna clubanna **sinsearacha**[5] nuair atá siad níos sine ná 15 bliana d'aois. Tá deich gclub mar seo ann in Éirinn agus mar aon leis seo eagraíonn Cumann Cathaoireacha Rothaí na hÉireann comórtais náisiúnta do dhaoine faoi 23 bliana agus comórtais eile do dhaoine níos sine ná sin. Sna comórtais shinsearacha tá deich bhfoireann ann agus eagraítear sraith agus corn do na clubanna seo idir mí Dheireadh Fómhair agus mí na Bealtaine.

Ag scóráil sa chluiche seo

1. Faightear pointe amháin do chiseán ó **líne an tsaorchaithimh**[6].
2. Faightear dhá phointe do chiseán taobh istigh den **líne thrí phointe**[7] ar an gcúirt.
3. Faightear trí phointe do chiseán ó thaobh amuigh den líne thrí phointe.

1 shoot 2 dribbling 3 particular 4 junior 5 senior 6 free-throw line 7 three-point line

Scríobh

Freagair na ceisteanna seo.

1 Cén fhad a bhíonn cluiche cispheile cathaoireacha rothaí ó thús go deireadh?
2 Scríobh sainmhíniú simplí don fhocal *neamhiomaíoch*.
3 An mbíonn comórtais shinsearacha ar siúl sa chispheil cathaoireacha rothaí i mí Lúnasa?

Tasc gramadaí

Freagair na ceisteanna seo.

1 Cén fáth a bhfuil an litir **a** ar an bhfocal ***sóisearach*** sa nath ***clubanna sóisearacha***?
2 Cad í an fhoirm dhiúltach den bhriathar ***gheobhaidh***?

Machnamh

Féach ar an ngluais ar an leathanach ar chlé. An bhfuil aon stór focal nua ansin nach raibh ar eolas agat roimhe seo? Scríobh na focail sin agus aon chinn eile ón alt nach raibh ar eolas agat i do dhialann mhachnaimh.

Taighde

Is iomaí club spóirt ar fud na hÉireann a eagraíonn comórtais agus araile d'úsáideoirí de chathaoireacha rothaí. Tá liosta de na cumainn seo ar fáil ar an suíomh idirlín iwasport.com. Aimsigh club i do cheantar féin agus déan taighde ar an gcumann sin.

Critéir ratha:

- Cá bhfuil an club suite?
- Cathain a bunaíodh an club?
- Cad iad na spóirt a imríonn siad sa chlub?
- Cad iad na háiseanna atá acu?
- Ar bhuaigh siad aon chomórtais?
- An ndeachaigh éinne ón gclub chuig na cluichí Parailimpeacha?

Rothaíocht tandaim

Léamh

Léigh an t-alt seo agus déan na tascanna a bhaineann leis.

Creideann mórchuid na ndaoine nach rud mór é dul amach ar an rothar mar chuid de **chlár aclaíochta**[1]. Agus leis an rothar tandaim (rothar dúbailte atá feiliúnach do bheirt), tá an **lucht lagamhairc**[2] in ann sásamh a bhaint as an spórt sin. Bíodh sin ar an mbóthar nó ar an **raon**[3] faoin díon (an veileadróm). Suíonn an duine lagamhairc ar cúl agus rothaíonn siad in éineacht leis an gcompánach (an píolóta). Stiúrann an duine **a bhfuil radharc na súl acu**[4] an rothar. Déanann an compánach cur síos ar an **tírdhreach**[5] má tá siad amuigh faoin spéir ar **rothaíocht socair**[6]. Tugann an píolóta treoracha don duine ar cúl nuair atá an bheirt acu ag rásaíocht.

Tugadh an rothaíocht isteach sna cluichí Parailimpeacha in Seoul (príomhchathair an Chóiré Theas) sa bhliain 1988. Chuir Éire foireann san iomaíocht don chéad uair san Aithin (príomhchathair na Gréige) sa bhliain 2004. Tá trí **chatagóir rothaithe**[7] ann (B1, B2 agus B3) agus bíonn siad ag rásáil le chéile sna cluichí. Don tandaim sna cluichí Parailimpeacha tá rás bóthair aon lá ann mar aon le comórtais a mhaireann roinnt laethanta. Ar an raon tá rásaí **ráibe**[8] dhá chéad méadar, rás trialach (ciliméadar amháin) agus rás tóraíochta (ceithre chiliméadar) ann. Cloíonn na comórtais seo leis na rialacha atá ag an Aontas Idirnáisiúnta Rothaíochta (uci.ch). Is féidir leat tuilleadh eolais a fháil faoin spórt iontach seo ag an suíomh idirlín cyclingireland.ie.

Scríobh

Líon na bearnaí sa ghreille seo bunaithe ar na briathra ón gcéad alt. Tá cúpla ceann déanta duit mar chabhair.

An aimsir chaite	An aimsir láithreach	An aimsir fháistineach
chreid daoine	creideann daoine	*creidfidh daoine*
	suíonn an duine	
	stiúrann an duine	
	déanann an compánach	

Tasc gramadaí

Líon na bearnaí sa ghreille seo bunaithe ar ainmfhocail ón dara halt. Tá cúpla ceann déanta duit mar chabhair.

An t-ainmfhocal	An inscne	An t-iolra	An Béarla
uair	*baininscneach*	*uaireanta*	*time/occasion*
rás			
lá			
		comórtais	

Taighde

Tá go leor eolais ar fáil ar an suíomh idirlín visionsports.ie faoin snámh, faoin ngalf, faoin júdó, faoin bpeil, faoin siúl, faoin leadóg agus faoi spóirt eile don lucht lagamhairc. Scríobh alt (100 focal) faoi cheann de na spóirt sin, bunaithe ar an eolas atá ar fáil ar an suíomh idirlín.

1 *fitness programme* 2 *visually impaired people* 3 *track* 4 *sighted*
5 *landscape* 6 *leisure cycle* 7 *cyclist categories* 8 *sprint*

An júdó

Scríobh

Léigh an phróifíl seo de Tim Culhane. Níl radharc na súl aige ach níor chuir sin cosc ar bith ar an bhfear seo. Ansin, déan na tascanna a ghabhann leis an bpróifíl.

Ainm: *Tim Culhane*
Áit dhúchais: *Port Mearnóg (Baile Átha Cliath)*
Áit chónaithe: *Cluain Tarbh (Baile Átha Cliath)*
Spórt: *Júdó*
Bunscoil: *Scoil Naomh Seosamh, Droim Conrach (is é an t-ainm atá ar an scoil seo anois ná ChildVision)*
Meánscoil: *Pobalscoil Rosmini, Droim Conrach*
Ollscoil: *Ollscoil Chathair Bhaile Átha Cliath: céim sa ríomhaireacht (bonn ón uachtarán bronnta air)*
Leantóir de: *Learpholl agus peil Bhaile Átha Cliath, dar ndóigh*

Saol sa júdó

- *Júdó den chéad uair: sa bhunscoil (13 bliana d'aois)*
- *Clubanna: Port Mearnóg (16 bliana d'aois), Crios Dubh (20 bliain d'aois)*
- *Bhí sé ag traenáil agus in iomaíocht le daoine a raibh radharc na súl acu.*
- *Chríochnaigh sé leis na comórtais de bharr glúine gortaithe.*

Comórtais ar son na hÉireann

- *Cluichí Eorpacha trí huaire; Cluichí Domhanda faoi dhó*
- *Cluichí Parailimpeacha faoi dhó – ceann in Atlanta agus ceann eile in Sydney*

Boinn buaite

- *Bonn cré sa Chraobh Oscailte in Éirinn (in aghaidh daoine le radharc na súl acu)*
- *Bonn óir i gComórtas na nOllscoileanna Éireann (in aghaidh daoine le radharc na súl acu)*
- *Bonn airgid sna Cluichí Eorpacha (comórtas don lucht lagamhairc)*

Scríobh iontráil Vicipéid Tim bunaithe ar an eolas sa phróifíl thuas. Scríobh an iontráil san aimsir láithreach. Tá liosta briathra mar chúnamh duit (níl tú teoranta do na briathra seo) sa bhanc focal thíos.

Banc focal

bain amach, bain sult, freastail, glac páirt, taistil, taitin le, téigh, tosaigh, troid

Taighde

Déan taighde ar lúthchleasaí Oilimpeach nó Parailimpeach ó do cheantar féin agus dear próifíl ilmhódach (focail agus pictiúir) dó/di. Cruthaigh ceisteanna bunaithe ar an bpróifíl a dhear tú. Ansin, i mbeirteanna, cuir iad ar a chéile.

An cúig beag sa mhodh coinníollach

An tríú pearsa, uimhir uatha agus an dara pearsa, uimhir iolra

Féach ar lgh 250 agus 299–300.

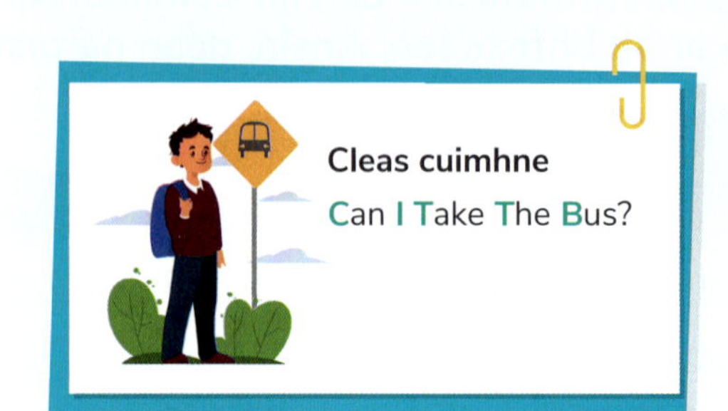
Cleas cuimhne
Can I Take The Bus?

Chun aistriú ón aimsir fháistineach go dtí an modh coinníollach:

1 Scríobh tús an bhriathair mar a scríobhtar é san aimsir chaite.
2 Pioc amach an *i*.
3 Cuir ea sa bhearna más briathar caol atá i gceist.

An tríú pearsa, uimhir uatha (**sé/sí**) agus an dara pearsa, uimhir iolra (**sibh**)		
An briathar	**An aimsir fháistineach**	**An modh coinníollach**
Clois	Cloisfidh na himreoirí an slua ag canadh.	Chloisfeadh na himreoirí an slua ag canadh.
Ith	Íosfaidh sibh torthaí ag leath-am.	D'íosfadh sibh torthaí ag leath-am.
Tar	Tiocfaidh an fhoireann ar an mbus.	Thiocfadh an fhoireann ar an mbus.
Tabhair	Tabharfaidh sí an camán duit.	Thabharfadh sí an camán duit.
Beir	Béarfaidh sé ar an rothar.	Bhéarfadh sé ar an rothar.

Cogar You can use the ***modh coinníollach*** to express past habitual events.
Example: D'íosfadh sibh ubh gach maidin. = **You** (plural) ***would eat an egg every morning***.

An chéad phearsa

An chéad phearsa, uimhir uatha		An chéad phearsa, uimhir iolra	
An aimsir fháistineach	**An modh coinníollach**	**An aimsir fháistineach**	**An modh coinníollach**
cloisfidh mé	chloisfinn	cloisfimid	chloisfimis
íosfaidh mé	d'íosfainn	íosfaimid	d'íosfaimis
tiocfaidh mé	thiocfainn	tiocfaimid	thiocfaimis
tabharfaidh mé	thabharfainn	tabharfaimid	thabharfaimis
béarfaidh mé	bhéarfainn	béarfaimid	bhéarfaimis

Grammar

Seo iad na míreanna (mionfhocail) a chuireann tú roimh an mbriathar sa mhodh coinníollach.

	An fhoirm dhiúltach	An fhoirm cheisteach	An cheist dhiúltach
An focal	ní	an	nach
Tionchar an fhocail	séimhiú	urú	urú/*n*- roimh ghuta

Aistriúchán

Cuir Gaeilge ar na habairtí seo.

1. I would eat my dinner at six o'clock.
2. Would she take the penalty? Leid: tabhair; cic éirice
3. Drew would not hear the whistle with the crowd singing.
4. Monica would come in at half time.
5. He would not eat his food before a game.
6. Ciarán would not take a penalty in the rain.
7. The referee would grab the red card. Leid: réiteoir
8. Would she grab the ball from the scrum? Leid: clibirt
9. We would hear the manager shouting on the sideline. Leid: taobhlíne
10. You (*plural*) would come to the match on your bikes.

Éisteacht Rian 2.33

Éist leis an taifeadadh agus bí cinnte go bhfuil Gaeilge curtha ar na habairtí i gceart.

LG Déan na tascanna ar lgh 134–5.

Sacar na sráide

Léamh

Léigh an t-alt seo agus déan na tascanna a bhaineann leis.

Is **eagraíocht**[1] é an Homeless World Cup Foundation a bhaineann úsáid as an sacar chun **ardú meanman a thabhairt do**[2] dhaoine gan dídean. Eagraíonn siad comórtas gach bliain. Téann thart ar cúig chéad duine ó leathchéad tír san iomaíocht. Maireann an comórtas ar feadh seachtaine agus féachann na mílte duine ar na cluichí.

Struchtúr na seachtaine

Tá dhá **chomórtas ciorclach**[3] ann ag an tús agus ansin tosaíonn na **babhtaí díbeartha**[4]. Imríonn ceathrar ar gach foireann.

Maireann na cluichí ceithre nóiméad déag – sin dhá leath de sheacht nóiméad. I gcás comhscóir tá **ciceanna éirice**[5] ann. Teastaíonn ón eagraíocht féinmhuinín na n-imreoirí a ardú agus tá siad ag iarraidh iad a sheoladh ar bhóthar a leasa. Dúirt 94 faoin gcéad de na himreoirí a ghlac páirt sa chomórtas go raibh tionchar maith ag an gcomórtas orthu agus ar a saol. Dúirt 83 faoin gcéad de na himreoirí go raibh caidreamh níos fearr acu lena muintir agus lena gcairde tar éis an chomórtais.

Ceisteanna

Freagair na ceisteanna seo.

Buntuiscint

1 Scríobh an uimhir leathchéad i bhfoirm figiúirí.
2 Cé mhéad imreoir a bhíonn ar gach foireann?
3 An gcríochnaíonn aon chluiche ar comhscór sa chomórtas seo?

Léirthuiscint

4 An mbeadh suim agat dul chuig an gcomórtas seo? (Tabhair dhá fháth le do fhreagra.)

Scríobh

Déan dhá cheann de na tascanna seo.

1 Déan cur síos ar an bpictiúr ar dheis.
2 Déan taighde ar an eagraíocht Homeless World Cup Foundation in Éirinn.
3 Scríobh 100 focal faoi na tuairimí atá agat faoin eagraíocht seo.
4 Labhair os comhair an ranga faoin gcomórtas seo.
5 Scríobh cúpla alt faoi na fadhbanna sóisialta sa tír seo.

Moladh
An féidir leat comórtas sacair a shocrú sa scoil? Thig leat airgead a sheoladh ar aghaidh chuig eagraíocht atá ag obair ar son daoine bochta.

1 organisation 2 lift the spirits of 3 round robin 4 knockout stages 5 penalties

An mheabhairshláinte

Nuacht Mhall

Cuardaigh le haghaidh an phodchraolta *Nuacht Mhall* don 5 Meitheamh 2021. Éist leis an scéal nuachta seo (an tríú scéal san fheasachán) agus léigh an scéal anseo ag an am céanna.

D'éirigh Naomi Osaka, an dara himreoir leadóige is fearr ar domhan, as Craobhchomórtas Oscailte na Fraince an tseachtain seo. Bhuaigh sí a céad chluiche in aghaidh Patricia Maria Tig. Dúirt sí ar Twitter nach raibh sí sásta labhairt leis na meáin i ndiaidh a cluichí **mar gheall ar**[1] an tionchar a raibh acu ar a meabhairshláinte. Gearradh fíneáil $15,000 uirthi toisc nach raibh sí sásta labhairt leo agus bhí sé **i gcoinne**[2] na rialacha. Dar leis an imreoir, d'fhulaing sí ó 'bhabhtaí fada **dúlagair**[3]' ó bhuaigh sí Serena Williams i gcluiche ceannais Chraobhchomórtas Oscailte na Stát Aontaithe sa bhliain 2018. Dúirt Uachtarán **Chónaidhm**[4] Leadóige na Fraince go raibh a h**aistarraingt**[5] 'mí-ámharach'.

Scríobh

Déan anailís ar an nGaeilge sa scéal agus freagair na ceisteanna seo.

1. Cén aimsir ina bhfuil an briathar *d'éirigh*?
2. Cén sórt uimhreach é an focal *dara*?
3. Cad í inscne an fhocail *seachtain*?
4. Cén sórt uimhreach é *$15,000*?
5. Pioc amach comhfhocal ón scéal a bhriseann an riail 'caol le caol agus leathan le leathan'.
6. Cén tionchar atá ag an réamhfhocal *i* ar an ainmfhocal (le túschonsan)?
7. Cad í inscne an ainmfhocail *imreoir*?

Cúinne na gramadaí

Roghnaigh trí bhriathar ón liosta seo agus déan greille mar an ghreille thíos do gach ceann díobh i do chóipleabhar. Bain úsáid as an leathanach gramadaí ar teanglann.ie mar chúnamh duit más gá.

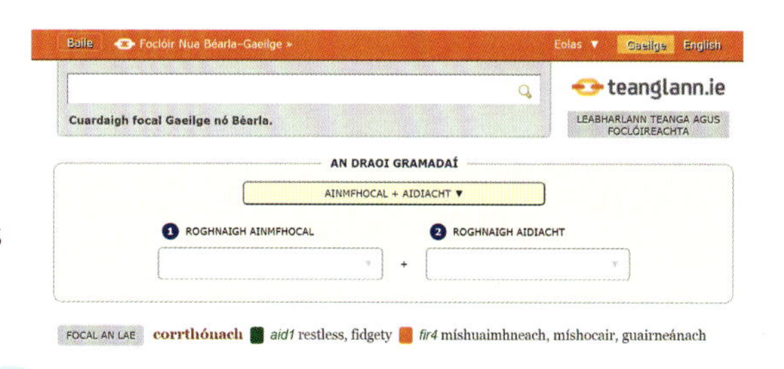

abair, buaigh, gearr, éirigh, fulaing

	An aimsir chaite	An aimsir láithreach	An aimsir fháistineach
Mé			
Sí			
Muid/sinn			

LG Déan na tascanna ar lgh 136–8.

[1] because of [2] against [3] depression [4] federation [5] withdrawal

Bia sláintiúil

Léamh

Léigh an t-alt seo agus déan na tascanna a bhaineann leis.

Tá cothaithigh mar phróitéin, saill, carbaihiodráití agus vitimíní i mbia. Teastaíonn meascán de chothaithigh ó chorp duine chun a bheith sláintiúil agus folláin. Tá cothaithigh dhifriúla i mbianna difriúla. Má roghnaíonn tú meascán de bhianna gach lá, beidh tú ábalta na cothaithigh go léir a theastaíonn uait a fháil chun fás, a bheith folláin agus a bheith airdeallach. Faigheann an corp fuinneamh ón mbia a itheann tú. Mura nglacann tú do dhóthain calraí isteach, beidh tú faoi bhun an ghnáthmheáchain nó míchothaithe.

Tasc foclóra

Féach ar an liosta de bhianna éagsúla thíos agus cuir sa cholún cuí iad.

Próitéin (ceann d'an-chuid substaintí atá le fáil i mbainne, uibheacha, feoil, srl., agus atá riachtanach don duine maidir le fás agus sláinte de)	**Carbaihiodráit** (príomhfhoinse fuinnimh atá le fáil i mbianna a bhfuil stáirse iontu – mar shampla, arán, pónairí, pasta)	**Saill** (foinse fuinnimh don chorp; tá dhá shaghas saillte sa bhia – saill sáithithe (cáis agus feoil) agus saill neamhsháithithe (ola agus éisc))	**Torthaí agus glasraí** (foinse an-tábhachtach vitimíní, mianraí agus snáithín)

abhacád, almóinní, béigeal, buíocán uibhe, cnó cócó, gealacán uibhe, gránach, im, margairín, mil, núdail, ola olóige, piseanna talún, prátaí, prátaí milse, rís, ros lín, sicín, banana, tuinnín

Scríobh

Líon dialann bhia ar feadh seachtaine. Bain úsáid as an acmhainn punainne (lch 55) mar chabhair duit.

Idirghníomhú cainte

Iarr ar an duine in aice leat cur síos a dhéanamh ar bhéile amháin a d'ith sé/sí inniu. Labhraígí faoi na cothaithigh a bhí sa bhéile.

Mo shláinte

Tasc foclóra

Seo daoibh cúpla sampla de na hainmfhocail is coitianta a chloistear agus daoine óga in Éirinn ag labhairt faoi chúrsaí sláinte. Féach ar na focail agus labhair leis an duine in aice leat le brí na bhfocal a dhéanamh amach.

Bainimid úsáid as an réamhfhocal **ar** nó as an bhforainm réamhfhoclach **orm**, **ort**, **air**, srl., le cur síos a dhéanamh ar ár sláinte sa Ghaeilge.

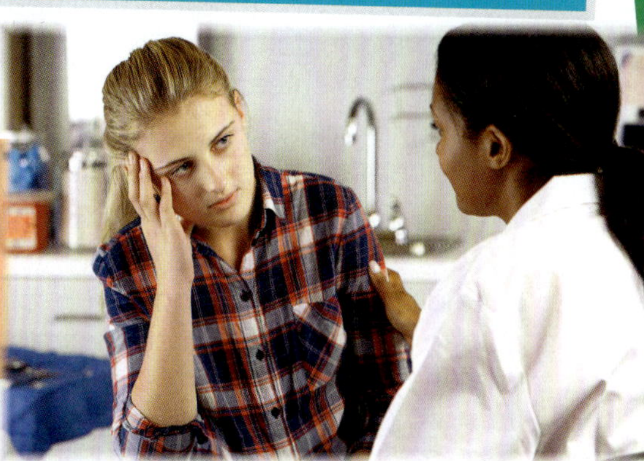

1 ailse **2** airtríteas **3** asma/plúchadh **4** buairt
5 diaibéiteas **6** eachma **7** fiobróis chisteach
8 neamhord hipirghníomhaíochta an easnaimh airde
9 neamhord itheacháin **10** pairilis cheirbreach
11 scolóis **12** siondróm putóige greannaithí

Éisteacht Rianta 2.34–36

Éist leis na cainteoirí éagsúla ag déanamh cur síos ar a sláinte agus freagair na ceisteanna. Cuir tic leis an bhfreagra ceart más gá.

Emma

1 Cad atá uirthi?
eachma ☐ ailse ☐ plúchadh ☐

2 Cad a bhíonn deacair di?
aird a tharraingt ☐ anáil a tharraingt ☐ éisteacht ☐

3 Cad a chabhraíonn léi?
análóir ☐ aibhsitheoir ☐ áireamhán ☐

Aindriú

1 Tá eachma ar Aindriú.
fíor ☐ bréagach ☐

2 Ní bhíonn sé róthochasach ná róphianmhar.
fíor ☐ bréagach ☐

3 Baineann sé úsáid as uachtar stéaróidigh nuair a éiríonn a chraiceann an-tirim.
fíor ☐ bréagach ☐

Tadhg

1 Cén fáth a bhfuil buairt ar Thadhg?
2 Ainmnigh rud amháin a dhéanann sé nuair a bhíonn sé in ísle brí.
3 Cén moladh atá ag Tadhg?

Óga Yoga

Léamh

Léigh an t-alt seo agus déan na tascanna a bhaineann leis.

Bunaíodh Óga Yoga in 2012 agus ó shin i leith tá siad tar éis ióga a mhúineadh do bhreis agus 40,000 dalta scoile i gcóras oideachais na hÉireann. Tá sé mar aidhm acu timpeallacht foghlama a chruthú, a spreagann daltaí scoile chun ióga, gluaiseachtaí coirp agus aireachas a chleachtadh go rialta.

Cuireann Óga Yoga cúrsaí ióga ar fáil atá cruthaitheach, praiticiúil agus spraíúil, agus atá bunaithe ar an gcuraclam. Cuireann siad cúrsaí ióga ar fáil do scoileanna, do lúthchleasaithe agus d'fhoirne spóirt chomh maith.

Creideann Óga Yoga go bhfuil ról lárnach ag an ióga agus ag an aireachas i gcur chun cinn na folláine i measc aos óg na tíre. Nuair is féidir le scoláirí iad féin a shuaimhniú agus a shocrú cuireann sé lena gcumas déileáil le dúshláin, le deacrachtaí agus le strus ar bhealach sláintiúil.

Bíonn Óga Yoga le feiceáil ar an teilifís go minic ag múineadh ióga trí mheán na Gaeilge agus ag múineadh Gaeilge trí mheán an ióga. Bhí Óga Yoga le feiceáil ar RTÉ Jr agus TG4, ar *Cúla4 ar Scoil* agus cláir theilifíse eile ar nós *Seal le Daithí* agus *Underdogs*.

Caith súil ar ghearrthóga ar an leathanach 'Óga Yoga ar an teilifís' ar an suíomh gréasáin ogayoga.ie. Scríobh roinnt daoine a d'fhreastail ar ranganna de chuid Óga Yoga teistiméireachtaí ar líne. Léigh an t-aiseolas a thug siad don chomhlacht.

Duine A
Bhí cur chuige eolach, proifisiúnta agus spraíúil ag Ciarán agus d'imigh a ranganna go mór i bhfeidhm orainn. Sin an rud iontach faoi – foghlaimíonn na leanaí maidir le ióga agus sláinte agus is féidir leo é a thógáil leo ina seilbh.

Duine B
Thug Ciarán an tacaíocht dúinn agus lá speisialta á eagrú againn go fíorúil le linn Covid-19. Chabhraigh sé linn imeachtaí ióga agus HIIT a eagrú gan mhoill ar líne, buaicphointe an lae i gcomhair go leor scoláirí.

Duine C
Chuir Ciarán seirbhís ar ardchaighdeán ar fáil dom. Bhí sé proifisiúnta agus iontach ó thaobh spriocdhátaí a bhaint amach. Ag súil le bheith ag obair leis arís amach anseo.

Scríobh

Freagair na ceisteanna seo.

Buntuiscint

1. Cathain a bunaíodh Óga Yoga? Scríobh an freagra i bhfoirm focal.
2. Cén teanga trína dtarlaíonn na cúrsaí?
3. Liostaigh na trí aidiacht a úsáidtear le cur síos a dhéanamh ar na cúrsaí sa dara halt.
4. Ainmnigh dhá chlár teilifíse a raibh Óga Yoga le feiceáil orthu.

Léirthuiscint

5. Ar thug na léirmheastóirí aiseolas dearfach nó diúltach don chomhlacht? Cuir dhá phíosa eolais le do fhreagra mar thacaíocht.

An córas athchúrsála

Léamh

Seo eolas ó mywaste.ie* faoi na rudaí gur féidir agus nach féidir a athchúrsáil. Léigh an t-alt seo (ar dheis) agus déan na tascanna a bhaineann leis.

Cén fáth a bhfuil liosta nua ann?

Díoltar ábhar in-athchúrsáilte ar nós páipéar agus cairtchlár, miotail agus plaisteach ar an margadh domhanda ach bíonn praghsanna agus éileamh na n-ábhar seo ag athrú go síoraí.

Bhíodh an tSín agus an India ag ceannach go leor ábhar in-athchúrsáilte ón Eoraip agus bhain siad úsáid as na hábhair sin i ndéantúsaíocht seachas amhábhar a úsc.

In 2017, leag na margaí amach caighdeáin i bhfad níos airde maidir le caighdeán an ábhair in-athchúrsáilte a nglacfar leis. Déantar gach burla d'ábhar a scrúdú agus má aimsítear oiread is mála plaisteach amháin i mburla buidéal plaisteach nó spuaicphaca i mburla cairtchláir, d'fhéadfaí diúltú don bhurla ar fad.

Chun go mbeidh Éire in ann a cuid ábhar in-athchúrsáilte a dhíol, ní mór an méid de a mhilltear a laghdú.

Caithfidh gach teach a chinntiú nach gcuirtear nithe seachas na nithe atá ar an liosta athchúrsála sa bhosca athchúrsála agus is ceart na nithe sin a bheith glan, tirim agus scaoilte.

mywaste

* ábhar dílis

Meaitseáil

Tá na nathanna sa chéad cholún thíos pioctha amach ón alt. Ceangail iad leis na cinn **chomhchiallacha** (*synonymous*) ar dheis. Cuir an uimhir cheart faoi gach litir. Tá ceann amháin déanta mar chúnamh duit.

Nathanna ón alt	Nathanna eile
A cén fáth?	1 na haonaigh
B go síoraí	2 a reic
C go leor	3 tigh
D na margaí	4 rudaí
E burla	5 cad chuige?
F ar fad	6 néata
G a dhíol	7 beart
H caithfidh	8 triomaithe
I teach	9 an t-am ar fad
J nithe	10 go hiomlán
K glan	11 a lán
L tirim	12 tá ar

A	5
B	
C	
D	
E	
F	
G	
H	
I	
J	
K	
L	

Tasc foclóra

Téigh tríd an stór focal seo chun réamheolas a fháil sula ndéanann tú an tasc thíos.

astaigh	to emit
coimeádán	container
dramhphost	junk mail
gníomhú aeráide	climate action
inbhuanaitheacht	sustainability
lannaithe	laminated
leacáin	tiles
leacht	liquid
scragall	foil
tocht	mattress

Idirghníomhú cainte

Cuardaigh ar PEIG.ie le haghaidh an fhíseáin 'Céard atá ar do liosta athchúrsála?' Labhair le daltaí eile faoi na tuairimí a ritheann leat nuair a fhéachann tú ar an bhfíseán seo. Scríobh cúig **phointe urchair** (*bullet points*) ar na tuairimí sin.

Léamh

Féach ar an eolas seo ón suíomh idirlíon mywaste.ie* agus déan na tascanna a bhaineann leis.

Cén fáth a gcaithfidh nithe a bheith glan agus tirim?

Más rud é go raibh bia nó leacht sna nithe sin tráth, caithfear iad a rinseáil go mbeidh siad glan agus an t-uisce a chroitheadh astu sula gcuirtear sa bhosca athchúrsála iad. Truailleoidh bia agus leacht an t-ábhar atá sa bhosca athchúrsála. Ní féidir páipéar fliuch a athchúrsáil.

Cén fáth ar cheart na nithe sin a chur go scaoilte sa bhosca?

Déantar na nithe i do bhosca athchúrsála a shórtáil ina gcatagóirí éagsúla le haghaidh athchúrsála. Má tá nithe curtha laistigh dá chéile agat, ní bheidh an meaisín in ann iad a shórtáil agus d'fhéadfadh sé tarlú go gcaillfí acmhainní luachmhara.

* ábhar dílis

Tasc foclóra

1. Léigh an t-ábhar ar fad.
2. Pioc amach aon fhocail nach dtuigeann tú.
3. Taispeáin iad do dhuine eile sa rang.
4. Déanaigí iarracht brí na bhfocal a oibriú amach le chéile.
5. Déanaigí seiceáil ar na focail i d'fhoclóir nó i bhfoclóir ar líne.

Scríobh

Déan ceann de na tascanna seo.

1. Dear póstaer as Gaeilge bunaithe ar thábhacht na hathchúrsála.
2. Déan físeán beag as Gaeilge chun córas na hathchúrsála a mhíniú go simplí.
3. Eagraigh suirbhé sa scoil nó i do rang faoi na tuairimí atá ag daoine óga faoin athchúrsáil.

Labhairt

Labhair os comhair an ranga faoi do phóstaer, faoi d'fhíseán nó faoi na torthaí ón suirbhé.

Tasc pictiúr

Scríobh freagairt phearsanta ar an dá phictiúr thíos.

Critéir ratha:

- Cuir iad i gcomparáid lena chéile.
- An gcuireann ceachtar acu aon rud i gcuimhne duit?
- An mothaíonn tú aon rud nuair a fheiceann tú na pictiúir seo?

Bithéagsúlacht

Cluiche

Tá an bhithéagsúlacht an-tábhachtach don timpeallacht. Tuigeann na heolaithe anois nach bhfuil go leor beacha againn in Éirinn agus sin fáth amháin go scaoileann daoine an gairdín le fiántas. Is é sin le rá nach lomann siad an féar, na driseacha, srl.

> Tá tuilleadh eolais faoi Natura 2000 ar shuíomh idirlín an National Parks and Wildlife Service. Féach ar npws.ie.

Imir an cluiche dísle seo le duine nó beirt eile sa rang. Foghlaimeoidh tú rudaí beaga faoin timpeallacht le linn an chluiche. Imir an cluiche/caith an dísle in ord aibítre.

Léamh

Léigh an t-alt seo agus déan na tascanna a bhaineann leis. Is comhairle í seo ó seai.ie chun fuinneamh a shábháil i scoileanna.

An fuinneamh agus an timpeallacht

- (1) **Dún** na fuinneoga ag deireadh an lae ar scoil.
- (2) **Tarraing** cuirtíní agus (3) **ísligh** dallóga sa gheimhreadh ag deireadh gach lae chun cabhrú le teas a choimeád istigh.
- (4) **Socraigh** teirmeastait ranga ag 18°C.
- (5) **Múch** soilse nuair a bhíonn dóthain de sholas an lae ann, nó nuair a bhíonn an seomra folamh.
- Múch an monatóir nuair nach mbíonn ríomhaire á úsáid, fiú ar feadh tréimhse ghearr.
- (6) **Roghnaigh** trealamh don seomra foirne a bhfuil rátáil A aige ar an lipéad fuinnimh.
- Ná (7) **beirigh** ach an méid uisce a theastaíonn nuair a bhíonn citeal á bheiriú.
- (8) **Cinntigh** go mbíonn miasniteoirí lán sula gcuirtear ar siúl iad.
- Sábháiltear fuinneamh trí uisce a shábháil, ná (9) **fág** sconnaí ar siúl.

Scríobh

Scríobh na horduithe atá i gcló trom sa téacs thuas san aimsir chaite (an chéad phearsa, uimhir iolra). Tá an chéad cheann déanta anseo mar chúnamh duit.

1 Dhúnamar

Físeán

Cuardaigh le haghaidh 'Scéal an Fhuinnimh' le SEAI ar líne. Féach ar an bhfíseán seo. Breac síos cúig fhocal nach dtuigeann tú agus aimsigh iad san fhoclóir.

Scoileanna Glasa

Léamh

Léigh an t-alt seo agus déan na tascanna a bhaineann leis.

Is **clár oideachais chomhshaoil**[1], córas bainistíochta comhshaoil agus **scéim dámhachtana**[2] é Clár na Scoileanna Glasa, nó Éicea-Scoileanna mar a thugtar air go hidirnáisiúnta, a spreagann **gníomh fadtéarmach**[3] sa scoil uile ar son an chomhshaoil agus a thugann **aitheantas**[4] don ghníomh sin.

In Éirinn, is é An Taisce a reáchtálann Clár na Scoileanna Glasa, i gcomhpháirtíocht leis na h**údaráis áitiúla**[5]. Díríonn scoileanna i dtús báire ar théama an Bhruscair agus na **Dramhaíola**[6], ag oibriú trí sheacht gcéim an téama sin, sula ndéantar **iarratas**[7] ar Bhrat Glas. Nuair a éiríonn leo, bogann an scoil ar aghaidh chuig téamaí difriúla, lena n-áirítear Fuinneamh, Uisce, Taisteal, **Bithéagsúlacht**[8] agus **Saoránacht Dhomhanda**[9].

Is iomaí buntáiste a bhaineann le bheith páirteach i gClár na Scoileanna Glasa, mar shampla: deis chun **scileanna cinnteoireachta**[10] na ndaltaí a fhorbairt, deis chun **muinín**[11] na ndaltaí agus **braistint saoránachta**[12] a fhorbairt trí **rannpháirtíocht**[13], naisc le scoileanna eile in Éirinn agus go hidirnáisiúnta, deiseanna le haghaidh poiblíocht áitiúil agus náisiúnta, seans airgead a shábháil, dramhaíl, bruscar agus fuinneamh **laghdaithe**[14], deis don phobal áitiúil a bheith rannpháirteach.

Scríobh

Aimsigh na ranna cainte seo a leanas san alt thuas.

1 dhá ainmfhocal bhaininscneacha
2 dhá ainmfhocal fhirinscneacha
3 dhá ainmfhocal san uimhir iolra
4 ceithre réamhfhocal
5 dhá bhriathar rialta san aimsir láithreach
6 sampla amháin den tuiseal ginideach

Taighde

Déan taighde ar Chlár na Scoileanna Glasa in Éirinn. Bain úsáid as an acmhainn punainne (lch 57) mar chabhair duit. Seo cúpla nod duit don tasc seo.

- An Scoil Ghlas í do scoil?
- An bhfuil Coiste Glas i do scoil? Cé mhéad ball atá air?
- Cé mhéad Scoil Ghlas atá i do cheantar?

Éisteacht

Rian 2.37

Éist leis an bhfógra agus freagair na ceisteanna a ghabhann leis.

1 Cé atá ag caint san fhógra seo?
2 Cé mhéad bratach atá ag an scoil anois?
3 Conas a mhothaíonn foireann na scoile faoin gCoiste Glas?
4 Cathain a bheidh an chóisir ar siúl?

LG Tá cluastuiscintí don aonad seo le fáil ar lgh 181–3.

1 environmental education programme *2 awards scheme* *3 long-term action* *4 recognition* *5 local authorities* *6 refuse* *7 application* *8 biodiversity* *9 global citizenship* *10 decision-making skills* *11 confidence* *12 feeling of citizenship* *13 participation* *14 reduced*

Ceisteanna scrúdaithe samplacha

Stór focal

cairdeas	comradeship	tacaíocht	support
cairde nua	new friends	spiorad foirne	team spirit
scileanna sóisialta	social skills	deiseanna difriúla	different opportunities
neart intinne	mental strength	faoiseamh	relief
fuascailt ón ngnáthshaol	escape from everyday life	éalú ó bhrú scoile	escape from school pressure
déanann sé maitheas don chorp	it does the body good	forbraíonn sé cruthaitheacht	it develops creativity

Ceist shamplach

Tá spóirt éagsúla le feiceáil sna grianghraif thuas. Scríobh aiste ghairid faoi spórt i saol an duine.

Critéir ratha:

Cuir na rudaí seo a leanas san áireamh:

- dhá phointe dhearfacha faoin spórt
- dhá phointe dhiúltacha faoin spórt
- moladh amháin atá agat féin do dhuine atá ag iarraidh tabhairt faoi spórt nua

Stór focal

saol sláintiúil	healthy lifestyle	oideachas sláinte	health education
scoil bia sláintiúil	healthy-eating school	feachtas nua	new campaign
biachlár mealltach	enticing menu	béilí folláine	nourishing meals
roghanna éagsúla	different choices	margadh speisialta	special deal
meaisín díola	vending machine	smailc shláintiúil	healthy snack
cúirt bhia	food court	beadaí	foodie
feoilséantóirí	vegetarians	béilí d'fheoil-séantóirí	vegetarian meals
bia saor ó ghlútan	gluten-free food	iontógáil chothaitheach	nutritional intake
fuinneamh	energy	dreasacht	incentive
rogha ceapairí	a choice of sandwiches	sailéid	salads
iógairt	yogurts	caoineoga	smoothies
uisce óil	drinking water	caiscín	wholemeal

Tá stór focal an aonaid seo le fáil ar lch 454.

Ceist shamplach

Scríobh alt a fhoilseofar san iris scoile faoi na rudaí a dhéanfadh bainistíocht na scoile le dea-nósanna itheacháin a chur chun cinn ar scoil.

Critéir ratha:

- Bain úsáid as na grianghraif thíos le cabhrú leat.
- Is leor trí alt a scríobh bunaithe ar ghnéithe éagsúla.

LG Déan na tascanna ar lgh 139–46.

Measúnú an aonaid

Piarmheasúnú: Cluiche do bheirt

Déan staidéar ar an aonad seo agus ansin imir an cluiche seo le daoine eile sa rang.

Rialacha an chluiche

1. Duine i gcoinne duine atá i gceist (imreoir A agus imreoir B).
2. Roghnaíonn imreoir A ceann ar bith de na boscaí 1–20 ón ngreille thíos d'imreoir B.
3. Caithfidh imreoir B an cheist sa bhosca sin a fhreagairt. Is fiú pointe amháin gach bosca.
4. Roghnaíonn imreoir B bosca ansin d'imreoir A. Caithfidh sé/sí an rud céanna a dhéanamh.
5. Má dhéanann aon imreoir botún, beidh seans ag an imreoir eile é a cheartú agus an pointe a ghoid.
6. Ba cheart do na himreoirí gach scór a scríobh isteach sna boscaí.
7. Beidh an bua ag an imreoir a fhaigheann an méid is mó pointí ag deireadh an chluiche.

1 Ainmnigh an spórt: 'iománaíocht idir mná'	**2** Cuir Gaeilge ar an abairt seo: 'He likes playing football'.	**3** Cé a scríobh an gearrscéal 'An Cluiche Mór'?	**4** Cár rugadh Tim Culhane?
5 Cuir an briathar sa mhodh coinníollach: 'clois + mé'	**6** Cad é an Ghaeilge ar 'protein', 'fat' agus 'carbohydrate'?	**7** Ainmnigh an spórt: 'tiomáint bháid le maidí rámha'	**8** Cad is brí leis na focail seo: 'bithéagsúlacht, dramhaíl' agus 'athchúrsáil'?
9 Cathain a bunaíodh Óga Yoga?	**10** Cuir an briathar sa mhodh coinníollach: 'tar + sé'	**11** Cuir Gaeilge ar an abairt seo: 'They hate dancing'.	**12** Ainmnigh dhá ainmfhocal a bhaineann leis an timpeallacht.
13 Ainmnigh dhá bhriathar a bhaineann leis an timpeallacht.	**14** Ainmnigh dhá mhothúchán atá sa ghearrscéal 'An Cluiche Mór'.	**15** Cén spórt a imríonn Naomi Osaka?	**16** Cuir an briathar sa mhodh coinníollach: 'beir + sé' (an fhoirm cheisteach)
17 Cad é an Ghaeilge ar 'asthma', 'eczema' agus 'anxiety'?	**18** Cuir an briathar sa mhodh coinníollach: 'tabhair + sibh' (an fhoirm cheisteach)	**19** Cuir Gaeilge ar an abairt seo: 'He has diabetes'.	**20** Ainmnigh dhá théama atá sa ghearrscéal 'An Cluiche Mór'.

Scór d'imreoir A = ☐ Scór d'imreoir B = ☐

Téigh go dtí **www.edco.ie/croinagaeilge3** agus bain triail as na hidirghníomhaíochtaí.

Féinmheasúnú

Nuair atá an piarmheasúnú déanta agat, comhlánaigh an ghreille seo thíos. Léigh gach intinn foghlama agus abairt mhachnaimh sa chéad cholún. An ndearna tú dul chun cinn? Cuir tic sa cholún cuí.

Anois táim in ann . . .	🙂	😐	🙁
an tasc measúnaithe a láimhseáil i gceart.			
freagairtí a scríobh faoin ngearrscéal 'An Cluiche Mór'.			
an cúig beag a úsáid sa mhodh coinníollach.			
stór focal a bhaineann leis an tsláinte a aithint agus a litriú go cruinn.			
úsáid cheart a bhaint as foclóir ar líne.			
labhairt os comhair an ranga faoin athchúrsáil.			
Déanfaidh mé machnamh ar na habairtí seo a leanas (scríobh trí abairt):			

Anois, comhlánaigh an plean feabhsúcháin seo thíos.

Trí rud a d'fhoghlaim mé:

1 ____________________

2 ____________________

3 ____________________

Dhá rud atá le cleachtadh agam:

1 ____________________

2 ____________________

Rud a dhéanfaidh mé chun feabhas a chur ar mo chuid Gaeilge:

Seiceáil amach

Mar iarfhoghlaim don aonad seo, déan an ghníomhaíocht 'Seiceáil amach' ag **www.edco.ie/croinagaeilge3**. Conas a d'éirigh leat?

Smaointe MRB 2

- **Comhrá:** Taispeáin físeán beag de chluiche spóirt (gan aon fhuaim) agus déan tráchtaireacht air.
- **Taispeántas:** I ngrúpa, déan dráma beag os comhair an ranga bunaithe ar an ngearrscéal 'An Cluiche Mór'.
- **Agallamh:** Cuir ceisteanna ar dhuine faoin athchúrsáil (is obair bheirte í seo).

Gramadach

Clár

Súil siar ar na ranna cainte

Seo iad na sainmhínithe de na ranna cainte ó *An Foclóir Beag* (1991).

1 **ainmfhocal**[1] *fir1* (sa ghramadach) ainm duine nó ruda (mar shampla, is ainmfhocail iad buachaill, Seán, capall, áit)

2 **forainm**[2] *fir4* ainm, sloinne; leasainm; focal ar nós mé, tú, é, í, iad, etc., a úsáidtear in ionad ainmfhocail

3 **aidiacht**[3] *bain3* focal a chuirtear le hainmfhocal chun ciall bhreise a chur leis, ar nós arán *donn*

4 **briathar**[4] *fir1* focal (*briathar béil*); (gramadach) focal a insíonn cad a dhéantar nó a tharlaíonn (*tar, imeoidh, shuigh, seasann etc.*)

5 **dobhriathar**[5] *fir1* focal a chuirtear le briathar, aidiacht nó dobhriathar eile mar bhreis eolais air agus a léiríonn conas, cá mhéad, cathain etc. (*rud a dhéanamh go mall, go hiontach mall, go han-mhall ar fad*)

6 **réamhfhocal**[6] *fir1* focal beag a chuirtear roimh ainmfhocal lena thaispeáint cén bhaint atá aige le focal eile (mar shampla; ar, as, ag, do, de, i, ó etc.)

7 **cónasc**[7] *fir1* ceangal, nasc, focal a cheanglaíonn dhá abairt nó dhá fhocal le chéile (ach agus agus, mar shampla)

1 noun 2 pronoun 3 adjective 4 verb 5 adverb 6 preposition 7 conjunction

Torthaí foghlama ón tsonraíocht don tSraith Shóisearach

Is iad seo na torthaí foghlama a bhaineann le tábhacht an fhoclóra. Tá béim faoi leith ar an bhfoclóir sa tsonraíocht nua.

Ag díriú ar theanga na Gaeilge mar chóras

Ba chóir go mbeadh sé ar chumas an scoláire

2.1 difríochtaí suntasacha ó thaobh gramadaí agus comhréire idir an Ghaeilge, Béarla agus teangacha eile a thabhairt faoi deara chun míchruinneas a sheachaint

2.2 earráidí pearsanta i labhairt agus i scríobh na teanga a thabhairt faoi deara agus na cúiseanna leo a thuiscint

2.3 patrúin teanga mar chomhréir, bhriathra, ainmfhocail, srl., a aithint agus a úsáid

2.4 litriú agus poncaíocht cheart a aithint agus a úsáid

2.5 taifead a choinneáil ar dhúshláin phearsanta a bhaineann le cruinnúsáid na teanga trí bhlag foghlama pearsanta a chruthú

Scríobh

Cuir na focail seo sna boscaí cearta thíos. Tá cúpla ceann curtha sa ghreille duit mar chúnamh.

1	ceannaím	9	bhí	17	sí		
2	capall	10	faoi	18	rinne		
3	le	11	siopa	19	Luimneach	25	bó
4	mór	12	mé	20	ag	26	sinn
5	agus	13	é	21	roimh	27	ach
6	Gaeilge	14	téim	22	óg	28	osclaím
7	d'imríomar	15	clog	23	sean	29	geansaí
8	déanfaimid	16	ollmhargadh	24	seanbhean	30	gorm

Ainmfhocal	Forainm	Aidiacht	Briathar
bó		*gorm*	

Dobhriathar	Réamhfhocal	Cónasc

Léaráid A, Cuid 1: An briathar *bí* agus an chopail, *is*

An aimsir láithreach

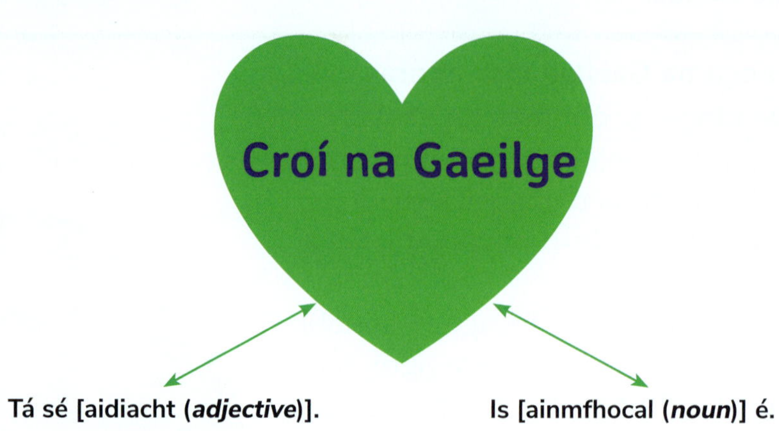

Tá sé [aidiacht (*adjective*)].

Is [ainmfhocal (*noun*)] é.

An briathar *be*			
Tá (rud sealadach[1])		**Is** (rud buan[2])	
Feidhmeanna[3]			
1 Tá mé dhá bhliain déag d'aois.	aois	a Taylor is ainm dom.	ainm
2 Tá mé ar scoil.	**suíomh[4]**	b Is múinteoir é.	post
3 Tá fearg orm.	mothúcháin	c Is maith liom an Ghaeilge.	**roghanna[5]**
4 Tá an liathróid agam.	**seilbh[6]**	d Is liomsa an liathróid.	**úinéireacht[7]**
5 Tá an scoil níos sine ná mise.	breischéim (mar shampla, *older*)	e Is mise an duine is sine sa scoil.	sárchéim (mar shampla, *oldest*)

Baineann **tá** le rudaí sealadacha (de ghnáth) – mar shampla, aois, am agus áit.
Sampla: Tá mé san oifig.
Baineann **is** le rudaí seasta, nó buan, den chuid is mó.
Sampla: Is dalta mé.

Tábhacht an dá fhocal seo
Is é an briathar *bí* an dara focal is coitianta sa Ghaeilge (foinse: potafocal.com).
Is í an chopail, *is*, an cúigiú focal is coitianta sa Ghaeilge (foinse: potafocal.com).
Is é an difear idir an dá fhocal ná croí na Gaeilge!

	Tá	Is
👍	Tá sé sásta.	Is múinteoir í.
👎	Níl sé sásta.	Ní múinteoir í.
?	An bhfuil sé sásta?	An múinteoir í?
⊗?	Nach bhfuil sé sásta?	Nach múinteoir í?

Moladh
Tá an léaráid seo le fáil san acmhainn punainne (lch 71).

1 temporary 2 permanent 3 functions 4 location 5 preferences 6 possession 7 ownership

Líon na bearnaí

Líon na bearnaí leis an bhfocal cuí – tá nó *is*.

1 ____________ sé 14 bliana d'aois.
2 Ciara ____________ ainm di.
3 ____________ brón uirthi.
4 ____________ tusa an duine is sine sa teaghlach.
5 ____________ le Mam an mála.
6 ____________ Daid sa bhaile inniu.
7 ____________ altra í mo sheanmháthair.

Scríobh

Scríobh an fhoirm cheart den chopail nó den bhriathar *bí* sna bearnaí thíos. Is seanfhocail iad na habairtí seo.

1 ____________ glas iad na cnoic i bhfad uainn.
2 ____________ aon tinteán mar do thinteán féin.
3 ____________ minic a bhris béal duine a shrón.
4 ____________ maith an scéalaí an aimsir.
5 ____________ saoi gan locht.
6 ____________ tuile dá mhéad nach dtránn.
7 ____________ fearr an tsláinte ná na táinte.

Aistriúchán

Aistrigh na habairtí thíos. Tá siad bunaithe ar an gcopail agus ar an mbriathar *bí*.

1 She is at home.
2 He is a doctor.
3 Isn't she a teacher?
4 Carl is his name and Marilyn is her name.
5 Are you younger than Rónán?
6 Are you the oldest?
7 Isn't he older than you?

Léaráid A, Cuid 2: Na briathra rialta

Na briathra rialta sna trí aimsir shimplí

An aimsir chaite		An aimsir láithreach	An aimsir fháistineach	
mise	**muid/sinn**	**mise (muid/sinn (+ *id*))**	**mise**	**muid/sinn**
d'fhéach mé ar	d'fhéachamar ar	féachaim(id) ar	féachfaidh mé ar	féachfaimid ar
ghlan mé	ghlanamar	glanaim(id)	glanfaidh mé	glanfaimid
d'ól mé	d'ólamar	ólaim(id)	ólfaidh mé	ólfaimid
phioc mé	phiocamar	piocaim(id)	piocfaidh mé	piocfaimid
chaith mé	chaitheamar	caithim(id)	caithfidh mé	caithfimid
chuir mé	chuireamar	cuirim(id)	cuirfidh mé	cuirfimid
d'éist mé le	d'éisteamar le	éistim(id) le	éistfidh mé le	éistfimid le
sheinn mé	sheinneamar	seinnim(id)	seinnfidh mé	seinnfimid
labhair mé	labhraíomar	labhraím(id)	labhróidh mé	labhróimid
rothaigh mé	rothaíomar	rothaím(id)*	rothóidh mé	rothóimid
thosaigh mé	thosaíomar	tosaím(id)	tosóidh mé	tosóimid
d'ullmhaigh mé	d'ullmhaíomar	ullmhaím(id)	ullmhóidh mé	ullmhóimid
bhailigh mé	bhailíomar	bailím(id)**	baileoidh mé	baileoimid
d'éirigh mé	d'éiríomar	éirím(id)	éireoidh mé	éireoimid
d'fhreagair mé	d'fhreagraíomar	freagraím(id)	freagróidh mé	freagróimid
d'imir mé	d'imríomar	imrím(id)***	imreoidh mé	imreoimid

* fréamh = ***roth*** (leathan)

** fréamh = ***bail*** (caol)

*** fréamh = ***imr*** (caol)

Cogar To change a verb from ***I*** to ***we*** in the present tense, just add ***-id***.
For example: glanaim (*I clean*) → glanaimid (*we clean*).

Moladh
Tá an léaráid seo le fáil san acmhainn punainne (lch 72).

Líon na bearnaí

Líon na bearnaí sa ghreille thíos.

An aimsir chaite		An aimsir láithreach	An aimsir fháistineach	
mise	**muid/sinn**	**mise (muid/sinn (+ *id*))**	**mise**	**muid/sinn**
		cuirim(id)		
	chríochnaíomar			
			ólfaidh mé	
d'eitil mé				

Aistriúchán

Aistrigh na habairtí seo a leanas go Gaeilge.

1. I woke up at 7 a.m. and I got up at 7.15 a.m.
2. We won the football match yesterday.
3. I will return home at 3.30 p.m. today.
4. I clean my room once a week.
5. We watch movies in the sitting room.
6. We met them at the shopping centre yesterday evening.
7. I will show you my new coat tomorrow.

Scríobh

Aistrigh an t-alt thíos ón aimsir chaite go dtí an aimsir láithreach agus an aimsir fháistineach. Athraigh na briathra i gcló trom. Tá an chéad cheann déanta duit mar shampla.

(1) **Bhuail mé** le mo chol ceathrar taobh amuigh den ionad aclaíochta. (2) **Chaitheamar** tamall ag traenáil agus ag snámh sa linn snámha. (3) **D'ordaíomar** sneaic ón gcaifé beag atá ann agus (4) **d'ólamar** caoineoga. (5) **Labhraíomar** faoin deireadh seachtaine agus (6) **d'fhágamar** an t-ionad aclaíochta go luath ina dhiaidh sin. (7) **D'fhill mé** abhaile ar an mbus agus (8) **d'éist mé** le ceol ar mo chluasáin. (9) **Bhain mé** an teach amach ag a trí a chlog agus (10) **chabhraigh mé** le mo dhaid an dinnéar a ullmhú. (11) **Chóirigh mé** an bord agus (12) **ghearr mé** na glasraí.

Sampla: *1 Buailim; Buailfidh mé*

Léaráid B, Cuid 1: Na briathra neamhrialta

An sé mór

Cleas cuimhne
A **B**ig **F**luffy **F**eathery **T**urkey **D**inner

	An fhoirm dhearfach	An fhoirm dhiúltach	An fhoirm cheisteach
	An aimsir chaite (go, *ní*, an, nach)		
Abair	dúirt mé	ní dúirt tú	an/nach ndúirt tú?
Bí	bhí sí	ní raibh siad	an/nach raibh tú?
Faigh	fuair siad	ní bhfuair sé	an/nach bhfuair tú?
Feic	chonaic sé	ní fhaca sibh	an/nach bhfaca tú?
Téigh	chuaigh tú	ní dheachaigh sí	an/nach ndeachaigh tú?
Déan	rinne sibh	ní dhearna mé	an/nach ndearna tú?
	An chéad phearsa, uimhir iolra (*muid/sinn*)	***Ní* + séimhiú**	***An/Nach* + urú**
Abair	dúramar	ní dúramar	an/nach ndúramar?
Bí	bhíomar	ní rabhamar	an/nach rabhamar?
Faigh	fuaireamar	ní bhfuaireamar	an/nach bhfuaireamar?
Feic	chonaiceamar	ní fhacamar	an/nach bhfacamar?
Téigh	chuamar	ní dheachamar	an/nach ndeachamar?
Déan	rinneamar	ní dhearnamar	an/nach ndearnamar?
	An aimsir láithreach (go, *ní*, an, nach)		
Abair	deir tú	ní deir tú	an/nach ndeir tú?
Bí	tá/bíonn sé	níl/ní bhíonn sé	an/nach bhfuil/mbíonn tú?
Faigh	faigheann sí	ní fhaigheann sí	an/nach bhfaigheann tú?
Feic	feiceann sibh	ní fheiceann sibh	an/nach bhfeiceann tú?
Téigh	téann siad	ní théann siad	an/nach dtéann tú?
Déan	déanann tú	ní dhéanann tú	an/nach ndéanann tú?
	An chéad phearsa, (*mé* agus *muid/sinn*)	***Ní* + séimhiú**	***An/Nach* + urú**
Abair	deirim(id)	ní deirim(id)	an/nach ndeirim(id)?
Bí	táim(id)/bím(id)	nílim(id)/ní bhím(id)	an/nach bhfuilim(id)/mbím(id)?
Faigh	faighim(id)	ní fhaighim(id)	an/nach bhfaighim(id)?
Feic	feicim(id)	ní fheicim(id)	an/nach bhfeicim(id)?
Téigh	téim(id)	ní théim(id)	an/nach dtéim(id)?
Déan	déanaim(id)	ní dhéanaim(id)	an/nach ndéanaim(id)?
	An aimsir fháistineach (go, *ní*, an, nach)		
Abair	déarfaidh mé	ní déarfaidh tú	an/nach ndéarfaidh tú?
Bí	beidh sí	ní bheidh siad	an/nach mbeidh tú?
Faigh	gheobhaidh sibh	ní bhfaighidh sí	an/nach bhfaighidh tú?
Feic	feicfidh siad	ní fheicfidh sé	an/nach bhfeicfidh tú?
Téigh	rachaidh sé	ní rachaidh mé	an/nach rachaidh tú?
Déan	déanfaidh tú	ní dhéanfaidh sé	an/nach ndéanfaidh tú?
	An chéad phearsa, uimhir iolra (*muid/sinn*)	***Ní* + séimhiú**	***An/Nach* + urú**
Abair	déarfaimid	ní déarfaimid	an/nach ndéarfaimid?
Bí	beimid	ní bheimid	an/nach mbeimid?
Faigh	gheobhaimid	ní bhfaighimid	an/nach bhfaighimid?
Feic	feicfimid	ní fheicfimid	an/nach bhfeicfimid?
Téigh	rachaimid	ní rachaimid	an/nach rachaimid?
Déan	déanfaimid	ní dhéanfaimid	an/nach ndéanfaimid?

séimhiú	urú	níl aon athrú ann

Moladh
Tá an léaráid seo le fáil san acmhainn punainne (lch 73).

Scríobh

Athscríobh na habairtí thíos san fhoirm cheisteach. Tá ceann amháin déanta duit mar shampla.

1. Chuaigh tú go dtí an trá inné.
   An ndeachaigh tú go dtí an trá inné?
2. Fuair sé bronntanas óna athair.
3. Gheobhaidh tú an litir sa phost amárach.
4. Beidh an aimsir go breá ar maidin.
5. Rinne siad an obair bhaile tar éis scoile.
6. Téann sé ag traenáil ag deireadh gach lae.
7. Chonaic sí na grianghraif ar líne.
8. Déanfaidh siad cáca sa rang amárach.
9. Dúirt sé rud gránna léi.
10. Bhí sibh as láthair inné.

Tasc gramadaí

Athraigh na briathra seo ón gcéad phearsa, uimhir uatha go dtí an chéad phearsa, uimhir iolra. Tá ceann amháin déanta duit mar shampla.

1. chuaigh mé *chuamar*
2. bhí mé
3. rachaidh mé
4. téim
5. gheobhaidh mé
6. dúirt mé
7. déanaim
8. feicfidh mé
9. beidh mé
10. rinne mé
11. deirim
12. chonaic mé

Cúinne na gramadaí

Athscríobh na habairtí seo san aimsir láithreach agus san aimsir fháistineach.

1. Bhí sí brónach ar maidin.
2. An ndearna sibh cáca sa rang cócaireachta?
3. Dúirt mé an rud céanna léi.
4. Fuaireamar síob abhaile.
5. Ní dheachamar ar turas.
6. An bhfaca sibh an póstaer sa halla?
7. Ní rabhamar ar scoil Dé Luain.
8. Rinne mé iarracht Gaeilge a labhairt.
9. Chuaigh siad abhaile ag 11 a chlog.
10. Ní dúramar rud ar bith leo.

Léaráid B, Cuid 2: Na briathra neamhrialta

An cúig beag

Cleas cuimhne
Can I Take The Bus?

	An fhoirm dhearfach	An fhoirm dhiúltach	An fhoirm cheisteach	
An aimsir chaite (gur, *níor*, ar, *nár*)				
Clois	chuala siad	níor chuala sí	ar/nár chuala tú?	
Ith	d'ith mé	níor ith sibh	ar/nár ith tú?	
Tar	tháinig sibh	níor tháinig sé	ar/nár tháinig tú?	
Tabhair	thug sé	níor thug tú	ar/nár thug tú?	
Beir	rug tú	níor rug siad	ar/nár rug tú?	
	An chéad phearsa, uimhir iolra (*muid/sinn*)	***Níor* + séimhiú**	***Ar/Nár* + urú**	
Clois	chualamar	níor chualamar	ar/nár chualamar?	
Ith	d'itheamar	níor itheamar	ar/nár itheamar?	
Tar	thángamar	níor thángamar	ar/nár thángamar?	
Tabhair	thugamar	níor thugamar	ar/nár thugamar?	
Beir	rugamar	níor rugamar	ar/nár rugamar?	
An aimsir láithreach (go, *ní*, an, *nach*)				
Clois	cloiseann tú	ní chloiseann tú	an/nach gcloiseann tú?	
Ith	itheann sí	ní itheann sí	an itheann tú?	nach n-itheann tú?
Tar	tagann sibh	ní thagann sibh	an/nach dtagann tú?	
Tabhair	tugann sé	ní thugann sé	an/nach dtugann tú?	
Beir	beireann siad	ní bheireann siad	an/nach mbeireann tú?	
	An chéad phearsa, (*mé* agus *muid/sinn*)	***Ní* + séimhiú**	***An/Nach* + urú/*n-* roimh ghuta**	
Clois	cloisim(id)	ní chloisim(id)	an/nach gcloisim(id)?	
Ith	ithim(id)	ní ithim(id)	an ithim(id)?	nach n-ithim(id)?
Tar	tagaim(id)	ní thagaim(id)	an/nach dtagaim(id)?	
Tabhair	tugaim(id)	ní thugaim(id)	an/nach dtugaim(id)?	
Beir	beirim(id)	ní bheirim(id)	an/nach mbeirim(id)?	
An aimsir fháistineach (go, *ní*, an, *nach*)				
Clois	cloisfidh sé	ní chloisfidh siad	an/nach gcloisfidh tú?	
Ith	íosfaidh sibh	ní íosfaidh tú	an íosfaidh tú?	nach n-íosfaidh tú?
Tar	tiocfaidh siad	ní thiocfaidh sibh	an/nach dtiocfaidh tú?	
Tabhair	tabharfaidh sí	ní thabharfaidh sí	an/nach dtabharfaidh tú?	
Beir	béarfaidh tú	ní bhéarfaidh mé	an/nach mbéarfaidh tú?	
	An chéad phearsa, uimhir iolra (*muid/sinn*)	***Ní* + séimhiú**	***An/Nach* + urú/*n-* roimh ghuta**	
Clois	cloisfimid	ní chloisfimid	an/nach gcloisfimid?	
Ith	íosfaimid	ní íosfaimid	an íosfaimid?	nach n-íosfaimid?
Tar	tiocfaimid	ní thiocfaimid	an/nach dtiocfaimid?	
Tabhair	tabharfaimid	ní thabharfaimid	an/nach dtabharfaimid?	
Beir	béarfaimid	ní bhéarfaimid	an/nach mbéarfaimid?	

séimhiú	urú	d' roimh ghuta	níl aon athrú ann

Moladh
Tá an léaráid seo le fáil san acmhainn punainne (lch 74).

Scríobh

Athscríobh na habairtí thíos san fhoirm dhearfach.

1. Níor chuala mé an nuacht ar maidin.
2. Níor ith mé mo dhinnéar ach níor thug mo mháthair íde béil dom.
3. Níor thug sé na comharthaí faoi deara.
4. Ní thagaim ar scoil ar an mbus gach lá.
5. Níor rugamar ar na coirpigh.
6. Ní bhéarfaidh siad orm.
7. Ní thiocfaidh siad abhaile go luath.
8. Ní íosfaimid milseog tar éis an dinnéir.
9. Ní chloisfimid cantain na n-éan ar maidin.
10. Ní thugann mo thuismitheoirí airgead póca dom.

Tasc gramadaí

Athraigh na briathra ón gcéad phearsa, uimhir uatha go dtí an chéad phearsa, uimhir iolra. Tá ceann amháin déanta duit mar shampla.

1. chuala mé *chualamar*
2. tabharfaidh mé
3. rug mé
4. tagaim
5. d'ith mé
6. ithim
7. béarfaidh mé
8. cloisim
9. tháinig mé
10. thug mé
11. íosfaidh mé
12. beirim

Cúinne na gramadaí

Cum ceisteanna a mbeadh na freagraí thíos oiriúnach dóibh. Tá an chéad cheann déanta duit mar shampla.

1. Ithim glasraí le mo dhinnéar gach lá. *An itheann tú glasraí?*
2. Tabharfaidh mé bronntanas do Lauren amárach.
3. Íosfaidh mé uachtar reoite ar an trá.
4. Chuala mé an t-amhrán nua inné.
5. Cloisimid na páistí ag súgradh sa ghairdín.
6. Beireann mo sheanmháthair barróg orm.
7. Ní thugann sé aon aird orthu.
8. Níor chualamar an fógra ar an idirchum.
9. Ní ithimid feoil – is feoilséantóirí muid.
10. Tabharfaimid aire do na páistí.
11. Béarfaidh na gardaí ar an ngadaí.
12. Níor tháinig slaghdán orm.

Léaráid C, Cuid 1: Na huimhreacha sa Ghaeilge

Rialacha

Maoluimhreacha	Bunuimhreacha	Uimhreacha pearsanta	Orduimhreacha
1–10			
seomra a haon	teach amháin	cara	an chéad cheacht/áit
seomra a dó	dhá theach	beirt chairde	an dara háit
seomra a trí	trí theach	triúr cairde	an tríú háit
seomra a ceathair	ceithre theach	ceathrar cairde	an ceathrú háit
seomra a cúig	cúig theach	cúigear cairde	an cúigiú háit
seomra a sé	sé theach	seisear cairde	an séú háit
seomra a seacht	seacht dteach	seachtar cairde	an seachtú háit
seomra a hocht	ocht dteach	ochtar cairde	an t-ochtú háit
seomra a naoi	naoi dteach	naonúr cairde	an naoú háit
seomra a deich	deich dteach	deichniúr cairde	an deichiú háit
11–12			
seomra a haon déag	aon cheacht/teach déag	aon chara dhéag**	an t-aonú háit déag
seomra a dó dhéag	dhá theach déag	dháréag cairde	an dara háit déag
13 +			
seomra fiche	fiche teach	fiche duine	an fichiú háit
seomra tríocha a trí	trí theach is* tríocha	trí dhuine is tríocha	an tríú háit is tríocha
seomra daichead a seacht	seacht dteach is daichead	seacht nduine is daichead	an seachtú háit is daichead

* Go minic cuireann tú **is** in áit **agus** nuair atá tú ag comhaireamh.

** Má tá guta ag deireadh an fhocail, is gá séimhiú a chur ar **déag** sna bunuimhreacha agus sna huimhreacha pearsanta – mar shampla, **aon teach déag** ach **aon chara dhéag**.

séimhiú	urú/*n-* roimh ghuta	*h* roimh ghuta	níl aon athrú ann

Nótaí

- **DNTLS:** Ní chuireann tú séimhiú ar ainmfhocal a thosaíonn le **d**, **t** ná **s** leis na huimhreacha **aon**, **beirt** ná **an chéad** – mar shampla, ***aon seomra is fiche, beirt daltaí, an chéad teach***.
- **Na bunuimhreacha 2–6:** Cuireann tú séimhiú ar **b**, **c**, **f**, **g**, **m** agus **p**. Cuireann tú séimhiú ar **d**, **t** agus **s** freisin – mar shampla, ***dhá charr, ceithre fhuinneog, sé dhoras***.
- **Na bunuimhreacha 7–10:** Cuireann tú urú ar chonsan más féidir nó ***n-*** roimh ghuta de ghnáth.
- **Na bunuimhreacha:** Níl aon séimhiú ná urú ar ***fiche***, ***tríocha***, ***daichead***, ***caoga***, srl. – mar shampla, ***fiche teach***, ***tríocha capall***. Úsáideann tú an uimhir uatha den ainmfhocal (de ghnáth) leis na huimhreacha seo. Féach ar Léaráid C, Cuid 2 (lch 368).
- **Na huimhreacha pearsanta 1–12:** Úsáideann tú an uimhir iolra den ainmfhocal (de ghnáth) leis na huimhreacha seo – mar shampla, ***triúr altraí, naonúr páistí***.
- **Na huimhreacha pearsanta ó 13 ar aghaidh:** Úsáideann tú bunuimhreacha anseo – mar shampla, ***ceithre bhean is tríocha***, ***ocht rinceoir is seasca***.
- **Na horduimhreacha:** Cuireann na horduimhreacha (seachas **an chéad**) ar fad **h** roimh ghuta – mar shampla, ***an seachtú húll***, ***an t-ochtú hainmhí is fiche***. Níl aon athrú ann má thosaíonn an focal le consan (seachas **an chéad**) – mar shampla, ***an chéad cheacht, an dara ceacht, an ceathrú ceacht***.

Cuir na samplaí seo de ghlanmheabhair mar threoir ar na huimhreacha éagsúla.

Uimhir 2: Chonaic mé **beirt** chairde ar **dhá** bhus ag **a dó** a chlog don **dara** huair inné.

Uimhir 4: Chonaic mé **ceathrar** cairde ar **cheithre** bhus ag **a ceathair** a chlog don **cheathrú** huair inné.

Scríobh

Freagair na ceisteanna thíos. Tá an chéad cheann déanta duit mar shampla.

1. Cad a tharlaíonn do thúslitir an ainmfhocail tar éis an fhocail **trí**?
   Bíonn séimhiú ar an túslitir.
2. Cad a tharlaíonn do thúslitir an ainmfhocail tar éis an fhocail **ceathrar**?
3. Cad a tharlaíonn do thúslitir an ainmfhocail tar éis an fhocail **ocht**?
4. Cad a tharlaíonn do thúslitir an ainmfhocail tar éis an fhocail **cúigiú** más consan atá ann?
5. Cad a tharlaíonn do thúslitir an ainmfhocail tar éis an fhocail **chéad** más **d**, **n**, **t**, **l**, **s** nó **r** atá ann?
6. Cad a tharlaíonn do thúslitir an ainmfhocail tar éis an fhocail **dara** más guta atá ann?
7. Cad a tharlaíonn do thúslitir an ainmfhocail tar éis an fhocail **fiche**?

Tasc gramadaí

Féach ar na pictiúir thíos agus scríobh lipéid oiriúnacha fúthu. Tá an chéad cheann déanta duit mar shampla.

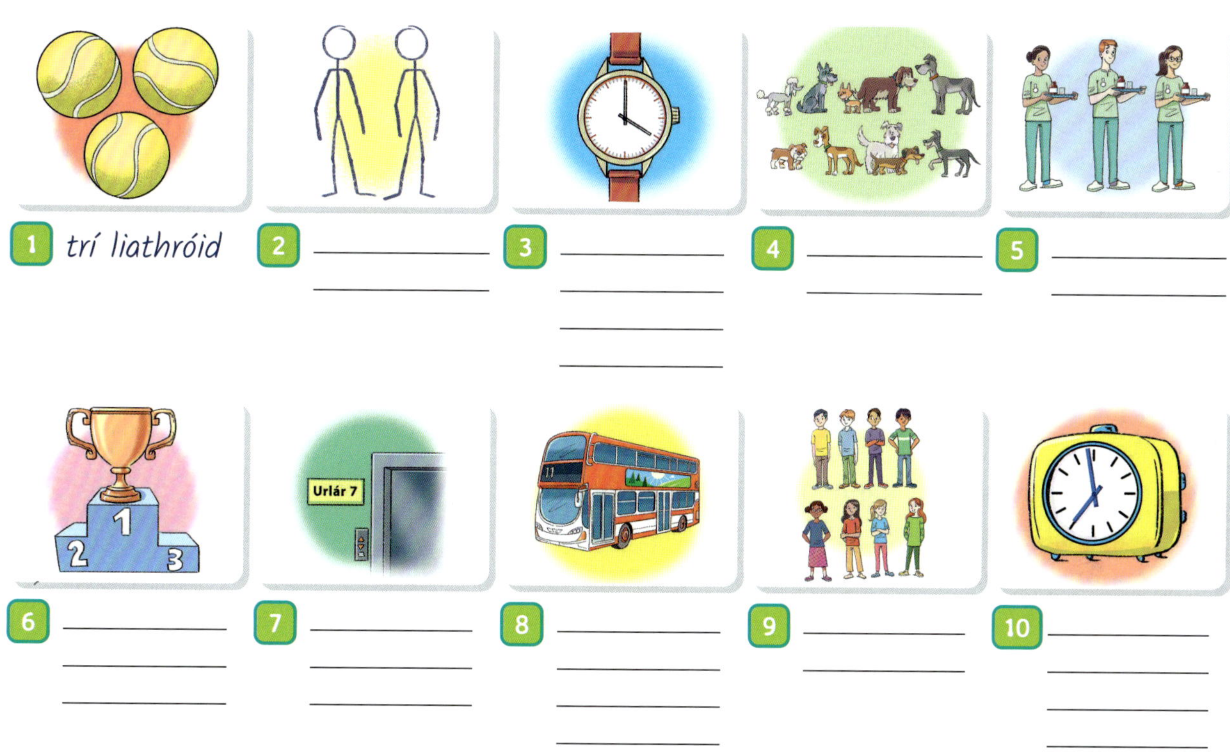

Líon na bearnaí

Athscríobh an t-alt thíos. Faigh réidh leis na lúibíní agus déan pé athrú is gá. Scríobh na huimhreacha i bhfoirm focal.

Ciarán Ó Ciaraidh is ainm dom agus tá (1) **(5)** i mo theaghlach. Tá (2) **(2 deirfiúr)** agam. Níl (3) **(1 carr)** againn sa bhaile mar táimid inár gcónaí sa chathair. Táim sa (4) **(3 bliain)** agus tógaim (5) **(bus 4)** chun na scoile gach lá. Bíonn orm éide scoile a chaitheamh agus éiríonn an geansaí an-salach go héasca. Mar sin, tá (6) **(3 geansaí)** agam. Bíonn lón agam ag (7) **(1)** a chlog gach lá agus ceannaím smailc nó (8) **(2)** sa cheaintín. Fillim abhaile ar (9) **(4)** a chlog agus téim ag traenáil sa pháirc sa tráthnóna. Imríonn (10) **(12 duine)** eile spórt liom.

Moladh
Tá an léaráid ar chlé le fáil san acmhainn punainne (lch 75).

Gramadach

Léaráid C, Cuid 2: Na bunuimhreacha agus na hainmfhocail neamhrialta

Rialacha

	Ceann (item)	Bliain (year)	Seachtain (week)	Uair (time)	Troigh (foot)	Orlach (inch)
1	ceann amháin	bliain amháin	seachtain amháin	uair amháin	troigh amháin	orlach amháin
2	dhá cheann	dhá bhliain	dhá sheachtain	dhá uair	dhá throigh	dhá orlach
3–6	cinn	bliana	seachtaine	huaire	troithe	horlaí
7–10	gcinn	mbliana	seachtaine	n-uaire	dtroithe	n-orlaí
11	aon cheann déag	aon bhliain déag	aon seachtain déag	aon uair déag	aon troigh déag	aon orlach déag
20	ceann	bliain	seachtain	uair	troigh	orlach
35	cúig cinn is tríocha	cúig bliana is tríocha	cúig seachtaine is tríocha	cúig huaire is tríocha	cúig troithe is tríocha	cúig horlaí is tríocha
57	seacht gcinn is caoga	seacht mbliana is caoga	seacht seachtaine is caoga	seacht n-uaire is caoga	seacht dtroithe is caoga	seacht n-orlaí is caoga

séimhiú	urú/*n-* roimh ghuta	***h* roimh ghuta**	níl aon athrú ann

Nótaí

- **Ceann agus uair**: *Ceann amháin* = *one item* agus *uair amháin* = *one time* (ní deir tú *aon uair* sa chás sin).
- **An bhunuimhir 2:** Ní bhriseann *dhá* aon riail riamh, fiú leis na hainmfhocail neamhrialta (*dhá* + séimhiú i gcónaí).
- **Na bunuimhreacha 3–6:** Cuireann tú **h** roimh ghuta leis na hainmfhocail neamhrialta – mar shampla, ***trí huaire*** agus ***cúig horlaí***.
- **Na bunuimhreacha 7–10:** Cuireann tú urú nó **n-** roimh ghuta más féidir, mar is gnách leis na hainmfhocail rialta.
- **Na bunuimhreacha 11–19:** Ní chuireann tú séimhiú ar an bhfocal ***déag*** leis na hainmfhocail neamhrialta – mar shampla, ***trí bliana déag*** ach ***trí bhó dhéag***.

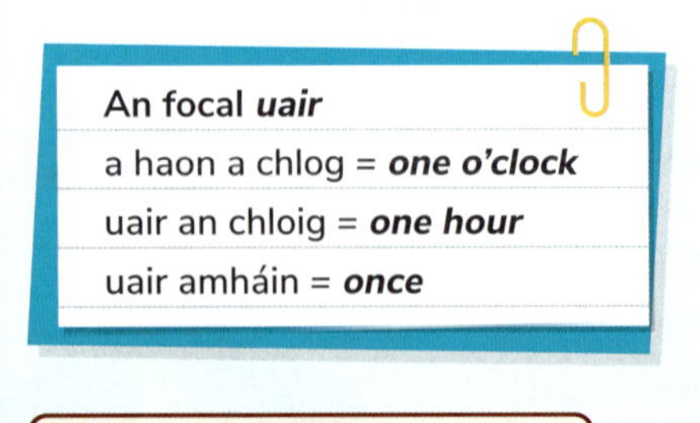

An focal *uair*

a haon a chlog = ***one o'clock***

uair an chloig = ***one hour***

uair amháin = ***once***

Moladh
Tá an léaráid seo le fáil san acmhainn punainne (lch 76).

 Líon na bearnaí

Líon na bearnaí sa ghreille thíos.

	Ceann	Bliain	Seachtain	Uair	Troigh	Orlach
1	ceann amháin					
4			ceithre seachtaine			
9		naoi mbliana				
12				dhá uair déag		
30						tríocha orlach
58					ocht dtroithe is caoga	

Scríobh

Athscríobh na habairtí thíos agus athraigh na focail sna lúibíní más gá.

1. Bhí milseog bhlasta agam i gcaifé inné agus cheannaigh mé dhá (ceann) do mo thuismitheoirí.
2. Tá Ronald (11 bliain) d'aois.
3. Tá sí sé (troigh) agus trí (orlach) ar airde.
4. Chonaic mé an dráma sin trí (uair).
5. Thaistil mé chun na Fraince dhá (bliain) ó shin.
6. Chaitheamar sé (seachtain) ann.

Aistriúchán

Cuir Gaeilge ar na habairtí thíos.

1. I watched that movie three times.
2. I travelled to Spain five years ago.
3. My brother is six feet tall.
4. I am 15 years old.
5. You are two years older than me.
6. We paid for eight of them.
   Leid: íoc as

Léaráid D, Cuid 1: Teach na réamhfhocal

Réamhfhocail

réamhfhocal *fir1* focal beag a chuirtear roimh ainmfhocal lena thaispeáint cén bhaint atá aige le focal eile (mar shampla; ar, as, ag, do, de, i, ó etc.)

Foinse: *An Foclóir Beag*

An réamhfhocal	An réamhfhocal + *an*	An réamhfhocal + *na*
Ainmfhocal éiginnte (mar shampla, ***i mbosca(í)***)	Ainmfhocal cinnte, uimhir uatha (mar shampla, ***sa bhosca***)	Ainmfhocal cinnte, uimhir iolra (mar shampla, ***sna boscaí***)
Séimhiú	**Urú (~~DT~~)**	***h* roimh ghuta**
ar	ar an	trí na
de	as an	roimh na
do	chuig an	thar na
faoi	roimh an	ar na
ó	thar an	as na
roimh	ón (ó + an)	chuig na
thar	faoin (faoi + an)	faoi na
trí	leis an (le + an)	ó na
Gan athrú	tríd an (trí + an)	leis na (le + na)
ag, as, chuig		de na
***h* roimh ghuta**		do na
le	**Séimhiú (~~DTS~~)**	sna (i + na)
go	den (de + an)	
Urú	don (do + an)	
i (ach *in* roimh ghuta)	sa (i + an)	

Nótaí

- **Urú:** Ní chuireann tú urú ar **d** ná **t** san ainmfhocal tar éis na litreach ***n*** – mar shampla, **ar an trá**.
- **Séimhiú:** Ní chuireann tú séimhiú ar **d**, **t** ná **s** tar éis na litreach ***n*** – mar shampla, **don dochtúir** ach **don mhúinteoir**.
- ***i* + *an* = *ins an***, ach scríobhann tú **sa** de ghnáth. Mar sin, níl aon séimhiú ar **d**, **t** ná **s** tar éis **sa** – mar shampla, **sa teach**.
- ***ar an*, *leis an*, *as an*, *chuig an*, *ón*, *faoin*, srl.:** Ní chuireann tú **n-** roimh ghuta – mar shampla, **ar an urlár**.

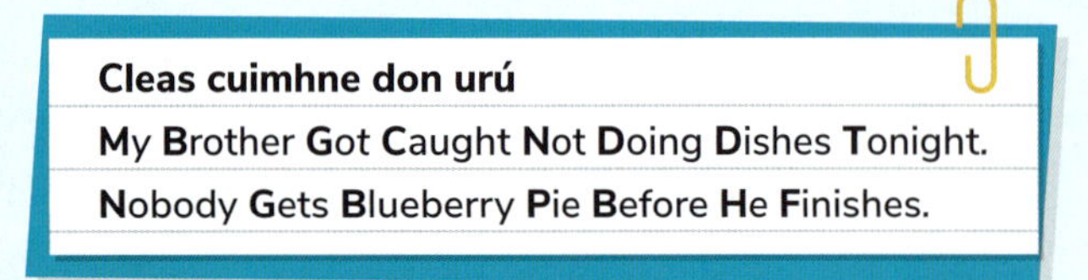

Cleas cuimhne don urú

My **B**rother **G**ot **C**aught **N**ot **D**oing **D**ishes **T**onight.

Nobody **G**ets **Bl**ueberry **P**ie **B**efore **H**e **F**inishes.

Moladh

Tá an léaráid seo le fáil san acmhainn punainne (lch 77).

 Scríobh

Freagair na ceisteanna thíos. Tá an chéad cheann déanta duit mar shampla.

1. Cad a tharlaíonn do thúslitir an ainmfhocail tar éis an réamhfhocail **de**?
   Cuirtear séimhiú ar an túslitir más consan é.
2. Cad a tharlaíonn don túslitir tar éis an réamhfhocail **sa**?
3. Cad a tharlaíonn don túslitir tar éis an réamhfhocail **i**?
4. Cad a tharlaíonn don túslitir tar éis **as an** más **d** nó **t** atá i gceist?
5. Cad a tharlaíonn don túslitir tar éis **ar na** más guta atá i gceist?
6. Cad a tharlaíonn don túslitir tar éis **san** más **f** atá i gceist?

Líon na bearnaí

Líon na bearnaí leis an réamhfhocal cuí.

1. Tá triúr deartháireacha ____________________ Jesse.
2. Thug mé bronntanas ____________________ Ruby.
3. Tá eagla orm ____________________ mhadraí.
4. Bhí an blaincéad ____________________ an leaba.
5. Táimid inár gcónaí ____________________ gCorcaigh.
6. Léim an sionnach ____________________ an gclaí.

Aistriúchán

Cuir Gaeilge ar na habairtí thíos.

1. There are three bags under the table.
2. I fell off the wall.
3. He was in trouble at school. Leid: ar scoil
4. Máire went shopping with Aoife.
5. Did you do research on the computer? Leid: taighde
6. There is money in the envelope. Leid: clúdach
7. I enjoyed the book.
8. Alexa is at home.
9. Andy is not in the house.
10. The teacher was proud of the students.

Léaráid D, Cuid 2: Caint indíreach

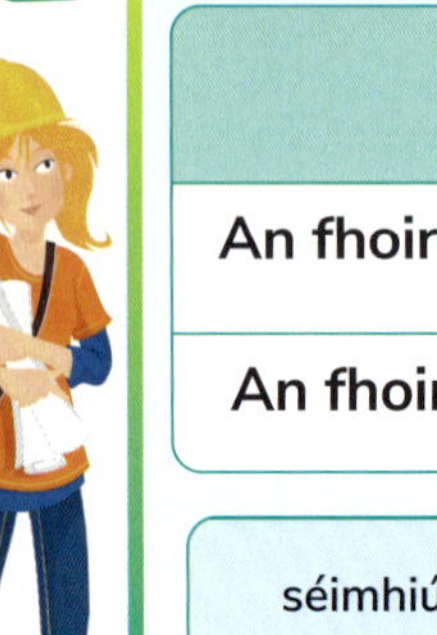

Rialacha

	An aimsir chaite	Gach aimsir eile
An fhoirm dhearfach	gur	go
An fhoirm dhiúltach	nár	nach

séimhiú	urú/n- roimh ghuta

Dúirt duine liom go ndúirt duine leo gur chuala siad é ó dhuine eile.

Leis an sé mór, baineann tú úsáid as **go** agus **nach** san aimsir chaite, mar aon le gach aimsir eile.

Cleas cuimhne

Go nach an ***your*** ní!

Tá ocras orm!

Dúirt sí go bhfuil ocras uirthi.

Samplaí

Abairt dhíreach	Caint indíreach
Sheinn Jade an giotár.	Dúirt Kyle gur sheinn Jade an giotár.
Imríonn Megan cispheil.	Ceapaim go n-imríonn Megan cispheil.
Chríochnaigh mé m'obair bhaile ag a trí.	Dúirt sé gur chríochnaigh sé a obair bhaile ag a trí.
Níor thosaigh an cluiche roimh a cúig.	Chuala mé nár thosaigh an cluiche roimh a cúig.
Ní ólann Olga bainne.	Ceapaim nach n-ólann Olga bainne.
Caithimid éide scoile.	Dúirt sé go gcaitheann siad éide scoile.
D'fhreagair an múinteoir an cheist.	Chuala mé gur fhreagair an múinteoir an cheist.
An sé mór (*go*/*nach* san aimsir chaite/láithreach/fháistineach)	
Dúirt sé rud suimiúil.	Is cinnte go ndúirt sé rud suimiúil.
Ní raibh mé tinn.	Dúirt sé nach raibh sé tinn.
Chuaigh an cailín abhaile.	Ceapaim go ndeachaigh an cailín abhaile.
Gheobhaidh tú H2.	Dúirt an múinteoir go bhfaighidh mé H2.
Ní fhaca mé an gadaí.	Dúirt sí nach bhfaca sí an gadaí.
Rinne mé m'obair bhaile inné.	Dúirt sé go ndearna sé a obair bhaile inné.
An cúig beag (*gur*/*nár* san aimsir chaite; *go*/*nach* sna haimsirí eile)	
Chuala mé an torann.	Dúirt sí gur chuala sí an torann.
Itheann Pablo feoil gach lá.	Ceapaim go n-itheann Pablo feoil gach lá.
Ní thiocfaidh an litir amárach.	Ceapaim nach dtiocfaidh an litir amárach.
Níor thugamar an leabhar don mhúinteoir.	Dúirt sí nár thug siad an leabhar don mhúinteoir.
Beirim ar an liathróid gach lá.	Ceapaim go mbeireann sé ar an liathróid gach lá.

Moladh
Tá an léaráid seo le fáil san acmhainn punainne (lch 78).

Scríobh

Freagair na ceisteanna ilrogha thíos. Cuir ciorcal ar an bhfreagra ceart. Tá an chéad cheann déanta duit mar shampla.

1 Ní raibh Holly ar scoil ar maidin.
Cheap mé (nach raibh) go raibh bhí an raibh Holly ar scoil ar maidin.

2 Taitníonn cáis le Cian.
Dúirt sé liom
nach dtaitníonn go dtaitníonn taitníonn ní thaitníonn
cáis le Cian.

3 Ní íosfaidh sí feoil.
Tá a fhios agam
nach n-íosfaidh go n-íosfaidh íosfaidh ní íosfaidh
sí feoil.

4 Chuaigh siad ag siopadóireacht inné.
Dúirt Mam
nach ndeachaigh go ndeachaigh chuaigh ní dheachaigh
siad ag siopadóireacht inné.

5 Cloíonn na daltaí leis na rialacha.
Deir an príomhoide
nach gcloíonn go gcloíonn cloíonn ní chloíonn
na daltaí leis na rialacha.

Tasc gramadaí

Athscríobh na habairtí thíos san fhoirm dhearfach agus san fhoirm dhiúltach. Bain úsáid as an gcaint indíreach. Tá an chéad cheann déanta duit mar shampla.

1 Chaith sí cúpla seachtain sa Spáinn.
Chuala mé *gur chaith sí cúpla seachtain sa Spáinn.* 👍
Chuala mé *nár chaith sí cúpla seachtain sa Spáinn.* 👎

2 Rachaimid chuig ceolchoirm amárach.
Dúirt Austin ______________________________. 👍
Dúirt Austin ______________________________. 👎

3 Bíonn cluiche peile ar siúl gach Déardaoin tar éis na scoile.
Ceapaim ______________________________. 👍
Ceapaim ______________________________. 👎

4 Éisteann sé le ceol ar an mbealach chun na scoile.
Dúirt sé liom ______________________________. 👍
Dúirt sé liom ______________________________. 👎

5 Déanfaimid an tionscnamh sa leabharlann.
Mhínigh Síofra dom ______________________________. 👍
Mhínigh Síofra dom ______________________________. 👎

Na tuisil

Rialacha

tuiseal *fir1* foirm (ainmneach, ginideach etc.) den ainmfhocal faoi thionchar focail eile in abairt

Foinse: *An Foclóir Beag*

- An t-ainmní (*subject*)
  Is é seo an rud/duine a dhéanann an briathar.
  Sampla: Shiúil Christine abhaile.
- An cuspóir díreach (*direct object*)
  Déanann an t-ainmní rud don chuspóir díreach.
  Samplaí: Bhris Kyle an cupán. D'ól an cailín an tae.
- An cuspóir neamhdhíreach (*indirect object*)
  Is cuspóir é seo atá faoi thionchar réamhfhocail shimplí.
  Samplaí: Chuir an fear an cupán sa bhosca.
  Bhuail an bhean an sliotar leis an gcamán.

Féach ar Léaráid D, Cuid 1, lch 370.

An tuiseal ginideach

Tá an tuiseal seo cosúil le **of** agus **'s** sa Bhéarla.

Is minic atá úinéireacht i gceist sa tuiseal seo.

Sampla: hata an fhir.

Féach ar na rialacha ar lch 380.

- An tuiseal ainmneach (*nominative case*)
  Seo an tuiseal a bhaineann leis an ainmní.
- An tuiseal cuspóireach (*accusative case*)
  Seo an tuiseal a bhaineann leis an gcuspóir díreach.
- An tuiseal tabharthach (*dative case*)
  Seo an tuiseal a bhaineann le cuspóir a leanann réamhfhocal simplí – sin cuspóir indíreach.
- An tuiseal ginideach (*genitive case*)
  Seo an tuiseal a bhaineann le dhá ainmfhocal atá gaolta le chéile.
  Sampla: Chonaic mé bean an tí leis an bpríomhoide.

An t-ainmfhocal agus an t-alt: na hathruithe tosaigh

An tuiseal	Uimhir uatha		Uimhir iolra*
	Firinscneach	Baininscneach	
Ainmneach	t- roimh ghuta: an t-úll	séimhiú: an bhean t roimh s: an tsráid	h roimh ghuta: na háiteanna
Cuspóireach	t- roimh ghuta: an t-úll	séimhiú: an bhean t roimh s: an tsráid	h roimh ghuta: na háiteanna
Tabharthach	Braitheann an t-athrú ar an réamhfhocal, ach tá t roimh s baininscneach: ar an tsúil		h roimh ghuta: sna háiteanna
Ginideach	séimhiú: hata an fhir t roimh s: teach an tsagairt	h roimh ghuta: doras na hoifige	urú/n- roimh ghuta: seomra na gcluichí

* San uimhir iolra níl aon tionchar ag inscne ar na hathruithe tosaigh.

Moladh
Tá an léaráid seo le fáil san acmhainn punainne (lch 78).

Tá tuiseal amháin eile freisin – an tuiseal gairmeach. Féach ar lch 26.

Meaitseáil

Meaitseáil na tuisil leis an mbrí chuí.

1 an tuiseal a bhaineann leis na réamhfhocail shimplí	A an tuiseal cuspóireach
2 an tuiseal a bhaineann leis an ainmní	B an tuiseal ginideach
3 an tuiseal a bhaineann leis an gcuspóir díreach	C an tuiseal tabharthach
4 an tuiseal a bhaineann le dhá ainmfhocal atá nasctha le chéile (cuspóir indíreach)	D an tuiseal ainmneach

A	
B	
C	
D	

Scríobh

1 **Cuir ciorcal timpeall sampla(í) den tuiseal ainmneach sna habairtí thíos.**

1 D'ith Geoffrey an lón.
2 Tá an madra sa chiseán.
3 Téann an bhean sin thar lear go minic.
4 Tháinig Tim isteach agus d'imigh Fiona amach.
5 Thit an cat ach d'éirigh sé arís.
6 Tháinig Tracy aréir ach d'imigh sí ar maidin.

2 **Cuir ciorcal timpeall sampla(í) den tuiseal cuspóireach sna habairtí thíos.**

1 D'ith Solomon an dinnéar.
2 Bhris an páiste an ghloine.
3 Dhún Jade an doras agus d'oscail sí an fhuinneog.
4 Cheannaigh Pól milseáin agus d'ith sé iad.
5 Thóg mé an leabhar agus chuir mé i mo mhála é.
6 Cheannaigh mé mála nua an tseachtain seo caite ach chaill mé é inné.

3 **Cuir ciorcal timpeall sampla(í) den tuiseal tabharthach sna habairtí thíos.**

1 Tá bród ar an múinteoir.
2 Labhair mé leis an bpríomhoide.
3 Táimid inár gcónaí in Éirinn.
4 D'iarr mé airgead ar an mbean.
5 Ní rabhamar ar scoil inniu.
6 Sheol mé cárta chuig Hannah.

4 **Cuir ciorcal timpeall sampla(í) den tuiseal ginideach sna habairtí thíos.**

1 Chaith Jeremy roinnt ama sa leabharlann.
2 Rinne Aoife dearmad ar a mála scoile.
3 Is breá liom do chulaith shnámha nua.
4 Réitigh mé go maith le bean an tí.
5 Chuamar ar turas ag tús na bliana.
6 Beidh mé ag dul chun na Fraince i gceann míosa.

An túschonsan agus an séimhiú

Rialacha

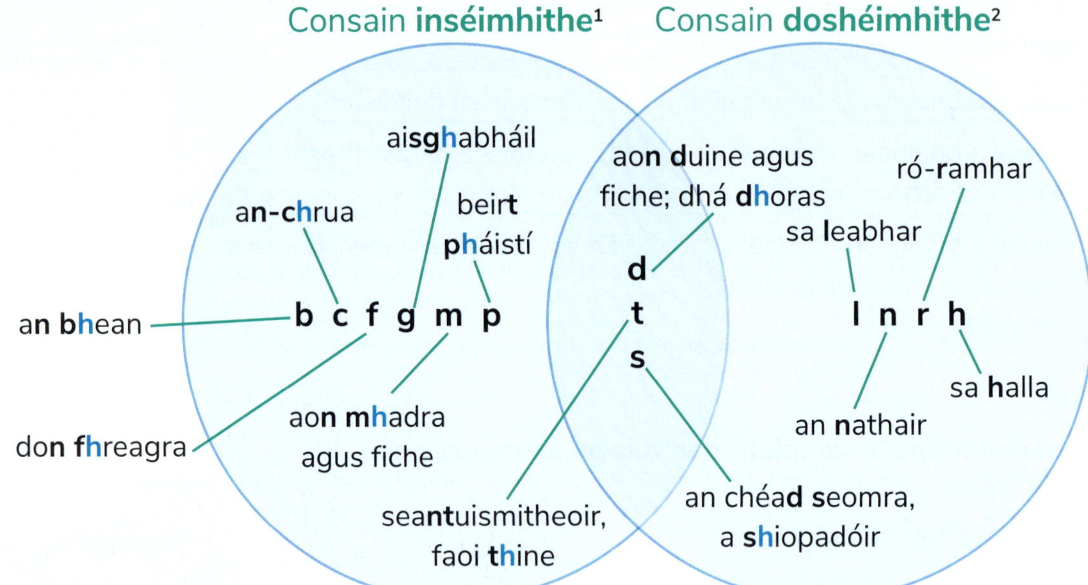

Sa léaráid Venn thuas:

- tá na consain sa chiorcal ar chlé inséimhithe (glacann siad séimhiú).
- tá na consain sa chiorcal ar dheis doshéimhithe (ní ghlacann siad séimhiú).
- tá na trí chonsan sa lár idir an dá thaobh (uaireanta glacann siad séimhiú).

Ní ghlacann **d**, **t** ná **s** séimhiú ag tús an ainmfhocail má leanann an t-ainmfhocal ceann de na litreacha seo: **d**, **n**, **t**, **l**, **s**.

Sampla: an chéa**d** **d**uine

Réimíreanna[3]

Cuireann gach réimír séimhiú ar an mbunfhocal (ainmfhocal, aidiacht nó briathar), ach ní ghlacann **d**, **t** ná **s** séimhiú anseo má chríochnaíonn an réimír ar **d**, **n**, **t**, **l** ná **s**.

Réimíreanna a chuireann séimhiú ar an ainmfhocal	b, c, f, g, m, p	d, t, s
sean	**seanmh**áthair	**seantu**ismitheoir
an-	**an-mh**aith/**an-ch**rua	**an-d**ána/**an-s**ásta
il	**ilch**ultúrtha	**ild**aite
ais	**aisgh**abháil	**aist**arraingt

Focail eile a chuireann séimhiú ar an ainmfhocal	b, c, f, g, m, p	d, t, s
an chéa**d** (orduimhir)	an chéa**d** **ch**eann	an chéa**d** **s**eomra
ao**n** (bunuimhir)	ao**n** **mh**adra agus fiche	ao**n** **d**uine agus fiche
a**n** (an t-alt)	a**n** **bh**ean (baininscneach)	a**n** **t**rá (baininscneach)
beir**t** (uimhir phearsanta)	beir**t** **ph**áistí	beir**t** **d**ochtúirí

1 that can be lenited (séimhithe) 2 that can't be lenited 3 prefixes

- Tá na túschonsain **d**, **t** agus **s** inséimhithe ar an aidiacht uatha, fiú má chríochnaíonn an focal roimhe ar **d**, *n*, **t**, *l* ná *s*.
  Sampla: bean **sh**aibhir
- An réamhfhocal *sa*: is leagan gearr de *ins an* é *sa*. Mar sin, pléann tú leis an réamhfhocal **sa** ar nós go gcríochnaíonn sé le *n*. Is é sin an fáth a ndeir tú *sa* **bhosca** ach *sa* **seomra** agus *sa* **teach**.

Ní ghlacann na túschonsain *sc*, *sm*, *sp* ná **st** séimhiú ná t roimh s riamh.

Scríobh

Ceartaigh na botúin sna habairtí thíos.

1 Bhí aon dhuine dhéag ag an gcóisir aréir.
2 Tá beirt dheartháireacha agam.
3 Thug mé cuairt ar mo seanthuismitheoirí.
4 Is duine an-dhána thú.
5 Is cailín an-maith í.
6 Bhí Póilín sa páirc.

Tasc gramadaí

1 **Cuir *sean* roimh na focail seo a leanas agus athraigh na focail más gá. Tá an chéad cheann déanta duit mar shampla.**

   1 doras *seandoras*
   2 caint
   3 duine
   4 madra
   5 uncail
   6 scéal

2 **Cuir an- roimh na focail seo a leanas agus athraigh na focail más gá.**

   1 fuar
   2 dorcha
   3 leisciúil
   4 saibhir
   5 cineálta
   6 te

3 **Cuir an t-alt roimh na hainmfhocail bhaininscneacha seo a leanas agus athraigh na focail más gá.**

   1 páirc
   2 tine
   3 mil
   4 cathaoir
   5 leabharlann
   6 draíocht

Inscne an ainmfhocail

Rialacha

Uaireanta, athraíonn an t-alt uatha túslitir an ainmfhocail. Braitheann an t-athrú seo ar inscne an ainmfhocail.

- Ní athraíonn na túslitreacha *n*, *l* ná *r* riamh sa Ghaeilge.

  Samplaí: an **n**athair, an **l**itir, an **r**éalta
- Ní chuireann an t-alt uatha (an) séimhiú ar **d**, **t** ná **s**.

  Samplaí: an **d**uilleog, an **t**rá

Cogar For most words that change the initial letter of the noun that follows (**mo**, **do**, **dhá**, **seacht**, **le**, **go**, **ar**, etc.) it doesn't matter if the word is masculine or feminine. With the article (**an**), it does matter.

Treoir ghinearálta maidir le hinscne an ainmfhocail

Cad iad na hainmfhocail fhirinscneacha agus cad iad na hainmfhocail bhaininscneacha? Seo treoir ghinearálta le hiad a aithint.

	Firinscneach	Baininscneach
1	ainmfhocail atá leathan (treoir ghinearálta) **Samplaí:** an fear, an t-asal, an sábh	ainmfhocail atá caol (treoir ghinearálta) **Samplaí:** an chailc, an aois, an tsráid
2	jabanna nó poist **Samplaí:** an feirmeoir, an siopadóir, an t-imreoir	ainmfhocail a chríochnaíonn le *óg/eog* **Samplaí:** an spideog, an bhróg
3	ainmfhocail a chríochnaíonn le *ín* **Samplaí:** an cailín, an sicín, an t-asailín	ainmfhocail a chríochnaíonn le *lann* **Samplaí:** an bhialann, an leabharlann
4	ainmfhocail le siolla amháin a chríochnaíonn le **cht** **Samplaí:** an ceacht, an t-acht	ainmfhocail le níos mó ná siolla amháin a chríochnaíonn le **cht** **Samplaí:** an bheannacht, an fhilíocht
5	ainmfhocail a chríochnaíonn ar ghuta (an formhór mór) **Samplaí:** an madra, an t-oráiste, an siopa	ainmfhocail **theibí**[1] a chríochnaíonn ar ghuta (an formhór mór) **Samplaí:** an teanga, an eagla, an tsláinte

Is treoir mhaith iad na rialacha seo – ach, cosúil le gach riail i ngach teanga, tá eisceachtaí ann. Mar sin, is é an rud is fearr le hinscne an ainmfhocail a aithint ná a bheith ag léamh.

An t-ainmfhocal agus an t-alt (sa tuiseal ainmneach): na hathruithe tosaigh

An túslitir	Firinscneach	Baininscneach
h, l, n, r (ní athraíonn siad riamh)	an rothar, an hata	an liathróid
d, t (ní ghlacann siad séimhiú leis an alt)	an doirteal, an teach	an díomá, an trá
s	an sagart	an tsráid, an scoil
b, c, f, g, m, p (na consain inséimhithe)	an fear, an cat	an bhean, an pháirc
a, e, i, o, u (na gutaí)	an t-arán, an t-úll	an oifig, an iarsmalann

Cogar Use this sentence to help you remember the initials that don't take a *séimhiú*: Eleanor stopped smiling in Spanish school.

Is **focail iasachta**[2] iad formhór na n-ainmfhocal leis an túslitir *h*.

Samplaí: hata, héiliam, héileacaptar

[1] abstract [2] borrowed words

Scríobh

Léirigh inscne na n-ainmfhocal thíos agus tabhair fáth le do thuairim. Bain úsáid as teanglann.ie má tá cabhair uait. Tá an chéad cheann déanta mar shampla duit.

	An t-ainmfhocal	Baininscneach	Firinscneach	An fáth
1	bitheolaíocht	✔		*Críochnaíonn an t-ainmfhocal seo ar **cht** agus tá níos mó ná siolla amháin ann.*
2	leabharlann			
3	oráiste			
4	aisteoir			
5	ordóg			
6	uisce			
7	fuacht			
8	coinín			
9	sochraid			

Tasc gramadaí

Léirigh inscne na n-ainmfhocal thíos. Cuir an t-alt roimh gach focal agus déan aon athrú is gá don túslitir. Bain úsáid as teanglann.ie má tá cabhair uait. Tá an chéad cheann déanta mar shampla duit.

	An t-ainmfhocal	Baininscneach	Firinscneach	An t-ainmfhocal + an t-alt
1	crann		✔	*an crann*
2	páirc			
3	bláth			
4	fáinne			
5	spideog			
6	máthair			
7	lá			
8	amhrán			
9	áit			

An tuiseal ginideach

Rialacha

- Go bunúsach, bíonn ainmfhocal sa tuiseal ginideach má leanann sé ainmfhocal eile agus má tá an dá rud ceangailte le chéile mar aonad.
- Má tá dhá ainmfhocal ceangailte leis an bhfocal **of** sa Bhéarla, beidh an tuiseal ginideach i gceist sa Ghaeilge. Scríobhann tú an dara ceann sa tuiseal ginideach nuair a tharlaíonn sé seo.

Seift ghramadaí

[noun] of [**noun**]

Tá an **dara ceann** sa tuiseal ginideach.

Cathain a úsáideann tú an tuiseal ginideach? Seo thíos na fáthanna a úsáidtear é.

an tuiseal ginideach

1 le hainmfhocal eile
bean **an tí**
(*woman* ***of the house***)

2 leis an ainm briathartha (*ing*)
ag glanadh **an tí**
(*cleaning* ***the house***)

3 le timpeall, trasna, cois, chun
timpeall **an tí**
(*around* ***the house***)

4 le réamhfhocal comhshuite
ar fud **an tí**
(*all over* ***the house***)

5 le cainníocht éiginnte[1]
cuid **an tí**
(*part* ***of the house***)

Tabhair faoi deara nach mbíonn an tuiseal ginideach i gceist nuair atá ainmfhocal éiginnte cáilithe – sin le rá, nuair a leanann aidiacht nó eolas breise eile é.

Sampla: ag glanadh an tí
ACH
ag glanadh teach nua

Ná bí róbhuartha faoi seo – rachaidh tú i dtaithí air de réir a chéile!

Féach ar na samplaí leis na cúig fháth thuas. Is ainmfhocail iad ar fad, má smaoiníonn tú fúthu, nach iad?

1 **bean**[1], *f.* (*gs.* & *npl.* **mná**, *gpl.* **ban**).
2 **glanadh**, *m.* (*gs.* **-nta**, *pl.* **-ntaí**).
3 **timpeall**, *m.* (*gs.* & *npl.* **-pill**, *gpl.* ~).
4 **rith**[1], *m.* (*gs.* **reatha**, *pl.* **rití**).
5 **cuid**, *f.* (*gs.* **coda**, *pl.* **codanna**).

Foinse: teanglann.ie

Gluais

m. = masculine
f. = feminine
gs. = genitive singular
npl. = nominative plural
pl. = plural

[1] *indefinite quantity*

Scríobh

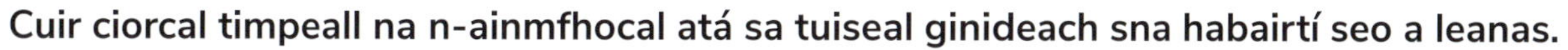

Cuir ciorcal timpeall na n-ainmfhocal atá sa tuiseal ginideach sna habairtí seo a leanas.

1. Is breá liom a bheith ag imirt leadóige.
2. Bhain mé céim amach i gColáiste na Tríonóide.
3. Tá Síle ag freastal ar Choláiste Íosagáin.
4. Tógaim mo bhosca lóin ar scoil gach lá.
5. Bíonn scrúduithe scoile againn faoi dhó in aghaidh na bliana.
6. Tá go leor siopaí i lár na cathrach.
7. Rinne mé an iomarca staidéir.
8. Téann liricí an amhráin sin go mór i bhfeidhm orm.
9. Bhíomar faoi dhraíocht ag solas na gealaí.
10. Tháinig fear an phoist chun an tí ar maidin.

Tasc gramadaí

Mínigh cén fáth a bhfuil na hainmfhocail seo a leanas sa tuiseal ginideach. Tá an chéad cheann déanta mar shampla duit.

1. Tá Sabira ag imirt peile.
   *Tá ainm briathartha roimh an ainmfhocal **peil**.*
2. Bhí mé ag staidéar ar feadh na hoíche.
3. Chaill mé eochair mo thaisceadáin.
4. Táimid ar an mbealach chun na scoile.
5. Níl pingin rua agam toisc gur chaith mé a lán airgid.
6. Tabhair dom cóta Mháire.

Na díochlaontaí

Rialacha

Is éard is díochlaonadh ann ná an pátrún a bhíonn ag deireadh an ainmfhocail sa tuiseal ginideach. Níl ach cúig phátrún i gceist. Tá cinn neamhrialta ann freisin agus níl pátrún ar bith acu. Féach ar na samplaí thíos.

An chéad díochlaonadh	An dara díochlaonadh	An tríú díochlaonadh	An ceathrú díochlaonadh	An cúigiú díochlaonadh agus na hainmfhocail neamhrialta
ainmfhocail leathana	ainmfhocail chaola; ainmfhocail a chríochnaíonn ar *lann*, *eog* nó *óg*	ainmfhocail a chríochnaíonn ar *ir* nó *cht* (agus roinnt ainmfhocail eile)	ainmfhocail a chríochnaíonn ar *ín* nó ar ghuta	na hainmfhocail eile
an bord an ceann an clós an clúdach an domhan an doras an fear an féar an leabhar an leathanach an peann an pobal an séipéal an trealamh an t-úll an t-urlár	an chailc an ghealach an ghramadach an mhuc an oifig an pháirc an pheil an scoil an tsráid an tsúil an tsaotharlann an bhialann an leabharlann an uachtarlann an bhróg an fhuinneog an fhuiseog an spideog	an báicéir an dochtúir an feirmeoir an múinteoir an t-imreoir an t-acht an bheannacht an bunreacht an comhlacht an Ghaeltacht an t-am an fhuil an iománaíocht an rang an smacht an tsíocháin an tiomáint an tréad	an cailín an teachín an binse an bosca an chruinne an fharraige an halla an hata an madra an t-oráiste an ríomhaire an seomra an siopa an stáitse an teanga an tiománaí an tógálaí an trá	an t-athair (foighne an athar) an cara (tuairim mo charad) an chathair (i lár na cathrach) an chathaoir (dath na cathaoireach) an chomharsa (teach na comharsan) Éire (teanga na hÉireann) an litir (tús na litreach) an traein (stáisiún na traenach) **Neamhrialta** an bhean (ainm na mná) an deirfiúr (cineáltas na deirféar) an deoch (blas na dí) an dia (cúnamh Dé) an lá (i lár an lae) an leaba (seomra leapa) an mhí (deireadh na míosa) an olann (dath na holla) an talamh (tiarna talún)
Firinscneach	**Baininscneach (an formhór mór)**	**Meascán**	**Firinscneach (an formhór mór)**	**Baininscneach (formhór)**
Athruithe ag deireadh an ainmfhocail sa tuiseal ginideach				
i (caolaítear é) **Sampla:** cos an bhoird	e ag an deireadh* **Sampla:** boladh na cailce	leathnaítear é; a ag an deireadh **Sampla:** hata an bháicéara	faic **Sampla:** crógacht an chailín	neamhrialta (ach go minic cailltear guta sa lár)

* Is treoir láidir í seo ach tá eisceachtaí ann.

- Is é an chéad díochlaonadh an díochlaonadh is mó sa Ghaeilge; is é an dara díochlaonadh an dara ceann is mó; srl.
- Tá mórchuid na n-ainmfhocal sa Ghaeilge firinscneach.
- Úsáidtear na cinn ón gcúigiú díochlaonadh agus na samplaí neamhrialta (Craobh **na hÉireann**, le cúnamh **Dé**, srl.) go minic.
- Ní chuireann an t-alt uatha (an) séimhiú ar **d**, **t** ná **s** riamh.

An t-ainmfhocal agus an t-alt: na hathruithe ar an túslitir sa tuiseal ginideach

Sa tuiseal ginideach, athraíonn an t-alt (**an**) go **na** roimh ainmfhocal baininscneach.

An túslitir	Ainmfhocal firinscneach, uimhir uatha	Ainmfhocal baininscneach, uimhir uatha	Uimhir iolra
h, l, n, r	Ní athraíonn na túslitreacha seo riamh sa Ghaeilge.		
d, t	teach an dochtúra bean an tí	pobal na Danmhairge ainm na trá	comórtas na dtithe (urú) trasna na dtonnta (urú)
b, c, f g, m, p	hata an fhir (séimhiú) ainm an mhadra (séimhiú)	dath na farraige bosca na cailce	brí na gceisteanna (urú) comórtas na mbunscoileanna (urú)
s	teach an tsagairt (**ts**)	bun na sráide	ionad na siopaí
guta	blas an oráiste dath an úill	doras na hoifige (**h** roimh ghuta)	cumann na n-altraí (**n-** roimh ghuta)

Nótaí

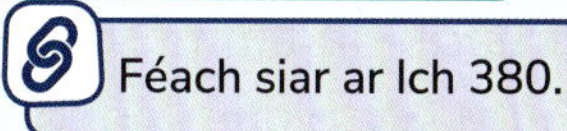

Féach siar ar lch 380.

Seo thíos na cúig fháth a mbíonn an t-ainmfhocal sa tuiseal ginideach.

1. Nuair atá dhá ainmfhocal le chéile mar dhá chuid d'**aonad amháin**[1], bíonn an dara ceann sa tuiseal ginideach. **Sampla:** fear an tí
2. Nuair atá ainmfhocal neamhcháilithe faoi réir **ainm briathartha**[2], uaireanta bíonn an t-ainmfhocal sin sa tuiseal ginideach. **Sampla:** ag imirt peile
3. Nuair atá ainmfhocal faoi réir ceann de na réamhfhocail shimplí ***timpeall***, ***trasna***, ***cois*** agus ***chun***, bíonn an t-ainmfhocal sin sa tuiseal ginideach. **Sampla:** chun na trá
4. Nuair atá ainmfhocal faoi réir **réamhfhocail chomhshuite**[3] (sin réamhfhocal le dhá fhocal), bíonn an t-ainmfhocal sin sa tuiseal ginideach. **Sampla:** le linn na seachtaine
5. Nuair atá ainmfhocal faoi réir **cainníocht éiginnte**[4], bíonn sé sa tuiseal ginideach. **Samplaí:** a lán airgid

Scríobh

Féach ar na hainmfhocail seo a leanas (atá sa tuiseal ainmneach, uimhir uatha) agus roghnaigh an díochlaonadh (1, 2, 3, 4 nó 5) lena mbaineann siad. Bain úsáid as teanglann.ie le cabhrú leat. Tá an chéad cheann déanta duit mar shampla.

1 an bhialann *2*
2 an litir
3 an pheil
4 an oifig
5 an hata
6 an fear
7 an fhuinneog
8 an t-athair
9 an clúdach
10 an trealamh
11 an bhróg

[1] *single unit* [2] *verbal noun* [3] *compound preposition* [4] *indefinite quantity*

Na hiolraí

Rialacha

Seo roinnt leideanna chun an uimhir iolra den ainmfhocal a chumadh.
Níl anseo ach treoir – bíonn eisceachtaí ann uaireanta.

1 Athraíonn **ea** go *i* san uimhir iolra.
Samplaí: fear ➜ fir, peann ➜ pinn

2 Athraíonn **ar** (seachas **ear**) go **air** san uimhir iolra.
Samplaí: leabhar ➜ leabhair, rothar ➜ rothair

3 Athraíonn **éa** go **éi** san uimhir iolra.
Samplaí: béal ➜ béil, páipéar ➜ páipéir
Eisceacht: méar ➜ méara

4 Cuirtear *í* ag deireadh an ainmfhocail má chríochnaíonn sé ar **a**.
Samplaí: hata ➜ hataí, bata ➜ bataí

5 Cuirtear *í* ag deireadh an ainmfhocail más **díspeagadh**[1] é a chríochnaíonn ar *ín*.
Samplaí: caipín ➜ caipíní, buachaillín ➜ buachaillíní

6 Athraíonn e ag deireadh an ainmfhocail go í.
Samplaí: páiste ➜ páistí, farraige ➜ farraigí

7 Cuirtear **a** ag deireadh an ainmfhocail má chríochnaíonn sé ar **óg** nó **eog**.
Samplaí: bróg ➜ bróga, fuinneog ➜ fuinneoga

8 Cuirtear **a** ag deireadh an ainmfhocail má chríochnaíonn sé ar **lann**.
Samplaí: pictiúrlann ➜ pictiúrlanna, clann ➜ clanna

9 Athraíonn **ach** go **aigh** ag deireadh an ainmfhocail agus **each** go **igh**.
Samplaí: bacach ➜ bacaigh, taoiseach ➜ taoisigh

10 Cuirtear *í* ar shlite beatha a chríochnaíonn ar **eoir**, **úir**, **óir**, **éir**.
Samplaí: múinteoir ➜ múinteoirí, dochtúir ➜ dochtúirí, peileadóir ➜ peileadóirí, úinéir ➜ úinéirí

11 Athraíonn **eán** ag deireadh an ainmfhocail go **eáin**.
Samplaí: milseán ➜ milseáin, ciseán ➜ ciseáin

12 Athraíonn *aí* ag deireadh an ainmfhocail go *aithe*.
Samplaí: gadaí ➜ gadaithe, geansaí ➜ geansaithe

13 Caolaítear ainmfhocail aonsiollacha nach bhfuil luaite i bpointe 1–12.
Samplaí: clog ➜ cloig, bád ➜ báid, gort ➜ goirt, uan ➜ uain

14 Cuirtear **anna** ag deireadh ainmfhocail a bhfuil siolla amháin aige agus a chríochnaíonn ar **cht**.
Samplaí: ceacht ➜ ceachtanna, locht ➜ lochtanna
Eisceacht: léacht ➜ léachtaí

15 Cuirtear *aí* ag deireadh ainmfhocail a bhfuil níos mó ná siolla amháin aige agus a chríochnaíonn ar **cht**.
Samplaí: iasacht ➜ iasachtaí, imeacht ➜ imeachtaí

[1] diminutive

Scríobh

Líon isteach an uimhir iolra de na hainmfhocail seo a leanas. Tá ceann amháin déanta duit mar chabhair.

1 ceann → *cinn*
2 ábhar → ______
3 séipéal → ______
4 cóta → ______
5 siopa → ______
6 teachín → ______
7 gairdín → ______
8 císte → ______
9 gloine → ______
10 barróg → ______
11 bileog → ______
12 bialann → ______
13 dialann → ______
14 teaghlach → ______
15 coirpeach → ______
16 siúinéir → ______
17 gobharnóir → ______
18 fillteán → ______
19 eitleán → ______
20 lúthchleasaí → ______
21 amhránaí → ______
22 cat → ______
23 cuan → ______
24 crann → ______
25 tocht → ______
26 difríocht → ______

Tasc gramadaí

Scríobh na hainmfhocail seo a leanas san uimhir iolra. Tá ceann amháin déanta duit mar chabhair.

1 cóipleabhar *cóipleabhair*
2 canna
3 fón
4 mála
5 gluaisteán
6 dlíodóir
7 pióg
8 paiste
9 duilleog

Tréaniolraí agus lagiolraí

Rialacha

Tá dhá thacar iolraí sa Ghaeilge.

1 **Na lagiolraí**
Is ionann an uimhir uatha sa tuiseal ainmneach agus an uimhir iolra sa tuiseal ginideach (féach ar lch 380).

Tuiseal ainmneach		Tuiseal ginideach	
Uimhir uatha	**Uimhir iolra**	**Uimhir uatha**	**Uimhir iolra**
an fear	na fir	hata an fhir	seomra na bhfear

2 **Na tréaniolraí**
Úsáideann tú an uimhir iolra sa tuiseal ainmneach don iolra sa tuiseal ginideach.

Tuiseal ainmneach		Tuiseal ginideach	
Uimhir uatha	**Uimhir iolra**	**Uimhir uatha**	**Uimhir iolra**
an páiste	na páistí	leaba an pháiste	seomra na bpáistí

Tréaniolraí

amanna, buachaillí, buntáistí, cailíní, cairde, carranna, ceisteanna, dathanna, doirse, cluichí, imreoirí, laethanta, leapacha, múinteoirí, oráistí, páistí, rúnaithe, seomraí, siopaí, sráideanna, tíortha, tithe, tógálaithe

Lagiolraí

botúin, bróga, báid, cluasa, fir, úlla

Na lagiolraí

Tá dhá shórt lagiolraí ann.

1 Na hainmfhocail a chaolaítear san uimhir iolra. Tá an chuid is mó de na cinn seo sa chéad díochlaonadh.
Samplaí: ceann → cinn, fear → fir, leathanach → leathanaigh

2 Na hainmfhocail a ghlacann a ag an deireadh san uimhir iolra.
Samplaí: fuinneog → fuinneoga, cos → cosa, amharclann → amharclanna

Má tá níos mó ná **a** ag an deireadh, is tréaniolra atá ann – mar shampla, *sráid* → *sráideanna*.

Na hiolraí agus an t-alt

- Is é an t-alt san uimhir iolra ná an focal **na.**
- Sa tuiseal ainmneach, sa tuiseal cuspóireach agus sa tuiseal tabharthach, cuireann *na h* roimh ghuta.
  Samplaí: na **h**úlla dearga, sna **h**áiteanna ciúine
- Sa tuiseal ginideach, cuireann an t-alt urú ar an ainmfhocal san uimhir iolra.
  Samplaí: siopa na **m**bróg, dochtúir na **g**cluas, tráth na **g**ceist, cumann na **m**ban, seomra na **bh**fear
- Mar aon leis seo, cuireann an t-alt *n-* roimh ghuta ar an uimhir iolra sa tuiseal ginideach.
  Samplaí: éide na **n-**altraí, timpeall na **n-**áiteanna

Tá tionchar ag inscne an ainmfhocail ar a fhoirm agus ar na hathruithe tosaigh san uimhir uatha.
Níl aon tionchar aige orthu san uimhir iolra.

Scríobh

Féach ar na hainmfhocail san uimhir uatha agus san uimhir iolra thíos. An tréaniolraí nó lagiolraí iad? Déan plé faoi do thuairim leis an duine in aice leat. Tá an chéad cheann déanta mar chabhair duit.

	Uimhir uatha	Uimhir iolra	Tréaniolra	Lagiolra
1	cos	cosa		✔
2	briathar	briathra		
3	úll	úlla		
4	scoil	scoileanna		
5	pláta	plátaí		
6	deoir	deora		
7	rang	ranganna		
8	lámh	lámha		
9	teach	tithe		
10	súil	súile		
11	bóthar	bóithre		
12	cailín	cailíní		
13	áit	áiteanna		
14	doras	doirse		
15	císte	cístí		
16	leabhar	leabhair		
17	deartháir	deartháireacha		
18	tír	tíortha		
19	cnoc	cnoic		

An aidiacht sa Ghaeilge

Rialacha

Is é an t-ainm atá ar an leagan den aidiacht atá san fhoclóir ná an ***bunleagan***.
Is ionann an bunleagan agus an fhoirm fhirinscneach uatha.

- Cuireann an t-alt séimhiú ar ainmfhocal baininscneach. Cuireann ainmfhocal baininscneach séimhiú ar an aidiacht.
  Sampla: bean ➜ an b**h**ean, bean g**h**lic ➜ an b**h**ean g**h**lic
- Cuireann tú séimhiú ar aidiacht a thosaíonn le **b**, **c**, **f**, **g**, **m**, **p** mar aon le **d**, **t** agus **s** i ndiaidh ainmfhocail bhaininscnigh san uimhir uatha. (Féach ar lch 376.)
  Sampla: bróg d**h**earg
- Cuireann tú **a** ar aidiacht leathan san uimhir iolra.
  Sampla: doirse gorm**a**
- Cuireann tú **e** ar aidiacht chaol san uimhir iolra go minic.
  Sampla: cairde maith**e**

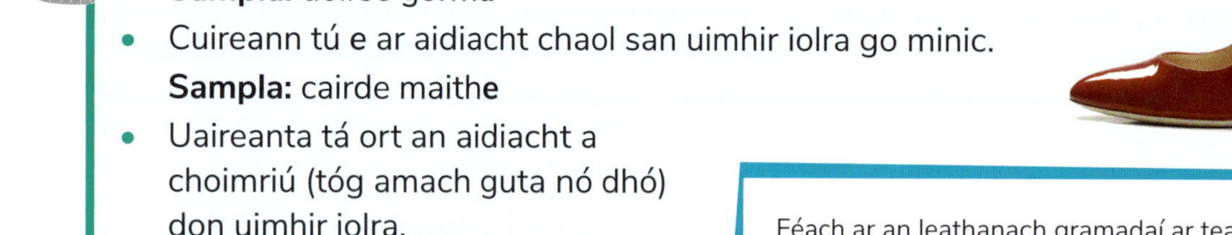

- Uaireanta tá ort an aidiacht a choimriú (tóg amach guta nó dhó) don uimhir iolra.
  Sampla: fir shaibhre
- Cuireann tú séimhiú ar aidiacht san uimhir iolra a leanann ainmfhocal firinscneach má tá an guta deireanach caol agus má chríochnaíonn sé ar chonsan.
  Sampla: cait d**h**ubha

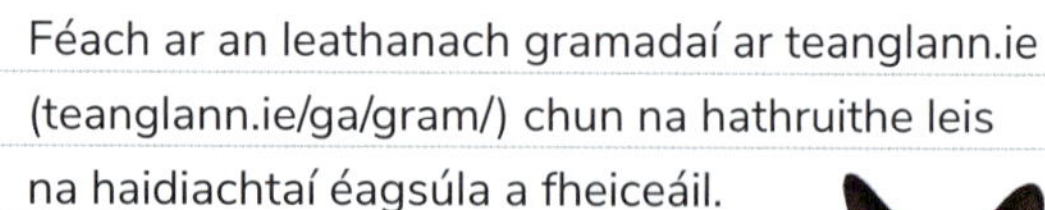
Féach ar an leathanach gramadaí ar teanglann.ie (teanglann.ie/ga/gram/) chun na hathruithe leis na haidiachtaí éagsúla a fheiceáil.

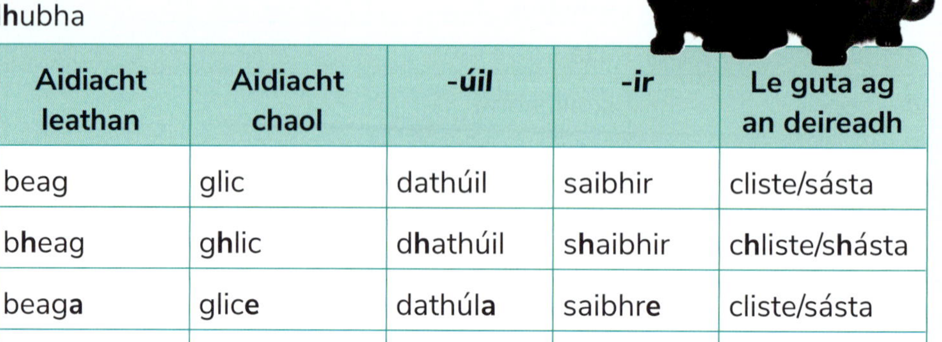

Ainmfhocal	Aidiacht leathan	Aidiacht chaol	*-úil*	*-ir*	Le guta ag an deireadh
fear (fir)	beag	glic	dathúil	saibhir	cliste/sásta
bean (bain)	b**h**eag	g**h**lic	d**h**athúil	s**h**aibhir	c**h**liste/s**h**ásta
páistí (iolra)	beag**a**	glic**e**	dathúl**a**	saibhr**e**	cliste/sásta
fir (iolra + caol)	b**h**eag**a**	g**h**lic**e**	d**h**athúl**a**	s**h**aibhr**e**	c**h**liste/s**h**ásta

Is teach gorm é. (an fhoirm fhirinscneach/an bunleagan)
Is áit ghorm í. (an fhoirm bhaininscneach)
Is seomraí gorma iad. (an uimhir iolra)
Is boird ghorma iad. (an uimhir iolra atá caol)

Na haidiachtaí sa tuiseal ginideach

- Cuirtear séimhiú ar an aidiacht le hainmfhocal firinscneach sa tuiseal ginideach.
- Caolaítear an aidiacht le hainmfhocal firinscneach sa tuiseal ginideach.
- Níl aon séimhiú ar an aidiacht bhaininscneach (ná ar an ainmfhocal baininscneach) sa tuiseal ginideach.

- Go minic, caolaítear an aidiacht le hainmfhocal baininscneach sa tuiseal ginideach agus cuirtear **e** ag an deireadh (cosúil le hainmfhocal sa dara díochlaonadh).
  Sampla: an bhialann mhór (tuiseal ainmneach) ➜ doras **na bialainne móire**
  Leid: caol le caol
- Pléigh leis an aidiacht ar lagiolra sa bhealach céanna le haidiacht ar ainmfhocal firinscneach san uimhir uatha (mar sin, cuireann tú an bunleagan den aidiacht le lagiolra).
- Pléigh leis an aidiacht ar thréaniolra sa bhealach céanna le haidiacht ar ainmfhocal san uimhir iolra (mar sin, cuireann tú **a** nó **e** ag an deireadh).

Tá foirm na n-aidiachtaí sa tuiseal ginideach cosúil le foirm na n-ainmfhocal sa chéad agus sa dara díochlaonadh (féach ar lch 382).

	Mór	Beag
hata an fhir	hata an fhir mhóir	hata an fhir bhig
i lár na páirce	i lár na páirce móire	i lár na páirce bige
seomra na bhfear*	seomra na bhfear mór	seomra na bhfear beag
seomra na mbuachaillí**	seomra na mbuachaillí móra	seomra na mbuachaillí beaga

* lagiolra

** tréaniolra

Scríobh

Féach ar na hainmfhocail agus na haidiachtaí thíos sa tuiseal ainmneach. Roghnaigh an leagan ceart agus cuir ciorcal timpeall air. Tá an chéad cheann déanta duit mar shampla.

1 bróg + dearg — (bróg dhearg) — bróg dearg
2 cairde + maith — cairde maith — cairde maithe
3 solas + geal — solas gheal — solas geal
4 iníon + cairdiúil — iníon cairdiúil — iníon chairdiúil
5 bord + mór — bord mhór — bord mór
6 oifig + fairsing — oifig fairsing — oifig fhairsing
7 leabhair + suimiúil — leabhair suimiúla — leabhair shuimiúla
8 múinteoir + cliste — múinteoir chliste — múinteoir cliste
9 máthair + cabhrach — máthair chabhrach — máthair cabhrach
10 oíche + ceomhar — oíche ceomhar — oíche cheomhar

Tasc gramadaí

Faigh réidh leis na lúibíní agus athraigh na haidiachtaí más gá. Tá an chéad cheann déanta duit.

1 cúrsa (fada) *cúrsa fada*
2 buachaill (cineálta)
3 sráid (mór)
4 boird (crua)
5 scéal (coscrach)
6 cailíní (faiseanta)
7 bialann (áitiúil)
8 béile (blasta)
9 dalta (díograiseach)

Cúinne na gramadaí

Scríobh an leagan ceart den aidiacht idir lúibíní.

1 Is bean (cineálta) í.
2 Is athair (bródúil) é.
3 Is leabhair (casta) iad.
4 Is paistí (glórach) iad.
5 Is seomraí (mór) iad.
6 Is cara (maith) í Jennifer.

An saorbhriathar

Rialacha

Tá an briathar saor nuair nach bhfuil aon duine ceangailte leis. Mar sin, tá an frása **neamhphearsanta**[1]. Féach ar an abairt seo:

Dúnadh an doras. = *The door was closed.*

Níl a fhios againn cé a dhún an doras. Mar sin, bainimid úsáid as an saorbhriathar. Is é an t-ainm atá ar an tuairim seo sa Bhéarla ná ***the autonomous verb***.

saorbhriathar, *m.* (*gs.* **-air**, *pl.* **-thra**). *Gram:* **Autonomous verb.**

Foinse: teanglann.ie

Úsáid an tsaorbhriathair

Féach ar na samplaí difriúla seo. Tá na habairtí ar fad neamhphearsanta.

Cuirfear an doras faoi ghlas ag a ceathair a chlog.	*The door will be locked at four o'clock.*
Briseadh an bord.*	*Somebody broke the table.*
Faightear trí bhéile gach lá sa scoil.	*You** receive three meals a day in the school.*
Deirtear go ndéanann sé maitheas duit.	*They** say it is good for you.*
D'fhéadfaí sin a rá.	*You** could say that.*

* Níl a fhios againn cé a rinne é seo.

** Tá na forainmneacha seo ag caint faoi dhaoine go ginearálta.

I ngach cás thuas níl a fhios againn cé atá ceangailte leis an mbriathar. Mar sin, is féidir úsáid a bhaint as an saorbhriathar.

Deireadh an tsaorbhriathair

An aimsir	An chéad réimniú	An dara réimniú
An aimsir chaite	(e)adh	(a)íodh
An aimsir láithreach	t(e)ar	(a)ítear
An aimsir fháistineach	f(e)ar	ófar/eofar
An modh coinníollach	f(a)í	ófaí/eofaí

Níl aon bhriathar in aon fhoirm a bhriseann an riail 'caol le caol agus leathan le leathan'.

An saorbhriathar agus na hathruithe tosaigh

Ní athraíonn an túslitir den saorbhriathar san aimsir chaite (ní bhíonn aon séimhiú ná urú ann) . . .

Ól	Bris	Ceannaigh	Bailigh
Óladh an bainne.	Briseadh an cupán.	Ceannaíodh an teach.	Bailíodh na leabhair.
Níor óladh an bainne.	Níor briseadh an cupán.	Níor ceannaíodh an teach.	Níor bailíodh na leabhair.
Ar óladh an bainne?	Ar briseadh an cupán?	Ar ceannaíodh an teach?	Ar bailíodh na leabhair?
Nár óladh an bainne?	Nár briseadh an cupán?	Nár ceannaíodh an teach?	Nár bailíodh na leabhair?

Leanann cuid de na briathra neamhrialta pátrún eile san aimsir chaite (*bhíothas*, *chualathas*, *fuarthas*, *chonacthas*, *thángthas* agus *chuathas*).

[1] *impersonal*

. . . ach athraíonn an túslitir den saorbriathar sna haimsirí eile.

An aimsir láithreach	An aimsir fháistineach	An modh coinníollach
Bristear an cupán.	Ceannófar an teach.	D'ólfaí an bainne.
Ní bhristear an cupán.	Ní cheannófar an teach.	Ní ólfaí an bainne.
An mbristear an cupán?	An gceannófar an teach?	An ólfaí an bainne?
Nach mbristear an cupán?	Nach gceannófar an teach?	Nach n-ólfaí an bainne?

Tasc gramadaí

Léigh na habairtí thíos agus déan cinneadh an briathar nó an saorbhriathar a scríobh sa bhearna.

1 ____________ a chairde brú air. Chuir ☐ Cuireadh ☐

2 ____________ abhaile é. Sheol ☐ Seoladh ☐

3 ____________ sé na geataí. Dhún ☐ Dúnadh ☐

4 ____________ an fhuinneog sin go minic. Briseann ☐ Bristear ☐

5 ____________ Marina an lón gach lá. Ullmhaíonn ☐ Ullmhaítear ☐

6 ____________ lón do Marina gach lá. Ullmhaíonn ☐ Ullmhaítear ☐

7 ____________ go leor ticéad don seó. Ceannóidh ☐ Ceannófar ☐

8 ____________ an fhoireann bia ar fáil. Cuirfidh ☐ Cuirfear ☐

9 ____________ sé an scéal dá n-éistfeadh duine leis. D'inseodh ☐ D'inseofaí ☐

Scríobh

1 **Scríobh amach an saorbhriathar (an aimsir chaite, an fhoirm dhearfach) de na briathra seo a leanas. Tá an chéad cheann déanta duit mar chabhair.**

1 caith *caitheadh*
2 freagair
3 scríobh
4 ól
5 ceannaigh
6 ceap

2 **Scríobh amach an saorbhriathar (an aimsir láithreach, an fhoirm dhiúltach) de na briathra seo a leanas. Tá an chéad cheann déanta duit mar chabhair.**

1 bailigh *ní bhailítear*
2 glan
3 scuab
4 mol
5 coinnigh
6 bris

3 **Scríobh amach an saorbhriathar (an aimsir fháistineach, an fhoirm cheisteach) de na briathra seo a leanas. Tá an chéad cheann déanta duit mar chabhair.**

1 buail *an mbuailfear?*
2 ceangail
3 éirigh
4 réitigh
5 béic
6 bagair

4 **Scríobh amach an saorbhriathar (an modh coinníollach, an fhoirm dhearfach) de na briathra seo a leanas. Tá an chéad cheann déanta duit mar chabhair.**

1 aistrigh *d'aistreofaí*
2 tarraing
3 bain
4 fill
5 caill
6 ceartaigh

An chaint indíreach

Rialacha

Abairtí díreacha	Abairtí indíreacha
Chuaigh sé go dtí an siopa. (*He went to the shop.*)	Ceapaim go ndeachaigh sé go dtí an siopa. (*I think he went to the shop.*)
Is fear é.	Chuala mé gur fear é.
Is maith léi bainne.	Dúradh liom gur maith léi bainne.
Chonaic mé an scannán sin.	Is cinnte go bhfaca mé an scannán sin.
Cheannaigh sí an teach.	Dúirt sí liom gur cheannaigh sí an teach.

Tá trí chuid san abairt indíreach:

1 Tús na habairte	2 An cónasc + an briathar* nó an chopail*	3 An t-eolas eile**
Chuala mé	go ndeachaigh Síle	go Londain.
Déarfainn	gur	bainisteoir maith é.

* an fhoirm **spleách** (*dependent*)

** Is ionann é seo agus an abairt dhíreach.

Abairt dhíreach: Tá sé sa siopa.
Abairt indíreach: Chuala mé go bhfuil sé sa siopa.

An chaint indíreach le *bí* agus an chopail

1 Tús na habairte	2 An cónasc + an briathar nó an chopail	3 An t-eolas eile	Liosta leideanna
Measaim Sílim Ceapaim Déarfainn Is cosúil Is léir Is dócha Is dóigh liom Is amhlaidh Is cinnte Is (mór an) trua Dúirt sé liom Chuala mé Dúradh liom Tuigim féin Tá seans/deis ann Ní féidir leat a rá Níl aon amhras ach	**An briathar *bí*** go bhfuil nach bhfuil go mbíonn nach mbíonn go raibh nach raibh go mbeidh nach mbeidh	sí tinn. sé críochnaithe. siad ag teacht anocht. tú ag éisteacht.	tá → go bhfuil níl → nach bhfuil bhí → go raibh ní raibh → nach raibh
	An chopail (aimsir láithreach) gur nach gurb (le forainm, srl.) nach (le forainm, srl.)	fear deas é. áit mhór í. í Máire a rinne an obair.	is → gur(b) ní → nach
	An chopail (aimsir chaite) gur (+ séimhiú) nár (+ séimhiú) gurbh (roimh ghuta) nárbh (roimh ghuta)	fhoireann mhaith iad. chailín dána í. áit iontach í.	ba → gur(bh) níor → nár(bh)

Scríobh

Cuir ciorcal timpeall an fhocail chuí.

1	Dúirt sé liom	go	gur	gurbh	bean chineálta í.
2	B'fhéidir	nach	nár	nárbh	dhrochrud é.
3	Chuala mé	gur	go	gurb	mbeidh sí ag obair inniu.
4	Cheap sé	go	gur	nach	chailín breá í.
5	D'admhaigh sé	go	gur	gurbh	é a thóg iad.
6	Tá súil agam	go	gur	gurbh	fiú é.
7	Chuala mé	nach	nár	nárbh	raibh díomá orthu.
8	Dúradh liom	nach	nár	nárbh	bhfuil siad saibhir.

Líon na bearnaí

Bain úsáid as an gcaint indíreach leis na bearnaí a líonadh sna habairtí seo.

1. Is dochtúir é James.
   Deir sí ____________________ dochtúir é James.
2. Ba mhúinteoir í Noor.
   Dúirt sé ____________________ mhúinteoir í Noor.
3. Níor cheart duit dul go dtí an Spáinn.
   Dúirt siad liom ____________________ cheart dom dul go dtí an Spáinn.
4. Ní maith leo spórt.
   Dúradh liom ____________________ maith leo spórt.

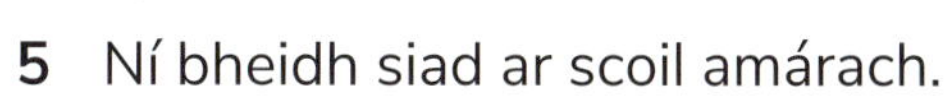

5. Ní bheidh siad ar scoil amárach.
   Is léir ____________________ ____________________ siad ar scoil amárach.
6. Tá tart ar na páistí.
   Dúirt Danny ____________________ ____________________ tart ar na páistí.
7. Beidh áthas uirthi go mbeidh an bhliain thart.
   Deir Stephanie ____________________ ____________________ áthas uirthi go mbeidh an bhliain thart.
8. Ní raibh an fhoireann ag comhoibriú le chéile.
   Is mór an trua ____________________ ____________________ an fhoireann ag comhoibriú le chéile.

An chaint indíreach agus an briathar

Na briathra rialta

- Leis na briathra rialta, úsáideann tú **gur** agus **nár** (le séimhiú) san aimsir chaite.
- Leis na briathra rialta, úsáideann tú **go** agus **nach** (le hurú nó **n-** roimh ghuta) sna haimsirí eile.
- Nuair atá an briathar agus an phearsa ceangailte le chéile (mar shampla, ***imrím***, ***ólaimid***, ***ceannóimid***), úsáideann tú an fhoirm sin don chaint indíreach.
- Rud áirithe le cuimhneamh air sa chaint indíreach leis na briathra rialta ná an túslitir. Tá gach rud eile díreach mar an gcéanna leis an gcaint dhíreach.

Seift ghramadaí

Nach gceannaíonn . . .? (N mór) = ceist dhiúltach

. . . *nach gceannaíonn* . . . (n beag) = caint indíreach

Féach ar Léaráid D, Cuid 2 (lch 372).

Na briathra neamhrialta: an sé mór

Leis an sé mór, úsáideann tú **go** agus **nach** san aimsir chaite agus sna haimsirí eile.

		An aimsir chaite	An aimsir láithreach	An aimsir fháistineach
Abair	Ceapaim Chuala mé Deirtear srl.	go/nach ndúirt	go/nach ndeir	go/nach ndéarfaidh
Bí		go/nach raibh	go/nach bhfuil/mbíonn	go/nach mbeidh
Faigh		go/nach bhfuair	go/nach bhfaigheann	go/nach bhfaighidh
Feic		go/nach bhfaca	go/nach bhfeiceann	go/nach bhfeicfidh
Téigh		go/nach ndeachaigh	go/nach dtéann	go/nach rachaidh
Déan		go/nach ndearna	go/nach ndéanann	go/nach ndéanfaidh

Tá an fhoirm de gach briathar, rialta nó neamhrialta, a úsáidtear sa chaint indíreach dhiúltach ar aon dul leis an gceist dhiúltach (**nach/nár**).

Na briathra neamhrialta: an cúig beag

Leis an gcúig beag:

- úsáideann tú **gur** agus **nár** (le séimhiú) san aimsir chaite.
- úsáideann tú **go** agus **nach** (le hurú nó **n-** roimh ghuta) sna haimsirí eile.

		An aimsir chaite	An aimsir láithreach	An aimsir fháistineach
Clois	Ceapaim Chuala mé Deirtear srl.	gur/nár chuala	go/nach gcloiseann	go/nach gcloisfidh
Ith		gur/nár ith	go/nach n-itheann	go/nach n-íosfaidh
Tabhair		gur/nár thug	go/nach dtugann	go/nach dtabharfaidh
Tar		gur/nár tháinig	go/nach dtagann	go/nach dtiocfaidh
Beir		gur/nár rug	go/nach mbeireann	go/nach mbéarfaidh

Scríobh

Freagair na ceisteanna seo.

1. Céard iad na haimsirí a n-úsáidtear **go** agus **nach** leo (briathra rialta)?
2. Céard í an aimsir a n-úsáidtear **gur** agus **nár** léi (briathra rialta)?
3. Cén t-athrú a dhéantar ar an túslitir nuair a thagann **go**/**nach** roimhe?
4. Cén t-athrú a dhéantar ar an túslitir nuair a thagann **gur**/**nár** roimhe?

Tasc gramadaí

Athscríobh na habairtí thíos leis an bhfoirm cheart den bhriathar iontu.

1. Ceapaim gur (dún) sé an doras.
2. Is léir gur (ith) siad an bia ar fad – dúradh liom nár (fág) siad rud ar bith ar na plátaí.
3. Nár cheap tú go (bí) an scannán sin suimiúil?
4. Dúirt sé liom nár (bain) siad úsáid as an idirlíon go dtí gur (sroich) siad an teach.
5. Deir sí go (glan) sí an teach ó bhun go barr gach maidin.
6. Gheall Diane dom go (cuir) sí airgead i dtaisce ag deireadh gach míosa.

Cúinne na gramadaí

Cuir 'Deir sí' roimh gach ceann de na habairtí thíos agus déan pé athrú is gá. Scríobh iad san fhoirm dhearfach agus san fhoirm dhiúltach. Tá an chéad cheann déanta duit mar shampla.

1. Scríobhfaidh sibh an aiste tar éis am scoile.
   Deir sí go scríobhfaidh sibh an aiste tar éis am scoile.
   Deir sí nach scríobhfaidh sibh an aiste tar éis am scoile.
2. Ólann sé caife gach maidin.
3. Brostaíonn siad abhaile ag deireadh gach lae.
4. Léann tú trí leabhar in aghaidh na míosa.
5. Íosfaidh siad a ndinnéar anocht.
6. Tarraingíonn siad na pictiúir duit.

An t-ainm briathartha

Rialacha

Is foirm thábhachtach den bhriathar é an t-**ainm briathartha**[1].
Baineann tú úsáid as an ainm briathartha sa Ghaeilge go minic.

Samplaí: Bhain mé sult as an t**siopadóireacht**. (ainmfhocal)
Chuaigh mé ag **siopadóireacht**. (briathar)

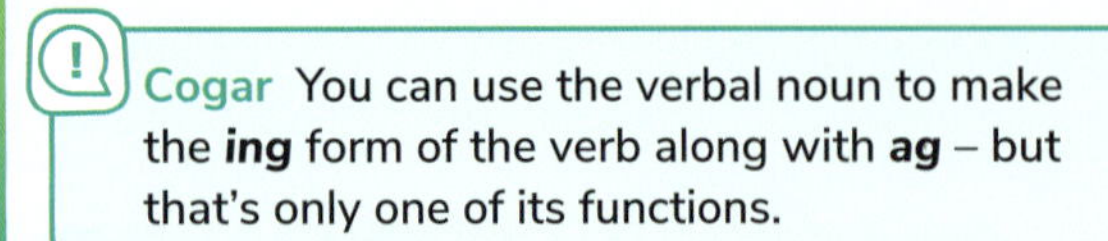

Cogar You can use the verbal noun to make the *ing* form of the verb along with **ag** – but that's only one of its functions.

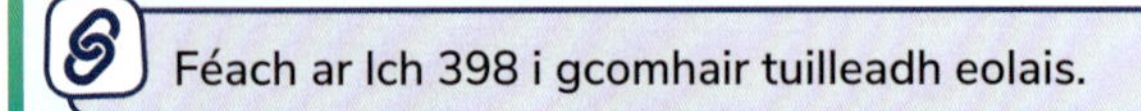

Féach ar lch 398 i gcomhair tuilleadh eolais.

An modh ordaitheach	An t-ainm briathartha
dún	ag dúnadh
ceannaigh	ag ceannach
abair	ag rá

Nuair atá tú ag foghlaim briathar nua, is nós maith é an t-ainm briathartha a fhoghlaim ón tús.
Tá an t-ainm briathartha do gach briathar ar fáil ar teanglann.ie faoin nod *vn*.

verbal noun

abair[1], *v.t. & i.* (*pres.* **deir**, *p.* **dúirt**, *fut.* **déarfaidh**, *p.aut.* **dúradh**, *vn.* **rá**

Foinse: teanglann.ie

Cúpla pátrún

Rabhadh sláinte
Níl na pátrúin seo an-láidir agus tá ort an t-ainm briathartha a fhoghlaim de réir a chéile. Is é an rud is fearr atá le déanamh anseo ná seiceáil a dhéanamh san fhoclóir le gach briathar nua.

- Is minic a chuireann tú **(e)adh** leis na briathra gearra (an chéad réimniú) leis an ainm briathartha a dhéanamh.
  Samplaí: dún ➜ ag dúnadh, gearr ➜ ag gearradh, bris ➜ ag briseadh, pioc ➜ ag piocadh
- Is minic a chuireann tú ***ú*** in ionad ***aigh*** (briathra leathana) nó ***iú*** in ionad ***igh*** (briathra caola).
  Samplaí: críochnaigh ➜ ag críochnú, tosaigh ➜ ag tosú, aimsigh ➜ ag aimsiú, bailigh ➜ ag bailiú
- Uaireanta ní athraíonn an briathar ar chor ar bith.
  Samplaí: scríobh ➜ ag scríobh, snámh ➜ ag snámh, foghlaim ➜ ag foghlaim, rith ➜ ag rith
- Uaireanta cuireann tú **t** ag bun an bhriathair.
  Samplaí: freagair ➜ ag freagairt, imir ➜ ag imirt, tarraing ➜ ag tarraingt, tiomáin ➜ ag tiomáint

[1] verbal noun

An sé mór

An modh ordaitheach[1] (bunleagan an bhriathair)	Ag + ainm briathartha (*ing* as Béarla)	A + séimhiú (cosúil leis an **infinideach**[2] as Béarla)
Abair	ag rá	a rá
Bí	–	a bheith
Faigh	ag fáil	a fháil
Feic	ag feiceáil	a fheiceáil
Téigh	ag dul	a dhul
Déan	ag déanamh	a dhéanamh

Scríobh

Cuir ag roimh na briathra seo a leanas agus scríobh an t-ainm briathartha. Bain úsáid as teanglann.ie le cabhrú leat.

1. féach *ag féachaint*
2. caith
3. ól
4. dún
5. ceannaigh
6. scríobh
7. coinnigh
8. ceangail
9. mol
10. cóirigh

Tasc gramadaí

Féach ar na briathra thíos. Scríobh amach an t-ainm briathartha díobh agus líon na bearnaí leis an ainm briathartha cuí.

breathnaigh, caith, fan, labhair, ól, scríobh

1. Tá Jenny ag ______________ líomanáide sa ghairdín.
2. Bhí Orla ag ______________ leis an bpríomhoide ar maidin.
3. Ceapaim go raibh sé ag ______________ ar an teilifís tráthnóna inné.
4. Tá mo mháthair ag ______________ orm amuigh sa charr.
5. Táim ag ______________ litreach chuig cara liom.
6. Chonaic mé Kamila ag ______________ na liathróide.

Aistriúchán

Aistrigh na habairtí seo a leanas.

1. I heard the dog barking.
2. He was cooking in the kitchen.
3. Pól is laughing at me again. Leid: *fúm*
4. We are learning Irish.
5. I am working on a project.
6. We spent the night watching Netflix.
7. It is raining at the moment.

[1] *imperative* [2] *infinitive*

Pictiúr iomlán den ainm briathartha

Rialacha

An fheidhm	Sampla	Nótaí
ainmfhocal	Is **siúl** dhá uair a chloig as seo é. Tá **tiomáint** agam.	*siúl* = *a walk* *tiomáint* = *ability to drive*
-ing sa Bhéarla	Bhí mé **ag canadh** sa seomra suí.	*ag* + ainm briathartha
cosúil leis an infinideach sa Bhéarla, gan chuspóir	Tá orm **tosú** anois. Is féidir liom **tiomáint**.	Níl aon chuspóir ann agus mar sin níl aon séimhiú ann.
cosúil leis an infinideach sa Bhéarla, le cuspóir	Tá orm an cluiche **a thosú** anois. Is féidir liom an carr **a thiomáint**.	*an cluiche*, *an carr* = cuspóir Le cuspóir cuireann tú *a* + séimhiú leis an ainm briathartha.
rudaí atá le déanamh ag duine sa todhchaí	Tá leabhar iontach le **léamh** agam. Beidh cluiche le h**imirt** againn.	*le* + ainm briathartha = *to [verb]* Cuireann *le h* roimh ghuta.
ar tí[1]	Táimid ar tí **tosú**. Táimid ar tí an scrúdú **a thosú**.	Gan aon chuspóir, níl séimhiú ann. Le cuspóir, tá séimhiú ar an ainm briathartha. *an scrúdú* = cuspóir

Ar nó *ag* leis an ainm briathartha?

ar (staid)		**ag** (gníomh leanúnach (*ing*))	
ar fáil	available	ag fáil	receiving
ar snámh	floating	ag snámh	swimming
ar iarraidh	missing	ag iarraidh	requesting
ar oscailt	open (state of being)	ag oscailt	opening
ar siúl	under way	ag siúl	walking

glan	AINM BRIATHARTHA
• *BRIATHAR*	**glanadh**

Foinse: teanglann.ie

Samplaí iomlána

Gaeilge	Béarla	Nótaí
An bhfuil an **glanadh** déanta?	Is the cleaning done?	an t-ainmfhocal *an* + an t-ainm briathartha
Táim **ag glanadh** an tí.	I am cleaning the house.	*-ing* as Béarla *ag* + an t-ainm briathartha

[1] *about to*

Gaeilge	Béarla	Nótaí
B'fhearr liom **glanadh** anois.	I'd prefer to clean now.	an t-ainm briathartha gan chuspóir
Ba mhaith liom an áit **a ghlanadh** i gceart.	I'd like to clean the place properly.	**a** + an t-ainm briathartha le cuspóir
B'fhearr liom gan an áit sin **a ghlanadh** inniu.	I'd prefer not to clean the place today.	diúltach *gan* . . . *a* + an t-ainm briathartha
Tá seomra eile **le glanadh** againn.	We have another room to clean.	*to [verb]* *le* + an t-ainm briathartha
Táimid ar tí an chistin **a ghlanadh.**	We're about to clean the kitchen.	*ar tí* *a* + an t-ainm briathartha

Líon na bearnaí

Líon na bearnaí sa ghreille seo. Bain triail as teanglann.ie leis seo a dhéanamh.

	An modh ordaitheach	An t-ainm briathartha	Ag + ainm briathartha	An t-ainm briathartha + a
1	ceannaigh	ceannach	ag ceannach	a cheannach
2	ullmhaigh			a ullmhú
3	déan			
4	glan	glanadh		
5	léigh		ag léamh	
6	buaigh			
7	cuir			
8	caith			
9	lean			
10	oscail			
11	beartaigh			
12	inis			
13	siúil			
		Gan athrú	**Gan athrú**	**Séimhiú (más féidir)**

Aistriúchán

Cuir Gaeilge ar na habairtí seo. Tá gach ceann anseo bunaithe ar ag + an t-ainm briathartha.

1. I started singing.
2. He was cleaning up.
3. Dara will be opening the shop tomorrow.
4. Clíodhna spent the morning cooking.
5. We were winning at half time. *Leid: ag an mbriseadh*
6. Were you reading yesterday?
7. I did not start writing yet.
8. My mum will be driving tomorrow.

Airde an chompáis

Rialacha

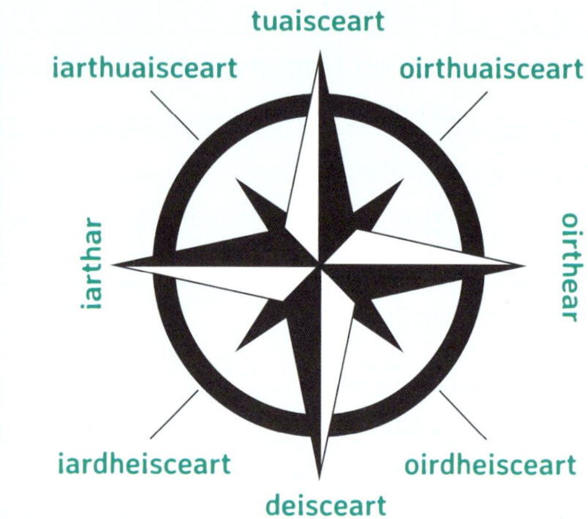

- **Ainmfhocal:** ainm áite, dhuine nó ruda
- **Aidiacht:** focal a thugann eolas dúinn faoi ainmfhocal
- **Dobhriathar:** focal a thugann eolas dúinn faoi bhriathar nó faoi aidiacht

Na hainmfhocail*	Na haidiachtaí	Na dobhriathra	
an tuaisceart	thuaidh (Meiriceá Thuaidh)	ag dul ó thuaidh	ag teacht aduaidh
an deisceart	theas (An Afraic Theas)	ag dul ó dheas	ag teacht aneas
an t-oirthear	thoir (An Port Thoir)	ag dul soir	ag teacht anoir
an t-iarthar	thiar (An Bruach Thiar)	ag dul siar	ag teacht aniar

* Tá na hainmfhocail uilig seo firinscneach.

Tá dhá leagan le cur síos a dhéanamh ar réigiún.

Sampla: an tuaisceart = *the north* an taobh ó thuaidh = *the northern region*

an tuaisceart	an taobh thuaidh
an deisceart	an taobh theas
an t-oirthear	an taobh thoir
an t-iarthar	an taobh thiar

an t-oirthuaisceart	an taobh thoir thuaidh
an t-iarthuaisceart	an taobh thiar thuaidh
an t-oirdheisceart	an taobh thoir theas
an t-iardheisceart	an taobh thiar theas

Suíomh coibhneasta[1]

Tá an t-óstán ar an taobh thuaidh den bhaile.	The hotel is to the north of the town.
Tá mo theach ar an taobh theas de do theach.	My house is to the south of your house.
Tá an chathair ar an taobh thoir de Chonamara.	The city is east of Conamara.
Tá Conamara ar an taobh thiar den chathair.	Conamara is to the west of the city.

de + an = den

Cuireann **de** agus **den** séimhiú ar an ainmfhocal.

[1] *relative position*

Líon na bearnaí

Léigh an t-alt beag thíos agus líon na bearnaí leis an bhfocal cuí. Bain úsáid as an mbanc focal.

Tá Síofra ina cónaí i mBaile Átha Luain. Téann sí (1)________________ ________________ go Dún na nGall, (2)________________ ________________ go Corcaigh, (3)________________ go Gaillimh agus (4)________________ go Baile Átha Cliath.

Banc focal
siar, ó thuaidh, soir, ó dheas

Scríobh

Tá Evan ina chónaí i mBaile Átha Cliath agus ba mhaith leis turais a dhéanamh go háiteanna éagsúla sa tír agus ar ais. Cuir ciorcal ar an treo cuí.

1	Rachaidh sé	soir	siar	ó dheas	ó thuaidh	go Gaillimh.
2	Rachaidh sé	soir	siar	ó dheas	ó thuaidh	go Baile Átha Luain.
3	Rachaidh sé	soir	siar	ó dheas	ó thuaidh	go Doire.
4	Tiocfaidh sé	anoir	aniar	aneas	aduaidh	ó Loch Garman.
5	Tiocfaidh sé	anoir	aniar	aneas	aduaidh	ó Bhéal Feirste.
6	Tiocfaidh sé	anoir	aniar	aneas	aduaidh	ón Longfort.

Aistriúchán

Aistrigh na habairtí seo a leanas.

1 The boat will go northwards.
2 He drove south.
3 We are going eastwards at the moment.
4 Did you go west to Baile na hAbhann?
5 Are they travelling north-east?
6 The boat is going south-west.
7 She lives in the west.
8 He lives in the east.
9 Didn't you work in the south?

Cogar If there are two directions mentioned, just say both, beginning with either east or west. For example, travelling ***to the north-east*** is ***soir ó thuaidh***. Returning ***from the north-east*** is ***anoir aduaidh***.

Treoracha as Gaeilge

Rialacha

Ag dul chuig áit éigin*	Suite in áit éigin**	Ag teacht ar ais ó áit éigin***
suas	thuas	anuas (*descending*)
síos	thíos	aníos (*ascending*)
sall/anonn	thall	anall
siar	thiar	aniar
soir	thoir	anoir
ó thuaidh	thuaidh	aduaidh
ó dheas	theas	aneas

* Tosaíonn an mhórchuid le **s**. ** Tosaíonn gach ceann le **t**. *** Tosaíonn gach ceann le **a**.

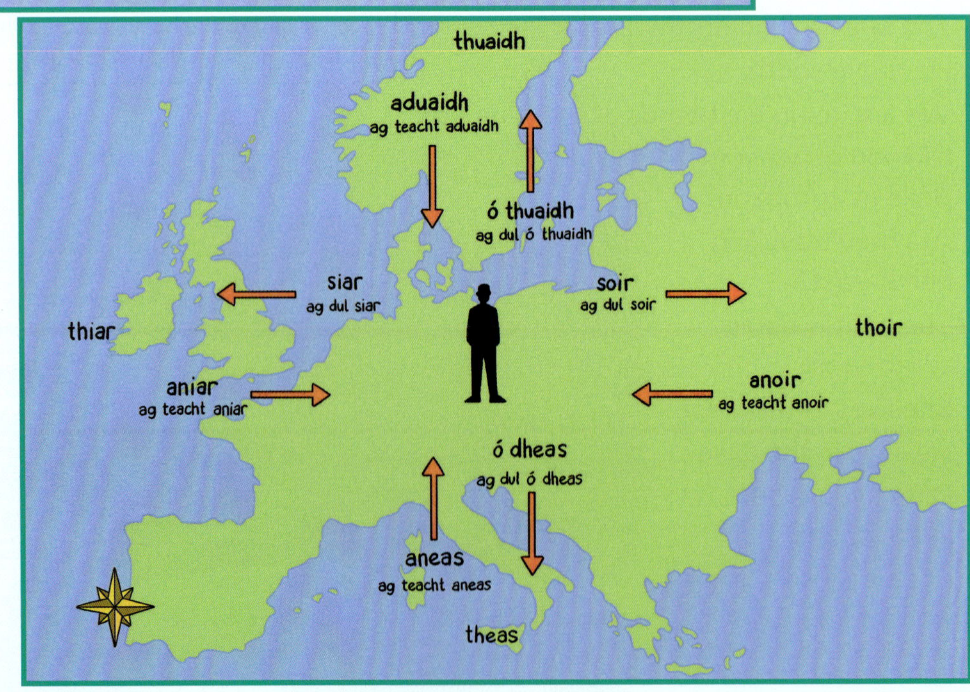

Scríobh

Cuir na focail seo in abairtí chun an bhrí a léiriú.

1 suas
2 anall
3 anonn
4 thuas
5 síos
6 thíos

Líon na bearnaí

Bain úsáid as na focail sa bhosca leis na bearnaí a líonadh (beidh ort ceann de na focail a úsáid faoi dhó).

1 Tá oifig an phríomhoide ____________________ ar an tríú hurlár.

2 Bhuail mé leo nuair a bhí mé ____________________ i Sasana.

3 Tá Bríd ag teacht ____________________ an staighre.

4 Sin thall ansin í. Téigh ____________________ agus labhair léi.

5 Cá bhfuil mo mhála? D'fhág mé ____________________ ar an tseilf é ar maidin.

Banc focal
anuas, sall, thall, thuas

Tasc gramadaí

Roghnaigh focal ón mbosca thíos chun na bearnaí san alt seo a leanas a líonadh.

Bhí Aoife ar an gcéad urlár. Chuaigh sí (1)____________________ an staighre go dtí an leabharlann ar an dara hurlár. Chaith sí uair an chloig ag déanamh staidéir (2)____________________ ansin sular tháinig sí (3)____________________ don lón sa cheaintín ar an gcéad urlár. Tar éis am lóin bhí uirthi aiste a chríochnú sa seomra Gaeilge ar urlár na talún. Chuaigh sí (4)____________________ ansin leis an obair a dhéanamh. Nuair a bhí sí (5)____________________ ann rith sé léi nach raibh a cás pinn luaidhe léi. B'éigean di dul (6)____________________ go dtí an leabharlann chun é a fháil.

Banc focal
aníos, anuas, síos, suas, thíos, thuas

Míreanna agus an briathar

Rialacha

Seo liosta de roinnt míreanna a athraíonn míniú an bhriathair. Tá liosta amháin ann don aimsir chaite agus liosta amháin eile do na haimsirí eile le chéile – sin an aimsir láithreach, an aimsir fháistineach agus an modh coinníollach.

An aimsir chaite	Na haimsirí eile (agus an sé mór san aimsir chaite)	An fheidhm[1]
níor (+ séimhiú)	*ní* (+ séimhiú)	negative
ar (+ séimhiú)	*an* (+ urú)	positive question
nár (+ séimhiú)	*nach* (+ urú/*n*- roimh ghuta)	negative question
. . . *gur* . . . (+ séimhiú)	. . . *go* . . . (+ urú/*n*- roimh ghuta)	. . . *that* . . . (positive)
. . . *nár* . . . (+ séimhiú)	. . . *nach* . . . (+ urú/*n*- roimh ghuta)	. . . *that* . . . (negative)
sular (+ séimhiú)	*sula* (+ urú/*n*- roimh ghuta)	*before* (chronology)
cár (+ séimhiú)	*cá* (+ urú/*n*- roimh ghuta)	*where* (question)

An fhoirm neamhspleách agus an fhoirm spleách

- **An fhoirm neamhspleách:** sin an briathar gan aon mhír leis.
  Sampla: Chuaigh mé go dtí an siopa.
- **An fhoirm spleách:** sin an fhoirm den bhriathar nuair a thagann ceann de na míreanna thuas roimhe.
  Sampla: Ní dheachaigh mé go dtí an siopa.

Is ionann an fhoirm neamhspleách agus an fhoirm spleách de ghnáth. Níl ach cúig bhriathar sa teanga le foirm spleách faoi leith (is iad an sé mór seachas *abair*). Seo iad.

An briathar	An aimsir chaite	An aimsir láithreach	An aimsir fháistineach	An modh coinníollach
Bí	bhí ní **raibh**	tá **níl**/an **bhfuil**	–	–
Faigh	–	–	gheobhaidh ní **bhfaighidh**	gheobhadh ní **bhfaigheadh**
Feic	chonaic ní **fhaca**	–	–	–
Téigh	chuaigh ní **dheachaigh**	–	–	–
Déan	rinne ní **dhearna**	–	–	–

[1] *function*

Scríobh

Cuir *sular* nó *sula* sna bearnaí thíos.

1 Croch an léine faoin aer ____________________ gcuirfidh tú ort é.
2 Thiomáin mé ar feadh uair an chloig ____________________ shroich mé an áit.
3 Ghlan mé an teach ____________________ ndeachaigh mé ar saoire.
4 Léigh an bróisiúr ____________________ dtabharfaidh tú freagra.
5 Bhí greim bia acu ____________________ lean siad orthu ag siúl.
6 Beidh bricfeasta againn ____________________ n-imeoimid.
7 Chríochnaigh mé mo chuid oibre díreach ____________________ tháinig an múinteoir isteach.
8 Ba cheart duit teagmháil a dhéanamh leo ____________________ mbeidh sé ródhéanach.
9 Dhúisigh mé ____________________ thosaigh an t-aláram.
10 Líon sé an tanc ____________________ imigh sé.

Aistriúchán

Aistrigh na habairtí seo a leanas.

1 Where were you born?
2 Where does he live?
3 Where did you hear that news?
4 Where will she be going on her holidays?
5 Where did I leave the books?
6 Where did they go on a trip?
7 Where do you get your money?
8 Where does the **fada** go? Leid: Where is the fada put?
9 Where will the cakes be made? Leid: saorbhriathar
10 Where did you (**plural**) meet?

Tasc gramadaí

Athscríobh na habairtí thíos san fhoirm dhiúltach agus san fhoirm cheisteach. Tá an chéad cheann déanta mar chabhair duit.

1 Bhí sé ar mhuin na muice nuair a bhuaigh an fhoireann.
Ní raibh sé ar mhuin na muice nuair a bhuaigh an fhoireann. 
An raibh sé ar mhuin na muice nuair a bhuaigh an fhoireann? ?
2 Faighim airgead póca ó mo thuismitheoirí.
3 Chonaiceamar an fógra atá ar an mballa sa halla.
4 Rinne na daltaí a seacht ndícheall an teanga a fhoghlaim.
5 Chuamar go dtí an Spáinn anuraidh.
6 Gheobhaidh siad carr ar cíos.
7 Táimid inár gcónaí i gceantar iargúlta.
8 Dhéanfainn an obair dá mbeadh an t-am agam.

Na focail Bhéarla *that/which, those* agus *who(m)*

Rialacha

Is féidir na focail Bhéarla **that/which**, **those** agus **who(m)** a aistriú go Gaeilge i mbealaí éagsúla a bhraitheann ar an mbrí.

1 *sin/siúd* (forainm taispeántach)
Samplaí: Sin é mo theach.
(**That** *is my house.*)
Sin í mo mháthair.
(**That** *is my mother.*)
Féach ar an bhfear **siúd**. (*Look at* **that** *man.*)
An bhfeiceann tú na sléibhte **sin**?
(*Do you see* **those** *mountains?*)

Frithchiallach[1]: seo

2 *go/nach* (cónasc san aimsir láithreach, san aimsir fháistineach, sa mhodh coinníollach agus leis an sé mór i gcónaí)
Samplaí: Deir sé **go** bhfuil sé ar an mbealach.
(*He says* **(that)** *he is on the way.*)
Tá sí ag rá **go** mbeidh sí ann.
(*She is saying* **(that)** *she will be there.*)
Creidim **go** dtiocfá dá mbeifeá in ann.
(*I believe* **(that)** *you would come if you could.*)
Ceapaim **nach** bhfuair sé an t-airgead. (*I think* **(that)** *he didn't get the money.*)

Is féidir an focal **that** a fhágáil amach ó na samplaí ar chlé as Béarla. Ní féidir *go/nach/ gur/nár* a fhágáil amach as Gaeilge, áfach.

Baintear úsáid as struchtúir 2 agus 3 anseo sa chaint indíreach.

3 *gur/nár* (cónasc san aimsir chaite)
Samplaí: Dúirt sé **gur** cheannaigh sé an teach.
(*He says* **(that)** *he bought the house.*)
Ní chreidim **nár** tharla aon rud fós. (*I can't believe* **(that)** *nothing happened yet.*)

4 a (mír choibhneasta dhíreach)
Samplaí: Liam an t-ainm atá ar an bhfear **a** bhí ann.
(*Liam is the name of the man* **that/who** *was there.*)
Cad faoin madra **a** chonaic tú? (*What about the dog* **(that)** *you saw?*)

na focail Bhéarla *that/which, those* **agus** *who/whom*

1 *sin/siúd*
Cad é sin?
An í siúd í?

2 *go/nach*
Dúirt sí go bhfuil sí sásta.
Ceapaim nach mbeidh siad in am.
An dóigh leat go rachadh sí ar choinne liom?
Is léir go bhfaca sé an clár sin.

3 *gur/nár*
Dúirt Breandán nár cheannaigh sé an t-úll.

4 *a*
Is í Susie an bhean a bhris é.

[1] opposite

An focal Gaeilge a

Rialacha

Is focal an-tábhachtach é **a** agus tá réimse bríonna aige. Tá cur síos iomlán ar fáil den fhocal seo ar an suíomh potafocal.com.

1 Is í an **mhír ghairmeach**[1] sa Ghaeilge ná an focal **a**. Sa chás seo tá an focal cosúil leis an bhfocal **dear** as Béarla mar a úsáidtear i litir é (féach ar na nótaí faoin tuiseal gairmeach, lch 26).
Samplaí: A Bhríd . . ., **A** chairde . . ., Féach, **a** Mhamaí!

2 Is aidiacht shealbhach é an focal **a**. Ciallaíonn sé ***his***, ***her*** nó ***their***. Tá tionchar ag an bhfocal sin ar an ainmfhocal a thagann ina dhiaidh. Braitheann an tionchar anseo ar an duine nó na daoine atá i gceist – más fear, bean nó grúpa atá ann.
Samplaí: a chara (***his friend***), **a** aintín (***his aunt***);
a cara (***her friend***), **a** haintín (***her aunt***);
a gcara (***their friend***), **a** n-aintín (***their aunt***)

3 Baintear úsáid as an bhfocal **a** roimh na maoluimhreacha agus tú ag comhaireamh. Cuirtear **h** roimh ghuta sa chás seo.
Samplaí: a haon, **a** dó, **a** trí

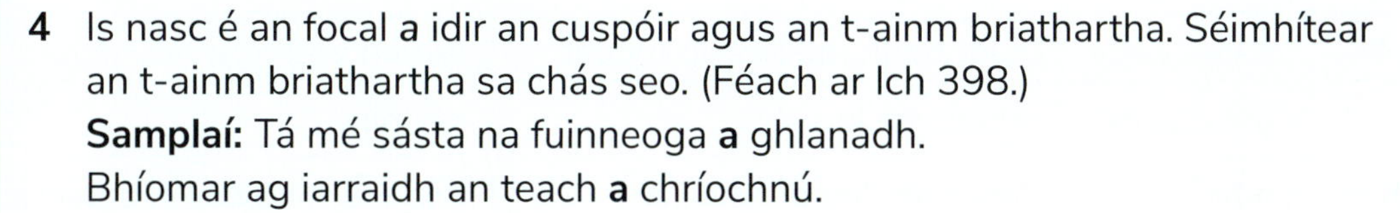

4 Is nasc é an focal **a** idir an cuspóir agus an t-ainm briathartha. Séimhítear an t-ainm briathartha sa chás seo. (Féach ar lch 398.)
Samplaí: Tá mé sásta na fuinneoga **a** ghlanadh.
Bhíomar ag iarraidh an teach **a** chríochnú.

5 Baintear úsáid as an bhfocal **a** mar mhír choibhneasta dhíreach (***that***, ***which***, ***who***). Bíonn an fhoirm neamhspleách den bhriathar i gceist sa chás seo agus séimhítear é.
Samplaí: Feicim an fear **a** bhí sásta.
Feicim an dalta **a** shuíonn ar chúl an tseomra.

6 Baintear úsáid as an bhfocal **a** mar mhír choibhneasta indíreach (***whose***, ***whom***, ***which*** + réamhfhocal) san aimsir láithreach, san aimsir fháistineach agus sa mhodh coinníollach (agus don sé mór san aimsir chaite). Bíonn an fhoirm spleách den bhriathar i gceist sa chás seo agus uraítear é.
Samplaí: Sin an duine **a** bhfaca tú a mhac.
Sin an duine **a** raibh a mháthair tinn anuraidh.
Sin an bosca **a** dtagann an luchóg as.

7 Uaireanta baintear úsáid as **a** chun tagairt a dhéanamh don mhéid iomlán atá i gceist. Cuirtear an fhoirm spleách le hurú ann sa chás seo:
Samplaí: Sin **a** bhfuil.
Léigh sí **a** raibh sa nuachtán.

[1] vocative particle

Briathra + *le*

Rialacha

Má chuireann tú briathar agus réamhfhocal le chéile, is féidir ciall eile a chur in iúl. Seo roinnt briathra leis an réamhfhocal *le*.

An briathar + *le*	An Béarla	Sampla	An Béarla
Abair le	tell	Dúirt mé leis go raibh mé tinn.	I told him I was sick.
Aontaigh le	agree with	D'aontaigh mé leis an mbean.	I agreed with the woman.
Buail le	meet with	Bhuail mé leis.	I met him.
Cabhraigh le	help	Cabhraím leo anois is arís.	I help them now and again.
Comhoibrigh le	cooperate with	Chomhoibrigh sé leis na gardaí.	He cooperated with the police.
Cuidigh le	help	Cuidigh liom!	Help me!
Cuir le	add to	Chuir sé leis an atmaisféar.	It added to the atmosphere.
Easaontaigh le	disagree with	D'easaontaigh mé leis an mbean.	I disagreed with the woman.
Éirigh le	succeed	Éireoidh leat.	You will succeed.
Éist le	listen to	D'éist mé leis an bpodchraoladh.	I listened to the podcast.
Fan le	wait for	Fan liomsa!	Wait for me!
Glac le	accept	Ghlac mé leis an gcuireadh.	I accepted the invitation.
Labhair le	speak to	Labhair mé léi.	I spoke to her.
Pléigh le	deal with	Bím ag plé leis an airgead.	I deal with the money.
Réitigh le	get along with	Réitím go maith leo.	I get along well with them.
Rith le	occur to	Rith sé linn.	It occurred to us.
Tabhair le	bring with	Tabhair leat do leabhar!	Bring your book with you!
Tacaigh le	support	Thacaigh mé leo.	I supported them.
Taitin le	like	Thaitin sé liom.	I liked it.

 Scríobh

Scríobh an fhoirm cheisteach de na habairtí seo. Tá an chéad cheann déanta duit mar shampla.

1 D'éirigh go maith leo sa scrúdú. *Ar éirigh go maith leo sa scrúdú?*
2 D'éist mé leis an gceolchoirm ar an raidió.
3 Labhróidh sí leis an gcoiste amárach.
4 Glacann sé leis an scéal atá agat.
5 Tabhair an dinnéar sin leat.
6 Dúirt sé léi nach raibh sé sásta.

Tasc gramadaí

Cuir na focail san ord ceart. Bí ag faire amach don lánstad nó don chomhartha ceiste mar aon leis na litreacha móra. Tá an chéad cheann déanta duit mar shampla.

1 sé rith rud leis a faoi dhéanamh Ansin, *Ansin, rith sé leis rud a dhéanamh faoi.*
2 [an pheil] liom. Taitníonn go mór
3 linn an cluiche D'éirigh [a bhuachan.]
4 leat Labhróidh amárach. [an príomhoide]
5 chuidigh Níor liom. siad
6 dtabharfaidh leat? An [an mála] tú sin
7 leis siopa. mé Bhuail [ag an]

Aistriúchán

Cuir Gaeilge ar na habairtí seo. Tá an chéad cheann déanta duit mar shampla.

1 A good idea occurred to him. *Rith tuairim mhaith leis.*
2 They added to the house.
3 He supported me a lot.
4 The manager will speak to the team.
5 Will I wait for you at the chapel?
6 She did not agree with her brother.

Briathra + *ar*

Rialacha

Má chuireann tú briathar agus réamhfhocal le chéile, is féidir ciall eile a chur in iúl. Seo roinnt briathra leis an réamhfhocal **ar**.

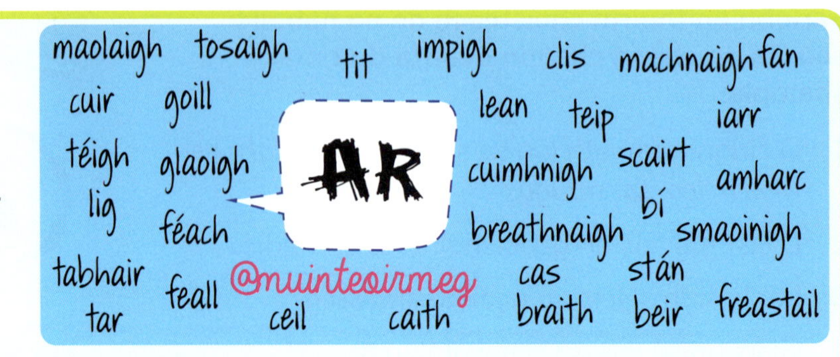

An briathar + ar	An Béarla	Sampla	An Béarla
Amharc ar	look at	D'amharc sé uirthi.	He looked at her.
Beir ar	grab	Rug sí orm.	She grabbed me.
Beir ar	catch	Rugadh orthu.	They were caught.
Bí ar	have to	Tá orm aiste a scríobh.	I have to write an essay.
Braith ar	depend on	Braitheann sé orm mar chara.	He depends on me as a friend.
Breathnaigh ar	look at	Bhreathnaigh sé orm.	He looked at me.
Caith ar	throw on	Chaith mé cóta orm.	I threw a coat on.
Caith ar	spend on	Chaith sí €50 orthu.	She spent €50 on them.
Cas ar	run into	Chas mé ar Dháire ag an bpictiúrlann.	I ran into Dáire at the cinema.
Ceil ar	deprive of	Ceileadh uisce orthu.	They were deprived of water.
Clis ar	break down	Chlis ar an ríomhaire.	The computer broke down.
Cuimhnigh ar	remember	Cuimhneoidh sibh air.	You will remember it.
Cuir ar	put on	Cuir ort do chóta!	Put on your coat!
Cuir ar	cause to feel	Chuir sé brón orm.	It made me sad.
Fan ar	wait for	D'fhanamar ortsa.	We waited for you.
Féach ar	watch	D'fhéach siad ar scannán aréir.	They watched a movie last night.
Feall ar	betray	D'fheall sé orm.	He betrayed me.
Freastail ar	attend	Freastalaíonn siad ar scoil do chailíní.	They attend a school for girls.
Glaoigh ar	call	Ghlaoigh mé ar na gardaí.	I called the police.
Goill ar	affect	Ghoill a scéal go mór uirthi.	His story really affected her.
Iarr ar	ask	D'iarr sé orm an teach a ghlanadh.	He asked me to clean the house.
Impigh ar	plead	D'impigh mé ort.	I pleaded with you.
Lean ar	continue	Lean sé air ag siopadóireacht.	He continued shopping.
Lig ar	pretend	Lig mé orm nach raibh eagla orm.	I pretended that I wasn't scared.
Machnaigh ar	reflect on	Mhachnaigh tú ar do shaol.	You reflected on your life.
Maolaigh ar	subside	Mhaolaigh ar an stoirm.	The storm subsided.
Scairt ar	call	Scairt tú air.	You called him.
Smaoinigh ar	think about	Smaoinigh mé ar mo theaghlach.	I thought about my family.
Stán ar	stare at	Stán siad oraibh.	They stared at you.
Tabhair ar	call/name	Tugadh Megan orm.	I was named Megan.
Tar ar	come across	Tháinig sí orthu sa siopa.	She came across them in the shop.
Téigh ar	go on	Chuaigh mé ar cuairt.	I went on a visit.
Teip ar	fail	Theip ort sa scrúdú.	You failed the exam.
Tit ar	fall on	Thit sé anuas orthu.	It fell down on them.
Tosaigh ar	begin	Thosaigh mé ar dhinnéar a ullmhú.	I began preparing dinner.

Scríobh

Cuir na habairtí seo san aimsir fháistineach. Tá an chéad cheann déanta duit mar shampla.

1 Thosaigh siad ar an obair sa ghairdín.
Tosóidh siad ar an obair sa ghairdín.
2 D'fhéach mé ar an gcluiche i halla an phobail.
3 Fanaimid ar an mbus os comhair an tsiopa.
4 Lean sé air ag obair tar éis an dinnéir.
5 D'impigh an múinteoir orainn an obair bhaile a dhéanamh arís.
6 Ní raibh orthu an chistin a ghlanadh.
7 Freastalaím ar scoil atá lán le buachaillí.
8 Cuireann an clár sin brón uirthi.

Tasc gramadaí

Cuir focal amháin in áit na bhfocal sna lúibíní. Tá an chéad cheann déanta duit mar shampla.

1 D'iarr an múinteoir (ar + mé) an clár a ghlanadh.
D'iarr an múinteoir orm an clár a ghlanadh.
2 Rugadh (ar + sé) sa ghairdín.
3 Theip (ar + mé) sa scrúdú mar ní dhearna mé go leor staidéir.
4 Ghoill an scéal go mór (ar + sí).
5 Bhraitheamar go mór (ar + siad).
6 Ná bí buartha – fanfaimid (ar + tú).
7 Ligeamar (ar + muid/sinn) go rabhamar sásta faoi.

Aistriúchán

Cuir Gaeilge ar na habairtí seo. Tá an chéad cheann déanta duit mar shampla.

1 He has to do the homework.
Tá air an obair bhaile a dhéanamh.
2 I waited for the bus.
3 My dad will call the principal.
4 It depends on the money.
5 He visits his granny every Saturday.
6 We will call it *Croí na Gaeilge*.

Briathra + *do*

Rialacha

Má chuireann tú briathar agus réamhfhocal le chéile, is féidir ciall eile a chur in iúl. Seo roinnt briathra leis an réamhfhocal **do**.

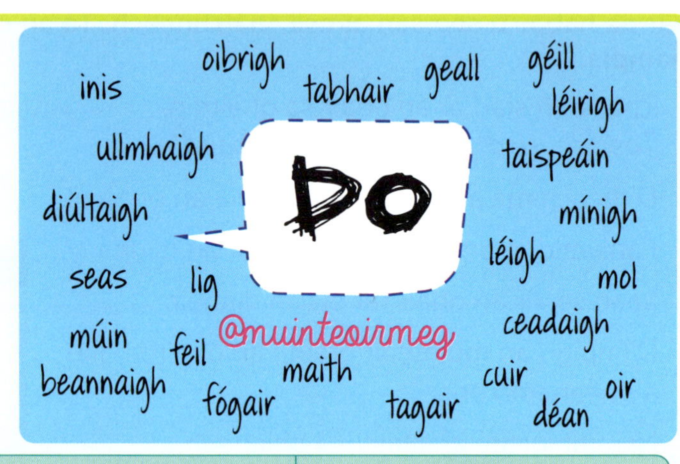

An briathar + **do**	An Béarla	Sampla	An Béarla
Beannaigh do	greet	Bheannaigh mé di.	I greeted her.
Ceadaigh do	allow	Cheadaigh siad dó imeacht.	They allowed him to go.
Cuir do	send to (a place)	Cuireadh don ospidéal é.	He was sent to the hospital.
Déan do	make/do for	Rinne sé áit dom.	He made space for me.
Diúltaigh do	reject	Dhiúltaigh sí don achomharc.	She rejected the appeal.
Feil do	suit	D'fheil an sórt oibre sin dom.	That type of work suited me.
Fógair do	announce to	Fógraíodh an nuacht don scoil.	The news was announced to the school.
Geall do	promise to	Gheall mé dóibh go ndéanfainn an lón.	I promised them that I'd make the lunch.
Géill do	give in to	Ghéill siad don chathú.	They gave in to temptation.
Inis do	tell to	D'inis sé an scannal dom.	He told me the gossip.
Léigh do	read to	Léim scéal dóibh gach oíche.	I read a story to them every night.
Léirigh do	portray to	Léiríonn an file dúinn . . .	The poet portrays to us . . .
Lig do	allow	Níor ligeadh dom dul abhaile go luath.	I wasn't allowed to go home early.
Maith do	forgive	Maith dom bheith déanach.	Forgive me for being late.
Mínigh do	explain to	Mhínigh an múinteoir an riail dúinn.	The teacher explained the rule to us.
Mol do	recommend	Moladh an leabhar seo dom.	This book was recommended to me.
Múin do	teach to	Mhúin sí Gaeilge dom.	She taught me Irish.
Oibrigh do	work for	D'oibrigh mé do m'uncail sa siopa.	I worked for my uncle in the shop.
Oir do	suit/fit	Ní oireann an gúna go maith dom.	The dress doesn't suit me well.
Seas do	stand for	Seasann an meafar do . . .	The metaphor stands for . . .
Tabhair do	give to	Thug sé bronntanas dom.	He gave me a present.
Tagair do	refer to	Thagair sí dá hóige.	She referred to her youth.
Taispeáin do	show to	Thaispeáin sí a cóta nua dom.	She showed me her new coat.
Ullmhaigh do	prepare for	D'ullmhaigh mé béile blasta di.	I prepared a tasty meal for her.

Scríobh

Cuir na habairtí seo san aimsir láithreach. Tá an chéad cheann déanta duit mar shampla.

1. Thug sé an t-airgead don siopadóir.
   Tugann sé an t-airgead don siopadóir.
2. Níor gheall sé dom an rud sin.
3. Ceadóidh an múinteoir dúinn dul go dtí an halla.
4. Thaispeáin sí an madra don chailín.
5. Níor mhúin an tUasal Ó Murchú mata don rang.
6. An inseoidh an bhean sin an scéal duit?
7. Sa dán seo, sheas an fharraige don suaimhneas.
8. Oibreoidh mé don chomhlacht eile.

Tasc gramadaí

Cuir focal amháin in áit na bhfocal sna lúibíní. Tá an chéad cheann déanta duit mar shampla.

1. Thug sé na bláthanna (do + sí).
   Thug sé na bláthanna di.
2. Léirigh sé (do + muid/sinn) an fhadhb a bhí acu.
3. Thagair an bainisteoir (do + tú) nuair a bhí sí ag caint.
4. Oibríonn an duine sin (do + mé) san óstán.
5. Ullmhóidh mé béile blasta (dó + siad).
6. Maith (do + sé) an botún a rinne sé inné.
7. Feileann sé (do + muid/sinn) sin a dhéanamh amárach.

Aistriúchán

Cuir Gaeilge ar na habairtí seo. Tá an chéad cheann déanta duit mar shampla.

1. Show me your homework.
   Taispeáin dom d'obair bhaile.
2. I will teach her Irish.
3. He recommended the book to me.
4. My parents allowed him to stay for dinner.
5. We will prepare for the match properly.
6. The referee did not explain the decision to us.
7. They make room for me.

An modh coinníollach (na briathra rialta)

Na hathruithe tosaigh

Sa mhodh coinníollach, tá na hathruithe tosaigh (sin na hathruithe ar an gcéad litir den bhriathar) díreach mar an gcéanna leis na hathruithe tosaigh san aimsir chaite:

- séimhiú ar an gconsan más féidir
- **d'** roimh ghuta
- an dá rud leis an túschonsan **f (d'fh)**

	Briathar gearr (an chéad réimniú)		Briathar fada (an dara réimniú)	
	Caol	**Leathan**	**Caol**	**Leathan**
	Léim	**Fág**	**Imir**	**Ceannaigh**
Mé	léimfinn	d'fhágfainn	d'imreoinn	cheannóinn
Tú	léimfeá	d'fhágfá	d'imreofá	cheannófá
Sé/sí/sibh	léimfeadh sé	d'fhágfadh sí	d'imreodh sibh	cheannódh sé
Muid/sinn	léimfimis	d'fhágfaimis	d'imreoimis	cheannóimis
Siad	léimfidís	d'fhágfaidís	d'imreoidís	cheannóidís

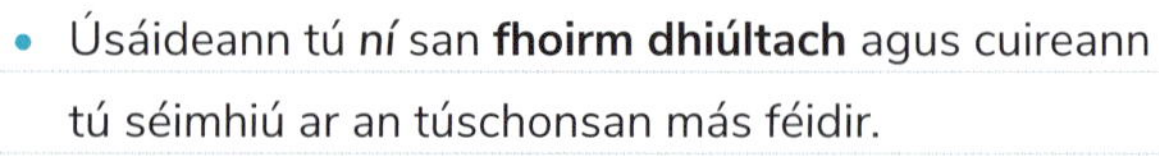

- Úsáideann tú *ní* san **fhoirm dhiúltach** agus cuireann tú séimhiú ar an túschonsan más féidir.
  Samplaí: Ní g**h**lanfainn. **Ní** inseofá, **Ní** f**h**ágfaidís.
- Úsáideann tú *an* san **fhoirm cheisteach** agus cuireann tú urú ar an túschonsan más féidir.
  Samplaí: An nglanfainn? **An** inseofá? **An bh**fágfaidís?
- Úsáideann tú *nach* don **cheist dhiúltach** agus cuireann tú urú ar an túschonsan nó **n-** roimh ghuta.
  Samplaí: Nach nglanfainn? **Nach n-**inseofá? **Nach bh**fágfaidís?

An dara leagan sa mhodh coinníollach

Dar leis an gcaighdeán oifigiúil, is féidir gach pearsa a dhéanamh le forainm más fearr leat. Tá an dá leagan seo go hiomlán ceart.

An fhoirm tháite (briathar + pearsa = focal amháin)	An fhoirm scartha (briathar + pearsa = dhá fhocal)
d'ullmhóimis	d'ullmhódh muid

Scríobh

Freagair na ceisteanna seo sa chéad phearsa, uimhir uatha. Bain úsáid as an bhfoirm tháite. Bain úsáid as na hacmhainní gramadaí ar teanglann.ie don tasc seo. Tá an chéad cheann déanta mar chabhair duit.

Foclóir Gaeilge–Béarla
Ó Dónaill, 1977

An Foclóir Beag
Ó Dónaill & Ua Maoileoin, 1991

English–Irish Dictionary
de Bhaldraithe, 1959

Gramadach

Foghraíocht

1 An ólfá gloine bainne anois?
D'ólfainn, cinnte.

Ní ólfainn, go raibh maith agat.
2 An gceannófá teach sa cheantar seo?
3 An imreofá cluiche gach Satharn?
4 An rachfá go dtí an Ghaeltacht i mbliana?
5 Nach bhfágfá sin sa chistin?

Modh coinníollach

UATHA
1 **d'ólfainn**
- an ólfainn?
- ní ólfainn

2 **d'ólfá**
- an ólfá?
- ní ólfá

3 **d'ólfadh sé** *(FIR.)*
- an ólfadh sé?
- ní ólfadh sé

d'ólfadh sí *(BAIN.)*
- an ólfadh sí?
- ní ólfadh sí

IOLRA
1 **d'ólfaimis**
- an ólfaimis?
- ní ólfaimis

d'ólfadh muid
- an ólfadh muid?
- ní ólfadh muid

2 **d'ólfadh sibh**
- an ólfadh sibh?
- ní ólfadh sibh

3 **d'ólfaidís**
- an ólfaidís?
- ní ólfaidís

d'ólfadh siad
- an ólfadh siad?
- ní ólfadh siad

SAORBHRIATHAR
d'ólfaí
- an ólfaí?
- ní ólfaí

Foinse: teanglann.ie

Tasc gramadaí

Scríobh na habairtí seo san fhoirm dhiúltach. Tá an chéad cheann déanta duit mar shampla.

1 Léimfeá thar an mballa sin gan stró.
Ní léimfeá thar an mballa sin gan stró.
2 Shiúlfadh sí abhaile sa bháisteach.
3 D'fhanfaidís sa charr sa chás sin.
4 D'ullmhódh sé a mhála an oíche roimhe.
5 Scríobhfainn na ríomhphoist sa leabharlann.
6 Ghlanfaimis an áit go minic.

Aistriúchán

Cuir Gaeilge ar na habairtí seo.

1 Would you buy that bike?
2 I would return home on the train.
3 We would sit in the garden.
4 They would finish the work.

Clár

Litríocht ar an scrúdpháipéar

Beidh ceist nó dhó ar an scrúdpháipéar bunaithe ar na seánraí litríochta seo a leanas:

- filíocht
- amhránaíocht
- gearrscéal
- drámaíocht
- úrscéal

Tá sé riachtanach go dtuigeann tú conas teideal an tsaothair a litriú, chomh maith le hainm an fhile/an údair/an chumadóra/an bhanna ceoil. Beidh an chéad chuid den cheist mar an gcéanna i gcónaí. Seo daoibh cúpla sampla.

Filíocht

Teideal an dáin: *'An Ghealach'*
Ainm an fhile: *Caitríona Ní Chléirchín*

Amhránaíocht

Teideal an amhráin: *'Bí Ann/Leanfaidh Mé'*
Ainm an bhanna ceoil: *Kíla*

Gearrscéal

Teideal an ghearrscéil: *'Spás'*
Ainm an údair: *Mícheál Ó Ruairc*

Drámaíocht

Teideal an dráma: *Gleann Álainn*
Ainm an drámadóra: *Brian Ó Baoill*

Úrscéal

Teideal an úrscéil: *Cúpla*
Ainm an údair: *Ógie Ó Céilleachair*

Ceisteanna agus treoracha

Cuirfear ceisteanna difriúla ort maidir leis an litríocht a ndearna tú staidéar uirthi le linn do chúrsa. Déan cinnte go dtuigeann tú na ceisteanna/treoracha seo a leanas. D'fhéadfá roinnt de na ceisteanna/treoracha thíos a fhreagairt agus tú ag ullmhú don scrúdú.

Déan cur síos ar íomhá.	Déan cur síos ar an mothúchán is láidre.	Déan cur síos ar charachtar.
Roghnaigh an íomhá is fearr leat.	Déan plé ar dhá mhothúchán atá sa dráma.	Cé hé/hí an príomhcharachtar?
Déan plé ar an íomhá is fearr leat.	Labhair faoin mothúchán is láidre atá ann.	Luaigh dhá thréith atá aige/aici.
Mínigh i d'fhocail féin cad atá á phlé ag an bhfile.	Scríobh léirmheas pearsanta ar an dráma.	Scríobh achoimre ar an ngearrscéal.
Scríobh achoimre ar scéal an dáin.	Liostaigh trí aidiacht ón amhrán.	Scríobh alt faoin gcaibidil is fearr leat.
Déan plé ar cheol an dáin.	Déan achoimre ghairid ar chríoch an ghearrscéil.	Scríobh comhrá idir beirt charachtar.
Liostaigh ceithre ainmfhocal ón dán.	Déan plé ar dhá chúis ar/nár thaitin an dráma leat.	Déan miontuairisc ar chúig phointe mhóra ón scéal.
Scríobh alt gairid faoi théama an dáin.	An raibh an dráma seo réalaíoch? Cuir dhá fháth le do fhreagra.	Scríobh alt gairid faoi bhuaicphointe an scéil.
Cén fáth ar scríobh an file an dán, dar leatsa?	Conas a mhothaigh tú ag deireadh an dráma seo?	Scríobh litir a sheolfá chuig carachtar.
Scríobh trí cheist a chuirfeá ar an bhfile dá mbuailfeá leis/léi.	An bhfuil trua agat don fhile/don chumadóir? Cuir fáth le do fhreagra.	Scríobh iontráil dialainne don phríomhcharachtar.
Scríobh alt faoin gcaoi ar mhothaigh tú nuair a léigh tú an dán.	Scríobh dhá phointe dhiúltacha faoi charachtar amháin ón dráma.	Scríobh dhá phointe dhearfacha faoi charachtar amháin ón úrscéal.
Roghnaigh dhá theicníc fhilíochta a bhí le feiceáil sa dán agus scríobh faoin tábhacht a bhain leo sa saothar.	Cuir an dá ghearrscéal i gcomparáid nó i gcodarsnacht lena chéile.	Scríobh trí cheist a chuirfeá ar do rogha carachtar dá mbuailfeá leis/léi.
An bhfuil an teideal oiriúnach don dán seo?	Cén sórt duine a scríobh an t-amhrán, meas tú?	Conas a chuir an scéal seo ag smaoineamh thú?
Mínigh teachtaireacht an dáin i d'fhocail féin.	Déan plé ar na trí líne is fearr leat ón amhrán.	An raibh an príomhcharachtar níos sásta ag tús nó ag deireadh an scéil?

Filíocht agus amhránaíocht

Téarmaí litríochta

dán	poem	an dán	the poem	dánta	poems	na dánta	the poems
véarsa	verse	an véarsa	the verse	véarsaí	verses	na véarsaí	the verses
file	poet	an file	the poet	filí	poets	na filí	the poets
téama	theme	an téama	the theme	téamaí	themes	na téamaí	the themes
íomhá	image	an íomhá	the image	íomhánna	images	na híomhánna	the images
meafar	metaphor	an meafar	the metaphor	meafair	metaphors	na meafair	the metaphors
rím	rhyme	an rím	the rhyme	athrá	repetition	an t-athrá	the repetition
atmaisféar	atmosphere	an t-atmaisféar	the atmosphere	friotal	language	an friotal	the language
pearsantú	personifi-cation	an pearsantú	the personifi-cation	codarsnacht	contrast	an chodarsnacht	the contrast
fileata	poetic	ceolmhar	musical	suaimhneach	peaceful	suimiúil	interesting
amhrán	song	an t-amhrán	the song	amhráin	songs	na hamhráin	the songs
amhránaí	singer	an t-amhránaí	the singer	príomh-amhránaí	main singer	an príomh-amhránaí	the main singer
ceoltóir	musician	an ceoltóir	the musician	an chéad véarsa	the first verse	an dara véarsa	the second verse
an tríú véarsa	the third verse	an curfá	the chorus	intreoir	introduction	fuaim	sound
guth	voice	glór	voice	rithim	rhythm	buille	beat
uirlisí	instruments	barra	bar	corda	chord	dúnadh	cadence

Frásaí a bhfuil an tuiseal ginideach iontu

teideal an dáin	the title of the poem	samhlaíocht an fhile	the poet's imagination
ainm an fhile	the name of the poet	saol an fhile	the life of the poet
véarsaí an dáin	the verses of the poem	tábhacht na n-íomhánna	the importance of the images
scéal an dáin	the story of the poem	stíl an dáin	the style of the poem
teachtaireacht an dáin	the message of the poem	simplíocht an dáin	the simplicity of the poem
tús an dáin	the beginning of the poem	críoch an dáin	the end of the poem
smaointe an fhile	the poet's ideas	cumas an fhile	the poet's ability
cumadóir an amhráin	the composer of the song	intreoir an amhráin	the introduction of the song
dúnadh an amhráin	the cadence of the song	glór an amhránaí	the singer's voice
focail amhráin	song lyrics	meascra amhrán	medley of songs

Frásaí úsáideacha

Feictear samhlaíocht an fhile sa dán.	The poet's imagination can be seen in the poem.
Tá samhlaíocht bheo aige/aici.	He/she has a lively imagination.
Níl aon easpa samhlaíochta air/uirthi.	He/she has no lack of imagination.
Spreag an dán mo shamhlaíocht.	The poem stimulated my imagination.
Baineann an file úsáid as íomhánna éifeachtacha chun pictiúr réalaíoch a thabhairt dúinn.	The poet uses effective images to give us a realistic picture.
Úsáideann an file . . . tríd an dán.	The poet uses . . . throughout the poem.
Tá mothúcháin láidre sa dán.	There are strong emotions in the poem.
Cuireann na focail/na línte/na híomhánna seo . . . in iúl dúinn.	These words/lines/images portray . . .
Cuireann na híomhánna leis an atmaisféar.	The images add to the atmosphere.
Is duine brónach/feargach/uaigneach/ tuisceanach é/í an file.	The poet is a sad/angry/lonely/understanding person.
Baineann an dán le . . .	The poem relates to . . .
Dar leis an bhfile . . .	According to the poet . . .
Deir an file . . .	The poet says . . .
Tá an file ag caint faoi . . .	The poet is talking about . . .
Tá an file ag labhairt faoi . . .	The poet is speaking about . . .
Tá an file ag déanamh cur síos ar . . .	The poet is describing . . .
Míníonn an file dúinn . . .	The poet explains to us . . .
Molann an file . . .	The poet praises/recommends . . .
Cáineann an file . . .	The poet condemns . . .
Luann an file . . .	The poet mentions . . .
Smaoiníonn an file ar . . .	The poet thinks of (reminisces on) . . .
Chum . . . an t-amhrán seo.	. . . composed this song.
Cloistear . . . ag canadh.	. . . can be heard singing.
Tá an-chnuasach amhrán bailithe aige/aici/acu.	He/she/they have a great collection of songs.
Is leagan é an t-amhrán seo de . . .	This song is a cover of . . .
Tá an-tóir ar an amhrán.	The song is a huge hit.
Mar a deir an t-amhrán . . .	As the song says . . .
Seoid d'amhrán é gan aon agó.	The song is a classic.
Tá an t-amhrán gan locht.	The song is perfect.
Tá an t-amhrán lán le hornáidíocht.	The song is well embellished.
Bhí mé ag crónán leis an amhrán nuair a chuala mé é den chéad uair.	I was humming to the song when I heard it for the first time.
Tá teachtaireacht láidir san amhrán.	There is a strong message in the song.
Táim in ann ionannú le focail an amhráin.	I can identify with the lyrics of the song.
Cuireann an t-amhrán . . . i gcuimhne dom.	The song reminds me of . . .
Tagann tocht orm nuair a éistim leis an amhrán.	I get emotional when I listen to the song.
Corraíonn an t-amhrán mé.	The song stirs me.
Chuir sé codladh orm.	It put me to sleep.

Gearrscéal

Téarmaí litríochta

gearrscéal	short story	an gearrscéal	the short story
gearrscéalta	short stories	na gearrscéalta	the short stories
carachtar	character	an carachtar	the character
carachtair	characters	na carachtair	the characters
scríbhneoir	writer	an scríbhneoir	the writer
údar	author	an t-údar	the author
gearrscéalaí	short-story writer	plota	plot
téama	theme	suíomh	setting
reacaireacht	narration	dialóg	dialogue
coimhlint	conflict	buaicphointe	climax
forbairt	development	casadh sa scéal	twist in the tale
alt	paragraph	an t-alt	the paragraph
ról	role	ról lárnach	major role
ról tánaisteach	secondary role	mionpháirt	cameo role

Frásaí a bhfuil an tuiseal ginideach iontu

tús an ghearrscéil	the start of the short story	críoch an ghearrscéil	the end of the short story
ainm an údair	the name of the author	ainm an scríbhneora	the name of the writer
príomhcharachtar an ghearrscéil	the main character of the short story	príomhthéama an ghearrscéil	the main theme of the short story
cnuasach gearrscéalta	collection of short stories	forbairt an phlota	the development of the plot

Frásaí úsáideacha

Chuaigh an gearrscéal seo go mór i bhfeidhm orm.	I was very impressed with this short story.
Níor shíl mé mórán den ghearrscéal seo.	I wasn't very impressed with this short story.
Is gearrscéalaí an-chumasach é/í.	He/she is a very talented short-story writer.
Tá na carachtair sa ghearrscéal seo inchreidte.	The characters in this short story are believable.
Bhí sé deacair an gearrscéal a fhágáil uaim.	It was hard to put this short story down.
Léitheoireacht throm a bhí sa ghearrscéal seo.	This short story was heavy reading.
Bhí sé éasca dom ionannú le príomhcharachtar an ghearrscéil mar . . .	It was easy for me to identify with the main character of the short story because . . .
Taitníonn scríbhneoireacht chruthaitheach go mór liom agus mar sin bhain mé an-taitneamh as an ngearrscéal.	I really like creative writing and therefore I really enjoyed the short story.
Táim ag tnúth go mór le gearrscéalta/saothair eile a léamh.	I am really looking forward to reading other short stories/works.
Bhí teachtaireacht thábhachtach ag údar an ghearrscéil seo.	The author of this short story had an important message.

Drámaíocht

Téarmaí litríochta

carachtar	character	an carachtar	the character
carachtair	characters	na carachtair	the characters
príomhcharachtar	main character	an príomhcharachtar	the main character
mioncharachtar	minor character	an mioncharachtar	the minor character
drámadóir	playwright	an drámadóir	the playwright
radharc	scene	an radharc	the scene
an radharc tosaigh	the opening scene	monalóg	monologue
dialóg	dialogue	prólóg	prologue
plota	plot	suíomh	setting
íoróin dhrámata	dramatic irony	prós	prose
aisteoir	actor	feisteas	costume
script	script	frapa	prop

Frásaí a bhfuil an tuiseal ginideach iontu

treoracha stáitse	stage directions	céile comhraic	antagonist
carachtair an dráma	the characters of the play	drámadóir an phíosa	the playwright of the piece
foireann aisteoirí	cast	plota an dráma	the plot of the play
léiriúchán an dráma	the production of the play	cur chuige an drámadóra	the playwright's approach

Frásaí úsáideacha

Bhain mé an-sult as an dráma.	I really enjoyed the play.
Níor bhain mé sult as an dráma.	I didn't enjoy the play.
Táim i mo bhall den chumann drámaíochta agus tá an-tuiscint agam ar dhrámaí.	I am a member of the drama club and I have a great understanding of plays.
Bhí mé an-tógtha leis an teannas drámata.	I was really impressed with the dramatic tension.
Cuireann an buaicphointe go mór le teachtaireacht an dráma.	The climax really adds to the message of the play.
Mholfainn duit dul chuig léiriúchán den dráma seo.	I would recommend that you go to a production of this play.
Níor mhaith liom plota an dráma a mhilleadh ort.	I wouldn't like to ruin the plot of the play for you.
Chuaigh cur chuige an drámadóra go mór i bhfeidhm orm.	The playwright's approach really gripped me.
Is dráma . . . é.	It is a(n) . . . play.

cliste	sophisticated	duairc	depressing	gruama	bleak
leamh	boring	a spreagann an mheabhair	invigorating	thar a bheith suimiúil	compelling
taitneamhach	enjoyable	tarraingteach	appealing	tuirsiúil	tiresome

Úrscéal

Téarmaí litríochta

úrscéal	novel	an t-úrscéal	the novel
úrscéalta	novels	na húrscéalta	the novels
úrscéalaí	novelist	an t-úrscéalaí	the novelist
údar	author	an t-údar	the author
sliocht	excerpt	an sliocht	the excerpt
sleachta	excerpts	na sleachta	the excerpts
caibidil	chapter	an chaibidil	the chapter
caibidlí	chapters	na caibidlí	the chapters
leathanach	page	an leathanach	the page
leathanaigh	pages	na leathanaigh	the pages
carachtar	character	an carachtar	the character
carachtair	characters	na carachtair	the characters
téama	theme	príomhthéama	main theme
plota	plot	buaicphointe	climax
críoch oscailte	open ending	críoch mhalartach	alternative ending
an chéad chaibidil	the first chapter	an chaibidil dheireanach	the last chapter

Frásaí a bhfuil an tuiseal ginideach iontu

tús an úrscéil	the start of the novel
críoch an úrscéil	the end of the novel
croí an úrscéil	the heart of the novel
struchtúr an úrscéil	the structure of the novel
plota an úrscéil	the plot of the novel
teachtaireacht an úrscéil	the message of the novel
tús na caibidle	the start of the chapter
lár na caibidle	the middle of the chapter
deireadh na caibidle	the end of the chapter
stíl an údair	the style of the author
guth an údair	the voice of the author
cur chuige an údair	the author's approach

Frásaí úsáideacha

Tá plota an úrscéil seo dírithe ar . . .	The plot of this novel focuses on . . .
Déantar plé ar . . . san úrscéal seo.	. . . is discussed in this novel.
Tá an t-úrscéal seo scríofa go maith/go holc.	This novel is well/badly written.
Chuaigh an t-úrscéal seo go mór i bhfeidhm orm.	This novel made a really big impression on me.
Ní dheachaigh an t-úrscéal i bhfeidhm orm.	The novel didn't make an impression on me.
Thaitin an chéad chaibidil go mór liom.	I really liked the first chapter.
Níor thaitin an dara/tríú/ceathrú caibidil liom.	I didn't like the second/third/fourth chapter.
Is aoibhinn an tsiamsaíocht atá san úrscéal.	The novel is really entertaining.
Caithfidh mé a admháil gur éirigh mé bréan den úrscéal.	I have to admit that I became bored of the novel.
Ní raibh fonn ar bith orm an t-úrscéal a fhágáil uaim.	I had no desire to put the novel down.
Chuaigh teachtaireacht an úrscéil i gcion go mór orm.	The novel's message struck home with me.
Is úrscéal é atá leagtha amach go cliste.	It is a well-planned-out novel.
Tá casadh sa scéal nach raibh mé ag súil leis.	There is an unexpected twist in the story.
Mholfainn duit an t-úrscéal seo a chur ar bharr do liosta.	I'd recommend that you put this novel at the top of your list.

Scríbhneoireacht

Clár

An scríbhneoireacht agus seánraí éagsúla

Céard í an scríbhneoireacht?

scríbhneoireacht, *f.* (*gs.* **~a**). (Act of) writing. **1.** Handwriting, penmanship. **~ chomhchruinn**, **reatha**, round, running, hand. **Tá ~ mhaith aige**, he writes a good hand. **2.** Literary work. **Ceird**, **gairm**, **na ~a**, the art, profession, of writing.

Foinse: teanglann.ie

Is iomaí seánra scríbhneoireachta atá ann.

Meaitseáil

Féach ar an liosta thíos agus bain úsáid as foclóir leis na seánraí agus na bríonna a mheaitseáil.

1	insint	A	persuasive writing
2	athinsint	B	social writing
3	scríbhneoireacht ghnásúil	C	narrative/storytelling
4	tuairisc	D	procedural writing
5	scríbhneoireacht mhínithe	E	reporting
6	scríbhneoireacht áititheach	F	explanatory writing
7	scríbhneoireacht shóisialta	G	recount writing

A	
B	
C	
D	
E	
F	
G	

Na seánraí scríbhneoireachta

- **Scríbhneoireacht áititheach** – rud a scríobhtar le hargóint/díospóireacht a léiriú
- **Tuairisc** – rud a chuireann eolas fíor in iúl
- **Scríbhneoireacht mhínithe** – míniú ar an gcaoi a n-oibríonn rud nó an próiseas a bhaineann leis
- **Insint** – scéal ón tsamhlaíocht
- **Athinsint** – cur síos ar rud pearsanta/rud fíriciúil/a tharla
- **Scríbhneoireacht ghnásúil** – céimeanna a leantar le rud a dhéanamh
- **Scríbhneoireacht shóisialta** – rud foirmiúil nó neamhfhoirmiúil a chuidíonn le scríbhneoirí a bheith i dteagmháil lena chéile

Tasc foclóra

Roghnaigh an seánra is oiriúnaí ón tasc deireanach do na samplaí thíos. Tá an chéad cheann déanta mar chabhair duit.

1. 'An Turas Scoile' *athinsint*
2. argóint
3. 'Balla Mór na Síne'
4. 'Cinnín Óir agus na Trí Bhéar'
5. 'Cuairt a Thug Mé ar Fheirm'
6. cuireadh
7. díospóireacht
8. giolc
9. 'Mo Laethanta Saoire'
10. nóta buíochais
11. oideas císte
12. scéal uafáis
13. téacsteachtaireacht
14. treoracha eolaíochta

Leideanna don tasc ceapadóireachta ar an scrúdpháipéar

Seo rudaí gur féidir leat a dhéanamh roimh an scrúdú le hullmhú don tasc ceapadóireachta.

- Bí ag léamh. Beidh sé i bhfad níos éasca rud suimiúil a scríobh má léann tú saothair éagsúla a scríobhadh cheana. Rachaidh tú i dtaithí ar na seánraí éagsúla agus cuirfidh tú go mór leis an stór focal atá agat.
- Bain úsáid as foclóir (teanglann.ie/focloir.ie) chun do litriú a sheiceáil. Cuir focail nua i gceap nótaí beag agus caith súil orthu anois agus arís.
- Cleachtadh a dhéanann máistreacht. Scríobh rudaí a thaitníonn leat a léamh agus déan cleachtadh ar na seánraí éagsúla. Beidh sé deacair rud éigin a scríobh mura bhfuil suim agat ann nó taithí agat air.
- Iarr ar do mhúinteoir Gaeilge aiseolas a thabhairt duit ar shaothair a scríobhann tú agus bain úsáid as an aiseolas le feabhas a chur ar do chuid oibre.

Treoracha don tasc ceapadóireachta

- Léigh an cheist go cúramach agus déan cinnte tagairt a dhéanamh do gach pointe atá luaite inti. Cuir tic in aice leis an bpointe nuair atá sé pléite agat.

Ceist 9 **(40 marc)**

Tá rudaí tábhachtacha le feiceáil sa dá íomhá thuas. Roghnaigh íomhá **amháin** díobh agus scríobh gné-alt d'irisleabhar bunaithe ar na rudaí atá san íomhá sin. Pléigh na pointí seo a leanas:

- an tábhacht a bhaineann leis na rudaí sin ✔
- **dhá** phointe dhiúltacha faoi na rudaí sin ✔
- **dhá** phointe dhearfacha faoi na rudaí sin ✔
- moladh **amháin** atá agat féin do dhaoine faoi na rudaí sin ✔

- Smaoinigh ar struchtúr an fhreagra agus ar an mbealach is fearr le do fhreagra a leagan amach. Mar shampla, ar chóir duit úsáid a bhaint as ailt? Ar chóir duit samplaí, fíricí nó staitisticí a chur leis an bhfreagra chun do theachtaireacht a dhéanamh soiléir?
- Bain úsáid as na haimsirí ar fad, an saorbhriathar san áireamh. Scríobh meascán d'abairtí gearra agus abairtí fada le suim an léitheora a choimeád.
- Tóg sos mura bhfuil ag éirí leat. Glac cúpla nóiméad agus caith súil ar chuid eile den scrúdpháipéar. Is féidir leat filleadh ar an gceist roimh dheireadh an scrúdaithe.

Frásaí úsáideacha don scríbhneoireacht

Stór focal

Frásaí le tús a chur le halt nó le nasc a dhéanamh idir ailt

Ar dtús . . .	Initially . . .
I dtús báire/I dtosach báire . . .	First of all . . .
Ar an gcéad dul síos . . .	To begin with . . .
Ar an dara dul síos . . .	Secondly . . .
Tar éis tamaill . . .	After a while . . .
Ina dhiaidh sin . . .	After that . . .
Sa deireadh . . .	Eventually . . .
Faoi dheireadh . . .	Finally . . .
I ndeireadh na dála . . .	After all . . .
I ndeireadh an lae . . .	At the end of the day . . .
Ar an lámh eile . . .	On the other hand . . .
Ar an taobh eile den scéal . . .	On the flipside . . .
Anuas air sin . . .	On top of that . . .
Mar aon leis sin . . .	As well as that . . .

Frásaí le fadhb a léiriú

Ceist chasta í.	It's a complex issue.	Fadhb mhór atá ann, cinnte.	It is certainly a major problem.
Sin fadhb a fheictear go minic.	That's a problem that is regularly seen.	Sin croí na faidhbe, dar liom.	That is the heart of the problem, in my opinion.
Is fadhb leanúnach í.	It is an enduring problem.	Is fadhb dhoréitithe í.	It is an insoluble problem.
Is fadhb ollmhór í.	It is a huge problem.	Is fadhb choitianta í.	It is a common problem.

Frásaí chun measúnú a dhéanamh ar rud

Dar liomsa . . .	In my opinion . . .	Chun an fhírinne ghlan a rá . . .	To tell the complete truth . . .
Caithfidh mé a rá . . .	I must say . . .	Déarfainn . . .	I would say . . .
Caithfidh mé a admháil . . .	I must admit . . .	Ní féidir liom a shéanadh . . .	I cannot deny . . .
Is é mo bharúil ná . . .	It is my opinion . . .	Is é mo thuairim ná . . .	It is my opinion . . .

Frásaí éagsúla le 'Ceapaim . . .' a rá

Sílimse . . .	I think . . .	Dar liom . . .	In my opinion . . .
Measaim . . .	I think . . .	Is dóigh liom . . .	I think . . .
Rith sé liom . . .	It struck me . . .	Is deacair a chreidiúint . . .	It is hard to believe . . .
Is ábhar dóchais é . . .	It is encouraging . . .	Tá ardmheas agam ar . . .	I think highly of . . .
Anois nuair a smaoiním ar . . .	Now that I come to think of . . .	Tá an oiread sin feirge orm nach féidir liom smaoineamh i gceart.	I am so angry that I can't think straight.

Frásaí a chuireann riachtanais in iúl

Tá sé riachtanach . . .	It is necessary . . .	Caithfimid dul i ngleic le . . .	We have to address . . .
Níl aon ghá leis sin.	There is no need for that.	Níl call ar bith leis.	There is no need for it.
Tá an-éileamh ar . . .	There is a great demand for . . .	B'éigean dom . . .	I had to . . .
Is éigean dom . . .	I have to . . .	Chaithfinn . . .	I would have to . . .
Ní mór dom . . .	I must . . .	Ní foláir dom . . .	I must . . .
Is léir . . .	It is clear . . .	Ba léir . . .	It was clear . . .
Tá sé soiléir . . .	It is clear . . .	Bhí sé soiléir . . .	It was clear . . .

Frásaí a bhaineann le spriocanna/brionglóidí

Is é mian mo chroí . . . a dhéanamh.	It is my dream to do . . .	Is é rún mo chroí a bheith . . .	It is my dream to be . . .
Níor shíl mé choíche ná go deo . . .	Never in my wildest dreams did I think . . .	Bhain mé mo spriocanna amach.	I achieved my dreams.
Ba bhreá liom m'aisling a choimeád beo.	I'd love to keep my dream alive.	Caithfidh go bhfuil mé ag brionglóideach.	I must be dreaming.
Buíochas le Dia.	Thank God.	Le cúnamh Dé . . .	With the help of God . . .
De réir toil Dé . . .	According to God's will . . .	Ag Dia amháin atá a fhios.	Only God knows.
Tá súil le Dia agam . . .	I hope to God . . .	Nár lige Dia go dtarlódh sé sin.	God forbid that should happen.

An ríomhphost

Ó: áinenicanbhaird@gúnaígalánta.ie

Chuig: sarahstílsiamsaíochtagussmideadh@gmail.com

Ábhar: Cód Lascaine don Fhómhar

A Sarah,

Tá súil agam go bhfuil tú go maith agus go bhfuil tú ag baint taitneamh as an samhradh. Go raibh maith agat as an dea-obair a rinne tú linn go dtí seo. Ba mhaith liom an cód lascaine seo a roinnt leat don fhómhar: FAISEAN10FÓMHAR. Thig leat é a scaipeadh i measc do phobail ar líne. Tá lascainí 10 faoin gcéad i gceist leis an gcód seo agus is féidir é a úsáid ar na táirgí seo a leanas:

- an barr giortach
- an gúna lánfhada
- an mála gualainne

Tá roinnt de na gúnaí lánfhada díolta cheana féin. Mar sin, bheadh sé ar fheabhas dá mbeifeá in ann an barr giortach agus an mála gualainne a chur chun cinn ar d'ardán. Do gach díolachán a dhéantar i dteannta leis an gcód seo a úsáid beidh coimisiún 5 faoin gcéad ar fáil duitse chomh maith.

Abair liom má bhíonn ceist ar bith agat faoin lascaine seo.

Le meas,

Áine Nic an Bhaird, Bainisteoir Margaíochta, Gúnaí Galánta

Stór focal

ríomhaire	computer	turscar	spam
ríomhphost	email	liosta seoltaí	mailing list
seoladh	address	faighteoir	recipient
seoladh ríomhphoist	email address	as an oifig	out of office
ábhar	subject	teachtaireacht	message
líne an ábhair	the subject line	bosca isteach	inbox
seoltóir	sender	freagra uathoibríoch	auto-reply
sonraí teagmhála éigeandála	emergency contact details	teachtaireacht phreabtha	bounced-back message
botún cló	typo	le gach dea-ghuí	kind regards

Nathanna úsáideacha

Maith dom as ucht na moille leis an bhfreagra.	Please forgive the lateness of my reply.
Ní fhaca mé do ríomhphost go dtí anois beag.	I only saw your email just now.
Theip ar an ríomhphost.	The email failed to send.
Tá an clúdach sa cheantar seo go dona.	The coverage in this area is poor.
Seolfaidh mé freagra níos déanaí.	I will send a reply later.
Féach ar an eolas sa cheangaltán.	Look at the information in the attachment.

Frásaí úsáideacha don ríomhphost

Is annamh a úsáidtear caint neamhfhoirmiúil agus ríomhphost scoile nó oibre á scríobh ag duine. Chomh maith leis sin, moltar an **comhartha uaillbhreasa**[1] agus **straoiseoga**[2] a sheachaint i ríomhphost foirmiúil. Ba chóir go mbeadh an ríomhphost achomair agus eolach.

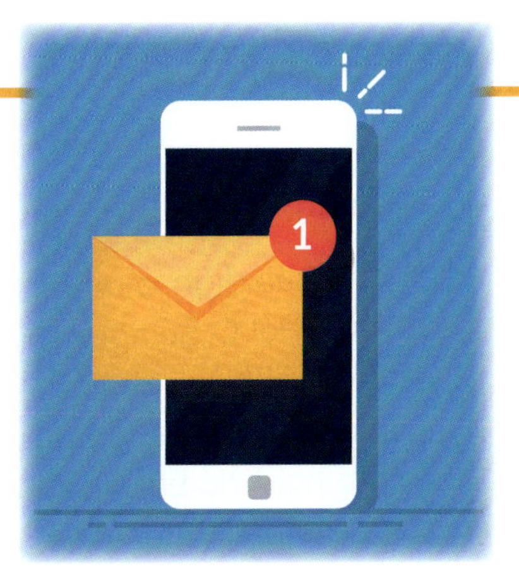

Conas tús a chur le ríomhphost

Go raibh míle maith agat as an ríomhphost.	Thank you very much for the email.
Go raibh míle maith agat as teagmháil a dhéanamh liom.	Thank you very much for getting in touch with me.
Tá súil agam go bhfuil cúrsaí go maith leat/libh.	I hope all is well with you.
Maith dom an mhoill – bhí mé thar a bheith gnóthach.	Apologies for the delay – I was extremely busy.

Neamhfhoirmiúil		Foirmiúil	
A chara	A [ainm an duine]	A dhuine uasail	Don té lena mbaineann

Conas deireadh a chur le ríomhphost

Níl aon scéala eile agam duit anois.	I don't have any more news at the moment.
Sin an méid atá le rá agam faoi láthair.	That's all I have to say at the moment.
Sin a bhfuil uaim.	That's all from me.
Scríobh chugam go luath.	Write to me soon.
Táim ag tnúth le cloisteáil uait.	I'm looking forward to hearing from you.
Táim ag tnúth le freagra uait.	I'm looking forward to your reply.
Idir an dá linn, tabhair aire duit féin.	In the meantime, take care of yourself.
Ná déan dearmad a rá le [Liam] go raibh mé ag cur a thuairisce.	Don't forget to tell [Liam] that I was asking for him.

Neamhfhoirmiúil			Foirmiúil		
Sonas ort	Beir bua	Beannachtaí	Le meas	Le gach dea-ghuí	Le gach dea-mhéin

1 exclamation mark 2 emojis

An díospóireacht

An rún: 'Ní cóir go mbeadh fón póca ag daltaí ar scoil.'

A chathaoirligh, a mholtóirí, a chomhdhaltaí agus a lucht an fhreasúra, is mise Pól Ó Sé agus tá áthas orm a rá libh go bhfuilim anseo chun labhairt libh in aghaidh an rúin seo. Beidh an fhoireann thall ag iarraidh a gcuid tuairimí a chur in iúl daoibh, ach molaim daoibh an chluas bhodhar a thabhairt dóibh. Geallaim daoibh go bhfuilim in aghaidh an rúin ar chúiseanna suntasacha agus cuirfidh mé roinnt de na cúiseanna sin os bhur gcomhair láithreach.

Ar an gcéad dul síos, ceapaim féin gur chóir fón póca a bheith ag daltaí ar scoil. Chabhródh an fón póca leo i ngach gné dá saol scoile agus dá dturas foghlama. Tá a lán aipeanna praiticiúla ar an bhfón póca – mar shampla, Microsoft Teams agus Duolingo. Is féidir le daltaí úsáid a bhaint as fón póca le taighde a dhéanamh, le tionscadal a chur le chéile, nó le hobair ghrúpa a dhéanamh.

Ní hamháin sin ach dá ndéanfainn dearmad ar m'áireamhán, ní bheadh imní orm toisc go bhfuil áireamhán ar m'fhón póca. Dá ndéanfainn dearmad ar aon phíosa eolais faoin spéir ní bheadh anró ná stró orm. Tá fáil agam ar Google agus m'fhón ar scoil agam.

Is riachtanas bunúsach é an fón póca, ar nós uisce nó bainne. Is tábhachtaí an saol fíorúil ná an fíorshaol anois. Tugadh fón póca do roinnt againn agus muid ar an mbunscoil. Is cuid lárnach dár saol anois é agus ba chóir go mbeadh sé againn ar scoil.

Tuigim go ndéanfaidh an fhoireann eile plé ar an gceangal idir an fón póca agus an bhulaíocht ach tá cosc ar bhulaíocht i ngach scoil. Ní féidir linn an milleán ar fad a chur ar an bhfón póca. Déanann bainistíocht gach scoile an-iarracht ceardlanna faoin mbulaíocht agus sábháilteacht ar líne a chur ar fáil do dhaltaí scoile. Déarfaidh siad chomh maith gur crá croí é an fón póca. A leithéid de sheafóid níor chuala mé riamh.

Agus anois, a dhaoine uaisle agus a bhaill na foirne eile, táim beagnach tagtha go deireadh mo chuid cainte ar an rún seo. Táim cinnte go n-aontóidh sibh leis an gcuid is mó de mo chuid tuairimí. Ní hionann ceart agus neart ach creidim go bhfuil ceart ar mo thaobhsa nuair a deirim gur chóir go mbeadh fón póca ag daltaí ar scoil.

Chun deireadh agus críoch a chur le mo chuid cainte, is mian liom mo bhuíochas a ghabháil libh as an éisteacht bhéasach a thug sibh dom inniu. Go gcúití Dia libh agus go raibh míle maith agaibh.

Frásaí úsáideacha don díospóireacht

Tús na díospóireachta

A chathaoirligh, a mholtóirí, a chomhdhaltaí agus a lucht an fhreasúra . . .	Mr/Madam chairperson, judges, fellow students and members of the opposition . . .
Is mise . . . agus tá áthas orm a rá libh go bhfuilim anseo chun labhairt libh ar son/in aghaidh an rúin seo.	I am . . . and I am glad to tell you that I am here to speak to you in favour of/against this motion.
Beidh an fhoireann thall ag iarraidh a gcuid tuairimí a chur in iúl daoibh, ach molaim daoibh an chluas bhodhar a thabhairt dóibh.	The other team will be trying to impress their opinions upon you, but I urge you not to listen to them.
Tá mise ar son/in aghaidh an rúin ar chúiseanna suntasacha agus cuirfidh mé roinnt de na cúiseanna sin os bhur gcomhair láithreach.	I am in favour of/against the motion for important reasons and I will put some of those reasons before you directly.

Corp na díospóireachta

Ar an gcéad dul síos . . .	First of all . . .
Ní hamháin sin ach . . .	Not only that but . . .
Níos tábhachtaí ná aon rud eile . . .	More important than anything else . . .
Tá orainn smaoineamh ar . . .	We must think about . . .
Mar fhocal scoir . . .	Finally . . .

Deireadh na díospóireachta

Agus anois, a dhaoine uaisle agus a bhaill na foirne eile, táim beagnach tagtha go deireadh mo chuid cainte ar an rún seo.	And now, ladies and gentlemen and members of the opposition, I have almost reached the end of my speech on this motion.
Táim cinnte go n-aontóidh sibh leis an gcuid is mó de mo chuid tuairimí. Ní hionann ceart agus neart ach creidim go bhfuil ceart ar mo thaobhsa nuair a deirim . . .	I am certain that you will agree with most of my ideas. Might does not equal right, but I believe that I have right on my side when I say . . .
Chun deireadh agus críoch a chur le mo chuid cainte, is mian liom mo bhuíochas a ghabháil libh as an éisteacht bhéasach a thug sibh dom inniu.	To put an end to my speech, I wish to thank you for your kindness in listening to me today.
Go gcúití Dia libh agus go raibh míle maith agaibh.	God bless you and thank you.

Tasc ceapadóireachta ón scrúdpháipéar

Tá rud tábhachtach le feiceáil san íomhá ar dheis. Scríobh gné-alt d'irisleabhar bunaithe ar a bhfuil san íomhá. Pléigh na pointí seo a leanas:

- an tábhacht a bhaineann leis an rud san íomhá
- dhá phointe dhearfacha faoin rud san íomhá
- dhá phointe dhiúltacha faoin rud san íomhá
- moladh amháin atá agat féin do dhaoine faoin rud sin

tábhacht	*Ceaptar go bhfuilimid inár sclábhaithe ag an teicneolaíocht ach is cuid nádúrtha dár saol í an teicneolaíocht. Deirtear go gcaitheann an t-aos óg gach nóiméad dá saol ar líne ach cá mbeimis gan ríomhairí, gan fóin chliste agus a leithéid? Déanann an teicneolaíocht an saol níos éasca dúinn.*
dhá phointe dhearfacha	*Is áis iontach í an teicneolaíocht ó thaobh na ndeiseanna a thugann sí do dhaoine fanacht i dteagmháil lena chéile – cuir i gcás ar Skype nó Zoom – díospóireachtaí a chothú, tacaíocht a lorg agus eolas a bhailiú ó shuíomhanna nó ó fhoinsí éagsúla.* *Sa bhliain 2020 iarradh orainn fanacht sa bhaile agus gan ár dtithe a fhágáil, ach d'éirigh leis an gcuid is mó dínn leanúint ar aghaidh lenár saol de bharr na teicneolaíochta. Ní bheadh daltaí na tíre in ann staidéar ná ranganna a dhéanamh sa bhaile le linn na dianghlasála murach an teicneolaíocht. Thug an teicneolaíocht deis dúinn labhairt le cairde linn ar Zoom agus cluichí a imirt leo ar líne.*
dhá phointe dhiúltacha	*Rud diúltach a bhaineann leis an teicneolaíocht ná go dtarlaíonn cibearbhulaíocht ar líne go minic. Tá sé ag dul in olcas agus ag éirí níos coitianta de réir mar atá an teicneolaíocht ag fás agus ag forbairt. Chomh maith leis sin, ceapann roinnt daoine go bhfuil an teicneolaíocht tar éis an comhluadar, an comhrá agus an chuideachta a shlogadh. Is minic a fheictear déagóirí i mbialanna agus an fón póca sa lámh acu nó páistí óga sáite san iPad. Is drochnós é seo agus táim cinnte go bhfuil an milleán ar an teicneolaíocht.*
moladh	*Moladh a bheadh agam d'aon duine atá ag iarraidh an teicneolaíocht a úsáid ná gan do phasfhocail a thabhairt d'aon duine agus gan freagra a thabhairt d'aon duine nach bhfuil aithne agat air nó uirthi. Caithfidh tú a bheith cúramach!*

Frásaí úsáideacha don tasc ceapadóireachta

Tábhacht an ruda

Tá sé ríthábhachtach.	It is of capital importance.	Tá tábhacht mhór ag baint leis seo.	This is of great importance.
Is é an rud is tábhachtaí é.	It is the thing that matters most.	Tá sé fíorthábhachtach.	It is critically important.
Níl sé chomh tábhachtach agus a bhíodh.	Its importance has dwindled.	Níl aon tábhacht leis sin.	That is of no importance.

Frásaí dearfacha

tionchar dearfach	positive influence	freagra dearfach	positive response
Is iontach an rud é.	It's a wonder.	Is geall le míorúilt é.	It's nothing short of a miracle.
Is áis/foinse thar cionn é.	It is an excellent facility/source.	Is dea-rud é.	It is a good thing.

Frásaí diúltacha

tionchar diúltach	negative influence	freagra diúltach	negative response
Is uafásach an cás é.	It is a terrible situation.	Is mór an náire é.	It's a terrible shame.
Tá géarchéim ann.	There is a crisis.	Ar an taobh diúltach den scéal . . .	On the negative side . . .

Moltaí

Mholfainn duit/ daoibh . . .	I would recommend to you (**singular**)/you (**plural**) . . .	D'iarrfainn ort/ oraibh . . .	I would ask you (**singular**)/you (**plural**) . . .
Caithfidh tú/ sibh . . .	You (**singular**)/You (**plural**) have to . . .	Ba chóir duit/ daoibh tabhairt faoi . . .	You (**singular**)/ You (**plural**) should address . . .
Bheadh sé fiúntach . . .	It would be worthwhile . . .	B'fhiú go mór duit/ daoibh . . .	It would be well worth your (**singular**)/ your (**plural**) while . . .

Measúnú

Clár

Achoimre ar an gclár ama sa tríú bliain

MRB 1 (tuairiscín)	MRB 2 (tuairiscín)	Tasc measúnaithe (10%)	Scrúdú deiridh (90%)
An phunann	**An tasc cumarsáideach**	**Scór bunaithe ar an dá rud seo**	
Déanta sa chéad téarma den tríú bliain	Déanta sa dara téarma den tríú bliain	Déanta tar éis MRB 2	Dhá uair an chloig
1 Píosa faoin litríocht ón gcúrsa 2 Píosa fuaime nó físe agus fuaime 3 Píosa oibre eile	Labhraíonn tú os comhair an ranga ar feadh trí nóiméad. Freagraíonn tú cúpla ceist ó na daoine atá ag éisteacht.	Ullmhaíonn an rang an tasc seo le chéile. Sa dara cuid den tasc scríobhann tú faoin MRB 2 i d'aonar.	Mír A (30 marc) Cluastuiscint Mír B (240 marc) Léamhthuiscint Freagairt ar litríocht Cúrsaí gramadaí

90%
An Scrúdú Deiridh
Deireadh na 3ú Bliana
Páipéar Ardleibhéil & Páipéar Gnáthleibhéil
2x Uair
Ábhar / Formáid Inathraitheach
"...iarrfar ar an scoláire a chuid inniúlachtaí teanga a léiriú trí dhul i mbun tascanna difriúla teanga agus litríochta a éileoidh cumarsáid phearsanta idirghníomhach."

- Athróidh na ceisteanna ó bhliain go bliain. Tá an páipéar **inathraitheach**[1].
- Níl líon na gceisteanna seasta.
- Tabhair faoi deara an nath 'cumarsáid **phearsanta idirghníomhach**'.

Pearsanta

- Bí cinnte go bhfuil tú compordach ag labhairt fút féin.
- Beidh na focail seo tábhachtach: ***mise***, ***dom***, ***agam***, ***liom***, ***mo***, ***táim***.
- Beidh ort labhairt faoi do mhuintir/cairde freisin.
  Mar sin, beidh na focail seo tábhachtach don scrúdú: ***sinn***, ***muid***, ***dúinn***, ***againn***, ***linn***, ***ár***, ***táimid***.

Idirghníomhach

- Beidh ort rudaí a scríobh sa scrúdú bunaithe ar phictiúir, ar mhéimeanna nó ar bharrachairteacha simplí.
- Tá sé thar a bheith tábhachtach go bhfuil tú in ann abairtí iomlána a scríobh as Gaeilge as do stuaim féin.

MRB 1: an phunann teanga

Tosaíonn an phunann i gceart sa dara bliain. Ba chóir duit machnamh a dhéanamh ar gach píosa oibre sa phunann. Má dhéanann tú seo le linn an dara bliain agus an tríú bliain beidh an tasc seo thar a bheith éasca. Ba chóir duit an chéad agus an dara dréacht den obair a choimeád le chéile sa phunann. Tugann sé seo deis duit do chuid earráidí pearsanta a aithint (toradh foghlama 2.2). Don tasc seo beidh ort trí rud a roghnú ón bpunann don MRB (toradh foghlama 3.3). Ba chóir nóta machnamhach a chur le gach píosa a úsáideann tú don MRB 1.

Is iad seo na trí phíosa oibre atá de dhíth don MRB 1:

1. Rud scríofa faoi théacs litríochta ón gcúrsa
2. Píosa fuaime (le do ghuth féin) nó píosa físe le fuaim (le tusa ag labhairt ar an bhfíseán)
3. Píosa amháin eile (tá glanrogha agat maidir leis an tríú rud)

Leideanna don tasc seo

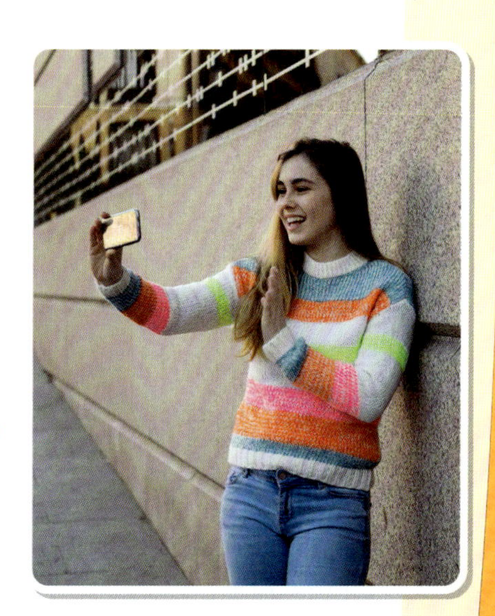

- Tá an seanfhocal 'Cleachtadh a dhéanann máistreacht' fíor sa chás seo. Ba chóir an cleachtadh don tasc seo a thosú sa chéad bhliain.
- Ón dara bliain ar aghaidh, ba chóir duit nótaí machnamhacha a choimeád leis an obair sa phunann. (Ná cuir an obair seo ar an méar fhada.)
- Déan taifeadadh digiteach díot féin ag labhairt as Gaeilge chomh minic agus is féidir leat, fiú agus tú ag léamh amach d'obair bhaile.
- Coinnigh taifead (blag pearsanta) ar na botúin a dhéanann tú go minic agus déan iarracht iad a sheachaint. Seasann an nós seo leis an toradh foghlama 2.5.

1 *variable*

MRB 2: an tasc cumarsáideach

Don tasc seo beidh tú ag caint os comhair do chomhdhaltaí agus do mhúinteora.
Tá dhá scil i gceist sa tasc seo:

- labhairt
- idirghníomhú

Is fút atá sé ábhar nó topaic a roghnú don tasc cumarsáideach. Ba chóir go mbeadh suim mhór agat san ábhar a roghnaíonn tú. Beidh an taighde agus an t-ullmhúchán don tasc seo déanta sa seomra ranga agus gheobhaidh tú tacaíocht agus treoracha ón múinteoir.

Roghanna don tasc cumarsáideach

Ní liosta cuimsitheach é seo ach tugann sé túsphointe duit.

Taispeántas

Más ceoltóir thú is féidir leat d'amhrán féin a chanadh anseo agus ansin labhairt faoi. Má tá tú go maith leis na focail fhileata, is féidir dán a scríobh.

Cur i láthair

Is féidir labhairt anseo faoi stair do cheantar, stair na scoile nó ábhar eile ina gcuireann tú suim. Beidh an taighde an-tábhachtach don rogha seo.

Agallamh nó ról-imirt (obair bheirte)

Bheadh an tasc seo níos faide ná trí nóiméad le bheith cinnte go bhfuil seans ag gach dalta labhairt i gceart os comhair an ranga. Is féidir leat gléasadh suas don cheann seo agus cur i gcéill gur duine cáiliúil thú.

Comhrá

Is féidir anailís bheo ó bhéal a dhéanamh ar scannán, ar dhán nó ar leabhar anseo. Níl tú teoranta do shaothair as Gaeilge. Ní leor é anseo achoimre a dhéanamh ar an saothar. Caithfidh an anailís seo a bheith pearsanta.

Leideanna don tasc seo

- Roghnaigh an t-ábhar chomh luath agus is féidir leat.
- Labhair Gaeilge aon uair atá deis agat.
- Déan taifeadadh díot féin go rialta ag labhairt as Gaeilge.
- Tabhair tacaíocht do dhaoine eile lena dtascanna féin.
- Ba chóir go mbeadh cúlbhrat agat don chur i láthair (cúpla sleamhnán ar an ríomhaire nó cúpla frapa). Cuireann sé seo leis an gcumarsáid ilmhódach.
- Ná bí ag léamh gach rud ó do nótaí don tasc seo, ach bí ag labhairt amach.
- Féach timpeall an tseomra agus tú os comhair an ranga.
- Déan iarracht a bheith ag féachaint ar an lucht éisteachta agus tú ag labhairt leo.

Stór focal don MRB

Féach ar lch 280 le tuilleadh cabhair leis an MRB 2 a fháil.

Nathanna machnamhacha

D'fhoghlaim mé go leor ó na ceartúcháin.	I learnt a lot from the corrections.
Is fiú go mór comparáid a dhéanamh idir na dréachtaí difriúla.	It is well worth comparing the different drafts.
Is deacair dom labhairt os comhair an ranga.	It is difficult for me to talk in front of the class.
Chuir an tasc cumarsáideach go mór le mo mhuinín sa teanga labhartha.	The communicative task added to my confidence in the spoken language.

Is fearr an leabharlann ná an t-idirlíon don taighde.	The library is better than the internet for research.
Ní féidir an teanga labhartha a chleachtadh i gceart i d'aonar.	You cannot properly practise speaking on your own.
Tuigim go bhfuil an cruinneas tábhachtach ach ní croílár na cumarsáide é.	I understand that accuracy is important but it is not the crux of communication.
Aontaím anois go huile leis an seanfhocal 'Cleachtadh a dhéanann máistreacht.'	I now totally agree with the proverb 'Practice makes perfect.'
Is deacair obair fhónta a dhéanamh agus tú faoi dheifir.	It is difficult to do good work when you are in a hurry.
Is fiú a bheith ag bogadh timpeall an tseomra agus tú ag caint le slua.	It is worth moving around the room when talking to an audience.
Tuigim anois an seanfhocal 'Cuir an breac san eangach sula gcuire tú sa phota é.'	I now understand the proverb 'Catch the trout before you put it in the pot.'
Is cinnte nach féidir rud ar bith a dhéanamh mura bhfuil tú sásta botún nó dhó a dhéanamh.	You certainly can't do anything if you are not willing to make a mistake or two.

Nathanna chun do thuairim phearsanta a nochtadh

Measaim/Sílim/Ceapaim . . .	I think . . .
Is é mo thuairim/bharúil faoi ná go bhfuil . . .	My opinion about it is that . . .
Tá a fhios agam go bhfuil . . .	I know that . . .
Ach ar feadh m'eolais . . .	As far as I know . . .
Déarfainn féin . . .	I would say myself . . .
Mholfainn duit . . .	I would recommend to you . . .
Mar is eol do chách . . .	As everybody knows . . .
Caithfear a rá/a admháil . . .	One has to say/admit . . .
Mar aon leis sin/Anuas air sin . . .	As well as that . . .
Deirtear go bhfuil . . .	It is said that . . .
Ach fós féin . . .	But still . . .
Ach leis sin ráite agam . . .	But with that said . . .
Agus os a choinne sin . . .	And on the other hand . . .
Aontaím go huile is go hiomlán leis sin.	I totally agree with that.
Ghlacfainn leis sin.	I would accept that.
Bheinn amhrasach faoi.	I would be doubtful about it.
Táim idir dhá chomhairle faoi.	I'm in two minds about it.
D'fhanfainn amach iomlán uaidh sin.	I would stay completely away from it.
Is iomaí cúis a bhaineann leis sin.	There are many reasons for this.

An chluastuiscint

Leideanna ginearálta

- Ná freagair na ceisteanna sa chéad phearsa sa chluastuiscint.
- Bí cúramach agus tú ag litriú logainmneacha.
- Seachain na litreacha **k**, **v**, **x** agus **z** don chuid is mó maidir leis an litriú.
- Níl ort na huimhreacha a litriú sa chluastuiscint. Is féidir na figiúirí a úsáid.
- Thar aon rud eile, bí cinnte go bhfuil na ceistfhocail ar eolas agat.
- Tá seans ann go mbeidh ort do thuairim a nochtadh faoi rud éigin sa chluastuiscint.

Súil siar ar na ceistfhocail

Ceisteanna dúnta		Ceisteanna oscailte	Treoracha
An bhfuil? An raibh? An bhfaca? Ar cheannaigh? Ar mhaith?	Tá./Níl. Bhí./Ní raibh. Chonaic./Ní fhaca. Cheannaigh./Níor cheannaigh. Ba mhaith./Níor mhaith.	Cathain? Cén fáth? Conas? Cén chaoi? Cad/Céard? Cé mhéad? Cá raibh?	Luaigh . . . Ainmnigh . . . Breac síos . . . Scríobh síos . . . Roghnaigh . . .
Freagair na ceisteanna seo leis an mbriathar san aimsir cheart.		Ba chóir na ceisteanna seo a fhreagairt le habairt iomlán.	Go minic is féidir na cinn seo a fhreagairt le cúpla focal.

Seicliosta don chluastuiscint

An bhfuil na rudaí seo ar eolas agat?

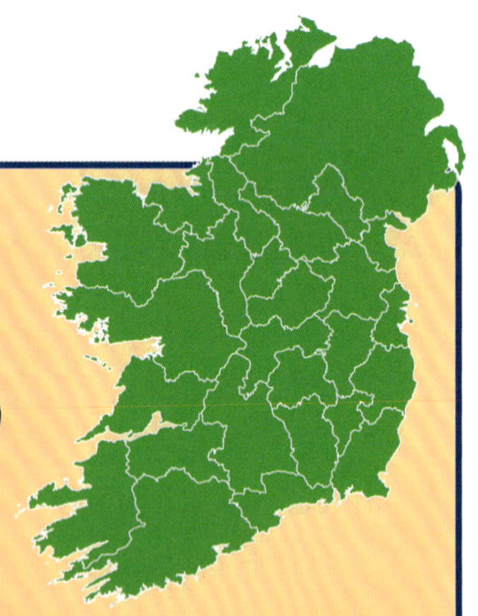

- Laethanta na seachtaine (**Dé Luain**, **Dé Máirt**, srl.)
- Míonna na bliana (**Eanáir**, **Feabhra**, **Márta**, srl.)
- Na ceithre shéasúr (**an samhradh**, **an geimhreadh**, **an t-earrach**, **an fómhar**)
- Baill an teaghlaigh (**máthair**, **deartháir**, **iníon**, **daideo**, srl.)
- Seomra an tí (**an chistin**, **an leithreas**, **an seomra leapa**, **an seomra suí**, srl.)
- Na hábhair scoile (**an Ghaeilge**, **an stair**, **an eolaíocht**, **an Fhraincis**, srl.)
- Na ceithre chúige in Éirinn (**Cúige Chonnacht**, **Cúige Mumhan**, **Cúige Laighean**, **Cúige Uladh**)
- Tíortha móra timpeall an domhain (**an Fhrainc**, **an Astráil**, **Meiriceá**, srl.)
- Contaetha na hÉireann (**an Clár**, **Maigh Eo**, **Port Láirge**, **Loch Garman**, srl.)
- An clog (**ceathrú chun**, **leathuair tar éis**, srl.) **Leid: Scríobh na figiúirí sa chás seo.**
- Na huimhreacha pearsanta (**duine amháin**, **beirt**, **triúr**, **ceathrar**, srl.)
- Na horduimhreacha don fhéilire (**an 21ú lá de mhí Feabhra**, srl.)
- Gairmeacha beatha (**múinteoir**, **dochtúir**, **cuntasóir**, **meicneoir**, **feirmeoir**, srl.)
- Stór focal a bhaineann leis an teicneolaíocht (**ríomhaire**, **fón póca**, **scáileán**, srl.)

Cúrsaí gramadaí sa scrúdú deiridh

Na briathra

Bí cinnte go bhfuil tú compordach leis na briathra sa Ghaeilge sna haimsirí éagsúla, san fhoirm dhiúltach agus san fhoirm cheisteach. Is iad an sé mór na briathra is deacra. Caithfear am faoi leith a chaitheamh orthu le bheith cinnte go bhfuil siad ar eolas agat.

Na huimhreacha sa Ghaeilge

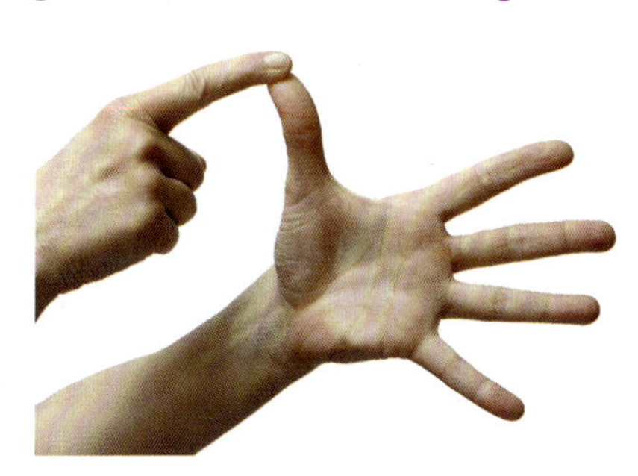

Ná déan dearmad go bhfuil uimhreacha pearsanta faoi leith sa Ghaeilge (**duine**, **beirt**, **triúr**, srl.). Bí cinnte freisin go bhfuil na hainmfhocail neamhrialta (**bliain**, **ceann**, **uair**, **seachtain**, srl.) ar eolas agat.

Caithfidh tú tionchar na n-uimhreacha ar an ainmfhocal a thuiscint freisin:

- ***aon***, ***an chéad*** agus ***beirt*** – séimhiú ar **b**, **c**, **f**, **g**, **m**, **p**
- ***dhá***, ***trí***, ***ceithre***, ***cúig***, ***sé*** – séimhiú ar **b**, **c**, **d**, **f**, **g**, **m**, **p**, **s**, **t**
- ***seacht***, ***ocht***, ***naoi***, ***deich*** – urú: **mb**, **gc**, **nd**, **bhf**, **ng**, **bp**, **dt** nó **n-** roimh ghuta
- gach orduimhir seachas an chéad – **h** roimh ghuta (***an dara huair***, ***an tríú háit***, srl.)

Na réamhfhocail

Tá na réamhfhocail lárnach i gcóras na teanga. Le bheith cruinn sa scrúdú deiridh, caithfidh tú na réamhfhocail a fhoghlaim i gceart. Cuireann cuid acu séimhiú ar an ainmfhocal agus cuireann cuid eile acu urú ar an ainmfhocal. Bí cinnte go bhfuil teach na réamhfhocal (Léaráid D, Cuid 1, lch 370) ar eolas agat.

Na hainmfhocail

Nuair atá tú ag léamh as Gaeilge, déan seiceáil go rialta ar inscne an ainmfhocail. An bhfuil an t-ainmfhocal baininscneach nó firinscneach? Mar aon leis seo, coinnigh súil amach don uimhir iolra agus tú ag léamh. Ná déan dearmad go leanann an aidiacht an t-ainmfhocal maidir lena hinscne agus a huimhir. Féach ar an treoir ghinearálta seo.

Sampla	Roinn cainte	Tionchar
teach mór	ainmfhocal firinscneach san uimhir uatha	gan athrú ar an aidiacht
páirc mhór	ainmfhocal baininscneach san uimhir uatha	séimhiú ar an aidiacht
daoine móra	ainmfhocal san uimhir iolra	aidiacht san uimhir iolra
boird mhóra	ainmfhocal san uimhir iolra a bhfuil an guta deireanach caol ann	aidiacht san uimhir iolra le séimhiú

Léamhthuiscint

Sainmhíniú ar an téacs ilmhódach

Beidh an téacs ar an bpáipéar nua bunaithe ar **théacs ilmhódach**. Mar sin, is féidir go mbeidh ceisteanna bunaithe ar phictiúir nó ar chairteacha mar aon leis an léamhthuiscint traidisiúnta. Mar gheall air sin, tá seans ann go mbeidh ceisteanna mar seo le déanamh agat ar an bpáipéar.

Leideanna ginearálta

- Bí cinnte go bhfuil tú in ann na rudaí seo a aithint sa Ghaeilge:
  - briathra (san aimsir chaite, san aimsir láithreach, san aimsir fháistineach, sa mhodh coinníollach)
  - an saorbhriathar
  - na huimhreacha éagsúla (bunuimhreacha, orduimhreacha, uimhreacha pearsanta)
  - na réamhfhocail (*go*, *ar an*, *leis an*, *sa*, *de na*, *ó na*, srl.)
  - an aidiacht shealbhach (*mo*, *do*, *a*, *ár*, *bhur*)
- Seans go mbeidh ort abairtí a scríobh faoi phictiúr de sheomra ranga, de sheomra leapa, de pháirc an phobail, srl. Mar sin, déan cinnte go bhfuil an stór focal do na rudaí seo ar eolas agat. (Bain úsáid as an bhfoclóir ar lgh 444–55 mar threoir anseo.)
- Tá seans ann go mbeidh ort ceisteanna (*cad*, *conas*, *cathain*, srl.) a chruthú bunaithe ar an eolas ón téacs freisin.
- Tá seans ann go mbeidh ort freagairt a scríobh bunaithe ar ábhar dílis (is é sin alt a scríobh duine éigin sa Ghaeilge – ní aistriúchán é) ar an bpáipéar. Ba chóir duit an fhreagairt seo a scríobh sa chéad phearsa (*mé/mise*).

- Léigh an cheist ar fad agus aibhsigh na focail is tábhachtaí inti.
- Má tá bosca ann do ransú smaointe, breac síos tuairimí ansin sula dtosaíonn tú leis na freagraí.

Stór focal

achoimre	summary	breac síos	jot down
an chéad alt	the first paragraph	pointe eolais	point of information
cúis/fáth amháin	one reason	dar leat	according to you
i do thuairim/bharúil féin	in your own opinion	i d'fhocail féin	in your own words

Scríbhneoireacht

Leideanna ginearálta

- Bí cinnte go bhfuil tú in ann blag nó cuntas faoi phictiúr a scríobh nó cur síos a dhéanamh san aimsir chaite ar eachtraí.
- Tá gach seans ann go mbeidh ort píosa scríofa a cheartú. Beidh botúin sa chéad dréacht den script ar an bpáipéar agus beidh ort an dara dréacht a scríobh.
- Seans go mbeidh ort do thuairimí a nochtadh faoi phictiúr nó faoi ábhar éigin ón nuacht. Déan cinnte go bhfuil tú an-láidir ag scríobh sa chéad phearsa (**mé**, **dom**, **liom**, **orm**, **uaim**, srl.).

Féach ar lgh 426–35 agus gheobhaidh tú cur síos iomlán ar an scríbhneoireacht.

Litríocht ar an bpáipéar

Nuair atá tú ag caint faoin litríocht agus faoi na seánraí éagsúla, tá sé an-tábhachtach úsáid a bhaint as an téarmaíocht cheart. Le bheith 'idirghníomhach' sna ceisteanna, caithfear tuairimí 'pearsanta' a bheith agat faoi na saothair. Ní leor achoimre a scríobh anseo.

- Déan cinnte go bhfuil na hainmneacha agus na teidil dhifriúla ar eolas agat.
- Déan cinnte go bhfuil sleachta ó na dánta/na hamhráin ar eolas agat agus go bhfuil siad go hiomlán cruinn.
- Tá sé i bhfad níos éasca cuimhneamh ar na heachtraí sna saothair éagsúla má tá ainm gach carachtar ar eolas agat.
- Tá sé an-tábhachtach go bhfuil ord na n-eachtraí sna scéalta agus sa dráma ar eolas agat.
- Is fiú meabhairmhapaí a dhéanamh do na carachtair agus don amlíne i ngach scéal agus sa dráma.
- Ba chóir go mbeifeá in ann ionannú leis na carachtair sna scéalta agus sna dánta/amhráin.

Féach ar lgh 416–25 agus gheobhaidh tú cur síos iomlán ar an litríocht.

Conas foclóir a úsáid

Is áis iontach é an foclóir, ach ná déan dearmad nach aistritheoir é! Feicfidh tú abairtí samplacha san fhoclóir ach ní aistreoidh sé do chuid oibre. Seo duit cúpla nod ar conas foclóir a úsáid i gceart.

> Tá an chomhairle seo bunaithe ar an bhfoclóir ar teanglann.ie.

book[1], *s.* 1 **a** Leabhar *m. F*: **He talks like a book**, *cuireann sé culaith ghaisce ar a chuid cainte.* **To speak by the book**, *urra a chur le do chuid cainte.* **Class book**, *leabhar scoile.* **Reward book**, *duaisleabhar.* S.a. TOKEN 2 (c). **b** (Of opera) Leabhróg *f.* **c** (Bible) **He swore on the book**, *thug sé mionn an leabhair.* **d** *Adm*: **Blue book**, *Tuarascáil f Parlaiminte.* 2 **a** **Account book**, *leabhar cuntais.* **Bank-book**, *leabhar bainc.* S.a. DAY-BOOK, NOTE-BOOK, PASS-BOOK. **To keep the books of a shop**, *cuntais siopa a choinneáil.* **I am in his good books**, *tá dáimh aige liom, tá sé mór liom.* **I am in his bad books**, *tá fiamh aige liom, tá an cat crochta romham aige.* **He was brought to book for it**, *tugadh air cuntas a thabhairt ann.* **b** **Ship's books**, *irisleabhair loinge.* **c** **Exercise-book**, *leabhar cleachta.* **d** (Turf) Leabhar geall. **To make a book**, *leabhar geall a dhéanamh. F*: **That just suits my book**, *sin go díreach an rud a oireann dom.* **e** **Savings-bank book**, *leabhar taiscbhainc.* **Book of tickets**, *leabhar ticéad. Mil*: **(Soldier's) small book**, *leabhairín m.* **f** **The telephone book**, *an leabhar teileafóin.* 3 **Book of needles**, *cás m snáthaidí.*

Foinse: teanglann.ie

Feicfidh tú roinnt giorrúchán (abbreviations) san fhoclóir. Seo duit míniú ar chuid de na giorrúcháin.

*m.**	masculine noun	*n.pl. nó g.pl.*	plural noun	a.	adjective
*f.***	feminine noun	v.	verb	comp.	comparative

*** Is ionann *m.* agus (fir) san fhoclóir seo.**

**** Is ionann f. agus (bain) san fhoclóir seo.**

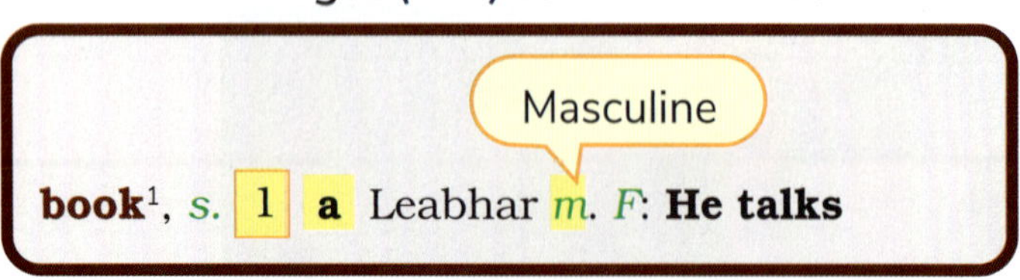

Bíonn dath glas ar na noda ar teanglann.ie agus is féidir míniú na nod a fheiceáil má chuireann tú an luchóg orthu.

leabhar[1], *m.* (*gs. & npl.* **-air,** *gpl.* **~**). Book. **1.** (*a*)**~amhrán, scéalta, staire,** song, story-, history-, book. **~ léitheoireachta, scoile, ranga,** reading-, school-, class-, book. **An chéad, an dara, ~,** the first, second, (reading-)book. *Tá sé sa tríú ~ ar scoil,* he is doing the third book, in the third class, at school. **~ pictiúr,** picture-book. **~ tagartha,** reference book. **~ don aos óg,** juvenile book. **Bheith os cionn na ~,** to be poring over books, studying. **Tá (léann agus) leabhair air,** one could write volumes about it; it is a remarkable thing. **~ Aifrinn,** Mass-book, missal. **~ iomann, urnaí,** hymn-, prayer-, book. **L~ na dTráthanna,** the Book of Hours. **~ comharthaí,** signal-book. **~ foirmlí,** formulary. **~ ginealaigh,** (i) book of genealogies, (i) stud-book. **~ teileafóin,** telephone book. **L~ Cheanannais,** the Book of Kells. **An L~ Gabhála,** the Book of Invasions. **L~ na hUidhre,** the Book of the Dun Cow. *S.a.* EOIN[1]. (*b*) (Of main division of literary work) **An chéad ~ den Íliad,** the first book of the Iliad. (*c*) (Of Bible, oath) **An ~ a thabhairt (i rud),** to swear by the book (to sth.). *Tabhair an ~ ann,* (you may) take your oath on it. *Thug sé lán an leabhair (go),* he swore volubly (that). **An ~ a chur ar dhuine,** to put s.o. on his oath. *Tá an ~ orm (gan labhairt air),*

Foinse: teanglann.ie

Déan iarracht éisteacht leis an bhfocal i ngach canúint. Ar teanglann.ie, brúigh ar 'Foghraíocht'. Is féidir na focail a chloisteáil sna trí mhórchanúint.

Mura bhfuil tú róchinnte faoi fhoghraíocht an fhocail, is féidir leat canúint a roghnú agus éisteacht leis an bhfoghraíocht.

Cúige Uladh
éist . . .

Cúige Chonnacht
éist . . .

Cúige Mumhan
éist . . .

Foclóir Gaeilge–Béarla

Aonad 1: An Scoil agus Cúrsaí Oideachais

Súil siar (lch 4)

méarchlár *(fir)*	keyboard	spúnóg *(bain)*	spoon
léine *(bain)*	shirt	ceapaire *(fir)*	sandwich
báisín *(fir)*	basin	scáileán *(fir)*	screen
gallúnach *(bain)*	soap	liathróid *(bain)*	ball
giotár *(fir)*	guitar	fidil *(bain)*	violin
sciorta *(fir)*	skirt	biachlár *(fir)*	menu
luch *(bain)*	mouse	raicéad *(fir)*	racket
sconna *(fir)*	tap	feadóg *(bain)*	whistle
pianó *(fir)*	piano	carbhat *(fir)*	tie

Na hábhair scoile (lch 8)

an Béarla *(fir)*	English	an Ghaeilge *(bain)*	Irish
an stair *(bain)*	history	an corpoideachas *(fir)*	PE
an tíreolaíocht *(bain)*	geography	an reiligiún *(fir)*	religion
an eolaíocht *(bain)*	science	staidéar *(fir)* gnó	business studies
Oideachas *(fir)* Sóisialta, Pearsanta agus Sláinte		Social, Personal and Health Education	

Rialacha na scoile (lch 17)

Ní cheadaítear . . .	. . . is not allowed.	Beidh cosc ar . . .	. . . will be banned.
Ní ghlactar le . . .	. . . is not accepted.	Níl cead ag . . .	. . . is not allowed . . .
coinneáil *(bain)* istigh	detention	fionraí *(bain)*	suspension
Cloígh leis na rialacha.	Obey the rules.	Téigh i dteagmháil le . . .	Contact . . .

Clubanna (lch 19)

club *(fir)* ceoil	music club	club cócaireachta	cooking club
club drámaíochta	drama club	club ealaíne	art club
club fichille	chess club	club grianghrafadóireachta	photography club
club leabhar	book club	club scríbhneoireachta	writing club

An tsaotharlann (lch 20)

eolaithe *(iol)*	scientists	creatlach *(bain)*	skeleton
cruinneog *(bain)*	globe	maighnéad *(fir)*	magnet
osteilgeoir *(fir)*	overhead projector	Tábla *(fir)* Peiriadach	Periodic Table

Codanna den phictiúr (lch 20)

thuas ar chlé	in the top left	sa chúlra	in the background	thuas ar dheis	in the top right
ar chlé	on the left	sa lár	in the centre	ar dheis	on the right
thíos ar chlé	in the bottom left	sa tulra	in the foreground	thíos ar dheis	in the bottom right

An seomra ealaíne (lch 21)

bord *(fir)* canbháis	canvas board	mainicín *(fir)* adhmaid	wooden model
pailéad *(fir)*	palette	páipéar *(fir)*	paper
pinn *(iol)* luaidhe	pencils	pota *(fir)* péinte	paint pot
scuab *(bain)* phéinteála	paintbrush	seilf *(bain)*	shelf
stól *(fir)*	stool	tacas *(fir)*	easel
tarraiceáin *(iol)*	drawers	tiúb *(bain)* phéinte	tube of paint

An seomra ranga (lch 22)

fón *(fir)* póca	mobile phone	ríomhaire *(fir)*	computer
scáileán *(fir)*	screen	micreafón *(fir)*	microphone
teachtaireacht *(bain)*	message	forsheomra *(fir)*	waiting room
cluasáin *(iol)*	headphones/earphones	cruinniú *(fir)*	meeting
méarchlár *(fir)*	keyboard	fuaim *(bain)*	sound
beoshruth *(fir)*	livestream	óstach *(fir)*	host

Léarscáil scoile (lch 23)

taobh thiar de	behind	i lár	in the middle
ar an taobh eile	on the other side	os comhair	in front of
ag bun	at the bottom	in aice le	beside

An Ghaeilge taobh amuigh den seomra ranga (lch 24)

tréimhse *(bain)*	period of time	a chur chun cinn	promote
is mór an trua é	that's a pity	muinín *(bain)*	confidence
misneach *(fir)*	courage	ceardlanna *(iol)*	workshops
feachtas *(fir)*	campaign	teachtaireacht *(bain)* chineálta	kind message
ardú *(fir)* meanman	encouragement	spriocanna *(iol)*	targets
athrú *(fir)*	change	imeachtaí *(iol)* éagsúla	various events
tionól *(fir)*	assembly	cóisir *(bain)* cáirióice	karaoke party
go sásúil	satisfactorily	muintir *(bain)* na háite	the locals
comhartha *(fir)* aitheantais	sign of recognition		

Gaeilge 24 (lch 25)

ceann *(fir)* bliana	year head	an fhreagracht *(bain)*	the responsibility
foirm *(bain)* iarratais	application form	pacáiste *(fir)*	package
banda *(fir)* láimhe	wrist band	teastas *(fir)*	certificate
cárta *(fir)* urraíochta	sponsorship card	aidhm *(bain)* an dúshláin	the aim of the challenge
earraí *(iol)* bolscaireachta	publicity material	spleodrach	lively
líofa	fluent	comórtas *(fir)* grianghrafadóireachta	photography competition
noda *(iol)*	clues		

Suan faoin spéir (lch 28)

tiomsú *(fir)* airgid	collection	carthanachtaí *(iol)*	charities
gan dídean	homeless	coiste *(fir)*	committee
comhlachtaí *(iol)*	companies	dearbhán *(fir)*	voucher
málaí *(iol)* droma	backpacks	ceann *(fir)* bliana	year head
ciaptha	tormented		

Aonad 2: Mé Féin, Mo Theaghlach agus Mo Chairde

Súil siar (lch 40)

aintín *(bain)*	aunt	athair *(fir)*	father
deartháir *(fir)*	brother	deirfiúr *(bain)*	sister
iníon *(bain)*	daughter	mac *(fir)*	son
máthair *(bain)*	mother	uncail *(fir)*	uncle

Aghaidh Aoife (lch 42)

bricíní *(iol)*	freckles	cluas *(bain)*	ear
éadan *(fir)*	forehead	fabhra *(fir)*	eyelash
fiacla *(iol)*	teeth	leiceann *(fir)*	cheek
liopa *(fir)*	lip	mala *(bain)*	eyebrow
poll *(fir)* sróine	nostril	smig *(bain)*	chin
súil *(bain)*	eye	teanntáin *(iol)* fiacla	braces

Réaltchomharthaí mo mhuintire (lch 44)

Iompróir *(fir)* an Uisce	Aquarius	na hÉisc *(iol)*	Pisces
an Reithe *(fir)*	Aries	an Tarbh *(fir)*	Taurus
an Cúpla *(fir)*	Gemini	an Portán *(fir)*	Cancer
an Leon *(fir)*	Leo	an Mhaighdean *(bain)*	Virgo
an Mheá *(bain)*	Libra	an Scairp *(bain)*	Scorpio
an Saighdeoir *(fir)*	Sagittarius	an Gabhar *(fir)*	Capricorn

Cé atá ann? (lch 51)

béaldath *(fir)*	lipstick	hata *(fir)*	hat
croiméal *(fir)*	moustache	malaí *(iol)*	eyebrows
fáinní *(iol)* cluaise	earrings	mionghháire *(fir)*	smile
féasóg *(bain)*	beard	scothóga *(iol)*	pigtails
grainc *(bain)*	frown	spéaclaí *(iol)*	spectacles

Tréithe pearsantachta (lch 63)

bríomhar	lively	cabhrach	helpful
cainteach	talkative	cairdiúil	friendly
cineálta	kind	cúthail	shy
éirimiúil	intelligent	fiosrach	curious
foighneach	patient	glórach	loud
greannmhar	funny	macánta	honest
réchúiseach	laid back	smaointeach	thoughtful

Gearrscannán: *Rúbaí* (lch 70)

stiúrthóir *(fir)*	director	ceol *(fir)*	music
aisteoir *(fir)*	actor	radharc *(fir)*	scene
fuaimrian *(fir)*	soundtrack	smideadh *(fir)*	make-up
feisteas *(fir)*	costume	scannánaíocht *(bain)*	filming
scríbhneoir *(fir)*	writer	teidil *(iol)* chreidiúna	credits

Saol an teaghlaigh (lch 72)

saol *(fir)* an teaghlaigh	family life	ball *(fir)* teaghlaigh	family member
gaolta *(iol)*	relatives	siblíní *(iol)*	siblings
réitigh le	get along with	troid le	argue with
caidreamh *(fir)*	relationship	achrainn *(iol)*	disagreements
tábhachtach	important	ról *(fir)* lárnach	central role
cuimhne *(bain)*	memory	cuimhní *(iol)*	memories

An cairdeas (lch 73)

cairdeas *(fir)*	friendship	caidreamh *(fir)*	relationship
cairdiúil	friendly	cineáltas *(fir)*	kindness
cuideachta *(bain)* bhreá	good company	meangadh *(fir)* gáire	smile
grúpa *(fir)* déagóirí	a group of teenagers	bulaíocht *(bain)*	bullying
cúlchaint *(bain)*	gossip	fág amach	exclude
gránna	nasty	cuma *(bain)* bhrónach	sad appearance

Aonad 3: M'Áit Chónaithe agus Mo Cheantar

Súil siar (lch 78)

duine *(fir)* amháin	one person	beirt *(bain)*	two people
triúr *(fir)*	three people	ceathrar *(fir)*	four people
cúigear *(fir)*	five people	seisear *(fir)*	six people
seachtar *(fir)*	seven people	ochtar *(fir)*	eight people
naonúr *(fir)*	nine people	deichniúr *(fir)*	ten people
aon duine dhéag	eleven people	dháréag *(fir)*	twelve people

Áiteanna cónaithe agus fuaimeanna na n-ainmhithe (lch 84)

Ainmhí		Fuaim		Áit chónaithe	
madra *(fir)*	a dog	ag tafann	barking	cró *(fir)* madra	a kennel
gabhar *(fir)*	a goat	ag méileach	bleating	sléibhte *(iol)*	mountains
coileach *(fir)*	a rooster	ag fógairt an lae	crowing	cúb *(bain)*/clós *(fir)*	a coop/yard
capall *(fir)*	a horse	ag seitreach	neighing	stábla *(fir)*	a stable
bó *(bain)*	a cow	ag géimneach	lowing	páirc *(bain)*/gort *(fir)*	a field
tarbh *(fir)*	a bull	ag búireach	bellowing	páirc/gort	a field
lacha *(bain)*	a duck	ag vácarnach	quacking	lochán *(fir)*	a pond
asal *(fir)*	a donkey	ag grágaíl	braying	stábla	a stable
caora *(bain)*	a sheep	ag méileach	bleating	pionna *(fir)*/loca *(fir)*	a pen
muc *(bain)*	a pig	ag gnúsachtach	grunting	fail *(bain)* muice/cró muice	a pigsty
coinín *(fir)*	a rabbit	ag díoscán	squeaking	poll *(fir)* coinín/uachais *(bain)*	a burrow
beach *(bain)*	a bee	ag dornán	buzzing	coirceog *(bain)*	a hive

Scéal déagóra (lch 87)

áirithe	particular	álainn	beautiful
an Astráil *(bain)*	Australia	áthas *(fir)*	happiness
beidh	will be	bhí	was/were
chonaic	saw	d'airigh (ó)	missed
d'ardaigh	lifted	fírinne *(bain)*	truth
madra *(fir)*	dog	maith	good
níl	isn't/aren't	nua	new
rogha *(bain)*	choice	teach *(fir)*	house
tháinig	came	thosaigh	started
thuig	understood	thuirling	landed

Siopaí sa cheantar (lch 92)

bialann *(bain)*	restaurant	gruagaire *(fir)*	hairdresser
ionad *(fir)* garraíodóireachta	garden centre	siopa *(fir)* bróg	shoe shop
siopa búistéara	butcher's shop	siopa éadaí	clothes shop
siopa ealaíne	art shop	siopa fón	phone shop
siopa peataí	pet shop	siopa poitigéara	chemist
siopa ríomhairí	computer shop	siopa spóirt	sports shop
teach *(fir)* uachtar reoite	ice-cream parlour		

Lá san ardchathair (lch 93)

Cad atá ag teastáil uait?	What do you need?	Cá rachaimid?	Where will we go?
An rachaimid le chéile?	Will we go together?	Buailfimid libh ag . . .	We will meet you at . . .
Cad é do thuairim?	What do you think?	Tá cabhair uaim.	I need help.

Mothúcháin an dáin (lch 98)

aiféala *(fir)*	regret	brón *(fir)*	sadness
cion *(fir)*	affection	cumha *(fir)*	nostalgia
dóchas *(fir)*	hope	grá *(fir)*	love
uaigneas *(fir)*	loneliness		

Buanna an cheantair (lch 103)

déagóirí *(iol)*	teenagers	déagóirí an cheantair	the teenagers of the area
club *(fir)* óige	youth club	páirceanna *(iol)*	parks
áiseanna *(iol)* spóirt	sports facilities	ag crochadh thart ar na sráideanna	hanging around the streets
riachtanais *(iol)* an lae inniu	the necessities of today	freagracht *(bain)*	responsibility
tarraingteacht *(bain)* an cheantair	the charm of the area	mholfainn duit	I would recommend to you

Codanna an rothair (lch 104)

bonn *(fir)* rotha	tyre	ciseán *(fir)*	basket
coscáin *(iol)*	brakes	diallait *(bain)*	saddle
giaranna *(iol)*	gears	iompróir *(fir)*	carrier
roth *(fir)*	wheel	slabhra *(fir)*	chain
solas *(fir)*	light	trasnán *(fir)*	crossbar
troitheán *(fir)*	pedal		

Ceantar nua (lch 113)

saol *(fir)* na cathrach	city life	saol na tuaithe	country life
glórach	noisy	suaimhneach	peaceful
gnóthach	busy	iargúlta	remote
saoirse *(bain)*	freedom	aer *(fir)* úr	fresh air
trácht *(fir)*	traffic	uaigneas *(fir)*	loneliness
truailliú *(fir)* ó thorann	noise pollution	easpa *(bain)* áiseanna	lack of facilities

Aonad 4: Caitheamh Aimsire agus an Teicneolaíocht

Súil siar (lch 118)

aip *(bain)*	app	léarscáileanna *(iol)*	maps
aimsir *(bain)*	weather	podchraoltaí *(iol)*	podcasts
ceamara *(fir)*	camera	téacsteachtaireachtaí *(iol)*	messages
féilire *(fir)*	calendar	scáileán *(fir)*	screen
idirlíon *(fir)*	internet	baile *(fir)*	home
nuacht *(bain)*	news	clog *(fir)*	clock
sparán *(fir)*	wallet	grianghraif *(iol)*	photos
glórphost *(fir)*	voicemail	nótaí *(iol)*	notes
Aipmhargadh *(fir)*	App Store	socruithe *(iol)*	settings
ceol *(fir)*	music	teagmhálaithe *(iol)*	contacts
físeáin *(iol)*	clips		

An spórt is fearr liom (lch 122)

badmantan *(fir)*	badminton	camógaíocht *(bain)*	camogie
cispheil *(bain)*	basketball	cruicéad *(fir)*	cricket
ficheall *(bain)*	chess	haca *(fir)*	hockey
iománaíocht *(bain)*	hurling	leadóg *(bain)*	tennis
peil *(bain)* (Ghaelach)	(Gaelic) football	rugbaí *(fir)*	rugby
sacar *(fir)*	soccer		

Cúrsaí ealaíne (lch 136)

ealaíontóir *(fir)* graifítí	graffiti artist	maisitheoir *(fir)* digiteach	digital illustrator
spraephéinteáil	spray paint *(verb)*	bogearraí *(iol)*	software
péint *(bain)* spraeála	spray paint *(noun)*	grafaicí *(iol)*	graphics
portráid *(bain)*	portrait	portráidí *(iol)*	portraits
aghaidh *(bain)*	face	ealaíontóir fiadhúlra	wildlife artist
saothar *(fir)* ealaíne	work of art	dúlra *(fir)*	nature

An seomra taifeadta (lch 140)

ceamara *(fir)*	camera	micreafón *(fir)*	microphone
fón *(fir)* póca	mobile phone	solas *(fir)* fáinneach	ring light
tríchosach *(fir)*	tripod	gléas *(fir)* cinn	headset
scáthán *(fir)* lánfhada	full-length mirror	ríomhaire *(fir)* glúine	laptop

Saol an tionchaire (lch 140)

uaslódáil	upload	íoslódáil	download
comhoibrigh	collaborate	urraigh	sponsor
fógair	announce	tacaigh le	support
cruthaigh	create	taifead	record
dear	design	pléigh	discuss
spreag	encourage	cóirigh	arrange

Comhar na n-óg (lch 144)

suíomh *(fir)* eolais	information site	neamhchlaonta	unbiased
sochaí *(bain)*	society	cearta *(iol)* an duine	people's rights
cúrsaí *(iol)* meabhairshláinte	mental-health matters	soléite	readable
taithí *(bain)* leathan saoil	wide life experience	gach uile ghné *(bain)*	every aspect
painéal *(fir)* gníomhaíochta	action panel	ó shin i leith	from then on
feachtais *(iol)* phoiblí	public campaigns	meas *(fir)*	respect

Na meáin shóisialta (lch 148)

aip *(bain)* ghrianghrafadóireachta	photo app	aip roinnte físeán	video-sharing app
aip mhicrea-bhlagála	microblogging app	grianghraif *(iol)*	photos
gearrthóga *(iol)*	clips	físeáin *(iol)*	videos
giolc *(fir)*	tweet	scéalta *(iol)*	stories
scéalta príobháideacha	private stories	ainm *(fir)* úsáideora	username
barúil *(bain)*	comment	gearrthóga sealadacha	temporary clips
greamáin *(iol)*	stickers	grianghraif shealadacha	temporary photos
léarscáileanna *(iol)* 'Snap'	Snap Maps	scagairí *(iol)*	filters
teachtaireachtaí *(iol)* sealadacha	temporary messages	IGTV (teilifís *(bain)* Instagram)	IGTV (Instagram TV)
beoshruth *(fir)*	livestream	beoshruthú	livestream
clibeáil	tag	fotheidil *(iol)*	captions
haischlib *(bain)*	hashtag	leantóirí *(iol)*	followers
liosta *(fir)* dlúthchairde	close friends list	spóil *(iol)*	reels
teachtaireacht *(bain)* dhíreach	direct message	beolbheachtú	lip-sync
dísréad *(fir)*	duet	idirghníomhach	interactive
GIF *(fir)* beo	live GIF	pionnáil	pin
snáithe *(fir)*	thread		

Seachtain na teicneolaíochta (lch 150)

na meáin *(iol)* chumarsáide	the media	na meáin shóisialta	social media
dea-thionchar *(fir)*	good influence	drochthionchar *(fir)*	bad influence
dearfacht *(bain)*	positivity	diúltachas *(fir)*	negativity
fanacht i dteagmháil le	stay in contact with	líonraí *(iol)* sóisialta	social networks
ardán *(fir)* idirghníomhach	interactive platform	an iomarca *(bain)* eolais	too much information
bagairtí *(iol)* ar líne	online threats	grianghraif *(iol)* mhíréadúla	unrealistic photos
dochar *(fir)*	harm	brú *(fir)* digiteach	digital pressure

TG4 (lch 151)

siamsaíocht *(bain)* teilifíse	TV entertainment	lucht *(fir)* féachana	audience
obair *(bain)* shealadach	temporary work	obair bhuan	permanent work
conradh *(fir)* gearrthéarmach	short-term contract	conradh fadtéarmach	long-term contract
ceanncháras *(fir)* TG4	TG4 headquarters	Gaeltacht *(bain)* Chonamara	Connemara Gaeltacht
fuinniúil	energetic	cumasach	capable/powerful
dícheallach	hard-working	ardchumas *(fir)* scríofa	good writing skills
Gaeilge *(bain)* den scoth	high level of Irish	Gaeilge líofa	fluent Irish

Dráma: *Gleann Álainn*

Súil siar (lch 156)

aisteoir *(fir)*	actor	buaicphointe *(fir)*	climax
carachtar *(fir)*	character	casadh *(fir)*	twist
codarsnacht *(bain)*	contrast	críoch *(bain)*	end
mioncharachtar *(fir)*	minor character	plota *(fir)*	plot
príomhcharachtar *(fir)*	main character	radharc *(fir)*	scene
seánra *(fir)*	genre	teideal *(fir)*	title
tréithe *(iol)*	traits	tús *(fir)*	start
údar *(fir)*	author		

Na tréithe pearsanta (lch 157)

álainn	beautiful	béasach	well behaved
bocht	poor	brónach	sad
cantalach	cranky	ceanndána	headstrong
cineálta	kind	cliste	clever
cneasta	sincere	cróga	brave
cruálach	cruel	deacair	hard
deas	nice	éirimiúil	intelligent
flaithiúil	generous	foighneach	patient
gealgháireach	cheerful	leisciúil	lazy
leithleach	selfish	macánta	honest
mímhacánta	dishonest	neirbhíseach	nervous
olc	evil	santach	greedy
stuama	sensible	uafásach	awful
uaigneach	lonely		

Na ceistfhocail (lch 173)

Cad?	What?	Cá?	Where?
Cathain?	When?	Cén?	Which?
Cé?	Who?	Cé mhéad?	How many?

Nathanna úsáideacha (lch 174)

seisear *(fir)* déagóirí	six teenagers	portach *(fir)*	bog
an tírdhreach *(fir)* álainn	the beautiful landscape	an bheirt *(bain)* fhear	the two men
an fógra *(fir)*	the notice	i bhfolach	hiding
sceach *(bain)*	bush	an timpeallacht *(bain)*	the environment
grianghraf *(fir)*	photograph	bruscar *(fir)*	rubbish
dumpáil *(bain)*	dumping	an Chomhairle *(bain)* Chontae	the County Council
agóid *(bain)*	protest	an t-oifigeach *(fir)*	the official
clúdach *(fir)* donn	brown envelope	caimiléireacht *(bain)*	dishonesty
iníon *(bain)*	daughter	an polaiteoir *(fir)*	the politician
uncail *(fir)*	uncle	teach *(fir)* na cúirte	the courthouse
an breitheamh *(fir)*	the judge	an dlíodóir *(fir)*/na dlíodóirí *(iol)*	the lawyer/the lawyers
na pictiúir *(iol)*	the pictures	ciontach	guilty

Mothúcháin agus cáilíochtaí (lch 181)

crógacht *(bain)*	bravery	dílseacht *(bain)*	loyalty
eagla *(bain)*	fear	imní *(bain)*	worry
lagmhisneach *(fir)*	low spirits	mídhílseacht *(bain)*	disloyalty
ríméad *(fir)*	delight		

Úrscéal: *Cúpla*

An úrscéalaíocht (lch 186)

barrúil	funny	coscrach	shocking
croíúil	cheerful	dorcha	dark
duairc	gloomy	fíorspéisiúil	riveting
mealltach	enticing	millteanach	terrible
nua-aimseartha	modern	seanfhaiseanta	old fashioned
spreagúil	stimulating	suimiúil	interesting
taitneamhach	enjoyable	tarraingteach	appealing

Briathra le réamhfhocail (lch 193)

tosaigh ar	start on	éalaigh ó	escape from
ardaigh ó	lift from	imigh le	go away
lean ar	continue	bain as	take from
tarraing ó	draw from	beir ar	catch
tabhair do	give to	tar ar	come upon
beartaigh ar	decide on	abair le	tell

Eochairfhocail ón úrscéal (lch 209)

alcól *(fir)*	alcohol	baclainn *(bain)*	arms
buíon *(bain)*	group	caidreamh *(fir)*	relationship
capall *(fir)*	horse	cleas *(fir)*	trick
coimhlint *(bain)*	conflict	cóitseálaí *(fir)*	coach
cúpla *(fir)*	twins	déagóir *(fir)*	teenager
díoltas *(fir)*	revenge	éad *(fir)*	envy
foláireamh *(fir)*	warning	géarchéim *(bain)*	emergency
leac *(bain)*	gravestone	leasainm *(fir)*	nickname
leathchúpla *(fir)*	twin	locht *(fir)*	fault
múinteoir *(fir)*	teacher	pairilis *(bain)*	paralysis
pleidhce *(fir)*	fool	póit *(bain)*	hangover
reilig *(bain)*	cemetery	rógaireacht *(bain)*	roguery
samhradh *(fir)*	summer	seanbhothán *(fir)*	old shed
síob *(bain)*	lift	smideadh *(fir)*	make-up
spraoi-thiománaí *(fir)*	joyrider	timpiste *(bain)*	accident
tionscadal *(fir)*	project	toitín *(fir)*	cigarette
torann *(fir)*	noise	trócaire *(bain)*	compassion

Aonad 5: Poist agus Cúrsaí Oibre

Súil siar (lch 219)

aibhsitheoir *(fir)*	highlighter	bara *(fir)* rotha	wheelbarrow
bioróir *(fir)*	sharpener	bothán *(fir)*	shed
fillteán *(fir)*	file	folúsghlantóir *(fir)*	vacuum cleaner
lomaire *(fir)*	lawnmower	miasniteoir *(fir)*	washing machine
peann *(fir)* luaidhe	pencil	píopa *(fir)* uisce	water pipe
ráca *(fir)*	rake	rialóir *(fir)*	ruler
sconna *(fir)*	tap	scriosán *(fir)*	eraser
scuab *(bain)*	brush	sluasaid *(bain)*	shovel
soithí *(iol)*	dishes	tuáille *(fir)* gréithe	tea towel

Poist éagsúla (lch 220)

tógálaí *(fir)*	builder	píolóta *(fir)*	pilot
tréidlia *(fir)*	vet	siúinéir *(fir)*	joiner
dlíodóir *(fir)*	lawyer	rúnaí *(fir)*	secretary
pluiméir *(fir)*	plumber	dochtúir *(fir)*	doctor
cuntasóir *(fir)*	accountant	leictreoir *(fir)*	electrician
leabharlannaí *(fir)*	librarian	báicéir *(fir)*	baker
múinteoir *(fir)*	teacher	baincéir *(fir)*	banker
dearthóir *(fir)*	designer	altra *(fir)*	nurse

Poist éagsúla i saol na Gaeilge (lch 236)

aistritheoir *(fir)*	translator	craoltóir *(fir)*	broadcaster
eagarthóir *(fir)*	editor	feidhmeannach *(fir)*	official
fotheidealóir *(fir)*	subtitler	iriseoir *(fir)*	journalist
léachtóir *(fir)*	lecturer	léitheoir *(fir)* profaí	proofreader
múinteoir *(fir)*	teacher	podchraoltóir *(fir)*	podcaster
teangeolaí *(fir)*	linguist		

Post páirtaimseartha (lch 238)

bainisteoir *(fir)*	manager	foireann *(bain)*	team
fáilteach	welcoming	cabhrach	helpful
caitheadh go deas liom	I was treated well	taitneamhach	enjoyable
dúshlánach	challenging	tuirsiúil	tiring
obair *(bain)* chrua	hard work	sos *(fir)* lóin	lunch break
uaireanta *(iol)* oibre	working hours	cuntas *(fir)* coigiltis	savings account

Fógra poist (lch 239)

Ba mhaith liom cur isteach ar an bpost.	I would like to apply for the job.	Tá Gaeilge líofa agam.	I have fluent Irish.
Bhí mé ag obair mar . . .	I was working as . . .	Oibrím go crua.	I work hard.
Bhain mé céim amach sa . . .	I've got a degree in . . .	Tá an-taithí agam ar . . .	I have great experience with . . .
imreoir *(fir)* foirne	team player	Déanaim mo sheacht ndícheall.	I do my very best.
Beidh mé ag súil le freagra uait go luath.	I will be looking forward to an answer from you soon.	Le meas	Yours sincerely

Aonad 6: Laethanta Saoire agus Taisteal

Feistis aerfoirt (lch 248)

luiteoga *(iol)*	leggings	sínteach	stretchy
mála *(fir)* beilte	bum bag	dallta ag	blinded by
ag taisteal	travelling	stíl *(bain)* sráide	street style
éadaí *(iol)* teanna	tight clothes	imshruthú *(fir)* fola	blood circulation
saoire *(bain)* an mhála droma	backpacking holiday		

Turas ar eitleán (lch 252)

pasáiste *(fir)*	aisle	aeróstach *(fir)*	cabin crew
píolóta *(fir)*	pilot	sciatháin *(iol)*	wings
smailc *(bain)*	snack	cró *(fir)* an phíolóta	cockpit
idirchum *(fir)*	intercom	bolg *(fir)* an eitleáin	hold of the plane
tuirlingt *(bain)*	landing	rialtáin *(iol)*	controls

An pháirc shiamsaíochta (lch 254)

halla *(fir)* na scáthán	hall of mirrors	an roithleagán *(fir)* ró	merry go round
traein *(bain)* na dtaibhsí	ghost train	na luascáin *(iol)*	swings
na tuairteáin *(iol)*	bumper cars	an rollchóstóir *(fir)*	rollercoaster
an bhean *(bain)* feasa	fortune teller	an preabchaisleán *(fir)*	bouncy castle
an sleamhnán *(fir)* uisce	water slide	an roth *(fir)* Ferris	Ferris wheel

An traein faoi thalamh (lch 265)

ardán *(fir)*	platform	clár *(fir)* eolais	information board
geata *(fir)* casta	turnstile	oifig *(bain)* na dticéad	ticket office
ticéad *(fir)* fillte	return ticket	ticéad singil	single ticket

Lá ar an trá (lch 268)

gaineamh *(fir)*	sand	spallaí *(iol)*	pebbles
feamainn *(bain)*	seaweed	sliogán *(fir)*	shell
murlach *(fir)*	lagoon	buicéad *(fir)*	bucket
spád *(bain)*	spade	smugairle *(fir)* róin	jellyfish
deilf *(bain)*	dolphin	siorc *(fir)*	shark
gliomach *(fir)*	lobster	portán *(fir)*	crab

An taisteal agus an oideachas (lch 274)

tír *(bain)* iasachta	foreign country	áit *(bain)* aduain	unfamiliar place
malartú *(fir)* scoile	school exchange	turais *(iol)* lae	day trips
cultúir *(iol)* thíortha eile	other countries' cultures	iarsmalanna *(iol)*	museums
teangacha *(iol)*	languages	blas *(fir)* na teanga	accent of the language
béaltrialacha *(iol)*	oral exams	eispéiris *(iol)* nua	new experiences
fonn *(fir)* bóthair	travel bug (desire to travel)	gá *(fir)* le taisteal	a need for travel
níos leathanaigeanta	more open-minded	aithne a chur ar dhaoine nua	get to know new people

Léirmheas ar óstán (lch 275)

óstán *(fir)* sómasach	deluxe hotel	ar imeall na trá	at the seafront
suíomh *(fir)* an óstáin	the location of the hotel	áiseanna *(iol)* den chéad scoth	excellent facilities
atmaisféar *(fir)* taitneamhach	convivial atmosphere	linn *(bain)* snámha ar an díon	rooftop swimming pool
seirbhís *(bain)* seomra	room service	ag cur thar maoil le galántacht	oozing exclusivity
breá fairsing	extensive		
fáilteoir *(fir)*	receptionist	foireann *(bain)* fháilteach	welcoming staff
oiriúnach do dhéagóirí	suitable for teenagers	oiriúnach do chathaoireacha rothaí	suitable for wheelchairs
Tá an-cháil ar an óstán seo.	This hotel has a great reputation.	Is é an t-óstán is fearr amuigh ansin é.	It is the best hotel out there.
Tá togha an bhia ar fáil san óstán.	The hotel serves food of the highest quality.	Tá radharc ón óstán amach ar . . .	There is a view from the hotel of . . .
Bhíomar millte amach is amach san óstán seo.	We were completely spoiled in this hotel.	Mholfainn go hard na spéire é.	I would highly recommend it.
óstán cúig réalta	five-star hotel		

Aonad 7: Laethanta Saoire agus Taisteal

Kíla (lch 295)

anamúlacht *(bain)*	liveliness	giotár *(fir)* aibhléiseach	electric guitar
bríomhaireacht *(bain)*	vigorousness	is bisiúla	most prolific
fáisnéiseáin *(iol)*	documentaries	teaspúlacht *(bain)*	exuberance

Beannachtaí agus mallachtaí (lch 309)

Beannachtaí (do chairde de do chuid)		**Mallachtaí (do naimhde de do chuid)**	
Sonas ort!	Happiness on you!	Go hifreann leat!	Go to hell!
Fáinne óir ort!	Bravo!	Go mbeire an diabhal leis thú!	May the devil take you!
Mo cheol thú!	Good for you!	Damnú ort!	Damn you!
Mo sheacht mbeannacht ort!	Well done!	Loscadh is dó ort!	Damn you!
Go dté tú an céad!	Long life to you!	Go mbrise an diabhal do chnámha!	May the devil break your bones!
Go gcuire Dia an t-ádh ort!	God give you good luck!	Mallacht na baintrí ort!	A widow's curse upon you!
Go n-éirí an bóthar leat!	Safe trip!	Go ndalla an diabhal thú!	May the devil blind you!

Díospóireacht (lch 315)

Tacaím go láidir leis an rún seo.	I strongly support this motion.	Táim go hiomlán i gcoinne an rúin seo.	I am completely against this motion.
Ar an gcéad dul síos . . .	First of all . . .		
Chomh maith leis sin . . .	As well as that . . .	Caithfidh mé a rá . . .	I have to say . . .
Ná déanaigí dearmad . . .	Don't forget . . .	Anuas air sin . . .	On top of that . . .
Ní chreidim gur fíor sin.	I don't believe that that is true.	Tá muinín agam as . . .	I am confident about . . .
		Mar fhocal scoir . . .	Finally . . .
argóintí *(iol)* láidre	strong arguments	argóintí laga	weak arguments
pointí *(iol)* ciallmhara	sensible points	pointí amaideacha	foolish points

Aonad 8: Spórt agus Cúrsaí Folláine

An júdó (lch 339)

bain amach	reach	bain sult (as)	enjoy
freastail	attend	glac páirt (i)	take part (in)
taistil	travel	taitin le	please
téigh	go	tosaigh	start
troid	fight		

Bia sláintiúil (lch 344)

abhacád (fir)	avocado	almóinní (iol)	almonds
banana (fir)	banana	béigeal (fir)	bagel
buíocán (fir) uibhe	egg yolk	cnó (fir) cócó	coconut
gealacán (fir) uibhe	egg white	gránach (fir)	cereal
im (fir)	butter	margairín (fir)	margarine
mil (bain)	honey	núdail (iol)	noodles
ola (bain) olóige	olive oil	piseanna (iol) talún	peanuts
prátaí (iol)	potatoes	prátaí milse (iol)	sweet potatoes
rís (bain)	rice	ros (fir) lín	flaxseed
sicín (fir)	chicken	tuinnín (fir)	tuna

Mo shláinte (lch 345)

ailse (bain)	cancer	airtríteas (fir)	arthritis
asma (fir)/plúchadh (fir)	asthma	buairt (bain)	anxiety
diaibéiteas (fir)	diabetes	eachma (bain)	eczema
fiobróis (bain) chisteach	cystic fibrosis	neamhord (fir) hipirghníomhaíochta an easnaimh airde	attention deficit hyperactivity disorder
neamhord itheacháin	eating disorder		
scolóis (bain)	scoliosis	pairilis (bain) cheirbreach	cerebral palsy
		siondróm (fir) putóige greannaithí	irritable bowel syndrome

An córas athchúrsála (lch 347)

astaigh	to emit	dramhphost (fir)	junk mail
inbhuanaitheacht (bain)	sustainability	leacáin (iol)	tiles
scragall (fir)	foil	coimeádán (fir)	container
gníomhú (fir) aeráide	climate action	lannaithe	laminated
leacht (fir)	liquid	tocht (fir)	mattress

Bithéagsúlacht (lch 350)

beirigh	boil	cinntigh	make sure
dún	close	fág	leave
ísligh	lower	múch	turn off
roghnaigh	choose	socraigh	set
tarraing	draw		

An spórt i saol an duine (lch 352)

cairdeas (fir)	comradeship	tacaíocht (bain)	support
cairde (iol) nua	new friends	spiorad (fir) foirne	team spirit
scileanna (iol) sóisialta	social skills	deiseanna (iol) difriúla	different opportunities
neart (fir) intinne	mental strength	faoiseamh (fir)	relief
fuascailt ón ngnáthshaol	escape from everyday life	éalú ó bhrú scoile	escape from school pressure
déanann sé maitheas don chorp	it does the body good	forbraíonn sé cruthaitheacht	it develops creativity

Saol sláintiúil (lch 353)

saol (fir) sláintiúil	healthy lifestyle	oideachas (fir) sláinte	health education
scoil (bain) bia sláintiúil	healthy-eating school	feachtas (fir) nua	new campaign
biachlár (fir) mealltach	enticing menu	béilí (iol) folláine	nourishing meals
roghanna (iol) éagsúla	different choices	margadh (fir) speisialta	special deal
meaisín (fir) díola	vending machine	smailc (bain) shláintiúil	healthy snack
cúirt (bain) bhia	food court	beadaí (fir)	foodie
feoilséantóirí (iol)	vegetarians	béilí d'fheoilséantóirí	vegetarian meals
bia (fir) saor ó ghlútan	gluten-free food	iontógáil (bain) chothaitheach	nutritional intake
fuinneamh (fir)	energy	dreasacht (bain)	incentive
rogha (bain) ceapairí	a choice of sandwiches	sailéid (iol)	salads
iógairt (iol)	yogurts	caoineoga (iol)	smoothies
uisce (fir) óil	drinking water	caiscín	wholemeal

Creidiúintí

Cóipcheart

Gabhaimid buíochas leo seo a leanas a thug cead dúinn ábhar dá gcuid a úsáid sa leabhar seo:
Abood Abdullah Aljumaili (leasainm Bonnar Ó Loingsigh); Áine Ní Bhreisleáin; An Taisce; An tAontas Eorpach; Antóin Beag Ó Colla; Áras Chrónáin, Ionad Cultúir; Áras Inis Gluaire; Ava Ní Loingsigh; Baile Clothing; Beo ar Éigean; Brian Killeen; Brian Ó Baoill; Caitríona Ní Chléirchín; Cathal Mac an Bheatha; Cian Ó Gríofa (Gaylgeoirí); Ciara Ní Éanacháin; Cló Iar-Chonnacht; Clodafoto; Clover Rua; Cnuasach Bhéaloideas Éireann: M001.18.00304, Peig Sayers, 1873–1958, Photographer: Caoimhín Ó Danachair, 1913–2002; Comhar; ComharÓg; Connect the Dots; Conradh na Gaeilge; Dairena Ní Chinnéide; Declan Breen; Deirdre Ní Choistín; Emma Ní Chearúil; Eòghan Stiùbhart; Eoin McEvoy; Eoin P Ó Murchú; Erin Hehir; Execute Exist; Fís Éireann; Focus Ireland; Foras na Gaeilge; Gael Linn; Gaelgals; Gaelscoil na nDéise; Hugh Farley; Ionad an Bhlascaoid Mhóir; Irish Traditional Music Archive; Isabelle Egan; Kaitlin MacPherson; Kíla; Kitty Ní Houlihán; Leabhar Breac; Leabharlann Chontae an Chláir; Loretta Ní Ghabháin; Magamedia; Maggie Gralinski; Máire Ní Bhraonáin; Máirtín Ó Direáin; Marcus Mac Conghail; Marie Young; Martina Genockey, USI; Mícheál Ó Ruairc; Míde Nic Fhionnlaoich; Mr O'Sullivan; Mywaste.ie; Na Gaeil Óga; National Folklore Collection; National Library of Ireland; Nine Arrow; Nordzucker Ireland; NÓS; Nuacht Mhall; Óga Yoga; Ógie Ó Céilleachair; Ola Majekodunmi; Peig.ie; Portráidí na Scríbhneoirí Gaeilge; Potafocal.com; Roxanna Nic Liam; RTÉ Archives; Scoil Samhraidh Willie Clancy; SEAI; Seán T. Ó Meallaigh; Taisce Cheol Dúchais Éireann; Tearma.ie; TG4; The Gallery Press: 'An Ghealach' by Caitríona Ní Chléirchín, by kind permission of the author c/o The Gallery Press, Loughcrew, Oldcastle, County Meath, Ireland; Three Little Birds; Tuairisc.ie

Íomhánna

Alamy: Aflo Co. Ltd, Alan Bozac, Amana Images Inc., B. O'Kane, Ben Ryan Photography, Chris Howes/Wild Places Photograph, Christian Mueringer, Dario, David Driscoll, David Hunter, David Ribeiro, Design Pics Inc, DGL Images, Eric Nathan, Eye Ubiquitous, Fabrice Jolivet Photography, Gareth McCormack, Garry Cornes, George Sweeney, Greg Wright, Ian Hinchliffe, Independent Photo Agency/Alamy Live News, J. Orr, Katy Blackwood, Keith Morris, Kerry Elsworth, Landmark Media, Michael Cullen, PA Images, Pictorial Press Ltd, Prostock-studio, Republic of Ireland, Reuters, Rick Rudnicki, Scott Bairstow, Silverback, Stephen Power, T.M.O. Pictures, Tetra Images, LLC, Tony Tallec, Wavebreakmedia Ltd, Westend61 GmbH

Getty Images: Adie Bush, Amir Mukhtar, Cliff Hawkins, Eamonn McCormack – UEFA, Popperfoto, Stu Forster

Shutterstock: 4H4 Photography, 4zevar, 88studio, A Aleksii, A StockStudio, Aerogondo2, AFM Visuals, Africa Studio, AfriramPOE, Aimee Davies, Ajay1999, Albert Garrido, aleg baranau, Alex Staroseltsev, Alexander Image, Alexander_Safonov, Alexilena, Alhim, Aliaksandr Antanovich, Alvindom, Ambrophoto, AMJonik.pl, Ana de Sousa, Anaken2012, Anatoli Igolkin, Anatoliy_gleb, Andrew Pustiakin, Andrey Arkusha, Andrii Iemelianenko, Andy Dean Photography, Anetapics, Angelo Giampiccolo, Anna Grishenko, Anna Zhuk, Anneka, Anton Mukhin, Anton Starikov, Anton_Ivanov, Anton27, Antonio Guillem, Antonov Roman, Arcady, Arctic ice, Areeya_ann, Arina P Habich, ArkHawt, Armin Staudt, Art789, ArtOfPhotos, Artush, AShatilov, Asife, Atlaspix, Atstock Productions, BalanceFormCreative, Barry Paterson, BARS graphics, BAZA Production, Beauty Agent Studio, Beboy, BELINDA SULLIVAN, Ben M_O, BestPhotoStudio, Biburcha, Billion Photos, BlueSkyImage, Boiarkina Marina, BongkarnGraphic, Boxyray, Bradley Blackburn, Branislav Nenin, Brizmaker, BRO.vector, Brocreative, Bupu, Butterfly Hunter, By dejavu, carballo, Chadin0, Chainarong06, CHAINFOTO24, Champion studio, Chrisdorney, Christian Hinkle, Christin Lola, Cranach, Creative Trunk, Crime Art, Cube29, Cunaplus, Cve iv, Cynoclub, C-You, D. Pimborough, D. Ribeiro, Daniel Goodchild, Danielle Armstrong, Danymages, Darren Baker, Davdeka, David Franklin, David Herraez Calzada, De2marco, Dean Drobot, Deepakfutela, DGLimages, Dian Elvina, Diana Grytsku, DigitalStock, Dima Polies, Dirk Hudson, DJTaylor, DKai, Dmitry Lobanov, Dmitry Naumov, Dmitry Tkachenko Photo, Dmitry_T, Dmytro Surkov, Donna Boucher, Donvictorio, Dotted Yeti, Dubova, DudnikPhoto, Eggeegg, Ehrlif, EJ Nickerson, Ekaterina Vidyasova, Eldar nurkovic, Elena Schweitzer, Elena Zhi, Elkhophoto, Elymas, emperorcosa, EQRoy, Eric Isselee, Erik Lam, ESB Professional, Estudiofcx, Eva Tigrova, Evannovostro, Evgeniia Trushkova, Evgeniya369, Ewelina W, Fabian Junge, Fad82, FamVeld, Farknot Architect, Fasttailwind, Fer Gregory, FiledIMAGE, Fivespots, Fizkes, FOTOKITA, Fototrips, Francois Poirier, Freud, gabriel12, GagliardiPhotography, Garry0305, Gemenacom, Gergely Zsolnai, Gillmar, Girlsuccess, Goofyfoottaka, Gorodenkoff, Gpointstudio, Halfpoint, Hamidah Samutharangkoon, Hartphotography, Hazel Thunderbolt, HM Design, Iakov Filimonov, Iaroshenko Maryna, Imfoto, Impact Photography, Imre Forgo, ImYanis, Ingrid Balabanova, Ingus Kruklitis, Ink Media, Irina Kozorog, Iryna Inshyna, Ivan_Sabo, Ivanko80, Izzzy71, J. Helgason, Ja Crispy, Jacek Chabraszewski, Jacob Lund, JacZia, James R. Martin, Jamie Christoforou, Jaromir Chalabala, Jesus Cervantes, Jjmtphotography, Jksz.photography, Joaquin Ossorio Castillo, John And Penny, John Leung, John Sones, Jojoo64, Jolanda Aalbers, Jordan Traynor, Jordi Prat Puig, Jorge Corcuera, Jose Guillermo H, Joshua Sanderson Media, Joy Fera, Juan R. Velasco, Kamil Macniak, Kao-len, KaptureHouse, Karelnoppe, Karpova, Karuka, Kaspars Grinvalds, Kdshutterman, Kenishirotie, Kerdkanno, Kevin George, Khunkorn, Kilroy79, Kletr, Klevo, Kojin, Konstantin Egorychev, Konstantin Tronin, Koonphoto, Korsart, Kosmofish, Krakenimages.com, Kvector, Kwanchai.c, Kwangmoozaa, LauGSmith, Lhorib, Light and Dark Studio, LightField Studios, Lightkite, Likemuzzy, Lila5, Limolida Design Studio, Lindsay Helms, Linefab Portfolio, Liquid Productions, LLC, Lisa F. Young, Ljupco Smokovski, Lopolo, LStockStudio, Lucky Business, Lucy M Ryan, Luis Molinero, Luis_Monasterio, Lunatictm, Lynne Carpenter, M.Stasy, M_Agency, Maglara, MagSpace, Makarova Viktoria, Maliutina Anna, Mangostar, Marcel Derweduwen, Marco Iacobucci Epp, Marina Parfenova, Mark Breck, Mark Hayes, Mark Herreid, Marko Poplasen, Marmolejos, Martin Novak, Maslowski Marcin, Matej Kastelic, Max Dallocco, Maxim Blinkov, Maziarz, Meirav Ben Izhak, Memo Angeles, Mentatdgt, MG image and design, Michaeljung, Michelle Aleksa, Michelle D. Milliman, Miguel G. Saavedra, Mikhail Turov, Mila Supinskaya Glashchenko, Misunseo, Monika Gniot, Monkey Business Images, Monticello, Morakod1977, Motortion Films, Moving Moment, Movit, MPH Photos, MRAORAOR, Msr melooo1, Nadezhda Bolotina, Nadya_Art, NadyaEugene, Nata Bene, Natalia Kirsanova, Natalia Lisovskaya, Nataliia Pushkareva, Nataly Studio, Natalya Lys, Naumenko Aleksandr, Nazarkru, Nazile Keskin, Neil Tackaberry, Nelea33, Nerthuz, New Africa, Nick Fox, Nicole Kwiatkowski, NIKS ADS, Nirat.pix, Nkotlyar, Nopparat Khokthong, Norshamil, NosorogUA, Oatawa, Olena Yakobchuk, Olesya Kuznetsova, Olko1975, Ollyy, Olya_joern, Oneinchpunch, Onkamon, OOhyperblaster, Ovidiu Tanasa, Ozalpvahid, Paragorn Dangsombroon, Patjo, Patryk Kosmider, Paul Keeling, Paul Maguire, Paul Nash, Perfect photographer 8699, Periscope, Peshkova, Peter Fuchs, Peter Gudella, Peter Krocka, Petovarga, P-fotography, Phil_berry, Phoenixns, Photobac, Photographee.eu, Photoyh, Pina Dia, Pinchi Panchu, Piotr Machowczyk, Piotr Piatrousk, Piotr Urakau, Pixel-Shot, PixieMe, Piya kunkayan, PKpix, Plekhano

Sportsfile: Brendan Moran, David Fitzgerald, Harry Murphy, Matt Browne, Piaras Ó Mídheach, Ray McManus, Stephen McCarthy

Rinne na foilsitheoirí a ndícheall teacht ar úinéirí cóipchirt; beidh siad sásta na gnáthshocruithe a dhéanamh le haon duine eile a dhéanann teagmháil leo.